니코스 카잔차키스(1883~1957) 현대 그리스 문학을 대표하는 소설가·시인

Το σπίτι όπου γεννήθηκε ο Νίκος Καζαντζάκης, στο Ηράκλειο.

▲카잔차키스 생가 그리스 크레타섬 이라클리오

◀아이기나섬(그리스) 카잔차키스의 집 1936년(53세)에 이 집을 짓고 살면서 《오디세이아》 등 많은 작품을 썼다.

▲카잔차키스 박
물관 이라클리오

▶전시실

아테네 여행 카잔차키스와 루마니아 시인 파나이트 이스트라티. 1928.

앙리 베르그송(1859~1941)　프랑스의 철학자. 콜레주 드 프랑스의 교수를 지냈다. 아테네대학교에서 철학을 공부한 카잔차키스는 파리 유학을 떠나 베르그송에게서 철학을 배운다.

카잔차키스 흉상 이라클리오

▲카잔차키스의 묘
그리스정교회에서 파
문당한 카잔차키스는
크레타 섬 이라클리오
성 밖 공터에 묻혔다.

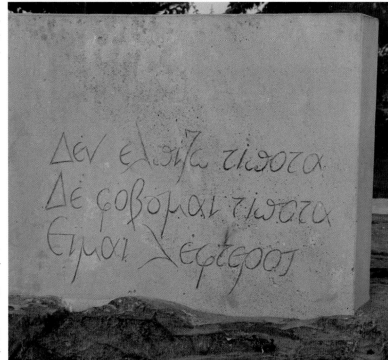

▶카잔차키스의 묘비문
'나는 아무것도 바라
지 않는다.
나는 아무것도 두려
워하지 않는다.
나는 자유다'
라는 자유의지의 실
천을 노래했던 조르
바 정신을 표현했다.

이탈리아 중부 아시시의 성 프란치스코 상부 성당 입구가 보이는 정면 사진　우뚝 솟은 것은 종탑이다.

성 프란치스코 성당 아래 플라자에서 본 상·하부 성당 및 주랑　가운데 하부 성당 입구가 보인다.

아시시의 성 프란치스코 대성당(상부 성당) 본당 내부   양쪽 벽 아래쪽에는 성 프란치스코의 생애를 28장면으로 나누어 그린 조토 디 본도네의 프레스코화가 보인다.

〈아시시의 성 프란치스코〉 아시시의 성 프란치스코 성당에 있는 프레스코화. 치마부에. 1278~80.

〈세상의 재화를 포기함〉 아시시의 성 프란치스코의 생애를 그린 연작 프레스코화. 조토 디 본도네. 1296~98.
프란치스코는 아버지로부터 받은 재물을 포기하고 옷을 벗어 주면서 말했다. "어제부터 피에트로 베르나르도네는
내 아버지가 아니며 하늘에 계신 주님이 나의 아버지입니다."

〈하늘에 있는 5개 의자의 환시〉 성 프란치스코 생애 연작 프레스코화. 조토 디 본도네.
한 형제가 하늘에 있는 5개 의자를 보았는데 그중 빛나는 의자가 하나 있었다. 그때 그는 다음과 같은 소리를 들었다. "…가난한 프란치스코를 위해 마련된 의자이다."

〈성 프란치스코의 무아경〉 성 프란치스코 생애 연작 프레스코화. 조토 디 본도네.
어느 날 성 프란치스코가 열심히 기도하고 있을 때, 형제들은 그가 두 팔을 들어 하늘을 향해 올린 채 온몸이 구름
에 감싸이면서 공중에 떠 있는 것을 보았다.

〈아를레스 총회에 나타난 성 프란치스코〉 성 프란치스코 생애 연작 프레스코화. 조토 디 본도네.
파도바의 안토니오가 아를레스 총회에서 설교하고 있을 때, 그곳에 없었던 프란치스코가 나타나 모날도 형제가 본 것처럼 두 팔 벌리고 형제들을 축복했다.

〈성 프란치스코의 죽음〉 성 프란치스코 생애 연작 프레스코화. 조토 디 본도네.
프란치스코가 세상을 떠나던 그 시간에, 형제들은 그의 영혼이 밝게 빛나는 별 형상으로 승천하는 것을 보았다.

ff

GOD'S PAUPER

St. Francis of Assisi

Nikos Kazantzakis

《성 프란치스코》 표지(1956)

World Book 235

Nikos Kazantzakis

GOD'S PAUPER : ST FRANCIS OF ASSISI

성 프란치스코

니코스 카잔차키스/박석일 옮김

Nikos Kazantzakis

동서문화사

디자인 : 동서랑 미술팀

성 프란치스코
차례

프롤로그…11

1 아, 프란치스코 신부님! …12

2 영혼의 마지막 숨…28

3 다시 태어나다…49

4 하느님의 이름으로! …68

5 영혼의 위대한 연인…91

6 주님, 당신의 뜻을 따르겠습니다! …125

7 영혼의 구제를 위해…166

8 온 세상에 가난과 사랑과 평화를…204

9 오직 그분의 뜻에 따라…244

10 고난의 향기…287

11 하느님의 길…323

12 거룩하신 아버지여…353

13 부활, 그것은 죽음…383

14 성스러운 발자취…413

인간을 해방시켜 주는 신의 참모습을 찾아서…448

니코스 카잔차키스 연보…469

프롤로그

성 프란치스코, 말과 삶의 발자취 많은 부분이 이 작품에서는 더러 빠지고 더러 변형되고 더러 기록에 없는 게 나타날 것이다. 그것은 작가의 무지나 자만심에서 빚어진 것이라기보다, 되도록이면 성인(聖人)의 생애를 그에 얽힌 신비로운 이야기와 일치시킬 필요에서 나온 것이라 하겠다. 그의 생애를 작가의 힘이 미치는 한 그가 살아간 삶의 본질에 조화시키려는 애씀이기도 하다.

예술은 그러한 권리를 가질 수 있다. 그렇게 할 권리뿐 아니라 모든 주제를 본질의 형태로 제시할 의무가 있다. 예술은 그 이야기를 먹고 나면 천천히, 교묘하게, 그것을 소화해서 하나의 전설로 바꿔 놓는다.

나는 진실보다 더 진실된 이 전설적 이야기를 쓰면서, 우리의 영웅이며 위대한 순교자 프란치스코를 사랑하고 존경하게 되었으며 경외감에 빠지기도 했다. 이따금 나도 모르게 커다란 눈물 방울이 원고지를 적시기도 하고, 때로는 영원히 상처가 아물지 않는 손 하나가 허공에 나타나 내 머리 위를 떠다니기도 했다. 그것은 누군가가 못을 박은 손이며 지금도 쉬지 않고 못질을 당하여 상처가 아물 새 없는 그런 손이었다.

이 글을 쓰고 있으면 성인의 보이지 않는 존재가 내 곁으로 다가와 있음을 느낄 수 있었다. 왜냐하면 성 프란치스코는 나에게 있어서 약속을 지킨 인간의 본보기로서, 끊임없이 다가오는 처절한 시련에 맞서 나아가며 우리의 가장 숭고한 의무를 다하기 때문이다. 그것은 도덕이나 진리의 차원, 나아가서는 아름다움보다 더 드높은 것으로 하느님이 우리에게 맡긴 물질을 갈고 닦아 영혼으로 승화시키는 그런 의무이리라.

니코스 카잔차키스

1
아, 프란치스코 신부님!

프란치스코 신부님, 저는 오늘 비록 그럴 자격은 없지만 당신의 생애, 그리고 당신이 살다 간 시대 이야기를 쓰려고 펜을 들었습니다. 제가 당신을 처음 만났을 때를 기억하시겠지요. 저는 보잘것없는 거지였습니다. 못생긴 제 얼굴은 눈썹에서 뒤통수, 목덜미까지 온통 덥수룩한 머리털로 뒤덮여 있었고 눈은 늘 겁에 질려 있었지요. 말을 몹시 더듬고 염소처럼 울부짖기도 했지요. 그리고 신부님, 당신은 그처럼 못생기고 그처럼 굴욕적인 몰골로 전락한 저를 레오 형제라고 불렀습니다. 레오, 사자라는 뜻이지요! 하지만 그동안 제가 살아온 인생 이야기를 들려 드리자 당신은 눈물을 흘리기 시작했습니다. 저를 꼭 끌어안고 입을 맞추며 말씀하셨지요. "레오 형제, 나를 용서하오. 당신을 사자라고 부른 것은 놀려 주려고 한 것이지만, 이제 이야기를 듣고 보니 당신은 참으로 라이온답군요. 지금 당신이 찾고자 하는 것을 찾아 나서려면 사자와 같은 용기가 필요하기 때문이오."

나는 수도원에서 수도원으로, 마을에서 마을로, 황야에서 황야로 정처 없이 방황하며 하느님을 찾아다니고 있었습니다. 하느님을 찾아내겠다고 마음먹었기 때문에 나는 결혼도 하지 않았고 아이들도 없습니다. 한 손에는 빵한 조각, 다른 한 손에는 올리브 한 줌을 들고 겨우 끼니를 이어가며 굶주림에서 벗어나지 못하는 어려운 생활이었지만, 나는 언제나 먹는 것을 걱정한 기억이 없습니다. 오로지 하느님을 찾는 일에 열중했기 때문입니다.

늘 정처없이 떠돌아다녔기에 두 다리는 퉁퉁 부어오르고, 언제나 똑같은 질문을 계속해 와서 혓바늘이 돋아나기도 했습니다. 마침내 나는 문을 두드리고 손을 내미는 일에 지쳐 버리고 말았습니다. 먼저 육체의 배고픔을 면하기 위해, 다음은 친절한 말 한 마디를 듣고자, 그 다음에는 영혼을 구원해 달라고 집집마다 문을 두드렸습니다. 사람들은 나를 비웃었습니다. 그러면서 나를 몽상가라고 불렀습니다. 그리고 내쫓아 버렸습니다. 마침내 나는 절망의 벼랑 끝으로 밀려 왔던 것입니다. 나는 너무나 지쳐서 신을 모독하는 말들을 입에 담기 시작했습니다. 결국 나도 인간일 수밖에 없지 않은가! 스스로 말했습니다. 걷는 데 지치고, 굶주림과 추위에 떨며 방황하는 데 지쳤습니다. 하늘의 문을 아무리 두드리고 두드려 보아도 문은 굳게 잠기어 열리지 않았습니다. 손이 아프고 눈은 멍하니 초점을 잃어가고 있었습니다. 절망에 몸 둘 바를 모르던 어느 날, 하느님은 내 손을 잡아 인도해 주셨습니다. 그렇습니다. 프란치스코 신부님, 그때 하느님은 당신의 손도 잡으셨습니다. 그리하여 우리를 만나게 하셨지요.

나는 지금 나의 기도실에 앉아 있습니다. 그리고 작은 창가에서 봄날 구름이 흘러가는 모습을 내다보고 있습니다. 저기 수도원 안마당까지 하늘이 내려와 있습니다. 아주 가느다란 봄비가 부슬부슬 내립니다. 흙에서는 풋풋한 향기가 피어오릅니다. 과수원의 레몬나무마다 꽃이 만발하고 멀리서 뻐꾸기 우는 소리가 들려옵니다. 나뭇잎들이 환하게 웃음을 터뜨립니다. 하느님의 은혜가 곧 비가 되어 온 세계에 내리는 것입니다. 아, 주여, 이 기쁨을 무엇이라 표현하리오! 이 행복을 어떻게 말해야 하리오! 보십시오. 대지와 비, 그리고 동물의 배설물 내음과 레몬나무 향기가 어우러져 인간의 가슴에 하나로 메아리치는 이 기쁨을! 참으로 인간은 흙이요, 그렇기 때문에 살며시 그리고 대지의 흙처럼 촉촉이 피부를 간지럽히는 봄비를 그처럼 반가워하는 것입니다. 비는 내 가슴의 갈증을 풀어내고 있습니다. 그것은 굳었던 대지의 껍질을 깨고 새순을 힘차게 돋아 오르게 합니다. 그리고 프란치스코 신부님, 바로 당신이 내 앞에 나타나셨습니다.

나의 내면에 있는 모든 흙덩이들이 꽃으로 피어났습니다. 프란치스코 신부님, 추억이 물결처럼 일어나고 시간이 뒷걸음질치면서 생생히 되살아나는 것은, 우리가 지구 위를 함께 여행하던 그 무렵의 이야기들입니다. 당신이 앞장서 나아갈 때 나는 겁먹은 듯 당신의 발자취만 졸졸 따라다녔습니다. 당신은 우리가 처음 만났던 곳을 기억하시는지요? 그날 밤 나는 무척 배가 고파서 아시시 거리에 있는 그 유명한 도성 안으로 비틀거리며 들어섰습니다. 그 때가 8월, 하늘에는 보름달이 밝게 비추었습니다. 그 훌륭한 도성 안으로 여러 번 드나든 적이 있었지만, 그날 밤만은 어쩐지 성 안이 온통 달라 보였습니다. 대체 어디가 어딘지 알아보기 어려웠습니다. 이것이 무슨 기적이라는 말인가? 나는 어디에 와 있다는 말인가? 저택들이며, 성벽들, 교회들이 모두 공중에 날아다니는 것만 같았습니다. 아니 짙푸른 하늘 아래 펼쳐진 새하얀 바다 위를 떠다니고 있는 것 같았습니다. 새로 지은 성 베드로 사원 안으로 들어서니 마침 저녁 식사 시간이었습니다. 달이 막 떠오르고 있었습니다. 환하고 발그레한 보름달이었습니다. 상냥하고 친절한 해처럼 보였습니다. 저 높은 성벽 정상에서 조용한 폭포 한 줄기가 종탑이며 지붕 위로 흘러넘치는 듯한 저녁이었습니다. 달빛은 우유를 가득 부은 듯 좁은 골목을 하얗게 적시더니, 마침내 시냇물이 되어 넘쳐 흘렀습니다. 얼굴마다 환하게 밝아서 도성 안 모든 사람들이 하느님을 생각하고 있는 듯이 보였습니다. 나는 걸음을 멈추었습니다. 눈앞에 펼쳐진 광경에 압도당하고 말았습니다. 이곳이 아시시란 말인가? 나는 성호를 그으며 되풀이하여 자신에게 물어보았습니다. 이것들이 집이요, 사람이요, 종탑들이란 말인가? 내가 죽지 않았는데도 과연 천국으로 들어선다는 것이 가능한 것일까? 두 손을 앞으로 내밀었습니다. 손바닥 위로 달빛이 한가득 담겼습니다. 달 향기처럼 감미로운 꿀물이 솟아오르는 것만 같았습니다. 하느님 은총이 내 입술과 내 이마에 흘러내리는 것을 느꼈습니다. 그때 문득 나는 깨달았습니다. 입에서 탄성이 새어나왔습니다. 어떤 성인이—그렇습니다—분명히 어떤 성인(聖人)이 이쪽으로 다가오고 있음을 의심할 수 없었습니다. 그의 향기가 공기 속에 퍼져나가고 있었습니다!

짙은 달빛 물결을 이리저리 헤치며 나는 산 조르조 광장에 이르는 꼬불꼬불한 골목길을 더듬어 올라갔다. 광장에는 토요일 저녁이라 많은 사람들이 나와 있었다. 노랫소리와 떠들썩한 고함소리에 뒤섞여 만돌린이 울려 퍼지고, 구운 생선 내와 케밥(이탈리아식 불고기)이 불 위에서 지글거리는 냄새가 재스민 향과 장미 향기 황홀한 내음과 함께 퍼지고 있었다. 나는 시장기를 더는 참을 수 없었다.

"여보시오, 착한 예수교인들이시여." 나는 축제를 벌이는 사람들 한 무리에 다가서며 물었다. "이 명망 높은 아시시 거리에서 저에게 자비를 좀 베풀어 주십시오! 요기하고 잠만 재워 주시면 내일 아침 떠나겠습니다."

그들은 머리끝에서 발끝까지 나를 훑어보더니 껄껄껄 웃어 버리고 말았다.

"어이 미남, 대체 당신이 누구신데 그러시오?" 그들은 배를 움켜잡고 웃어댔다. "이리 좀 더 가까이 와 봐요. 잘나신 얼굴 구경 좀 시켜 주구려."

"어쩌면 나는 예수일지도 모르오." 나는 그들에게 겁을 주려고 말했다. "가끔 그분은 지상에 이런 모습으로 나타난다오. 거지꼴을 하고서 말입니다."

"그런 소리는 딴 데 가서 늘어놓는 것이 몸에 좋을 걸, 이 친구야." 그들 가운데 하나가 말했다. "우리 파티에 흥을 깨는 녀석은 누구든 가만 놔두지 않을 거야. 자, 빨리 딴 델 가봐! 안 가겠다면 우리 모두 이 자리에서 일어나 자네를 십자가에 매달아줄 테니까!"

그들은 다시 한 번 껄껄거리며 웃어댔다. 그런데 그 가운데서 가장 나이 어린 친구는 내가 좀 측은했나 보다.

"피에트로 베르나르돈의 아들 프란치스코, 그러니까 '새는 손'이라는 별명을 가진 그 작자라면 자네에게 틀림없이 적선을 할 거야. 그리고 자넨 운도 좋았지. 그자가 풀이 죽어서 어제 스폴레토에서 막 돌아왔다네. 자, 가서 그를 찾아보시게나."

그 말이 떨어지자마자 키가 멋없이 큰 못생긴 남자가 앞으로 튀어나왔다. 생쥐 같은 얼굴에 황달 걸린 듯 누런 피부빛을 한 이 사나이 이름은 사바티노. 몇 년 뒤 우리가 다시 만났을 때는 맨발로 세계의 길목을 찾아 도는 여행에 합류하고 나선 그였지만, 그날 밤은 사정이 아주 달랐다. 프란치스코란 이름을 듣자마자 사바티노는 악의에 찬 웃음을 터뜨렸다.

"왜 그자가 황금 치장에 깃털을 잔뜩 세우고 스폴레토에 쳐들어갔는지 알기는 하나? 위대한 일을 한번 해보고 싶었던 모양이야. 제가 무슨 기사랍시고, 승리하고 금의환향해서 여기서 우두머리처럼 거들먹거리고 싶었던 거라고. 하지만 전지전능하신 주님께서는 그자가 그럴 재목감이 못 된다는 걸 꿰뚫어보셨지 뭔가. 그래서 그 녀석 대가리에다 꽝! 한 방 먹였다네. 두 말해서 뭘 해. 잘난 그놈은 털이 모두 뜯긴 수탉꼴로 풀이 죽어서 되돌아오는 수밖에 더 있겠어." 그는 손뼉을 치며 좋아했다.

"우리는 그 친구에 대한 노래까지 하나 지어 놓았다니깐." 그는 낄낄거리고 웃더니, 이렇게 소리쳤다. "얘들아, 합창 준비!"

그러자 갑자기 그들은 모두 손뼉을 치며 목청 돋워 노래 부르기 시작했다.

그는 스폴레토에 갔다네, 라라라라
그는 스폴레토에 혹 떼러 갔다네,
그는 스폴레토에 갔다네, 타라 타라
그리고 혹을 잔뜩 붙이고 돌아왔다네!

술과 맛있는 안주를 보니 미칠 것만 같았다. 나는 문기둥에 기대서서 숨을 몰아쉬며 물었다. "그런데 손이 샌다는 그 프란치스코인가—하느님, 그를 보호하소서! —그 사람은 어디 있지요? 어딜 가면 만날 수 있지요? 그이 앞에 엎드려 절이라도 하려고요."

"성 위쪽으로 가 보시오." 그 젊은이가 말했다. "창문 아래서 여자를 좀 꾀어 보려고 노래를 부르고 있을 테니까."

배고픔에 그만 숨이 넘어갈 것만 같았지만 나는 그를 찾아 나섰다. 좁은 길을 따라 오르내리며 그를 찾기 시작했다. 굴뚝 여기저기서 연기가 피어오르는 것이 보였다. 사람들은 음식을 익히고 있었다. 정상적인 사람이라면 지금 저녁 준비를 할 시간이다. 나는 음식 냄새를 맡으며 걸음을 옮겼다. 내 창자는 새와 생쥐가 마구 쪼아놓은 앙상한 포도덩굴처럼 축 늘어지고 있었다. 도저히 더는 견딜 수 없었다. 입으로 신을 모독하는 말을 내뱉기 시작했다. "아, 내가 하느님만 찾아다니고 있지 않았다면" 나는 화가 치밀어서 중얼거렸다. "내가 이렇게 하느님을 찾아다니는 신세가 아니라면 마냥 빈둥거리며 편안하게 살 텐데! 그럴 수만 있다면 얼마나 좋을까! 아무 일도 하지 않고 어린아이 머리통만 한 흰 빵이나 뜯어 먹으며, 내가 그처럼 좋아하는 구운 돼지고기에다 부추, 월계수 잎, 카민으로 양념해서 기름에 푹 쪄낸 토끼 고기를 실컷 먹겠는데, 이 꼴이 뭐람. 그리고 붉은 움브리아 포도주를 한 잔 가득 주욱 들이켜서 속을 좀 식히는 거야. 그러고 나서는 어느 과부를 찾아가 나를 끌어안고 몸 좀 녹여달라고 그러겠지. 이 세상에 과부의 품속만큼 달콤하고 따뜻한 곳은 없다고들 하지 않던가. 어디 화로 따위에다 비길라고

······ 하지만 하느님을 찾고 있는 몸이니 나는 무얼 해야 좋단 말인가!"

나는 추위를 견뎌내려고 빨리 걸었다. 그러다 갑자기 기운을 내 달리기 시작했다. 맑은 공기를 마시면서 음식 냄새와 과부의 유혹을 떨치고 싶었다. 이윽고 내가 이른 곳은 유명한 로카 성의 가장 높은 지대였다. 자랑스럽게 서 있던 성벽은 무너져 내리고 문들은 타 버렸다. 남은 것이라곤 벽이 터지고 갈라진 두 개의 탑신뿐이었다. 어느덧 잡초가 탑으로 기어올라 돌 사이에서 수북이 자라나고 있었다. 몇 년 전 사람들이 군주의 학정에 견디다 못하여 반란을 일으키면서 이 험악한 산성을 공격해 허물어 버린 것이다. 주지육림(酒池肉林)에서 탐식하던 통치자들의 불운을 즐겨 볼 셈으로 폐허를 한 바퀴 돌고 싶었지만, 살을 에는 매서운 바람에 오싹 추워져 포기하고 말았다. 나는 달려 내려갔다. 집집마다 램프가 꺼지고 사람들은 벌써 코를 골고 있었다. 잘 먹고 잘 마셨으니 다음은 단잠에 곯아떨어지기 마련이다. 이 훌륭한 집 주인들께서는 하느님을 자신들이 원하던 대로 지상에서 찾았다. 그들과 크기도 똑같고 아내와 자식 같은 인생의 모든 쾌락과 함께 하는 신이었다. 한편 몽상가라는 나는, 아시시 거리를 맨발로 굶주림에 허덕이며 방황하고 하늘로 난 문을 맨주먹으로 두들기고 있었다. 저주를 하다가도 순간 덮치는 추위를 물리치려고 '주여, 우리를 불쌍히 여기소서'를 힘차게 외우고는 했다.

자정이 가까운 무렵, 나는 주교의 성당 근처에서 기타와 류트 소리를 들었다. 아마 젊은이들이 애인의 창가에서 세레나데라도 연주하고 있는 거겠지. 한 사람은 노래를 부르고 있었다. 나는 발소리를 죽이고 살금살금 다가가 문가에 숨었다. 그리고 벽에 바짝 몸을 붙였다. 스키피 백작의 저택 앞에는 젊은이들 대여섯이 모여 있었다. 그 중에서 키가 다른 사람들보다 훨씬 작은 친구는 모자에 깃털을 꽂고 팔짱을 낀 채 서서 고개를 뒤로 젖히고는, 쇠창살로 막힌 창문 하나를 뚫어지게 바라보면서 노래를 부르고 있었다. 친구들이 그를 둘러싸고 그의 목소리에 맞춰 기타와 류트로 반주를 해주고 있었다. 그 목소리! 아, 참으로 달콤하고 열정적인 목소리가 애원하는 듯 울려 퍼져갔다! 그 가사를 나는 지금 기억하지 못한다. 후세를 위하여 여기 기록해 둬야 하는 건데 그럴 수가 없다. 그러나 그것이 매에게 쫓기는 하얀 비둘기에 대한 노래였고, 젊은이가 비둘기를 부르며 내 품에 들어와 숨으라고 하던 그 대목은 지금도 기억이 생생하다…… 저 창 너머 잠들어 있을 아가씨를 깨울까봐 두려운 듯, 노래는 부드럽고 조용히 흘러나왔다. 그 노래는 잠든 아가씨의 육신을 위한 것이라기보다는, 아직 깨어 있는 그녀의 영혼을 위해 부르고 있다는 감회를 떨칠 수가 없었다. 나의 두 눈에는 눈물이 고였다. 감미로우면서 애원하고 명령하는 듯한 저 목소리는 어디서 들었던 적이 있었을까? 언제 어디서 저토록 마음을 홀리는 소리를 들었던 적이 있었을까? 매가 추격하듯 거센 소리를 내는가 하면 공포에 질린 비둘기의 떨리는 소리, 그리고 저 먼 곳에서 달콤하고 고혹적인 구원의 목소리가 들려오지 않는가? 기타와 류트를 어깨에 걸머지며 젊은이들은 떠나려 했다.

"가자, 프란치스코." 그들은 노래를 부른 젊은이에게 웃으면서 말을 던졌다.

"뭘 기다리지? 자네가 좋아하는 어린 백작 아가씨께서 자네한테 장미꽃이라도 던져주리라고 생각해서 그러는가? 지금까지 창문 한 번 열어준 적 없는 아가씨가 아닌가? 오늘 밤도 열어 줄 것 같지 않은데!"

하지만 노래를 부른 젊은이는 아무런 대꾸도 하지 않고 앞장서서 모퉁이를 돌더니 아직 노래가 흘러나오고 있는 노천 주점들이 늘어선 광장으로 내려갔다. 그때 나는 얼른 그의 앞을 가로막았다. 그를 놓쳐버린다는 생각을 하니 와락 겁이 났던 것이다. 갑자기 내 영혼은 비둘기요, 사탄은 매라는 생각이 들었다. 바로 이 젊은이의 가슴속에서 나의 영혼은 안식처를 얻을 수 있으리라! 나는 입고 있던 누더기 옷을 벗어서 그의 발밑에 깔아 그가 밟고 지나가도록 했다. 그의 온몸에선 향긋한 체취가 풍겼다. 꿀, 밀랍, 장미 같은 향기였다. 나는 냄새를 맡고 곧 깨달았다. 그것은 거룩한 성인의 향취였다. 언젠가 은제 납골함을 열었을 때 성인의 유골에서 풍기던 내음이 꼭 그랬다.

그는 고개를 돌려 나를 보더니 웃었다.

"왜 그러시오?" 그는 가라앉은 목소리로 물었다.

"저도 모르겠어요. 제가 그걸 어떻게 알겠어요. 옷이 저절로 어깨에서 벗겨지더니, 저절로 당신 발 앞에 펼쳐진 것입니다."

프란치스코는 그 자리에 그냥 서 있었다. 웃음이 그의 얼굴에서 지워졌다.

"공중에서 무슨 징후를 보기라도 한 거요?" 그는 이상하다는 듯이 몸을 내게로 기울이며 물었다.

"모르겠습니다. 모든 것이 예시이지요. 제 배가 이토록 고픈 것이며, 달빛이며, 당신 목소리가 다 그렇지요. 더는 묻지 않는 게 좋겠어요. 울음이 터질 것만 같아요."

"모든 게 예시라—." 그는 불안한 듯이 주위를 둘러보았다.

그는 손을 내밀었다. 나에게 물어보고 싶은 말이 있는 듯 두꺼운 입술이 조금 실룩였지만, 마음의 결정을 내리지 못하는 것 같았다. 그의 얼굴 위로 달빛이 흘러내리는 듯했다. 두 손은 투명하게 빛났다. 그는 한 발자국 나에게 다가왔다. 그가 무슨 말을 하려는지 듣기 위해 나도 몸을 앞으로 숙였다. 술 냄새가 얼굴에 풍겨 왔다.

"나를 그렇게 바라보지 마시오." 화가 난 듯 그가 속삭였다. "나는 당신에게 할 말이 없소. 한마디도!"

그는 다시 걸음을 떼어 놓기 시작했다. 걸음이 빨라지고 있었다. 그는 나에게 따라오라고 손짓했다.

달빛 속에서 그의 뒷모습을 놓칠세라 나는 종종 걸음으로 뒤따라갔다. 그는 비단옷을 입고 벨벳 모자에 붉은 깃 하나를 꽂고 있었다. 귀에는 카네이션 한 송이가 걸려 있었다. 이 사람은 하느님을 찾고 있는 게 아니로군! 나는 속으로 생각했다.

그의 영혼은 육체의 즐거움에 탐닉하고 있구나, 이런 생각이 들자 나는 갑자기 그런 그가 불쌍하게 느껴졌다. 손을 뻗어 그의 팔꿈치를 툭 건드렸다.

"죄송합니다." 나는 말했다. "그런데 꼭 한 가지 여쭈어 보고 싶은 말이 있습니다. 먹고 마시며 비단으로 몸을 두르고 창가에서 노래만 부르시다니, 당신의 생활은 쾌락의 연속이군요. 그러고서도 무언가 부족하다고 느끼지 않는단 말이오?"

젊은이는 몸을 홱 돌렸다. 내 손이 자기 몸에 닿지 않게 하려고 팔을 사납게 뿌리쳤다.

"그렇소, 부족한 게 나에게는 하나도 없소." 그는 짜증스럽게 대꾸했다. "왜 그런 걸 묻지? 나는 사람들이 이것저것 캐물으려 드는 게 싫단 말이야."

"당신이 불쌍해서지요." 용기를 내어 내가 말했다. 그러자 젊은이는 거만하게 고개를 젖혔다. "아니 당신이, 당신이 나를 불쌍하게 여긴다고!" 그는 껄껄 웃었다. 그러나 잠시 뒤 나직하고 떨리는 목소리로 물었다. "왜 나를 불쌍히 여긴다는 거지? ……왜?"

나는 아무 말도 하지 않았다.

"왜?" 그는 허리를 굽히고 내 눈을 뚫어지게 바라보며 다그쳐 물었다. "당신은 누군데…… 옷을 그렇게, 거지처럼 입었소? 그리고 이 한밤중에 아시시 거리로 나를 찾아 나서게 한 사람이 도대체 누구란 말이오?"

그는 머리끝까지 화가 났다. "사실대로 털어놓으라고. 누가 당신을 보냈지? 그게 누구냐고?"

대답이 없자 그는 땅이 꺼지도록 발을 탕탕 굴렀다. "나는 없는 게 없다고! 절대로 동정 따위는 받고 싶지 않아. 세상 사람들이 나를 부러워했으면 좋겠어. 부족한 것이라곤 하나도 없는 나를 말이오!"

"없다고요?" 나는 입을 열었다. "하늘에도 없다는 말씀인가요?"

그는 고개를 숙이더니 아무 말이 없었다. 그러나 잠시 뒤 입을 열었다.

"하늘은 나에게 너무나 높소. 땅이 좋아. 너무나 좋지. 나와 가까이 있으니 말이오!"

"하늘보다 우리에게 가까운 것은 없습니다. 땅은 우리 발밑에 있고 우리는 그걸 밟고 다니지만 하늘은 우리 안에 있습니다."

달이 기울기 시작했다. 하늘에는 별들이 듬성듬성 피어났다. 먼 이웃마을에서 열정적인 세레나데 노랫마디가 아련히 들려왔다. 저 아래 광장은 아직 시끌벅적했다. 여름 밤공기 속에는 쾌적한 향내와 사랑이 가득 차 있었다.

"하늘은 우리 안에 있습니다, 젊은이여." 나는 되풀이했다.

"당신이 그걸 어떻게 아나요?" 깜짝 놀란 표정으로 그가 물었다.

"저는 고통 받고 굶주리고 목말라 하면서 그걸 배웠습니다."

그는 내 팔을 잡아끌었다. "이리 따라오시오. 당신에게 먹을 것을 주고 잠자리를 마련해 드리지요. 하지만 제발 하늘에 대한 이야기는 더는 하지 마시오. 어쩌면 당신 안에는 그런 게 들어 있는지 모르지만 내 안에는 없으니까요."

그의 눈은 고민이 맺혀 번득이고 목소리는 잠기고 있었다. 우리는 함께 시장으로 내려갔다. 술집에서는 여전히 왁자지껄한 술판이 벌어지고 있었다. 술에 취한 젊은이들이 지붕이 나지막한 집집 사이로 줄을 지어 들락날락하는 것을 보니, 그곳은 문간에 작은 홍등(紅燈)이 켜져 있는 집이었다. 야채와 과일을 잔뜩 실은 나귀들이 시골에서 돌아오기 시작했다. 남자들은 술상을 차리고 상마다 포도주, 브랜디, 럼 등의 술병을 올려놓았다. 줄 타는 두 광대가 땅바닥에다 높은 기둥을 박고 나서 줄을 팽팽히 고르고 있었다. 일요일 장을 아시시 거리에 펴기 위한 준비가 이미 시작되고 있었던 것이다.

아우러지는 달빛에 두 주정뱅이가 프란치스코를 알아보고는 몰래 킬킬댔다. 그중 하나가 어깨에 들쳐 메었던 기타를 내렸다. 그는 프란치스코를 비웃음 담긴 눈길로 바라보며 노래하기 시작했다.

너는 높은 곳에 둥지를 지었지만 헛일만 하지.
나뭇가지는 곧 부러지고,
너는 새를 놓치고 말거야.
그리고 남는 것은 아픔뿐.

프란치스코는 고개를 숙인 채 움직이지 않고 가만히 노래를 들었다.
"그 말이 맞아." 그는 중얼거렸다. "그 말이 맞아요."
예의를 지키자면 나는 입을 다물고 있어야 했다. 하지만 나는 촌놈이었으므로 입을 열어 물었다. "무슨 새를 말하는 거지요?"
프란치스코는 몸을 돌려 나를 보았다. 그 눈길 속에는 너무나 많은 고통이 서려 있었다. 나는 나도 모르게 그의 손을 두 손으로 잡으며 거기에 입을 맞추었다. "저를 용서하소서." 나는 빌었다.
그의 표정이 부드러워졌다. "무슨 새냐고요? 그걸 내가 어떻게 알겠소?" 그는 깊은 한숨을 내쉬었다. "아니오, 나는 몰라요, 몰라." 신음하듯 말했다. "더 묻지 마시오. 자!"
그리고 그는 내 손을 꼭 붙잡았다. 내가 그의 곁을 떠나기라도 하면 어쩌나 걱정하는 것처럼.

하지만 내가 어찌 감히 당신에게서 벗어날 수가 있겠습니까? 갈 데가 어디 있다는 건가요? 그때 그 순간부터 나는 한 번도 당신 곁을 떠난 적이 없습니다. 프란치스코 신부님, 내가 몇 해를 두고 찾아 헤맨 것이 바로 당신이

었던가요? 내가 태어난 것은 당신을 만나기 위해서인가요? 당신을 따라다
니며 당신의 말을 듣기 위해서였던가요? 내게 귀는 있지만 혀가 없으니 그
저 들을 수밖에요. 당신은 아무에게도 하지 않은 말을 내게만 들려주기도 했
습니다. 내 손을 잡고 숲 속으로 들어가고 산을 기어오르면서 당신은 말씀하
셨습니다.

당신은 이런 말씀을 곧잘 들려주셨지요. "레오 형제여, 당신이 나와 함께
있지 않았다면 나는 돌이나 개미, 어린 올리브 잎에 대고라도 말을 했을 것
입니다. 내 가슴이 넘쳐흐르기 때문이지요. 만약 가슴을 열고 마음에서 넘치
는 것을 털어놓지 않는다면, 내 심장은 천 갈래 만 갈래로 찢겨지고 말 것입
니다." ·

그러니까 나는 당신에 대해 다른 사람이 알 수 없는 일들을 알고 있습니
다. 당신은 사람들이 상상조차 할 수 없는 많은 죄를 지었던 것이 사실이며,
사람들이 믿고 있는 것보다 훨씬 더 많은 기적을 이루어냈습니다. 당신은 하
늘로 오르기 위해 지옥의 밑바닥까지 뛰어내려서는, 다시 치솟는 힘을 얻곤
했지요. '밑바닥으로 깊이 내려갈수록 더 높은 곳으로 솟구쳐 오르는 힘이
생기는 법'이라고 나에게 말씀하시고는 했습니다. "전투적인 기독교도 최대
의 힘은 그의 미덕이 아니라, 내면에 도사리고 있는 오만·불명예·부정·악의
를 뒤바꿔 놓으려는 그 투쟁에 있지요. 어쩌면 루시퍼(사탄)야말로 하느님
바로 곁에 서게 될 가장 영광스러운 천사가 될지 모릅니다. 미카엘이나 가브
리엘, 라파엘이 아니라 이윽고 그 무시무시한 암흑을 빛으로 바꿔 놓은 루시
퍼가 가장 훌륭한 천사가 될 것이라는 말이오."

나는 너무 놀라 입을 벌린 채 당신의 말에 귀를 기울였습니다. 그토록 감
미로운 말이 또 어디 있겠는가 생각하면서 스스로 물었습니다. 그것은 죄,
심지어 죄를 짓는 것도 하느님께 이르는 길이 될 수 있다는 말인가. 그렇다
면 죄인에게도 구원의 희망이 주어지리라는 이야기가 아닌가 하고.

나는 파보리니 시피 백작의 딸 클라라에게 쏟은 당신의 욕정을 아는 유일
한 목격자이기도 합니다. 다른 사람들은 모두 자기 자신의 그림자가 두려워
진 나머지, 당신이 사랑한 것은 오직 그 여자의 영혼이라 말하고 있습니다.
그러나 당신이 가장 먼저 사랑한 것은 그 여자의 몸이었습니다. 당신에게 사
랑의 실마리를 마련한 것은 그 여자의 육체였고, 당신의 사랑은 바로 거기서

출발하였습니다. 그리고 투쟁을 거쳐, 악마의 함정과 싸우는 투쟁을 거쳐서 마침내 당신은 하느님의 도움으로 그 여자의 영혼을 붙잡을 수 있었습니다. 당신은 여자의 육체를 접촉하지도 거부하지도 않으며 그 영혼을 사랑했습니다. 그리고 클라라를 향한 이 욕정은 결코 하느님을 찾으려는 당신의 노력을 방해하지 않았습니다. 오히려 그것은 커다란 도움을 주었습니다. 그 사랑은 당신에게 위대한 비밀을 밝혀 주었기 때문입니다. 그것은 어떻게 하면, 어떤 투쟁 방법을 거치면 육신이 정신으로 바뀌는가 하는 비밀이었지요. 모든 사랑은 하나라는 것, 그것이 아내에 대한 사랑이건, 아들, 어머니, 조국, 아니면 사상이나 하느님을 향한 사랑이건, 모두 같다는 것을 알게 된 것입니다. 사랑의 가장 낮은 단계에서 이룩한 승리일지라도 그것은 우리가 신에게 다 다르도록 길을 다져 줍니다. 그러니까 당신은 육신과 싸워 나가며 철저히 그 것을 정복하는 과정에서 그 속에 피와 눈물을 흩뿌리는 무서운 투쟁을 여러 해 계속해 왔던 것입니다. 그리고 마침내 그것은 정신으로 바뀌었습니다. 당신은 자신이 가지고 있는 모든 장점과 단점을 똑같은 방법으로 변화시켜 나가지 않았던가요? 그것들은 다 같은 육신의 일, 바로 클라라를 향하는 마음 같은 것이었습니다. 울고 웃으며 심장을 둘로 찢은 당신은, 두 개의 심장을 모두 영혼으로 승화시켰습니다. 이 길밖에는 구원의 길이 없었던 것입니다. 당신은 그렇게 길을 인도하였고, 나는 숨을 헐떡이며 당신을 뒤따라 나갔습니다.

어느 날 나는 피로 뒤범벅이 되어 당신이 바위에서 일어나는 광경을 보았습니다. 신음하는 당신의 몸은 하나의 커다란 상처덩어리였습니다. 나는 참으로 당신이 가여웠습니다. 달려가서 나는 당신의 무릎을 붙들었습니다.

"프란치스코 형제, 왜 당신은 자기 육체를 그토록 학대하시나요?" 나는 울먹였습니다. "육체 또한 하느님이 창조하신 것이니, 반드시 소중히 다루어야만 합니다. 피를 흘린 것이 죄송하지 않습니까? 이렇게 피를 쏟은 것 말입니다."

그러나 그때 당신은 머리를 가로저으며 말했지요. "레오 형제여, 오늘날 세상이 이런데, 의로운 사람이라면 마땅히 성인(聖人)의 경지에 다가서야만 하고, 그 경지를 넘어서면 또 어떻습니까? 죄를 짓는 사람은 또 짐승 못지 않게, 아니 그보다도 못한 추악한 존재가 되어 버리고 마는데요. 오늘날 중도라는 것은 사라지고 말았습니다."

어느 때는 절망의 눈망울을 굴린 적도 있었습니다. 땅을 바라보면 그 땅이 당신을 삼켜 버리려 했고, 하늘을 바라보면 그 하늘이 당신 돕기를 거절하였습니다. 이윽고 당신의 시선은 다시 나에게 돌아왔는데 당신의 말을 듣고 나는 온몸에 소름이 돋았습니다.

"레오 형제여, 내 말 좀 들어요. 당신에게 매우 심각한 이야기를 하나 들려주지요. 하느님의 어린양인 당신이 견딜 수 없다면 말하지 않겠어요. 듣고 있어요?"

"듣고 있습니다. 프란치스코 신부님." 나는 대답을 하면서도 벌써 와들와들 떨기 시작했습니다. 당신은 나를 진정시키고 내가 쓰러지는 것을 막으려는 듯이 내 어깨 위에 손을 얹었습니다.

"레오 형제여, 성인의 경지에 이르려면 세속적인 모든 것을 버리는 것으로는 부족하답니다. 하느님이 주신 모든 것도 버려야만 하지요."

그러나 바로 그 순간 하느님을 모독하는 말을 했다고 깨닫는 듯 당신 스스로 그렇게 놀랄 수가 없었습니다. 당신은 땅에 엎드려 흙을 한 줌 움켜쥐더니, 그걸 당신의 입 속에 털어 넣었습니다. 그리고 손가락을 입에 가져가며 겁에 질린 표정으로 나를 뚫어지게 바라보았습니다. 그리고 몇 초가 흘렀을까, 당신은 외쳤습니다.

"내가 뭐라고 했지요? 내가 어떻게 그런 말을……? 아무 말 마세요!"

그리고 당신은 울음을 터뜨렸습니다.

나는 저녁마다 램프 불빛 아래서 당신의 말 한마디 한마디, 당신의 모든 행적을 정확히 회상하며 써 나갔습니다. 하나하나 틀림없이 기록하여 사라지고 없어지는 것을 막으려 했습니다. 당신의 입술에서 흘러나오는 말 한마디가 하나의 영혼을 구할 수 있다고 나는 생각했습니다. 내가 기록을 게을리하여 그것을 놓쳐 버리면 인류에게 그 뜻을 밝혀 주는 데 실패함으로써 한 영혼을 구원하는 것이 불가능해지고, 결국 그것은 내 책임으로 돌아오는 일이었습니다.

지금까지 나는 여러 번 펜을 들었지만 늘 몇 자 적다가는 포기해 버리고는 했습니다. 언제나 하나의 공포가 나를 엄습했기 때문입니다. 하느님, 용서하소서. 그렇습니다. 나는 알파벳이라는 글자가 그렇게 무서웠지요. 글자들은 교활하고 뻔뻔스러운 악마들입니다, 그리고 위험한 것들입니다! 잉크병 뚜껑을 열면 악마들을 풀어 놓게 됩니다. 한 번 잉크병에서 도망쳐 나간 그것들을 어느 누가 다시 붙들어 넣을 수 있겠습니까! 그들은 저절로 생명이 붙어 모였다가 흩어지면서 글 쓰는 사람의 명령을 어기고 종이 위에 제멋대로 늘어섭니다. 꼬리와 뿔이 달린 검은 악마들이었지요. 글자에게 아무리 소리를 지르고 애원을 해도 부질없는 일. 그들은 제멋대로 놀아나기 마련입니다. 당신이 보는 앞에서 장난치며 뻔뻔스럽게 서로 어울려 수작을 부리면서도 당신이 처음 밝히지 않으려고 마음먹었던 것까지도 폭로하도록 만듭니다. 당신 가슴 깊은 곳에서 꿈틀거리는 답답한 것이 밖으로 튀어나와 인류에게 말을 걸고 싶어 해도 글자들이 말문을 막아 버리면서 그것을 방해할 것입니다.

지난 일요일, 교회에서 돌아오며 나는 겨우 용기를 되찾았습니다. 그 악마들을 그들의 방자한 의사와는 관계없이 제자리에 구겨 넣음으로써 하느님은 글자들로 하여금 성경도 쓰게 하시지 않았던가요? 그렇다면 너도 용기를 가져라! 나는 자신을 타일렀습니다. 글자 따위들을 겁내지 마라! 펜을 들고 써라! 하지만 나는 다시금 덜컥 겁이 났습니다. 성경의 복음서는 틀림없이 사도들이 쓴 것입니다. 그러나 사도 가운데 한 사람은 천사가, 다른 이는 사자가, 또 다른 이는 소가, 또 다른 이는 독수리가 도와주었습니다. 그들이 불러 준 것을 받아 쓴 것이었습니다. 그런데 나는? 누가 불러 준다는 것일까.

나는 이런 식으로 주저하며 숱한 세월을 보냈습니다. 양피 조각, 종잇조각, 나무껍질 위에 정성스럽게 옮겨 놓은 당신의 말씀들을 읽기만 했습니다. 나는 언제 늙을 것인가, 되풀이해서 자신에게 묻기만 했습니다. 더 이상 걸어다닐 수 없을 만큼 나이가 들면, 수도원에 들어가 여장을 풀고 나의 조용한 수도실에서 하느님의 힘을 빌 참이었습니다. 프란치스코 신부님! 세계를 구원하기 위한 당신의 말과 행동을 그때서야 성인의 전설로서 엮어 낼 생각이었습니다.

하지만 나는 서둘렀습니다. 양피 조각, 종잇조각, 나무껍질에 적어 놓았던 말들이 살아나서 서로 밀치락달치락하고 있음을 느꼈기 때문입니다. 말들은 답답한 구석에 너무 오래 내버려 두었더니 질식할 것만 같았는지, 마침내 그곳에서 빠져 나오려는 반란을 일으킨 것입니다. 나는 프란치스코, 당신의 기적도 느꼈습니다. 집 없이 지칠 대로 지친 당신이, 내가 있는 수도실 밖을 서성이며 거지처럼 손을 내밀고 있는 것 같았습니다. 당신은 아무도 모르게 복도로 슬그머니 들어서더니 내 방 안으로 들어왔습니다. 며칠 전 저녁의 일이었습니다. 낡은 양피지에 적힌 옛 성인들의 생애를 읽으려 허리를 굽힌 등 뒤로 누가 다가온 것 같은 느낌이 들었습니다. 북풍이 세차게 부는 추운 날씨였습니다. 나는 질화로에 불을 지폈습니다. 수도원장은 내가 너무 늙어 추위를 견딜 수 없을 거라며 온기를 조금 방 안에 들이도록 허락했습니다. 성자들이 이룩한 기적들이 나를 빙 둘러싸더니 불길처럼 나를 핥고 있다는 생각이 들었습니다. 나는 공중에 붕 떠서 더 이상 땅에 닿을 수 없을 것 같은 기분이었습니다. 그때였습니다. 나는 분명히 뒤에 누가 있다고 느껴 돌아보았습니다.

나는 질화로 건너편에서 옷을 되는대로 걸쳐 입은 당신을 보았습니다.

"프란치스코 신부님, 천국을 버리고 오셨나요?" 나는 벌떡 일어서서 소리쳤습니다.

"나는 춥고 배가 고프오." 당신은 말했습니다. "누워서 쉴 데가 없다오."

방에는 빵과 꿀이 있었습니다. 나는 빨리 달려갔습니다. 그것으로 당신의 시장기를 덜어 드리려 했습니다. 그러나 다시 돌아와 보니 거기에는 아무도 없었습니다.

그것은 하느님의 신호였습니다. 분명히 하나의 계시를 보여 주셨습니다. 프란치스코는 지상에서 집 없이 방황하고 있으니, 그를 위해 거처할 곳을 하나 지으라는 뜻임이 분명했습니다! 그렇지만 다시금 두려움이 나를 엄습했습니다. 오랫동안 마음을 흔드는 자신과의 싸움에 지쳐서 머리를 양피지에 묻은 채 깜박 잠이 들었습니다. 나는 꽃이 만발한 나무 밑에 누워 있는 것 같았습니다. 하느님의 숨결처럼 향기로운 미풍이 불어 왔습니다. 천상의 나무에 꽃이 흐드러지게 피어 있었습니다. 나는 꽃으로 뒤덮인 나뭇가지 사이로 하늘을 바라보고 있었는데 갑자기 새 한 무리가 날아왔습니다. 꼭 알파벳 모양을 한 새들이었습니다. 한 마리 한 마리 나뭇가지 위에 내려앉아 지저귀기 시작했습니다. 처음에는 따로따로 울던 새들이 둘이 되고 셋이 되어 어느

새 합창으로 바뀌었습니다. 그 다음에는 이리저리 자리를 옮겨 앉으며 두셋이 어울리기도 하고 다섯이 어울리기도 하며 황홀한 목소리로 노래했습니다. 나무는 이제 하나의 노래가 되었습니다. 열정과 욕망, 그리고 커다란 고통으로 가득 찬, 감미로우면서 부드러운 노랫소리였습니다. 그때 벌써 나는 봄의 대지에 깊이 묻혀 버린 느낌이었습니다. 두 손을 가슴 위에 올려놓고 누워 있었습니다. 알고 보니 꽃이 활짝 핀 이 나무는 나의 내부에서 나온 것이고, 그 무수한 뿌리는 내 온몸에 뿌리를 내리고 영양분을 빨아올리고 있었습니다. 그리고 내 일생의 기쁨과 슬픔이 모두 새가 되어 노래를 부르고 있었던 것입니다.

이윽고 나는 잠에서 깨어났습니다. 나는 여전히 나의 내부에서 울려나오는 새의 노랫소리를 들을 수 있었습니다. 하느님의 숨결도 여전했습니다.

새벽이었습니다. 밤새 머리를 양피지에 묻은 채 잠이 들다 깨어났습니다. 나는 일어나 목욕을 하고 깨끗한 옷으로 갈아입었습니다. 아침 기도를 알리는 종이 울리고 있었습니다. 성호를 긋고 성당에 들어섰습니다. 이마, 입, 가슴을 마루에 조아리고 성찬을 받았습니다. 미사가 끝나자 곧 내 방으로 달려갔습니다. 그분의 숨결을 놓칠까봐 아무에게도 말을 걸지 않았습니다. 마치 나는 날고 있는 듯한 기분이었습니다. 천사들이 양쪽에서 나를 부축하고 있었습니다. 그들을 볼 수는 없었지만 양쪽에서 파닥이는 날갯짓 소리를 들을 수 있었습니다. 나는 펜을 들고 성호를 그었습니다.

그 다음 프란치스코 신부님, 나는 당신의 생애와 그 시대를 기록하기 시작했던 것입니다. 하느님이 저를 도와주시고 저를 인도하시길 빌며!

2
영혼의 마지막 숨

.

나는 진실을 말할 것을 맹세한다. 하느님, 제 기억을 도우소서. 맑은 정신을 주시고 다음에 후회할지 모르는 말은 한 마디도 하지 못하게 하소서. 옴브리아의 산들이여, 평야여, 일어나서 증언하라! 그 순교자의 피가 뿌려진 돌들이여, 모두 일어서서 증언하라. 마르면 먼지가 하얗게 일고 비만 오면 진창 범벅이 되는 이탈리아의 길들이여, 검은 동굴이여, 눈 덮인 봉우리들이여! 일어나라! 일어나라. 그를 야만인이 사는 동쪽에 싣고 간 배도 일어나고, 문둥이, 이리 떼, 도둑 떼도 나와서 증언하라! 그의 설교를 들은 새들도 깨어나라! 레오 형제는 지금 너희의 모든 증언을 필요로 하는 것이다. 자, 어서 나와 내 오른편과 왼편에 서 다오. 내가 진실을, 모든 진실을 말할 수 있도록 도와다오. 내 영혼의 구원이 바로 여기에 달려 있음을 알아다오.

나는 지금 떨고 있다. 여러 번 진실과 허위를 제대로 구별하지 못한 과거의 기억 때문이다. 프란치스코는 내 마음속에 물처럼 흐르고 있다. 그는 모습을 자주 바꾸었기에 나는 그를 꼭 집어서 이렇다고 말할 능력이 없다. 그의 키가 작았던가? 아니면 엄청나게 큰 키였던가? 나는 가슴에 손을 얹고 자신 있게 말할 수 없다. 그는 볼품 없이 땅딸막해 보였던 것 같다. 살가죽 속에는 앙상한 뼈마디밖에 없었던 것 같고, 얼굴은 그의 가난을 증언하는 그런 모습이었다. 몇 가닥 안 되는 밤색 수염, 두툼하게 나온 입술, 토끼 귀처럼 쫑긋 서고 털이 많은 커다란 두 귀로는 열심히, 눈으로 보이는 세계와 볼 수 없는 세계에서 일어나는 이야기를 동시에 듣고 있는 듯했다. 하지만 그의 섬세한 손은 마디가 가는 손가락하며 귀족의 피를 타고 있음을 말해 주었다. 그러나 그가 입을 열거나 기도를 하거나 혼자 생각하고 있을 때면, 작달막한 몸에서는 하늘로 치솟는 불꽃이 피어오르곤 했다. 그는 붉은 날개를 가진 대천사로 화하여 공기를 파닥였다. 그리고 그 불길을 훤히 볼 수 있는 한밤중이기라도 하면 사람들은 몸에 불이 옮겨 붙을까 봐 겁에 질려 모두 피했다.

"프란치스코 형제, 당신에게 붙은 불을 꺼야 해요." 나는 소리치곤 했다. "세상을 온통 불사르기 전에 당신의 불길을 잡으라니까요."

그리고 눈을 들고 바라보면 그가 내가 있는 곳으로 정면으로 걸어오는 것이 보이곤 했다. 조용히 웃는 그 얼굴에는 다시 한 번 인간의 기쁨과 고통과 가난이 그대로 그려지고 있었다.

이런 것을 물어본 기억이 난다. "프란치스코 형제, 당신이 혼자 어둠 속에 있을 때 신이 어떤 방법으로 모습을 드러내시나요?"

그때 그는 이렇게 대답했다. "꼭 시원한 물 한 잔과 같다오, 레오 형제. 영원한 젊음이 샘솟는 샘물에서 떠온 물 한 잔처럼 말입니다. 목이 말라 그것을 마시면 영원히 갈증이 가신다오."

"하느님이 찬물 한 잔과 같다고요?" 내가 놀라 물었다.

"무엇을 생각하고 있었소? 형제는 왜 그렇게 놀라지요? 세상에 하느님보다 단순한 것은 없습니다. 인간의 입술을 축이는 데 하느님보다 시원하고 안성맞춤인 것도 없지요."

그러나 수년이 지난 다음이었다. 살이라곤 조금도 붙어 있지 않아 털과 뼈만 앙상하게 남은, 허리가 구부러진 모습으로 프란치스코는 마지막 숨을 몰아쉬며, 다른 수도사들 귀에 들리지 않도록 내 귀에다 대고 떨리는 소리로 이렇게 말했다. "하느님은 불길이라오, 레오 형제여. 그는 타고 있어요. 우리도 그와 함께 타오르고 있어요."

그의 키를 마음속으로 재어 보고 또 재어 보아도 자신 있게 말할 수 있는 것은 단 한 가지밖에 없다. 그의 발이 밟고 다니던 땅에서 그의 머리까지가 키라면, 그의 신장은 짧았다. 그러나 그의 머리에서부터 신장을 재려고 든다면 그것은 참으로 엄청난 길이였다.

또한 내가 한 가닥 의심 없이 분명히 기억하고 있는 것은, 그의 몸은 두 부분으로 이루어져 있다는 점이다. 그의 두 발과 두 눈이다. 나는 거지였다. 거지들과 어울려 일생을 보내며 살기 위해서 날마다 맨발로 바위, 흙, 진흙과 눈 위를 밟고 지나가는 수천 개의 발들을 눈여겨 보아왔다. 그러나 나는 그의 발처럼 괴롭고 슬프고 먼 여로에 찢긴 약한 발을 결코 본 적이 없다. 그 발은 심한 상처가 아물지 않아 너무나 처절한 모습을 하고 있었다. 프란치스코 신부가 누워 잠들어 있을 때, 나는 이따금 몰래 가까이 다가가 그의 두 발에다 입을 맞추었다. 그러면 나는 마치 인류의 모든 고통에 볼을 부비고 있는 듯한 느낌이 들고는 했다.

그리고 그의 눈. 단 한 번이라도 본 사람이라면 어찌 그 눈을 잊을 수 있을까? 커다란 아몬드 같은 그의 눈 속은 칠흑빛이었다. 그토록 온순하게 길들여진 벨벳 같은 부드러운 눈매를 본 적이 없노라고 소리치게 할 그런 눈이었다. 하지만 그런 생각을 하다가도 갑자기 어느새 두 개의 트랩도어(함정의 문)로 변해 버리는 눈을 마주 대하게 된다. 그 함정의 문으로 들여다보면 심장, 콩팥, 허파, 그리고 속마음이 그대로 보이는 그런 눈이 되는 것이다. 그의 내면이 불처럼 활활 타오르고 있음을 알게 된다. 그가 가끔 그런 눈으로 당신을 보고 있더라도 그건 당신을 보고 있는 것은 아니다. 그가 본 것은 무엇일까? 당신의 살갗이나 육신은 아니며 머리도 아니다. 그것은 당신의 두개골이다. 어느 날 그는 손바닥으로 내 얼굴을 천천히 쓰다듬어 주었다. 그의 시선에는 깊은 동정과 다정함이 가득 차 있었다. "나는 당신이 좋소, 레오 형제여. 벌레가 입술이며 귀로 기어다니도록 자유롭게 내버려두는 것이 호감이 간다는 말이오. 당신은 그것을 쫓아 버리려고 하지 않지요."

"프란치스코 신부님, 무슨 벌레가 있다는 말인가요? 저는 한 마리도 보이지 않는데요."

"기도를 드릴 때나 잠들었을 때, 아니면 천국에 관한 꿈을 꾸고 있을 때면 으레 보이는 벌레가 있지요. 레오 형제여, 당신은 그 벌레들을 빤히 보고 있으면서도 그것들이 하느님, 위대한 왕의 특사들이라는 것을 너무나 잘 알기에 쫓아 버리질 않는 것이지요. 신은 하늘에서 결혼식을 주재하시며, 우리들에게 초대장을 보내려고 벌레들을 동원하셨소. '위대한 왕, 그대들을 기다리는 왕이 안부를 묻노니 어서 오시라.'고 쓰인 초대장이지요."

프란치스코는 사람들과 어울려 지낼 때면 유쾌하게 웃고 장난도 곧잘 쳤다. 갑자기 껑충껑충 뛰어오르며 춤을 추기 시작하는가 하면, 자기가 작사 작곡한 성가를 부르면서 나무 막대 두 개로 '비올' 장단을 치기도 했다. 두 말할 것도 없이 같이 지내는 사람들의 기분을 북돋아 주려는 의도에서였다. 영혼의 고통, 육체의 갈등, 그리고 인간에게 인내력이 없다는 사실을 그처럼 잘 알고 있는 사람도 없었던 것이다. 하지만 그런 프란치스코도 혼자가 되면 어느새 두 눈에서 눈물이 흘러내렸다. 그는 자기 가슴을 치며 가시밭 속에 몸을 뒹굴었다. 손을 하늘 높이 치켜들고 외쳐 대곤 했다. "주여, 온종일 나는 당신을 애타게 찾아 헤맵니다. 밤새 잠들어 있을 때만 당신은 저를 찾으시는군요. 아, 주여! 언젠가, 그 언젠가 밤이 낮에게 길을 열어 주어 우리가 서로 만나 볼 수 있게 할까요?"

또 다른 때는 하늘에 시선을 박은 채 이렇게 외치는 소리도 들었다. "나는 이제 더는 살고 싶지 않습니다. 주여, 저의 옷을 벗겨 주십시오. 제 육체에서 벗어나게 하여 주십시오. 당신 곁으로 데려가 주십시오!"

새벽마다 새들이 다시 우짖는 시간, 아니면 숲속 시원한 그늘 안에 뛰어든 대낮이거나, 달빛과 별빛 아래 고요히 앉아 있는 밤, 그는 말할 수 없는 기쁨에 떨었다. 나를 바라보던 그의 눈에는 눈물이 고였다. "이 기적들을 무어라고 말할 수 있으리오, 레오 형제여!" 그는 이렇게 말하기도 했다. "그리고 이토록 아름다운 세상을 만드신 그이는 과연 어떤 분일까요? 우리는 그이를 뭐라고 불러야 합니까?"

"하느님이라 불러야겠지요, 프란치스코 형제."

"아니오. 하느님은 아니오, 하느님은 아니라오." 그는 소리쳤다. "그런 이름은 너무나 무거워요. 뼈까지 으깨어지는 듯한 소리예요. 하느님이 아니라, …… 아버지!"

어느 날 밤 프란치스코는 아시시 거리 골목길을 헤매고 있었다. 둥그런 달이 솟아올라 온 땅이 경쾌하게 떠서 흐르고 있는 것 같았다. 그는 사방을 둘러보았다. 그러나 이 위대한 기적을 보려고 문간에 나와 서 있는 사람의 그림자는 어디에도 보이지 않았다. 그는 교회로 달려가 계단을 단숨에 뛰어오르고 미끄러지듯 종탑으로 가서는 마치 큰 재난이라도 다가온 것처럼 종을 치기 시작했다. 깜짝 놀라 깨어난 사람들은 큰불이 난 줄 알고 겁에 질려 옷도 입는 둥 마는 둥 산 루피노 광장으로 뛰어나왔다. 그들은 거기서 미친 듯이 종을 치고 있는 프란치스코를 보았다.

"왜 종을 치고 있는 거요?" 그를 보고 사람들이 소리쳤다. "무슨 일이 일어났나요?"

"여러분, 눈을 들어 보시오." 프란치스코는 종탑 꼭대기에서 대답했다.

"눈을 들어서 달을 좀 보시라니까요!"

우리 프란치스코라는 위인은 그런 사람이었다. 적어도 나에게는 그렇게 보였다. 나는 이렇게 말하면서도 과연 내 느낌이 맞는지 자신이 없다. 그가 어떻게 행동하고 어떠한 사람이라는 것을 내가 어떻게 알 수 있다는 말인가? 그도 자신이 누구인지 몰랐었다는 말이 과연 가능할까? 포르치운쿨라 입구에 앉아 햇볕을 쬐고 있던 어느 겨울날 그의 모습을 나는 지금도 기억한다. 숨이 턱에 차도록 뛰어온 젊은이가 프란치스코 앞에 섰다.

"프란치스코는 어디 있어요? 베르나르돈의 아들 말입니다." 그는 숨을 헐떡이며 물었다. "어디 가면 그 새로 태어난 성인을 찾아뵐 수 있지요? 그 발 앞에 엎드려 절을 해야겠는데요. 벌써 몇 달 동안이나 그분을 찾아 이렇게 거리를 헤매고 있답니다. 제발 그가 있는 곳을 가르쳐 주십시오."

"프란치스코가 어디 있다니, 베르나르돈의 아들 말이오?" 프란치스코는 이렇게 대답하면서 머리를 가로저었다. "베르나르돈의 아들이라는 프란치스코가 글쎄 어디 있을까? 그 프란치스코란 자가 뭐하는 사람이지요? 누구입니까? 나도 그런 사람을 찾고 있다오. 여보시오, 나도 그 사람을 찾아 나선 지 꽤 여러 해가 지났다오. 자, 손을 좀 붙들어 주시오. 우리 가서 그 사람을 찾아봅시다!"

그는 일어나 젊은이 손을 잡았다. 곧 그들은 함께 자리를 떴다.

우리가 아시시 거리에서 만나던 날, 이 젊은이가 먼 훗날 어떤 사람이 되리라는 것을 내가 어떻게 짐작이나 할 수 있었을까? 그때 모자에 붉은 깃털 하나를 꽂은 이 젊은이는 애인의 창 아래서 노래나 부르던 그런 젊은이였던 것이다. 그는 내 손목을 꼭 쥐고 시가를 가로질러 서둘러 빠져 나갔다. 그리고 베르나르돈 가(家)에 당도했다.

우리들은 행여나 마귀가 우리 소리를 들을까 봐 숨을 죽이고 집 안으로 들어갔다. 프란치스코는 나를 위해 음식을 내놓았고 나는 그것을 먹었다. 침대를 직접 펴줘서 거기에 들어가 잠을 잤다. 새벽에 일어난 나는 소리가 나지 않게 앞문을 밀어 열고 밖으로 빠져 나갔다. 그날은 일요일이었다. 산 루피노 성당에서 정식 미사가 있는 날이라 나는 구걸하기 위해 그곳으로 걸어갔다.

나는 교회를 바라보았을 때 왼쪽에 있는 석조 사자상 위에 점잖게 걸터앉아 예수교도들이 무리지어 나타나기를 기다렸다. 그들은 주일이면 생각이 달라지는 예수쟁이들이다. 천당 생각이며 지옥 생각이 자꾸만 오락가락하다 보니 두려움도 생기고 기대도 품게 된다. 또 지갑을 열고 가난한 자들에게 적선할 마음도 생기는 것이다.

나는 모자를 벗어 들었다. 심심치 않게 동전들이 짤그랑거리며 그 속에 떨어졌다. 정신이 반쯤 나간 듯한 늙은 귀부인 하나가 다가오더니 어디서 온 누구냐고 물었다. 자기 아들을 보았느냐는 것이다. 시에나 기병대와 전쟁을 하다가 포로로 잡혀갔다는 것이다.

그 말에 대답하려고 막 입을 열려는데 내 앞에 프란치스코의 아버지인 베르나르돈 어르신이 나타났다. 그를 안 지 수년이 지났는데도 그는 나에게 동전 한 닢 던져준 적이 없었다. "자네는 사지가 멀쩡하지 않은가, 일을 해!" 이렇게 빽 소리나 지르는 게 고작이었다.

"저는 하느님을 찾고 있습니다." 어느 날은 그렇게 대꾸했다.

"악마가 자네를 먼저 잡아갈 걸세!" 그는 큰 소리로 말했다. 그를 수행하던 비서들이 낄낄거리고 웃었다.

아내인 피카 부인을 거느리고 그는 천천히 위엄 있는 걸음걸이로 미사에 참석하기 위해 교회로 다가오고 있었다. 하느님 맙소사, 그는 사나운 짐승이었다! 그는 가장자리에 은빛 장식을 넣은 암갈색 긴 비단옷을 입고 검은 벨벳 두건에다 길고 코끝이 뾰족한 검은 구두를 받쳐 신고 있었다. 왼손은 섬세한 황금줄을 타고 내려온 십자가를 만지작거리려고 가슴 위로 올라가 있었다. 그만하면 곱게 늙은 편이었다. 건장하고 뼈대가 굵은 편으로 키가 너무나 커서 천장에 스칠 것만 같았다. 턱뼈도 커서 두 겹의 군턱살을 받치고 있었고 휘어진 코에는 비계가 붙어 있었으며 차가운 회색빛 눈은 독수리 같았다.

그를 보자마자 나는 그 시선에 띄지 않도록 공처럼 작게 몸을 웅크렸다. 그의 뒤에는 노새 다섯 마리가 따르고 있었는데, 너무 무거워서 비틀거리다 쓰러질 것만 같은 노새 등에는 비단, 벨벳 천, 황금관과 눈부신 자수 같은 비싼 상품들이 가득 실려 있었다. 노새를 모는 다섯 마부들은 모두 무장(武裝)하고 있었다. 길거리에는 산적들이 득실거려서 마음 놓을 형편이 못되었기 때문이다. 다시 말해 베르나르돈이 그의 물건까지 잔뜩 싣고 교회에 나오는 것은 함께 미사에 참석함으로써 성(聖) 루피노상 앞에 나아가 선을 보이고 앞으로 위험에 빠졌을 때 성인께서 그의 집을 잊지 말고 잘 보살펴 주시기를 부탁하려는 것이었다. 여행을 떠나기 전 으레 그러는 것처럼 베르나르돈은 성인 상 앞에 무릎을 꿇고 한바탕 흥정을 벌일 참이었다. 당신이 나를 위해 이러이러한 것을 보살펴 준다면 나도 이러이러한 일을 해서 보답하겠다는 흥정 말이다. 이번에 그는 성인이 그의 상품을 잘 보호해 주는 대가로 플로렌스에서 그럴듯하게 양각을 새긴 묵직한 은제 등(燈) 하나를 사다가 바치겠노라고 약속할 참이었다. 그러면 고작 유리로 만든 조그만 등밖에 못 가진 다른 성인들이 부러워할 게 아닙니까 하고. 모든 일이 그런 식이었다.

그의 곁에서 멋을 부리며 걸어오는 여자는 프랑스에서 시집 온 피카 부인이었다. 푸른 바다빛 비단으로 머리를 가린 채 두 손은 배 위에 다소곳이 모으고 시선을 아래쪽에 두고 있었다. 그녀는 아름다웠고 명랑했으며 그렇게 인자할 수가 없었다. 얼굴을 보면 거지에게 돈을 줄 사람이라고 씌어 있었다. 나는 손을 내밀었다. 그러나 그녀는 나를 못 보았다. 못 보았는지 아니면 바로 곁에서 걸어오는 그 귀신 같은 몰골이 두려워 감히 거지 하나도 돌보지 못할 형편이었는지 모르겠다. 부부는 교회 문턱을 함께 넘어 가운데 큰 문으로 들어가 사라져 버렸다.

수년이 지난 다음 우리가 시골 마을을 찾아다니며 사랑을 설교하던 어느 날 아침, 프란치스코는 문득 고향에 계신 부모를 생각하며 한숨을 쉬었다.

"참 안됐지만 나는 아직도 그분들을 화해시키지 못했어요."

"누구 말씀이오? 프란치스코 형제, 누가 그렇다는 말씀이오?"

"내 어머니와 아버지 말입니다. 숱한 세월이 지났는데도 두 분은 아직 나의 내부에서 싸우고 있답니다. 이 싸움은 내 일생 동안 두고두고 계속되는 싸움이지요. 두 사람은 다른 이름으로 나타난다는 것도 알아줘야겠소. 신과 사탄, 영혼과 육신, 선과 악, 빛과 어둠으로 말입니다. 그러나 그것은 언제나 변함없이 어머니와 아버지의 모습으로 남아 있지요. 나의 아버지는 내 안에서 이렇게 외쳐 대고 있다오. '돈을 벌어라, 부자가 되어서 돈으로 귀족의 족보를 사서 귀족이 되는 거다. 돈이 있고 귀족이라야만 이 세상에서 살아갈 자격이 있지. 착한 일일랑 아예 하려고 들지도 마라. 한 번 착해지기 시작하면 너는 끝장이란 걸 알아야 해! 어느 녀석이 네 이 하나를 금가게 만들면 녀석의 턱을 몽땅 부서 놓아야만 하느니라. 세상 사람들이 너를 사랑하게 만들어선 안 되지. 사람들이 너를 무서워하도록 만들라고. 용서하면 못써. 세상은 전쟁터나 마찬가지란다!'…… 그리고 어머니는 행여나 아버지가 들을까봐 겁에 질려 떨리는 목소리로 부드럽게 타이르지요. '착한 사람이 되어야 한다. 사랑하는 프란치스코. 그럼 이 어머니의 축복을 받을 거야. 가난한 사람들을 사랑하고 미천한 사람, 압박받는 이들을 도와야 한단다. 누가 너를 해쳐도 용서해야만 해!' 이런 어머니와 아버지가 나의 내부에서 다투고 있는 것입니다. 나는 일생을 바쳐 내 마음속에서 싸우는 두 분을 화해시키려 노력하고 있습니다. 그러나 두 분은 화해하기 싫다는 것입니다. 이 때문에 나는 더 괴롭지요."

그리고 그것은 사실이었다. 베르나르돈 어르신과 피카 부인은 프란치스코의 가슴속에서 합세하여 그를 괴롭히고 있었던 것이다. 그러나 그들은 아들의 가슴속에서만 같이 있을 뿐 밖에서는 각자 다른 몸을 갖고 있었다. 그리고 이 일요일에 그들은, 서로 앞서거니 뒤서거니 하며 예배를 드리려고 막 교회에 들어갔다.

나는 눈을 감았다. 건물 안에서는 오르간 소리를 헤치며 성가 합창단의 높은 좌석에서 울려 퍼지는 소년들의 청아한 음성을 들을 수 있었다. 이것은 하느님의 음성이라고 나는 생각하고 있었다. 하느님의 목소리, 그리고 사람들이 쏟아내는 장엄하고 우렁찬 음성……. 나는 잠시도 귀를 떼지 않고 기울였다. 행복한 기분에 눈이 감겼다. 대리석 사자 위에 올라탄 나는 그리하여 마치 천당으로 말을 타고 들어서는 기분이었다. 도대체 천당이란 우아한 찬송가를 부르며 감미로운 향불을 켜 놓은, 자루에는 빵과 올리브와 포도주가 가득한 그런 곳이 아니고 어디란 말인가? 그게 없다면 천당이 아닐 것 같다. 왜냐하면―하느님 부디 제 말을 용서해주십시오. 나는 현명한 신학자들이 떠들어대는 천사의 날개, 영혼이 어떻고 육신 없는 심령이 어떻고 하는 소리 따위는 하나도 못 알아듣겠으니 말이다. 빵 부스러기 하나일망정 그것이 땅에 떨어지면 나는 허리를 굽혀서 그걸 주워 먹는다. 이 조그마한 부스러기 또한 천국의 작은 일부라는 사실을 나는 틀림없이 알고 있기 때문이다. 하지만 이것은 오직 걸식해 본 사람만이 알 수 있는 법, 그리고 내가 이 말을 하는 것도 거지들을 위해서이다.

내가 대리석 사자 위에 거뜬히 올라타고 천국을 한가로이 활보하고 있을 때 그림자 하나가 내 앞을 가로막았다. 눈을 떴다. 내 앞에 프란치스코가 서 있는 것이 보였다. 미사는 끝났다. 나는 아마 그동안 깜박 잠이 들었던 게 분명하다. 값진 짐을 싣고 있던 노새들도 교회 앞 광장에서 사라지고 없었다.

프란치스코는 파랗게 겁에 질려 서 있는데 입술이 마구 떨리고 있었다. 눈앞에 여러 환상이 잔뜩 어른거리고 있는 그런 표정이었다. 그의 잠긴 목소리가 들려왔다.

"이리 와요. 나는 당신이 필요해요."

그는 앞장섰다. 상아 손잡이가 달린 지팡이에 몸을 의지하며 걸었다. 이따금 무릎에 힘이 빠져 주저앉으려다가 간신히 벽에 몸을 기대곤 했다.

"나는 몸이 아파요." 그는 뒤를 돌아보면서 말했다. "나를 좀 잡아 줘요. 눕더라도 집에 가서 누워야겠어요. 그리고 내 곁에 있어 줘요. 당신에게 물어볼 말이 있으니까."

광장에서는 줄 타는 광대들이 말뚝을 박고 줄을 팽팽히 매어 놓고는 울긋불긋한 옷차림에 방울 달린 끝이 뾰족한 붉은 모자를 쓰고 늘어서 있었다. 오늘이 일요일이라 관객들에게 재주를 보여 주고 모자를 돌릴 만반의 준비를 하고 있는 것이다. 늙은 할아버지와 무식한 농부의 아낙네들은 바구니 하나씩을 무릎에 올려놓고 맨땅바닥에 책상다리들을 하고 앉아 병아리, 계란, 치즈, 약초, 상처에 바르는 고약, 악마의 눈길을 막고 액을 때우는 부적 따위를 팔고 있었다. 교활하게 생긴 백발 늙은이는 우리 안에 넣어 갖고 나온 흰 생쥐로 행인의 운수점을 쳐주겠다며 떠들어 대고 있었다.

"잠깐만 프란치스코, 당신의 운수를 좀 읽어 달라지 그러세요." 내가 그를 불러 세웠다. "이 생쥐들이 천국에서 내려왔다고 하는 소리를 나는 들었어요. 당신도 알다시피 천당에도 쥐는 산다고요. 그들이 하얀 이유는 그런 까닭이라고 해요. 많은 비밀을 알고 있다는 거예요."

하지만 프란치스코는 줄타기 줄을 묶어 놓은 기둥인가 말뚝인가를 붙들고 늘어지며 가쁜 숨을 몰아쉬고 있었다. 나는 한 팔로 그를 부축하고 베르나르돈의 집까지 다다랐다.

세상에 참, 돈 많은 사람들은 어떻게 눈을 감고 죽어 갈 수 있다는 말인가! 그처럼 아름다운 대리석 계단, 온통 금박을 입혀 기막히게 장식해 놓은 그 숱한 방들이며 린넨 비단을 줄줄이 놔두고 어떻게 눈을 감을 수 있다는 말인가! 나는 그를 들어 침대에 눕혔다. 기진맥진하여 그는 곧 눈을 감았다.

위에서 굽어보니 창백한 그의 얼굴 위로 반짝이는 빛과 그늘이 번갈아 나타났다. 그의 눈두덩은 마치 강한 광선을 마주 받아 아픈 것처럼 파르르 떨리고 있었다. 어떤 무시무시한 존재가 그의 눈 위에 모습을 드러냈다는 예감을 뿌리칠 수가 없었다.

결국 그는 소리를 내지르며 눈을 뜨더니 공포에 질려 벌떡 침대에서 일어나 앉았다. 등을 받쳐 주려고 닭털 베개 하나를 집어 그의 등 뒤에다 밀어넣었다. 무엇이 잘못되었는지 무엇이 그토록 겁을 주었는지 물어보려는 순간, 그는 얼른 손을 뻗어 내 입을 막았다.

"조용히 해요." 그는 속삭이면서 닭털 베개에 몸을 묻었다. 그는 떨고 있었다. 눈동자가 보이지 않았다. 눈알이 뒤집혀서 저 아래 바로 자신의 창자를 두려운 시선으로 들여다보고 있는 것 같았다. 턱이 흔들릴 정도로 덜덜 떨었다.

그때 나는 문득 깨달았다. "하느님을 보았지요? 하느님을 보았군요!" 그는 내 팔을 꽉 쥐더니 괴로운 듯 숨을 헐떡이며 물었다. "어떻게 그걸 아시오? 누가 당신에게 말해 주었소?"

."아무도 말한 사람은 없어요. 하지만 당신이 떨고 있는 모양을 보니 알겠어요. 사람이 그토록 사시나무처럼 떤다면 분명히 그 앞에 사자가 나타났거나 아니면, 하느님을 보았다는 얘기지요."

프란치스코는 베개 속에 묻었던 머리를 억지로 일으키면서 "아니라오. 나는 그를 못 보았소. 그이의 목소리만 들었소."

겁에 질린 눈으로 그는 사방을 두리번거렸다. "앉아요." 나에게 일렀다. "손을 내게 얹지 말아요. 만지지 말라니까요!"

"나는 손을 대지 않겠어요. 당신 몸에 닿는 것이 두렵군요. 당신의 몸에 닿는 순간 내 손이 그만 재로 타버릴 것 같아요."

그는 머리를 설레설레 흔들면서 미소를 지었다. 자취를 감추었던 눈동자가 제자리에 돌아와 있었다. "좀 물어볼 말이 있어요. 내 어머님이 미사에서 돌아오셨나요?"

"아직 안 돌아오셨어요. 친구분들과 지금 이야기하고 계실 겁니다."

"그러면 다행이군요. 문을 닫아요." 그는 잠시 뜸을 들이더니 다시 똑같은 말을 했다. "당신에게 물어볼 말이 있어요."

"자, 듣고 있습니다, 말씀하시지요."

"당신은 일생 동안 하느님을 찾아서 방황하고 있다는 말을 내게 했었지요. 어떻게 찾아다녔다는 말입니까? 이름을 부르고 울부짖으며, 노래를 부르고 탄식하는 것이 그 방법이었던가요? 사람은 저마다 특별히 다른 방법으로 하느님을 찾는 길이 있겠지요. 당신은 어느 길을 택했나요? 그것을 물어보고 싶었어요."

나는 머리를 파묻고 생각해 보았다. 그에게 말을 다 털어놓아야만 할까, 아니면 이야기하지 않는 것이 나을까? 나는 그 문제를 여러 번 곰곰이 생각해 보았었고, 나의 길이 어떤 길인지 알고 있었다. 하지만 그것을 드러내 놓는 것은 부끄러웠다. 사실 그때까지만 해도 나는 사람들 앞에 나서면 부끄러움을 타고는 했다. 하느님 앞에서 느껴야 하는 부끄러움을 모르던 무렵이었으니까.

"왜 대답이 없소?" 프란치스코는 불만스러운 듯 물었다. "나는 지금 이 어려운 고비를 넘기려고 당신에게 도움을 청하는 거요. 도와주시오!"

나는 그가 불쌍해졌다. 가슴이 두근거렸지만 그에게 모든 이야기를 다 털어놓기로 마음먹었다. "제 길을 말씀드리자면, 프란치스코, ‥듣고 놀라진 마십시오…… 제가 하느님을 찾아 나선 길은……, 저…… 게으름이었어요. 그렇다니까요. 게으름을 피우는 길이었어요. 만일 제가 게으르지만 않았더라면 존경 받는 점잖은 사람이 가는 그런 길을 걸었을 것입니다. 다른 사람들과 마찬가지로 가구를 짜는 목공 아니면 직공이나 석공의 기술을 배웠을 것이고 가게를 하나 차려 놓았을 것입니다. 그러자면 온종일 일만 해야 했을 터이니 하느님을 찾아나설 시간이나 있었겠어요? 건초 더미 속에 빠뜨린 바늘 하나를 찾는 게 낫겠다고 혼자 그런 소리를 했을 것입니다. 어떻게 하면 생계를 꾸려 나가고, 어떻게 하면 아이들을 배고프지 않게 하고, 어떻게 하면 마누라에게 쥐어 지내지 않을까 생각하고 궁리하는 데 정신을 몽땅 빼앗겨 버렸을 것입니다. 염병할 그런 놈의 근심이 잔득 쌓여 있는 데 시간은 무슨 시간을 번단 말입니까. 전지전능하신 분을 생각이나 하고 싶겠어요? 또 그분을 생각할 만큼 순결한 마음이 어디서 나오겠냐고요?

그러나 저는 하느님 덕택에 천성이 게을렀지요. 일을 한다는 것, 장가들어 아이를 둔다는 것, 내가 풀어야만 할 문제를 갖는다는 것, 이 모두가 나로서는 감당할 수 없는 문제들이었어요. 겨울이면 그저 양지에 앉아지내고, 여름이면 그늘에 가서 쉬고, 밤이면 지붕 위에 올라가 드러누워서 달과 별들을 바라보면 그만이었어요. 그리고 달과 별들을 바라보기만 하는데 하느님 생각을 곰곰이 안 할 사람이 어디 있겠어요? 나는 그때부터 잠을 편히 잘 수 없었어요. 저런 것을 모두 만들어낸 이는 과연 누구일까? 스스로 묻게 된 것이지요. 나를 만든 이는 누구이며, 왜 만들어 놓은 것일까? 그런 것을 물어보려는데, 그런 하느님은 어딜 가야 만날 수 있겠는가? 경건은 바로 나태해질 것을 요구한다는 뜻을 아시겠지요. 편안한 시간이 있어야만 합니다. 다른 사람이 뭐라고 하든 믿지 말아요. 하루 벌어서 하루 먹기에 빠듯한 노동자라면, 밤에 집에 돌아오면 기운이 몽땅 빠진 데다 허기가 져 죽을 지경일 것입니다. 저녁상으로 달려가 무서운 속도로 음식을 퍼넣고는 마누라와 싸우거나 아이들을 때리기 바쁠 것입니다. 그럴 만한 까닭이 따로 있겠어요? 그저 피곤하고 짜증이 나서 그럴 뿐이지요. 그러고 나면 주먹을 쥔 채 잠에 곯아떨어지고 말지요. 잠깐 눈을 떴을 때 아내가 곁에 있으면 한번 올라타는 겁니다. 또 한 번 주먹을 불끈 쥔 채 코를 골며 잠에 떨어지고 말지요. 하느님 찾을 시간을 어디서 찾겠습니까? 하지만 일도 안 하고 아이들과 아내도 없는 사람이라면, 신을 생각하게 되지요. 처음에는 다만 호기심에서 그럴 테지만 나중에는 고민에 못 이겨 신을 찾아나서게 되는 법입니다. 프란치스코, 머리를 그렇게 젓지 마세요. 물어보시기에 대답해 드린 것뿐입니다. 죄송해요."

"아니오. 이야기를 계속해 줘요, 레오 형제여. 끊지 말고 말입니다. 그러니까 악마는 신을 속이고 게으름이 신을 속인다는 말이 참말이겠군요? 참으로 용기를 주는 말씀이오. 이야기를 계속해 주세요."

"더 말씀드릴 게 뭐 있겠습니까? 나머지는 다 아시는 이야기일 텐데요, 뭐. 부모님이 유산을 조금 남기셨는데 제가 몽땅 탕진해 버렸습니다. 그러고는 배낭 하나만 짊어지고 길거리로 나섰지요. 문전걸식하면서 수도원에서 수도원으로, 마을에서 마을로 자리를 옮기며 하느님을 찾았지요. '그분은 어디 계실까요?' …… '누가 그이를 보았나요?' …… '어딜 가면 그이를 찾을 수 있을까요?' 늘 물으며 헤맨 셈이지요. 마치 그를 사냥하기로 작정하고 나선 사나운 짐승처럼 말입니다. 그렇게 물어보면 어떤 사람들은 웃었고 어떤 사람들은 나에게 돌을 던졌습니다. 주먹으로 쳐서 나를 쓰러뜨리고 녹초가 되도록 때리는 사람들도 있었지요. 하지만 나는 언제나 다시 일어나서 또 한 번 하느님을 찾는 순례길에 오르곤 했습니다."

"그러면, 그분을 찾아내셨던가요? 당신의 눈으로 보았던가요?" 프란치스코는 숨을 헐떡이면서 물었다. 그의 따뜻한 입김이 살갗에 와 닿았다.

"제가 그이를 무슨 재주로 찾아냈겠습니까? 모든 사람들에게 물어는 보았지요. 현인, 성인, 광인, 고위 성직자, 유랑극단 같은 떠돌이 시인들에게도 물어보고, 백 살이 넘는 노인들에게도 물어보았습니다. 사람들의 대답은 모두 한결같았지요. 저에게 길 하나를 가리키며 이렇게 말하는 것이었어요. '그 길로 가시오, 그러면 당신은 하느님을 찾게 될 것이오!' 하지만 실은 저마다 다른 길을 가리키고 있는 것이었어요. 도대체 나는 어느 길로 걸어가야 한다는 것입니까? 멍청해질 수밖에 없었지요. 볼로냐에 사는 한 현인은 저에게 이렇게 말했어요. '하느님께로 인도되는 길은 아내와 아이들에게 있다네. 그만 장가를 들게.' 또 다른 사람은, 구비오에 정신이 돌아버린 성인이 있는데, 이렇게 충고했어요. '네가 하느님을 찾고 싶다, 그거지. 좋아, 그럼 찾지 마라. 하느님을 보고 싶다면 눈을 감아버려. 그 목소리가 듣고 싶으면 네 귀를 꼭 막아버려. 그렇지, 나는 꼭 그렇게 한다니깐.' 그 말을 해 주고 그는, 정말 자기 눈을 감고 귀를 막고 손을 모아 포개더니 울기 시작했어요. …… 그리고 숲 속에 혼자 숨어 사는 한 여자는 소나무 숲 아래로 벌거벗은 채 뛰어다니며 가슴을 쾅쾅 치고 소리를 질렀어요. '사랑하라! 사랑하라! 사랑하라!' 그 여자가 나에게 줄 수 있는 충고는 그게 전부였지요.

또 어느 날은, 동굴 안에서 사는 성인을 만난 적이 있었지요. 너무 눈물을 많이 흘린 나머지, 그만 눈이 멀고 만 사람이었습니다. 피부에는 온통 비늘 같은 딱지가 껴 있었는데, 신성한 생활을 하다 보니 몸 씻을 시간도 없었던 것입니다. 나에게 가장 정확하면서도 가장 무서운 충고를 준 것은 바로 그였어요. 그 말을 곰곰이 생각하면 지금도 머리털이 곤두서요."

"어떤 충고지요? 듣고 싶군요!" 내 손을 잡으면서 프란치스코는 말했다. 그는 떨고 있었다.

"나는 엎드려 그에게 큰절을 하면서 말했지요. '고행하시는 성자님. 저는 하느님을 찾아 길을 나선 사람입니다. 저에게 길을 가르쳐 주십시오.'

'길은 하나도 없소.' 그는 지팡이로 땅을 치면서 대답했지요. '그럼 무엇이 있습니까?' 나는 와락 겁이 났습니다. '나락이 있을 뿐이오. 뛰어내리시오!'

'나락의 구렁텅이라고요?' 나는 비명을 지를 수밖에요. '그것이 길이란 말이에요?'

'그렇소. 나락이 길이오. 모든 길은 지상으로 이어집니다. 나락은 하느님에게 이어집니다. 뛰어내려요.'

'저는 그럴 수가 없어요, 선생님.'

'그럼 결혼을 해서 자신을 괴롭혀 온 문제를 말끔히 잊어요.' 그렇게 말하면서 그는 해골처럼 깡마른 팔을 뻗으며 나에게 나가라고 손짓했습니다. 나는 그곳에서 멀리 빠져나온 다음에도 그가 비탄에 잠겨 소리치는 것을 들을 수 있었어요."

"그들은 모두 다 울던가요?" 프란치스코는 공포에 질려 중얼거렸다. "다 그렇던가요? 하느님을 찾은 사람이건 못 찾은 사람이건 다 그렇단 말이오?"

"모두 다 그렇습니다."

"레오 형제여, 왜 그렇지요?"

"나도 모르겠어요. 아무튼 모두가 울더군요."

우리는 말을 멈추었다. 침묵이 흘렀다. 프란치스코는 베개에 얼굴을 묻었다. 숨결이 발작적으로 거칠어지곤 했다.

"들어 봐요, 프란치스코. 어쩌면 나도 한두 번 그분의 흔적은 보았던 것 같아요." 나는 그를 위로해 줄 셈으로 입을 열었다. "한번은 술이 잔뜩 취해서 그의 뒷모습을 잠깐 본 적이 있어요. 친구들과 신나게 즐기고 있던 술집이었는데, 그는 나가려고 막 문을 열고 있었지요. 또 한번은 숲 속 길을 걷고 있을 때였답니다. 비가 쏟아지고 번개가 치고 있는데 번쩍하면서 섬광이 터지는 순간, 흘깃 그의 옷자락 끝을 보았지요. 그러나 번갯불이 사라지자 옷자락도 사라지고 말았어요. 글쎄, 번갯불이 바로 그이의 옷일 수도 있었을까요? 그리고 또 한 번 있었지요. 지난겨울이었습니다. 높은 산정에 내린 눈 위에서 그이의 발자국을 보았어요. 목동이 지나갔어요. '봐요, 하느님의 발자국이오!' 내가 그에게 동의를 구했지요. 그러나 그는 웃더군요. '당신 돌았군. 그건 이리의 발자국이오. 이리 한 마리가 여길 지나갔다오.' 나는 잠자코 있었습니다. 머릿속에 양과 이리 떼밖에 없는 이런 미련한 촌 녀석에게 내가 무슨 소리를 하겠습니까? 자기보다 더 고상한 것은 생각할 수 없는 머리로 어찌 하느님을 이해할 수 있겠어요? 내가 볼 때 그것은 분명히 하느님이 눈 위를 걸어가신 자국이었어요. ……제가 그분을 찾아 나선 지 열 두해가 됩니다만, 프란치스코, 내가 찾은 것이라곤 겨우 이런 흔적뿐이지요. 용서하십시오."

고개를 더욱더 푹 숙이면서 그는 깊은 생각에 잠겼다. "레오 형제여, 한숨 쉬지는 말아요." 잠시 뒤 그는 아주 작은 소리로 이야기했다. "누가 또 압니까? 하느님이란 하느님을 찾는다는 그 행위에 지나지 않을지도 모르지요."

그 말을 듣자 나는 무서워졌다. 그 말을 한 프란치스코 자신에게도 무서운 말이었으리라. 그는 두 손으로 얼굴을 가렸다.

"내가 무슨 도깨비 같은 수작을 하고 있지요?" 절망과 신음 소리가 그의 입에서 새어 나왔다.

나는 한마디도 할 수 없었다. 말없이 서서 떨기만 했다. 하느님을 찾는다는 노릇이 바로 그 하느님이라니? 그렇다면 우리에게는 고통일 수밖에 없다.

두 사람 다 말이 없었다. 프란치스코의 두 눈동자가 다시 뒤집혔다. 흰자위만 보였다. 볼이 불그레해지더니 이가 덜덜 떨리기 시작했다. 나는 그에게 두꺼운 털이불을 덮어 주었다. 하지만 그는 이불을 걷어차 버렸다. "찬 게 좋아요. 날 내버려 두세요! 나를 그렇게 뚫어지게 쳐다보지 말고, 그렇게 보려거든 딴 데 가서 봐요!"

내가 일어서서 나가려고 하자 프란치스코의 표정은 점점 더 험악해졌다. "어딜 가려는 거요? 앉아요! 내가 다 죽어 가는데 나만 혼자 남겨두고 갈 건가요? 당신은 마음을 털어놓았으니 속이 시원하고 편안해졌겠지요. 이젠 내가 말도 좀 하고 위로 받고 싶습니다. 무슨 생각을 하시죠? 음식이요? 그럼 좀 드세요. 식품 저장실에 가서 꺼내 먹고 포도주도 좀 마셔요. 내가 당신에게 말하려고 하는 것은, 몹시 듣기 거북한 이야기일 테니까요. 그런 소리를 참아낼 수 있도록 마음의 준비를 단단히 하고 와요. 나를 버리면 안돼요!"

"먹거나 마실 필요는 없어요." 나는 마음이 상해서 대답했다. "나를 뭐로 생각하시오? 빈 창자밖엔 없는 놈으로 보시는 거요? 나는 사람의 말을 듣기 위해서 태어난 놈이올시다. 아시겠어요? 듣기 위해서만 말입니다. 그러니 하고 싶은 말이 있으면 해 봐요. 무슨 소리든지 해 보시오. 다 참고 들어드릴 테니."

"물 한 잔 주시구려, 갈증이 나는군요."

물을 마신 다음 그는 다시 베개 위에 기댔다. 입은 반쯤 벌린 채 귀를 세우고 뭔가 열심히 듣고 있었다. 집 안은 매우 조용하고 텅 비어 있었다. 수탉이 안마당에서 울었다.

"레오 형제여, 온 세상에 우리 두 사람밖에 안 남은 것 같소. 집 안이나 바깥에서 무슨 인기척 나는 걸 들으셨소? 세상이 온통 멸망해 버리고 이처럼 우리 둘만 남아 있는 거라오."

한동안 침묵이 계속되다가 그는 이렇게 말했다. "하느님께 영광을!" 그리고 성호를 그었다. 그리고 나를 쳐다보았다. 날카로운 시선이 내 영혼을 깊숙이 꿰뚫어보는 것 같았다. 또 한동안 침묵이 흐른 다음, 그는 손을 뻗어 내 무릎을 잡으면서 이렇게 말하는 것이 아닌가. "레오 신부님, 당신은 나의 고해 신부입니다. 제 고해성사를 들어 주시오."

내가 주저하는 것을 보고 그는 명령하듯 말했다. "손을 내 머리 위에 얹으시오. 레오 신부님. 그리고 '프란치스코, 베르나르돈의 아들, 그대는 죄를 지었도다. 하느님의 이름으로 고해하라. 그대 가슴속은 지은 죄로 가득하니 그것을 비우고 구원을 얻도록 하라!' 이렇게 말해 주시오."

나는 잠자코 있었다.

"내 말대로 하시라니까요!" 이번에는 그가 화를 내며 말했다.

나는 손을 그의 머리 위에 얹었다. 프란치스코의 머리는 한참 이글거리며 타오르고 있는 석탄덩이처럼 뜨거웠다.

"프란치스코, 베르나르돈의 아들." 나는 중얼거리기 시작했다. "그대는 죄를 지었도다. 하느님의 이름으로 고해하라. 그대 가슴속은 지은 죄로 가득하니 그것을 비우고 구원을 얻도록 하라!"

그러자 처음에는 조용히 있었다. 그러나 점점 안절부절못하고 뒤척이더니 마침내 숨을 가쁘게 쉬면서 프란치스코는 고백을 시작했다.

"나의 생활은 지금까지는 연회, 마시고 떠드는 것, 류트, 붉은 깃털, 비단 옷을 자랑하는 것밖에는 없었습니다. 하루 종일 그렇게 노는 것이 일이었습니다. 저울눈을 속이고 손님을 속여 돈을 긁어모았으며, 그것을 두 손으로 마구 뿌려 몽땅 탕진했습니다. '새는 손'이라는 별명이 붙은 것은 그 때문입니다. 낮에는 돈을 벌고 밤에는 술과 노래로 지내는 것이 나의 생활이었습니다.

그렇지만 어제 우리가 한밤에 집으로 돌아와 당신이 침대에 들면서부터 커다란 중력이 나를 누르기 시작했습니다. 집이 너무 좁게 느껴져서 숨이 막힐 것만 같았어요. 그래서 조용히 아래층으로 내려가 정원으로 빠져 나갔습니다. 도둑처럼 길가 문을 몰래 열고 한길로 달려 나갔지요. 달이 막 기울고 있었습니다. 달빛이 사그라지고 주위는 바람 한 점 없이 조용해졌습니다. 모든 등불이 꺼져 도시가 하느님의 품속에 잠들었습니다.

나는 두 팔을 크게 펴면서 심호흡을 했습니다. 그랬더니 기분이 조금 나아졌습니다. 그러고는 거리 위쪽으로 걷기 시작했습니다. 성루피노 상 앞에 다다르자 피곤해졌어요. 그래서 교회 입구를 지키고 있는 대리석 사자 위에 올라가 앉았지요. 오늘 아침 당신을 만났을 때 당신이 앉아서 구걸하고 있던 바로 그 자리 말입니다. 나는 손바닥으로 천천히 사자를 쓰다듬다가 입을 만졌습니다. 그때 사자가 작은 사람을 씹어 먹고 있는 것을 처음 알았습니다.

그걸 보니 겁이 났습니다. 이 사자는 무엇인가? 자신에게 물어보았습니다. 교회 문을 지키라고 여기에 가져다 놓은 까닭은 무엇일까? 그는 지금 사람을 먹고 있는데, 그 사람은 누구란 말인가? 하느님인가, 사탄인가? 내가 그것을 어떻게 알겠습니까? 그가 하느님인지 아니면 사탄인지를 내게 분명히 가르쳐 줄 수 있는 사람은 누구일까? 그때 갑자기 내 양옆으로 땅이 갈라져 나갔습니다. 나는 깊은 심연에 둘러싸여 홀로 서 있었습니다. 겨우 발 하나 들어갈 자리를 남겨 놓고 양옆은 깎아지른 듯 천길만길 벼랑 끝이었지요. 현기증이 났습니다. 주위 세계가 온통 빙글빙글 돌며 나의 삶도 그 소용돌이 속으로 휘말려 들어가고 있었습니다. 나는 소리쳤습니다. '여보세요, 내 소리가 안 들려요? 아무도 없나요? 세상엔 나 혼자밖에 안 남았습니까?

하느님은 어디 있나요? 그이는 말소리를 들을 수 없나요? 내 머리 위로 구원의 손을 뻗어 줄 그런 손도 없나요? 나는 어지러워요. 나는 떨어지고 있어요!'

프란치스코는 말을 하면서 두 팔을 점점 더 넓게 벌리고 있었다. 질식할 듯, 숨쉬기 어려웠다. 이제 그는 창틈으로 하늘을 올려다보고 있었다. 그를 좀 진정시키려고 손을 잡으려 했더니, 홱 뿌리치면서 짜증 섞인 목소리로 투덜거렸다. "놔둬요. 어린아이처럼 달래려고 드는 건 원치 않는다니까요." 그러더니 숨을 헐떡이며 침대 한쪽 구석에서 벌떡 일어나 앉았다. 목소리는 잔뜩 잠겨 있었다.

"처음에는 하느님을 부르고 다음에는 사탄을 불렀지요. 둘 가운데 어느 쪽이건 나타나 주기만 하면 상관없었으니까요. 이 세상에 내가 홀로 있지 않다는 것만 알 수 있다면 그것으로 족했습니다. 왜 그처럼 갑자기 고독에 대한 공포가 나를 엄습했던 것일까요? 그 순간 나는 어느 쪽이건 먼저 나타나는 쪽에 나의 영혼을 내맡길 생각이었습니다. 어느 쪽이 되든 상관없었습니다. 내가 원한 것은 오직 친구였으니까요. 혼자 있기 싫었습니다! 그리고 절망의 눈으로 하늘을 바라보며 기다리는데 목소리가 들려왔습니다—."

그는 숨이 차서 말을 끊었다.

"목소리가 들렸어요." 했던 말을 되풀이했다. 갑자기 그의 얼굴에 땀방울이 솟아올라 굵게 맺히더니 비 오듯 흘러내리기 시작했다.

"목소리라니요?" 내가 물었다. "무슨 목소리 말인가요, 프란치스코? 뭐라고 말하던가요?"

"말을 제대로 알아들을 수가 없었어요. 아니에요. 그건 목소리가 아니에요. 맹수의 포효 소리였어요. 사자가 으르렁거리는 소리였습니다. 그것은 내가 걸터앉은 대리석 위에 있던, 사람 잡아먹는 사자였을까요? …… 나는 벌떡 일어섰습니다. 그때 막 반가운 새벽녘 첫 햇살이 동녘 하늘을 밝혔습니다. 목소리는 여전히 나의 내부에서 쩌렁쩌렁 울리고 있었어요. 심장에서 콩팥까지 빈 창자 구석구석을 뒤흔들어 놓는 뇌성처럼 메아리치고 있었어요. 아침기도를 알리는 교회 종소리가 들려왔어요. 나는 계속 걸었습니다. 성채의 정상부를 향해서 걸었지요. 이윽고 나는 뛰기 시작했습니다. 달리면서 식은땀에 푹 젖어 있는 자신을 발견했습니다. 뒤에서 누군가 소리치는 소리가 들렸습니다. '프란치스코, 어디로 달려가나? 프란치스코, 어디로 뛰어가는 길이냐니까? 프란치스코, 자네는 도망갈 수 없다고.' 나는 뒤를 돌아보았습니다. 그러나 아무도 없었습니다. 나는 다시 달리기 시작했지요. 한참 있다가 다시 그 목소리를 들었습니다. '프란치스코, 프란치스코, 자네는 노래 부르고 풍류나 즐기고 흥청거리며 여자를 유혹하기 위해 세상에 태어났다는 말인가?'

이번에는 너무나 겁이 났어요. 뒤돌아볼 겨를도 없었어요. 나는 그 목소리가 쫓아오지 못하게 도망칠 셈으로 마구 달렸습니다. 그러나 이번에는 내 앞에 있던 돌 하나가 외쳐대기 시작했어요. '프란치스코, 프란치스코, 자네는 노래나 부르고 흥청망청 놀기나 하면서 여자를 꾀어내려고 세상에 태어났지?'

머리털이 온통 곤두섰습니다. 달리고 또 달렸습니다. 그러나 목소리도 함께 달려왔습니다. 그리고 마침내 나는 모든 것을 분명히 깨달았지요. 목소리는 결코 밖에서 따라온 것이 아니었어요. 아무리 내가 달아난다고 해도 그것을 피해 나갈 수는 없었지요. 그것은 바로 내 안에서 울려 나온 소리였으니까요. 누군가가 내 안에 들어가서 마구 소리를 지르고 있었습니다. 베르나르돈의 아들, 난봉꾼인 그의 아들은 아니었지요. 내가 아니라 다른 사람, 내 안에 숨어 있는 다른 사람이었습니다. 나보다 나은 사람이었지요. 누구냐고요? 모릅니다. 내가 어떻게 그걸 알겠어요? 그냥 다른 어떤 사람이었겠지요.

숨이 턱에 차서 결국 나는 성 위에 올라섰습니다. 그 순간 산 위에는 아침해가 막 떠올랐고, 나는 따뜻해졌습니다. 사방이 밝아지면서 마음도 훈훈해졌지요. 내 안에 들어 있는 그 사람이 다시 말을 꺼냈어요. 하지만 이번에는 마치 무슨 비밀을 나에게 속삭이듯 아주 부드러운 목소리였어요. 나는 머리를 가슴에 묻고 귀를 기울였습니다. 레오 형제여, 저는 진실을, 하나도 빼놓지 않고 오직 진실만을 이야기하고 있다고 맹세할 수 있어요. 내가 들은 소리는 이러했습니다. '프란치스코야, 프란치스코야, 너의 영혼은 비둘기다. 너를 쫓고 있는 매, 그것은 사탄이다. 어서 내 품에 들어오너라.' 이것은 바로 내가 작곡한 시였지요. 류트 음악에 맞춰 작곡했던 노래지요. 날마다 자정이 되면 나는 어느 창문 아래 다가가 그 노래를 불렀던 것입니다. 하지만 레오 형제여, 저는 이제 처음으로 스스로 그런 곡을 작곡한 이유와 그 속에 숨겨진 의미가 무엇인지 이해하게 되었습니다."

그는 말을 멈추었다. 한동안 침묵이 흐르더니 입가에 미소가 떠올랐다. 마치 황홀감에 빠진 것처럼 그는 머리를 숙이고 속삭이듯 되풀이했다.

"프란치스코, 프란치스코야, 너의 영혼은 비둘기, 너를 쫓고 있는 매는 사탄, 어서 내 품에 들어오라."

다시금 침묵이 흘렀다. 그는 평정을 되찾았다. 이제는 데일 걱정 없이 그의 몸을 만져도 될 것 같은 느낌이었다. 나는 앞으로 몸을 숙이면서 그의 손을 잡고 입을 맞추었다. "프란치스코 형제, 모든 사람이, 심지어 가장 신을 멀리한 무신론자일지라도 가슴속 깊이 살과 비계로 차곡차곡 쌓아 놓은 곳에 저마다 하느님을 지니고 있는 법이랍니다. 그 살과 비계 갈피를 헤치고 나와서 마침내 당신을 불렀던 것은 바로 그런 신이었던 것입니다."

프란치스코는 두 눈을 감았다. 밤새도록 눈 한 번 못 붙인 그에게 잠이 찾아왔다.

"프란치스코, 자, 주무세요." 나는 부드럽게 말했다. "잠은 하느님이 보내신 천사 가운데 하나입니다. 안심하고 그에게 몸을 내맡겨도 됩니다."

그러나 그는 너무 놀라 벌떡 일어났다. "이제 어떻게 해야지요?" 숨을 죽이고 묻는 그의 눈은 밖으로 튀어 나올 것만 같았다. "훌륭한 말씀 좀 해 주세요."

나는 그에게 미안한 마음이 들었다. 나 자신이 바로 그런 말씀을 얻으려고 이렇게 여러 해 동안 방황을 거듭하고 있는 신세가 아니던가?

"그냥 머리를 가슴에 묻은 채 당신의 가슴에서 우러나오는 소리에 귀를 기울이십시오." 나는 대답했다. "누군지 모르지만 당신 안에 있는 그이가 다시 말을 해올 것입니다. 그때 그가 말하는 대로 그의 뜻을 따르시오."

거리에 면한 그 집 문이 조용히 열리는 소리가 들렸다. 발소리가 또박또박 안마당으로 울려 왔다. 피카 부인께서 미사를 마치고 혼자 돌아오시는 길이었다. 나는 안도의 숨을 쉬었다. 베르나르돈 선생께서는 어쩌면 벌써 말을 타고 플로렌스로 가는 길을 달리고 있으리라는 생각이 들었기 때문이다.

"어머니가 돌아오시는군요. 자, 누우세요. 나는 떠나겠습니다."

"가지 말아요. 아버지는 안 계세요. 여기서 같이 자요. 나를 혼자 버려두시면 안 돼요. 정말!"

그러면서 내 손을 꽉 잡았다. "위험에 빠진 나를 그냥 버릴 건가요!" 그는 소리쳤다.

"이제는 혼자 있는 게 아니지요, 프란치스코. 힘센 동무가 당신 안에 있다는 걸 아시지요. 그의 목소리도 들었잖아요. 무엇을 두려워하나요?" 내가 다시 덧붙였다.

"레오 형제, 하지만 당신은 정말 모르겠습니까? 내가 무서워하는 것은 바로 그이지요. 가지 마세요."

나는 손으로 프란치스코의 이마를 짚어 보았다. 타는 것처럼 뜨거웠다. 그의 어머니가 들어오면서 미소를 지었다.

"아가야, 성모 마리아상에서 좋은 축복을 가져 왔단다. 네 영혼을 편안히 해 주고 기운을 북돋아 주는 축복이 있기를."

이렇게 말하고, 그녀는 바질(꿀풀과의 박하
비슷한 식물) 가지 하나를 아들 손에 쥐어 주었다.

3
다시 태어나다

프란치스코의 증상이 몇 날 며칠 밤 계속되었던가? 나는 모든 것을 계산할 수 있다. 그러나 시간만은 알 수가 없다. 내가 기억할 수 있는 전부는 달이 작아졌다 커졌다가 다시 작아졌는데도 프란치스코는 침대에서 일어나지 못하고 있었다는 것뿐이다. 잠들어 있으면서도 그가 어떤 세력과 한참 힘들게 싸우고 있다는 것을 곁에서도 느낄 수 있었다. 막 화를 내며 소리를 지르고 벌떡 일어나는가 하면 침대 한쪽 구석에 쭈그리고 앉아 사시나무 떨 듯 떨었다. 그가 병에서 회복한 다음 들려준 이야기로는 아파서 누워 있었던 것이 아니라 쉴 새 없이 싸우고 있었다는 것이다. 처음 상대는 사라센 사람들이었다—그는 십자가를 어깨에 메고 예루살렘으로 들어가는 자기 모습을 보았다. 그 때 땅속에서 악마들이 뛰어나오고 나무에서도 뛰어내리면서 그를 쫓아오기 시작했다. 깊은 밤에 그를 잡으려고 나타난 것이다.

그의 침대 머리맡을 지킨 것은 오직 그의 어머니와 나뿐이었다. 피카 부인은 이따금 일어나 한쪽 구석에 가서 얼굴을 가리고 혼자 울었다. 울고 나면 조그마한 흰 손수건으로 눈가를 훔치고 돌아와 앉았다. 어머니는 공작 깃털로 만든 부채를 들고 고열에 불덩어리 같은 아들의 몸을 식혀 주었다.

어느 날 밤, 환자는 꿈을 꾸었다. 그는 다음날 우리에게 꿈 이야기를 들려주었다. 그것은 몸의 충격에서 채 깨어나지 못한 아침이 아니라 그 이튿날 저녁에 일어났다. 시원한 저녁, 어둠이 깔리고 놋쇠 램프에 불들이 켜지면서 우리를 에워싼 세계가 다시 아득해진 다음이었다. 숨이 넘어갈 듯 극심한 고통으로 몸부림치고 있는데, 문이 확 열리더니 죽음의 사신이 나타났다. 그가 그림에서 보아온 것처럼 큰 ㄱ자 낫을 들고 있지는 않았다. 파수꾼들이 공수병에 걸린 미친개들을 때려잡을 때 쓰는 쇠로 만든 긴 집게 같은 것을 들고 있었다. "일어나. 너는 베르나르돈의 아들이지?" 사신은 침대에 가까이 다가오면서 소리쳤다. "자, 가자고!"

"어디라고? 그걸 몰라서 묻나? 너에게는 시간을 충분히 주었지. 그런데 너는 파티를 열고 값비싼 옷이나 맞춰 입으며 세레나데를 불러 젖히는 놀이에 몽땅 낭비하고 탕진해 버린 거야. 이제 죄 닦음을 할 시간이 온 것이지."

그는 긴 집게를 내밀었다. 프란치스코는 부들부들 떨며 베개를 안고 숨었다. "일 년만 봐 주시오." 그는 울부짖었다. "꼭 일 년만입니다. 회개할 시간을 주십시오."

죽음의 사신은 껄껄 웃었다. 그 바람에 그의 이가 몽땅 빠지면서 리넨과 비단 이불 위에 떨어졌다. "너무 늦었어. 너는 네가 태어날 때 가지고 온 하나밖에 없는 네 몫의 인생을 다 산 거야. 노름에 건 판돈이 몽땅 날아간 셈이지. 자, 나와!"

"꼭 석 달…… 한 달…… 사흘…… 하루만요!"

그러나 이번에는 사신이 아무런 대답을 하지 않았다. 집게를 뻗쳐 프란치스코의 목 언저리를 꼭 집었다. 그러자 그때 비명을 지르면서 프란치스코는 꿈에서 깨어났다.

그는 주위를 두리번거렸다. 피카 부인이 환자의 동무삼아 자기 방에서 옮겨다 놓은 카나리아가 창가에 놓인 새장 속에서 부리를 하늘로 향한 채 노래하고 있었다.

"하느님에게 영광을!" 프란치스코의 입에서 행복한 함성이 터졌다. 이마에서 땀이 흘러내리고 있었다. 그는 쇠침대 위 이불 아래로 손을 더듬어 어머니 무릎을 쓰다듬었다.

"정말이에요?" 나에게 얼굴을 돌리면서 그는 중얼거렸다. 두 눈이 반짝이고 있었다. "정말? 내가 살아 있는 거예요?"

"걱정하지 마십시오, 도련님." 내가 대답했다. "살기만 했겠습니까? 거뜬하십니다." 그는 손뼉을 쳤다. 얼굴에 생기가 돌아왔다.

"다시 말하면 나에게는 시간이 있다는 것이군요. 하느님, 고맙습니다!" 웃으면서 프란치스코는 어머니의 두 손에 입을 맞추었다.

"꿈을 꾸었니?" 어머니가 물었다. "좋은 꿈이었으면 좋겠구나."

"저에게는 시간이 있어요." 감격하여 감정을 억제하지 못하면서, 그는 다시 입속으로 중얼거렸다. "하느님, 고맙습니다. 저에게 시간을 주셔서요!"

그날 하루 종일, 그러니까 저녁때까지 그는 한 마디 말도 하지 않았다.

눈을 감으면서 그는 곧 깊은 잠에 빠졌다. 그의 목과 얼굴 위로 빛이 가득 쏟아져 내렸다.

피카 부인은 공작 부채로 부채질을 계속했다. 갑자기 그녀는 고통을 깨물고 있던 입술을 벌렸다. 아들이 어렸을 때 불러 주곤 했던 자장가를 기억해 내어 자기 모국어인 프랑스 말로 노래하기 시작했다. 부드럽게……, 상냥하게…….

모든 아이를 데려가는 잠아,
내려와서 우리 아이를 데려가렴.
너에게 아이를 줄 때는 작고 작지만,
나에게 돌려 줄 때는 자라게 하렴.

부채질을 해 주면서 아들의 어머니는 조용하게 오랫동안 노래를 불렀다. 그동안 나는 프란치스코를 내려다보며 얼굴을 유심히 살폈다. 그처럼 반짝일 수가 없었다! 그의 입가에서 그리고 미간에서 서서히 주름이 하나둘 사라지더니, 그의 살갗은 작은 갓난아이의 피부처럼 주름살 하나 없이 팽팽해졌다. 마치 시원하고 잔잔한 바다 물결에 씻긴 돌처럼 그의 얼굴 전체에 빛이 나고 있었다.

저녁이 거의 다 되어서 그는 눈을 떴다. 푹 쉬어 평온을 되찾은 얼굴이었다. 그는 침대에 일어나 앉더니 마치 이 세상을 처음 보는 사람처럼 주위를 둘러보았다. 시선이 우리들에게 와 머물자, 미소를 지으며 간밤에 꾸었던 꿈 이야기를 털어놓기 시작했다. 이야기를 하는 동안 그 악몽의 공포가 다시 엄습해 오는 것 같았다. 눈에는 다시 어둠이 가득 깃들었다. 어머니가 그 손을 잡고 다정하게 쓰다듬어 주자 마음이 좀 놓이는 듯했다.

"어머니, 조금 전 나는 내가 아직 어린아이이고 어머니가 자장가를 부르면서 나를 재워 주시고 있다는 느낌이 들었어요. 저를 다시 새로 낳아주신 것만 같았어요!" 그는 어머니 손을 잡고 입을 맞추었다. 그 목소리는 사랑에 굶주린 어린아이 목소리였다. "엄마, 이야기해 주세요."

표정과 말투도 갑자기 어린아이처럼 바뀌었다. 피카 부인은 깜짝 놀랐다.

그녀의 친오빠는 아비뇽의 유명한 음유 시인이었는데, 그는 프란치스코처럼 놀기 좋아하는 탓아로서 술과 노래를 너무나 즐기다가 정신이 돌아 버린 적이 있었다. 자기가 양이라는 망상에 압도당한 나머지 네 발로 기어다니며 양처럼 매애매애 울고 들판에 나가서는 풀을 뜯었던 것이다……. 그리고 이제 마치 어린아이로 되돌아간 듯 자기 아들이 여기서 옛날이야기를 해 달라고 조르고 있지 않은가! 그런 끔찍한 생각을 하게 된 자신을 하느님께서 용서해 주시기를 빌면서도, 그녀는 자기 피가 더럽혀지고 오빠처럼 술기운에 젖을 가능성이 있을까 스스로 물어보았다.

"애야, 무슨 옛날이야기를 해 주지?" 어머니는 아들의 이마를 짚어 열을 식혀 주면서 물었다.

"아무거나 어머니가 들려주고 싶은 거요. 어머니네 나라의 피터, 사나운 맨발의 수도사 이야기요."

"어떤 피터 말이냐?"

"리옹의 이단자 말입니다."

"하지만 그건 이야기가 아니란다. 정말 일어난 일이야!"

"내가 어렸을 때 자주 그 이야기를 들려주셨지요. 나는 언제나 그 사실이 옛날이야기인 줄 알았어요. 나는 마귀 이야기만큼이나 그 성인이라는 괴물이 무서웠어요. 내가 무엇이든 잘못하기만 하면 어떻게 하셨는지 기억나세요? 저더러 이렇게 말하시며 겁을 주었지요. '이제 그 수도사가 와서 너를 잡아갈 거야!' 그러면 나는 안락의자 밑에 들어가 숨으면서 말 한마디 못 했지요. 수도사가 나를 찾아내어 데려갈까 봐 겁이 났어요."

"저 유명한 리옹의 고승, 피터에 대한 이야기를 해 주셨던가요?" 내가 그때 말을 가로챘다. "피카 부인께서는 그이를 알고 계셨던가요? 그에 관해서 너무나 많은 이야기가 전해져 내려오고 있지요. 믿을 수 없도록 놀라운 이야기들이 말입니다. 피카 부인, 저 같은 거지가 감히 이런 질문을 드려서 옳은지 모르겠습니다만 그 수도사를 한 번 보시거나 만난 적이 있으셨던가요? 그는 어떻게 생겼던가요? 저도 한번은 그를 찾아 나선 적이 있습니다. 하지만 한발 늦었습니다. 이미 그는 죽었더군요."

프란치스코는 웃었다. "어머니는 신발을 벗어 던지셨대요." 그는 어머니를 골려 주고 있었다. "우리 어머니는 맨발로 수도사를 따라 가출하려고 했었대요. 하지만 집안에서 말렸지요. 딸을 내보내는 대신 방안에 가두었다가 곧 시집을 보내 버리고 만 것입니다. 아들을 낳게 되고, 그러다 보니 모든 일을 다 잊어버리게 된 거지요. 아시겠지요. 어머니는 하느님을 찾고 있었던 것이 아니라 아들을 찾고 있었던 거래요."

그는 큰소리로 웃었다. 그러나 피카 부인은 안색을 찌푸렸다.

"나는 그를 잊은 적이 없어요. 다른 걱정이 쌓여서 지금 이럴 뿐이지." 부인은 한숨을 쉬었다. "내가 어떻게 그이를 잊겠어요. 지금도 가끔 그이 꿈을 꾸는데."

"어머님이 처음 그 사람을 만났을 때 이야기를 해 주세요." 프란치스코는 베개로 등을 받치면서 말했다. 하루 종일 잠을 자 두었기 때문에 그의 몸은 가볍고 상쾌했다. 그는 가만히 눈을 감았다.

"나는 듣고 있어요……."

피카 부인의 얼굴은 불타오르는 것처럼 빨개졌다. 고개를 가슴에 묻으며 한동안 그녀는 말을 잃었다. 눈꺼풀이 상처 입은 새의 날개처럼 파르르 떨렸다. 아직도 그 수도사가 여인의 가슴 깊숙한 곳에 자리 잡고 있는 것이 분명했다. 그녀는 가슴속 어두운 한편에 묻어 버린 그를 다시 밝은 곳으로 끌어올릴 엄두를 감히 내지 못했고, 그리고 싶지도 않았다. 이윽고 그녀는 아들에게 애원하듯 물었다. "애야, 내가 정말 옛날이야기를 하나 해 주면 어떻겠니?"

프란치스코는 눈을 떴다.

"싫어요! 피터 이야기를 해 달라니깐." 아들은 얼굴을 찡그렸다. "난 다른 이야기는 싫어요! 어떻게 그이를 만나셨느냐는 거지요. 어디서, 그리고 그가 무슨 이야기를 했으며 어떻게 도망치셨는지 알고 싶어요. 나도 그 사람에 대해서 많은 이야기를 들었지만 하나도 믿지 않아요. 이제는 정말 때가 온 거예요. 진실을 알려 주세요."

프란치스코는 나를 쳐다보았다.

"모든 사람에게는 일생에 숨겨진 시기가 하나 있기 마련이지요. 이때가 우리 어머니에게는 바로 그런 시기랍니다." 그의 말이었다.

"그럼 좋다. 너에게 모든 것을 다 말해 주마." 피카 부인은 마음의 동요를 감추지 못하는 목소리로 말했다. "그러니 떠들지 말고 조용히 들어라."

그녀는 두 손을 무릎 위에 놓았다. 그가 낳은 아들의 손가락처럼 가늘고 우아한 그녀의 손끝이 손바닥 사이에 놓인 손수건을 만지작거리기 시작했다.

"저녁이었지요. 토요일 저녁이었어요……." 파묻힌 기억을 애써 되찾으려는 듯 천천히 말을 이었다. "우리 집 정원의 꽃나무에 물을 주면서 뜰 안을 거닐고 있었어요. 바질, 마요라나, 전류화 같은 향초도 심어 두었지요. 그날 낮에 붉은 제라늄 꽃이 막 활짝 피어 있는 것을 보고 그 앞에서 감상하고 있는데, 갑자기 누군가 대문을 힘 있게 밀더니 안으로 들어왔어요. 깜짝 놀라 돌아보았는데, 어느새 내 앞에 바짝 다가선 어느 야성적인 수도사와 얼굴이 마주쳤지요. 여기저기 기운 누더기 옷을 입고 제대로 된 띠 대신 굵은 밧줄로 허리를 동여맨 채 맨발로 서 있었어요.

내가 막 소리 지르려는데 그는 손바닥을 내 입에 살짝 가져다 대었어요. '이 가정에 평화를!' 그는 손 하나를 들어 올리며 축복을 기원했어요. 굵직한 목소리는 강한 야성을 풍겼지요. 하지만 바로 그 속에서 말할 수 없이 부드러운 무언가를 느끼게 하는 목소리였어요. 그가 누구이며 무엇을 원하는가, 그리고 왜 숨은 그렇게 헐떡이며 누가 당신을 쫓아오고 있는가 물어보려 했지만 목이 콱 막혀서 소리가 나오지 않았어요.

'그렇소. 나는 지금 쫓기고 있소.' 그가 말했습니다. 내 입술을 보고 뭘 물어보려는지 알아차렸던 것이지요. '나는 예수의 원수들한테 쫓기고 있소. 내 이야기 못 들었소? 내가 피터라는 수도사요. 백장미가 그려진 찢어진 깃발—예수의 깃발을 들고 일어난 사람이오. 굶주린 채 맨발로 도시와 마을을 여기저기 돌아다니며, 예수의 손에서 받아 든 채찍으로 모든 간음자, 거짓말쟁이, 사기꾼을 하느님의 교회에서 몰아내려 앞장선 사람이오.'

거리 쪽에서 커다란 함성이 들려 올 때까지 그는 계속 말을 하고 있었습니다. 대단한 인파가 거리를 지나가고 있었어요. 집집마다 문을 두드리면서 소리를 지르고 협박하고 있었어요. 우리 교구에 있는 교회 종이 크게 울려 퍼졌어요.

주먹을 불끈 쥐며 대문 쪽을 바라보는 순간 수도사의 입술이 빈정대듯 일그러졌어요. '저 군중은 지금 예수의 냄새를 맡은 거라오'. 그는 큰 소리로 외쳤습니다. '예수의 냄새, 그들이 가장 무서워하는 적의 냄새를 맡았지요.

그를 또 한 번 십자가에 매달려고 미친 듯 날뛰고 있다오. 야, 이 파일러트 (예수를 죽인)(로마 총독) 같은 놈들아. 가이아파세 같은 놈들아, 그이가 오신다, 그이가 오시고 있다고. 심판의 날이 다가왔다!'

폭도들은 지나갔답니다. 감히 우리 집 문을 두드릴 생각은 못한 것이지요. 다리 쪽으로 향하더니 사라지고 말았어요. 나는 집 정원에 그 수도사와 단둘이 남게 되었지요. 그는 나를 뚫어지게 바라보았어요. 이상한 분노와 함께 온화한 정이 스며 있는 눈매였어요. 몸이 떨렸어요. 붉은 제라늄에 내 시선은 얼어붙어 있었지요. 이 야만인 같은 수도사의 온몸에서 솟아 나오는 어떤 힘을 도저히 마주 볼 자신이 없었지요. 갑자기 그가 제라늄 포기를 잡더니 휙 비틀어 버렸어요. 꽃잎이 땅에 흩날렸어요. 나는 소리를 질렀어요. 눈물이 났습니다. 그런데도 그는 눈썹 짙은 미간을 잠시 찌푸렸을 뿐이지요.

'조물주 대신 조물주가 만든 것들만 바라보다가 넋을 잃어도 부끄럽지가 않단 말이오? 지상의 이 모든 아름다움 때문에 우리는 눈에 보이지 않는 존재를 찾지 못하고 있소. 그러니 이런 것들은 썩어 없어져야만 하오."

프란치스코는 그때까지 머리를 숙이고 듣고 있다가 갑자기 고개를 들었다. 두 볼이 불쾌하게 달아오르고 있었다. "아니야, 그건 그렇지 않아, 틀렸다고!" 그가 소리쳤다. 그는 몸을 돌려 나를 바라보았다. "레오 형제는 어떻게 생각하시죠?"

"내가 무슨 말을 할 수 있겠습니까? 나는 머리가 좋지 않습니다. 나는 눈으로 보고 귀로 듣고 손으로 만질 수 있는 것이면 모두 다 믿습니다. 눈으로 볼 수 있는 것을 모두 보고 난 다음에야 과연 눈에 보이지 않는 존재는 무엇일까 비로소 상상할 수 있을 것 같군요. 세상을 눈으로 볼 수 없다면 나는 꼼짝 못하고 손을 들 것입니다."

"아름다움은 신의 딸이라오." 프란치스코는 열린 창문으로 뜰 안과 포도나무를 내다보고, 하늘에서 흩어져 떠다니는 흰 구름을 올려보며 말했다. "아름다움은 분명 신의 딸이라고 나는 확신합니다. 우리가 하느님의 얼굴을 알아볼 수 있는 오직 하나의 길은 아름다운 것들을 바라보는 것입니다. 어머니가 좋아하는 수도사가 꺾어버린 그 제라늄 꽃은, 두고 보세요, 그를 지옥으로 밀어 던지고 말 테니까요."

"하지만 그이가 그런 것은 내 영혼을 구원하기 위해서였어." 피카 부인이 항의했다. "인간의 영혼과 비교할 때 그까짓 제라늄 꽃이 뭐겠니? 너는 그이를 내가 좋아하는 수도사라고 불렀지만 그 붉은 제라늄 꽃을 손에 쥐고서 그이는 천국으로 들어가실 거다. 나의 영혼을 구해 주셨으니까. 안 그러겠니?"

"뭐라고요? 어머니의 영혼을 구해 주었다고요?" 프란치스코는 놀란 듯이 자기 어머니를 보았다. "하지만 그때 외할아버지가 나타나서 그를 밖으로 내쫓아버리는 바람에 모든 게 거기서 끝났다는 소리는 어떻게 된 거죠? 어머니가 그렇게 이야기하셨잖아요. 그런데 지금은 왜 저에게 사실을 말씀해 주시지 않았지요?"

"그 이유를 말해 주지. 네가 어렸을 때는 사실을 이야기해도 알아들을 수 없었을 테고 나이가 든 다음에 이야기하면 웃어 버리고 말 것 같아서였어. 그러나 지금은 네가 앓아눕는 바람에 육체의 열정도 조금은 사그라졌으니까, 하느님의 은밀한 지시를 비웃지 않고 들을 수가 있을 테지. 그렇기 때문에 나는 사실을 이야기해 주기로 결심한 거란다."

"말씀해 주세요, 어머니." 프란치스코는 설레는 목소리로 말했다. "제가 비웃다니요. 울음이 터질 것 같은데, 그 순간이 온 거예요. 어머니 말이 맞아요. 제가 진실을 들어야 할 시간이 되었어요."

그 말을 마치자마자 그의 눈에서는 눈물이 흐르기 시작했다. "아가야, 왜 울지? 저런, 왜 그렇게 떨고 있지?" 놀란 어머니는 아들을 껴안았다.

"왜냐고요? 어머니의 피가 내 몸속에 흐르고 있는 게 느껴져서 그래요. 어머니의 피가……"

피카 부인은 자기 이마와 목에 맺힌 땀방울을 손수건으로 훔치고는 나를 흘깃 쳐다보았다. 내가 있는 앞에서는 이야기를 하고 싶지 않은 듯 망설이는 기색이었다. 나는 일어섰다.

"부인, 제가 자리를 비킬까요? 나가 있겠습니다."

프란치스코는 명령하듯이 손을 뻗었다.

"그대로 있어요. 나가 있긴 어딜 간다는 말이오! 어머니, 부끄러워하지 마시고 말씀하세요."

나는 피카 부인을 살폈다. 눈썹이 사르르 떨리고 있었다. 나를 날카롭게 쏘아보았다. 마음속에서 나를 재어 보는 것이었다.

"앉아 계세요." 그녀는 뚝 끊어서 말했다. "부끄러워할 것은 하나도 없습니다. 나의 가슴은 깨끗해요. 다 이야기하지요."

"그런데……?" 프란치스코는 어머니의 얼굴을 쳐다보며 불안해했다. "그 수도사는 자기 손을 내 머리 위에 얹었어요. 머릿속으로 불길이 들어오는 것만 같았어요. 목으로 들어가 창자를 태우는 것 같았어요. 이게 무슨 불길일까? 눈물이 쏟아질 것만 같았지요. 정원 한가운데서 마구 춤을 추고 싶어졌습니다. 거리로 뛰어나가 신을 몽땅 벗어 던지고 길을 따라 마냥 걷고 싶어졌어요. 다시는 아버지 집에 돌아오지 않을 작정이었지요. 나는 타오르고 있었습니다. 이게 무슨 불길일까 생각했습니다. '그이는 하느님이야, 하느님이 아니고는 이럴 수 없어' 나는 속으로 외쳤습니다. 하느님이 인간의 영혼에 드시는 길이 그러하니까요."

피카 부인의 두 볼과 목은 불이 붙은 것처럼 보였다. 그녀는 창문턱에 놓여 있던 수정 주전자에서 물을 따라 목을 축였다. 다시 하나 가득 컵에 물을 따르더니 그것도 마셔 버렸다. 속에서 타오르는 불길을 잡으려 애쓰는 모습이었다.

"그러고는요?" 더 기다릴 수 없어서 프란치스코가 다그쳐 물었다.

피카 부인이 고개를 숙였다.

"그러고는 내가 그만 정신이 나갔던가 봐. 내가 살던 집이 그렇게 작아 보일 수가 없었지. 그리고 그 수도사가 문을 열고 서서 나더러 나오라는 시늉을 했을 때, 정원 한복판에 샌들을 벗어 던지고는 그이를 따라 달려 나갔어."

그렇게 말하는 그녀를 프란치스코는 뚫어지게 바라보았다. 말을 하려 했지만 아무 말도 나오지 않았다. 나는 그를 자세히 지켜보면서 지금 저렇게 흥분해서 얼굴을 일그러뜨리는 것이 무엇일까 생각해 보았지만 도무지 짐작이 가질 않았다. 두려움일까, 아니면 기쁨일까, 경멸감일까, 그것도 아니면 그 세 가지가 모두 차례차례 표정을 뒤바꿔 놓고 있는 것일까? 혹은 세 가지 감정이 동시에 그를 엄습하는 까닭에 불 꺼진 재처럼 창백해졌다가도 다음 순간은 불이 붙어 연기를 뿜는 것처럼 다시 붉게 안색이 변하는 것일까?

이윽고 그는 겨우 입술을 움직이면서 말을 했다. "그래서 어머니는 떠난 거지요? 집을 버리고 그이와 함께 나가 버렸지요?"

"그래." 피카 부인의 목소리는 차분히 가라앉아 있었다. 후련한 듯했다. "그때 내 나이 열여섯이었지. 마음이 열려 있었지. 모든 기적을 받아들일 수 있는 준비가 되어 있었어. 그날 밤 하느님이 내 앞에 나타나셨지. 당신이 원하는 모습으로. 어떤 소녀들에게는 그분이 젊은 미남 귀족처럼 차려입고 나타난다지만, 내 앞에 나타났을 때는 야만스럽고 맨발인 구걸하는 수도사의 모습이었어. 마을과 마을을 황급히 누비는 순례길에서 나는 그이를 따라가려고 마구 달렸지. 그분은 나에게 가난과 정절(貞節), 천국과 지옥에 관한 이야기를 하셨어. 내 맨발바닥 밑으로 대지가 떨어져 나가는 것 같았어. 나는 땅을 힘껏 찼어. 그랬더니 수도사와 함께 하늘로 솟아오르는 것 같았어.

우리는 산 위에 올랐지. 또 산에서 내려와서는 마을들을 찾았지. 우리 둘은 마치 위대한 정복자 같았어. 그이는 마을 광장에 들어가면 돌 위에 껑충 뛰어올라 한 손을 번쩍 높이 쳐들고는 하느님을 믿지 않는 자들, 사기꾼들, 땅 위의 지배자들을 모두 저주하는 욕을 퍼부었어. 밤이 오면 나는 그이 앞에 서서 횃불을 밝혀 들고 그의 무서운 얼굴을 비추었어. 마을 사람들이 그의 얼굴을 보고 공포에 떨도록 한 거지.

그 사이 아버지는 기사들을 풀어서 마을과 산을 샅샅이 뒤지며 나를 찾을 때까지 돌아오지 말라고 했었지. 오빠도 함께 찾아왔어. 나를 붙들더니 오빠는 다짜고짜 나를 말 위에 앉히고는 집으로 데려왔어."

피카 부인은 거기서 잠시 말을 멈추고 아들을 바라보며 미소 지었다.

"그리고 며칠 뒤 결혼했던 거지."

프란치스코는 눈을 감았다. 아무도 그에게 말을 시키지 않았다. 위대한 침묵이 감도는 방 안에서 우리는 카나리아가 하늘을 향해 머리를 곧게 세우고 황홀하게 노래하는 소리를 들었다. 여주인이 말하는 동안에도 새는 계속 그렇게 노래했을 테지만, 우리는 그 소리를 듣지 못했다. 우리들의 머릿속은 야만스런 수도사를 따라가려고 헐떡이며 달리던 맨발의 소녀 생각으로 가득 차 있었다.

갑자기 프란치스코가 눈을 떴다.

"두 분 다 나가주세요! 혼자 있고 싶어요." 그의 목소리는 잠겨서 귀에 거슬렸다.

한마디 말도 없이 피카 부인과 나는 자리에서 일어나 밖으로 나갔다.

밤새도록 프란치스코는 아무도 자신의 방에 들이지 않았다. 문밖으로 한 숨 쉬는 소리가 새어 나왔다. 그리고 가끔 창문을 열어 신선한 공기를 받아 들이려고 일어서는 소리도 들렸다.

아침이 되었다. 프란치스코가 나를 불렀다. "레오 형제!"

달려 들어가 보니 시트 위에 벌렁 누워서 그가 발작을 일으키고 있었다. 얼굴이 창백했다.

"이제는 꼼짝 못할 것 같소, 레오 형제." 그는 나를 돌아다보지도 않고 말했다. "나의 오른편에는 하느님의 깊은 심연이 가로막고 왼편에는 사탄의 지옥이 가로막고 있어요. 날개라도 돋아나지 않는다면 나는 꼼짝 못해요. 나는 떨어지고 말 거예요."

"무슨 소리를 하는 거요. 프란치스코?" 나는 그를 품에 꼭 안으면서 물었다. "왜 이처럼 떨고 있나요?"

"우리 어머니의 피 때문이라오." 그는 속삭였다. "어머니의. 피……. 못 들었어요? 광기라는 거죠!"

"그분을 몰아 세웠던 것은 광기가 아닙니다, 프란치스코. 그건 하느님의 힘이지요."

"광기가 아니고 뭐요! 밤새도록 나는 아버지 집 뜰에서 신발을 다 벗어 던지고 아래로 아래로 떨어지는 꿈을 꾸었소. 손을 벌려 무엇이건 붙잡아 보려 했지만 잡히는 것은 허공뿐이었다니까요!"

그는 머리 위로 두 팔을 마구 휘저으며 허공을 끌어안는 시늉을 했다.

나는 그의 이마에 손을 대고 천천히 어루만져 주었다. 차츰차츰 안정을 되찾더니, 그는 상처 입은 새처럼 가슴에 머리를 묻고 곧 잠이 들었다.

잠자는 모습을 가만히 보았다. 이제 잠은 그가 꿈꿀 수 있게 모든 문을 다 열어 놓았으리라. 지금 그 가슴 속을 바쁘게 들락거리고 있는 것들은 무엇일까, 나는 알아내려 애썼다. 순간마다 그 잠든 얼굴 위로 표정이 바뀌고 있는 것은 무슨 까닭일까? 가끔 놀란 듯 눈썹을 치켜세우기도 하고, 말할 수 없는 고통을 겪는 듯 입술이 축 처지기도 했다. 그런가 하면 얼굴 가득 광채가 솟아오르고 눈부신 것을 견디기 어려운 듯 눈두덩이 깜빡거리기도 했다.

갑자기 그는 두 손을 뻗어 내 팔 하나를 꽉 잡았다.

"레오 형제여, 당신이죠? 그를 보았어요?"

"누굴 말이오?"

"지금 막 허공으로 사라져 버렸어요. 그는 아직 이 방 안에 있을 거예요!"

"그러나 누군데요? 아마 꿈을 꾸고 있었을 겁니다."

"아니오, 이건 꿈이 아니래도요, 레오 형제. 진실 그 자체보다 더 참다운 그런 것이 세상에 존재할까요? 사라진 것은 바로 그것이었어요!"

침대에서 일어나 앉으며 그는 두 눈을 비볐다.

"내가 자고 있는 줄 아셨지요. 그렇죠? 나는 자지 않았어요. 문이 다 잠겨 있는데도 그는 들어왔어요. 눈 먼 사람처럼 두 손을 자기 앞으로 뻗으며 더듬고 들어왔어요. 누더기를 걸치고 있었지요. 수천 가닥으로 누비고 또 누빈 누더기를 걸친 그의 몸에서는 살이 썩어들어가는 냄새가 풍겼어요. 그가 내 침대로 와서 더듬거리며 찾더니 나를 발견했지요.

'자네가 베르나르돈의 버릇없이 자란 아들인가?'

'네.' 하고 떨면서 대답했지요.

'그럼 이봐, 어서 일어나 내 옷을 벗기고 목욕 좀 시키고 먹을 것을 내놓게나.' 그는 간청하는 것이 아니라 명령하고 있었어요.

'당신은 누구신데요?'

'먼저 내 옷을 벗기라고. 목욕을 시켜 주고 먹을 것부터 내놓아.'

나는 일어서서 그의 옷을 벗겨 주기 시작했어요. 세상에 그런 누더기 옷은 처음 보았어요. 깁고 또 깁고, 고약한 그 냄새라니! 그리고 그 발, 퉁퉁 부어오르고 상처뿐이던 그의 발! 머리를 푹 덮어씌우고 있던 두건을 벗겼더니 관자놀이가 드러났는데, 하얗게 달아오른 쇠붙이로 지진 주름이 움푹움푹 패여 있었어요. 그리고 이마에는 십자가 모양의 피맺힌 상처가 보였어요. 그렇지만 나를 가장 떨게 만든 것은 그의 두 손과 발에 난 커다란 구멍이었지요. 피가 흐르는 구멍이었어요. '당신은 누구신가요? 나는 다시 물어보았습니다. 구역질이 나기도 하고 무섭기도 했어요. '내 몸을 씻어라.' 그게 대답이었습니다. 나는 가서 물을 데워다가 그의 몸을 닦아내었지요. 그러고 나니 그는 지금 바로 당신이 앉아 있는 그 트렁크 위에 걸터앉으며 말했어요. '자, 이제는 배가 고프구나!' 나는 큰 접시에 음식을 가득 담아서 주었습니다. 허리를 굽혀 화로에서 재를 한줌 집더니 그걸 몽땅 음식 위에 뿌리고 나서 그는 먹기 시작하는 것이었습니다. 식사를 마치고 일어나서 내 손을 잡았습니다. 그의 얼굴 표정은 점점 평온해졌고 상냥하고 동정 어린 시선으로 나를 바라보았습니다.

'이제 자네는 나의 형제가 되었어. 나를 보려고 가까이 오면 자네 얼굴이 보일 것이고, 내가 자네에게 가까이 간다면 내 얼굴이 보이게 되지. 나의 형제여, 부디 잘 있게나.'

'어디로 가십니까?'

'자네가 가는 곳으로 가겠지! 안녕, 다시 만나게 될 거야!'

말을 마치자마자 그의 모습은 사라졌어요. 엷은 안개 속에 가려지고 말았지요. 그의 냄새는 아직 방 안에 남아서 맡을 수 있습니다. 그는 누구였을까요? 누구기에 그랬을까요? 레오 형제는 어떻게 생각하십니까?"

대답은 하지 않고 나는, 잘못하다가 그 보이지 않는 방문객을 건드리게 될까 겁이 나 자리를 옮겼다. 과연 누구였을까. 어둠의 악마들이 보낸 사신일까? 아니면 위대한 힘을 가진 이가 보낸 사신일까? 한 가지 나에게 분명했던 것은 이 부유한 집 아들 주변에서 이제 엄청난 싸움이 벌어지고 있다는 사실이었다.

사흘이 지나갔다. 프란치스코의 창백한 두 볼에 다시 혈색이 돌아오기 시작하고, 뼈마디에도 힘이 붙었다. 핏기 없던 입술이 붉어지면서 그의 몸은 비로소 배고픔을 느끼는 모양이었다. 음식을 찾았다. 그는 기운을 회복하고 두 다리로 일어설 수 있게 되었다. 그의 내면과 외부 세계 또한 제자리를 찾았다. 정원, 샘, 포도덩굴로 둘러싸인 암자며 방안에 있는 집기들, 거리에서 들려오는 사람들 목소리, 밤하늘 별자리들이 모두 때맞추어 하느님이 마련해준 제자리에 제대로 돌아와 있었다. 세계는 다시 프란치스코의 핏기와 함께 정상 상태를 회복하고 있었던 것이다.

나흘째 되는 날 새벽, 산 루피노 대성당의 종들이 울리기 시작했다. 피카부인은 늙은 유모 한 사람을 거느리고 교회로 떠났다. 베르나르돈 씨는 아직 여행에서 돌아오지 않았다. 그날따라 종소리는 신나게 울려 퍼지고 있었다. 9월 23일은 아시시 사람들이 사랑하는 성인 산 다미아노의 축제가 벌어지는 날이었다. 그를 모시는 자그마한 성당은 평야로 내려가는 성문 밖 구릉 위에 자리하고 있었다. 지금은 천천히 폐허의 모습을 닮아가고 있지만 예전에는 찾아오는 신도들로 화려하게 붐비던 유명한 교회였다. 해마다 이 날이 돌아오면 그곳에는 유쾌한 축제가 벌어지고 성인의 입상은 신도들이 바친 금은으로 뒤덮여 반짝이곤 했다. 이제는 벽 여기저기에 큰 구멍들이 뚫리고 곧 허물어질 듯 흔들거렸다. 아직 제 모습을 잃지 않고 있는 것은 피가 낭자한 창백한 예수를 매달아 놓은 비잔틴 양식으로 된 커다란 십자가 하나뿐이었다. 이 예수의 모습에는 묘하게 사람을 끄는 매력이 있었다. 그것은 하느님의 슬픔이라기보다는 인간의 슬픔이 담긴 모습이었다. 그는 죽어가는 사람이 그러하듯 울고 있었다. 그래서 신자들은 그 앞에서 무릎을 꿇다가도, 그 모습을 보는 순간 오싹 소름이 돋고는 했다. 십자가에 매달려 저토록 고통에 몸부림치는 것이 꼭 자기들의 모습처럼 느껴졌기 때문이다.

나는 아침 일찍 프란치스코의 방에 들어갔다. 남편이 없는 동안 피카 부인은 내가 잘 수 있으면서도 자신의 아들 가까이서 시중을 들 수 있는 자그마한 방 한 칸을 마련해 주었다. 병을 앓고 있는 동안에도 늘 그는 나를 찾았고, 자기 곁에서 멀리 떨어지는 것을 싫어했다. 아침이 되자 그의 표정은 행복해 보였다. 문 쪽을 뚫어지게 바라보며 내가 들어오길 기다리고 있었다.

"들어오시오, 들어오시오, 하느님의 사자여." 나를 보자 그는 곧 이렇게 말했다. "오늘은 갈기며 머리칼을 곱게 빗질하시고 수염까지 정말 사자답게 틀어 올리셨네요. 그리고 입맛을 다시고. 뭘 좀 드셨나요? 난 먹었는데."

"당신의 어머니는 참 좋은 분이시죠. 교회로 가시기 전에 유모를 시켜 저에게 빵과 치즈, 우유를 가져다 주셨거든요. 그렇군요. 젊은 주인님, 내 느낌이 담긴 호칭을 어떻게 불러야 할지 모르겠습니다만, 나는 덕분에 정말 사자가 되어 가고 있으니 그리 아십시오."

그는 껄껄거리고 웃었다.

"앉아요." 그는 침대 곁에 놓인 섬세한 조각품을 가리키며 말했다.

카나리아가 다시 노래를 부르기 시작했다. 햇빛에 잔뜩 취한 새의 목청과 작은 가슴은 오직 노래로 가득 차 있었다. 프란치스코는 아무 말 없이 새를 오랫동안 바라보고 있었다. 입은 반쯤 벌린 채 그의 눈은 눈물로 흐려지고 있었다.

"카나리아는 나의 영혼 같아요." 그는 이윽고 속삭이듯 말했다. "눈에 보이는 것은 사방을 둘러싼 창살뿐입니다. 하지만 절망하는 대신 노래를 부르기로 한 것이죠. 노래하면서 기다리는 거죠. 레오 형제여, 두고 보세요. 그 노래는 어느 날 창살을 모두 부셔 버리고 말 테니." 나는 웃었다. 창살이 그처럼 쉽사리 부셔져 나갈 수 있을는지! 그러나 내 얼굴에 스친 웃음의 의미를 읽고서 그는 언짢아했다. "뭐라고요? 내가 헛소리를 한다고요?" 그는 나를 꾸짖었다. "다시 말하면 육체라는 것, 뼈대며 털이며 살이라는 것이 정말 존재하는 것인지, 아니면 모든 것이 영혼의 현상인지, 당신은 한 번도 자문해 본 적이 없다는 말이군요?"

"한 번도, 단 한 번도 없다오, 프란치스코. 용서하시오. 잘 아시겠지만 나는 우둔한 인간이고 머리도 나쁜 편입니다."

"내가 아파서 누워 있을 때는 조금도 그런 의심을 가져 본 적이 없어요. 조금 전까지도 말입니다. 하느님은 당신을 게으름을 통해서 하느님 가까이 끌어들이셨습니다. 나의 경우는 아마 병을 통해서 가까이 불러들이시려는 것 같아요. 그것도 낮이 아니라 내가 잠든 다음, 그를 거역할 수 없는 한밤중에 말이지요. 꿈속에서 나는 계속 자신에게 물어보곤 했어요. 어쩌면 육체라는 것은 존재하지 않는 것이 아닐까, 실재하는 것은 영혼뿐인데 우리가 육체라고 부르는 것은 우리가 보고 느끼도록 만드는 영혼의 일부에 지나지 않는 것은 아닐까 하고. 앓고 있는 동안 밤마다 잠만 들게 되면 나는 나의 영혼이 경쾌하고 소리 없이 내 침대 위로 솟아올라 떠돌아다니는 것을 느낄 수 있었어요. 창문 밖으로 나가서 정원을 배회하고 덩굴 올린 정자 꼭대기에 가서 머물다가 공중으로 치솟아 아시시 성 안 지붕 위를 왔다갔다 오르내리기도 하는 것이었지요. 바로 그때였어요. 나는 문득 커다란 비밀을 발견했습니다. 육체는 존재하는 것이 아니라는 사실을! 그렇답니다, 레오 형제여. 육체라고 하는 것은 존재하지도 않아요. 존재하는 것은 영혼뿐이랍니다!"

그는 벌떡 침대에서 일어났다. 얼굴이 밝게 상기되어 있었다.

"그리고 이 세상에 영혼밖에는 없다는 것이 사실이라면 한번 생각해 보세요, 레오 형제!" 기분이 좋아 그는 소리를 질렀다. "우리는 얼마나 먼 곳까지 갈 수 있겠어요! 우리 육체가 방해하지 않는다면 우리는 단숨에 천국으로 뛰어오를 수도 있을 거라고요!"

나는 아무 말도 하지 않았다. 머리로는 잘 알아들을 수 없었지만, 가슴으로는 모두 이해할 수 있었다. 그는 또 이렇게 말했다.

"꿈속에서 나는 껑충 뛰어 보았지요. 자 봐요, 이렇게 말입니다!" 그는 두 팔을 마치 날개처럼 힘차게 하늘로 쭉 뻗어 올렸다. "꿈을 꿀 때면 이렇게 간단하고 쉬운 일도 없다고요. 나는 또 해 보이겠어요, 아시겠어요? 정말 나는 결심했다고요. 내 안에서 어머니의 피가 끓어오르고 있으니 어쩌겠어요. 깨어난 지금도 그걸 해 보일 수 있을 거예요. 물론 어렵겠지요. 꽤 어렵긴 하겠지만 말이에요. 자, 어서 나를 좀 도와주세요!"

"프란치스코 형제, 나는 당신을 돕고 싶어요. 정말 그래요, 그런데 어떻게 돕지요? 나는 배운 것이라곤 없는데다 머릿속에 들어 있는 것도 별로 없답니다. 있는 것은 내 마음 하나뿐인데, 그게 무슨 도움이 되지요? 가엾은 건 심장이죠. 천성적으로 산란한 데다 수탉처럼 자존심만 잔뜩 살아 있는 불쌍한 거지라고요! 그런 것에는 기대를 걸지 않는 게 차라리 나아요. 아시겠지요? 그러니 저 같은 존재가 어떻게 당신을 도와드릴 수가 있겠습니까?"

"할 수 있어요. 할 수 있고말고요. 빨리 서둘러요. 내 말 잘 들어 둬요. 내일이면 내가 일어날 수 있을 것입니다. 내가 넘어지지 않도록 팔을 꼭 붙들고 부축하세요. 산 다미아노 사원으로 가는 거예요."

"산 다미아노라고요?" 나는 깜짝 놀라 소리쳤다. "알다시피 오늘이 다미아노의 축일인데. 아까 종소리 못 들으셨어요?"

"오늘이라고요?" 프란치스코는 손뼉을 치며 말했다. "그래서 그랬구나."

"무슨 말이지요?"

"꿈을 꾸었어요. 그를 꿈 속에서 봤어요. 간밤에 잠들어 있는 내게 찾아왔던 거예요. 남루한 옷에 맨발로 몸을 웅크리고 앉아 울고 있었어요. 놀라서 그를 돌보려고 달려갔지요. '울지 말아요, 하느님의 성인.' 나는 그의 손에다 입을 맞추면서 말했어요. '도대체 어찌된 일입니까? 하늘에 계시지 않았나요? 천국에도 눈물이 있다는 말씀인가요?' 그는 고개를 끄덕였습니다. '천국에도 눈물은 있다.' 그는 대답했습니다. '그렇지만 그 눈물은 아직 지상에서 게으름 부리는 사람들 때문에 흘리는 눈물이다. 나는 네가 푹신한 닭털 침대 위에 편안히 누워 있는 것을 보고 가슴이 무너져 내리는구나. 왜 잠만 자지? 프란치스코! 부끄러운 줄 알아라! 지금 교회가 위기에 처해 있다.'

'교회가 위기에 처해 있다고요? 하지만 제가 무엇을 하겠어요? 제가 무엇을 하면 좋을까요?'

'손을 펴 보아라, 어깨로 교회를 떠받쳐라. 넘어지면 큰일 나!'

'제가요? 다른 사람도 아니고 베르나르돈의 아들인 제가요?'

'아시시의 프란치스코. 네가 이 사명을 짊어지고 나아가라. 세계는 지금 파멸되어 가고, 예수에게 위험이 닥쳐왔다. 어서 일어나 자네 몸으로 이 세계를 떠받쳐라, 무너지지 않게. 모든 교회가 작은 예배당처럼 되어 가고 있다. 형편없는 폐허의 모습이 되어 버렸다. 너는 교회를 다시 일으켜 세워라!'

그는 나의 어깨를 붙잡더니 확 밀어 버렸어요. 깜짝 놀라 눈을 뜨니 꿈이었지요."

프란치스코는 등을 벗어 보였다.

"와 보세요. 내 어깨에 남아 있는 손가락 자국이 아직도 보일 거예요. 이리 더 가까이 와 봐요."

나는 가까이 다가가다가 놀라 뒷걸음질치며 성호를 그었다.

"하느님의 천사들이여, 우리를 구원해 주소서." 내가 중얼거렸다. 온몸이 후들후들 떨렸다. 프란치스코의 어깨 위에 시퍼렇게 멍든 손자국 같은 것이 몇 개나 있는 것을 뚜렷이 볼 수 있었다.

"그건 다미아노 성인의 손가락 자국이에요. 무서워할 건 없어요." 프란치스코가 말했다. 그리고 조금 뒤 이렇게 덧붙였다.

"이제는 왜 그의 교회에 가려고 하는지 이유를 아시겠지요? 그냥 놓아두면 곧 허물어지고 만다는 거예요. 레오 형제여, 우리 둘이서 돌과 시멘트로 다시 세워 올리고 다시 한 번 성인의 얼굴을 밝게 비치도록 꺼져 있던 성전 등불에 기름을 부어 놓읍시다."

"프란치스코, 그게 성인이 원하는 전부이던가요? 우리들에게 하라고 지시한? 아니면 사실은……."

"아냐, 아니야. 그게 전부예요!" 프란치스코는 내가 엉뚱한 소리를 더 할까봐 잔뜩 겁이 나 자기 손으로 내 입을 막으면서 말했다. "빨리! 먼저 그 일부터 해요." 나는 잠자코 듣고 있었지만 가슴이 자꾸 두근거렸다. 이 꿈이 하느님이 주신 꿈이라는 것을, 그리고 그 속에는 무서운 뜻이 숨겨져 있음을 느낄 수 있었다. 전지전능하신 신이 인간 존재 하나를 붙드시고 나면 그때는 인정사정없다는 것을 나는 알고 있었다. 수없이 깨어지고 부서지는 한이 있어도, 신에게 사로잡힌 인간은 이 봉우리에서 저 봉우리로 마구 내던져지는 것이다. 그렇기 때문에 나는 침대에서 흔쾌히 일어서는 프란치스코를 보고도 겁에 질렸던 것이다.

이튿날 아침 그의 방에 들어가 보니, 프란치스코는 벌써 일어나 있었다. 어머니 팔에 기대어 처음 걸음마를 배우듯 집 안 여기저기를 조심스럽게 걸어다니고 있었다. 마치 처음 보는 사람처럼 기쁜 표정으로 눈을 크게 뜨면서 이방 저방 들여다보았다. 조각으로 무늬 놓은 기둥들이며, 성인들을 그린 세 폭 짜리 그림 등 모든 것이 낯설게 보이는 것 같았다. 그러고는 정원으로 나가는 문 앞에 서서 대문 옆 구석진 곳에 세워 놓은 석상을 한참 동안 바라보았다. 시선 어린 예수를 품에 안은 아비뇽의 성처녀 상에서 다시 우물로 옮겨 갔다. 대리석으로 둘러친 우물가에는 바질, 마요라나, 전류화의 향기로운 화분이 빙 둘러싸고 있었다. 이 모든 것이 피카 부인에게는 햇빛이 쏟아지는 그리운 고향의 추억이었다.

"어서 오시오, 하느님의 사자여." 나를 보자마자 프란치스코는 웃으면서 말했다. "양들에게 다가가 그들을 먹어버리는 대신, 자선을 베풀라고 손을 벌리는 그런 사자랍니다." 그는 어머니에게 고개를 돌렸다.

"복음 전도사들 가운데 사자와 함께 다니던 사람이 누구지요, 누구이던가요?"

"아니란다. 그건 마가였지." 피카 부인은 한숨을 쉬며 대답했다. "너는 교회에 나가지 않는 아이였으니, 그런 것을 알 리가 없지!"

"좋아요. 그럼 나는 마가고 여기 내 사자가 있습니다." 프란치스코는 내게 다가와 기대면서 말했다. "자, 갑시다!"

"애야, 어디로 가려는 거니?" 어머니가 소리쳤다. "너는 제대로 일어설 수도 없다는 걸 모르니?"

"걱정하실 것 없어요, 어머니. 내 곁에 사자가 있으니. 안 그래요?"

그는 내 팔을 잡았다. "하느님의 이름으로!" 성호를 그으며 그는 대문까지 걸어 나갔다.

"어머니, 오늘이 며칠이지요?"

"일요일이란다."

"몇 월 며칠인데요?"

"9월 24일이지. 왜 그걸 묻니?"

"어머니는 들어가서서 세 폭의 그림을 떼어 내리고 십자가에 못박히는 광경을 그린 그림 뒤쪽에다 이렇게 적어 넣으세요."

'우리 주 탄신 후 1206년 9월 24일째 되는 날 우리 아들 프란치스코, 다시 태어났다.'

4
하느님의 이름으로!

그토록 멋진 출발은 지금 생각해도 가슴이 뛴다. 우리는 좁다란 아시시 골목길을 마치 날개를 펼친 듯 훨훨 빠져 나왔다. 피아자 산 조르조 광장에 다다르자 요새 문을 빠져 나와 평야로 달리기 시작했다.

흠잡을 데 하나 없이 화창한 가을 아침이었다. 올리브 나무 숲과 포도밭 위로 가벼운 안개가 걸쳐 있었다. 탐스러운 포도는 수확하는 농부들을 기다리듯 어떤 송이는 땅에 스칠 정도로 축 늘어져 있었다. 끝물인 무화과 열매는 무화과나무에 쏟아지는 꿀맛 같은 햇빛만큼 무르익어 가고, 그 위에서 황금빛 꾀꼬리가 굶주린 듯 맴돌고 있었다. 올리브 나무마다 흐드러지게 열매가 맺히고 작은 잎사귀마다 방울방울 햇빛이 반짝였다. 저 아래 평야는 아직 잠에서 깨어나지 않았다. 부드러운 아침 안개가 채 걷히지 않고 있었다. 밀을 수확해 놓은 밭들은 햇빛 아래서 금빛으로 반짝였다. 긴 줄기와 줄기 사이로 늦게 피어난 양귀비꽃들이 아름다움을 뽐내며 여왕처럼 자줏빛 옷을 입고 저마다 가슴에는 검은 십자가를 하나씩 달고 있었다.

아, 그렇게 기쁠 수가 없었다! 우리들 가슴은 두근거렸다! 아니 우리뿐 아니라 온누리가 그렇게 함께 들떠 있었다.

프란치스코는 이제 못 알아볼 정도로 바뀌어 있었다. 어디서 그런 힘이 솟아났는지, 어디서 그토록 큰 기쁨을 찾아냈는지 훨훨 나는 듯했다! 그는 이제 나의 도움이 필요 없었다. 오히려 앞장서서 나를 끌고 어머니 나라 말로 음유 시인의 노래들을 불렀다. 프란치스코는 주위 세계를 처음 바라보듯 경이로움에 젖어, 천사처럼 가볍고 경쾌하게 여기저기 돌아다녔다.

성스러운 황소 두 마리가 반들반들 윤기 흐르는 목을 좌우로 흔들면서 옆을 스쳐 갔다. 축축한 제 코끝을 거친 혀로 핥았다. 반점 하나 없는 하얀 소들은 기름진 목을 힘차게 내밀고, 머리에는 이삭들을 왕관처럼 이고 있었다.

프란치스코는 깜짝 놀라서 쳐다보았다. 걸음을 멈추고 바라보다가 손을 들어 환영 인사를 했다.

"얼마나 고귀합니까!" 그는 중얼거렸다. "하느님과 같이 일을 하는 이 친구들은 얼마나 위대한 전사(戰士)들인가요!"

소 옆에 다가가 눈처럼 새하얗고 넓은 엉덩이를 가볍게 두들겨 주었다. 황소는 고개를 돌려 온화하게 그를 쳐다보았다. 자비로운 빛이 감도는 것이 꼭 사람의 눈길 같았다.

"내가 전능한 신이라면," 그는 웃으며 말했다. "나는 성인과 함께 소들에게도 천국에 들어올 자리를 내주겠어요. 당나귀, 황소, 그리고 새들이 없는 천국을 상상할 수 있겠어요? 레오 형제는 어떻게 생각해요? 나는 상상할 수가 없어요. 천사들과 성인들만으로는 부족하니까요. 당나귀, 황소, 새들이 있어야만 진정한 천국이 될 거예요!"

나는 껄껄 웃었다.

"그리고 용맹한 사자, 당신도 들어가야지요!"

"그리고 음유 시인인 프란치스코 역시 없다면 말이 되겠어요?" 그러면서 나는 그의 두 어깨 위로 치렁치렁 내려뜨려진 긴 머리를 쓰다듬어 주었다.

우리는 다시 걷기 시작했다. 내리막길이라서 힘들이지 않고 빨리 내려갔다.

갑자기 프란치스코가 멈추어 섰다. "우리가 어디로 가고 있는 거죠?" 놀라서 물었다. "왜 이토록 빨리 가나요?"

"우리는 산 다미아노 사원으로 가려는 게 아닌가요? 벌써 잊으셨어요?"

프란치스코는 고개를 저었다. 그의 목소리는 비통하고 우수에 잠겨 있었다.

"그런데 나는 우리가 성묘(聖墓 : 예루살렘에 있는 그리스도의 묘지)를 구하려고 가고 있는 줄만 알았지요."

"우리 단둘이서 말인가요?"

나는 장난기 섞인 목소리로 물어보았다.

"우리는 둘만이 아니오." 프란치스코는 내 말에 항의하며 얼굴이 벌겋게 달아올랐다. "어째서 둘이란 말이오, 우리는 셋이지."

나는 오싹해졌다. 그렇군, 정말 우리는 셋이었던 것이다. 그렇기 때문에 우리는 그처럼 기뻐하고 또 자신이 있었던 것이 아닌가. 그리고 그것은 또 이런 공격을 설명해 준다. 왜 공격이라고 하는가 하면 아무리 생각해도 이 원정이 평온하게 끝날 것 같지는 않으며, 마치 전쟁이 일어나서 우리가 군대를 투입하고 있다는 느낌이 들었기 때문이다. 돈 많은 젊은 주인과 거지로 편성된 우리 군대는 하느님의 이끄심으로 공격을 위해 돌진하고 있었던 것이다.

그 일이 있은 지 얼마나 많은 세월이 흘러갔던 것일까! 프란치스코는 이미 천국으로 올라갔는데, 나는 아직도 세상을 떠날 자격이 없어서 이렇게 살아 있다. 나도 이제는 늙을 대로 늙었다. 머리칼과 치아는 마구 빠지고, 무릎은 퉁퉁 부어 오르고, 혈관은 나무처럼 굳어 버렸다. 지금 내 손은 펜대를 잡아도 떨린다. 종이는 흐르는 눈물로 뒤덮여 번지고, 벌써 얼룩이 져 있다. 그러나 지금도 그날 아침 출발하던 광경을 회상하기만 하면, 나는 곧 다시 일어나 지팡이를 짚고 언덕 위에 올라가 세상을 일깨우는 종을 치고 싶어진다. ……참으로 프란치스코 신부님, 당신의 말이 옳았습니다. 세상에 육체라는 것은 정말 없습니다. 존재하는 것은 오직 영혼뿐입니다. 그것이 모든 것을 지배하지요. 내 영혼이여, 일어나라. 우리가 산 다미아노를 향하여 달리던 그 아침을 회상하고 모든 것을 적어 놓아라. 모든 것을. 믿지 않는 사람들을 겁내지 마라!

우리는 달리다가 갑자기 소녀들이 소리지르고 웃는 소리를 들었다. 좀 더 빨리 달려서 산 다미아노에 도착했다. 벽이 바깥으로 기울어진 폐허였다. 노란 별꽃이 벽을 쌓은 돌들을 뒤덮고, 돌들 사이를 벌어지게 했다. 작은 종루는 무너져서 둘레에 있던 벽돌들이 뜰 안을 어지럽혔다. 그 곁에 조그마한 종 하나가 벙어리처럼 나딩굴었다. 우리는 사방에서 들려오는 높은 목소리들을 들으며 달려 왔지만, 이곳은 사람의 그림자라곤 하나도 보이지 않았다. 프란치스코는 돌아서서 놀란 듯이 나를 바라보았다.

"폐허 전체가 웃고 있어요. 여기에는 지금 분명히 천사들이 있어요."

"그런데 그것들이 악마들이라면 어떻게 하지요?" 내가 물었다. 나는 점점 불안해지기 시작했다. "자, 돌아갑시다."

"악마들의 웃음소리는 그렇지 않아요, 레오 형제여. 이들은 천사들입니다. 여기 기다리고 있어요. 무서우면 내가 혼자 교회 안에 들어가 볼게요."

"아니 괜찮아요. 나도 함께 가겠어요." 나는 자신이 부끄러워졌다. "무섭기는요!"

문짝은 다 떨어져 삐걱거렸다. 우리는 풀이 무성한 문지방을 넘어 안으로 들어섰다. 비둘기 두 마리가 푸드득 작은 창문으로 날아갔다. 처음에는 어두컴컴하여 아무것도 보이지 않았지만, 차츰 익숙해지면서부터 우리 눈앞에는 제단 저 위로 커다란 낡은 십자가 하나가 나타났다. 그리고 비록 육안으로는 볼 수 없었지만, 그 위에 유령처럼 떠서 흔들거리는 창백한 몸 하나가 있음을 느낄 수 있었다. 바로 그 아래 산 다미아노 초상과 불 꺼진 유리 등잔이 놓여 있었다.

우리는 천천히 조심스럽게 앞으로 나아갔다. 공중에는 날개들이 잔뜩 파닥이고 있는 것처럼 느껴졌다.

"산 다미아노가 목발을 짚고 나타날 테니 봐요." 프란치스코는 부드러운 소리로 말했다. 그는 자기 담력이 크다는 것을 나타내 보이고 싶었지만, 목소리는 떨리고 있었다.

우리는 좀 더 앞으로 나아갔다. 성찬대가 놓이는 구석 위 좁은 문틀 사이로 푸른 잎사귀들을 내다볼 수 있었다. 그것은 작은 뜰일 것이다. 로즈메리와 담쟁이덩굴 향기가 콧속으로 스며 들어왔다.

"정원으로 나갑시다." 프란치스코가 말했다. "여기 있다가는 숨통이 막히겠소."

그러나 문지방을 막 넘어서 밖으로 나가려는데, 성찬대 뒤쪽에서 숨을 헐떡이는 소리가 들렸다. 어쩌면 날개가 부딪치는 것 같기도 하고 옷깃이 스쳐서 나는 소리 같기도 했다. 프란치스코는 내 팔을 꼭 붙들었다.

"들려요? 저 소리가 들려요? 저 소리는 마치……."

하지만 그가 생각을 채 가다듬기도 전에 성찬대 뒤에 숨어 있던 흰 옷 입은 아가씨 셋이 번개처럼 우리 앞으로 튀어나와 소리를 지르며 정원으로 도망쳤다.

거기서 셋은 깔깔거리며 웃기 시작했다. 우리가 겁에 질려 있는 것을 보고는 놀려 주려고 그랬던 것 같다.

잠시 멍하니 넋을 잃더니 프란치스코는 갑자기 앞마당으로 뛰어 나갔다.

나도 그 뒤를 쫓아갔다.

아가씨들은 우리를 보았지만 두려워하지는 않았다. 프란치스코를 알고 있는 것이 틀림없어 보였다. 가장 나이 들어 보이는 아가씨가 그를 보자 얼굴을 붉혔기 때문이다. 프란치스코는 프란치스코대로 문기둥에 기대서서 얼굴에 배어 오른 땀을 닦아내기 시작했다.

나이 든 아가씨가 우리 쪽으로 가까이 다가왔다. 즐겁고 반가운 기분이 넘쳐흐르는 그 아가씨 머리 위에는 관처럼 열매가 잔뜩 달린 올리브 가지 하나가 얹혀 있었다. 프란치스코는 한 걸음 뒷걸음질쳤다. 두려워하는 것 같았다.

"저 아가씨를 아시오?" 내가 귀엣말로 물어보았다.

"조용히 해요." 그는 내 물음을 가로막았지만 얼굴은 잿빛이 되었다.

아가씨가 용기 내어 먼저 말을 걸었다. "프란치스코 씨, 누추한 우리 집에 와 주셔서 고맙습니다." 어딘가 도전적인 말투였다.

프란치스코는 아무 말 없이 여자 얼굴을 보고 있었지만, 아랫입술이 떨리기 시작했다.

"이곳은 산 다미아노의 집인데요, 아가씨." 내가 대신 말했다. "언제 당신이 이 집을 사신 거죠?"

나머지 두 아가씨들도 웃음이 터져 나오려는 것을 막으려 손으로 입을 가리고 천천히 다가왔다. 그들은 열세 살 아니면, 많아야 열넷쯤으로 보이는 소녀들이었다.

"오늘 아침, 우리는 하루 종일 이곳에서 지내기로 했어요." 키가 가장 큰 아가씨가 말했다. "애는 동생 아그네스예요. 그리고 애는 우리 이웃에 사는 에멜린다고요. 우리는 바구니 가득 음식을 담아 왔고, 과일도 좀 가져 왔어요."

그녀는 다시 프란치스코를 보았다.

"프란치스코님이 우리랑 함께 식사를 드시겠다고 하신다면 기꺼이 모시겠어요. 당신이 우리 집에 오셨으니 우리가 따뜻이 대접해 드려야지요."

"클라라, 이렇게 만나서 반가워요." 프란치스코가 부드러운 목소리로 말했다. 그의 목소리에는 장난기도 웃음기도 없었다. 가슴 깊이 우러나오는 그 목소리에 젊은 아가씨는 조금 당황한 듯했다.

"우리는 놀러 나온 거라고요." 원망하듯 아가씨는 말했다. 마치 그가 나타난 것이 어린 아가씨들의 놀이를 깨뜨리기라도 한 것처럼 그를 나무라는 말투였다.

"나는 놀러 나온 건 아닙니다. 내가 여기 온 것은 꿈을 꾸었기 때문이오."

"어디 아프세요?" 클라라가 물어보았다. 이번에는 상냥한 마음이 가득 담긴 부드러운 목소리였다.

"내가 아파서 눕기 이전에 마음이 병들어 있었습니다." 프란치스코의 대답이었다.

"무슨 말씀인지 모르겠네요."

"하느님이 언젠가는 무슨 뜻인지 알게 하실 겁니다."

"당신이 노래하는 걸 한 번 들었어요. 밤이었지요." 소녀는 말을 돌렸지만, 어떻게 하면 이 우연한 만남을 좀 더 끌고 갈 구실을 찾을 수 있을까…… 말이 더는 생각나질 않았다.

"클라라, 당신은 내 노래를 밤마다 들었지요. 하지만 다시는 그 노래를 들을 수가 없을 겁니다."

아가씨는 머리를 젖혔다. 치렁치렁한 긴 머리가 어깨에 부딪치면서 머리를 묶고 있던 리본이 풀어져 내렸다. "왜 그러시죠?" 소녀는 시선을 발밑에 떨군 채 물었다. "왜 그런지 나도 아직 모르겠어요, 클라라. 물어보지 말아요. 어쩌면 다른 창문 아래에 가서 노래를 부를지도 모르겠어요."

"다른 창문이라뇨? 어디 있는데요? 어느 집 창문을 말씀하시는가요?"

프란치스코는 머리를 떨구었다. "하느님의……" 그는 중얼거렸지만 너무 소리가 작아서 소녀는 알아듣지 못했다.

소녀는 한 발자국 가까이 다가서며 되물었다. "누구 집이죠? 어느 창문이라고 말씀하셨어요?"

그러나 이번에는 프란치스코가 대답을 하지 않았다.

"이봐요, 클라라. 자, 가서 놀아요." 소녀 하나가 말했다. "저 사람에게 말할 건 없어요. 말을 하려고 들 이유가 뭐 있겠어요?" 어서 그 자리를 뜨고 싶다는 듯 두 아가씨는 언니의 손을 잡아 끌어당겼다.

하지만 클라라는 꼼짝도 않고 버티고 서서 머리에서 흘러내린 초록빛 리본을 만지작거렸다. 날씬하고 유연한 몸매에 새하얀 옷을 걸친 아가씨에게 몸치장이라곤 목에 걸린, 영세 받을 때부터 걸고 다닌 작은 금빛 십자가 하나와 아직 채 성숙하지 않고 약간 봉긋이 솟아오른 두 젖가슴 사이에 부적처럼 꽂은 은으로 된 백합꽃 한 송이뿐이었다. 아가씨의 놀라운 용모는 두 눈썹이었다. 화살처럼 가늘고 곧은 눈썹은 갑자기 치켜 올라가 있어서 아몬드를 박아 놓은 듯한 검은 두 눈매에 항상 위엄이 넘치고 노여운 듯한 표정을 만들어 주고 있었다.

아가씨는 화가 난 듯 풀어진 머리채를 움켜잡고서 한 번 꼬아서 초록빛 리본으로 단단히 올려 묶었다. 그러고는 친구들을 돌아보며 경멸하듯 한마디 했다.

"자, 우리는 저쪽 아래 있는 포르치운쿨라 성당으로 가자. 프란치스코 씨는 여기서 하고 싶은 일을 하시라지. 정말 꿈을 꾸었나 봐!"

에멜린다는 투덜거리며 바구니를 집어 들었다. 동생 아그네스는 과일이 담긴 작은 바구니를 들고 클라라 뒤를 따라 올리브 숲을 지나서 저 아래 있는 평야로 내려가기 시작했다.

"휴우, 살았다……." 프란치스코는 지금 막 큰 위험을 용케 피한 사람처럼 안도의 숨을 깊이 내쉬며 혼자 중얼거렸다.

문턱에 풀썩 주저앉으면서 그는, 올리브 숲을 빠져 나갈 때 새어든 햇빛을 받아 한순간 반짝이다가 이윽고 사라지고 마는 세 소녀의 뒷모습을 바라보았다.

"우린 이제 살았어요……." 그는 되풀이해서 말하더니 털고 일어났다.

정오쯤 되었을 것 같다. 그의 얼굴에서 공포의 빛은 말끔히 가셨다.

"레오 형제." 나를 부르는 그 목소리는 달라지고 있었다. 진지하고 결의에 찬 듯했다. "레오 형제, 우리 두 사람이 군대라는 말을 안 했던가요? 성묘를 구원하기 위해서 일어선 군인들이란 말을 기억하시겠죠? 웃지 마시라니까요. 내 말을 믿어 주셔야 해요! 우리는 작고 쉬운 일들부터 할 거예요. 그리고 그런 일들을 마치고 나면 좀더 큰 일에 손을 대보는 거죠. 그러고 나서, 큰 일을 마치고 나면 말입니다. 불가능한 일을 해야 합니다. 제가 말하고 있는 것을 알아 듣겠나요? 아니면 내가 아직 베르나르돈의 집 침대에서 꼼짝달싹 못하고 앓아 누웠을 때처럼 헛소리나 하고 있다고 생각하시는 건가요?"

"불가능한 것을 하겠다고 말했던가요. 프란치스코 형제?" 나는 덜컥 겁이 나서 물어보았다. "그게 무슨 뜻이죠, 어디까지 해 나가겠다는 뜻인가요?"

"레오 형제여, 언젠가 나무 꼭대기에서 수도하고 있는 유명한 수도자를 찾아갔을 때 일어난 이야기를 들려준 건 바로 당신이 아니었던가요? '거룩하신 수도사님! 저에게 가르침을 주십시오!' 그에게 간청했었다지요. 그랬더니 '너희가 갈 수 있는 끝까지 가라!'는 대답이 나왔다지요. 다시 한 번 '거룩하신 수사님, 저에게 좀더 가르침을 주십시오!' 당신은 외쳤다고 했지요. 그랬더니 뭐라고 대답하셨습니까? '너희가 갈 수 있는 곳에서 더 나아가도록 하라!'는 충고였다지요? …… 그러니까 레오 형제도 아시겠지요. 우리는 능력이 미치는 한 더 앞으로 나아가야만 한다는 거예요. 지금은 산 다미아노의 폐허를 이용해서 밀고 나아갈 우리의 힘을 얻는 것이랍니다. 이제 제 말 뜻을 아시겠지요?"

"나에게 묻질 마오, 프란치스코." 내가 대답했다. "나는 아무것도 모르지만 다 알아요! 그저 명령만 하시라니까요!" 나의 가슴에도 이제 불이 당겨져 있었다. 그것은 숲을 통째 태우고도 남을 큰 불이었다.

"우리 돌들을 모아 봅시다. 아직 나에게는 베르나르돈이 주신 돈이 조금 있다오. 시멘트와 석수의 연장을 좀 사다가 우리 둘이서 벽을 보강하는 작업을 시작합시다. 또 타일을 사다가 지붕을 수리해서 비가 와도 새지 않게 하는 거지요. 그리고 창과 문들을 칠합시다. 그 다음에는 성인의 등잔에 기름을 붓는 것이지요. 그의 교회에서 불이 꺼진 지 몇 년이나 되었을까요? 우리는 이 교회에 불을 켜서 환하게 밝혀 줄 것입니다. 이의 없지요?"

말 대신 나는 소매를 걷어 붙였다. 그 말은 나의 피에 불을 댕겼다.

"언제 시작하지요?"

"바로 지금이오. 산 다미아노 성인은 비바람에 노출되어 있어요. 폐허 속에 무너져 내리고 있어요. 어둠 속에 파묻히고 있어요. 더는 지체할 수가 없지요. 그러나 레오 형제, 우리의 영혼 말입니다. 영혼은 기다릴 수 있다고 여깁니까? 영혼도 비바람에 노출되기는 마찬가지예요. 그것들도 폐허 속에 무너져 내리고 있다오. 어둠 속에 파묻히고 있어요. 형제여, 앞으로 전진하는 것만이 있을 따름입니다. 하느님의 이름으로 전진!"

그는 입고 있던 벨벳 옷을 벗어 던졌다. 그리고 무너져 마당 가득히 널려 있던 큰 주먹돌들을 다시 모으기 시작했다. 나는 웃옷 가장자리를 접어 올려 그 속에다 여기저기서 모은 돌들을 가득 주워 담아 한곳에 운반하느라 정신 없이 뛰어다녔다. 일을 하면서 프란치스코는 다시금 어렸을 때 배운 프랑스 음유시인의 노래들을 흥얼거리기 시작했다. 그것은 사랑에 관한 노래였다. 그런데 누구를 위한 사랑일까? 음유 시인들은 사랑하는 숙녀의 정숙한 미덕 을 미화하고 예찬했다. 하지만 지금 그 노래를 부르는 프란치스코의 머릿속 에는 성모 마리아의 모습이 떠오르고 있었다.

집으로 돌아왔을 때는 벌써 땅거미가 질 무렵이었다. 온종일 우리 두 사람 은 석수장이처럼 석재와 시멘트, 흙손 이야기를 열심히 주고받았다. 마치 그 것은 하느님에 관한 이야기처럼 신성했으며, 곧 폐허 속에 파묻히려는 세계 를 구제할 방안을 토의하는 것처럼 열기를 띠어 갔다. 가장 형편없는 일을 하고 지낸 하루일지라도 결국 그것은 우리 운명의 일부가 된다는 것을, 그리 고 모든 것이 결국은 하나가 된다는 것을, 그날 저녁 나는 처음으로 깨달았 다. 프란치스코 역시 깨달은 바가 큰 것 같았다. 그 또한 이 세상에는 작은 일 큰 일이 따로 없다는 것을 깨달았다. 무너지려는 벽에 작은 돌 하나를 괴 는 일은, 무너지려는 대지를 굳게 다지는 일이나 영혼이 타락하지 않도록 붙 드는 일과 똑같이 중요하다는 것을 깨달은 것이다.

집이 눈 안에 들어왔다. 창가에 앉아 길거리를 불안한 눈으로 살피고 있는 피카 부인의 모습이 보였다. 아직 완전히 어두워지지는 않고 바깥에는 어슴 푸레한 빛이 서성거리고 있었다. 멀리서 우리를 알아보자 그녀는 아래층으 로 내려와 직접 문을 열어 주었다. 그녀는 늦게 돌아오는 아들을 붙들고 아 직 몸도 성하지 않은데 늦게까지 어디를 그렇게 나다니느냐고 꾸짖을 생각 이었다. 그러나 어머니 앞에 다가선 아들의 얼굴을 보는 순간, 그녀는 아무 말도 할 수 없었다. 놀란 얼굴로 아들을 훑어보고 나서 피카 부인은 곧 입을 열었다.

"네 얼굴을 좀 보렴. 왜 그렇게 웃는 거니, 애야?"

"제가 지금 웃고 있다고 생각하세요? 그럼 어머니, 조금만 기다리세요!" 프란치스코는 대답하면서 한바탕 웃었다. "이건 시작에 불과한 거예요. 우 리는 겨우 첫 계단에 올라선 셈인데, 모두 7만 7천 개의 계단이 있대요."

그는 한 팔로 어머니를 잡고서 귀에다 대고 이렇게 말했다.

"오늘 저녁은 레오 형제님도 우리와 한 식탁에서 같이 식사할 거예요!"

이튿날 우리는 두 명의 도둑처럼 새벽에 집을 몰래 빠져 나와 시장으로 갔다. 망치와 삽을 두 개씩 사고 페인트와 브러시를 샀다. 타일과 시멘트도 주문해 두었다. 그리고 나서 산 다미아노로 가는 길을 따라 서둘러 떠났다.

하늘에는 여기저기 구름 조각이 떠다니고 날씨는 쌀쌀했다. 살을 에는 바람이 산 위쪽에서 불어오고 있었다. 농가 마당에서는 닭들이 울기 시작하고 사람과 가축이 부스스 눈을 뜨고 있었다. 올리브나무들이 빛을 내뿜었다. 황소들이 벌써 신성한 하루의 일터로 나오고 있었다.

갑자기 프란치스코는 나를 돌아보더니 이렇게 말했다. "영혼이 눈을 뜨는 것도 이런 식일 거예요. 영혼 속에도 황소 다섯 마리가 살지요. 이른 새벽마다 멍에를 씌워서 밭을 갈고 씨를 뿌리려 나서는 것입니다."

"무슨 씨를 뿌린다지요?" 말귀를 못 알아들은 내가 물었다.

"천국. 하늘 왕국의 씨 아니면 연옥의 씨지요." 프란치스코는 대답하면서 허리를 굽혀 길가에 피어 있는 예쁜 노랑 데이지 한 송이를 꺾으려 했다.

그러나 갑자기 손길을 멈추었다. 마음이 바뀐 것이다.

"주님께서 길가를 밝게 장식하려고 보내신 것인데. 하느님이 창조한 생명이 그 의무를 다하고 있는 걸 막으려고 해서는 안 되지." 그리고 데이지 한 송이를 보고 손을 흔들었다. 그것은 마치 사랑하는 여동생과 헤어지는 광경을 보는 듯했다.

마침내 폐허가 된 그 사원에 다다랐을 때, 우리는 그곳 보조 신부가 사원 입구에 걸터앉아 햇볕을 쬐고 있는 모습을 보았다. 풍상에 찌든 늙은이는 산 다미아노의 작은 사원처럼 가난에 허덕이기만 하다가 어느새 허리가 푹 굽어 버렸다. 그 앞까지 바짝 가까이 다가갔던 프란치스코는 잠깐 멈칫하더니 놀라서 걸음을 멈추었다. "이럴 수가, 정말 당신이 산 다미아노란 말이오?" 그가 중얼거렸다. 그러나 곧 정신을 가다듬고 몇 발 더 그 사람 앞으로 가까이 다가가서야 제대로 알아볼 수 있었다. "안토니오 보조 신부님이셨군. 전 신부님을 알고 있었죠." 그는 안심하고서 나아가 신부에게 인사드리며 신부님 손을 입으로 가져갔다.

"저희들이 사원을 다시 수리하고자 하니 허락해 주십시오. 신부님, 이곳

성인께서 제 꿈속에 나타나셨을 때 저는 그러겠다고 약속했습니다." 갑자기 보조 신부가 고개를 들었다. 비록 몸은 쇠약할 대로 쇠약했지만 두 눈은 아직 빛났다.

"왜 그분은 내 꿈 속에는 나타나질 않았던 거지?" 화난 듯한 목소리였다. "나는 그 사람을 섬기느라 이렇게 늙은 것이 아니던가요? 그의 등불에 기름을 떨구지 않으려고 나는 집이고 뭐고 다 팔아 버렸소. 사원을 깨끗이 쓸어 내는 빗자루며 그의 냄새를 그럴듯하게 피워 놓은 향로며, 그의 상을 닦아 내는 포도주를 사대느라 나는 제대로 먹지도 입지도 못했다오. 그런데도 내가 잘 때라도 어디 한 번 나타나서 반가운 말 한 마디 했던가요? 천만에! 그리고, 갈수록 태산이구먼! 자네 같은 무리 앞에 나타나다니……. 자네는 베르나르돈 집안의 형편없는 난봉꾼 아들이지? 밤새도록 기타를 메고 거리를 헤매는 게 자네 일 아니던가?"

"네, 신부님, 그게 바로 저입니다. 형편없는 탕아였지요."

"그런데 도대체 하느님께서는 자네 같은 친구한테 뭘 바라실 게 있어서 그러실까?"

"아무것도 없습니다." 프란치스코는 대답했다. "아무것도 없어요. 하지만 저는 그분에게서 모든 것을 바라고 있어요."

"모든 것이라니 그게 무슨 뜻인가?"

"제 영혼을 구원해 주시는 일입니다."

신부는 그만 부끄러움에 고개를 숙이고 말을 잇지 못했다. 눈 속에 들어오는 햇살이 너무 따가워 그는 손으로 두 눈을 가렸다. 우리는 소매를 걷어붙이고 일에 착수했다. 차츰차츰 프란치스코와 나는 저도 모르게 노래를 부르기 시작했다. 먼저 우리는 여기저기 뛰어다니면서 돌들을 모았다. 그때 시멘트가 도착하자 우리는 흙손을 집어 들었다. 둥지를 트는 두 마리 새와 같았다.

"프란치스코, 우리는 무엇을 닮았을까요?" 내가 불현듯 물었다. 그는 웃으면서 이렇게 대답했다. "봄이 와서 둥지를 짓고 있는 두 마리 새를 닮았을 테지요."

보조 신부는 일어섰다. 그러고는 말없이 우리 쪽을 바라보았다. 그가 슬쩍 우리를 훔쳐볼 때마다 우리는 성호를 그었다. 점심때쯤 되자 그는 교회 옆

자기 오두막으로 돌아갔다. 그리고 조금 지나 그는 목판에 보리 빵 두 덩어리, 검은 올리브 열매 두 줌, 양파 하나, 그리고 작은 주전자에는 포도주를 담아들고 돌아왔다.

"'일하는 자에게 먹을 것을 주라'고 사도 바울이 말했지." 하면서 그는 우리를 보고 웃었다.

그때까지 잊고 있던 시장기를 우리는 갑자기 느꼈다. 마당에 두 다리를 접고 앉아서 식사를 받아들었다.

"이렇게 맛이 있는 올리브 열매나 이처럼 살살 입에서 녹는 빵을 먹어 본 적이 있소?" 말아 올린 빵을 신나게 한 입 씹으면서 프란치스코는 물었다. "이처럼 훌륭한 포도주를 마셔 본 적 있어요?"

"그럼요, 꼭 한 번 있었어요." 내가 대답했다. "하지만 그것은 꿈 속에서지요. (굶주린 사람들은 빵을 먹는 꿈을 꾸는 게 분명하다.) 내가 막 천국에 들어섰을 때였어요. 꼭 이렇게 생긴 목판에다가 빵, 올리브, 양파와 작은 병에 포도주를 받쳐 든 천사 한 분이 다가오더군요. '당신은 참으로 먼 길을 오느라 몹시 시장할 거예요.' 천사는 내게 말했어요. '하느님께서 보시자고 부르기 전에 여기 앉아 이걸 드시죠.' 나는 천국 푸른 잔디밭에 두 다리를 접고 앉아 먹기 시작했지요. 한 입 한 입 내 속으로 들어간 음식은 곧 영혼을 살찌우는 것 같았어요. 빵, 포도주, 양파, 모든 것이 영혼이 되었어요. 바로 지금처럼 말입니다." 우리는 다시 작업을 시작했다. 돌을 깎고 부수고 시멘트와 버무리면서 우리는 알고 있는 노래라는 노래는 모두 부르며 버무린 시멘트로 갈라진 벽을 메우고 때워 나갔다. 어둠이 깔리기 시작했다. 잠시 동안 나는 교회에서 걸어 나온 산 다미아노가 문간에 서서 우리를 흡족한 눈으로 바라보고 있다는 생각이 들었다. 그러나 그것은 그 신부였다. 그가 미소 짓고 있는 모습이었다.

"누가 아오, 어쩌면 저이가 산 다미아노일지도 모르지 뭐요." 프란치스코는 문간에 기대선 작은 늙은이를 존경의 눈으로 잠시 바라보더니, 한마디 했다. "오랜 세월을 가난 속에서 기도 생활을 해 온 두 사람이 한마음 한뜻이 되었을 가능성은 있고말고요."

그리고 그것은 정말이었다. 어둠이 짙어져 일을 멈춘 뒤 우리가 인사하러 갔을 때, 그의 얼굴에서는 정말 성인의 얼굴처럼 빛이 흘러나오고 있었다.

나는 여기서 우리가 몇 주일 며칠 동안 거기서 일을 했는지 그런 이야기는 하지 않겠다. 어떻게 그걸 기억할 수 있겠는가! 시간은 여울진 물살처럼 빨리 흘러갔다. 페인트칠하고 지붕 타일을 때우고 망치를 휘두르다가, 흙손질이며 솔질을 하다 보니 우리도 물거품처럼 흘러갔다. 날마다 해가 떠올라서 중천에 머물다가 지는 일을 되풀이했다. 서쪽 하늘에 저녁별이 떠오르면 이윽고 밤이 오고, 고갯길을 따라 아시시로 돌아가는 우리는 손에 시멘트가 묻어 있는데도 마냥 행복했다. …… 내가 자신 있게 말할 수 있는 것이 꼭 하나 있다. 신성한 작업이 계속되던 그 몇 주일 동안 우리 두 사람은 둥지를 짓는 새들처럼 나날이 새로운 기쁨을 느끼고 의무감과 사랑을 한결같이 체험했다.

우리는 '둥지'와 '새'라는 말 속에 담긴 진정한 의미를 처음 발견했다. 우리 품 안에 알이 가득 차 있다는 것을 깨닫는 순간의 기쁨이 무엇인지 알았던 것이다! 사랑과 은총이 가득 넘치고 빛나던 기억으로 우리 여생을 밝혀 줄, 그런 나날이었다. 우리 영혼이 하느님의 품에 안긴 듯 신혼의 달콤한 나날 같았다.

"어떻게 된 거지요, 무슨 일이 일어났어요, 레오 형제?" 어느 날 아침 일을 막 시작하려는데 프란치스코가 물었다. "세상이 변한 겁니까, 아니면 우리가 모조리 변해 버린 겁니까? 울기도 하고 웃기도 하는 내가 이제는 울고 웃는 노릇이 모두 똑같다는 생각이 드니 말입니다. 나는 틀림없이 사람 머리 높이만큼 공중에 떠서 걸어다니고 있는 것 같아요! 레오 형제는 어떠세요?"

"내 기분이 어떠냐고요? 나는 땅속 깊이 묻혀 지내는 애벌레가 된 느낌이라오. 대지가 내 바로 위에서 짓눌러 대고 있는데 흙을 파내기 시작했어요. 표층으로 향하는 통로지요. 지각을 뚫고 햇빛이 비치는 곳으로 나갈 수 있게 말입니다. 대지 밖으로 나온다는 것은 힘든 일이지만 빛을 보는 순간 내 몸이 나비처럼 가벼워지리라는 강한 예감이 있기에 잘 견뎌 나가고 있는 거예요."

"그거요! 바로 그거라오!" 프란치스코는 기뻐서 소리쳤다. "이제 나는 알겠어요. 레오 형제여, 당신에게 하느님의 축복이 있기를! 우리는 두 마리 쐐기벌레지요. 우리는 나비가 되고 싶어합니다. 그러니까…… 일하고 있는 거지요! 시멘트를 섞고 돌을 가져와요! 흙손은 이리 주세요!"

우리가 산 다미아노 사원의 재건 작업을 마쳐 갈 무렵 베르나르돈 씨가 여행에서 돌아왔다. 아버지는 아들이 가게에 없는 것을 보고 놀랐다. 프란치스코는 더는 가업을 도우려 들지 않았다. 그는 새벽에 나갔다가 어두워진 다음에야 돌아왔고 식사도 혼자서 했다. 베르나르돈은 이제 아들의 그림자도 볼 수 없었다.

"당신의 그 잘난 아들은 가게는 지키지 않고 날마다 어디를 쏘다니는 거요?" 그는 아내에게 짜증을 냈다.

그녀는 시선을 떨어뜨렸다. 남편을 마주볼 용기가 없었다.

"그 아이는 꿈을 꾸었대요." 대답이 나왔다. "산 다미아노―위대한 그이의 은총이시여―그가 나타나서 성당을 고치라는 명령을 하셨대요."

"그래서?"

"아침마다 그 아이는 폐허가 된 성당에 가서 공사를 하고 있는 거예요."

"자기가 직접 말이오? 그 녀석이 제 손으로 직접 일을 한대요?"

"그렇대요."

"혼자서 말이오?"

"아니요, 비렁뱅이 친구와 함께 하고 있어요."

베르나르돈 씨는 얼굴을 찡그리며 두 주먹을 불끈 쥐었다.

"당신의 아들은 나쁜 길로 빠지고 있소, 여보." 남편은 말했다. "그리고 그 잘못은 당신에게 있소."

"제게 잘못이 있다고요?"

"그렇소, 당신이오. 당신의 피가 문제라오! 당신의 피 속에는 거지, 시인, 천치, 미친놈의 피가 흐르고 있지. 당신도 잘 알 텐데."

어머니의 눈에 눈물이 고였다. 베르나르돈은 지팡이를 짚고 나섰다. "내가 가서 그 아이를 데려 오겠소." 그는 말했다. "그 아이한테는 당신 피만 있는 게 아니오. 내 피도 섞여 있지. 아직 그 아이한테 희망은 있어요."

정오가 가까워지자, 아버지는 산 다미아노 사원에 모습을 나타냈다. 얼굴빛은 심각했다. 걸어오느라 힘이 들어 가슴을 헐떡이는 것이 보였다. 프란치스코는 지붕 위에 쭈그리고 앉아 타일을 붙이고 있었다. 그날은 바로 우리 일이 모두 끝나는 날이었다. 그는 프랑스 어로 음유시인의 노래를 불렀는데, 평소보다 더 힘차고 신난 듯했다.

베르나르돈이 지팡이를 높이 들었다. "이보게 일꾼 두목, 좀 내려오게. 자네를 좀 봐야겠어."

"아버님, 어서 오십시오." 프란치스코는 지붕 위에 우뚝 서서 대답했다. "왜 그러시죠?"

"내 가게도 엉망진창이 되어 가고 있다네. 어서 내려와 그곳도 손 좀 봐주겠나."

"아버님 죄송해요. 하지만 저는 가게는 수리하지 않아요. 있는 대로 부셔 버리긴 해도요."

베르나르돈의 입에서 짐승 같은 소리가 나왔다. 지팡이로 정원에 깔린 자갈을 세차게 두들겼다. 말을 하려 했지만 무슨 말을 해야 할지 떠오르질 않았다. 입술만 씰룩거릴 뿐이었다.

"당장 내려와." 이윽고 고함소리가 터졌다. "나는 내려오라고 명령하고 있어! 너는 내가 누군지 몰라서 그러니? 나는 네 아버지야."

"죄송해요, 아버님. 그런데 저의 아버지는 하느님입니다. 하느님 말고는 아무도 없습니다."

"그럼 나는 뭐란 말이냐?" 흥분한 베르나르돈의 입술에는 게거품이 일었다. 햇빛을 받고 선 그의 머리 위로 마치 연기가 피어나고 있는 것처럼 보였다.

"그럼 나는 뭐냐는 말이다?" 그는 다시 버럭 소리를 질렀다. "나는 뭐야? 나는 누군지 말해 봐!"

"베르나르돈 선생이지요. 아시시 광장 근처에 큰 점포를 가지고서 금고에 잔뜩 금을 쌓아 놓고는 사람들에게는 옷을 입히는 대신 벌거벗기는 그런 분이지요."

오두막에서 고함소리를 듣고 신부가 뛰어나왔다. 베르나르돈을 보자마자 그는 모든 걸 눈치챘다. 겁에 잔뜩 질린 채 그는 한걸음 앞으로 다가서더니 신부복 밑에 손을 넣어 '성인의 등잔'에 불을 밝히도록 기름 사는 데 쓰라고 프란치스코가 준 돈주머니를 내놓았다.

"이 돈은 베르나르돈 씨 댁의 것입니다." 그는 말했다. "용서하십시오. 아드님이 나에게 준 것인데 한 푼도 손대지 않았어요."

신부에게는 시선도 주지 않고 베르나르돈은 돈주머니를 낚아채어 커다란 자기 주머니 속에 쑤셔 넣었다. 그러고는 지팡이를 다시 지붕 쪽으로 마구 흔들면서 이렇게 외쳐댔다.

"이 멍청한 자식아! 어서 내려와서 네가 벌어 놓은 매를 맞아라!"

"곧 내려가겠어요." 프란치스코가 내려오기 시작했다.

나는 흙손을 내려놓고 앞으로 일어날 사태를 지켜보기로 했다.

옷에 묻은 먼지와 시멘트를 툭툭 턴 다음 프란치스코는 아버지 앞으로 걸어갔다. 아버지 베르나르돈의 눈에서 눈물이 쏟아지고 있었다. 온몸에서 불길이 일어 오르는 게 반항하는 아들을 당장이라도 화르르 태워 없애버릴 것만 같았다. 꼼짝 않고 선 채 아무 말 없이 지팡이만 높이 치켜든 아버지는 아들이 가까이 오기만을 기다렸다. 프란치스코는 다가갔다. 허리를 굽혀 아버지에게 인사를 올리면서 그는 두 손을 가슴에 모았다. 베르나르돈 씨의 묵직한 큰 손이 올라오는 것 같더니, 아들의 오른쪽 뺨을 철썩 세게 때렸다. 프란치스코는 다른 쪽 뺨을 내밀었다.

"이쪽 뺨도 때리시지요." 프란치스코는 조용한 목소리로 말했다. "다른 쪽도 손질을 안 해 주시면 그 쪽은 섭섭해 할지 모르니까요."

나는 친구를 감싸주기 위해 달려가려 했지만 그는 손을 들어 말렸다. "하느님께서 하시는 일을 방해하지 말아요, 레오 형제. 베르나르돈 씨께서는 지금 아들에게 구원의 길을 찾아 주고 계시는 거예요…… 때리세요, 베르나르돈 씨!"

그 순간 베르나르돈 씨는 노기가 머리끝까지 치솟았다. 아들의 머리를 당장 부숴 놓으려고 지팡이를 높이 쳐들었다. 그때였다. 지팡이를 든 그의 손이 공중에서 꼼짝 않고 굳어 버렸다. 프란치스코는 놀란 눈을 치켜떴다. 베르나르돈의 이마에서 굵은 비지땀이 솟아오르고, 입술은 파랗게 질렸다. 공포로 얼굴 표정이 일그러지고 있었다. 누가 보아도 그가 지팡이로 아들의 머리를 내려치려고 애쓰는 모습이 역력했다. 하지만 한쪽 팔이 돌처럼 굳어버린 채 말을 듣지 않았다.

프란치스코는 겁에 질려 부들부들 떨면서 두 눈을 크게 뜨고 허공을 응시하고 있는 자기 아버지의 모습을 바라보았다. 어느 노한 천사가 그분의 머리 위로 내려와서 손을 붙들고 놓아 주질 않는 것 같았다. 프란치스코는 그 천사를 보지 못했고, 나도 못 보았지만 공중에서 날개를 파닥이는 성난 소리를 우리는 들었다.

"별거 아니에요, 아버지. 괜찮다니까요. 아버지, 두려워하지 마세요." 프란치스코가 말했다.

그는 마음속으로 아버지가 측은해졌다. 팔을 잡아서 끌어 내리려는데 베르나르돈 씨는 갑자기 휘청거리더니, 그대로 자갈을 깐 마당에 푹 쓰러지고 말았다.

정신이 들었을 때 해는 중천에 떠 있었고, 늙은 신부의 손에는 기절한 사람의 이마를 축이는 데 사용하던 물 컵이 아직 들려 있었다. 프란치스코는 두 손으로 머리를 감싸쥐고 아버지 옆에 앉아 저 멀리 햇빛에 흠씬 젖고 있는 수바시오 산허리를 바라보고 있었다.

베르나르돈은 일어나 앉더니 지팡이를 다시 주워들었다. 나는 달려가서 그를 부축하여 일으켜 세우려 했지만 그는 손을 내저었다. 그는 가까스로 일어나 땀을 닦아냈다. 한마디 말도 없었다. 아직 땅바닥에 앉아 있는 아들과 물 컵을 들고 있는 작은 신부는 거들떠보지도 않고 옷을 툭툭 털더니 지팡이에 온몸의 체중을 실으며 천천히 언덕을 올라가기 시작했다. 모퉁이를 돌아서자 그의 모습은 곧 시야에서 사라졌다.

그날 밤 프란치스코는 집으로 돌아가지 않았다. 나도 그 곁에 머물렀다. 산 다미아노 근처에는 며칠 전 그가 찾아 놓은 굴이 하나 있었는데, 공사 일을 하다가도 가끔 프란치스코는 그 안에 들어가서 몇 시간이고 나오지 않았다. 그동안 기도를 드리고 있었던 것이 분명했다. 굴에서 나와 다시 일을 시작할 때 보면, 그의 얼굴 둘레를 우리가 성인들의 초상화에서 볼 수 있는 원광(圓光)처럼 하늘거리는 그런 빛이 에워싸곤 했기 때문이다. 기도의 불길이 그의 머리 주위에 머물고 있었다.

우리는 그 동굴로 가서 몸을 안으로 구겨 넣다시피 했다. 축축한 흙 내음이 물씬 풍겼다. 돌 두 개를 베개 삼아 우리는 아무것도 먹지 않고 그냥 드러누웠다. 서로 한마디 말도 나누지 않았다. 일에 지쳐 있었기에 나는 곧 곯아떨어졌다. 어느새 새벽녘이 가까워 눈을 뜨니 프란치스코는 세운 두 무릎 사이에 얼굴을 파묻고 동굴 입구에 앉아 있었다. 나는 계속 나지막하게 웅얼거리는 듯한 소리를 들었다. 나를 깨우지 않으려고 애쓰며 그는 소리를 죽이고 울고 있었다. 나는 그 뒤에도 몇 년 동안 여러 번 프란치스코가 우는 소리를 들을 수 있었지만 그날 새벽 처음 들은 그의 울음소리는, 어머니를 잃은 갓난아기 울음소리와 같은 것이었다.

나는 기어서 입구로 나갔다. 그리고 그의 곁에 다가가 앉으면서 하늘을 바라보았다. 별빛들이 벌써 사위어 가고 있었다. 은하수가 흐르는 곳에는 아직 별 몇 개가 걸려 있었는데, 그 중에서도 가장 큰 별 하나가 풀빛, 장밋빛, 푸른빛을 쏟아내며 반짝거리고 있었다.

"저게 무슨 별이지요, 프란치스코 형제?" 그의 생각을 다른 데로 돌리려고 내가 물었다. "무슨 별자리의 별인지 아시겠어요?"

"저것은 틀림없이 대천사의 별일 거예요." 그는 눈물을 거두며 말했다. "어쩌면 아마도 대천사 가브리엘일지도 모르지요. 하늘의 영광을 가득 안고 어느 날 아침 지상으로 내려와, 아베마리아를 외친 이가 바로 그 천사였으니까요." 그러고는 잠시 말을 끊었다.

"또 저쪽에 밝은 저 별, 동녘에서 한참 춤을 추고 있는 별이 보이지요. 이제 곧 떠오를 햇빛을 받아 사라지려 하는 저 별, 저 별은 루시퍼(악마)입니다!"

"루시퍼라니요!" 나는 놀라서 소리를 질렀다. "왜요? 왜 그렇죠? 그럴 리가 없어요. 그게 가브리엘 대천사보다 더 눈부시게 빛나다니! 그럼 하느님이 형벌로 빛을 더 주셨다는 말인가요?"

"그렇지요." 프란치스코는 소리를 죽이고 말했다. "레오 형제여, 음흉한 악의를 친절로 보답하는 것보다 더 가혹한 형벌은 이 세상에 없답니다……."

"왜 그렇게 놀라지요?" 잠시 조용히 있다가 그는 말을 이었다. "하느님이 나를 다루실 때도 그러신 게 아닐까요. 나는 사악하고 형편없고 아무 쓸모가 없는 루시퍼가 아니던가요? 배불리 먹고 취해서 여색을 즐기며 노래를 부르는 그날 밤, 나를 벼락으로 쳐서 재로 날려버리는 대신 그분께서는 나를 어떻게 하셨지요? 그분께서는 산 다미아노를 꿈 속에 보내서 내 등으로 교회를 떠받들도록 지시하셨지요. '교회가 위기에 처했다. 그것을 다시 견고히 해라. 나는 너를 믿는다'고 말씀하셨습니다. 그 다음에 그분께서는 저 폐허로 변한 작은 교회를 말씀하셨고, 나는 그 뜻을 좇아 교회를 다시 세웠던 것이지요. 그러나 지금도―." 그는 한숨을 쉬었다. 두 팔을 펴면서 그는 심호흡을 했다.

"지금도?" 나는 불안한 얼굴로 그를 바라보면서 물었다.

"지금도 내 마음은 편치가 못해요. 아니지, 아니었어. 그분은 그 교회를 말씀하신 게 아니었다는 생각이 밤새도록 내 마음을 떠난 적이 없었다오. 레오 형제, 이제 나는 그 말 뒤에 숨은 무서운 뜻을 이해하기 시작한 것 같아요."

침묵이 흘렀다.

"프란치스코 형제, 나도 그 소리를 들을 수는 없을까요? 나도 당신과 함께 기쁨을 나눠 갖도록 이야기를 좀 해 주시라니까요."

"참 레오 형제는 딱하기도 하셔. 기쁨을 나누다니. 그 소리를 들으면 놀라 기절할 거요. 참을성을 기르세요. 나와 함께 믿음을 가지세요. 조금씩 조금씩 이해하게 될 거예요. 그러면 눈물이 나기 시작할 테고, 어쩌면 등을 돌리려고 할지도 모르지요. 오르는 길은 참으로 가파르고 험합니다. 그렇지만 또 누가 알겠어요? 그걸 알게 되었을 때는 뒤돌아서기에는 너무 늦은 것일지도 모르지요." 나는 그의 손을 잡았다. 입을 맞추려고 했지만 그가 손을 뺐다. "프란치스코 형제, 어디를 가시건 나도 따라 나서겠습니다. 그리고 앞으로는 아무것도 물어보지 않을 겁니다. 나를 인도해 주세요!"

우리는 훤히 밝아 오는 하늘을 바라보며 말없이 앉아 있었다. 자줏빛으로 짙던 산 그림자가 차츰차츰 장밋빛으로 넓어지더니 이윽고 눈부신 흰 빛으로 바뀌었다. 올리브나무, 바위와 돌, 그리고 흙이 밝은 웃음을 터뜨리고 있었다. 태양이 떠오르고 바위 등성이에 걸터앉아 암흑의 동굴 입구에 나앉은 우리들은 두 손을 높이 들고 새 아침을 반가이 맞이했다.

나는 산 다미아노로 가기 위해 털고 일어났다. 연장들을 챙기고 교회를 청소한 다음, 모든 것을 제자리에 정리하려는 것이었다.

"연장들은 늙은 보조 신부에게 주어요." 프란치스코가 말했다. "하지만 먼저 연장 하나하나에 입을 맞춰 주세요. 그들은 하나같이 할 일을 다 했어요. 연장은 더 쓸 데가 없을 거요. 우리가 강화하려는 교회는 흙손과 시멘트로 다져 놓기만 하면 되는 그런 교회의 일이 아니니까요."

나는 그 이유를 물어보려고 입을 벌리다가 곧 다물었다. 언젠가 나는 그 뜻을 알게 될 것이라고 자신을 타일렀다. 지금은 오직 인내심을 기르기로 했다.

"잘 갔다 오세요." 프란치스코가 말했다. "나는 하루 종일 이 굴 속에서 지낼 작정이에요. 하느님에게 탄원하겠어요. 그분에게 드릴 말씀이 너무나 많아요. 저에게 힘을 달라고 간곡히 빌 참이에요. 내 앞을 가로막고 있는 것은 나락의 심연입니다. 내가 어떻게 그걸 뛰어넘겠습니까? 그리고 뛰어넘지 않는다면 내가 무슨 수로 하느님 가까이 갈 수 있겠어요?"

나는 그와 헤어졌다. 그날 굴 안에서 프란치스코에게 일어난 일에 대해서 내가 처음 안 것은, 이미 그가 한쪽 발을 무덤에 들여 놓고 이 세상을 떠날 채비를 하고 있던 먼 훗날이었다. 그가 포르치운쿨라에서 맨땅바닥에 누워 아직 그의 앙상한 몸에 붙어 있는 몇 점 안 남은 살을 갉아먹으려고 달려드는 쥐떼 때문에 고생하던 무렵이었다고 기억한다. 잠을 잘 수가 없던 그는, 나를 불러 자기 곁에 앉히고 쥐들도 쫓을 겸 말동무를 해 달라고 청했던 것이다. 그래서 같이 앉아 있게 된 그날 밤, 비로소 프란치스코는 그 굴 안에서 일어났던 옛이야기를 나에게 털어놓았다.

그는 주위에 아무도 없다는 것을 알게 되자마자 땅에 엎드려 흙에 입을 맞추면서 하느님을 부르기 시작했다. "나는 하느님께서 어느 곳에나 계심을 알고 있습니다. 어느 돌을 들어 올려도 그 속에서 저는 당신을 찾을 수 있습니다. 어디를 보아도 제 눈에는 당신의 얼굴이 비칠 것입니다. 제 시선이 머무르는 어떤 유충의 등에서도 저는 날개가 돋아나려는 꼭 그 자리에 새겨진 당신의 이름을 읽을 수 있습니다. 따라서 당신은 이 굴 안에도 계시고 제가 지금 입술을 대고 있는 이 한 줌 흙 속에도 계실 것입니다. 당신은 저를 보고 제 말을 들으시며 불쌍히 여겨 돌보아 주시겠지요.

그러니 하느님 아버지, 제가 말씀드리는 것을 꼭 들어 주십시오. 어젯밤 저는 이 굴 속에서 이렇게 기쁨의 소리를 질러댔습니다. '저는 이제 주께서 명하신 일을 해냈습니다. 산 다미아노 교회를 재건하고 단단히 다져 놓았습니다.' 그런데 당신은 '그것으론 모자라!' 말씀하셨지요. '모자라다니오? 제가 무엇을 더 하기를 원하시는가요? 명령을 내려 주십시오!'

그때였습니다. 나는 당신의 목소리를 다시 들었습니다. '프란치스코, 프란치스코, 프란치스코를 단단히 만들고 베르나르돈의 아들을 다시 굳건하게 세워라!' 주님, 제가 어떻게 하면 그를 단단히 만들어 놓을 수가 있겠습니까? 길은 많습니다. 어느 길이 제가 나아갈 길이겠습니까? 어떻게 하면 제 속에 들어 있는 악마를 쫓아낼 수 있을까요? 악마는 한둘이 아닙니다. 주께서 저를 도와주시지 않는다면 저는 어찌할 바를 모르겠습니다! 주님, 어떻게 하면 육체를 물리치고 그것이 당신과 저 사이에 끼어들어 우리를 갈라놓지 못하게 할 수가 있습니까? 주께서 직접 보셨지요. 산 다미아노에서 그 젊은 아가씨를 만났을 때 제 마음이 어떠했으며, 저를 낳은 아버지를 만났을 때도 얼마나 괴로워했습니까. 저의 부모, 여자들, 친구들로부터 저를 구하고 편안한 생활, 자존심, 영광을 갈망하는 유혹에서 저를 구원할 수 있는 길은 어디 있습니까? 행복, 그것으로부터 저를 구하는 길은요? 육신에 눌어붙은 악마의 수는 일곱입니다. 그 일곱이 모두 제 가슴속에서 피를 빨고 있습니다. 구출하는 길은 어디 있을까요, 주님?"

하루 종일 그는 굴 속 흙바닥에 얼굴을 묻은 채 이렇게 소리지르고 경련을 일으키듯 몸부림쳤다. 내가 아직도 아시시 거리를 돌아다니며 구걸을 하고 있을 저녁 무렵 프란치스코는 머리 위에서 나는 목소리를 들었다.

"프란치스코!"

"예, 저는 여기 있습니다. 분부하십시오."

"프란치스코, 너는 아시시 거리로 갈 수 있는가? 네가 태어나고 모든 사람이 너를 알아보는 그곳으로 가서, 네 아버지의 집 앞에서 노래 부르고 춤추고 손뼉을 치며 나의 이름을 크게 외칠 수 있겠느냐?"

그 소리를 들은 프란치스코는 몸서리를 쳤다. 그는 대답을 하지 않았다. 다시 한 번 위에서 목소리가 들렸다. 그런데 이번에는 훨씬 그의 귀 가까운 곳에서 들려왔다. "너는 이 프란치스코를 발밑에 짓이길 수가 있느냐? 이 프란치스코는 우리가 결합하는 것을 가로막고 있어. 아주 없애 버리게! 아이들이 자네 뒤를 쫓아가면서 돌을 던져 댈 것이고, 젊은 아가씨들은 창문을 열어 그 꼴을 보고는 웃음을 터뜨릴 것이다. 그러면 너는 돌에 맞아 피를 뚝뚝 흘리면서도 용기를 잃지 말고, 도망은 왜 쳐, 이렇게 말해야 하겠지. '나에게 돌을 하나 던지는 사람은 던질 때마다 하느님의 축복을 받도록 기도하겠습니다. 돌 세 개를 던진 사람은 세 번 하느님의 축복을 받을 것이오.' 그렇게 할 수 있겠느냐? 할 수 있느냐? 왜 말이 없느냐?"

프란치스코는 듣고 있었다. 몸은 사시나무처럼 떨렸다. '나는 할 수 없어

—그럴 수가 없어.' 그는 속으로 생각했지만 그걸 밖으로 드러낸다는 것이 부끄러웠다. 이윽고 그는 입을 열었다.

"제가 광장 한복판에서 당신의 이름을 외쳐야만 하는 것이라면 어디 좀 다른 도시로 보내 주실 수는 없나요?"

그러나 들려온 목소리는 엄하게 꾸짖으셨다. "안 돼! 아시시로 가라!"

프란치스코의 눈에는 눈물이 고였다. 입술로 문지르던 흙을 이제 한 입 꽉 물었다. "하느님, 자비를 내리소서." 하고 외쳤다. "제 영혼과 제 몸이 시련을 맞이할 준비를 위한 것이오니, 저에게 시간을 좀 주십시오. 사흘만 주십시오. 사흘 낮과 밤만 주시면 더 조르지 않겠습니다."

그러자 목소리는 커다란 천둥소리로 변했다. 프란치스코의 귀가 아니라 이제는 그의 안 깊숙한 곳에서 음성이 울렸다. "안 돼, 지금 당장 시킨대로 해라!"

"주님, 왜 그렇게 당신은 서두르십니까? 왜 그처럼 저에게 벌을 주기를 원하십니까?"

"나는 너를 사랑하기 때문이다." 그것이 하느님의 대답이었다. 다시 그것은 상냥한 음성으로 프란치스코의 가슴속에서 울려 나오는 것 같이 들렸다.

갑자기 그의 마음을 꽉 채웠던 비통한 생각이 모두 사라져 버리고 어떤 힘이 그 안으로 들어왔다. 그것은 그 자신의 힘이 아닌 전능하신 힘이었다. 그는 자리에서 일어났다. 얼굴은 반짝이고 두 무릎에는 힘이 들어와 있었다. 잠시 굴 입구에 섰다. 해가 지려 하고 있었다.

"저는 갑니다." 말하고 그는 성호를 그었다.

마침 그때 나는 구걸해서 얻은 오래된 빵 조각들을 자루 한가득 메고 돌아왔다. 동굴 입구에 그가 서 있었다. 얼굴은 마치 떠오르는 해처럼 눈부시게 환했다. 너무 빛나는 얼굴이어서 나는 한 손을 올려 그 빛을 가렸다. 나는 그에게 이런 말을 해 주려고 했었다. '프란치스코, 하루 종일 빵 한쪽 못 먹었으니 얼마나 시장하겠소. 자, 이리 와 앉아서 우리 같이 듭시다.' 그러나 그런 말을 하는 것이 창피했다. 그를 보는 순간 나는 그가 그런 빵 따위는 필요로 하지 않는다는 것을 알았기 때문이다.

내 모습을 보자 그는 손을 들었다.

"자, 갑시다." 그가 말했다.

"어디로요?"

"뛰어내리러!"

다시 한 번 나는 그 뜻이 무엇인지 물어보는 기회를 놓쳤다. 설명을 해 달라고 하기엔 너무나 겁에 질려 있었다. 뛰어내린다고? 어디로, 그리고 왜? 나는 무슨 소린지 알아듣지 못했다. 그렇지만 그는 아랑곳하지 않고 앞장섰다. 돌부리에 발끝을 채이면서 우리는 함께 서둘러 아시시로 들어가는 길목에 접어들었다.

5
영혼의 위대한 연인

밤이 다가오고 있었다. 서쪽 하늘이 버찌 빛으로 어두워지고 묘하게 생긴 구름이 솟아오르면서 시원한 손길로, 낮의 뜨거운 열기가 채 가시지 않은 대지를 식혀주고 있었다. 움브리아의 풍성한 평야는 이제 휴식을 취하고 있었다. 낮 동안 자기의 의무를 다해 놓았던 것이다. 평야는 인간에게 곡식이며 포도주며 올리브유까지 모두 대 주었다. 지금은 다리를 뻗고 누워서 하늘을 바라보며 느긋이 비를 기다리고 있었다. 흙 속에 품은 씨들이 다시 한 번 자라서 열매를 맺기 위해 필요한 비였다.

농부들이 집으로 돌아가고 있었다. 그 앞에 서서 느릿느릿 위풍당당한 걸음으로 돌아오고 있는 것은 잘 먹어 살지고 순진한 표정을 한 황소들이었다. 소들은 고개를 돌려 한동안 자비로운 눈으로 우리를 보았다. 우리 역시 하루 일을 끝내고 맛있는 여물이 기다리는 외양간이 그리워 아시시로 되돌아가고 있는, 자신들과 같거나 아니면 비슷한 동물로 보이는지 우리를 보고도 놀라지 않았다.

깊은 생각에 잠긴 채 프란치스코가 앞장섰다. 이따금 그는 하늘을 우러러보았다. 누군가가 거기서 말을 걸어 올 것처럼 그는 열심히 귀를 기울이곤 했다. 그러나 그의 귀에는 나무를 스치는 부드러운 바람 소리와 저 멀리 아시시 성 안에서 개들이 짖는 아련한 소리밖에는 아무것도 들리지 않았다. 그럴 때마다 한숨을 쉬면서 그는 발걸음을 재촉해 언덕을 올라갔다.

한참 오르다가 그는 내가 따라올 때까지 기다렸다.

"레오 형제, 춤 좀 출 줄 알아요?" 그는 조용히 물었다.

나는 웃음이 나왔다. "춤을 추느냐고요? 우리가 뭐 결혼식장에 가기라도 하나요?"

"그렇다오, 우리는 결혼식에 참석하려는 거예요. 레오 형제여, 그러니 웃지 말아요. 하느님의 종이 결혼식을 올리니까요."

"하느님의 종이라니 대체 누구 말입니까?"

"영혼이오. 영혼이 그의 위대한 애인과 결혼한다오."

"하느님이라고 하셨나요, 프란치스코 형제?"

"그렇소, 하느님이오. 우리는 베르나르돈 집 앞에서 춤을 추어야만 한다오. 광장 한복판에서 말이오. 결혼식장이 바로 거기지요. 그러니까 거기서 손뼉 치며 노래를 해야 하지요. 사람들이 잔뜩 모여들 것입니다. 그리고 우리에게 아몬드 케이크를 선사하는 대신 그들은 우리에게 돌과 레몬 껍질을 마구 던질 테니 두고 보시오. 그것이 그들이 주는 축복의 인사라는 거지요."

"아몬드 케이크, 월계수 잎이며 레몬 꽃은 다 어디 갔기에 그러죠? 왜 하필이면 돌멩이와 레몬 껍질이 나오죠?"

"그렇게 하고 싶은 것이 신랑이신 하느님 뜻이니까요."

그는 더는 말하지 않고 걷기만 했다. 나는 앙상하게 마른 그의 장딴지를 보았다. 계속 걸려서 넘어지고 부딪쳐 넘어지는 그의 맨발에서는 피가 흐르고 있었다. 걸음은 이제 달리는 속도로 빨라지고 있었다. 아시시 쪽으로 시선을 잠시라도 떼지 못하고 달리는 그는, 갑자기 견딜 수 없도록 강한 사람이 전신을 사로잡은 듯했다. 그러나 성벽에 도착한 순간 두 다리에 힘이 빠져 그는 멈추었다.

"레오 형제," 그는 숨을 헐떡이며 내 팔을 붙들고 애원하는 목소리로 물었다. "그날 밤 예수가 감람산에서 어떻게 하셨는지 기억하시지요? 하늘을 향하여 두 손을 벌리면서 '아버지, 이 잔을 저에게서 거두어 가소서' 이렇게 말씀했다지요. 그의 이마에서는 땀이 비 오듯 흐르고 있었지요. 레오 형제, 나는 그분을 보았어요. 거기서 바로 그런 모습을 보았지요! 그는 몸을 떨고 있었어요."

"진정하시오, 진정하시라니까 프란치스코. 그렇게 몸을 떨지 말아요. 자, 우리 굴로 되돌아갑시다. 당신은 거기서 종일 기도를 올리고 나는 구걸하고 다니겠습니다. 그리고 저녁이 되면 함께 빵을 나누며 하느님 이야기를 합시다."

나는 그의 눈치를 보면서 부드럽고 상냥한 목소리로 말을 꺼냈다. 불기를 머금고 이글거리는 그 눈이 두려웠다. 하지만 그는 이미 저 머나먼 감람산 위에 가 있었기에 내 말은 듣지도 못했다.

"그분은 떨고 있었어요." 다시 중얼거리는 소리가 들렸다. "그분은 떨고 있었어요. …… 하지만 그는 잔을 꼭 쥐더니 한 방울도 남기지 않고 단숨에 다 비웠어요!"

잡았던 내 팔을 놓아주면서 그는 의연히 성문 안으로 들어섰다. 그리고 뒤돌아보면서 손을 들었다.

"갑시다." 그는 큰 소리로 말했다. 그러고는 곧 작은 목소리로 속삭였다. "예수여, 저를 도와주소서!"

나는 뛰다시피 하여 뒤를 쫓아갔다. 이제 나는 그의 고통을 알았기 때문에 그것을 함께 나누려고 가까이 다가갔다. 인간의 영혼은 무엇을 닮았을까? 프란치스코의 전신을 흐르고 있는 창백한 빛과 떨리는 모습을 보고, 나는 자신에게 되풀이해서 물었다. 인간이 지닌 영혼은 무엇과 비슷할까? 알이 가득 담긴 둥지에 비교할 수 있을까? 하늘을 우러러 비를 기다리는 목마른 대지와 같은 것일까? 인간의 영혼은 "아!" 하고 하늘을 향하여 오르는 신음 소리이다.

프란치스코는 고개를 돌려서 나를 바라보았다. "가고 싶으면 돌아가도 좋아요, 레오 형제."

"돌아가지 않겠습니다." 나는 대답했다. "당신이 이 자리를 떠나도 나는 여기 있을 텐데요."

"아! 내가 떠날 수만 있다면! 도망칠 수만 있다면 얼마나 좋을까! 하지만 나는 그럴 수가 없어요." 그는 눈을 들어 하늘을 보았다.

"당신의 얼굴은 물 위에 있어요. 빵에, 모든 키스 뒤에도 있어요. 갈증, 굶주림, 정절(貞節) 뒤에도 숨어 있어요. 아, 주여, 제가 어찌 당신을 피해 도망갈 수 있겠습니까?"

단숨에 달려 그는 첫 골목길로 꺾어 들더니 곧 피아자 산 조르조 광장에 닿았다. 거기서 그는 껑충껑충 뛰면서 손뼉을 치기 시작했다. 그리고 외쳤다. "자, 오세요, 모두 나오세요! 자, 오셔서 미친 사람의 새로운 소리를 들으시오!"

밭에서 거둔 포도와 멜론을 나귀 등에 잔뜩 싣고 사람들이 성 안으로 돌아오는 시간이었다. 상인과 장인들은 가게 문을 닫고 사분의 일 리터짜리 포도 주병을 기울이며 친구들과 즐거운 이야기를 나누려 카페로 모이고 있었다. 노파들은 집앞 계단에 나와 앉아 있었다. 눈은 어둠침침하여 잘 보이지 않았지만, 그들은 그런 것에 전혀 상관하지 않았다. 아시시 거리와 사람과 돌아다니는 나귀의 모습에 관심을 잃은 지 오래였다. 반면 젊은 아가씨들과 청년들은 이 토요일 저녁 말끔히 단장하고 새 나들이옷을 입고 나와, 좁고 긴 거리를 활보하고 있었다. 구름은 흩어지고 시원한 바람이 어디선가 불어오고 있었다. 아가씨들의 머리를 묶은 리본이 팔락이고, 흥분한 젊은 사나이들은 동경과 욕망이 뒤섞인 눈으로 여자들을 바라보았다. 술집에서는 벌써 류트 소리가 울려 퍼지기 시작했다.

그때 갑자기 웃음소리와 고함소리가 들려왔다. 야유하는 소리가 더해졌다. 모든 사람들이 소리의 원인을 찾기 위해 두리번거렸다. 그때 광장 한쪽에 프란치스코의 모습이 나타났다. 껑충껑충 뛰는 묘한 춤을 추어 대면서 옷을 걸어 올리고 있었다. "자, 나오세요, 모두들 나오세요!" 그는 사람들을 부르고 있었다. "자, 형제들. 나와서 미친 사람의 새로운 소리를 들어 보세요!"

한 무리의 아이들이 깔깔거리며 그의 뒤를 쫓아가면서 돌을 던지고 있었다.

나는 뒤로 달려가서 내 지팡이로 때려 주겠다고 위협하기도 했지만, 이 골목 저 골목에서 더 많은 아이들이 쏟아져 나왔다. 이윽고 모두 한패가 되어 프란치스코를 공격했다. 그는 조금도 동요를 보이지 않았다. 웃으며 이따금 등을 돌려 아이들을 향해 손을 들어 보이며 소리쳤다. "나에게 돌을 하나 던지는 사람은 하느님의 축복을 한 번 받을 것입니다. 나에게 돌 두 개를 던지는 사람은 두 번 하느님의 축복을 받고, 돌 세 개를 던지는 사람은 세 번 하느님의 축복을 받도록 기도하겠습니다." 그 말이 떨어지자 비 오듯 쉴 새 없는 돌팔매질이 그의 머리 위에 쏟아져 내렸다.

피가 그의 이마와 볼에서 흘러내리고 있었다. 술집에 있던 사람들은 쏟아져 나와서 웃고 야단이었다. 그 바람에 심지어 아시시 성 안에 있는 개들까지 흥분해 버렸다. 서로 떼 지어 몰려오더니 프란치스코를 보고 마구 짖어대기 시작한 것이다. 나는 그를 막고 섰다. 내 몫의 돌을 그에게서 덜어 주려고 했다. 그러나 그는 나를 옆으로 밀어 냈다. 그는 피투성이가 된 채로 황홀한 듯이 뛰어오르며 춤을 추어 댔다.

"형제들이여, 들어 보시오. 미친 사람의 새로운 소리를 들어 보시오!" 그는 노래를 불렀다.

배를 잡고 웃지 않는 사람은 하나도 없었다. 젊은 사나이들은 휘파람 소리, 고양이 우는 소리, 개 짖는 소리를 흉내내어 그의 목소리를 압도하려고 들었고, 옛 사원의 주랑(柱廊) 둘레에 모여든 아가씨들은 비명을 지르고 있었다. 건너편 술집에서 누군가가 소리쳤다.

"이봐, 자넨 베르나르돈의 난봉꾼 아들 프란치스코가 아닌가? 좋아요, 자네가 말하는 그 미친 사람의 새로운 소릴 어디 들려주게! 자, 그게 뭔지 들어 봅시다!"

"우리에게 들려 줘, 우리에게 들려 줘요, 들려 달라니깐!" 여기저기서 요청이 쏟아지자 또 한 차례 폭소가 터져 나왔다.

프란치스코는 사원의 계단 위로 올라가 자기에게 야유를 퍼붓는 군중을 향하여 손을 벌리며 이렇게 외쳤다. "사랑하시오! 사랑하시오! 사랑하시오!" 그러고는 광장의 이쪽 끝에서 저쪽 끝까지 뛰어다니며 춤 추고 외쳐댔다. 으리으리한 건물 발코니에 기대어 아가씨 하나가 그 광경을 내려다보면서 울고 있었다.

"클라라!" 그 건물 안에서 그녀를 부르는 소리가 들렸다. "클라라!"

그러나 아가씨는 움직이지 않았다.

갑자기 내 온몸의 피가 얼어붙었다. 요란한 함성이 일더니 군중들이 길을 비켰고 야유 소리가 별안간 뚝 그쳤다. 거대한 체구의 거인이 앞으로 달려오는가 싶더니 프란치스코의 목덜미를 움켜쥐었다. 그것은 그의 아버지 베르나르돈 씨였다.

"나를 따라와!" 그는 아들의 멱살을 마구 잡아 흔들면서 버럭 소리를 질렀다.

하지만 프란치스코는 사원의 기둥 하나를 붙들고는 절대 놓지 않았다.

"어디로 말입니까? 나는 아무 데도 안 갈 겁니다!" 아들이 소리를 질렀다.

"집으로 가야지!"

"제 집은 여기예요. 이 광장이에요. 그리고 이 남자들과 여자들, 저를 조롱하고 있는 이 사람들이 바로 제 아버지와 어머니입니다."

베르나르돈은 미쳐 날뛰었다. 두 손으로 아들의 허리를 감더니 아들을 기둥에서 뜯어내려고 달려들었다.

"저는 안 간다니까요!" 프란치스코는 돌기둥에 더욱 세차게 매달리며 소리쳤다. "내게는 아버지도 어머니도 없어요. 집도 없어요. 오직 하느님뿐이에요!"

잠시 조용해졌지만 이윽고 그는 다시 외쳐대기 시작했다. "오직 하느님뿐이에요! 오직 하느님뿐이에요!" 군중은 배를 잡고 웃어댔다.

"바보 같은 녀석이 없어서 소일거리가 없었는데, 자, 이제는 하느님께서 베르나르돈의 아들을 보내 주셨으니 얼마나 신나는가!" 쥐새끼 같은 얼굴을 한 사람이 말했다. (그것은 사바티노였다. 나는 그의 얼굴을 알아보았다.) "이봐 프란치스코, 하느님이 길들인 곰이로군! 자, 우리를 위해서 펄쩍펄쩍 뛰고! 얼씨구, 춤을 춰 봐!"

모든 사람이 그 소리에 또 한 번 폭소를 터뜨렸다.

그때 아시시 성의 주교가 광장을 건너오고 있었다. 존경받는 노인이었다. 부드러운 목소리에 착하고 순진한 그 사람은, 지옥과 천당에 대해 생각만 해도 덜덜 떨곤 하는 그런 사람이었다. 그는 사탄에게 회개하라고 애원하며, 반항할 생각은 아예 하지도 말고 천당에 돌아오라고 언제나 울며 매달리듯 기도하는 주교였다.

이날 저녁도 으레 그렇듯이 성 안의 빈민가를 돌아보고 오는 길이었다. 그 뒤에는 가난한 사람들에게 나눠 주려고 가득 채워 가지고 나갔던 식량을 모두 비웠다. 텅 빈 바구니를 들고 부제가 그의 뒤를 따랐다. 상아 손잡이의 긴 홀장(笏杖)을 한 손에 들고 걸어오던 그는, 외치는 소리를 듣고 걸음을 멈추었다. 프란치스코는 여전히 소리를 지르고 있었다. "나는 집도 없고 오직 하느님뿐! 하느님뿐이에요!" 그럴 때마다 사람들은 배를 잡고 웃는 것이다.

주교에게는 누군가가 위험에 처해 있는 것으로 보였다. 그리고 아시시 성을 지키는 하느님의 심부름꾼인 자기의 도움을 간절히 바라고 있는 것으로 보였다. 그는 되도록 빠른 걸음으로 걸어서 소리 나는 곳으로 다가갔다.

아직 어둠이 완전히 뒤덮이지는 않고 마지막 남은 황혼 빛이 몇 가닥 어른 거렸다. 주교는 프란치스코의 모습을 보고 누군지 곧 알아볼 수 있었다. 그를 깔고 앉듯이 덮치고 있는 사람은 베르나르돈이었는데, 그는 아들을 끌고 가려고 버둥대고 있었다. 주교는 들고 있던 홀장을 높이 치켜들었다.

"베르나르돈 씨." 그는 엄한 목소리로 말했다. "이 교구의 대표 인사께서 여러 사람이 보는 앞에서 광대놀이를 벌이고 있으니 이 무슨 일입니까? 아드 님과 의견 충돌이 있으시다면 두 분 다 주교관으로 오도록 하세요. 시비를 가려야지요."

그는 프란치스코 쪽으로 돌아섰다. "얘야, 반항하지 마라. 보아하니 하느 님을 부르고 있던데, 나는 아시시 성에서 하느님을 대신하는 사람이다. 나를 따라오너라!"

프란치스코는 붙들고 있던 기둥을 놓았다. 내가 곁에 다가서자 말했다.

"당신도 따라 오세요, 레오 형제." 그가 말했다. "오르막길이 시작되고 있 어요."

주교가 앞서고 프란치스코와 내가 그 뒤를 따랐으며, 베르나르돈 어르신은 투덜거리며 그 뒤를 따랐다. 그리고 저 뒤로 흥분한 군중이 적당히 떨어져서 따라오고 있었다. 땅바닥을 두리번거리는 천한 군중이었다.

프란치스코는 잠깐 나를 돌아보았다. "레오 형제, 무서우세요? 부끄럽지 요?" 낮은 소리로 이렇게 물었다. "다시 말하지만 돌아가고 싶으면 언제든지 돌아가도 괜찮아요. 당신이 끼어들 필요는 없는 것 아니겠어요? 가세요!"

"당신과 함께 있는 한, 나는 무섭지도 않고 부끄럽지도 않아요, 프란치스 코 형제. 목숨이 살아 있는 한 가지 않을 겁니다."

"아직은 시간이 있어요." 그는 고집했다. "당신에게는 미안한 일이에요. 가시라니까요!"

나는 더는 감정을 억제할 수가 없었다. 울음을 터뜨리고 말았다.

프란치스코는 부드럽게 내 어깨에 손을 얹었다.

"좋아요, 좋아요. 하느님의 작은 사자여. 같이 갑시다."

우리는 주교관에 도착하여 밤 그늘에 가린 정원에 들어섰다. 성 안에 살고 있는 많은 사람이 우리 뒤를 따라 들어왔다. 베르나르돈이 어려움에 처했다 는 소식이 고소해서 구경 좀 해보려고 달려 나온 명사들도 눈에 띄었다.

하인들이 샹들리에에 불을 붙였다. 커다란 홀 안이 밝아졌다. 주교좌(主敎 座) 저 위에 걸려 있는 십자가에는 불그레한 볼이 포동포동 살이 오른 아름 다운 예수의 모습이 보였다. 성호를 긋고 주교는 주교좌에 가 앉았다. 베르나르돈 씨는 그의 오른쪽으로 걸어가서 섰고 프란치스코는 왼쪽으로 가서 섰다. 그 뒤쪽으로 대여섯 명의 귀족들이 늘어섰고 벽 쪽으로 쭉 붙어서 평민들이 들어섰다.

나는 그날 일어난 일을 기억한다. 하나도 빼 놓지 않고 기억하고 있다. 주교의 이야기, 프란치스코의 상냥한 품성, 빛나는 모습, 베르나르돈의 분노 등을 어제 일어난 것처럼 생생히 기억한다. 그러나 나는 그것을 대충대충 이야기하고 말겠다. 더 중요한 이야기, 프란치스코가 알몸으로 하느님과 인간 앞에 섰던 위대한 순간의 이야기를 해야 하기 때문이다.

내가 말을 하는 사이에 주교는 자리에 앉아서 성호를 그었다.

"피에트로 베르나르돈, 나는 하느님의 이름으로 말을 듣겠습니다. 당신의 아들에게 어떤 불평이 있으신지요?"

"주교님!" 입을 여는 늙은 베르나르돈의 목소리는 고약하게 쉬어 있었다. "여기 있는 제 아들은 지금 제정신이 아닙니다. 미친 사람의 꿈을 꾸고 허공에서 나는 소리를 듣고 제 금고에서 돈을 꺼내다가 낭비하고 있지요. 이 아이는 저를 파멸로 몰아넣고 있습니다! 얼마 전까지는 마시고 노는 데 돈을 물 쓰듯 했는데, 그때만 해도 아직 젊어서 그렇지 곧 철이 들 것이라고 저는 자신에게 타일렀지요. 그러나 지금은 모든 희망을 포기하지 않을 수가 없습니다. 거지하고 함께 돌아다니면서 굴 속에 들어가서 자지를 않나, 울부짖다 까닭 없이 미친 듯이 웃지를 않나, 게다가 최근에는 무슨 광기에 휘말렸는지 무너진 교회를 다시 짓는다고 야단이었습니다. 하지만 오늘밤 그 병은 한마디로 너무 심각했지요. 아시시로 들어와서는 광장 한복판에서 노래를 부르고 춤을 추기 시작하니까 사람들은 배를 움켜쥐고 웃고, …… 이 아이는 제 혈통에 수치를 안겨 주었어요. 이제는 필요가 없는 아이입니다!"

"그래서요……?" 베르나르돈이 우물쭈물하는 것을 보고 주교가 물었다.

"그래서," 베르나르돈은 한 팔을 아들 머리 위로 올리며 말했다. "그래서 하느님과 사람들 앞에서 이 녀석과 의절하고 상속권을 박탈할 것을 선언하는 것입니다. 이 녀석은 이제 제 아들이 아니에요."

방청하던 귀족들과 서민들 사이에서 웅성거리는 소리가 들렸다. 그러나 주교는 손을 흔들어 관중에게 조용하도록 명했다. 그리고 고개를 푹 숙인 채 가만히 듣고만 있던 프란치스코에게 물었다.

"프란치스코, 예수의 아들, 그대는 무엇이라고 변명하겠는가?"

프란치스코는 머리를 들었다.

"아무것도 변명할 말이 없습니다. 오직 이것뿐입니다."

그리고 우리가 말릴 틈도 없이 그는 갑자기 입고 있던 비단옷들을 모두 벗어서 한 군데 쌓아 놓았다. 그리고 말없이 조용히 벗은 옷들을 베르나르돈의 발치에 밀어 놓았다.

어머니가 그를 세상에 낳았을 때와 같이 발가벗은 모습이 된 그는 뚜벅뚜벅 걸어서 주교 앞에 나아가 섰다.

"주교님, 그 옷들까지도 이분의 것입니다. 이분의 것이니 돌려드리는 것이지요. 이분은 이제 아들이 없고, 저에게는 지금부터 아버지가 없습니다. 우리의 계산은 끝났습니다." 그의 말이었다.

우리는 모두 입을 벌린 채 일어섰다. 많은 사람의 눈에 눈물이 고이고 있었다. 베르나르돈은 허리를 굽히고 옷꾸러미를 거머쥐더니 옆구리에 꼈다.

주교는 자리에서 내려섰다. 그의 눈은 젖어 있었다. 그는 자기 외투를 벗어 프란치스코의 알몸을 감싸 주었다.

"왜 그렇게 하였지?" 우수에 잠긴 주교의 목소리에는 책망하는 기색이 있었다. "이 사람들 앞에서 부끄럽지도 않았는가?"

"아닙니다, 주교님. 오직 하느님 앞에서 부끄러울 뿐입니다." 프란치스코는 겸허하게 대답했다. "주교님, 용서해 주십시오."

그는 귀족과 평민들을 돌아보았다.

"형제들, 하느님이 저에게 명령하신 이야기를 들어 주십시오. 지금까지 저는 피에트로 베르나르돈 씨를 아버님이라고 불렀습니다. 앞으로는 '하늘에 계신 우리 아버지'라는 말을 하게 될 것입니다. 저는 자신을 이 지상에 묶어 놓았던 모든 인연을 끊겠습니다. 나는 이렇게 힘을 얻어서 마침내 집으로, 천국으로 돌아갈 수 있을 것입니다. 이것이, 형제분들—들어 주세요.—이것이 바로 미친 사람의 새로운 소리라는 것입니다." 베르나르돈은 더는 화를 참을 수가 없었다. 그는 입에 거품을 물면서 주먹을 들고 프란치스코를 치려고 덤벼들었다. 그러나 주교는 재빨리 그를 붙들었다.

"당신은 이제 그를 다스릴 권한이 없어요. 화를 참으세요, 베르나르돈 씨!"

베르나르돈은 분노의 눈길로 홀 안을 훑어보았다. 김이 모락모락 그의 머리에서 솟아오르고 있었다. 입에서 쏟아져 나오려는 저주를 막으려 그는 입술을 꼭 깨물었다. 보따리를 끼고 밖으로 나가면서 그는 홧김에 문을 쾅하고 닫았다.

주교는 그때 나를 보았다. "가서 정원사에게 프란치스코의 알몸을 가릴 헌 옷 하나를 달라고 해서 가져와요."

나는 달려 나갔다. 몇 분 뒤, 깁고 또 깁고, 천 번은 기워서 누빈 것 같은 낡아 빠진 코트 하나를 받아 들고 나왔다. 프란치스코는 등에다 분필로 십자가를 그려 넣고 그 코트를 걸쳐 입었다.

허리를 굽히고 주교의 손에 입을 맞춘 다음, 그는 귀족들과 늘어선 사람들에게 몸을 돌리며 말했다. "형제분들, 안녕히 계십시오. 여러분의 영혼에 하느님의 자비가 있으시기를!"

주교는 프란치스코를 정원까지 바래다주고는 허리를 숙이며 나직한 목소리로 말했다. "조심하게, 프란치스코. 자네는 좀 지나쳤어."

"그것이 하느님을 찾는 길입니다. 주교님." 프란치스코가 대답했다.

주교는 머리를 저었다. "모든 미덕은 절제가 있어야 해요. 지나치면 오만이 되는 거라오."

"인간은 절제하는 테두리 안에 존재하지요. 하느님은 그 밖에 계시는 거예요. 나는 하느님 쪽으로 가고 있어요. 주교님." 그렇게 말한 프란치스코는 얼른 거리로 통하는 문으로 갔다. 지체할 시간이 없었던 것이다.

주교는 동정의 손을 꼭 쥐었다. "여보게, 덤비지는 말게. 자네 머리를 에워싸고 있는 공기가 투쟁, 고뇌, 피로 가득 차 있는 것이 보이니까. 경쟁을 하러 나가기 전에 꼭 나를 보러 와야만 해. 나는 나이를 많이 먹었네. 견디기 어려운 것도 많이 경험했지. 자네가 지금 겪고 있는 일들을 나는 벌써 다 겪었으니까. 자네를 도울 수 있을 것 같군."

"주교님의 축원을 받으러 오겠습니다." 그렇게 말한 프란치스코는 문 밖으로 성큼성큼 걸어 나갔다.

나는 뒤쫓아 달려 나갔다. 이렇게 해서 우리는 함께 거리로 나섰다. 아직은 달이 떠오르지 않은 시각, 바깥은 칠흑같이 어두웠다. 구름이 하늘을 뒤덮었다. 축축한 바람이 불고 있었다. 산에는 벌써 비가 내린 것이 뚜렷했다.

거리에는 사람들이 없었다. 집집마다 등잔불이 깜박거리고 가족들은 식탁에 모여들고 있었다. 우리 두 사람은 잠깐 동안 길 한가운데 서 있었다. 우리는 이제 어디로 가야 한다는 말인가? 평야로 내려가야 할 것인가, 아니면 산으로 들어가야 할 것인가? 황야로, 아니면 사람이 사는 집 쪽으로 들어서야 할 것인가? 하느님은 우리 왼쪽에도 계시고 오른쪽에도 계시고 평야와 산에도 계신다. 모든 길이 그분의 후광이 서려 있는 길이다.

프란치스코는 아직도 결정을 내리지 못하고 있었다. 그는 거리 한복판에 꼼짝 않고 서 있었다.

"그러면 이제 우린 어디로 가지요, 프란치스코 형제?" 내가 물어보았다.

프란치스코는 어린아이처럼 천진하게 웃었다. "천국이지요, 그걸 모르세요?" 그가 대답했다. "우리는 이 지상에 작별 인사를 다한 것이오. 뛰어넘은 것입니다. 레오 형제, 하느님의 이름으로 앞으로 나아가요."

그는 오른쪽으로 돌아섰다. 수비시오 산이 있는 방향이었다.

북문으로 떠난 우리는 인가가 없는 황량한 지대에 들어서서 산을 오르기 시작했다. 프란치스코는 오랫동안 아무 말도 하지 않았다. 그는 어둠 속을 뚫고 나보다 앞서서 걷고 있었는데, 뒤에서 보고 있으면 깡마른 그의 몸이 길을 두 가닥으로 가르며 나가는 것 같았다. 누더기 코트는 바람을 얻은 두 날개처럼 펄럭였다.

나는 너무 지치고 배가 고파서 오르던 발길을 멈추고 아시시 거리를 내려다보았다. 밝혀 놓은 불들은 아직 꺼지지 않고 있었다. 사람들이 떠드는 소리며 개들이 짖는 소리가 아련히 들려왔다. 바짝 여위고 이운 달이 애정을 가득 담고 하늘가에 나타났다.

내 발소리가 들리지 않자 프란치스코는 고개를 돌렸다. "왜 주저하지요, 레오 형제?" 내 뒤에 있는 밤 풍경에 시선이 가 박힌 것을 의식하고 그는 소리쳤다. "왜 당신은 뒤돌아보고 있지요? 예수의 교훈을 기억 못하나요? 아시시의 먼지를 당신의 발에서 털어 버리세요. 당신 아버지의 먼지, 다른 인간의 먼지, 모든 인간들의 먼지를 털어 버리세요!"

"걱정하지 마세요, 프란치스코 형제. 바로 지금 나는 그걸 털어 버리고 있는 중이라오."

딱하게도 하느님은 나를 영웅으로 만들지도 않고 그렇다고 겁쟁이로 만들지도 않으셨다. 나의 영혼은 퍼덕거리며 그 둘 사이를 끊임없이 왔다 갔다 하고 있었다.

우리는 다시 출발했다. 프란치스코는 행복해하고 만족해했다. 부드러운 목소리로 다시 노래를 부르기 시작했는데 역시 어머니의 고향 말로 부르는 노래였다. 그는 다시 한 번 하느님의 명령을 수행했다. 아시시 거리 한복판에서 노래하고 춤을 추었으며, 어머니와 아버지와 의절했고, 그를 대지에 묶어 두었던 쇠사슬을 끊음으로써 자신을 구출해낸 것이다.

하느님의 첫 번째 명령을 지켜 나가려고 산 다미아노 교회를 다시 지으면서도 그는 비슷한 노래를 부르지 않았던가? 두 번째 과업은 훨씬 더 어려운 것이어서 그만큼 그의 기쁨도 더 컸다.

우리는 떡갈나무 숲 속에 들어와 있었다. 달빛이 가지들과 돌과 바위를 창백하고 애잔한 빛으로 물들이고 있었다. 이따금 부엉이가 소리 없이 우리 머리 위를 날았다. 프란치스코의 노래가 한참 계속되는데 갑자기 나무들 뒤에서 무거운 인간들의 발소리와 숨소리가 들렸다. 프란치스코는 노래를 그쳤다. 우리는 그 자리에 서 버렸다.

"산적들이 이곳에 숨어 있지요." 내가 말했다. "우리는 이제 끝장이에요!"

"더는 잃을 것이라곤 없는데 끝장이라니요." 프란치스코가 대꾸했다. "두려워하지 마세요."

우리가 말을 하는 사이에도 나뭇가지가 뚝뚝 부러지는 소리가 들리고 사람들의 발소리가 점점 더 가까이 들렸다. 험상궂게 생긴 사나이 대여섯이 단검을 들고 우리 앞으로 뛰어 나왔다. 두 사람이 나를 붙들더니 땅바닥에 내동댕이쳤다. 나머지는 프란치스코에게 와락 덤벼들었다.

"너는 누구냐?" 그들은 이를 부드득 갈며 그에게 물었다.

"나는 위대한 왕의 사신이라오." 프란치스코는 조용히 대답했다.

"그런데 여기에는 무슨 일이 있어 왔느냐?"

"나는 나의 형제인 산적들을 천국으로 초대하기 위해서 온 것이라오. 위대한 왕이 결혼식을 주재하고 계십니다. 그의 아들이 결혼을 하는데 왕께서 여러분을 축제에 나오도록 초대하고 계십니다."

산적들 가운데 하나가 환한 햇불을 프란치스코 곁으로 가져가 파리하게 굶주린 그의 얼굴을 들여다보고 피가 말라붙은 그의 맨발과 누더기 옷을 번갈아 살펴보았다. 그들은 모두 껄껄거리고 웃음을 터뜨리고 말았다.

"자네가 위대한 왕의 사신이라고? 자네가? 맨발에 누더기옷을 걸친 거지가 말이지!" 그들은 조롱하는 투로 소리를 질렀다. 그리고 그의 지갑을 빼앗으려고 몸을 뒤지기 시작했다.

그러나 그들은 아무것도 찾아내지 못했다. 다음으로 그들은 내가 등에 지고 있던 자루를 조사했지만 그 속에서도 아무것도 찾아내지 못했다. 빵 부스러기 하나도 없었던 것이다. 그들은 다시 햇불을 코 밑에 들이대고 프란치스코를 노려보았다.

"이놈은 미친 게 틀림없어." 한 녀석이 말했다. "이건 시간 낭비 하고 있는 거라고."

"이놈들을 실컷 두들겨 패서 저 구렁텅이 속에 집어던져 넣지 그래." 또 한 녀석이 말했다. "그렇다면 시간을 완전히 낭비한 것은 아니지 뭔가."

들고 있던 쇠꼬챙이로 그들은 우리를 사정없이 후려치기 시작했다. 나는 아파서 소리를 질렀다. 하지만 프란치스코는 채찍이 내려칠 때마다 성호를 그으며 중얼거렸다. "하느님께 영광을!"

산적들은 웃음을 터뜨렸다.

"하느님 맙소사. 이 친구는 미친 녀석이 아니라 성인이시로군, 그래." 산적들 가운데 하나가 말했다.

"그놈이 그놈이지, 안 그래?" 두목 같아 보이는 자가 말을 받았다. "자, 녀석들 기를 푹 죽여 놓았으니까 이제 구렁텅이에 두 놈을 집어 던지게."

그들은 우리의 발과 어깨를 움켜잡더니 구렁텅이 속에 던졌다. 그들은 웃으면서 우리에게 욕설을 퍼붓고 자리를 떴다.

프란치스코는 손을 뻗어 내 등을 쓰다듬으며 물었다.

"아파요, 레오 형제?"

"그럼 프란치스코 형제는 아프지 않다는 말인가요?" 짜증이 나서 나는 대답했다. "제 등은 살로 만들어진 걸 아시지요? 그리고 어떤 때는―"

"육신을 모독하진 마세요, 레오 형제. 우리가 어느 날 나누었던 이야기를 기억하세요. 조만간 그것 역시 영혼이 될 수 있답니다. 사실은 벌써 그렇게

되었으니까요! 나는 조금도 아픈 걸 모르겠어요. 레오 형제, 전혀. 맹세할
수 있어요."

구렁텅이는 꽤 깊었다. 우리는 그 속에서 기어 나오려고 했지만 자꾸만 밑
바닥으로 미끄러져 굴러 떨어졌다.

"이곳은 다른 장소보다 못할 것도 없지, 레오 형제, 안 그래요?" 프란치
스코는 말했다. "우리는 밤을 넘길 은신처를 찾고 있었지요? 그럼 뭐 바로
여기가 안성맞춤이군요. 주님이 그 무한하신 은총으로 우리에게 내주신 장
소입니다. 여기서 잡시다. 그리고 내일 아침이면 하느님께서 태양을 보내시
어 우리 길을 밝혀 주실 테니까요."

추위에 우리는 서로 꼭 끌어안은 채 눈을 감았다. 허리는 아직 쑤시고 아
파왔지만 지쳐버린 나는 이내 잠들었다. 프란치스코도 잤을까? 나는 그것을
지금도 모른다. 그러나 나는 그가 자지 않았으리라 생각한다. 이따금 잠 속
에서도 목소리—노래하고 있는 목소리를 들었기 때문이다.

날이 밝자 우리는 네 발로 기어서 구렁텅이에서 빠져나와 다시 방랑의 길
에 올랐다. 어떤 때는 몇 시간이고 우리는 말 한마디 없었다. 어떤 때는 하
느님 아니면 날씨, 아니면 다가오는 겨울에 대한 이야기를 간단히 몇 마디
나누곤 했다. 멀리 마을이 보이면 그때마다 프란치스코는 기뻐서 나의 소매
를 잡아당겼다.

"자, 레오 형제여." 그는 이렇게 말하곤 했다. "가요. 걸음이 느려요. 저
작은 집들 속에는 구원을 갈망하는 영혼이 하나쯤은 있을 겁니다. 어서 가서
찾아봅시다!"

우리가 마을에 들어서면 프란치스코는 자기가 마치 마을 선전원인 것처럼
이렇게 떠드는 것이었다.

"마을에 계시는 여러분, 안녕하십니까! 여기 나와 보십시오! 나는 여러
분에게 공짜로 나눠 드릴 새로운 그릇들을 가지고 왔습니다. 먼저 오시는 분
부터 선착순으로 드리겠습니다. 자, 공짜요! 공짜요! 돈은 받지 않아요!"

우리는 길을 걷다가 양의 목에 거는 큰 방울을 하나 주웠다. 프란치스코는
그것을 흔들면서 마을을 누비며 소리를 질렀다. 그러면 그 소리를 들은 마을
사람들은 달려 나와 남녀노소 할 것 없이 어떤 공짜 물건을 우리가 가지고
왔기에 여기서 나눠 주려고 하는지 보려 했다. 그러면 바위 위에 올라서서

프란치스코는 사랑에 대한 이야기를 시작했다. 우리는 하느님과 사람을 사랑하고, 친구와 원수를 사랑하며, 짐승과 새, 그리고 바로 우리가 지금 밟고 있는 이 땅을 사랑해야만 한다고 역설하곤 했다. 스스로 감동한 그는 사랑을 이야기하다가 표현할 말을 잃고 나면 눈물을 쏟곤 했다. 그의 말을 들은 많은 사람은 웃고 만다. 더러는 화를 내는 사람도 있었다. 어린아이들은 그에게 돌멩이를 던졌다. 몇 사람은 몰래 다가와서 그의 손에 입을 맞추었다. 그러고 나면 우리는 빠른 걸음으로 손을 내밀고 몇 집 돌아다니며 먹을 것을 구걸했다. 사람들은 며칠 묵어 딱딱해진 빵 몇 조각을 주었다. 그 다음 우리는 마을 우물에서 물 한 모금을 얻어 마시고 곧바로 이웃 마을로 떠나는 것이다. 몇 날 며칠 몇 주일이나 우리가 그렇게 돌아다녔는지 나는 도저히 기억할 수가 없다. 시간은 둥글다, 그리고 빨리 굴러간다.

어느 작은 도시에서였다. 그 이름은 잊었지만, 우리는 옛날 프란치스코가 한참 난봉을 피우고 돌아다닐 때 그를 따라다니던 친구 하나를 우연히 만났다. 그는 프란치스코가 광장 한복판에 서 있는 것을 보았다. 프란치스코가 새로운 그 상품을 큰 소리로 선전하며, 춤추고 노래하는 모습을 보았다. 깜짝 놀라서 그 친구는 달려왔다.

"프란치스코, 내 오랜 친구야." 그가 외쳤다. "어떻게 했기에 이 꼴이 되었지? 누가 자네를 이 꼴로 만들었어?"

"하느님이." 대답하는 프란치스코는 웃고 있었다.

"비단옷과 머리에 꽂고 다니던 붉은 깃털, 그리고 손가락에 끼었던 금반지들은 모두 다 어디에 버렸지?"

"그것들은 사탄이 나에게 빌려 주었던 것이지. 이젠 모두 갚아 버렸어."

그 친구는 이상하다는 듯 프란치스코를 머리끝에서 발끝까지 훑어보더니 여러 번 깁고 또 기워댄 누더기 코트를 살피고, 맨발과 맨머리를 눈여겨보았다. 그러나 그는 여전히 어리둥절해 했다.

"어디서 오는 길이지, 프란치스코?" 이윽고 그가 물었다. 동정이 가득 담긴 목소리였다.

"다음 세상에서 오는 길이라네." 프란치스코의 대답이었다.

"그러고는 어디로 가는 길인가?"

"다음 세상으로."

"그런데 노래는 왜 하나?"

"내 길을 잃지 않으려고 그런다네."

그 친구는 절망적으로 고개를 저었다. 이 젊은이는 착한 마음을 가지고 있는 것이 틀림없었다. 그는 프란치스코의 손을 잡더니 나에게도 따라오라고 손짓했다. 나는 먼발치서 보고만 있다가 얼른 그 뒤를 따라갔다.

"내가 이해하고 있었던 것이 정확하다면 프란치스코, 자네는 이 세상을 구원하는 것이 소원이겠지. 하지만 제발 내 말 좀 들어 주게. 이제 겨울이야. 우리 집에 함께 가자고. 따뜻한 옷 한 벌을 줄 테니 제발 받게. 아니면 자네는 얼어 죽고 말 거야. 그러면 어떻게 이 세상을 구원하겠다는 말인가?"

"나는 하느님께서 감싸주고 있으니 춥지는 않다네." 프란치스코가 말했다.

친구는 웃었다. "자네는 하느님을 입고 있지. 하지만 그것만으로는 부족해. 따뜻한 코트도 있어야 한다니까. 자네는 벌레들을 동정하지? 그래서 밟지 않으려고 애쓰지? 마찬가지야, 자신의 몸에게도 동정을 베풀라고. 그것도 벌레가 아닌가? 몸에 옷을 걸쳤다 그뿐이지…… 그리고 잊지 마." 친구는 프란치스코가 머뭇거리는 것을 보고 이렇게 덧붙였다. "자네가 세상을 구원하려면 자네의 육체가 필요하다는 것을 잊지 말아야 해. 육체 없이는 —."

"그 말이 맞아." 프란치스코가 말했다. "교육을 받았으니 그런 말이 나오지. 자네는 머리가 좋은 친구야. 그렇지, 몸이 성해야만 하고말고. 앞장서게!"

우리는 그 집에 갔다. 친구가 돈이 많은 것은 한눈에도 알 것 같았다. 어느 방에 들어가더니 두껍고 긴 양털로 짠 코트와 신발 한 켤레—목동이 신는 그런 신발이었다—와 목동이 들고 다니는 손잡이가 구부러진 지팡이 하나를 들고 나왔다.

"이건 내 목동의 옷이야. 입어 보게." 친구가 말했다.

프란치스코는 양털 옷을 보더니 크기가 맞을까 하고 자기 몸에 대어 보았다. 옷은 꼭 그의 발목까지 왔다. 그는 두건도 써 보더니 벗었다. 그는 어린 아이처럼 웃고 있었다.

"참 좋은데." 이윽고 프란치스코가 말했다. "왜냐하면 가을에 갈아엎은 밭과 같은 색깔이거든. 흙을 연상시켜서 좋아. 루피노, 예수의 이름으로 같은 것 한 벌을 여기 있는 내 친구 레오 형제에게도 주게."

친구는 그 말을 듣더니 무척 기뻐했다. "얼마나 신나는 일일까." 그는 말했다. "자네가 수도사의 옷으로 삼은 이 코트를 하나 줬다고 해서 내가 인류의 기억 속에 살아남게 되었다니 말이야! 베네딕트 성인처럼 자네도 교파를 하나 만들 셈인가?"

"내가 그럴 셈이냐고? 아니면 하느님이 그러시느냐고? 자네가 직접 그분에게 물어보지. 나도 그분에게 물어보곤 하니까."

그는 옆으로 돌아서서 새 옷으로 갈아입고 그 집 마당에서 주운 큰 조각으로 띠를 맸다. 그동안 그 친구는 내 옷 한 벌도 가져다 놓았다. 나도 그것을 걸치고는 끈 하나를 주워다가 허리를 질끈 동여맸다. 등이 따뜻해졌다. 친구는 내 동냥 자루를 들고 식품 저장실로 가더니 식량을 가득 담아 내놓았다.

프란치스코는 친구가 돌아오자마자 그 친구에게 손을 내밀었다.

"이 진흙으로 만든 손을 잡아 흔들어 악수라는 걸 한번 하지!" 친구는 껄껄 웃으면서 프란치스코의 손을 꼭 잡았다.

"사랑하는 친구 루피노 형제, 선물한 이 옷이 어느 날 그대가 천국에 들어올 때 길잡이가 되도록 하느님이 허락해 주시기를 빌겠네…… 그럼 다시 만날 때까지!"

"어디서 만나지—천국인가?" 루피노는 웃으면서 물었다.

"아니지, 이 세계의 왕국에서라네. 자네 역시 어느 날 완벽한 기쁨의 길을 찾아 나서도록 하느님께 기도하겠네."

우리는 바로 길을 떠났다. 춥고, 하늘에는 구름이 가득 덮여 있었다.

"알겠지요." 프란치스코는 웃었다. "어디서 무엇을 먹거나 무엇을 입게 될지 전혀 걱정을 안 해도 하느님께서는 그걸 생각하고 계시다가 루피노 같은 이를 보내셔서 자루에는 음식을 가득 채우시고 갈아입을 양털 옷도 마련해 주시지요."

우리는 동쪽으로 걸어 나가면서 마치 어린아이들처럼 새로 입은 옷들을 서로 칭찬했다. 훌륭한 군복을 차려 입고 전쟁터로 달려가는 병사들처럼 보였을 것이다.

"레오 형제, 이 세상에서 오직 하나밖에 없는 즐거움은 하느님의 뜻을 따르는 것입니다. 왜 그런지 아세요?"

"내가 그걸 어떻게 알겠어요? 프란치스코 형제, 가르쳐 주시지요."

"왜냐하면 말이지요. 하느님이 원하시는 것, 바로 그것만이 다름 아닌 우리가 원하고 있는 것이니까요. 그런데 그것을 우리만 모르고 있는 셈이지요. 하느님은 오셔서 우리의 영혼을 깨워 놓습니다. 스스로는 모르고 있었지만 영혼이 진정으로 지닌 욕망을 있는 그대로 밝혀 놓으시죠. 이것은 비밀이라오, 레오 형제. 하느님의 뜻을 행한다는 것은, 다시 말하면 내 마음 가장 깊숙한 곳에 숨겨 가지고 다니던 자신의 뜻을 다하는 일입니다. 비록 이 세상에서 가장 쓸모없는 인간의 내부에도 하느님의 종은 있습니다. 잠들어 있을 뿐이지."

"당신이 산 다미아노를 보수해 놓은 것은 그런 이유에서입니까? 당신 자신도 모르고 있었던 당신이 하고 싶었던 일인데 그것을 하느님께서 잠든 당신 앞에 나타나 깨우쳐 주셨다는 이야기인가요? 그래서 어머니와 아버지를 버리게 되었던 것인가요?"

"바로 그런 이유에서지요. 그것은 바로 모든 것을 버리고 나를 따라 나서기로 한 이유이기도 해요."

"하지만 프란치스코 형제, 때로는 우리들이 원하는 것도 많은 것이 사실 아닙니까?" 나는 그 말에 이의를 제기했다. "그 모든 것들 가운데서 어느 하나가 하느님의 뜻이라는 것입니까?"

"가장 어려운 일이 되겠지요." 대답하면서 프란치스코는 한숨을 쉬었다.

멀리서 천둥 번개가 내리쳤다. 곧 비가 쏟아질 것 같은 기운이 느껴졌다.

"그럼 지금 당신의 내부 깊숙한 곳에서 간절히 원하고 있는 것은 무엇인가요, 프란치스코 형제? 하느님이 말씀해 주시기 전에 미리 알 수 있겠어요?"

프란치스코는 어떤 소리를 엿듣는 자세로 머리를 숙였다.

"알아 낼 수가 없군요." 한참 만에 고백하는 그의 입에서는 다시 한숨이 새어 나왔다. "내 마음속 깊숙한 곳에서 내가 하고 싶지 않은 것이 무엇인가는 알려 줍니다. 그런데 정말 내가 하고 싶은 것이 무엇인지 그건 모르겠군요."

"하고 싶지 않은 것은 무엇인가요, 프란치스코 형제? 무엇보다 밉고 무엇보다 더 두려운 일이 있다면, 그게 무엇이겠어요? 이렇게 묻는 나를 용서하시오."

프란치스코는 잠시 머뭇거렸다. 입을 열었다가 다시 침묵했다. 마침내 말을 털어놓기로 결심했다.

"문둥이오. 나는 그게 제일 싫어요. 문둥이를 보기만 해도 견딜 수가 없거든요. 행인들에게 안전한 길로 비키도록 경고하기 위해 그들의 지팡이에 달린 방울 소리가 멀리서 들려오면 까무러칠 것 같거든요. 하느님 저를 용서하십시오. 하지만 이 세상에 문둥이들보다 징그러운 것은 없습니다."

그는 침을 뱉었다. 갑자기 구역질이 나고 현기증이 일었다. 그는 나무에 기대어 속을 가라앉히려고 했다.

"인간의 영혼은 사악하고 약하고, 쓸모없고……, 약하고 더럽고……." 그는 중얼거렸다. 당신께서는 언제 그것을 불쌍히 여기시어 구원해 주시려는 것입니까, 주님?"

비가 내리기 시작했다. 두건을 뒤집어쓰면서 우리는 제일 가까운 마을로 가려고 걸음을 재촉했다. 어떤 처녀가 길 맞은편에서 오고 있었다. "하느님의 성인이시여, 저에게 축복을 주십시오." 처녀는 우리에게 인사를 했다. 프란치스코는 가슴에 손을 얹으며 인사에 답했다. 그렇지만 눈을 들어 아가씨 얼굴은 보지 않았다. 아름답고 몸매가 고우며 쾌활해 보이는 처녀였다.

"왜 땅만 내려다보면서 답례를 하지요?" 내가 물었다.

"어찌 감히 얼굴을 들고 예수님의 신부를 마주 보겠소?" 그의 대답이었다.

우리는 걷고 또 걸었다. 하지만 인가는 눈을 씻고 보아도 나타나지 않았다. 그곳은 사람이 살지 않았다. 곧 해가 지고 어두워졌다. 빗발은 갈수록 세어지고 있었다.

"어디 비를 피할 동굴이라도 하나 찾아봅시다." 내가 말했다. "하느님이 오늘은 그만 가라고 하시는 것 같군요."

"맞았어요. 하느님은 우리가 앞으로 나가는 걸 원치 않으시는가 보오. 뒤집어 말하면 우리도 앞으로 나가는 걸 원치 않는다는 말이지요!"

어둠 속에서 산허리를 더듬어 다니다가 우리는 겨우 굴 하나를 찾아서 그 안으로 들어갔다. 프란치스코는 드러누웠다. 만족한 얼굴이었다.

"하느님께서는 비를 보내셨지만 비를 맞지 말라고 두건을 보내 주셨고, 이렇게 비를 더 세차게 내리시고는 이 동굴을 마련해 주신 거예요." 그가 말했다.

"그것은 참다운 지혜라는 것입니다." 내가 말했다.

"아니지요. 참다운 친절이라는 것이지요."

나는 자루를 풀었다. 헤어질 때 프란치스코의 친구인 루피노가 푸짐하게 넣어 준 음식을 조금 꺼내 놓았다. 그것을 먹어 치운 다음 우리는 피로에 지쳐 곧 눈을 감아 버렸다. 나는 곧 잠에 떨어졌다. 불행하게도 나는 눈을 붙이지 못할 만큼 커다란 걱정거리가 있는 것은 아니었다. 하지만 프란치스코는 한잠도 못 잤다고 생각한다. 새벽녘 그는 비명을 지르며 벌떡 일어섰다.

"일어나요, 레오 형제." 그는 발가락으로 나를 쿡쿡 찔렀다. "일어나요, 날이 밝았어요."

"아직 밖은 어두운걸요. 프란치스코 형제." 나는 졸려서 말했다. "왜 그렇게 서두르시죠?"

"내가 서두르는 게 아니라니까요, 레오 형제여. 그분이, 하느님께서 그러세요. 일어나세요!"

나는 자리에서 일어났다. "무슨 꿈이라도 꾸었나요?"

"아뇨, 나는 밤새도록 한잠 못 잤다오. 새벽녘에 나는 눈을 감고 하느님께 기도를 드렸어요. '아버지,' 하고 저는 간청했어요. '저에게 잠을 주십시오. 저는 일하는 사람입니다. 당신의 뜻을 따라 일을 해야 하는 사람입니다. 당신께서 저에게 말씀하신 대로 했습니다. 다미아노 성당을 보수했고 아시시의 웃음거리가 되면서도 춤을 추라면 춤도 추고, 친어머니, 친아버지와는 의절도 했습니다. 왜 저에게 잠을 주시지 않나요? 저에게서 무엇을 더 바라시나요? 그것으로는 부족하다는 뜻인지요?'

그러자 저 머리 위에서 거친 목소리로, 아니 저 위가 아니라 나의 내부였던 것 같아요. '부족하고말고!' 하는 소리가 들렸어요.

맹세하지만 잠들었던 것은 아니라니까요, 레오 형제. 꿈이 아니었어요. 어쩌면 그 밖의 다른 모든 것이 꿈일까요. 당신과 나, 그리고 이 동굴과 비 같은 것이 말입니다. 하지만 그 목소리는 꿈이 아니었어요.

'부족하다니요?' 나는 겁에 질려 버럭 소리를 지르고 말았습니다. '그럼 저

에게 무엇을 더 원하십니까?'

'이제 날이 밝았느니라. 일어나 길을 떠나게. 자네를 위해서 비를 그치게 하겠네. 길을 떠나서 가다 보면 머지않아 방울소리를 듣게 돼. 그건 내가 자네에게—보내는 문둥이라네. 그에게로 달려가 끌어안고 입을 맞추게……. 내 말을 들었는가? 그대는 마치 내 말을 못 들은 체하긴가? 왜 대답이 없지?'

나는 자신을 더는 억제할 수가 없었다오. 나는 소리쳤어요. '당신은 내 아버지가 아닙니다. 당신은 인류를 사랑하지도 않아요. 당신은 무자비하고 힘만 내세워 우리를 장난감처럼 가지고 놀 따름이에요. 조금 전에 당신은 내가 친구와 길을 걸으며 징그러워서 문둥이 곁에도 못 간다고 말하는 소리를 들었던 것이지요. 그 소리를 듣기가 무섭게 나더러 문둥이 품에 안기어 주었으면 하시는 거죠. 그것 밖에는 제가 나갈 길이 없다는 이야기인가요? 좀 쉬운 길이 없다는 말인가요? 가난하고 보잘것없는 인간이 당신을 찾아가서 만날 수 있는 좀 더 편안한 방법은 없다는 뜻인가요?'

누군가가 내 뱃속에서 웃으며 내장을 두 가닥으로 찢어 놓는 것 같았어요. '그런 방법은 없어.' 잠시 뒤 그렇게 말하는 목소리가 들리더니 갑자기 조용해졌습니다……."

프란치스코는 동굴 입구 가까이에 불안한 듯 서서 저 바깥쪽을 두려운 눈으로 한참 노려보았다. 그의 말을 듣고 보니 온몸에 소름이 끼쳤다.

"그럼 이젠 어떻게 하지요?" 나는 물었다. 그를 바라보니 가슴에서 동정심이 일어났다. 그는 내 말을 듣지 못했다.

"그럼 이젠 어떻게 하지요?"

그때야 비로소 나를 돌아보았다. "그 이제라는 소리 좀 빼 버려요." 그는 얼굴을 찡그렸다. "이제, 지금, 그런 말들은 있으나마나 한 말이니까요. 자, 일어나요. 그 사람을 찾아봐야지."

"누굴 말이오?"

프란치스코는 목소리를 낮추었다. 나는 그의 온몸이 고통으로 부들부들 떨리고 있음을 느꼈다.

"그 문둥이 말이오." 부드러운 소리로 그는 대답했다.

우리는 동굴에서 빠져 나왔다. 밖은 밝아오고 비는 그쳤다. 바람에 밀려가는 구름은 하느님의 입김에 쫓겨가는 것만 같았다. 잎새마다 반짝이는 물방울이 달리고 물방울 하나하나마다 일곱 빛깔을 띤 무지개가 나타났다.

우리는 평야 쪽으로 내려갔다. 아침 안개가 이불처럼 펼쳐진 평지는 아직 잠을 자고 있었다. 프란치스코가 거인의 걸음을 흉내내며 앞장섰다. 그는 몹시 마음이 바빴던 것이다.

해가 산 위에 떠오르고 대지는 다시 따스해지면서 우리의 몸을 녹였다. 저 아래 소나무 숲 너머로 큰 도시가 보였다.

"레오 형제, 저게 어느 도시지요?" 프란치스코가 물었다.

"정신이 헷갈려서 잘 모르겠네요, 프란치스코 형제. 처음 보는 도시 같기도 한데…… 라베나인 것 같은데요."

갑자기 프란치스코는 걸음을 멈추더니 내 팔을 꼭 잡았다. 얼굴은 죽은 사람처럼 창백해졌다.

"소리가 들려요?" 나직한 목소리로 그가 물었다.

"아니오, 무엇인데요?"

"방울소리……."

그 말이 떨어지자마자 나는 정말 평야 쪽에서 들려오는 방울 소리를 들었다. 아직 꽤 먼 거리에서 울려오고 있었다. 우리는 함께 우뚝 서 버렸다. 프란치스코의 아래턱이 덜덜 떨렸다. 방울소리는 점점 이쪽으로 가까워지고 있었다.

"그가 오는군……." 프란치스코는 말을 더듬었다. 나에게 기대었다. 온몸이 이제는 지진이 일어난 듯 와들와들 떨리고 있었다.

"자, 빨리 자리를 피해요. 도망가요." 내가 외쳤다. 그리고 안전한 곳으로 데리고 가려고 프란치스코의 허리를 꽉 잡았다.

"우리가 어디로 간단 말이오? 도망을 가다니, 하느님으로부터 도망치겠다는 것인가요? 불쌍한 레오 형제. 무슨 수로 그런단 말인가요, 무슨 수로?"

"프란치스코 형제, 우리는 딴 길로 갈 수 있어요."

"어느 길로 나가건 문둥이는 있어요. 알게 되겠지만, 온 거리가 그들로 득실거리게 될 테니까요. 우리가 그들의 품속에 안기기 전에는 그들은 사라지지 않을 거예요. 그러니 형제, 용기를 내서—앞으로 나갑시다!"

방울소리는 이제 우리 가까이에서 들려왔다. 바로 저 나무 뒤였다.

"용기를 내요, 프란치스코 형제." 내가 말했다. "하느님이 이겨낼 힘을 당신에게 주실 겁니다."

그러나 프란치스코는 벌써 앞으로 뛰어나가고 있었다. 문둥이는 나무숲에서 모습을 나타냈다. 손에는 방울이 달린 지팡이를 짚고 있었다. 지팡이를 흔들면 방울이 울리고 행인들에게 피신하라는 신호가 되는 것이다. 프란치스코가 달려오면서 팔을 벌리는 것을 보는 순간 와락 겁이 났는지 그는 날카로운 비명을 지르며 제자리에 서 버렸다. 갑자기 피로가 몰려와서 무릎이 말을 듣지 않아 걸을 수 없는 사람 같았다. 다가간 나는 그 얼굴을 보고 공포를 느꼈다. 썩어 문드러진 그의 코는 반쯤 달아나고 없었다. 손에는 손가락하나 남아 있지 않은 몽당손이었다. 그리고 그의 터진 입술 상처에서는 아직고름이 나오고 있었다.

문둥이에게 온몸을 내맡긴 프란치스코는 그를 얼싸안으며 머리를 숙여 입술에다 입을 맞추었다. 그리고 나서 그를 두 팔에 끌어안은 프란치스코는 자기 옷으로 감싸주면서 천천히 걷기 시작했다. 무거운 걸음을 이끌고 도시로 향했다. 어디 그 근처 가까운 곳에 그를 내려놓고 부탁할 만한 나병 요양원이 있을 것 같았다.

그는 걷고 또 걸었다. 나는 눈물을 글썽거리면서 그 뒤를 따랐다. 하느님은 냉혹하시다 못해 좀 지나치시다고 생각했다. 그는 인류를 동정하지 않는다. 프란치스코가 조금 전 나에게 해 준 말은 그럼 무슨 뜻이란 말인가? 그는 하늘의 뜻이, 바로 우리 자신이 품어 온 가장 깊은 뜻이라고 했다. 우리가 비록 그걸 모르지만 그렇다는 것이 아니었던가? 그렇지 않다. 그건 말도 안 되는 소리. 하느님은 우리가 원하지도 않는 일을 시키고 나서, '그것이 바로 내가 원한 것이오!' 한 마디 하기를 바라는 것뿐이다. 그는 우리가 몹시 싫어하는 일을 하도록 시킨 다음, '그게 바로 내가 좋아하는 일이거든. 네가 하기에 역겨운 일을 해라. 그게 바로 나를 기쁘게 하는 길이니까!' 이렇게 한마디 하는 것이다. 그렇기 때문에 불쌍한 프란치스코는 이렇게 문둥이를 품에 안고, 그것도 먼저 입을 맞춘 다음 데리고 가는 것이 아닌가!

해가 거의 중천에 떠올랐을 무렵, 우리는 가끔 구름이 걷히면서 따뜻이 쏟아져 내리는 가을 햇볕 구경을 제대로 할 수 있었다. 점점 가까워지던 도시는 활짝 퍼진 햇살 속에 드디어 모습을 드러냈다. 탑이며 교회며 집들이 반짝였다. 도시 문턱에 가까워진 것이다.

문득 나는 프란치스코가 갑자기 멈추어 서는 것을 보았다. 감싸 안았던 문 둥이에게 햇빛을 보일 작정이었는지 옷을 들어 올리려고 그는 허리를 숙였 다. 그러나 그때 갑자기 외마디 비명이 튀어나왔다. 옷 속에는 아무것도 없 었다!

프란치스코는 얼른 나를 돌아다보며 말을 하려고 입을 움직였지만 말이 나오질 않았다. 하지만 그의 얼굴은 불타는 동상처럼 빛나고 있었다. 수염, 코, 입, 모든 것이 불길 속에 싸여 있었다.

눈에서는 눈물이 흘러내렸다. 땅에 엎드려 흙에 입을 맞추기 시작했다. 나 는 서서 떨고 있었다. 그것은 문둥이가 아니었다. 그것은 프란치스코를 시험 하려고 문둥이 모습으로 지상에 내려왔던 예수 자신이라는 생각이 들었다.

그 고장 사람이 다가오고 있었다. 비를 맞으면서 젖은 땅 위에 그냥 엎드 려서 울고 있는 프란치스코를 보고 그는 걸음을 멈추었다.

"이 사람이 무슨 일을 당했나요?" 남자는 물었다. "왜 울고 있습니까? 산 적들이 이 사람을 습격해서 때려 눕혔군요, 그렇지요?"

"아닙니다." 내가 대답했다. "조금 전 예수님께서 이곳을 지나가셨어요. 이 사람은 그분을 뵙고 너무나 기뻐서 울고 있는 것입니다."

그 사람은 어깨를 흠칫하더니 웃으면서 급히 우리 곁을 지나갔다.

프란치스코는 눈을 떴다. 흐린 하늘을 바라보았다. 이따금 뿌리는 빗방울 에도 눈을 돌리지 않았다. 그는 시선을 내리더니 나를 보았다. 나는 아무 말 도 할 수가 없었다. 나를 보고 미소를 지었다. 나는 그가 자리한 길 한가운 데 같이 주저앉아 입을 맞춰 주고 얼굴을 부드럽게 쓰다듬어 주었다. 번개처 럼 그의 머리에 떨어진 신성한 충격을 조금이라도 덜어 주고 싶었다. 온몸에 서는 아직 김이 무럭무럭 나고 있었다.

얼마나 오랫동안—몇 시간 동안이나—우리는 길 한복판에 한 마디 말도 없이 누워 있었는지 모른다. 하지만 우리가 다시 일어나 주위를 둘러보았을 때는 해가 뉘엿뉘엿 지고 있었다. 이제는 프란치스코에게 말할 힘이 돌아와 있었다.

"레오 형제, 당신은 보았어요? 이해하시겠어요?"

"보았어요, 프란치스코 형제. 하지만 저는 하느님께서 우리를 데리고 장난하시는 거로 밖에는 생각되지 않는군요."

"레오 형제, 내가 이해하기로는 이런 것 같아요. 모든 문둥이, 병신, 죄인이 말입니다. 입에다 키스를 해 준다면—"

그는 생각을 철저하게 따지는 것이 두려워 말끝을 맺지 못했다.

"가르쳐 주세요, 프란치스코 형제. 저를 좀 깨우쳐 주세요. 말을 하다가 그만두시면 어떻게 해요."

한참 만에 그는 몸서리를 치며 이렇게 들릴 듯 말 듯 중얼거렸다.

"이런 모든 사람들에게 만약 당신이 키스해 준다면, 그들은 모두, ……예수가 된다는 이야기지요."

우리가 그 대도시에 들어선 것은 밤이 다 되어서였다. 우리는 거리에 늘어선 높고 가지가 울창한 소나무들을 보았다. 한 가닥 남은 빛 속에서 이 도시 특유의 둥근 탑들의 윤곽을 더듬어 볼 수 있었다. 어디를 가나 바다의 입김이 가득한 도시였다. 짠 공기를 들이마시자 정신이 번쩍 들었다. 우리는 유명한 라베나 시에 들어온 것이다.

"참 좋은데요." 프란치스코가 말했다. "궁전, 교회, 고대의 영광이 가득히 널려 있는 웅장한 도시지요."

"겨울은 여기서 넘깁시다." 내가 제의했다. "위기가 닥쳐 왔어요. 강들은 물이 불어나고 있어요. 이런 기후에 우리가 어디를 가겠어요? 다른 곳과 마찬가지로 이곳에도 분명히 당신을 기다리고 있는 영혼은 있을 거예요."

우리는 몹시 지쳐 있었다. 더 이상 걸을 수 없어 우리는 교외에 있는 유명한 성 아폴라나리우스 수도원으로 갔다. 문은 잠겨 있었다. 밤이 되어 아무도 들어가는 사람이 없었던 것이다. 비가 이제는 양동이로 퍼붓듯 쏟아지기 시작했다.

"오늘은 이 문 앞에서 잡시다. 하느님께서 원하시면 내일 안에 들어가 예배하지요."

갑자기 그는 배고픔을 느꼈다.

"자루 속에 뭐 남은 게 없나요, 레오 형제?" 그가 물었다.

"아무것도 없어요. 양몰이 방울을 빼 놓고는 텅 비었습니다. 오늘은 마을 옆을 한 번도 지나가지 않았거든요. 배고프세요?"

"괜찮아요. 내일 아침이면 먹게 되겠지요. 여기는 큰 도시입니다. 어느 집에 우리를 위해 구워 놓은 빵 한 조각이 기다리고 있을 겁니다."

우리는 성호를 긋고 누웠다. 두 마리 거머리처럼 찰싹 문에 몸을 붙였다. 비에 푹 젖은 데다 추워서 우리는 다시 그 전처럼 팔로 서로를 끌어안았다.

"프란치스코 형제." 내가 말했다. "평생을 두고 생각해도 잘 모를 문제가 하나 있는데요. 저를 좀 깨우쳐 주시겠어요? 어떤 사람은 걸식을 하지 않고 삽니다. 자선을 베풀어도 그것을 받지 않겠다고 거절하지요. 다른 사람들은 직접 나서서 손을 벌리지는 않지만 주면 받지요. 그리고 또 열심히 구걸하고 다니는 사람들도 있어요. 어느 쪽이 올바른 것인가요?"

"성인의 겸허한 마음을 가지려면 손을 내밀고 구걸을 해야만 하지요. 그리고 주는 것이면 무엇이건 받아야 해요. 레오 형제여, 그렇게 하지 않는 것은 오만한 행위입니다. 가진 자는 못 가진 자에게 의무를 지고 있습니다. 그 의무를 다하게 만들어 주어야지요. 하지만 이제 그 이야기는 그만합시다. 더는 묻지 마세요. 주무세요. 당신도 피곤하고 나도 피곤해요. 잘 자요."

프란치스코가 하느님과 함께 있고 싶어하는 것을 눈치채고 나는 조용히 잠을 청했다. 잠결에 나는 그가 밤새도록 말을 하고 웃고 울고 기도하는 소리를 들은 것 같다.

이튿날 아침이 되었다. 두 사람은 대문 앞에 나란히 서서 문지기가 나와 문을 열어 주기를 기다렸다. 문창살 틈으로 나는 안마당을 들여다보았다. 이미 햇빛으로 밝아진 정원에는 월계수와 실편백나무가 보였다. 한가운데 대리석으로 둘러진 샘물이 있고, 그 옆으로는 수도사의 천장 높은 기도실이 줄지어 늘어서 있었다. 그 뒤쪽에는 동양의 뛰어난 장인들이 탁월한 솜씨로 장식을 넣어 지어 올린 그 유명하다는 교회가 보였다.

해가 솟았다. 문지기가 열쇠를 들고 나타났다. 키가 크고 마른 그는 맨발에 부루퉁한 얼굴을 하고 있었다. 숱이 적고 곱슬곱슬하고 하얀 턱수염 사이로 이가 다 빠진 입 안에서는 뭔가 한참 씹히는 소리가 났다. 우리를 보자마자 그의 인상이 험악해졌다.

"거지들인가?" 화가 나서 물어왔다. "수도원에는 너희 같은 떠돌이들에게 줄 빵은 한 조각도 없다니까!"

"우리는 떠돌이가 아니오." 프란치스코가 유쾌하게 대꾸했다. "우리는 당신과 마찬가지로 일을 하고 있어요. 우리에게도 잠그고 여는 열쇠가 있다오."

"잠그고 연다고? 뭘 말인가? 이 사기꾼들아!"

"연옥 문이오."

"연옥이라고?"

"그렇다오. 우리의 가슴속이지요."

문지기는 사나운 개처럼 으르렁거리기만 할 뿐, 아무 말도 하지 않았다. 열쇠를 자물쇠통에 꽂아 돌리더니 빗장을 빼면서 우리를 안으로 들어오게 했다. 수도사들은 자기 기도실에 없었다. 아침 기도가 이미 시작되고 있었다. 감미로운 성가 소리가 들려왔다. 햇빛이 내려와 수도원 정원을 흠뻑 적시고 있었다. 새들이 일어나 지저귀고 젊은 수도사 한 사람은 샘가에 기대어 물을 길어 올리고 있었다. 교회의 양쪽에 대천사처럼 버티고 선 실편백은 날씬하고, 곧기가 마치 칼 같았다. 정원 한가운데에는 향기를 그윽이 피어 나르며 무성한 월계수 한 그루가 서 있었다.

프란치스코는 잎사귀 하나를 뜯어 입을 맞추었다. 잎을 마치 불 켜진 초 한 자루처럼 세워 들고서 교회 문을 열고 들어섰다. 나는 목이 말랐다. 그 젊은 수도사가 물을 길어 올리면 한 모금 얻어 마시려고 기다렸다. 물맛으로 정신이 상쾌해져서 나는, 성호를 긋고 목마름과 함께 물을 주신 하느님께 감사하며 교회 문턱을 넘었다.

수도사들은 모두 제자리에 앉아 성경을 외고 있었다. 교회 안은 향기로운 분향으로 가득했다. 스테인드글라스 창으로 들어오는 햇빛은 붉은빛, 녹색빛, 짙푸른 빛으로 성당 안을 수놓았다. 나는 프란치스코가 대리석 바닥 위에 무릎을 꿇고서 제단 위쪽 천장을 황홀한 눈으로 바라보고 있는 것을 훔쳐보았다.

나도 눈을 들어 천장을 보았다. 지금 눈앞에 보이는 이 기적들은 과연 무엇일까? 천국이라는 것일까? 거대한 녹색빛과 흰빛과 황금빛 모자이크가 가득했다. 그 가운데 황금빛 스톨라를 입고서 두 팔을 들고 기도하는 성 아폴리나리우스 상이 떠 있었다. 그를 에워싸고 실편백나무, 천사들, 눈처럼 흰 양떼, 과일이 주렁주렁 매달린 나무들이 있었다. 오 하느님, 이 초록빛, 이 신선한 기분, 이 감미로운 느낌은 무엇일까요?

아무도 방해하는 이 없는 천국의 평화로움이여! 시간이 다할 때까지 영혼을 한없이 뛰놀게 하여도 좋을 어린양의 안식처로구나! 심지어 시골 농부인 나 같은 것도 감동을 금치 못했다. 프란치스코 옆에 무릎을 꿇고 나는 흐느끼기 시작했다.

"조용히 해요." 프란치스코가 나직이 말했다. "울지 말아요, 웃지도 말아요. 웃지도 말고, 이야기할 것도 없어요. 그저 내맡기세요."

그날 우리는 하루 종일 단 한 마디 말도 입 밖에 내지 않았던 것 같다. 우리가 어떻게 교회를 나왔는지, 수도사가 우리에게 빵 한 쪽을 주었는지, 또 어떻게 시가지로 들어갔는지 도무지 기억이 없다. 내가 유일하게 기억하는 것은 우리가 시가지로 오르내리면서 숱한 바람, 탑, 궁전을 보았지만 뇌리 속에는 오직 푸른 풀밭, 그 한가운데서 하얀 양떼가 몰려와 드리는 인사를 받고 서 있던 성인과 그 위에 커다란 날개를 펴서 하늘을 끌어안던 십자가 하나밖에는 남아 있지 않았다.

저녁이 되어 우리는 큰 광장에 이르렀다. 길 잃은 어린 양을 어깨에 둘러멘 예수 상이 한가운데 있는 바로 그 광장이었다. 예수는 어린 양을 제자리에 돌려 주고 있었다. 하루 일이 끝난 사람들은 가게 문을 닫았다. 젊은 남녀들이 곳곳에서 몰려와 한껏 아름다움을 드러내고, 또 멋진 이들을 부러운 듯 바라보기도 했다.

비는 그쳤다. 비가 깨끗이 씻어 놓은 공기 속에는 소나무 향기가 그윽했다. 프란치스코는 양몰이 방울을 잠시 만지작거렸다. 사람들을 불러들여 미친 사람의 새로운 소리를 들려줄까 생각하는 것도 같았지만 이내 생각을 바꾼 것 같았다. 생각은 다른 데 가 있었던 것이 분명했다. 허리에 묶여 있는 매듭 끝에 방울을 늘어뜨린 채 그는 주저앉아서 잘 차려입고 지나가는 그 고장 사람들을 살피기 시작했다.

나는 옆에 쭈그리고 앉았다. 갑자기 프란치스코는 나를 쳐다보았다.

"레오 형제, 그전에 그 풀밭을 나는 어디서 보았어요. 아폴리나리우스 성인과 그의 목동인 천사들이 양을 놓아먹이던 그 푸른 풀밭 말입니다. 그러나 그게 어디였을까, 언제였더라, 기억해 내려고 애쓰고 있지만 도무지 떠오르질 않는군요. 혹시 꿈을 꾼 것일까요?"

말끝을 흐리며 침묵에 잠겨 있던 그는 갑자기 신이 나서 손뼉을 쳤다.

"알아냈어요!" 그는 외쳤다. "어딘지 생각났어요! 아, 하느님. 언제 어디서 보았을까 몇 시간을 두고 고민했는데 드디어 해답이 떠올랐답니다." 그의 얼굴이 갑자기 빛나며 눈빛은 에메랄드빛으로 이글거렸다. "나의 내부에서!" 그는 행복한 듯이 중얼거렸다.

어둠이 깔리고 있었다. 밤이 깊어지면서 우리는 라베나 사람들의 목소리, 그 많은 목소리를 더욱 또렷하게 들을 수 있었다. 도시는 암흑 속에서 마치 배불리 먹고 만족한, 머리가 수천 개 달린 괴물처럼 뻗어 있었다. 인간, 개, 말의 무수한 입으로 웃고, 짓고, 울고, 노래하고 또 수많은 류트와 기타처럼 생긴 입이 달린 괴물이었다. 밤이 우리를 압도한 어느 순간, 나는 광장 한가운데 예수가 서 있는 것처럼 느껴졌다. 그가 양 우리의 제자리로 둘러메고 가는 것은 어린 양이 아니라 바로 이 라베나라는 거대한 짐승이었던 것이다.

"무엇을 생각하고 있소?" 내 눈이 예수의 석상에 못박혀 있는 것을 보고 프란치스코는 물었다.

"프란치스코 형제, 나는 예수가 저렇게 멘 것은 양이 아니라 이곳, 라베나라는 생각을 하고 있었어요."

"그건 라베나가 아니지요, 레오 형제. 라베나가 아니라 이 세상이라오. 전 세계라는 말입니다."

우리는 다시금 침묵 속에 빠져들었다. 그때 험악한 표정을 한 늙은이 하나가 우리 앞에 와 섰다. 코밑수염은 깨끗이 면도하고, 길고 꼬불꼬불한 턱수염을 하얗게 기른, 몸집이 장대한 늙은이였다. 술집에서 새어 나오는 랜턴 불빛에 비친 검게 그을린 그의 얼굴에서 우리는 칼자국을 읽을 수 있었다.

우리 옆에 책상다리를 하며 그는 털썩 주저앉았다. 조금 전에 우리가 주고받은 말을 엿들었던 것이다.

"실례하오." 그는 말을 걸었다. "나는 당신들이 아무 말도 없이 빈 자루를 메고 거지처럼 거리를 헤매는 것을 지켜보았소. 그런데 거지도 아닌 것 같고. 조금 아까 드디어 당신들이 주고받는 이야기를 들었소. 나는 그 말이 마음에 들었어요. 나도 그 동안, 당신들도 그랬을지 모르지만 거지, 게으른 건달, 병신, 아니면 성인이라고나 할까, 아무튼 꽤 돌아다녔었소."

프란치스코는 웃었다. 손가락을 들고 우리 위에 있는 예수 상을 가리켰다. "보세요. 우리는 길 잃은 양이지요. 우리는 울면서 사방을 찾아다니며 예수를 부르고 있지요. 예수가 우리를 찾아보지는 않습니다. 우리가 그이를 찾고 있지요."

"그래서 당신은 이 라베나에 그이를 찾으러 온 것이오?" 늙은이는 비웃듯이 물었다.

"우리의 자비로운 주님은 어디에나 계십니다." 프란치스코는 대답했다. "그러나 우리는 그분의 모습이 어디서 나타날지 결코 알 길이 없지요. 어쩌면 라베나에서도 당신의 모습을 드러내실 가능성이 있습니다."

늙은이는 백발이 성성한 머리를 저었다. "나 역시 한때는 그를 찾아 돌아다녔소." 그는 흰 수염을 천천히 쓰다듬으면서 낮은 목소리로 말했다. "찾기는 찾았지요. 지구 저쪽 끝 먼 곳에서 말입니다. 전쟁의 소용돌이 속에서지요. 그분은 사람의 얼굴과 위대한 왕의 모습을 하시고 나타나셨지요."

그는 한숨을 쉬었다. 심장이 둘로 갈라지는 듯 듣기에도 비통한 탄식이었다. 프란치스코는 슬그머니 그쪽으로 가서 한 손을 늙은이 무릎 위에 얹었다.

"하늘에 계신 예수의 이름으로 간청하겠습니다. 언제 어떻게 하면 그분을 우리도 찾을 수 있는지 도와주십시오."

늙은이는 고개를 숙인 채 한참 말이 없었다. 무슨 말을 어떻게 꺼내야 할까 생각하면서 조용히 말을 고르고 있는 모습이 역력했다. 그는 몇 번이나 입을 열었다가 다시 다물고 침묵 속에 빠졌다.

"지금부터 20년 전 동방에서 일어났던 일입니다. 신비로운 동양의 향내와 악취가 함께 어우러진 성지 예루살렘에서였어요. 성인의 초상화에서 볼 수 있는 대추야자나무며, 그보다 더 신기한 나무들과 사람의 키 높이만 한 포도덩굴 같은 것도 자라는 도시지요. 여인들은 유령처럼 머리끝에서 발끝까지 베일로 몸을 가리고, 어쩌다 보게 되면 손바닥이나 발바닥이나 할 것 없이 붉은 칠을 하고 있는 거예요. 전쟁 때 그들 몇을 생포해서 직접 베일을 벗겨보아 잘 알고 있습니다. 남자들은 법을 모르는 사라센 족이지요. 일단 말 위에 오르면 어디서부터가 말이고 어디까지가 사람인지 분간할 수 없을 만큼 말과 혼연 일체가 되는 무서운 족속입니다. 머리는 두 개, 다리는 여섯 개, 하지만 영혼은 하나였소! 이들은 질풍처럼 날쌔게 달리지요! 그들의 왕인 술탄 살라딘은 일찍이 보지 못한 기골이 장대한 용사지요. 황금과 진주로 장식한 옷을 입고 전속력으로 달려오는 말 위에 사뿐히 올라앉는 솜씨는 대단했어요. 궁전에는 여자들이 가득하고, 분수대와 야타간 검이 도처에 있어 볼 만하지요. 그는 그리스도의 무덤 위에 발을 괴고 앉아 수염을 꼬아 올리며 기독교 전체를 위협하고 있지요." 프란치스코는 탄식했다.

"그런데 우리는 창피하게도, 하느님 이게 뭡니까! 성묘를 다시 빼앗기 위해 궐기하기는커녕 라베나에 한가하게 주저앉아 거리를 돌아다니며 비렁뱅이 노릇이나 하는 것이 고작이군요! 일어나요. 일어나, 레오 형제여! 왜 그렇게 앉아 있지요? 영혼을 죄에서 해방시키기를 원하오? 그렇다면 먼저 그리스도의 무덤을 탈환해야만 하오!"

"성묘를 해방시키려면 먼저 당신의 영혼부터 해방시켜야 합니다!" 나는 그의 주장에 반대했다.

늙은이는 머리를 흔들었다.

"당신은 젊어서 그러오. 젊은 사람들은 무기를 들고 일어서면 세계를 지배할 수 있다고 생각하니까요. 나도 한때는 꼭 그랬었다오. 나는 라베나에서는 자리를 잡은 시민이었소. 아이들이 있고, 양떼를 치고 친자식처럼 사랑하는 백마 한 필도 가지고 있었다오. 나는 말만 빼 놓고 모든 것을 포기했지요. 말만 가지고 집을 나온 셈이지요. 붉은 천 두 가닥을 오려서 내 등 뒤에 십자가를 만들어 꿰맨 다음, 나는 성묘를 구하겠노라 바로 길을 떠났던 것입니다."

그는 잠시 말을 멈추고 손짓했다.

"어디서부터 시작하지?" 어떤 말을 먼저 해야 할지 몰라서 스스로 물었다. "내 머릿속에는 바다와 사막, 그리고 거대한 요새, 방어가 완벽한 탑들이 가득 떠오르고, 바로 그 한가운데 예루살렘 성지가 자리잡고 있었습니다. 나는 길을 서둘렀어요. 배를 타기도 하고 말을 타기도 하면서, 언어가 저마다 다른 온갖 종류의 야만인 집단을 여기저기서 만났지요. 내가 가는 길목에는 유럽과 아시아라는 거대한 세계의 땅덩어리를 이어 놓은 유명한 도시 콘스탄티노플이 가로놓여 있었어요. 그 도시를 보는 순간 나는 넋을 잃고 말았습니다. 그것에 비교하면 인간의 꿈은 보잘것없는 것입니다. 인간의 마음은 그러한 기적을 포용하기에는 너무나 작습니다. 잠이란 너무 초라해요. 그처럼 멋진 꿈을 찾아도 그걸 가져다 줄 엄두나 내겠어요? 나는 도시를 방황하면서 궁전들, 교회들, 축제와 여인들의 모습을 지칠 줄 모르고 바라보곤 했지요. 주님, 저를 용서하소서. 하지만 나는 성묘를 까마득히 잊어버리고 말았어요. 드디어 내가 예루살렘에 당도하고 보니, 도시는 벌써 예수교도 손에 떨어지고 난 다음이었답니다. 그리고 예루살렘의 왕은……."

그는 수염을 움켜쥐더니 그걸로 얼굴을 가렸다. 한참 만에 그는 다시 이야기를 이어 나갔다.

"왕은 갓 스물의 청년이었지요. 사람들은 바우도우인이라고 그를 부르곤 했는데, 그가 평범한 인간이 아니라는 것을 나는 곧 깨닫게 되었지요. 그는 매우 별난 존재였다오. 그가 (하느님께 이런 대담한 생각을 용서해 주시도록 빌었습니다만) 내가 찾고 있던 바로 그분이 아닐까 스스로 물어보았어요. 그를 처음 보는 순간 나는 몸서리를 쳤어요. 사라센 족들은 예루살렘을 재탈환하려고 다시금 기병과 낙타 부대를 동원하여 공격해 오고 있었습니다. 왕은 고함을 쳤습니다. 트럼펫 소리가 울려 퍼지고 전쟁을 알리는 깃발이 바람에 나부끼기 시작했습니다. 우리는 투구를 쓰고 예루살렘 성 밖 평원에 집결했지요. 수천 명의 보병과 기병은 모두 왕이 진두에 나타나기를 기다리고 있었어요.

바로 그때였습니다. 아, 그것을 생각할 때마다 왜 이렇게 가슴이 찢어질까요? 그때 나는 그를 처음 보았습니다. 나는 사람의 영혼이 전능한 하느님의 것이라고 곧 깨달았습니다. 하느님은 그분의 전부로서 사람 안에 들어와 앉아 계시다는 그 말입니다. 그러니 지구 구석구석까지 찾아 헤맬 필요가 없다는 이야기지요. 우리가 해야 할 일은 다른 것이 아닙니다. 우리 자신의 가슴속을 들여다보기만 하면 되는 것이에요.

그들은 왕을 들것에 실어 내오고 있었어요. 그의 얼굴은 반은 썩어 나간 송장이나 다름없었고, 손가락 하나 발가락 하나도 성하게 남아 있지 않았지요. 왕은 걸을 수가 없었어요. 어떻게 그런 몸을 하고 걷겠습니까? 그래서 들것에 실려 다녀야 하는 것이었습니다. 문둥병은 그의 눈까지 먹어 들어가서 그를 장님으로 만들어 버렸습니다. 나는 그 가까이 서 있었는데 더 가까이 다가섰다가 그만 코를 싸 쥐고 말았지요. 냄새가 너무 고약했어요.

이 왕으로 말하면 한 삽에 올려놓으면 그만인 썩어 문드러진 살[肉]덩이에 지나지 않았습니다. 그렇지만 그 한 삽짜리 고깃덩이 속에는 곧은 불멸의 영혼이 살아 숨쉬고 있었습니다. 그렇게 썩어들어가는 육체 속에서도 역겹다 하지 않고 자리를 같이하는 하느님의 뜻은 무엇이겠습니까? 무서운 이교도 왕은 사해 저쪽 사막에 세워 둔 공격하기 어려운 요새지 크라크 성을 포위하고 있었지요. 왕은 선두에 나섰습니다. 그는 견딜 수 없는 사막의 더위를 무릅쓰고 전진을 계속했고, 그 뒤를 따르는 우리는 모두 숨이 막혔습니다. 그들것에서 쏟아져 나오곤 하는 하나의 힘, 그것은 불길이었어요. 마치 소나무에 불이 붙은 것같이 탁탁 불길에 튀는 소리가 났어요."

늙은이는 말을 멈추었다. 더는 말하고 싶지 않았는지 아니면 말을 이을 수 없었는지도 모른다. 나는 그 늙은 용사의 무릎 위에 손을 얹으며 제발 이야기를 계속해 달라고 간청했다. 그러나 그는 속에서 치솟아 오르는 울음소리를 죽이려고 자기 목을 꼭 누르고 있었다.

"그 광경을 회상할 때면 내 심장이 끊는다오." 이윽고 그는 말했다. "내 마음은 걷잡을 수 없어지곤 하지요. 나는 하느님의 신비를 그처럼 분명하게, 그처럼 손으로 잡을 듯이 가까이서 느껴본 적이 없습니다. 왕이 스물네 살의 나이로 죽었을 때, 나는 예루살렘에 있었어요. 그가 숨을 거둔 바로 그 거대한 궁전 안에 있었지요. 그의 유해를 밑에 놓고 만족을 모르는 노망난 그의 어머니, 그리고 아름답지만 허영심이 많고 육체적인 쾌락에 젖어 지내는 그의 여동생이 서서 지켜보고 있었습니다. 그 밖에 그 방 안에는 피에 굶주린 귀족들로 가득 차 있었어요. 남작, 백작, 후작들. 왕이 마지막 숨을 거두기가 무섭게 굶주림에 날뛰는 개들처럼 예루살렘 왕국을 갈기갈기 한 쪽씩 찢어 물고 달아나려는 인간들이 득실거리고 있었답니다. 그러는 사이 스물네 살의 젊은 왕, 고귀한 모범을 보여준 왕은 조용히, 소리 없이 영혼을 하느님에게 돌려 드리고 그 부식해 가던 이마 위에 형극의 관을 쓰고 있었습니다."

늙은 용사는 자기수염을 깨물었다. 커다란 눈물 방울이 햇볕에 탄 그의 두 볼을 타고 내려오고 있었다. 무릎 사이에 고개를 묻고 있던 프란치스코도 어둠 속에서 비탄에 잠기어 오열을 터뜨렸다.

화가 난 듯 늙은이는 눈물을 손으로 닦아냈다. 울었다는 것이 부끄러웠던 것이다. 그러고는 손으로 땅을 짚고 벌떡 일어났다. 늙은 체구 어느 구석에서 뼈가 부딪치는 소리가 났다. 우리에게 작별의 인사도 하지 않고, 한마디 말도 없이 그는 사라져버렸다.

프란치스코는 눈물을 거두지 못했다.

"영혼이 진정 무엇인지 알겠지요." 그는 고개를 들면서 마침내 한 마디 했다. "그리고 하느님이 무엇이라는 것과 인간으로 산다는 것이 무엇인지를 이해하겠지요. 지금부터는 이 문둥이가 앞에 서서 우리가 갈 길을 인도할 것이라오. 일어나시오. 레오 형제. 자, 떠납시다!"

"이 밤중에 어디로 말입니까?"

"아시시로 되돌아갑시다. 거기서 뛰어나갈 힘을 모으도록 합시다. 자, 이 게으른 하느님의 뼈 무더기 같으니, 어서 일어나라니까요!"

"이 한밤중에 말이오?"

"그래요! 하느님이 이튿날 아침까지 기다려 주실 것 같소?"

6
주님, 당신의 뜻을 따르겠습니다!

하늘에서 온 천형(天刑)의 문둥이 안내자가 앞장서서 돌아가는 길목 하나 하나를 줄곧 인도해 나갔다. 비가 억수같이 내렸다. 강은 넘쳐흐르고 길은 홍수로 없어졌다. 우리는 무릎까지 차는 진흙 속을 걸어 나갔다. 춥고 배가 고팠다. 여러 마을에서 돌팔매 세례를 받으며 쫓겨나기도 했다. 프란치스코 가 목청을 돋워 "사랑하시오! 사랑하시오! 사랑하시오!" 외칠 때면 농부들 은 개를 풀어 우리를 물어뜯게 했다.

"이런 일들은 예수님을 위해서 행하는 일치고는 아주 사소한 일이지요." 프란치스코는 나를 위로해 주려고 그렇게 말하곤 했다. "놀이에 지나지 않 는 거요! 문둥이 왕을 기억하세요!"

뼛속까지 스며드는 비를 맞고 굶주림과 추위로 거의 그 자리에서 쓰러질 것만 같았을 때, 저 멀리 수도원 불빛이 보였다. 우리는 뛰기 시작했다. 어 쩌면 우리를 동정한 수도사들이 안으로 불러들여 먹을 것을 좀 주면서 불 옆 에 앉아 몸을 녹이도록 해 줄지도 모른다. 밖은 칠흑이었고 비는 억수로 쏟 아지고 있었다. 나는 비를 저주하고 어둠과 추위를 저주했다. 하지만 내 앞 에 가는 프란치스코는 머릿속으로 서정시를 작곡하며 그것을 부르고 있었 다.

"이 기적은 얼마나 장한 것입니까!" 그는 노래를 불렀다. "보시오! 진흙 속 날개를, 공기 속의 하느님을 보시오! 쐐기벌레들이 당신을 생각하는 순 간 그들은 어느새 나비들이 된다오!"

그는 두 팔을 벌리고 또 벌리면서 유쾌하게 비를 포옹하고 허공을 포옹했 다. "누이인 진흙이여!" 그는 이렇게 부르며 길바닥에 패인 웅덩이 속을 거 침없이 뛰어다녔다. "형제인 바람이여!"

갑자기 걸음을 멈추더니 그는 내가 따라오기를 기다렸다. 나는 도랑에 다시 굴러들어가 절뚝거리며 빠져 나오고 있었다.

"지금 막 짤막한 노래를 하나 만들었다오, 레오 형제." 그는 말했다. "듣고 싶어요?"

"지금 노래나 부르고 있을 땐가요?" 나는 짜증이 나서 대꾸했다.

"우리가 만약 지금 노래를 지어 놓지 않는다면 도대체 언제 지을 수 있다는 말이오, 레오 형제여? 들어 둬요. 천국 문 앞에 가장 먼저 나타난 동물은 달팽이였습니다. 베드로는 허리를 앞으로 굽히면서 지팡이로 등을 다독거려 주었지요. 그리고 물었답니다. '여기서 무엇을 찾고 있지, 귀여운 나의 작은 달팽이야?'

'영생불멸의 비결이오.' 달팽이는 대답했습니다.

베드로는 배를 잡고 껄껄 웃었습니다. '불멸의 비결이라! 영생을 얻으면 무엇을 하려고 그러나?'

'웃지 마세요.' 달팽이는 맞섰습니다. '나도 하느님이 만드신 생명이 아닌가요? 나 역시 미카엘 대천사와 똑같은 하느님의 아들이 아닌가요? 달팽이 대천사, 그게 바로 나랍니다!'

'자네의 지위를 나타내는 황금의 날개, 굽은칼[新月刀], 붉은 샌들은 어디 있지?'

'내 안에서 잠자며 때를 기다리고 있답니다.'

'때를 기다리고 있다니?'

'위대한 순간을 기다리는 것이라오.'

'어떤 위대한 순간을 말인가?'

'이 순간, 지금 말이오!'

그리고 '지금'이라는 말을 미처 끝내기도 전에 마치 날개가 달린 것처럼 달팽이는 훌쩍 뛰어올라 천국으로 들어갔지요.

"무슨 뜻인지 알겠소?" 프란치스코는 웃으며 물었다. "레오 형제, 우리는 모두 달팽이랍니다. 우리 안에는 날개와 굽은칼이 숨어 있고 천국으로 들어서려면 크게 뛰어올라야 해요. 영혼을 구원하려면 친구, 크게 뛰어요!"

그는 내 손을 붙들었다. 우리는 달려 나갔다. 몇 분 뒤 그는 숨이 차서 멈추었다.

"레오 형제, 내가 지금 하는 이야기를 자세히 잘 들어 두세요. 귀를 세우세요. 듣고 있나요? 아무래도 당신은 이런 생활을 썩 좋아하지는 않는다는 느낌이 들어서요. 당신은 역겨워하는 것 같고 초조해하는 것 같아요."

"프란치스코 형제, 그게 무슨 말입니까? 난 초조하지 않아요. 하지만 우리는 모두 인간입니다. 당신은 이 사실을 잊은 것 같은데 나는 그렇지가 않아요. 바로 그 차이뿐이랍니다."

"레오 형제여, 완전한 기쁨이 무엇인지 아세요?"

나는 대답하지 않았다. 나는 그 완전한 기쁨이 무엇인가를 너무나 잘 알고 있었다. 그것은 바로 저 수도원까지 가는 것이고, 문지기가 우리를 불쌍히 여겨 문을 열고 벽난로에 불을 크게 지펴 놓는 것이며, 따뜻한 음식을 잔뜩 차려 주는 것이다. 그리고 수도사들이 수도원 광으로 내려가 큰 병에 좋은 포도주를 가득 따라 우리에게 마시라고 올려다 주는 것이 바로 그런 기쁨이 아니고 무엇이겠는가! 하지만 그런 이야기들을 내가 어떻게 프란치스코에게 할 수 있다는 말인가? 하느님에 대한 사랑은 그에게 필요한 것을 뒤죽박죽으로 만들어 놓고 말았다. 그는 빵 대신에 굶주림이 필요했고, 물과 술 대신에 갈증이 있으면 그것으로 족했다. 그러니 어떻게 정말 배고프고 목이 타는 사람을 그가 이해할 수 있겠는가? 나는 입을 다물었다.

"설령 우리가 지상에서 가장 거룩한 성인이요, 하느님에게 총애받는 사람이라고 할지라도 말입니다, 레오 형제. 내가 말하는 이 점을 잘 기억하세요. 그것이 완전한 기쁨은 아니라는 것이지요."

우리는 좀 더 걸어 나갔다. 프란치스코는 또다시 걸음을 멈추었다.

"레오 형제, 레오 형제." 그는 너무 캄캄해서 내 모습이 안 보이자 소리질렀다. "우리가 비록 눈 먼 사람에게 시력을 찾아 주고 인간에게서 모든 악을 몰아내고 무덤에서 죽은 자를 다시 살려 낼지라도 내가 한 말을 잊지 말아요. 그것이 완전한 기쁨일 수는 없다는 사실을 말입니다."

나는 말이 없었다. 성인과 무슨 수로 토론을 할 수 있겠는가? 악마와는 따질 수 있어도 성인과는 따질 수 없는 법, 그래서 나는 아무 말도 하지 않았다.

돌부리에 채여 넘어지고 비바람에 길 위로 밀려온 나뭇가지에 걸려 넘어지면서 우리는 앞으로 나아갔다. 프란치스코가 또 걸음을 멈추었다.

"레오 형제여, 우리가 모든 인간과 천사의 말을 다 할 수 있고 하느님의 말을 설교하여 모든 이교도를 예수의 믿음으로 끌어들인다고 하더라도, 레오 형제, 내 말을 잘 기억해 두세요. 그것도 완전한 기쁨은 아닌 것입니다."

나는 더는 참을 수가 없었다. 너무 춥고 배가 고팠다. 발이 시리고 아파 죽을 것 같았다. 더는 걸을 수가 없었다.

"좋아요. 그럼 도대체 무엇이 완벽한 기쁨이란 말씀입니까?" 나는 귀찮아하며 물었다.

"조금 있으면 알게 될 거요." 그렇게 대답하고 프란치스코는 서둘러 걸었다.

우리는 수도원에 이르렀다. 문은 잠겨 있었지만 수도사들이 기거하는 방들에는 아직 등불이 켜져 있었다. 프란치스코는 초인종을 흔들었다. 나는 얼어 죽을 것만 같아 대문 한쪽 구석에 쭈그리고 앉았다.

문지기가 나와서 문을 열어 줄 것인지 아닌지를 기다리며 우리는 귀를 곤두세웠다. 나는 이런 말을 하기가 부끄럽지만, 죄를 고백하면 그것이 죄가 되지 않는다고 하기에 말한다. 나는 이 프란치스코라는, 무서운 야수 같은 하느님의 종과 짝지어진 내 운명을 속으로 저주하고 있었다. 그 자신은 그걸 모르고 있었지만, 그는 예루살렘의 저 문둥이 왕과 똑같았던 것이다. 한 줌의 살덩이와 뼛속까지 신이 몽땅 차지하고 그대로 들어앉아 있었다. 그가 이토록 잘 견디어 내고, 배고픔과 갈증을 한 번도 느끼지 않으며, 추위도 모르고, 사람들에게 돌팔매를 맞고도 그것이 마치 레몬꽃 세례인 양 태연할 수 있는 것은 바로 그 때문이다. 그러나 나로 말하면 하나의 인간, 이성이 있지만 그래도 스스로 비참하게 느끼는 하나의 인간이었다. 안 먹으면 배고프고 돌은 역시 돌이라서 아팠다.

안쪽 문이 열렸다. 안뜰에서 무거운 발소리가 울렸다. 문지기겠지, 나는 생각했다. 우리를 불쌍히 여긴 것이다. 하느님에게 영광을!

"이런 시간에 누구시오?" 화가 잔뜩 난 음성이었다.

"문을 여세요, 문지기 형제." 프란치스코는 상냥하고 부드럽게 대답했다.

"우리는 예수를 섬기는 미천한 두 종인데, 배고프고 추워서 오늘 밤은 이 성스러운 수도원에서 피신처를 구할까 합니다."

"어서 갈 길이나 가라고!" 목소리가 울려왔다. "당신들이 뭐 하느님의 종들이라고? 그런데 왜 이런 시간에 길거리를 방황하고 있다는 말인가? 너희는 산적들이야. 길 가는 행인을 덮쳐서 죽이고 수도원에 불을 지르는 놈들이지? 어서 꺼져!"

"자비심이 없으시오, 문지기 형제?" 나는 소리쳤다. "우리를 이 추위에 얼려 죽일 셈인가요? 당신이 예수를 믿는다면 문을 열어 우리가 비를 피할 수 있는 구석방 하나를 내주고 빵 한 쪽을 주십시오. 우리는 예수교도입니다! 우리를 불쌍히 여기시오!"

우리는 안뜰바닥을 두들기는 지팡이 소리를 들었다.

"흥, 한 번 맛 좀 보겠다고 자청했겠다, 이 망할 놈들 같으니! 이제 내가 나가서 몽둥이찜질을 좀 해주지." 사나운 목소리가 나더니 대문이 삐걱거렸다.

프란치스코는 나를 돌아보았다. "사나이처럼 견디세요. 레오 형제, 반항하지 마세요."

문이 열리고 굵은 몽둥이 하나를 든 거구의 수도사가 나왔다. 프란치스코의 목덜미를 꽉 잡았다.

"악당, 살인자, 범죄자." 그는 마구 소리를 질렀다. "너는 수도원을 털려고 왔지? 안 그래? 맛 좀 봐! 이것도!" 몽둥이는 쇠약하고 병든 프란치스코의 몸을 세차게 후려쳤다. 나는 그를 살리려고 달려들었지만 프란치스코는 손을 들어 말렸다. "하느님의 뜻을 거역하지 마시오, 레오 형제! 치세요, 문지기 형제. 당신은 나의 구원이오."

문지기는 비웃음 띤 얼굴을 내 쪽으로 돌려 목덜미를 잡았다.

"네 차례다. 이 악당 같으니!"

나는 들고 있던 지팡이로 받아치려고 했다. 그러나 절망적인 표정으로 프란치스코가 소리쳤다. "레오 형제, 하느님의 이름으로 빕니다. 제발 저항하지 말아요!"

"그럼 이자가 나를 쳐 죽이도록 내버려두란 말입니까?" 화가 머리끝까지 나서 소리쳤다. "천만에 나는 방어할 거요. 알겠어요?"

"레오 형제, 나를 사랑한다면 가만히 계시오. 우리 형제인 문지기에게 의무를 다하도록 놓아두세요. 하느님께서 우리를 치도록 그에게 명령을 한 거라오. 우리는 매를 맞아야만 해요."

나는 지팡이를 땅에 내던지고 가슴 위에 손을 모았다.

"치시오, 문지기 형제." 나의 입술은 분노로 떨고 있었다. "때리라니까, 하느님의 노여움이 당신을 다스릴 것이오!"

문지기는 우리 말을 듣고 있다가 낄낄거렸다. 입에서는 마늘과 술 냄새가 물씬 풍겼다. 그는 몽둥이로 나를 내려치기 시작했다. 뼈가 으스러지는 소리가 났다. 이제는 진흙 바닥에 벌렁 주저앉아 프란치스코가 용기를 주려고 나에게 말을 걸었다.

"비명을 지르지 말아요, 레오 형제. 저주하지 말아요. 손 하나 까딱하면 안 돼요. 문둥이 왕을 생각하고, 십자가에 못 박힐 때의 예수를 생각해요. 마음을 굳건히 하세요."

문지기는 몽둥이질을 그쳤다. 마지막으로 우리를 한 번씩 걷어차더니 문을 걸어 잠가 버렸다.

나는 아파서 한쪽 구석에 고꾸라졌다. 고통으로 죽어 가고 있었다. 나는 자신을 저주했지만 입을 열 용기는 없었다. 프란치스코는 내가 쓰러진 곳으로 자기 몸을 끌고 왔다. 내 손을 부드럽게 잡더니 아픈 내 어깨를 쓰다듬었다. 그는 나와 함께 구석으로 쭈그리고 들어왔고 우리는 서로 몸을 덥히려 끌어안았다.

"레오 형제여, 바로 이것이," 그는 이 말만은 아무도 엿듣게 할 수 없다는 듯 내 귀에다 대고 속삭였다. "이것이 완전한 기쁨이라는 거지요."

기가 막혔다. 이건 해도 해도 너무하지 않은가! "완전한 기쁨이라니!" 너무 화가 나서 나는 소리를 버럭 질렀다. "죄송한 말이지만 프란치스코 형제, 당신 말씀은 철저하게 교만한 자의 넋두리에 가까운 것으로 들립니다. 사람의 마음이 불쾌한 일을 기쁘게 받아들인다면 그 사람의 마음은 뻔뻔스러운 것입니다. '내가 너를 위해서 먹고 마실 것과 불을 가져 왔다.'는 하느님의 말씀에 인간의 마음이 아주 버릇없이 이렇게 대답하는 것이나 같지요. '미안하지만 그런 건 원하지 않아요, 나는!' 그 거만한 천치가 언제 예! 하고 하느님이 주시는 것을 받아들일까요!"

"하느님께서 품을 열고 어서 오라고 할 때는 곧 예! 소리가 나온답니다. 마음은 작고 별 보잘것없는 기쁨을 두고는 늘 아니다! 아니다! 아니다! 라는 부정을 외치고 있어요. 왜 그런지 알아요? 위대한 예! 소리에 가 닿으려고 그런 부정을 되풀이하는 것이라오."

"그 방법 말고는 거기에 갈 수가 없다는 말씀이군요."

"나는 그럴 수가 없어요. 위대한 긍정은 이처럼 무수한 부정을 통해서만 도달할 수 있어요."

"그렇다면 하느님께서는 왜 지상의 부귀영화를 만들어 놓으셨겠습니까? 왜 우리 앞에 그처럼 훌륭한 성찬을 차려 놓으셨던 것이지요?"

"우리의 능력을 시험하시려고 그런 것이라오, 레오 형제."

"당신하고 따져 보았자 쇠귀에 경 읽기지. 프란치스코 형제, 난 잠이나 자겠소. 잠은 하느님보다 더 자비로워요. 어쩌면 빵 한 덩어리가 통째로 나타나는 꿈을 꾸게 될지 누가 알겠소?"

나는 공처럼 몸을 웅크리고 눈을 감았다. 곧 모든 것을 용서하는 잠이 다가와서 나를 안아갔다.

이튿날 새벽, 누군가가 밀어서 눈을 떴다. 프란치스코였다. 잠이 달아났다.

"들리지요, 레오 형제여? 그가 오고 있어요!"

뜰 안에서 이쪽으로 걸어오는 문지기 발소리가 났다. 열쇠가 허리띠에서 찰랑거렸다. 문이 열렸다.

"하느님께 영광을," 나는 속삭였다. "이제 근심 걱정이 끝났군." 나는 벌써 대문 안으로 들어설 듯이 발을 막 들고 있었다.

프란치스코가 나를 돌아다보았다. 반짝이는 그의 눈에는 성인 같은 장난기가 가득했다.

"안으로 들어갈까요?" 그가 나에게 묻는 말이었다. "하느님의 작은 사자여, 안으로 들어가도 될까요?"

나는 곧 그게 무슨 뜻인지 알아챘다. 내 배가 꼬르륵 소리를 낼 만큼 굶주려 있었기 때문에, 나를 약 올려 주려는 것이었다. 그러나 나의 자존심이 배고픔을 이겨 냈다.

"아니오, 들어가지 맙시다. 나는 안 들어갈 거요!" 등을 돌리고 돌아섰다.

프란치스코는 와락 내 팔에 안겨 들었다. "브라보, 레오 형제. 나는 당신이 바로 그렇게 해 주기를 바란 것이오. 진정 군세고 씩씩하오!"

그는 수도원을 돌아보면서 말했다. "잘 있으시오, 불친절한 수도원이여.

레오 형제는 그런 수도원에는 용무가 없다오. 안 들어간다니까요!"

서로 성호를 긋고 우리는 다시 갈 길을 서둘렀다. 어찌나 행복했던지 프란치스코는 훨훨 나는 것 같았다.

해가 나왔다. 비는 그쳤다. 나무, 숲, 돌, 바위 모두가 웃고 있었다. 깨끗하고 새로운 세계가 눈부시게 반짝이고 있었다. 까마귀 두 마리가 우리 앞에서 젖은 날개를 털며 보더니 비웃기라도 하듯 까악 하고 휘파람 소리를 냈다. 그렇다, 까마귀들은 우리를 조롱하는 것이 틀림없었다. 그렇지만 프란치스코는 그들에게도 손을 들어 반갑게 인사했다.

"저들은 새들의 왕국에 있는 수도사들이지요." 그는 말했다. "저들이 무슨 옷을 입었는지 좀 보아요!"

나는 소리 내어 웃었다. "당신 말이 맞소. 프란치스코, 정말이지 페루기아 근처의 수도원에서 나는 언젠가 '주여, 자비를 베풀어 주소서' 하고 노래하도록 훈련된 까마귀 한 마리를 보았어요. 진정한 수도사랍니다."

프란치스코는 한숨을 쉬었다. "누가 저 새들이며 황소, 양 떼, 개와 이리, 그리고 멧돼지들에게 하느님을 말하도록 가르칠 수 있다면 얼마나 좋을까! 모든 창조물이 이렇게 아침마다 일어나면 숲 속 깊은 곳 나무 위에서, 외양간에서, 뜨락에서 '하느님 뜻대로 하소서!' 하고 외치며 하느님을 예찬하는 온갖 동물의 목소리를 들을 수 있다면 얼마나 좋을까요!"

"우선 사람의 입에서 그런 두 마디 말이 나오도록 가르칩시다." 내가 가로막았다. "날짐승이나 기어다니는 동물들이 그런 걸 배울 필요가 있는지 나는 이해하지 못하겠어요. 새나 동물은 죄를 짓지 않거든요."

프란치스코는 뚫어져라 나를 보았다. "그렇지요. 당신이 하는 말이 옳아요. 레오 형제여, 생명이 있는 것 가운데 죄를 짓고 사는 것은 오직 사람뿐이니까요."

"그렇지만 프란치스코 형제, 자기의 천성을 극복하고 천국에 들어가는 것도 인간뿐이 아니겠어요. 동물과 새들은 그럴 수가 없습니다."

"그렇게 단정하진 말아요." 프란치스코가 말했다. "하느님의 자비가 얼마나 크시고 넓은지 아는 사람은 아무도 없으니까요."

이렇게 하느님과 새와 인간에 대한 이야기를 주고받으며 어느 날 아침 우리가 사랑하는 아시시 성 밖에 도착했다. 탑, 종탑, 성채, 올리브 숲, 실편백나무가 축복하듯 우리 눈 안 가득히 들어왔다.

눈물이 프란치스코의 앞을 흐리게 했다. "나는 이곳 흙으로 빚어진 몸이오. 이곳에서 나온 진흙으로 빚어진 나는 하나의 진흙 등불이지요."

허리를 구부려서 흙 한 줌을 주워 올리어 거기에다 입을 맞추었다.

"나는 아시시 성에 흙 한 줌을 빚지고 있어요. 그걸 이 도시에 돌려주어야 하지요. 레오 형제여, 내가 어디 가서 죽더라도 반드시 여기에 옮겨다 묻어 주세요, 네?"

포장된 좁은 골목길에 접어들었다. 오늘은 일요일이었다. 미사가 끝난 뒤라 교회 종소리가 크게 울려 퍼졌다. 프란치스코는 말이 채 끝나기도 전에 발걸음을 멈추더니 쓰러질 듯이 벽에 몸을 기대며 가쁜 숨을 몰아쉬었다. 숨이 막히는 것만 같았다. 나는 그것을 보고 달려오다가 곧 숨이 넘어갈 지경이었다. 우리 앞에 나타난 것은 스키피 백작의 딸이었다. 가슴에 꽂은 붉은 장미꽃만 빼놓고 온통 새하얀 옷을 입고 있었다. 그렇지만 얼굴은 이루 말할 수 없이 창백하고 슬픈 표정이었다. 두 눈은 움푹 패여 가장자리에는 검은 테두리 같은 얼룩이 보였다. 우리가 다미아노 사원에서 마지막으로 본 뒤 이 아가씨는, 얼마나 많은 밤을 뜬눈으로 지새우고 울어야 했을까! 소녀는 그 사이에 벌써 성숙한 여인이 되어가고 있었다.

그녀 뒤에는 나이 많고 위엄 있는 유모가 따라오고 있었다. 아가씨가 서는 것을 보고 따라서 걸음을 멈추고 기다렸다. 아침 햇살이 환하게 비추었다. 이들은 교회 안에 답답하게 갇히는 시간을 되도록 늦추려 집에서 큰 교회까지 가장 먼 길을 골라 빙 돌아서 가고 있었다.

클라라는 프란치스코를 보자마자 다리에서 힘이 죽 빠졌다. 등을 돌리고 싶었지만 그러기에는 너무나 부끄러웠다. 용기를 내어 그녀는 우수에 잠긴 눈빛을 보내왔다. 그러고는 그 앞에 한 발 다가서며 고개를 내밀고 남루한 그의 옷이며 흙 묻은 맨발과 굶주림이 역력한 얼굴을 노려보았다. 경멸하듯 그녀는 고개를 흔들었다.

"부끄러움도 모르시나요?" 그녀는 목소리를 죽이고 절망적인 물음을 던졌다.

"부끄럽다니요? 누구 앞에 부끄럽다는 것인가요?"

"당신의 아버지, 어머니, 그리고 내 앞에서 말이오. 왜 그렇게 돌아다니시지요? 왜 그렇게 큰 소리로 외치시지요? 축제 때 광대처럼 왜 그렇게 거리 한복판에서 춤을 추시지요?"

프란치스코는 고개를 숙이고 절반쯤 무릎을 꿇을 듯 몸을 앞으로 굽히면서 말을 들었다. 그는 말하지 않았다. 클라라가 가까이 다가왔다. 눈에는 가득 눈물이 고여 있었다.

"참, 당신에게 미안해요." 여자는 진심을 담아 말했다. "당신 생각만 하면 내 가슴이 터지는 것 같아요."

"내 가슴도 그래요……." 그것은 쓰러지지 않도록 그를 부축하고 있던 내 귀에나 간신히 들릴 만큼 낮은 목소리였다.

클라라는 깜짝 놀랐다. 곧 얼굴이 밝게 빛나기 시작했다. 프란치스코의 입술이 움직이는 것을 보고 무슨 말을 했는지 눈치챘던 것이다.

"프란치스코, 당신도 저를 생각하셨어요?" 그녀는 가슴이 벅차올랐다.

프란치스코는 고개를 들었다.

"아니오!" 그는 소리쳤다. 그리고 자기가 지나가도록 길을 비켜 달라고 요청하는 듯 그녀 쪽으로 한쪽 팔을 뻗었다.

그녀는 날카로운 비명을 질렀다. 유모가 몸을 부축해 주려고 달려왔지만 클라라는 늙은이를 밀어냈다. 두 눈을 번득이며 손을 들어 거절했다.

"하느님의 뜻에 거역하는 행동을 하는 자에게 저주가 있을 것입니다." 그녀는 화난 목소리로 말했다. "우리가 결혼하고 아이를 갖고 가정을 이루는 것을 부정하는 설교를 하는 자에게 저주가 있을 것입니다. 참다운 남자가 되어 전쟁과 술과 여자와 영광을 사랑하는 것을 금하고 참다운 여자가 되어 사랑을 사랑하고 좋은 옷과 인생의 모든 즐거움을 사랑하는 것을 금하는 자에게 저주가 내릴 것입니다. 당신에게 이런 말을 하는 저를 용서하세요. 프란치스코, 하지만 진정한 인간이라면 누구나 나처럼 말할 것입니다."

그렇습니다. 진정한 인간이라면 그렇게 말할 것입니다. 불쌍한 나의 레오 형제, 당신에게 이렇게 말하는 나를 용서하시오. 나는 아가씨의 멋진 말과, 사나우면서도 아름다운 용모를 실컷 바라보며 속으로 같은 말을 되뇌었다.

유모가 다가오더니 팔로 아가씨의 허리를 안았다.

"아가씨 갑시다, 사람들이 보겠어요." 유모는 말했다.

클라라는 유모의 가슴에 허리를 묻었다. 그리고 갑자기 울음을 터뜨렸다. 이 여자는 숱한 세월을 두고 가슴속에서 이 말을 얼마나 되풀이했을까, 얼마나 프란치스코를 만나고 싶었을까, 그리하여 얼마나 속 시원히 그 말을 하고 싶었을까. 그런데 이제 비로소 가슴에 맺힌 말을 털어놓고서도 도무지 후련하지 않았다. 클라라의 가슴은 터질 것 같았다.

유모는 아가씨를 조용하고 상냥하게 부축하여 자리를 피했다. 그러나 다음 골목으로 접어들려는 순간 클라라는 멈춰섰다. 가슴에 꽂았던 장미를 떼면서 홱 돌아서서는, 땅에 머리를 조아릴 듯이 머리를 숙이고 있는 프란치스코에게 던졌다.

"이걸 가져요." 아가씨는 말했다. "가져가세요, 가련하고 불쌍한 프란치스코, 그걸로 저를— 이 세상을 기억하세요!"

장미는 프란치스코의 발 앞에 떨어졌다.

"갑시다." 유모에게 말했다. "이제 모든 것이 끝났어요!"

프란치스코는 꼼짝 않고 있었다. 길바닥에 시선을 박은 채 움직이지 않았다. 천천히 고개를 들면서 그는 겁에 질려 주위를 살폈다. 그러더니 내 손을 꼭 잡았다.

"여자는 갔나요?" 나직한 소리로 물었다.

"갔어요." 대답한 나는 장미 송이를 집어들었다.

"그걸 만지지 마세요! "프란치스코가 놀라 외쳤다. "그걸 길가로 치우세요. 길 가는 사람이 밟진 말아야지요. 갑시다, 뒤돌아보지 말고!"

"어디로 말이오? 그래도 아시시인가요? 이 만남은 나쁜 징조예요. 프란치스코 형제, 우리 계획을 바꿔 봅시다."

"아시시로 가요!" 그렇게 말하고는 뛰기 시작했다. "양몰이 방울을 꺼내서 흔들라고요! 결혼해서 아이 낳고 가정을 꾸리라니, 참 기막힐 소릴 다 하는군. 나는 그 모든 것에 침을 뱉었어요!"

"오늘 왜 이렇지요, 프란치스코 형제. 하느님, 이런 생각을 용서하소서. 나는 말입니다, 아가씨가 옳다고 믿어요. 참다운 인간이라면."

"참다운 인간은 인간적인 것을 극복해 나가는 사람이에요, 아시겠어요? 제발 부탁입니다, 레오 형제. 가만히 계셔 주세요!"

나는 입을 다물었다. 내가 무슨 대답을 할 수 있겠는가? 프란치스코와 함게 지내면 지낼수록 하느님에게 가는 길은 두 가닥이 있다는 것이 뚜렷하게 느껴졌다. 곧장 뚫린 평지를 가는 인간의 길이 있다. 결혼하고 아이들을 거느리며 단정히 면도하고 맵시를 내고 실컷 먹고 술내를 풍기면서 하느님을 만나는 길이다. 또 하나는 가파른, 성인이나 올라가는 오르막길인데, 남루한 옷, 한 줌의 털과 뼈만 남은 채로 불결한 냄새와 분향 냄새 속에서 하느님을 만나 뵙는 길이다. 나는 첫 번째 길을 걸어 들어가야 마땅한 사람이지만 도무지 내 의견 따위는 물어본 사람이 없었다! 그래서 나는 가파른 오르막길을 골라 들어서게 된 것이다. 이제는 하느님께 '그 고통을 견디어 나갈 힘을 주소서' 바랄 뿐이다!

우리는 도시 한복판에 들어왔다. 나는 프란치스코 앞에 서서 걸어가며 방울을 흔들고 외쳤다. "어서 모이세요. 모두 모여서 미친 사람의 새로운 소리를 들어 둡시다!" 길거리 사람들이 걸음을 멈추는 것이 보였다. 자, 이제 돌들을 집어 들고 우리에게 마구 던지기 시작하겠지, 나는 속으로 생각했다. 모든 골목에서 어린아이들이 쏟아져 나올 것이다. 그리고 목청껏 야유의 소리를 퍼부을 것이다. 하지만 아무 일도 벌어지지 않았다. 모두가 침묵을 지키고 있었다. 나는 덜컥 겁이 났다. 이제부터는 우리를 이렇게 대해 주겠다는 것인가—놀리고 골탕 먹이지도 않겠다는 것인가?

우리를 멈추어 세우려고 손을 드는 사람이 아무도 없었기 때문에 우리는 계속 걸어 나갔다. 베르나르돈은 가게 앞에 서 있었다. 이제는 어깨가 축 늘어지고 피부는 누런색이 되어 있었다. 프란치스코는 그를 보는 순간 잠깐 겁을 먹고 다른 길로 가려고 뒷걸음쳤다.

"용기를 내세요, 프란치스코 형제." 그의 팔을 붙들면서 나는 조용히 말했다. "바로 여기서 당신이 얼마나 용기 있는 사람인지를 우리들에게 보여 주어야만 해요."

베르나르돈 어르신이 고개를 돌려 우리를 보았다. 처음에는 온몸을 부들부들 떨더니만, 얼른 안으로 들어가 지팡이를 들고 나왔다. 그리고 소리를 지르며 우리에게 달려들었다. 프란치스코는 한걸음 앞으로 나가면서 나를 손으로 가리켰다.

"이분이 우리 아버지요, 베르나르돈 씨. 이분은 나를 축복하는데 당신은 나를 저주합니다. 이분이 내 아버지요!"

나의 손목에다 그는 입을 맞추었다.

베르나르돈의 눈에는 눈물이 가득 고였다. 그것을 그는 넓은 소매로 훔쳐 내었다. 적지 않은 행인들이 걸음을 멈추고 돈 많은 장사꾼과 그의 건달 같은 아들을 증오의 눈으로 노려보았다. 산니콜로 성당의 실베스터 신부도 그때 그곳을 지나고 있었다. 아버지와 아들을 화해시켜 주려고 막 개입하려다 곧 마음을 바꾸었다. "그들의 일이니 저희끼리 해결하도록 내버려 두자!" 신부는 그렇게 중얼거리고는 자기 교회 쪽으로 걸어가 버렸다.

베르나르돈은 머리를 숙이고 말 한마디 하지 않았다. 하지만 그의 얼굴은 갑자기 주름살로 뒤덮이기 시작했다. 체중을 가눌 수 없다고 여겼는지 지팡이에 기대어 여전히 말없이 아들 얼굴을 꽤 오랫동안 찬찬히 들여다보았다. 이윽고 잔뜩 불만이 담긴 목소리로 아버지는 물었다. "너는 네 어머니가 불쌍하지도 않은 게로구나?"

프란치스코의 얼굴이 창백해졌다. 그는 입을 열고 그 말에 대답하려고 했지만, 턱이 덜덜 떨리기 시작했다.

"너는 네 어머니를 불쌍하다고 생각해 본 적이나 있어?" 베르나르돈 씨는 다시 물었다. "밤낮으로 우는 게 일이다. 집에 들러라. 어머니가 너를 좀 보게 말이다."

"먼저 하느님께 물어보아야 됩니다." 프란치스코는 간신히 그렇게 대답했다.

"네가 어머니를 만나 보겠다는 것도 방해하다니, 도대체 그건 어떤 신이냐?" 아들에게 애원하는 얼굴로 베르나르돈 어르신은 말했다.

"저도 모르겠어요." 프란치스코는 말했다. "물어보겠습니다."

그리고 그는 도시 위쪽의 성채가 있는 곳으로 걸어 나갔다. 나는 잠시 뒤를 돌아보았다. 베르나르돈은 돌처럼 굳어 버린 듯 아직 길 한복판에 서 있었다. 왼손으로 자기 목을 죄고 있는 것이 아마 속에서 북받쳐 오르는 저주의 말, 아니면 오열을 삭히려는 사람 같았다.

정말 무슨 신이기에 그렇다는 것일까? 나는 오래 전에 돌아가신 불행한 나의 어머니를 생각하며 나 자신에게 물었다. 어떤 부류의 신이기에 아들을 어머니에게서 떼어 놓을 수가 있다는 것인가?

나는 프란치스코의 뒷모습을 한참 바라보았다. 내 앞에서 부지런히 언덕을 올라가고 있었다. 그는 벌써 성채에 가 닿고 있었다. 저 나약하고 반쯤 죽어 가는 몸 안 어딘가에 친어머니와 아버지도 개의치 않고, 어쩌면 그런 인연을 버리는 것을 좋아하는 무자비하고 비인간적인 힘이 숨어 있다는 것을 느꼈다. 대체 어떤 신이기에 그럴 수가 있을까? 나는 도저히 이해하지 못할 신이었다! 아무도 모를 길이 나타나서 어서 여기를 빠져 나갈 수만 있다면 얼마나 좋을까! 아, 술집에 들어가서 테이블에 앉아 손뼉을 치며, 이봐, 웨이터! 여기 빵하고 술하고 고기 좀 가져 와, 배고파 죽겠네! 외칠 수만 있다면 얼마나 좋을까! 빨리 가져오라니까! 굶주리고 돌아다니는 이 놀음에 이젠 신물이 났다고! 그리고 프란치스코라는 베르나르돈 아들이 찾아와서 레오 형제를 보았느냐고 묻거든 못 보았다고 그러란 말이야 알겠지.

프란치스코는 산 속에 있는 깊숙한 동굴 하나를 알고 있었다. 그는 거기에 은신했다.

"레오 형제." 그는 나를 부르며 작별 인사를 했다. "나는 여기서 사흘 동안은 혼자 있어야만 해요. 잘 있어요. 하느님께 물어볼 말이 많아서 그래요. 그분과 단둘이 있어야만 해요. 그동안 몸조심해요. 사흘 뒤 다시 만나게 될 것입니다."

그렇게 말하고 나서 그는 점점 가늘고 작아지더니 이윽고 어두운 굴 속으로 완전히 자취를 감추었다. 공기와 공기가 합쳐지듯 흔적도 없어졌다. 입구에 무릎을 꿇고 두 팔을 하늘 높이 뻗으며 그는 가슴이 찢어질 듯 소리쳤다. 하느님께 나타나라고 불러대는 소리 같았다. 나는 한동안 그런 모습을 서서 지켜보다가 마음속으로 작별 인사를 했다. 그런 기도를 하고 있는 그가 다시 살아서 나오리라고 누가 장담할 수 있겠는가! 나는 앞으로 그에게 닥쳐올 싸움이 무서운 것이라는 예감이 들었다. 그리고 프란치스코의 목숨은 이제 위기에 처한 것이다.

사흘 동안 나는 걸식으로 때우며 아시시 거리를 떠나지 못하고 방황했다. 저녁마다 착한 예수교도들이 준 먹을 것들을 가져다가 동굴 밖 돌 위에 올려 놓았다. 그러고는 곧 그 자리를 떠났다. 하느님을 만난다고 간 그가 나를 보고 지상으로 우지끈 추락해 버릴까 봐 두려웠던 것이다. 그러나 이튿날 가 보아도 언제나 음식은 손을 댄 흔적도 없이 그 자리에 그대로 있었다.

하루는 베르나르돈 씨 저택 앞을 지나가게 되었다. 창가에서 피카 부인이 내 모습을 발견하고 아래층으로 내려와 문을 열어 주며 나를 불러들였다. 나에게 물어보고 싶은 게 많았겠지만 눈물이 앞을 가려 부인은 말 한마디 못 하고 그저 물끄러미 나를 쳐다보고만 있었다.

그녀는 그동안 몰라보게 변하고 늙어버렸다! 장밋빛으로 곱던 볼은 검게 변하고 입 가장자리에는 주름이 깊어졌다. 두 눈은 벌겋게 부어 있었다.

"그 아이는 어디 있지요?" 어머니는 가까스로 물으며 눈물을 손수건으로 훔쳤다. "무엇을 하고 있습니까?"

"굴 속에 들어앉아 기도를 하고 있는 중입니다, 피카 부인."

"그런데 하느님은 내가 그를 좀 만나 보도록 여기 오는 것도 허락해 주실 수 없으신가요?"

"저는 모르겠습니다, 부인. 그는 기도를 드리며 그걸 물어보고 있어요. 하지만 아직까지 대답을 얻지 못한 것 같습니다."

"의자를 가져다가 어서 앉아요. 자세히 말씀해 주세요. 어미의 고통은 크답니다. 주님, 저를 용서하세요. 하느님만큼이나 큰 것이어요. 저를 불쌍히 여기시고 이야기해 주세요."

나는 그녀에게 모든 이야기를 했다. 주교 앞에서 알몸으로 벌거벗고 춤을 추던 날의 이야기부터 시작해서 길을 가다가 문둥이로 변장한 예수를 만난 이야기며, 라베나에서 늙은 무사를 만나고 수도원에서 실컷 얻어맞은 이야기, 그리고 마지막으로 귀족의 딸 클라라와 그 여자의 슬픔에 관한 이야기까지 모두 해 드렸다.

피카 부인은 귀를 기울였다. 눈물이 볼을 타고 흐르다 하얀 옷깃을 적셨다. 내가 말을 끝내기 무섭게 그녀는 자리에서 일어나 창가로 가 심호흡을 했다. 입 밖으로 내기 무서운 질문이 그녀의 혀끝에 맴돌았지만 그녀는 차마 물어보지 못했다. 나는 그 뜻을 이해했다. 그리고 부인이 가련하다는 생각이 들었다.

"부인," 눈치를 채고서 내가 먼저 입을 열었다. "부인의 아드님은 지금 한 발 한 발 높은 계단을 오르고 있는 거예요. 착실하고 틀림없는 걸음입니다. 하느님을 향해 오르고 있는 길입니다. 그의 안에서 화산이 터지고 있는지도 알 수 없습니다. 육체의 세계는 그 폭발에 휘말려 무너지고 있을지 모르지만, 그의 정신은 피카 부인, 이 말씀은 하느님에게 돌아갈 제 영혼을 걸고 맹세하지만, 그의 정신은 언제나 맑고 흔들림이 없습니다."

그 말을 듣는 순간 피카 부인은 힘을 되찾았는지 고개를 들었다. 생기를 잃은 두 눈이 다시 빛나면서 젊음을 되찾는 것 같았다.

"하느님께 영광을." 그녀는 성호를 그으며 중얼거렸다. "주님, 나는 당신에게 그 밖의 선물을 바라지 않습니다."

그녀는 유모를 불렀다.

"이분의 자루를 가져다가 먹을 것을 가득 담아 드려요."

그리고 다시 나를 돌아다보았다. "추위하지는 않나요? 털로 짠 옷을 당신 편에 보내면 우리 아들이 입을까요?"

"아닙니다, 부인. 입지 않으실 겁니다." 내가 대답했다.

"춥지 않대요?"

"네. 몸 위에 하느님을 입고 다닌다고 말하곤 해요. 그러니 따뜻하겠지요."

"그럼 당신은 어떠세요? 당신도 춥지 않다는 건가요? 따뜻하게 입고 다닐 만한 옷을 드릴게요, 받아 가세요."

"말씀드리기 창피하지만, 저는 추워요. 하지만 당신이 주는 옷을 입는다는 것도 역시 부끄럽겠군요."

"부끄럽다니요, 누구에게 부끄럽겠어요?"

"그걸 제가 어떻게 알겠어요, 부인. 어쩌면 프란치스코, 아니면 나 자신일까요? 어쩌면 신에게 부끄러울 것도 같네요. 안된 노릇이지만, 제가 가는 이 길은 어떤 종류의 안락도 허용하지 않는 그런 길이기 때문이지요."

나는 한숨을 쉬었다. 따뜻한 면 내복 셔츠와 두꺼운 양털 양말, 좋은 샌들 한 켤레를 얼마나 가지고 싶었는지 모른다. 그러면 늘 발을 베는 고통도 줄어들 것이 아닌가. 지금 것보다 좀 무겁고 구멍이 덜 뚫린 코트 한 벌도 가지고 싶었다!

유모는 부대 자루에 먹을 것을 가득 채워 가지고 나왔다.

"가 보세요. 하느님이 당신 두 사람을 가호하시도록 빌겠습니다." 피카 부인은 자리에서 일어서며 말했다. "나의 아들에게 이 말을 전해 주세요. 나의 큰 소망은 내가 한 번 하려고 했다가 결국 못하고만 그 일을 아들이 이루는 것이라고. 내가 축복을 보낸다고 말해 주세요!"

그 사이 사흘이 흘렀다. 나흘째 되는 날 이른 아침, 나는 동굴 바깥에 서서 기다렸다. 피카 부인의 따뜻한 정성으로 자루 속에는 그 집 광에서 내어온, 입에 군침이 도는 맛있는 음식이 가득 차 있었다. 나는 기분이 좋았지만 프란치스코를 만나리라는 생각을 하니 새삼 떨리고 두려워졌다. 사흘 밤낮을 내리 전지전능한 분과 말을 주고받는다는 것은 엄청난 위험에 몸을 내맡기는 행위였다. 신은 그를 무서운 계곡으로 집어던질지도 모른다. 오직 신만이 빠져 나올 수 있는 그런 무서운 계곡으로. 사흘이나 그런 비밀의 이야기를 신과 나누게 된다면 나 같은 인간도 어떤 깊숙한 계곡의 밑바닥으로 떨어져 버렸을지 모른다! 용기를 내라! 나는 내 정신을 채찍질했다. 속으로 그 말을 되풀이했다. 나는 그저 프란치스코의 옷자락을 꼭 잡고 늘어질 테다, 그러고 나면 내가 떨어져 내리건 말건 누가 신경쓰겠는가.

그런 생각을 머릿속으로 하면서도 몸은 사시나무처럼 떨렸다. 그때 갑자기 동굴 밖으로 프란치스코가 모습을 나타냈다. 온몸이 환한 광채로 빛났다. 이글거리고 타오르는, 뜨거운 숯불이었다. 기도의 힘이 다시금 그의 육체를 먹어 들어갔다. 타지 않은 부분은 순수한 영혼을 담아, 그렇게 그렇게 빛을 내뿜고 있었다. 그는 나에게 손을 내밀었다. 형용하기 어려운 기쁨이 그의 얼굴에 피어올랐다.

"레오 형제 어때요, 준비는 되었나요?" 그는 물었다. "전장에 나가는 무장을 단단히 했나요? 쇠사슬 갑옷, 무릎받이, 턱받이, 푸른 깃을 단 놋쇠 철모도 마련해 놓았나요?"

그는 정신 나간 사람처럼 눈이 이글거렸다. 가까이 다가가 보니 그의 눈동자에는 날아다니는 천사의 환영(幻影)이 어른거리고 있었다. 그걸 보고 나는 두려움에 사로잡혔다. 이제는 완전히 제정신이 아닌 걸까?

그는 내 표정을 읽었는지 소리내어 웃었다. 그렇지만 불길은 아직 그의 몸에서 가라앉지 않고 있었다.

"사람들은 지금까지 하느님을 예찬하는 숱한 이름을 가져다 붙인걸 알지요." 그는 말했다. "그러나 더 많은 이름이 있다는 것을 알려 드리지요. 내가 앞으로 신을 부를 때 쓸 별명들을 들어 봐요. 밑바닥이 없는 심연이시여,

욕심이 무한한 분이시여, 무자비한 분이시여, 지칠 줄 모르는 분이시여, 또 있지요. 그분은 참으로 만족을 모르는 분이시지요. 불쌍하고 지지리 운이 없는 인간에게 '그만하면 됐어!'라는 말이라곤 단 한 번도 한 적이 없는 그런 분입니다."

나에게 더 가까이 다가온 그는 내 귀에다 대고 천둥처럼 큰 소리로 외쳤다.

"'아직 모자란다!' 그게 바로 그이가 내게 외쳐댄 소리라오. 레오 형제여, 하느님이 쉴 새 없이 하는 소리가 뭔지 아세요? 동굴 속에서 지난 사흘 낮 밤 내내 들었으니 배운 대로 말할게요. 들어요! '아직 모자라! 아직 모자라!' 바로 그게 날마다 가련하고 불쌍한 인간을 놓고 그분이 순간순간 외치는 소리에요. '아직 모자라! 아직 모자라!' '나는 더 이상 못가겠어요!' 인간이 비명을 지르면 '더 갈 수 있다!' 하고 신은 대답하는 것입니다. '내 몸이 두 동강이 나 부러지겠어요!' 인간이 다시 비명을 지르면, '부러져버려!'라고 주님은 대답하십니다."

프란치스코는 목소리가 쉬었다. 큰 눈물 방울 하나가 볼을 타고 흘러내렸다.

나는 점점 화가 났다. 이건 불공평하기 짝이 없는 형벌이 아닌가. 나는 프란치스코가 불쌍해서 견딜 수가 없었다.

"그는 당신한테서 뭘 더 얻어 내려고 하던가요?" 내가 물었다. "산 다미아노 사원의 보수도 당신이 하지 않았던가요?"

"그래도 모자란대요!"

"문둥이에게 입을 맞춘 것도요?"

"그걸로는 어림 없대두요!"

"그것 참, 뭘 더 해 달라는 것입니까?"

"레오 형제여, 그래서 직접 그분에게 물어본 거예요. '주님 저에게서 뭐 또 다른 것을 원하십니까?' 말했더니 이렇게 대답하시더군요. '나의 교회인 포르치운쿨라에 가주게. 거기서 다시 말해 주지.' 레오 형제, 그러니 거기 내려가서 하느님의 소원을 들어 봅시다. 성호를 긋고 허리를 질끈 동여매세요. 우리가 상대하는 것은 하느님입니다. 그에게서 빠져 나갈 길은 없지요!"

우리는 단숨에 달려 산을 내려와서 쉬지 않고 아시시 시내를 가로질러 평아에 닿았다. 때는 2월이었다. 살을 에는 듯 추운 날씨였다. 나무는 잎이 다 떨어져 앙상했으며, 서리 덮인 대지는 마치 간밤에 눈이 내린 것 같았다.

산 다미아노 앞을 지나 올리브 숲을 뒤로 하고 소나무와 열매 달린 떡갈나무가 뒤섞여 있는 작은 숲 속으로 들어섰다. 햇빛을 받은 소나무 잎새에서 향긋한 솔 내음이 퍼지고 있었다. 프란치스코는 걸음을 멈추고 심호흡을 했다.

"얼마나 고요한가요!" 그는 행복한 듯 중얼거렸다. "얼마나 향기로운가요! 얼마나 평화롭습니까!"

그가 말을 하니까 작은 토끼 한 마리가 풀숲에서 뛰어나오다 귀를 쫑긋 세우고 우리를 보았다. 겁내는 기색도 없이 우리를 조용히 쳐다보고 있었다. 뒷다리로 곧게 서서 춤을 추고 싶은 듯한 자세였다. 토끼는 곧 다시 덤불 숲 속으로 사라졌다.

"레오 형제도 보았지요?" 몹시 감동한 듯 프란치스코가 물었다. "우리 작은 형제인 토끼가 우리를 보고는 무척 반가워했어요. 작은 다리를 흔들면서 우리를 환영했지요. 참 좋은 예감이 들었어요! 레오 형제여, 우리 목적지에 온 것 같아요."

조금 더 걸어나가니 시내에서 떨어진 아담하고 작은 산타 마리아의 성당 포르치운쿨라가 떡갈나무 사이로 모습을 드러냈다.

오래 전에 대리석으로 지은 교회 주위에는 담쟁이덩굴, 인동덩굴이 얽히고설킨, 두세 채의 다 쓰러져 가는 교회가 있었다. 그리고 갑자기 우리 앞에 나타난 것은—우리는 그때까지 그걸 못 보았었는데 교회 안에서 우리를 맞이하러 빠져나온 듯한—꽃이 활짝 핀 어린 편도나무 한 그루였다.

"이게 그리스도 어머니의 이름을 붙인 천사들의 성마리아 성당이라오." 프란치스코는 중얼거리듯 이야기했다. 우리 눈에는 눈물이 고였다. 우리는 성호를 그었다. "사랑스런 여동생 편도나무야. 우리의 사랑스런 여동생 편도나무야." 이렇게 말하면서 프란치스코는 두 팔을 벌렸다. "너는 성장을 했구나, 가장 훌륭한 나들이옷을 입고. 이제 우리가 왔다. 너를 보니 얼마나 반가운지 모르겠구나!" 나무로 다가서며 그는 나무 허리를 쓰다듬어 주었다. "너를 심어준 손이 축복 받을 것이고, 너를 낳아준 편도 열매도 축복 받으리라. 어린 여동생인 네가 겁도 없이 앞으로 뛰어나왔구나. 겨울 추위에 맞서 일어난 것은 네가 처음이지. 맨 먼저 꽃을 피워 올린 것도 너일 테고. 어느 날 하느님이 부르시면 네 꽃가지 그늘 아래 형제들이 나와 앉으리라."

우리는 문을 열고 안으로 들어섰다. 교회에서는 흙내와 곰팡이 냄새가 났다. 조그만 유리 창문은 삐딱하게 걸려 있고, 지붕에서 시멘트와 나뭇조각들이 떨어져 있었다. 거미들이 굵은 줄을 풀어 정교한 거미줄을 성모 마리아상 주위에 빙 둘러 쳐 놓고 있었다.

우리는 마리아상 예배를 드리기 위해 거미줄을 모두 걷어내면서 앞으로 나아갔다. 머리 위에 있는 벽화 가운데서 푸른 옷을 입고 맨발을 초승달 위에 올려놓은 성모 마리아 초상을 찾아볼 수 있었다. 토실토실하게 살이 찌고 두 볼에 까만 솜털이 난 천사들이 튼튼한 팔로 성모를 하늘로 하늘로 밀어올리고 있었다.

제단에는 복음서가 펼쳐진 채 있었다. 많은 손이 거쳐 간 듯 더러워지고 낡아 버린 데다 좀이 슬고 곰팡이가 파랗게 피어 있었다.

프란치스코는 내 팔을 잡았다. "보세요. 레오 형제여, 하느님이 우리에게 보이신 증표예요! 하느님은 바로 지금 펼쳐져 있는 이곳에 적힌 구절을 읽으셨어요. 하느님은 그분의 뜻을 우리들에게 밝히기 위해서 이렇게 펴 놓으셨던 것입니다. 큰 소리로 읽으세요. 천사들의 성마리아 성당이 그토록 오랜 세월의 침묵 끝에 다시 쩌렁쩌렁 울리며 기뻐하게 말입니다."

깨어진 창문 너머로 햇살이 들어와 복음서를 비추었다. 나는 책 위로 몸을 굽히며 큰 소리로 읽어 나갔다. "앞으로 나아가라. 설교하고, 천국이 가까이 왔다고 말하라. 허리춤에 금은이나 구리 돈을 차고 다니지 말고, 여행하는데 부대를 가지고 다니지 말고, 겉옷, 샌들이나 지팡이도 가지고 다니지 마라……."

갑자기 나는 등 뒤에서 시끌벅적한 소리를 들었다. 돌아다보니 프란치스코가 회칠이 떨어져 내린 흙마루 한복판에 무릎을 꿇고 있는 것이 보였다. 높고 독수리 같은 음성으로 외치고 있었다.

"아무것도! 아무것도! 아무것도! 우리는 아무것도 가지고 다니지 않겠습니다. 주님, 당신의 뜻을 따르겠습니다! 아무것도 가지지 않겠습니다! 다만 우리 눈과 손과 발과 입만을 가지고 다니겠습니다. 그리고 이렇게 외치겠습니다. '천국이 가까이 왔도다!'"

그는 나를 강제로 밖으로 끌어냈다. 거기서 그는 자기 지팡이와 신발을 던져 버렸다.

"당신이 가진 것도 버리시오." 그는 나에게 명령했다. "당신도 그 말을 듣지 않았나요. '샌들이나 지팡이도 가지고 다니지 말라!'지 않던가요."

"이것도 버려야 하는 것인가요?" 나는 불안한 표정으로 자루를 끌어안으며 물었다.

"그 자루도 마찬가지지요! '자루를 가지고 다니지 말고!' 소리는 그럼 무슨 뜻이겠어요."

"하느님이 인간한테 기대하는 것도 엄청나게 많군." 나는 속이 상했다. 천천히 부대를 어깨에서 풀어 놓으며 중얼거렸다. "왜 그이는 우리에게 그토록 혹독하게 구시는 것일까요?"

"우리를 사랑하시니까요. 이제 그만 불평하세요." 프란치스코가 말했다.

"불평하는 것이 아니라니까요, 프란치스코 형제. 나는 배가 고파요. 게다가 오늘 내 이 자루 그 안에는 기가 막힌 음식이 가득 들어 있어요. 우선 우리 좀 먹고 봅시다."

프란치스코는 동정의 눈으로 나를 바라보았다.

"레오 형제, 먹어요. 나는 기다릴 수 있어요." 웃으면서 그는 말했다.

나는 두 무릎을 꿇고 자루를 열었다. 그리고 무서운 속도로 먹어 치웠다. 속에는 작은 포도주 병도 있었는데 그것도 밑바닥까지 비웠다. 마치 낙타가 사막을 건너가기 전에 많이 먹어 두는 것처럼 먹을 수 있는 데까지, 아니 먹을 수 있는 것보다 더 많이 먹고 마셨다.

프란치스코는 그동안 내 곁에 무릎을 꿇고 앉아 이런 이야기를 하기 시작했다.

"하느님이 옳다는 것을 레오 형제는 물론 잘 알고 있을 거예요. 지금까지 우리는 오직 사소한 우리 자신의 문제만, 우리 영혼의 문제만을 보살펴 왔지요. 우리가 걱정한 것은 어떻게 하면 우리들이 구원받을까 하는 것이었어요. 그것으로는 모자라요! 우리는 다른 사람들 또한 구원하기 위해서 싸워야만 해요, 레오 형제. 우리가 다른 사람들을 그대로 내팽개쳐 두고서 어떻게 구원 받을 길이 있겠어요? '어떤 방법으로 저희가 싸워 나갈 수 있겠습니까?' 하고 하느님께 탄원했더니 이렇게 응답하시더군요. '나의 교회인 포르치운쿨라로 가게. 그러면 내가 이야기하지. 거기서 나의 명령을 듣게 될 것이다'는 말씀이었어요. 이제 그 명령을 들었지요. 당신도 당신 귀로 들었지요. '앞으로 나아가라, 설교하고 천국이 가까이 왔다고 말하라!' 우리의 새로운 임무는 바로 이것입니다. 나의 형제이며 동지여, 설교하는 것입니다! 우리 주변에 좀 더 많은 형제들을 모아놓고 설교를 위해서 가능한 한 많은 입을 동원하며, 사랑을 위해 더 많은 심장과, 긴 행군을 위해서 더 많은 발들을 여기 모아 놓는 것입니다. 새로운 십자군 병사가 되어 성묘를 탈환하는 장정의 길에 오르는 일입니다. 무엇이 예수의 무덤인지 레오 형제는 아시지요? 인간의 영혼이라오!"

그는 잠시 말을 끊었다가 이렇게 이었다.

"이것이 진정한 예수의 무덤이래요, 레오 형제. 십자가에 못 박힌 예수는 인간의 육신 안에 누워 있습니다. 우리는 그 영혼을 찾아서 출발하는 겁니다. 레오 형제, 어디 우리의 영혼뿐인가요. 모든 인류의 영혼을 찾아 나서는 것입니다. 전진! 요기를 했고 갈증을 풀었으니 자, 이제는 나가서 새 형제들을 골라 옵시다. 이제부터는 두 사람으로는 모자라요, 수천 명이 있어야겠어요……. 하느님의 이름으로 앞으로 전진!"

그는 아시시로 향했다. 해가 성채 위로 떠올라, 도시는 활짝 핀 장미꽃처럼 반짝이고 있었다. 프란치스코는 성호를 긋더니 내 손을 잡았다.

"자, 갑시다! 지금까지 하느님 곁에 가려는 나를 막아 온 것이 누군지 아세요? 바로 나 자신이었어요! 나는 마침내 프란치스코를 옆으로 밀어내 버렸습니다. 당신도 그렇게 하세요. 레오 형제를 저만치 밀어버리세요. 새로운 투쟁이 시작되는 것입니다."

나는 잠자코 그의 뒤를 따랐다. 심연으로 떨어지는 바로 그 일이 막 시작된 것이리라, 속으로 이렇게 생각하며 프란치스코의 옷자락을 붙들고 늘어질 판이었다.

우리는 아시시로 올라가 광장 한복판에 들어가 섰다. 프란치스코는 양몰이 방울을 허리춤에서 꺼내 들더니, 지나가는 행인을 끌어모으려고 마구 울리기 시작했다. 적지 않은 행인이 걸음을 멈추고 그의 둘레를 에워쌌다. 아침부터 한가하게 포도주를 마시려고 벌써 술집에 모여 있던(그날은 주일이었다) 사람들도 가세하여 군중의 수는 불어났다. 프란치스코는 두 팔을 들어 그들을 환영하였다.

"당신에게 평화를!" 그는 다가오는 사람들에게 일일이 인사했다. "평화를. 당신에게!"

대단한 인파로 광장이 가득 차자 그는 두 손을 폈다. "평화가," 첫 마디를 외쳤다. "평화가 여러분의 가슴에, 여러분의 가정에 그리고, 여러분의 적에게 내리기를 빕니다! 평화가 온 세계에 내리기를! 천국이 가까이 왔습니다!"

그의 목소리는 자주 끊겼다. 같은 말을 하고 또 하며 되풀이했다. 말이 나오지 않자, 그는 눈물을 흘리기 시작했다. "평화, 평화." 그는 외치면서 그의 말을 듣고 있는 사람들에게 하느님과 화해하고 사람과 화해하고 자기 마음의 평화를 얻으라고 간곡히 호소했다. 방법은 무엇인가? 오직 사랑하는 길 그 한 가지 길이 있을 뿐이다.

"사랑하시오! 사랑하시오!" 외치던 그는 다시금 눈물 속에 잠겼다.

여인들이 문간에 모습을 나타내거나 그의 말을 들으려고 지붕으로 올라오고 있었다. 군중은 웃지 않았다. 그를 놀리지도 않았다. 그리고 프란치스코는 날마다 아시시 거리를 돌아다니면서 언제나 똑같은 말을 외치고 똑같은 눈물을 흘렸다. 나도 그의 곁에서 눈물을 흘렸지만 말은 하지 않았다. 아침마다 나는 양물이 방울을 흔들고 거리를 누비며 이렇게 외쳤다. "오세요, 모두 나오세요, 프란치스코가 설교할 것입니다!"

어느 날 저녁 설교를 마친 뒤 밤을 지내려고 동굴로 막 올라가려는데 퀸타발레의 베르나르드라는 상인이 프란치스코 앞에 나타났다. 베르나르돈과 마찬가지로 옷 장사를 하고 있는 그는, 나이가 프란치스코보다는 조금 위였다. 우울한 얼굴에, 사색에 잠긴 푸른 눈을 가진 남자였다. 그는 프란치스코가 한창 밤새도록 난봉을 피우고 다닐 때는 함께 어울린 적이 단 한 번도 없었다. 그러나 뒤에 성경을 연구하면서 밤 늦게까지 오랫동안 앉아 있곤 했다고 나에게 이야기했다. 구약에 나오는 예호바의 불 같은 성격에 그는 겁이 났다. 그리고 예수가 나오는 대목에 가서는 슬픔과 기쁨이 묘하게 얽히는 기분을 느꼈다는 것이다.

그는 프란치스코에 관한 것을 들어서 알고 있었다. 교회를 수리하고 문둥이에게 입을 맞추고 관중 앞에서 나체가 되고, 입고 있던 옷을 홀랑 벗어서

자기 아버지에게 돌려주었다는 이야기들을 듣고, 처음에는 버릇이 없어진 베르나르돈의 아들이 저지른 일련의 새로운 장난쯤으로 생각하고 웃어 넘겼었다. 그런데 지금은 이렇게 방울을 흔들며 거리를 누비면서 자기 스스로 말하는, '미친 사람의 새로운 소리'를 설교하고 있지 않은가. 베르나르드는 바로 그 '새 광기'라는 말의 정확한 뜻을 알 수가 없었다. 아침마다 그는 프란치스코가 광장에서 외치고 울부짖는 소리를 들어 왔다. 그는 인간을 죄로부터 구원하려고 싸우고 있노라 말하곤 했다. 어떻게 인간이 죄를 짓지 않게 막아주겠다는 것인가. 지금까지 밤이면 밤마다 진탕 마시고 떠들어 댈 줄밖에 모르던 그런 인물이 아니던가? 하지만 그러다 보니까 그의 광기는 아무도 기대하지 않을 정도로 오래 끌고 있었다. 신이 그에게 굶주림과 헐벗음과 경멸을 참고 견딜 힘을 참으로 주고 있다는 것일까? 내가 창피하지만 않다면 그한테 다가가서 말을 해 보겠는데, 하고 베르나르드는 속으로 생각했다. 지금까지 나는 여러 날 밤을 한숨도 못 자고 있지 않은가. 여러 번 그는 내 머릿속에 나타나 자기에게 오라고 손짓하고 있었다. 나에게 무슨 일을 하라고 그런 손짓을 하고 있는 것일까?

도저히 자기 자신을 억제할 수 없어진 그는, 마침내 프란치스코 앞에 나타났던 것이다.

"프란치스코 형제, 저를 기억하시겠소? 저는 퀸타발레에서 온 베르나르드입니다. 오늘 밤은 저희 집에서 하룻밤 묵고 가실 수 없을는지요?"

프란치스코는 그를 쳐다보았다. 그는 고통과 간절한 욕망이 베르나르드의 눈 속에 가득 차 있음을 느꼈다.

"베르나르드, 이 무슨 기적이 일어났습니까? 어젯밤, 그렇지 않아도 바로 당신이 꿈에 나타났었지요! 하느님이 당신을 내보내셨어요, 형제! 어서 오세요! 당신이 온 데에는 무슨 뜻이 숨겨져 있을 것 같군요. 좋습니다. 우리 갑시다!"

그는 고개를 까딱하며 나를 불렀다.

"레오 형제도 같이 갑시다. 우리는 헤어질 수 없지요!"

우리는 베르나르드의 저택으로 안내되었다. 그 집 종들은 우리들을 위한 저녁상을 차려 내놓고는 문간에 기대어 서서 프란치스코가 하느님과 사랑, 그리고 인간의 영혼에 대하여 이야기하는 소리를 엿들었다. 천사들이 공중을 가득 채운 것 같았다. 종들은 열린 창문으로 하늘을 보았다. 초록빛으로 찬란히 빛나는 성인과 천사들이 손을 잡고 천상의 풀밭을 거닐며 도란도란 이야기를 나누고, 그들 머리 위에 별처럼 빛나는 케루빔 천사들의 모습이 나타났다.

그러나 프란치스코가 말을 마치자마자 모든 것은 평범한 일상으로 되돌아왔다. 우물가를 빙 둘러 화분을 심은 안마당 풍경이 다시 창 너머로 한눈에 들어왔다. 하녀 하나는 울음을 터뜨렸다. 한순간 그녀는 천당에 들어가 있다가, 지상에 내려와 다시금 하녀가 된 자기 모습을 발견했던 것이다.

자정이 가까워 왔다. 베르나르드는 머리를 숙이고 손님이 해주는 이야기를 꿈꾸듯이 듣고 있었다. 프란치스코가 말을 마친 다음에도 주인은 손님의 존재가 자신의 내부에 계속 머물러 있음을 느꼈다. 맨발로 노래하는 모습, 남루한 옷을 걸친 채 그는 앞장서 가다가는 고개를 돌려 신호를 보내려 했다.

"프란치스코 형제." 우러러보면서 그는 말했다. "당신이 말을 하는 동안 이 세상은 완전히 사라져 버리고 심연 위에, 하느님의 심연 위에 서서 노래하고 있는 영혼밖에는 없었습니다. 하지만 어느 것이 진실이고 어느 것이 꿈인지 나는 분간할 수가 없군요. 프란치스코 형제, 하느님은 그의 뜻을 전달할 때 밤을 가장 애용한다는 말이 있지요. 오늘 밤 저에게 무슨 말씀을 해주실지 궁금하군요." 그는 일어섰다. "프란치스코 형제, 오늘 밤은 당신과 제가 같은 방에서 자도록 하지요."

그러고는 자기감정을 숨기려고 그는 웃었다.

"성인(聖人)의 일은 전염병이라고들 말하는데 어디 한번 두고 봅시다!"

그러나 베르나르드는 다른 동기가 있었다. 프란치스코를 시험하고 싶었던 것이다. 눕기가 무섭게 그는 깊이 잠들어 버린 것처럼 일부러 코를 골기 시작했다. 속임수는 적중했다. 베르나르드가 완전히 잠이 들었다고 판단한 프란치스코는 침대에서 빠져 나와 마루에 무릎을 꿇었다. 두 손을 모으더니, 낮은 소리로 기도를 올리기 시작했다. 베르나르드는 두 귀를 곤두세우고 기도하는 내용을 모두 엿들어 보려 했지만, 고작 몇 마디밖에 알아듣지 못했다.

"나의 하느님, 나의 전부인 하느님! 나의 하느님, 나의 전부이신!"

기도는 새벽까지 계속되었다. 그때서야 그는 몰래 침대 안으로 다시 들어와 잠든 체했다. 채 들리지도 않는 기도 소리를 들으며 밤새도록 눈물을 흘린 베르나르드는 일찌감치 일어나 정원으로 나갔다. 나는 이미 일어나서 우물에서 물을 길어 올리고 있었다. 나는 돌아서서 그를 보았다. 그의 눈은 벌겋게 타오르고 있었다.

"무슨 일이 일어났어요, 베르나르드 씨? 눈이 온통 붉은데." 내가 물었다.

"프란치스코는 밤새도록 눈 한 번 안 붙이지 않았습니다. 기도를 드리고 있었어요. 커다란 불길이 그의 얼굴에 번지고 있었어요."

"그건 불길이 아닙니다. 베르나르드 씨, 그것은 바로 하느님이셨어요."

프란치스코가 나타났다. 그러자 베르나르드는 금방 그의 발 앞에 무릎을 꿇었다.

"어떤 생각이 저를 계속 괴롭히고 있습니다. 저를 가엾게 여기시고 마음을 편안하게 다스려 주십시오."

프란치스코는 손을 꼭 잡아 그를 일으켜 세웠다.

"베르나르드 형제, 나는 그대 이야기를 듣고 있어요. 그러나 당신 마음에 평화를 찾아 주실 수 있는 분은 하느님이지 제가 아닙니다. 무엇이 괴로운 일인지 저에게 말씀해 보시지요."

"위대한 귀족 한 분이 저에게 큰 보물 하나를 보관해 달라고 맡기셨습니다. 저는 그것을 여러 해 동안 잘 보관해 왔습니다. 그런데 지금 저는 멀고 위험한 길을 떠나려 하고 있습니다. 이 보물을 어떻게 해야 하겠습니까?"

"그 보물을 애당초 당신에게 맡기신 그분에게 돌려 드리면 안 될까요, 베르나르드 형제. 그 위대한 귀족은 어느 분이시던가요?"

"예수님입니다. 제가 벌어들인 모든 재화는 그분에게서 얻은 것이니 그분의 것입니다. 그런데 어떻게 그것을 그분에게 돌려 드릴 수가 있을까요?"

프란치스코는 깊은 생각에 잠겼다.

"이것은 매우 어려운 문제이군요, 베르나르드 형제." 한참만에 그는 입을 열었다. "저 혼자 힘으로는 대답을 찾아 드릴 수가 없겠군요. 하지만 함께 교회로 가 직접 예수님께 물어봅시다."

우리 셋은 함께 대문으로 나가려고 했다. 그러나 그때 길가로 나 있는 대문을 누군가가 두드렸다. 베르나르드는 달려가서 누구인지 확인하더니 반가운 듯이 소리를 질렀다.

"아니 피에트로 선생이 아니오? 왜 이렇게 일찍, 무슨 일이 일어났기에? 왜 그렇게 시체처럼 창백합니까?"

피에트로는 볼로냐 대학의 유명한 법학교수였다. 아시시가 고향인 그는 가끔 고향 집으로 휴식을 취하려고 돌아왔다. 그것은 평소 그의 습관이었다. 그런데 이번 귀향에는 사정이 있었다. 며칠 전 그가 가장 아끼는 제자가 죽었기 때문에 볼로냐를 떠났던 것이다. 슬픔을 가눌 길이 없던 그는, 아버지 집에 돌아와 문을 걸어 잠근 채 아무도 만나려고 하지 않았다.

"혼자 계시오, 베르나르드?" 그가 물었다.

"아니죠, 베르나르돈 씨의 아드님 프란치스코 형제가 친구 분과 함께 와 계시지요."

"괜찮겠지요, 그분들 앞이지만 말씀드리리다." 그는 안마당으로 들어섰다.

그는 몸집이 큰 귀족적인 사람이었다. 회색빛 눈이 날카로웠고, 곱슬곱슬한 수염을 짧게 기르고 있었다. 그러나 밤늦게까지 연구를 하는 학자 생활로 그의 볼은 움푹 패여 있고, 얼굴 전체는 수도사들이 예수의 고난을 기록할 때 사용하는 값비싼 양피지만큼이나 누렇게 말라 있었다.

그는 의자에 털썩 주저앉았다. 숨 쉬는 것도 괴로운 것 같았다. 우리 세 사람은 그의 주위에 둘러서며 말을 들으려고 귀를 기울였다.

그는 깊이 숨을 들이쉬었다.

"용서하시오." 그가 말했다. "처음부터 얘기를 해야 할 것 같습니다. 구이도라는, 제가 친아들처럼 사랑하던 학생이 있었습니다. 그는 책을 손에서 떼어 놓은 적이 없는 아이였지요. 그는 겨우 스무 살의 나이에 늙은이와 같은 훌륭한 양식과 학식을 갖추고 있었습니다. 그리고 이처럼 뛰어난 머리를 가진 사람에게서 보기 드문 또 다른 자질, 정열, 불타는 정열의 소유자이기도 했습니다. 내가 그를 사랑한 이유를 아시겠지요. …… 며칠 전 그 애가 죽었습니다."

그는 속에서 북받치는 울음을 삼키려 입술을 꼭 깨물었다. 하지만 두 눈에서 흘러내리는 눈물은 막을 길이 없었다. 베르나르드는 물 한 잔을 따라 그에게 주었다. 그는 물을 마셨다.

"마지막 숨이 넘어가던 날 나는 그가 누워 신음하는 베갯머리에다 대고 이렇게 말했습니다. '내 아들 구이도야, 만약 하느님께서 너를 그분 곁에 빨리 불러들이시기로 결정하셨다면 내가 너에게 부탁이 있다.'

그랬더니, 그 애는 대답했어요. '아버님. 무슨 부탁이신데요. 원하시는 일이라면 뭐든 하겠어요.'

'어느 날 밤 나의 꿈 속에 나타나서 저 세상에 무슨 일이 일어나고 있는지 네가 꼭 한 번 이야기해 주지 않으련?'

'제가 한 번 찾아뵙지요.' 젊은이는 간신히 말했어요. 자기 손을 나에게 맡기더니 곧 숨을 거두었습니다.

그 길로 나는 볼로냐를 떠나 혼자 이곳에 왔지요. 나의 꿈 속에 그가 찾아오기를 줄곧 기다리면서 말이오."

피에트로 교수의 목소리가 잦아들었다. 그는 다시금 이야기를 중단해야만 했다. 한참만에 그는 다시 말을 이렇게 이어 나갔다. "그는 왔어요. 오늘 새벽이었어요……." 베르나르드는 그의 곁에 앉아서 손을 꼭 잡았다. "기운 내세요, 피에트로. 숨을 크게 쉬고 그가 당신한테 한 이야기를 들려주세요." 프란치스코와 나는 허리를 더 굽히고 귀를 기울였다. "이상한 옷을 입고 나타났어요. 아니, 그것은 옷이 아니었어요. 그 몸을 수백 조각의 종이를 꿰어 붙인 그런 것이었어요. 모두 그가 공부하는 동안 줄곧 써 놓은 원고들이었지요. 철학, 법학의 난문제, 신학의 영역에 관계되는 문제와 의문들을 풀어 나간 것이었답니다. 인간의 구원, 지옥에서 피해 나오는 방법, 연옥으로 오르는 길은 어디 있으며 연옥에서 천국으로 오르는 문제 등을 다루어 나간 것이었지요. …… 그는 종이 무게에 짓눌린 나머지 아무리 애를 써도 발을 옮길 수가 없었습니다. 바람이 불었어요. 종이 수백 장이 무수히 파닥이더니 진흙과 풀로 뒤덮인 그 아이의 뼈만 남은 시신이 보이더군요. '구이도, 내 아들아.' 나는 힘껏 그 아이에게 소리쳤어요. '그렇게 두르고 다니는 종이들은 무엇이니? 이 종잇조각들 때문에 걸을 수가 없잖니?'

'저는 지옥에서 막 빠져 나오는 길이에요.' 그는 대답했어요. '그리고 지금 연옥으로 올라가려고 애를 쓰고 있습니다. 그렇지만 안 돼요. 이 종잇조각들 때문에 꼼짝할 수가 없어요……!' 그 말을 하고 나더니 그 애의 눈알 하나가

금세 눈물 방울로 변하면서 여기 떨어져서 내 손을 태웠어요, 이걸 보십시오!"

그는 자기 오른손을 펴 보였다. 손등 위에는 눈알처럼 완벽한 원형으로 둥글고 붉은 상처가 하나 보였다. 베르나르드와 나는 공포에 질린 얼굴이 되었다. 하지만 프란치스코는 조용히 웃고 있었다. 피에트로 교수는 일어섰다. "이야기는 그게 전부라오." 그는 계속 말했다. "여기 오기 전에 나는 내가 쓴 모든 원고를 화로 속에 넣어 태워 버렸어요. 모든 원고를, 내가 가진 모든 책을 전부 다 태웠어요. 나는 구원 받은 것입니다! 지하 세계에서 그 소식을 저에게 전해 준 사랑하는 제자에게 축복을 주소서. 저는 이제 새로운 인생을 시작할 것입니다. 하느님께 영광을 돌리소서!"

"그러면 앞으로 어떤 길로 나아가겠다는 말씀인지요, 피에트로?" 베르나르드가 물었다. "새로 시작하겠다는 인생은 어떤 것입니까?"

"나는 아직 모르겠어요. 아직 모르겠어요……." 학자는 사색에 잠기며 대답했다.

"저는 알아요!" 그때 처음 프란치스코가 참견하고 나섰다. 그는 손을 내밀어 거리로 나서는 문을 열었다. "저는 알아요! 자, 두 분 모두 저를 따라오세요!"

프란치스코는 앞장섰다. 두 친구는 팔을 끼고 그 뒤를 따라갔고, 내가 맨 뒤에 따라붙었다. 이 두 사람의 영혼도 오르막길을 갈 준비가 되었군, 나는 속으로 생각했다.

우리는 산 루피노 성당을 지나갔다. 미사가 한창 진행되고 있는 성당 안은 사람들로 가득했다. 우리는 그 앞을 지나갔다. 우리는 길 모퉁이를 돌아서 작은 산 니콜로 성당으로 들어갔다. 사람의 모습은 보이지 않았다. 프란치스코가 문을 열고 우리는 뒤따라 들어섰다. 제단 위에 걸린 십자가를 작은 등불이 비치고 있었다. 성 니콜로의 이야기는 그 뒤에 있는 벽화에 그려져 있었다. 그 성인은 물고기와 뼈와 끝없는 바다로 둘러싸여 있었다.

"베르나르드 형제, 저에게 질문을 했었지요?" 프란치스코가 말했다. "무릎을 꿇고 앉으세요. 예수께서 당신에게 대답해 주실 것입니다." 그는 제단으로 나가더니 무릎을 굽히며 성호를 긋고 은으로 포장된 무거운 성서를 들었다.

"이것이 예수의 입입니다." 그는 말했다.

복음서를 펴고 손가락으로 한 구절을 짚더니 큰 소리로 읽어 나갔다.

"만약 그대가 온전해지려고 하면 가서 가진 것을 다 팔아 가난한 자들에게 나누어 주라. 그러면 너는 천국에서 보물을 얻을 것이다."

그는 복음서를 덮었다가 다시 펴서 읽었다.

"나를 따르는 자가 있다면 누구든 자신을 부정하고 오직 그 십자가만을 들고 나를 따르도록 하라."

프란치스코는 베르나르드 쪽을 보았다. 그때 베르나르드는 무릎을 꿇고 들으며 울고 있었다.

"아직 의심이 더 남아 있나요, 베르나르드 형제?" 프란치스코가 물었다. "예수의 입을 다시 한 번 열리게 할까요?"

"아닙니다, 아니오." 벅찬 감격으로 베르나르드는 소리쳤다. 그러고는 껑충 그 자리에서 일어섰다. "나는 준비가 다 되었습니다."

"나도 그렇소." 그 뒤에 있던 사람이 말했다. 그것은 피에트로 교수의 목소리였다. 그도 돌바닥 위에 납작 엎드려 듣고 있었던 것이다.

"그럼 좋아요. 자, 갑시다!" 새로운 두 신도 사이에 들어가 두 사람의 허리를 껴안으면서 프란치스코는 기쁜 듯이 말했다. "피에트로 씨, 당신은 이미 예수가 가르치신 대로 하셨어요. 당신이 가진 재산을—원고와 책과 펜을 모두 태워 버렸지요. 모든 잉크병을 비워 버리고 한숨 돌리셨지요. ……이제는 당신 차례지요, 베르나르드 형제! 가게를 열고 가난한 사람들을 모두 불러서 팔던 면직물을 나누어 주세요. 헐벗은 이에게 옷을 주세요! 옷감을 재는 자를 꺾어 버리고 금고를 열어서 모두 나누어 준 다음 한숨 돌리도록 하세요. 베르나르드 형제, 우리가 그들에게서 빌려왔던 것을 가난한 우리 형제들에게 돌려 주어야 합니다. 꼭 그렇게 해야 해요. 만약 작은 은사슬 하나라도 가지고 있으면 그 무게 하나로 영혼이 부담을 느끼리라는 것을 알게 될 거예요. 영혼이 날아올라가는 것을 막을 테니까요!"

그는 제단을 향하여 십자가에 못 박힌 예수의 모습을 보았다.

"예수님, 우리 주님이시여. 당신은 당신의 물건을 우리에게 어떻게 그렇게 싸게 파시는 것입니까! 우리는 작은 가게에 든 물건을 모두 나누어 주는 값으로 하늘의 왕국 하나를 사는 것입니다. 우리는 낡은 종이 묶음 몇 개를 태우고 영원한 생명을 얻게 되는 것입니다!"

"자, 어서 오십시오. 지체할 시간이 없습니다." 베르나르드가 말했다. 그는 허리띠에서 상점 열쇠를 꺼내고는 뛰기 시작했다.

예수교도들이 미사를 마치고 거리로 나오고 있었다. 교회는 문을 닫고 술집들이 문을 여는 시간이었다. 사람들은 광장으로 모여들고 있었다.

구름이 걷히고 빛나는 해가 얼굴을 내밀었다. 28일밖에 못 되는, 제 구실도 하기 어려운 2월은 6월처럼 따뜻했다. 나무에서는 벌써 파릇파릇 작은 잎사귀가 움트고 얼굴을 내밀기 시작했다.

나는 일생에 얼마나 많은 봄을 맞이하였던가! 그러나 봄의 참다운 뜻을 깨달은 것은 그 봄이 처음이었다. 프란치스코가 가르쳐 주어서 알고 있었다. 모든 것이 결국은 하나라는 것을. 나무와 인간의 영혼이 결국은 하나로서 같은 하느님의 법칙을 따르고 있다는 것을. 영혼도 나무처럼 봄이 있고 그처럼 잎이 피어나는 것이다.

산 피에트로 광장에 도착하자마자 베르나르드는 열쇠 구멍에 열쇠를 넣어 가게 문을 열었다. 가게 문턱에 서서 그는 이렇게 외쳤다. "가난한 사람, 옷 없는 사람은 오십시오! 예수의 이름으로 저는 제가 가진 이 물건을 모두 나누어 드리고 있습니다."

프란치스코는 그의 오른쪽에, 그리고 피에트로 선생은 그의 왼쪽에 서고, 나는 가게 안 창고에서 옷감들을 들어다가 그들이 서 있는 앞에 가득히 쌓아 놓았다.

사람들은 벌떼처럼 달려왔다! 부인들, 처녀들, 늙은 남자들, 거지들. 그들의 눈이 얼마나 빛났는지! 그들은 일요일에 얼마나 열렬히 손을 내밀었던가! 베르나르드는 웃으면서 그렇게 신이 날 수가 없었다. 이 사람과 농담을 주고받고, 저 사람을 놀려 주면서 큰 가위로 옷감을 끊어서는 마구 자기 재산을 나누어 주었다.

이따금씩 프란치스코가 그의 표정을 살폈다. 베르나르드는 그럴 때마다 안도의 한숨을 쉬었다.

"이렇게 기쁠 수가 없어요, 프란치스코 형제! 이렇게 홀가분할 수가 없군요!"

실베스터 신부가 우연히 지나가게 되었다. 베르나르드가 애써 모은 자기 재산을 저토록 마구 탕진하고 있는 광경을 보니, 신부의 가슴은 두 쪽으로 깨어지는 것만 같았다.

"저런, 재산을 낭비하고 있으니 저 무슨 수치스러운 일이람!" 그는 중얼거렸다. "틀림없이 저 미친놈인 프란치스코가 저런 짓을 하도록 마음을 흔들어 놓았을 거야."

신부는 걸음을 멈추고 그 광경을 바라보며 고개를 설레설레 저었다. 프란치스코는 그 신부의 마음을 알아차렸다.

"실베스터 신부님, 예수가 하신 말씀을 기억하시겠지요? 알고 계시는데 제가 되풀이하는 것이라면 용서해 주십시오. '그대가 온전하기를 원한다면 가진 재산을 가난한 자에게 나누어 주라, 그러면 그대는 거대한 재산을 천국에서 얻을 것이다. 그런데 왜 그처럼 고개를 젓고 계시지요?"

실베스터 신부는 얼굴이 홍당무처럼 붉어져서는 마른기침을 하며 가던 길로 가버리고 말았다.

프란치스코는 신부의 마음을 상하게 한 것이 언짢았다. "실베스터 신부님, 실베스터 신부님!" 그가 소리쳤다.

신부가 돌아다보았다.

"제가 예수의 말씀을 당신한테 상기시켰습니다. 저를 용서해 주십시오. 하느님을 섬기는 신부인 당신이 저 같은 죄인보다 더 잘 알고 계시는데요."

프란치스코가 그때 더 가까이서 그를 보았더라면 신부의 두 눈에 고여 오르는 눈물을 보았을 것이다.

저녁이 되자 상점 안은 사방에 텅 빈 벽밖에 남은 것이 없었다. 자를 집어 올린 베르나르드는 그것을 마구 토막을 내어 도랑에 내던졌다. 가위도 집어 던져 버리고 나서 그는 성호를 그었다. "하느님께 영광을. 이제 저는 홀가분해졌습니다." 그는 피에트로의 허리를 팔로 꼭 감쌌다. 두 사람은 프란치스코를 따라 나갔다.

아시시의 성 안이 이 이상한 행동들을 두고 웅성거리기 시작했다. 한 사람은 돈 많고 분별력 있는 사업가요, 또 한 사람은 박식한 법학 교수였다. 그날 밤, 도성에 사는 나이 많은 인사들이 이 몹쓸 전염병을 어떻게 하면 제거할 수 있을까, 그 방법을 토의하려고 베르나르드의 삼촌 집에 모였다는 소리를 우리는 들었다. 그 병은 분명히 전염성을 가지고 있었다. 젊은이들이 대

부분 걸렸다. 그 병은 그들의 아들들에게 옮겨 붙어, 무엇보다 숱한 세월에 걸쳐 조상 대대로 땀 흘려 모아 놓은 재산을 헐벗고 맨발인 것들에게 탕진해 버리지 않도록 조심해야겠다는 의견이 모아졌다. 새로 나타난 이 미친 친구가 사람들의 머릿속에 허무맹랑한 생각을 심어 주고, 우리 집안을 망쳐 놓고 있다는 것이다. 그 녀석을 추방해 버리자, 우리 도시 밖으로 몰아 내버린 다음은 무슨 일이 일어나든 알게 뭐란 말인가! 그리하여 그들은 주교를 찾아가고, 뒤이어 이 망나니를 아시시에서 몰아내도록 요청하기 위해서 원로회의를 소집하기로 결정했다.

그 무렵, 과부인 기오바나의 분에 넘치지 않게 지은 집 안에서는 건장한 몸매에 햇볕에 그은 피부를 가진 거구의 사나이가 불을 쬐면서 앉아 있었다. 명랑한 성격의 소유자였다. 그는 나이 먹은 고모가 십자가를 그으며 새로 나타난 성인의 이름을 불러 축복하는 것을 보았다. 그 무렵부터 사람들은 프란치스코를 성인이라 부르기 시작했다. 며칠 뒤 그 자신이 우리에게 고백한 것이지만, 이 거구의 사나이는 고모를 한참 비웃으며 이렇게 놀려 주었다. "웃기지 마세요. 아니, 놈팡이가 하루아침에 그처럼 쉽게 성인이 되는 법이 어디 있답니까! 고모가 존경하는 이 성인, 프란치스코라는 자를 찾아보겠어요. 그럼, 찾아보고말고요. 그렇지 않으면 제 이름을 갈아 버릴게요. 포도주 한 병과 식욕을 돋울 잘 구운 연한 돼지고기를 좀 가져 갈게요. 그 자가 공술을 얻어먹고 곤드레가 되도록 취하지 않나 어디 두고 보세요. 그러고는 그 친구의 목에 밧줄을 매어 광장으로 끌고 나올 테니까요. 내가 손뼉을 치기가 무섭게 잘 길들인 곰처럼 춤을 추기 시작할 테니까!"

며칠이 지나갔다. 탁발 수도사 넷이 한데 뭉친 우리 일행은 이제 아시시를 떠나 사람들이 버린 포르치운쿨라 성당에 은신했다. 활짝 피어난 편도화 꽃나무 바로 앞에, 우리는 나뭇가지로 얽고 거기에 벽토를 이겨 붙인 오두막 하나를 지었다. 그것이 우리가 세운 최초의 수도원이었다.

몇 시간이고 우리는 무릎을 꿇은 채 하늘을 우러러보며 기도를 계속했다. 프란치스코는 사랑과 빈곤에 대해서 이야기하고 평화, 마음의 평화와 아울러 세계의 평화에 대해서 이야기했다. 그리고 나는, 지금까지 닥치는 대로 의문을 제기하고 일일이 모든 것을 따지려고 들었던 나는, 드디어 조용히 지내는 법을 배우게 되었다. 어느 날 피에트로 선생은 죽을 때까지 도저히 잊어버릴 수 없는 이야기를 했다. "언제나 정신은 말만 하고 질문하며 뜻을 찾아 헤매지요. 심장은 말이 없고 질문을 하지 않으며 뜻을 찾아 헤매지도 않습니다. 조용히 하느님에게 가까이 다가가 자신을 그에게 내맡기는 것이라오. 정신은 악마의 변호사요, 심장은 하느님의 종이랍니다. 머리를 숙이고 하느님께 '주의 뜻을 따르리다!' 한마디할 뿐이지요."

프란치스코는 그 말을 가만히 듣고 있다가 미소를 지었다.

"피에트로 선생." 그는 언제나 존경하는 뜻으로 이렇게 불렀다. "선생님 말씀이 맞아요. 제가 학생이었을 때 유식한 신학자 한 분이 크리스마스 때 아시시로 온 적이 있어요. 산 루피노 성당 설교단에 올라가서 그는 몇 시간이고 계속되는 긴 설교를 늘어놓은 적이 있었어요. 예수 탄생, 세계 구원, 그리고 신의 현현(顯現 : 하느님의 아들 그리스도가 / 사람의 아들로 태어남)에 대한 신비를 놓고 풀이를 해 나가는 것이었어요. 나의 정신은 혼미해졌어요. 머리가 뒤죽박죽이 되는 것이었지요. 더 참을 수 없어진 나는 이렇게 소리질렀습니다. '조용히 해 보세요. 예수가 요람에서 우는 소리를 좀 듣게 말입니다!' 우리가 집에 돌아온 다음, 아버지는 내 엉덩이를 때렸지만 어머니는 몰래 불러내더니 잘했다는 것이에요."

'베르나르드 형제는 좀처럼 입을 열지 않았다. 새벽마다 그는 나무 아래로 가 무릎을 꿇고 기도 삼매경에 빠졌다. 감은 눈 위로도 눈알이 아래로 깔린 것이 보이고, 볼은 푹 팬 데다 입술이 조금씩 떨리는 것으로 보아 하느님과 어떤 대화를 나누고 있는 것이 분명했다. 어쩌다가 가끔 우리에게 말을 할 때도 그리스도의 이름을 발음하는 것을 보면 마치 입술에 꿀이 발려 있기나 한 것처럼 입맛을 다시곤 했다.

동이 트자마자 우리는 사방으로 흩어지는 것이 습관이 되었다. 한 사람은 물을 길러가고, 또 한 사람은 나무를 하러 나가며, 또 한 사람은 구걸을 하러 나갔다. 그리고 프란치스코는 아시시 거리를 돌거나 인근 마을을 돌아다니며 사랑을 설교하고 '새로운 광기'를 설교했다. 흔히 그는 빗자루 하나를 들고 돌아다니며 마을의 성당들을 청소하고 다녔다. "교회는 하느님의 집입니다." 그는 입버릇처럼 말했다. "그리고 나는 그 집 관리를 맡았으니 이건 내 책임이지요."

어느 날 아침 우리가 오두막 안에서 무릎을 꿇고 기도하고 있는데—그날은 산 조르조 대축제가 벌어진 날이었다—어슬렁어슬렁 매우 느린 걸음으로 우리 쪽으로 다가오는 거구의 사나이를 내가 보았다. 우리 눈치를 살피는 것 같았는데, 커다란 술병 하나와 레몬 잎으로 싼 물건 하나를 들고 있었다. 구운 고기 냄새가 풍겨왔다.

교회 탑처럼 우뚝 솟은 큰 키에 햇볕에 그을은 몸매가 우람한 사나이였다. 소리없이 가볍게 막사까지 올라와서는 얼굴을 벽에 대고 나뭇가지 사이로 안을 살폈다. 나는 흘깃흘깃 그를 쳐다보았다.

프란치스코는 언제나처럼 간밤에 그가 하느님께 드린 이야기와 하느님이 그에게 하신 이야기에 대하여 말을 꺼내고 있었다.

몸을 숨긴 거인은 입을 떡 벌린 채 귀를 세우고 말을 엿들었다. 갑자기 그는 등을 돌리더니 나무 숲속에 들어갔다가 빈 손으로 그 자리에 되돌아왔다. 얼굴을 다시 오두막 벽에 꼭 대고 안에서 들려오는 소리에 계속 귀 기울였다.

"주여, 제가 천당에 들여보내 달라고 당신을 사랑한다면," 그때 막 프란치스코는 이렇게 말했다. "당신의 칼을 든 천사들을 보내시어 천국의 문들을 제 앞에서 모두 닫아버리십시오. 제가 지옥이 무서워서 당신을 사랑한다면 그 영원한 불구덩이 속에 저를 던져 버리십시오. 그러나 제가 당신을 사랑하는 것이 당신 때문이라고 한다면, 오직 당신 때문이라고 한다면 당신의 두 팔을 벌려 저를 맞아 주십시오."

몰래 엿듣고 있던 사나이는 성큼 다가와서 문 앞에 섰다. 얼굴은 파랗게 질려 있었다. 커다란 눈물 두 방울이 그의 볼을 따라 흘러내리고 있었다. 프란치스코의 발 아래 몸을 던지며 그는 외쳤다. "용서하십시오, 프란치스코 형제. 저는 아시시에서 온 길레스입니다. 저는 당신을 비웃었습니다. 당신한테 와서 술을 먹여 취하게 만들고 당신의 목을 매어 산 조르조 광장까지 끌고 나가 보이겠다고, 그리고 거기서 내가 손뼉을 쳐서 당신이 춤을 추게 만들어 보이겠다고 내기를 한 놈입니다."

"그야 못할 것도 없지 않소." 프란치스코는 웃으면서 말했다. "한번 산 조르조 광장에 가서 봅시다. 오늘 그곳에는 틀림없이 많은 사람들이 모여들겠지요? 당신이 손뼉을 치고 내가 춤을 추면 될 거 아니오. 당신이 내기에 지는 걸 그냥 보고만 있을 수는 없지." 그는 자기 손을 상대편 양 옆구리에 넣더니 그를 번쩍 들어올렸다. "자, 갑시다. 사람들이 기다리고 있을 거요." 그는 말했다. 그들은 떠났다. 저녁이 가까워졌을 무렵 베르나르드, 피에트로와 나는 오두막 밖에서 그가 돌아오기를 기다리고 있었다.

"프란치스코 형제가 늦는데요." 내가 말했다. "아직도 춤을 추고 있는지 모르겠네요."

"그래요. 아직 춤을 추고 있을 거예요." 피에트로가 말했다. 잠시 침묵이 흘렀다. "불행한 노릇이지. 나에게는 그럴 용기가 없군요. 아직도 나는 사람 앞에 서는 것이 부끄러워요. 그것은 내가 아직 하느님 앞에서 제대로 부끄러워하는 법을 모른다는 뜻이라오."

그리고 한참 이야기를 하고 있는데 갑자기 프란치스코가 모습을 나타냈다. 그리고 그 뒤에 덩치가 크고 명랑한 사나이가 날개라도 달린 듯이 가볍게 나타났다. 길레스였다. 프란치스코는 길레스의 손을 잡고 우리에게 가까이 다가왔다. "이 친구가 나를 춤추게 만들었지요." 그는 웃으면서 말했다. "하지만 나도 그를 춤추게 했어요! 처음에는 나 혼자 하느님 앞에서 광대처럼 뛰었고 그는 손뼉만 쳐 주었어요. 그러나 조금 지나니까 길레스 형제는 질투가 난 거예요. 손뼉 치는 것을 때려치우고 내 어깨를 잡더니 함께 춤추기 시작했답니다. 마치 모든 창조물이 우리 어깨를 서로 잡으며 모두 하느님 앞에 나가 다같이 춤을 추는 기분이었다오. 얼마나 훌륭한 춤이었는지 아무도 모를 거예요. 혼자 춤을 추는 것과 여럿이 춤추는 것은 전혀 다른 것이지요. 처음에는 둘이 셋이 되고, 그러고는 서른 셋, 삼백 셋, 전 인류가 일어나서 춤을 추는 것이죠. 그러고 나면 모든 짐승들과 새들이 덩달아 춤을 추고, 나무, 바다, 산들도 모두 함께 더덩실 춤을 추고 일어나서 마침내 모든 창조물이 하느님 앞으로 춤추며 나아가는 것입니다. 안 그래요, 길레스 형제?"

"다른 일은 시키지 말고 춤만 추게 해 주십시오." 그는 웃으면서 말했다. "춤추는 일은 정말 좋아요! 프란치스코 형제, 내 손을 당신 어깨 위에 얹고 나는 세상이 마르고 닳도록 춤을 출 거예요."

"자, 우리 새 형제를 환영합시다." 프란치스코는 두 팔을 펴면서 말했다. "환영하오! 잘 왔어요!" 우리 셋은 모두 소리치며 달려나가 길레스를 끌어안았다.

새로 가입한 탁발 수도사는 얼굴을 붉혔다. 그는 하고 싶은 말이 있었지만 망설이고 있었다. 이윽고 그는 용기를 내었다. "프란치스코 형제, 내가 먹을 것하고 포도주도 좀 가지고 왔습니다."

"우리는 모두 함께 형제의 생일 축하를 합시다." 길레스의 넓은 어깨를 쓰다듬어 주면서 프란치스코는 말했다. "자, 당신의 건강을 위해 듭시다. 포도주 좀 마시는 것은 괜찮아요. 신성한 허기, 신성한 갈증 아닌 허기와 갈증을 이따금 느끼는 우리를, 우리의 부정을 하느님은 용서하십니다. 자, 어서 죄를 짓는 도구를 가져와요!"

성큼 한걸음에 달려나간 길레스는 덤불숲으로 가서 구운 고기와 포도주병을 꺼내 왔다.

"길레스 형제를 위해서!" 프란치스코는 포도주 병을 들어 올리면서 말했다. "그는 오늘 태어났습니다. 잘살게 되기를 빕시다. 오늘 그는 결혼하였습니다. 오늘 딸을 낳았어요. 우리 모두 그에게 복을 빕시다. 딸 이름은 가난입니다!"

며칠이 지난 어느 날 실베스터 신부가 포르치운쿨라 사원 입구에 나타났다. 우리들은 하루 일을 시작하러 막 나가는 길이었다. 고개를 푹 숙인 채 그는 부끄러워서 어쩔 줄 몰라 했다. 눈은 하도 울어서 빨개져 있었고 손은 부들부들 떨리고 있었다. 한쪽 옆구리에 보따리 하나를 끼고 있었다.

"실베스터 신부님을 뵈니 참 반갑군요. 무슨 바람이 불어서 이 누추한 곳까지 모시고 왔을까요?"

"하느님의 바람이라오." 신부는 대답했다. "며칠 전 프란치스코 형제가 나를 꾸짖었습니다. 당신의 말은 불길이었어요. 그 말이 내 심장을 태우고 깨끗이 씻어 주었습니다."

"그것은 제 말이 아니에요. 실베스터 신부님, 그것은 하느님의 말씀이라니까요."

"그래요. 예수의 말이지요. 하지만 그 말을 했을 때 당신은 저를 그 말을 꼭 처음 듣는 사람처럼 만들고 말았어요. 순간 나는 성경을 한 번도 안 읽어 본 사람 같은 기분이었어요. 날마다 읽는 것이 성경이지만, 예수가 한 말은 그저 흔한 글귀에 지나지 않는 시끄러운 소음이었을 뿐 결코 내 마음을 태워 주지는 못했지요. 처음으로—프란치스코 형제, 정말 고마워요—나는 가난의 뜻을, 사랑의 뜻을, 그리고 하느님의 뜻이 무엇인지를 깨달았어요. 그래서 이렇게 찾아왔습니다."

"들고 온 보자기 속에 든 것은 무엇인가요?"

"갈아입을 옷과 좋은 신발, 그리고 내가 특히 아끼는 물건들이오."

프란치스코는 크게 웃었다.

"옛날에 고행하는 수도사 한 분이 있었어요." 그는 말했다. "하느님을 한 번 보려고 여러 해 동안 힘든 수도 생활을 계속해 온 터였지만, 성공한 적이 없었어요. 언제나 무엇이 나타나서 그의 눈앞을 가로막곤 했지요. 불행한 그 사람은 울부짖고 애원했지만 소용이 없었어요! 그는 자기가 하느님을 보지 못하도록 가로막고 있는 것이 뭔지 끝내 알 수가 없었지요. 그런데 어느 날 아침 그는 너무나 기뻐 어쩔 줄 몰라 하며 침대에서 껑충 뛰어내렸어요. 드디어 그 이유를 발견한 것이지요! 가지고 다니던 물건 가운데서 그가 모두 버리고 꼭 하나 간직하고 있던 화려하게 장식을 입힌 작은 물 주전자 하나가 문제였지 뭡니까. 그걸 너무나 사랑하다 보니까 손에서 놓을 수가 없었던 거예요. 그는 그것을 들어내다가 단번에 산산 조각을 내버렸어요. 그리고 눈을 들어 보니 거기 처음으로 하느님이 나타나셨던 것입니다. 실베스터 신부님, 하느님을 보시는 것이 소원이라면 그 꾸러미를 내버리세요."

신부가 머뭇거리기는 것을 보자 그는 따뜻하게 그의 손을 잡으며 이렇게 말했다. "저와 함께 갑시다. 저 길을 따라 걸읍시다. 예수에 대한 사랑으로 당신은 처음 우리가 만나게 될 가난한 사람에게 그 꾸러미를 내주게 될 겁니다. 꾸러미를 잔뜩 든 사람치고 천국에 들어가는 사람을 못 보았어요, 실베스터 신부님!"

"샌들, 내 샌들만이라도 가지고 있을 수는 없을까요?" 신부는 아직도 내버리기가 아까운 모양이었다.

"천국에 가시려면 꼭 맨발이 되어야만 하오." 프란치스코는 말했다. "흥정할 생각 마시고 어서 따라오세요!"

그러고는 마치 늑대가 양 한 마리를 물어 버리듯 프란치스코는 실베스터 신부를 천국에 던져 올릴 셈으로 그가 끼고 있는 보따리 꾸러미를 낚아채 버렸다.

하느님, 당신의 은총은 큽니다. 너무나 큽니다. 공작새 꼬리처럼 화려하고 눈이 많습니다. 그것을 온 세상에 고루고루 펴시고 세상의 가장 보잘것없는 영혼들에게도 넘치게 부으셔서 가득 채워 주십니다. 그러고 나서 며칠 지나지 않았는데 다음과 같은 일이 있었지요.

아시시 거리에서 쓸모없다고 소문 난 건달 둘이 나타나 프란치스코 손에 입을 맞추었다. 자기들을 형제로 받아들여 달라는 청이었다. 한 사람은 사바티노요, 다른 사람은 잘 때도 언제나 붉은 리본을 단 녹색 벨벳 모자를 쓰고 있다고 해서 카펠라라고 부르는 친구였다. 나는 사바티노를 금방 알아보았다. 아시시로 들어와 착한 예수교도에게 구걸을 하려고 하던 날 밤, 프란치스코를 보고 비웃던 바로 그 사나이였다. 깡마르고 황달기가 있는데다 생쥐같이 생긴 얼굴 한복판에 털 달린 사마귀 하나 붙은 코가 특이했다. 카펠라는 키만 덜렁 크고 몸이 굼떴으며, 길게 처진 턱수염에 날이 엄청나게 치켜선 코를 가지고 있었는데, 입술이 갈라져서 말소리가 혀에 걸쳐 자꾸만 더듬었다.

"나는 더 이상 잠을 잘 수가 없어요, 프란치스코 형제." 사바티노가 먼저 입을 열었다. "나는 당신 욕을 하고 돌아다녔거든요. 나는 당신을 부러워했지요. 나는 가난한데 당신은 부자였고, 나는 못생겼는데 당신은 잘생겼지요. 나는 누더기밖에 걸친 것이라곤 없었지만 당신은 멋있게 차려 입고 다녔지요. 요즘 나는 밤마다 누워 잠을 청해 보지만 아무리 애써도 잠이 오지 않아요. 어쩌다 깜박 잠이 들면 내 꿈 속에 당신이 나타나 이렇게 말하는 거예요. '사바티노 형제, 괜찮아요. 당신에게 원한이 없으니 잘 주무세요.' 당신의 친절한 말씀을 들을 때마다 나는 가슴이 무너지는 것 같아요. 나는 더 참을 수가 없어졌습니다. 그래서 왔지요. 저를 마음대로 부리세요. 죽을 때까지 나는 당신을 따르겠습니다!"

"저도요." 카펠라가 말을 더듬었다. "나두요. 다, 당신을, 주, 죽을 때까지요, 프란치스코 형제. 나는 세상이 싫어요. 세상도 내가 싫증이 났나봐요. 하느님 그늘 밑에 가는 길밖에 숨을 곳이 없나요? 하지만 당신을 따라다니는 데 조건이 꼭 하나 있어요. 프란치스코 형제, 제가 모자를 쓰고 다니도록 내버려 두시겠어요? 나는 두건이 싫어요. 이게 괴팍한 성격이라고 하겠지만, 난 이 모자를 쓰고 살아왔어요. 사실은 모자가 내 머리와 똑같다는 느낌이에요. 나더러 모자를 벗으라면 그건 내 목을 자르는 것이나 다름없다고 생각할 거예요."

프란치스코는 웃었다. 그러나 그는 곧 표정이 엄해졌다.

"조심하세요, 형제분." 그가 말했다. "악마가 모자로 둔갑해서 형제의 머리 위에 올라 앉아 있다면 어떻게 하겠어요? 그가 당신을 내리막길로 밀고 내려가지 못하도록 조심하세요. 모자를 벗기 싫다는 소리가 옷으로 옮겨 내려올지 모르지요. '나는 그게 싫어!' 하고 말입니다. 옷에서 그 다음은 탁발 수도사에게 화살이 갈지도 모릅니다. '나는 그자들이 필요 없다니까!' 하고 말할 테지요. 그러고는 수도사에서 사랑으로 내려갑니다. '나는 그런 거 원치 않아!' 하고 말입니다. 사랑에서 하느님에게 그런 혐오가 옮아가 마침내, '나는 하느님 따위를 원하지 않아!' 그렇게 될지 모르지요."

프란치스코는 잠시 말을 끊었다. 깊은 생각 속에 잠겨들었다.

"오르는 길에는 정상이 있습니다." 이윽고 그는 말을 이었다. "하느님이 있습니다. 내리막길에는 밑바닥이 있습니다, 지옥이지요. 이 모자는 여보게, 어쩌면 자네를 지옥으로 모시고 갈지도 몰라요."

그는 카펠라의 눈 속을 찬찬히 들여다보았다. 이 새로 개심한 사나이는 더 참지 못하고 울음을 터뜨렸다.

"제가 요구한 조건을 허락하지 않는다면, 저는 당신 곁을 떠나야 하고, 그러면 파멸이라는 말인가요?"

프란치스코는 그가 가엾게 여겨졌다. 손을 그의 어깨 위에 올려놓으며 말했다.

"같이 있어요. 하느님이 이기게 될 것이라는 희망이 나에게는 있다오!"

그들을 부르는 목소리를 듣는 순간 기다리는 주님의 품 안으로 바로 뛰어들 준비를 갖춘, 구원을 기다리는 인간의 영혼이 이 세상에는 얼마나 많은 것일까! 그들이 존경을 받아온 가정을 가진 사람이건, 아니면 평판이 좋지 않은 뜨내기이건 간에 어느 날 밤 그들을 부르는 소리를 침묵 속에서 듣는 순간 가슴을 두근거리며 벌떡 일어나 버린다. 그러면 그때까지 자신들이 해온 일이 무엇이든 간에 모두 쓸모없고 부질없는 것으로 보이게 되는 것이다. 능청맞은 그분의 참피나무 가지에 꼼짝 못하고 걸려들었다고 느끼면서, 그들을 부른 사람의 발밑에 엎드려 버린다. "저를 데려가 주세요. 구원해 주세요. 당신이야말로 제가 지금까지 기다려 온 바로 그분입니다."고 외치는 것이다.

포르치운쿨라 주변 숲속에서 누군가가 달려나와 프란치스코의 발밑에 엎드리는 광경을 보지 않고 지나가는 날이 없었다.

"저를 데려가 주세요, 구원해 주세요. 당신은 제가 지금까지 기다려 온 분이에요!" 그들은 말하면서 입고 있던 옷을 벗어 던지고 수도사다운 옷으로 바꿔 입었다.

어느 날은 나이 서른쯤 되어 보이는 농부 하나가 나타났다. 소박하고 붙임성 있는 그는 몸에 살이 좀 찐 편이었다. 그는 7가지 죄악을 그림으로 새겨 넣은 컵 하나를 가지고 있었다. 그림 아래에는 자존심·탐욕·질투·정욕·탐식·분노·나태 등 죄악의 이름이 적혀 있었다.

"형제분들, 신부님, 제가 하려는 말을 좀 들어 주십시오." 그는 프란치스코의 발 아래 엎드려 소리쳤다.

"저는 저희 마을에서 조용하고 평화롭게 살고 있었어요. 포도나무를 가꾸고, 가지를 쳐주고, 포도송이를 수확하며 잘 살았지요. 저는 아내도 없고 아이들도 없고 걱정이라고는 없었어요. 그렇게 생각했던 것이지요. 하지만 당신의 목소리를 듣는 순간 제가 비참한 생활을 하고 있음을 알았습니다. 저는 제 마음속을 자세히 살펴보았지요. 그때까지는 죄를 짓지 않았다고 생각했는데, 그 속에서 7가지 죄악을 모두 다 발견했어요. 그래서 이 컵을 내다가 그것들의 그림을 그려 넣고 그 밑에 이름도 하나하나 적어 넣었습니다. 자, 보세요! 저는 이것을 당신 발 아래서 깨뜨려 버리겠습니다. 7가지 죄악이 모두 지옥으로 떨어져 나갔으면 해요!"

그는 큰 컵을 돌바닥에 세게 던졌다. 컵은 산산이 부서져 가루가 되었다.

"제 마음도 함께 부서져 지은 죄가 돌바닥 위에 모두 쏟아져 나오게 하소서!"

"당신의 이름은 무엇입니까?"

"주니퍼입니다."

"주니퍼? 하느님이 당신의 향기로운 가지 위로 수천의 영혼이 둥지를 틀도록 하실 것입니다!"

7
영혼의 구제를 위해

천국에서 아담과 이브는 이런 이야기를 주고받으며 앉아 있었다.

"저 문을 열고 밖으로 나갈 수만 있다면 얼마나 좋겠어요." 이브가 말했다.

"여보, 나가면 어디로 가겠다고 문이 열렸으면 하지요?"

"아무튼 문을 열고 나가 이곳을 떠날 수만 있으면 얼마나 좋을까!"

"바깥세상은 병과 고통과 죽음일 뿐이오!"

"저 문을 열고 떠날 수만 있다면!"

나의 내부에도—하느님 용서하십시오—이런 두 가지 목소리가 두런거리고 있음을 느꼈다. 프란치스코가 하는 이야기를 듣고 있으면 내 영혼은 천국에 들어가 있다. 배고픈 것도 잊고, 헐벗은 것도 잊고, 이 세상에 대해 매력도 전혀 느끼지 못하는 것이다. 그러다가도 갑자기 "떠나가 버려라!" 하는 반란의 목소리를 듣는다.

어느 날 나는 울고 있다가 프란치스코에게 들켰다.

"왜 울고 있죠, 레오 형제?" 그는 내 어깨를 흔들면서 물었다.

"옛 생각이 나서 그래요. 프란치스코 형제, 문득 옛 추억이 떠올라서요."

"어떤 추억인데요?"

"어느 날 아침 우리 집 무화과나무에서 손을 높이 들어 무화과 한 개를 따던 생각이 났어요."

"다른 일은 없고요?"

"없어요. 아무것도 없어요. 프란치스코 형제, 그걸 생각하니 이렇게 눈물이 자꾸 쏟아지는군요."

프란치스코는 내 곁에 앉아 손을 잡았다.

"레오 형제, 내가 하는 말을 들어줘요. 하지만 누구에게도 이 말을 전하지는 마세요."

"예. 듣고 있어요, 프란치스코 형제." 내 손목을 잡은 그의 손에서 전달되는 따뜻한 체온을 느꼈다. 아니다, 그것은 체온이 아니라 그의 영혼, 내 영혼을 따뜻하게 느끼도록 하는 영혼의 온도였다.

"말씀하세요, 프란치스코 형제." 그가 말을 하지 않고 잠잠한 것을 보고 나는 다시 말했다.

그는 손을 놓더니 일어났다. 갑자기 목이 턱턱 막히는 그런 소리가 내 귓전에 울렸다. "미덕이라는 것은, 레오 형제, 아무도 없는 바위산 꼭대기에 홀로 앉아 있는 것입니다. 미덕을 지닌 여인의 머릿속으로는 자신이 일찍이 맛보지 못한 모든 금단의 쾌락이 스쳐 지나가곤 한다오. 그래서 미덕은 눈물이지요."

그 말을 남긴 채 프란치스코는 머리를 숙이고 나무숲 사이로 걸어가 사라져 버렸다.

어디에선가 꿀 한 방울이 떨어지면 공기 속에서 그 냄새를 맡고 벌들이 전속력으로 사방에서 날아든다고 한다. 마찬가지로 꿀 한 방울 같은 프란치스코의 영혼을 맡아 본 숱한 영혼이 포르치운쿨라 주위로 몰려들기 시작했다. 그리고 어느 날 해질 무렵 나타난 것은 다름 아닌 우리가 입고 있는 옷을 내주었던 바로 그 옛 친구 루피노였다! "겨울이 오고 있어요." 그는 웃으면서 우리에게 말했다. 하느님만으로는 몸이 따뜻해질 수 없다고, 따뜻한 옷 또한 필요한 것이라고! 그러고는 프란치스코와 나에게 지금 우리가 입고 있는 일꾼의 옷과 신발, 지팡이를 내주었다.

프란치스코는 그를 보자마자 웃음을 터뜨리며 큰 소리로 말했다.

"그렇군, 그렇지. 이 친구 참 오래간만이네만 보아하니 따뜻한 옷만으로는 부족하지? 하느님도 필요하다니까!"

루피노는 눈길을 떨어뜨렸다.

"나를 용서하오, 프란치스코 형제, 하지만 그때는 내 눈이 멀었었다오. 눈이 멀었다는 것은 눈으로 보이는 세상밖에는 볼 수가 없었다는 뜻이오. 그 뒤에 숨은 것은 아무것도 못 보았다오. 하지만 당신들이 우리 집을 찾아와 잠깐 머문 그 사이에 방안 공기가 바뀌었어요. 유혹하듯 속삭이는 목소리,

불러내려는 소리가 들리고, 나에게 떠날 것을 재촉하는 손짓으로 가득하게 되었다니까요. 마침내 더는 뿌리치기 힘든 날이 온 거라오. 집 문을 활짝 열어 놓은 다음 열쇠 꾸러미는 강에 던져 넣고, 이렇게 온 거라오!"

"이곳에서 우리 생활은 어려워요. 정말 어렵다오. 어떻게 그걸 견뎌내겠소? 좋은 음식, 부드러운 옷, 그리고 따뜻한 여자 품속에서 몸을 녹이곤 하는 생활에 길든 사람은 참 딱하다오!"

"하지만 프란치스코 형제, 나는 좋은 음식, 부드러운 옷이며 여자들의 체온을 떨쳐버리고 나오지 못하는 사람을 더 불쌍하고 딱하게 여긴다오. 프란치스코, 나를 거절하지 말고 받아줘요!"

"루피노, 또 이런 것을 생각해 보아요. 당신은 볼로냐 대학에서 많은 것을 배운 사람인데다가 당신 마음속에는 온갖 의문이 가득 차 있어요. 여기서 우리는 질문을 하지 않습니다. 어떤 확신의 영역에 도달한 것이라오. 배고프고 헐벗고 지내는 것쯤은 참을 수 있고, 독신으로 지내는 것도 참을 수는 있을 거예요. 하지만 당신의 지성이 과연 반기를 들지 않고 우리의 이 확신을 받아들일 수 있을지? 루피노, 이것은 지식의 나무 밑에 앉아 있다가 뱀에게 자기 귀와 눈과 입을 핥도록 내맡긴 모든 불행한 사람들이 느끼는 대단한 유혹이라오."

루피노는 대답하지 않았다.

"자 어떻게 생각하는지요!" 프란치스코는 친구를 깊은 동정의 눈으로 바라보며 물었다.

"안 되겠어요. 프란치스코 형제." 루피노는 풀이 죽어서 힘없이 대답했다. "나는 그럴 수가, 그럴 수가 없어요."

프란치스코는 벌떡 일어서면서 친구를 가슴으로 꽉 끌어안았다.

"당신은 할 수 있어요. 할 수 있고말고요! 그렇게 할 수 없다는 말은 할 수 있는 용기를 가졌다는 것, 그렇게 할 수 있는 힘이 있다는 뜻이라오! 정신보다는 진심이 더 하느님 가까이 있는 법이지요. 그러니까 정신을 버리고 마음의 말을 들어요. 그것은, 그것만은 천국의 이치를 알고 있으니까요. 자, 당장 옷을 벗고 외투로 갈아입어요. 당신이 우리에게 준 코트, 기억나지요? 당신 목동들이 입던 것 말입니다. 우리는 그 목동의 옷을 본떠 우리들이 입는 수도복을 만들었다오. 루피노 형제. 당신도 진흙빛 옷을 한 벌 입도록 하세요!"

한번은 어느 마을을 지나가다가 프란치스코가 깡패를 만난 적이 있다. 칼, 박차(拍車), 비단옷에 향내 나는 비누로 갓 감은 곱슬머리를 하고 모자에 깃털을 꽂고 있는 깡패를 프란치스코가 불러 세웠다.

"힘깨나 쓰는 양반, 안녕하시오! 그렇게 밤낮 몸을 치장하고 콧수염을 가다듬어 틀어 올리는 일에 싫증나진 않으셨소? 허리에 끈을 질끈 동여매고 두건을 푹 눌러 쓰고 진흙밭을 맨발로 걸어다니실 때가 된 것 같은데 말이오. 나를 따라와요. 당신을 하느님의 기사로 임명하겠어요."

깡패는 자기에게 말을 걸어온 거지 같은 녀석의 수염을 쓰다듬으며 한참 노려보더니 와하하! 웃어 버렸다.

"내 정신이 나갈 때까지 기다리라고. 그때쯤에야 자네를 따라다니게 될 테니까."

이런 그가 사흘 뒤 포르치운쿨라에 나타났다! 뱀에 홀린 새처럼 현기증을 일으킨 안젤로 탄크레디가 찾아와 하느님의 둥지에 떨어졌다.

"내가 왔어요." 무릎을 꿇고 프란치스코의 손에 입을 맞추면서 말했다. "옷을 차려입고 단장하고 수염을 틀어 올리는 일이 지겨워졌어요. 저를 받아주십시오!"

하지만 하느님의 보금자리에 떨어졌던 괴물 상어처럼 날카로운 친구는 그렇게 말하고 사라진 다음 며칠이 지나도록 나타나지 않았다. 프란치스코와 나는 포르치운쿨라 사원 입구 계단에 앉아 있었다. 아직 해는 떨어지지 않았고 탁발 수도사들은 구걸 나가서 돌아오지 않고 있었다. 그들 가운데 사원 안에 머물러 있었던 것은 베르나르드 한 사람밖에 없었지만 오래지 않아 그도 프란치스코의 발 아래 엎드려 사면을 받은 다음 떠났다. 베르나르드는 기도하기 전 꼭 프란치스코의 발 아래 엎드리곤 했는데, 기도를 마치고 나올 때 자기가 살아 있을지 죽어 있을지 도무지 알 수가 없기 때문이라고 했다.

프란치스코는 말없이 자기 손과 발을 바라보면서 깊은 명상에 빠져들었다. 오랜 침묵 끝에 드디어 그는 한숨을 내쉬며 이렇게 말했다. "레오 형제, 예수의 수난을 생각하면 발바닥과 손바닥이 못에 박히는 것처럼 아파 온답니다. 그런데 못과 피는 어디서 나올까요, 십자가는 어디 있을까요? 순회 연극인들이 예수 수난극을 공연하려고 부활절에 아시시를 찾아들었을 때 성(聖) 금요일인가, 산 루피노 성당 마당으로 구경을 간 기억이 있어요. 예수 역을 맡은 사람은 십자가를 지고 나오면서 입을 벌리고 헐떡였어요. 그들은 그의 손과 발에 붉은 페인트를 부어 흘러내리는 피처럼 만들어 놓고 그를 십자가에 못박는 시늉을 했지요. 그가 가슴이 찢어질 듯한 목소리로 '주여, 어찌 나를 버리시나이까?' 외치자 나는 흐르는 눈물을 주체할 수 없었습니다. 남자들은 신음소리를 냈고 여자들은 울부짖고 야단이었답니다. 연극은 그게 절정이었던 거지요. 끝난 다음 그 배우가 우리 어머니께서 준비한 저녁을 먹으려고 집에 들렀어요. 그는 웃으면서 농담을 하기 시작했는데, 나는 그가 페인트를 말끔히 씻어낼 수 있도록 미지근한 물을 떠다 주었지요. 그때 나는 어렸습니다. 그런 걸 이해할 수 없는 나이였지요. '하지만 아저씨는 십자가에 못박혔잖아요?' 물을 수밖에요. 그는 껄껄 웃었습니다. '아니란다 애야, 그건 연극이야. 알겠니? 놀이와 같은 거지. 나는 십자가에 매달린 흉내만 낸 거야.' 나는 화를 참을 수 없어서 얼굴이 붉어졌어요. '그러니까 아저씨는 거짓말쟁이군요?' 나는 그에게 소리를 막 질렀습니다. 그러나 어머니가 나를 자신의 무릎 위에 끌어다 앉히면서 이렇게 말했어요. '조용히 해라, 아가야. 너는 그걸 이해하기에는 아직 너무나 어리단다.' 그런데 이제 나는 나이를 먹었어요. 레오 형제, 나이가 드니까 이제는 이해가 가요. 나는 직접 십자가에 못박히는 일을 겪는 대신 십자가에 못박힌 그 생각만 하고 이렇게 앉아 있는 거예요. 레오 형제, 어쩌면 우리도 모두가 그런 배우란 말일까요?"

프란치스코는 한숨을 쉬었다. "제 손을 보세요, 제 발을 보세요. 못이 어디 있다는 거예요? 바꿔 말한다면 이 모든 고민이 놀이에 지나지 않을까요?" 그때였다. 나무 뒤에서 어마어마한 거구의 사나이가 나타났다. 육중한 걸음으로 걸어 나오는 그는 서른 살쯤 되었을까? 다부진 몸매에다 이마가 반달형으로 높은 머리에는 모자를 쓰지 않고 있었는데, 사자 갈기처럼 긴 머리를 기르고 있었다. 프란치스코 앞에 서서 그는 왼쪽 가슴 위에 손을 올리고 인사했다.

"저는 교단을 하나 만들려고 수도사들을 모집하고 있다는 아시시의 프란치스코를 찾고 있습니다. 저는 코르토나 출신으로 볼로냐 대학을 졸업한 엘리아스 봄바로네입니다. 그런데 책에는 제약이 너무 많아요. 위대한 일을 같이 하고 싶습니다."

"내가 당신이 찾고 있는 바로 그 사람이긴 하오만," 프란치스코는 대답했다. "나는 교단을 따로 하나 조직하려고 내 주위에 수도사들을 모으는 것은 아니랍니다. 우리 영혼을 구제하는데 함께 노력할 수 있지 않을까 하는 생각에서 모이는 거랍니다. 우리는 모두 단순하고 무식한 사람들이에요. 당신 같이 교육 받은 사람이 우리 틈에 들어와서 뭘 하겠어요?"

"저도 제 영혼을 구하고 싶습니다, 프란치스코 형제. 그리고 그것은 교육을 통해서 이루어질 거예요. 저는 당신의 생활에서 많은 것을 배웠습니다. 그리고 배운 것이 마음에 들어요. 가끔 보면 단순하고 배운 것이라고는 하나 없는 사람들이 심장이 하는 말을 따름으로 해서 정신이 결코 찾지 못하는 것을 찾기도 합니다. 하지만 정신도 필요한 데가 있답니다. 프란치스코 형제, 그 또한 하느님이 주신 선물이오. 그것도 하느님이 가장 사랑하시는 생물인 인간에게 주신 선물입니다. 그렇다면 누가 완벽한 인간이겠습니까? 마음과 정신을 제대로 조화할 수 있는 사람이겠지요. 마음을 그 기초로 삼고 그 바탕 위에서 정신이 자유로운 건물을 지어 나가도록 하는 것입니다."

"당신은 뜻밖에 찾아온 친구지만 말솜씨가 아주 훌륭하군요. 당신의 정신은 예측할 수 없는 솜씨로 말을 척척 엮어 나가는군요. 한마디로 나는 당신이 두렵소! 다른 곳에 가서 구원의 길을 찾아보시지요."

"프란치스코 형제, 당신이 다져 놓으신 길을 따라 구원을 찾겠다고 하는 사람을 그렇게 쫓아 버릴 권리는 없어요. 누구를 위해서 그러시는 겁니까? 무식한 사람들만을 위해서 그러시는 거예요? 교육 받은 사람은—당신 스스로 그렇게 말씀하시지 않으셨던가요? —그만큼 구원을 받아야 할 필요가 더 크답니다. 그들은 너무나 많은 것을 원하고 너무나 많은 길을 찾으면서도 어느 길로 나아갈지 모르는 정신 때문에 더 방황하게 되는 것입니다. 프란치스코 형제, 나는 당신이 가는 길이 옳다고 확신해요."

프란치스코는 아무 말도 하지 않았다. 나는 발로 땅을 파고 있었다. 물어보지도 않고 엘리아스는 계단 위 그의 곁에 가 털썩 앉았다. "이렇게 고요하다니! 얼마나 평화로운가!" 그는 혼자 중얼거렸다. 이제 해가 지고 있었다. 나무 허리마다 장밋빛 물이 들고, 새들이 제 둥지로 돌아오기 시작했다. 탁발을 마친 형제들도 돌아오고 있었다. 주니퍼는 화로 앞에 쭈그리고 앉아 저녁을 지으려고 불을 붙였다. 그는 우리와 합세한 그날부터 식사 당번이요, 요리사 노릇을 하고 있었다. 베르나르드는 숲속에서 부시시 나타났다. 기도를 마쳤지만, 이번에도 죽지 않고 살아서 돌아왔다. 하지만 그의 눈은 움푹 패고 텅 빈 것 같았으며 마치 앞을 보지 못하는 사람처럼 걸었다. 우리를 쳐다보고도 못 보았는지 그냥 안으로 들어갔다.

"얼마나 고요한가, 얼마나 평화로운가!" 지는 해를 바라보면서 엘리아스는 다시 한 번 중얼거렸다.

프란치스코는 돌아서서 새로이 나타난 방문객을 쳐다보았다. 나는 그의 내부에서 큰 싸움이 벌어지고 있음을 느꼈다. 이 육중한 거인이 평화롭던 형제들의 세계에 어떤 혼란을 몰고오리라는 예감이 든 모양이었다. 오랜 침묵이 흘렀다. 갑자기 주니퍼가 일어서더니 손뼉을 쳤다. "콩이 다 익었어요. 형제들, 와서 하느님이 주신 저녁을 드세요!" 프란치스코는 일어나서 새로 온 이에게 손을 내밀었다. "우리는 당신이 함께 있게 된 것을 환영합니다. 엘리아스 형제." 그는 손을 잡아 새 사람을 안으로 데리고 들어가며 말했다. "형제들, 하느님께서 새로운 힘을 우리에게 주셨습니다. 코르토나에서 온 엘리아스 봄바로네라는 새 형제입니다. 자, 일어나서 그에게 인사를 하세요." 우리는 모두 안으로 들어갔다. 프란치스코가 불 옆에 앉았다. 우리는 빙 둘러 앉았다. 주니퍼가 음식을 들고 와 앞에 놓았다.

배가 고팠던 터라 우리들은 왕성한 식욕으로 한참 먹고 있었는데, 프란치스코가 갑자기 숟가락을 내려놓았다.

"형제분들," 그는 입을 열었다. "이 렌틸콩 맛이 너무나 좋아요, 육체가 그걸 너무나 즐기고 있어요. 그것은 큰 죄악입니다. 나는 한 줌의 재를 쳐서 먹겠어요."

그 말을 하자마자 그는 화로에서 재 한 줌을 집어 자기 접시에 뿌리고는 다시 먹기 시작했다.

"나를 용서하세요, 형제들." 그는 먹다가 말했다. "내가 여러분보다 낫다는 것은 결코 아닙니다. 아니고말고요. 하지만 제 육체가 여러분보다 더 죄를 많이 지었기 때문에 저는 육신이 반란을 일으킬 기회를 주어서는 안 되는 것뿐입니다."

"왜 그렇게 육체를 무서워해야만 하죠, 프란치스코 형제?" 엘리아스가 물었다. "바꿔 말하면 우리의 정신적 힘에 대한 충분한 신념이 없다는 뜻인가요?"

"맞아요, 엘리아스 형제. 우리는 충분한 믿음이 없어요!" 그렇게 대답하면서 프란치스코는 재를 한 줌 더 집어다가 자기 음식 위에 뿌렸다.

"하느님 말씀을 설교할 입들이 늘어나는군요." 이튿날 프란치스코는 기쁜 듯이 내게 말했다.

"밥을 먹어야 할 식구 또한 늘어나고 있지요." 내가 받아서 말했다. "그 사람들을 어떻게 먹여 살리겠어요?"

사실을 말하면 아시시 사람들은 그렇지 않아도 그처럼 많은 탁발 수도사들을 먹여 살리는 게 지겨워서 투덜투덜 불평을 늘어놓기 시작했던 것이다. 어느 날 아침 주교가 프란치스코에게 하고 싶은 이야기가 있으니 좀 나와 달라는 서신을 보냈다. "원하시는 데로 가지요." 대답하고 그는 성호를 그었다. 그러더니 나를 보면서 "그분이 나를 꾸짖고 싶어서 그러는 것 같은데, 레오 형제여, 당신도 같이 갑시다."

우리가 갔을 때 주교는 묵주를 들고 기도하고 있었다. 머리 위로 하늘과 땅의 근심들이 잔뜩 쌓여 그를 짓누르고 있었던 것이다. 그는 영혼을 둘로 갈아 놓아야만 했다. 무엇보다도 그는 인간을 인도하는 목자였다.

하느님께서 그에게 맡긴 양 떼를 빈틈 없이 보살필 의무가 그에게 있었다. 마음은 전염되는 병이다. 양 하나가 그 병에 걸리면 다른 나머지 양들이 병에 옮지 않도록 신경을 써야 했다. 그와 동시에 자기 영혼의 문제 또한 걱정할 필요가 있었다. 분명히 그 또한 하느님의 한 마리 양일 테고, 위대한 목자를 따를 의무가 그에게도 있는 것이니까─그는 프란치스코를 보자 얼굴을 찡그리려 해 보았지만 차마 그럴 수 없었다. 그는 사람들이 이 세상에서 가장 소중히 여기는 것들을 결연히 내버리고, 사람들이 가장 싫어하고 무서워하는 고독과 빈곤을 두 손으로 끌어안은 이 성스러운 반역아를 너무나 사랑하고 있었기 때문이다. 그는 이웃사람들의 저 경멸에 찬 태도도 극복하면서 맨발로 사랑을 설교하고 있지 않은가.

주교는 살이 오른 자기 손을 내밀었다. 프란치스코는 무릎을 꿇으며 그 손에다 입을 맞추고 일어나서 두 손을 모으고 말씀을 기다렸다.

"이보게, 프란치스코. 자네를 책망해야 할 일이 있네." 주교는 목소리를 좀 더 엄하게 하려고 애를 쓰면서 말을 꺼냈다. "자네가 하는 일을 많이 들었지. 전부가 다 좋은 일이야. 그런데 한 가지, 오직 한 가지가 못마땅하다네."

"주교님, 말씀해 주십시오. 그것이 하느님 뜻이라면 기꺼이 따르겠습니다. 복종은 하느님이 가르치신 미덕이니까요."

주교는 기침을 했다. 미리 무슨 말을 어떻게 해야 프란치스코가 화를 안 낼지 생각하려는 것이다.

"나는 이런 말을 들었지." 드디어 그는 이야기를 시작했다. "자네 뒤를 따르는 신도들이 날마다 늘어나고 있다는데, 그들이 이 도성과 이웃 마을들로 몰려들어 빵을 내놓으라고 야단이라는군 그래. 일을 그렇게 해서야 어디 쓰겠나! 여기 사는 사람들은 누구 할 것 없이 모두 가난하지. 자네나 자네를 따르는 친구들이 언제까지 이 사람들한테서 식량을 얻어 갈 수 있다고 생각하는가?"

프란치스코는 말없이 고개를 숙였다. 주교는 손을 펴서 성서 위에 털썩 올려 놓았다. 그의 옆에 바로 성서가 펼쳐져 있었던 것이다.

"게다가 자네는 사도가 한 말을 잊어버렸어. '일하지 않으려거든 먹지 말라'고 하지 않았던가?" 그의 음성에 이제는 제법 노기가 서려 있었다.

"우리는 기도를 드리고 설교를 합니다. 그것 역시 일이지요." 프란치스코는 중얼거렸지만 주교는 그 말을 듣지 않았다. "그러니, 내가 자네의 주교요, 자네를 사랑하는 아버지로서 자네한테 두 가지 요청을 하겠네." 그는 말을 이었다. "첫째, 이제부터는 자네를 따르는 자들을 모두 일하게 만들어서 다른 사람들이 땀 흘려 가꾼 것을 공짜로 얻어먹겠다는 생각을 품지 않게 만들어 주게. 둘째, 조그마한 밭, 즉 포도밭 아니면 올리브 숲을 여분으로 가지고 있다가 그걸 경작하는 일이지. 그리고 해마다 거기서 나오는 소출에서 하느님이 땅을 가꾸는 자에게 주시는 것을 저장하도록 하게나. 일을 해서 부자가 되라는 소리는 아닐세. 하느님 맙소사! 그러나 가족을 거느리고 살면서 거지들에게 먹을 것을 주고 싶어도 줄 식량이 넉넉지 못한 형제들에게 짐이 되지 않기 위해서는 그래야만 하지. 이 사람아, 철저한 빈곤은 하느님과 인간의 뜻을 어기는 것임을 명심하게. 나는 이 소리를 해주고 싶어서 자네를 부른 거야. 내 말을 잘 생각해 본 다음 대답을 해 주게나."

말을 한다는 것이 그에게는 피로를 몰고 왔다. 그는 눈을 감고 안락의자에 등을 기댔다. 머리를 푹 숙였다. 손가락 사이로 묵주가 빠져 나왔다. 나는 허리를 굽혀 그것을 주워 드렸다. 하얗고 부드러운 손에서는 향내가 났다. 프란치스코는 고개를 들었다. "주교님, 제 말씀을 들어 주십시오."

"프란치스코, 듣고 있네. 어서 마음 놓고 말해 봐요."

"어느 날 밤 저는 하느님께 기도를 드리며 울고 있었어요. 우리가 곤궁한 때를 위해 작은 밭, 작은 집 한 채, 최소한의 우리 것이라고 말할 수 있는 금전을 우리가 가지고 있어야만 하는 것인지를 몰라 방황하고 있으니 계시를 내려 달라고 탄원한 적이 있었습니다. 하느님께서는 그때 저에게 말씀하셨어요. '프란치스코, 프란치스코, 집을 소유하면 그 집의 창이 되고 문이 되며 밭을 가진 사람은 그 밭의 흙이 되고, 멋있는 황금 반지를 가진 사람은 그 반지에 목이 매여 질질 끌려 다니다가 결국 목을 졸리게 되오!' 주교님 그것이 바로 하느님이 저에게 하신 말씀입니다!"

주교는 얼굴을 붉혔다. 그는 대답해 주고 싶었지만, 말들은 남은 이가 없는 그의 입 안에서 모조리 엉겨붙었다. 목의 혈관이 튀어나오기 시작하자 젊은 승려가 달려나가 물 한 컵을 가져다 주었다. 주교는 침착을 되찾고 프란치스코를 향해서 이렇게 말했다.

"자네에게 그런 말을 한 것이 하느님이 틀림없다고 보증할 수 있는 사람이 누구란 말인가? 우리는 기도할 때 여러 번 우리 자신의 목소리를 듣고, 그걸 하느님의 소리라고 생각하지. 여러 번 우리를 유혹하려는 자가 하느님 얼굴을 가장하고 목소리를 흉내내면서 나타나기도 하는데, 번번이 우리 영혼을 엉뚱한 곳으로 떨어뜨린다오. 성경 위에 자네의 손을 얹은 다음, 기도를 드리면서 그때 들은 말이 자네가 한 소리인지 혹은 하느님의 말씀인지 나에게 이야기할 수 있겠는가?" 프란치스코의 얼굴이 창백해지더니 입술이 떨리기 시작했다. "아니오, 그럴 수는 없어요." 입 안에서 잦아드는 목소리로 말했다. 무릎에서 힘이 빠지며 그는 소리없이 마루 위에 폭삭 주저앉았다. "주교님, 제가 지금부터 울부짖더라도 용서하십시오. 주교님 말씀 하나 하나가 저의 가슴을 찌르는 비수처럼 예리합니다. 앞으로는 제가 어떻게 하느님의 말씀과 제 말의 혼동을 막을 수 있고, 프란치스코와 사탄의 목소리를 구별할 수 있을까요?" 그는 비탄에 잠겨 얼굴을 두 손바닥에 묻고 소리를 질렀다.

그를 가련히 여긴 주교는 의자에서 허리를 앞으로 내밀어 겨드랑이에 팔을 껴서 그를 일으켜 세웠다.

주교는 젊은 신부에게 말했다. "우리를 찾아온 분에게 포도주 한 잔을 가져다주시오. 아니 우리 모두가 그의 건강을 비는 축배를 들 수 있도록 석 잔을 가져와요."

프란치스코는 의자에 주저앉아 볼과 수염을 적신 눈물을 훔치고 있었다. "주교님, 용서하십시오. 저에게는 견디는 힘이 없습니다." 젊은 신부가 목관 위에다 세 잔의 포도주를 따라 왔다. 주교는 잔 하나를 들었다.

"포도주는 신성한 술이라네." 그는 말했다. "신부의 축복으로 이것은 예수의 피가 될 수 있지. 프란치스코, 자네 건강을 위해 건배하세. 나는 지금 당장 대답을 듣겠다고 그러지는 않겠어. 우리가 한 말을 다시 곰곰이 생각해 본 다음에 와서 자네의 결정을 털어놔도 되니까. 가난한 것은 괜찮아요. 그러나 정도 문제지. 풍족한 것도 좋지만 역시 정도가 문제라네. 알맞게 구하는 것이 중요하다네. 심지어 친절, 신앙심, 세속적인 물건을 경멸하는 데도 중용을 택하는 것이 중요해요. 그게 지나치게 되면 사탄의 손아귀에 떨어질 위험이 그만큼 커지는 것이니 조심해야지요! 자, 오늘은 이만하고 헤어지세. 행운을 빌겠네."

프란치스코는 허리를 굽혀서 주교의 손에 다시 입을 맞추고 떠나려다가 다시 걸음을 멈추었다. 목소리가 그의 내부에서 들려왔다. 가지 마라! 그를 두려워하지 말고 지금 대답하라!

"주교님" 그는 말을 꺼냈다. "제 안에서 목소리가 부르고 있어요. 이 자리를 떠나지 말라는 것입니다."

"이 사람아, 목소리라고 하였나? 아마 그것은 반항아의 목소리, 악마 루시퍼의 목소리일 거야. 뭐라고 하는가?"

"목소리는 인간이 가난을 두려워하게 되면 악마가 즐거워한다는 것입니다. 아무것도 가지지 않는 것, 그 어떤 것도 가지지 않는 것이 하느님께 가는 길입니다. 그 밖에는 길이 없습니다."

이 말은 주교의 분통을 터뜨리게 만들었다. 그는 주먹으로 성경을 쾅! 내려쳤다.

"프란치스코, 자네가 내 말에 거역하는 것을 보고 좋아하는 것이 바로 악마란 말이야! 더는 아무 말도 하지 말고 나가 주게! 하느님께서 그대를 불쌍히 여기시어 그대 머리 위로 손을 뻗으시어 그대를 고쳐 주시기를. 자네는 병이 들었어." 프란치스코는 무릎을 꿇고 주교의 손에 입을 맞추었다. 우리는 물러났다.

아시시를 벗어나 산 다미아노 사원을 지나서 포르치운쿨라로 가는 길에 우리는 말 한 마디도 하지 않았다. 길이 갈라지는 길목에 와서야 마침내 프란치스코가 걸음을 멈추었다. "주교 말씀은 너무 가혹했어요." 그는 겨우 입을 열었다. "레오 형제여, 혼자 있고 싶군요. 강둑으로 나가는 왼쪽 길로 접어들어 숲속에 있는 그 마을이 나올 때까지 걷겠어요."

"거기 사는 사람들은 거칠고 사나워요, 프란치스코 형제. 틀림없이 당신을 그냥 두지 않을 거예요. 당신이 걱정되는군요."

"바로 그렇기 때문에 내가 거기 가려는 것이라오. 나는 이처럼 편안한 생활을 더는 견딜 수가 없어요."

나는 혼자서 포르치운쿨라로 돌아왔다. 나는 신나게 구걸하던 재미를 잃어버리고 말았다. 주교의 말은 나에게도 가혹한 것 같았다. ―가혹하지만 하느님, 저를 용서하시오―옳은 말인 것 같았다. 그렇다. 노동을 하지 않는 자는 뭘 먹으려고 해도 안 되는 법. 우리도 다른 사람들과 마찬가지로 뼈가 으스러지게 일을 하고 이마에 구슬땀을 흘린 대가로 빵을 벌어야만 하리라. 그것이 바로 하느님 가르침이 아니던가.

나는 포르치운쿨라로 힘없이 돌아왔다. 형제들과 프란치스코가 돌아올 저녁 때까지 기다릴 생각이었다. 걱정으로 마음이 편치 않았다. 그를 혼자 가도록 내버려 둘 일이 아니었던 것이다. 그가 찾아간 마을에는 예수를 거부하는 광폭한 야만인들이 살고 있었기 때문이다. 그들은 그를 때릴지도 모른다. 나는 벌떡 일어났다. 아직 해는 지지 않고 있었다. 나는 강둑을 따라 달려갔다. 야만인 마을에 도착했다. 거리는 텅 비어 있었으나 곧 개 짖는 소리가 들려오고, 시끌벅적한 웃음소리와 고함 소리도 들려왔다. 나는 소리나는 곳으로 뛰었다. 눈에 보이는 것은 오직 남자와 여자와 어린이들이 한데 섞인 군중의 모습뿐이었다. 그들은 프란치스코를 우물가로 몰고가서 인정사정없이 돌을 던지고 있었다. 그런데 그는 가슴에 손을 얹고 머리에서 피를 흘리고만 있었다. 이따금 그는 손을 펴 보이면서 나지막이 속삭였다. "고마워, 애들

아. 하느님이 여러분을 축복해 주실 것이니!" 그러고는 다시 두 손을 가슴 위에 포갰다.

내가 막 그를 보호하기 위해서 앞으로 달려나가는데 그 뒤에서 야수처럼 커다란 포효소리가 들려왔다. 모두 그쪽을 보았다. 엄청난 거인이 폭도를 헤치고 프란치스코를 어린애처럼 번쩍 들어 올렸다.

"당신을 어디로 데려다 드릴까요, 가엾은 프란치스코!" 그는 프란치스코를 가까이 끌어안으며 물었다.

"당신은 누구신가요?"

"제 이름은 마세오라오. 짐꾼이지요. 나를 모르는 사람은 없지요. 어디다 모셔 드릴까요?"

"포르치운쿨라로 데려다 주세요." 프란치스코는 말했다. "나도 마차꾼입니다. 마세오 형제. 지상에 사는 사람들을 하늘로 데려다 주는 일이지요."

마세오는 프란치스코를 팔에 안은 채 앞으로 나갔다. 나는 그 뒤를 쫓아 달렸다. 우리가 포르치운쿨라에 닿았을 때는 해가 진 다음이었다. 마세오는 프란치스코를 교회 문턱에 내려놓더니, 그 곁에 쭈그리고 앉았다. 베르나르드는 한쪽 구석에서 기도를 드리고 있었다. 카델라와 안젤로는 구걸을 끝내고 막 돌아오는 길이었다. 하나둘 다른 수도사들도 모습을 나타냈다. 그들은 모두 맨발이고 굶주렸지만, 허리에 끈을 둘러맨 그들의 얼굴에는 행복감이 넘쳐 흐르고 있었다. 모든 것이 평화롭고 아늑한 곳이었다. 차츰 어둠의 그림자가 짙어지고 새들이 '사라지는 빛'에 아쉬운 작별을 고하고 있었다. 샛별이 저녁 하늘에서 점점 커져 오는 것이 보였다. 내가 물을 길어다 프란치스코의 상처를 씻어 주는 것을 길레스는 말없이 바라보았다. 주니퍼 형제는 불을 피우려고 불쏘시개를 두 돌 사이에 괴기 시작했다. 루피노와 피에트로는 강가에서 월계수 잎을 따다가 지금은 교회 안에서 성모 마리아 상을 장식하고 있다.

"오늘 밤 우리 결혼식을 올리도록 해요." 프란치스코는 엉뚱하게 소리쳤다. "마세오, 당신이 들러리를 서고 싶소?"

모든 사람이 그 소리에 놀라 고개를 돌렸다. 카델라는 신이 나서 껑충껑충 뛰었다. 그는 벨벳 모자를 손에 들고 먼지를 털고 있었다. "프란치스코 형제, 결혼식이라고 했지요?"

"그런데 누구 결혼식 말인가요?"

"내가 길을 가다가 과부 하나를 우연히 만났다오." 프란치스코는 미소를 띠며 대답했다. "몇 년 동안 이 여자는 남루한 옷을 걸치고 먹을 것도 제대로 못 먹으면서 맨발로 걸어다녔는데, 이 여자에게는 누구 하나 문을 열어 빵을 주려고 하지 않았어요. 형제들, 우리가 이제 그 여자를 위해 문을 열어 주는 거예요."

"제발, 무슨 말인지 우리가 이해할 수 있게 말씀해 주세요. 도대체 누구의 과부란 말인지요?" 수도사들이 소리쳤다.

"예수의 과부지요, 형제분들. 나를 그렇게 노려보지 말아요. 꼭 눈들이 튀어나올 것만 같군요. 예수의 과부란 가난입니다. 그 여자를 위해서 나는 그를 신부로 맞아들이려는 것입니다." 나는 일어나서 자신을 훑어보았다.

"나는 꼭 신랑처럼 차려입었지요." 그는 말했다. "이 차림에서 나는 아무것도 바꿔야 할 것이 없군요. 기워 놓은 옷, 매듭진 거친 허리띠, 흙투성이 발에 뱃속은 텅 비었으니까요. 나는 아무것도 부족한 것이 없어요. 신부도 마찬가지입니다. 그러니 왜 바로 시작할 수 없겠어요. 자, 들러리, 나를 결혼식장에 내놓으세요!"

프란치스코는 앞장섰다. 바로 그 뒤를 마세오가 뒤따르고 우리들이 줄을 이었다. 교회가 수도사들로 가득 찼다.

"실베스터 신부는 어디 계신가요?" 프란치스코가 두리번거리며 뒤돌아보았다. "오셔서 결혼을 축복해 주셔야겠는데요."

"그런데 신부는 어디 있어요?" 내가 물었다. "안 보이는데요."

"레오 형제, 보이지 않는 게 마땅하지요. 당신은 지금 눈을 뜨고 있으니까요. 눈을 감으세요. 그러면 그 여자 모습이 보일 겁니다." 그는 제단 앞에 무릎을 꿇고 오른쪽을 돌아보았다. "가난의 자매시여!" 그는 말했다. 가슴이 뭉클해 오는 음성이었다. "귀하고 공경 받는 가난의 자매시여, 예수가 가장 사랑하신 자매여, 일생을 통하여 오직 그이에게 정절을 바치고 그 싸움에서 용기를 준 자매여, 십자가로 나아가는 그 길을 끝까지 따르고 그의 무덤에도 동행한 자매여, 나는 손을 뻗어 당신을 거리에서 맞아들여 오늘 신부로 삼으려 합니다. 나의 여인이여, 그 손을 여기 주시오!" 그는 자기 오른쪽으로 허공을 향해 손을 뻗었다.

우리는 제단 앞에 무릎을 꿇고 신랑의 이상한 말을 놀라움 속에 들었다. 프란치스코가 보이지 않는 신부에게 손을 뻗는 모습을 바라보았다.

나는 눈을 감았다. 그러자 프란치스코의 오른쪽 곁에 서 있는 파리한 여자의 모습이 보였다. 검은 누더기 옷을 걸친 여인은 초라한 모습이었지만 왕을 잃은 여왕 같은 고귀한 기품이 있었다. 그리고 신랑 신부 앞에 마세오가 서서 형극의 왕관 두 개를 두 사람의 머리 위에 씌워 주고 있었다. 불을 켠 촛대를 들고서 실베스터 신부는 승리감에 넘치는 결혼 찬가를 부르고 있었다.

나는 눈을 뜨고 형제들을 바라보았다. 그들의 얼굴은 기쁨으로 넘치고 눈에서는 성스러운 빛이 빛나고 있었다. 우리는 모두 일어나 서로 손을 잡고 원을 그리며 빙 둘러섰다. 그리고 프란치스코와 신부를 가운데 놓고 노래를 하며 춤을 추기 시작했다. 베르나르드 형제는 눈물을 펑펑 쏟았다. 카펠라 형제는 명물이 된 자기 모자를 벗어 들고 허공에 빙빙 휘둘렀다. 그 곁에서 길레스가 손뼉을 쳤다. 그때 마세오는 좀더 대담하게 나왔다. 셔츠 밑에 감춰 둔 피리를 꺼냈던 것이다. 혼자서 여행할 때, 밤이면 꺼내 불던 피리에 입을 대고 프란치스코 앞에 두 무릎을 꿇더니 유쾌한 목동의 노래를 뽑아내기 시작했다. 보잘것없는 교회는 마치 목동이 결혼식을 올리는 양 떼의 집처럼 시끌벅적해졌다. 우리와 마찬가지로 이 이상한 결혼식 광경에 놀란 성모 마리아상은 아들을 내려다보며 웃고 있었는데, 마치 그 어린 예수에게 이렇게 말하는 듯했다. '우리 아가, 사랑이 넘치다 보니 너의 친구들을 모두 돌게 만들었나 보구나. 자, 저들을 봐요. 술 한 방울 없는데도 저렇게 취하고 신부가 없는데도 신랑 노릇을 하고 있으니 말이에요. 굶주림이 저들을 배부르게 하고 가난이 저들을 살찌우는 거지. 아가야, 저들은 굴레를 벗어나고 있어요. 인간에게 씌운 굴레를 벗어나고 있어요. 조금 더 가면 저들은 천사가 될 거예요. 그리고 저 한가운데 있는 사람—그 사람이 보이니? 그게 우리 친구 프란치스코, 하느님이 사랑하는 광대예요.

교회를 나오자 하늘에는 별들이 총총 빛나고 있었다. 프란치스코는 어둠 속으로 계속 나아갔다. 혼자 있고 싶었던 것이다. 다른 사람들은 모두 누워서 밤의 소리에 귀를 기울였다.

우리는 아무 말도 하지 않았다. 우리는 그 이상한 결혼식을 자꾸 생각하지 않을 수 없었다. 처음에 몇몇 형제들은 그 광경이 하도 우스워서 막 웃음을 터뜨릴 뻔했다. 그러나 차츰 우리는 그 속에 담긴 숨은 뜻을 이해하게 되었다. 웃음은 서서히 울음으로, 그것은 다시 축복으로 바뀌어 갔다. 천국에 있는 영혼이 운다면 이럴 거라고 나는 혼자 생각했다. 그리고 웃는다면 틀림없이 이렇게 웃으리라. 천상의 행복이란 두말할 것 없이 이러한 것이겠지……. 우리 영혼은 잠시 우리 마음과 육신에서 풀려났다. 눈으로 보고 느낄 수 있는 얄팍한 진실을 따질 필요가 되었다. 대신 우리 영혼은 저마다 하느님의 바다에 앉은 어린 갈매기가 되어 그분의 자비로운 뜻에 완벽한 조화를 이루며 물결을 타고 오르내렸다.

프란치스코는 그날 밤, 그리고 그 이튿날이 되어도 돌아오지 않았다. 우리들은 불안했지만 아무도 그 불안을 입 밖에 내지는 않았다. 저녁이 되었다. 우리는 포르치운쿨라 밖에서 그날 얻어들인 것을 나눠 먹으려 모두 내보였다. 나는 빵 한 조각을 입에 넣었지만 목이 메어 넘어가지가 않았다. 나는 자리에서 일어났다.

"프란치스코 형제를 찾아야겠어요." 이렇게 말하고 아시시 쪽으로 나가 수바시오 산을 오르기 시작했다. 프란치스코가 그처럼 좋아하는 어느 동굴 한 구석에서 기도를 드리고 있으리라는 생각이 들었던 것이다. 그는 또 한 번 어려운 시련을 치러내고 있음을 느낄 수 있었다. 새로운 고뇌가 그의 가슴을 찢어 놓고 있는 것이 틀림없었다. 하늘의 도움과 자비를 구하려 했기에 그렇게 하느님 앞에 혼자 있고 싶어한 것이다.

그곳에 도착했을 때는 한밤중이었다. 동굴을 두세 군데 뒤졌지만 프란치스코를 찾지 못했다. 그때였다. 갑자기 어린애가 우는 듯 조용하면서도 원망에 찬 울음소리가 들려왔다. 울음소리가 나는 동굴 가까이 다가가 어둠 속을 살폈다. 파리한 얼굴이 나타났다. 높이 쳐든 두 손이 허공 속에서 앞뒤로 더듬고 있었다. 나는 숨을 죽이고 가만히 귀를 기울였다. 누군가가 도란도란 이야기하고 있는 것 같았다. 프란치스코가 그 누군가에게 말을 걸고 있었다.

"저는 당신의 뜻을 그대로 행하고 싶습니다." 그는 울면서 말했다. "말씀하신 대로 행하고 싶습니다. 하지만 그럴 수가 없어요!"

그 다음 침묵이 흘렀다. 프란치스코가 꺼이꺼이 우는 소리, 자기 가슴을 치는 소리만 한참 들리더니 다시 말이 이어졌다.

"제가 어떻게 다른 사람들을 구원하겠습니까? 저는 저주받은 죄인입니다.

아무도 모르지요. 주님, 당신 말고는 아무도 모릅니다. 제 속에 어떤 지옥과, 어떤 어둠과, 어떤 진흙이 있는지를!"

다시 침묵이 흘렀다. 프란치스코는 대답을 듣고 있는 사람처럼 조용했다. 나는 소리가 들리지 않는 곳으로 막 나가려 했다. 두 사람이 서로 밀담을 나누고 있었던 것이다. 그들을 스파이처럼 몰래 감시하며 그 비밀을 몰래 엿듣는 것처럼 천한 짓은 없을 것이다. 나는 그 말을 전에도 한 적이 있는데 또 이런 소리를 하고 있으니 나는 정말 천하고 야비하다! 나는 몸을 숙여 땅에다 귀를 바짝 대고 한 마디라도 놓칠세라 귀를 곤두세웠다.

다시 프란치스코의 목소리를 알아들을 수 있었는데, 이번에는 심한 고뇌로 몸부림치는 목소리였다.

"제 죄를 용서해 주시겠습니까? 제가 알고 싶은 것은 그것입니다. 저를 용서하시겠습니까? 아니라면 주님, 저는 어디서 어떻게 시작해야 하는지요? 사람들이 프란치스코라고 부르는 이 진흙덩이를 저는 신뢰할 수가 없습니다."

그러고는 꽤 시간이 흘렀는데도 나는 아무 소리도 들을 수 없었다. 동굴 속에서는 목소리도, 우는 소리도 새어 나오지 않았다. 어둠 속에서 손이 왔다 갔다 하는 것도 보이지 않았다.

그때 갑자기 가슴이 메어지는 듯한 외마디 소리가 터져 나왔다.

"그럼 언제인가요? 언제 '그만 하면 됐어.' 하고 말해 주시겠어요? 언제, 언제라고요?"

그는 껑충 뛰어 일어섰다. 먼동이 트고 있었다. 파리하고 희미한 한 줄기 빛이 기어들어와 동굴 바위 위를 훑고 지나갔다. 프란치스코는 한발을 내딛다가 걸려 넘어지면서 머리를 바위에 찧었다. 그의 이마에서 피가 흐르는 것이 보였다. 소리를 지르며 나는 일어나서 뛰어갔다.

"놀라지 마세요, 프란치스코 형제. 저입니다. 레오 형제예요!"

그는 눈을 들어 한참 나를 바라보았지만, 알아보지 못했다. 이윽고 시선에 초점이 돌아오자 내가 누군지 생각난 것 같았다.

"나는 씨름을 하고 있었어요." 그는 숨을 몰아쉬며 귓속말로 속삭였다. "레오 형제, 지쳐 버렸어요."

우리는 동굴을 떠났다. 나는 그의 한쪽 팔을 붙들어 그가 넘어지지 않게 부축했다.

햇빛이 산마루를 훤히 밝히자 골짜기도 서서히 밝아오기 시작했다. 세상은 다시 눈을 뜨고 있었다. 프란치스코는 걸음을 멈췄다.

"우리는 어디로 가고 있지요?" 그가 물었다. "나를 어디로 데리고 가는 거지요? 나는 여기 그냥 있는 것이 좋아요. 레오 형제, 나는 지쳤어요. 힘이 들어요."

그는 산꼭대기를 보았다. 햇빛이 차츰차츰 새 봉우리들을 계속 밝히며 돌과 가시덤불, 그리고 바닥에 깔린 흙을 깨워 놓고 있었다. 자고새 한 마리가 날개를 요란스럽게 퍼덕이며 바로 우리 앞으로 울며 지나갔다. 동쪽에서 새벽 별이 춤추며 웃고 있었다.

"지금 여기 있어도 괜찮아요." 그는 다시 말했다. "밤은 지나갔어요. 끝났어요. 끝났어요. —하느님께 찬송을!"

안도의 숨을 내쉬며 그는 바위 위에 쭈그리고 앉았다. 그리고 좀 따뜻해지라고 두 손을 태양을 향해서 활짝 들었다. 그는 나에게 자기 곁에 와 앉으라고 고개를 끄덕여 보였다. 그러고는 주위에 누가 엿듣는 사람이 있을까 봐 두려워하는 듯 두리번거렸다.

"레오 형제여." 한 손을 내 무릎 위에 올려 놓으면서 나직한 소리로 말했다. "희망의 가장 눈부신 얼굴은 하느님이에요. 하지만 절망의 가장 눈부신 얼굴 또한 하느님의 얼굴이에요. 우리 영혼은 그 두 개의 낭떠러지 사이를 오가며 휘청거리고 있는 것입니다."

나는 아무 말도 하지 않았다. 내가 도대체 무슨 이야기를 할 수 있다는 것인가? 프란치스코는 참으로 머나먼 길을 걸어왔다. 그는 가장 험난한 산봉우리에서 가혹한 소식 하나를 가지고 내려왔다는 생각이 들었다.

"무쇠로 만든 신발 있으시오, 레오 형제?" 조금 뒤에 그가 나에게 물었다. "이젠 바로 그런 신을 신고 나서야 되겠어요. 당신은 나에게 가장 충실한 친구니까. 참 가엾고 불운한 레오 형제지. 우리는 길고 험난한 길을 가야 한다오."

"나에게는 두 발이 있습니다. 그건 무쇠 신보다 더 질기지요." 내가 대답했다. "어디로 가자고 하든 나는 당신을 그곳까지 거뜬히 모셔 갈 테니까요."

프란치스코는 미소지었다. "레오 형제, 너무 자랑하지 마세요. 나는 머나먼 길을 걸어오면서 끔찍한 것을 많이 보았고 또 들었다오. 이제 내 말을 들어 보십시오. 만약 공포라는 물건을 시장에서 팔고 있다면, 레오 형제여, 우리는 우리가 지금 가지고 있는 것을 몽땅 팔아서라도 그걸 사야만 해요."

"무슨 뜻인지 모르겠네요." 내가 중얼거렸다.

"모르는 게 더 나을 수도 있어요." 하더니 프란치스코는 다시 침묵에 빠져들어갔다.

산은 이제 빛의 홍수로 넘실거리고 있었다. 우리 앞에는 야생 금잔화 숲이 향기로운 꽃을 잔뜩 피우고 있었다. 조그만 장밋빛 구름이 하늘을 조용히 가로질러 오다가 햇빛을 받아 점점 작아지더니 사라지고 말았다. 우리가 앉아 있는 건너편 바위에 빨간 볏이 달린 작은 새 한 마리가 날아와 앉아서 꼬리를 흔들었다. 그 새는 무엇을 찾는 것처럼 사방을 둘러보더니 우리를 똑바로 쳐다보았다. 우리를 보자 이 새는(어쩌면 그토록 우리를 알아보았다는 느낌을 주는지!) 대담해졌다. 휘파람을 불기 시작했다. 처음에는 부드럽게 힐책하듯, 그렇지만 곧 머리를 뒤로 힘껏 젖히면서 목청을 돋우었다. 하늘과 빛과 해를 바라보며 술에 취해 흥겨운 사람처럼 노래를 쏟아 놓기 시작했다. 모든 것이 사라졌다. 이 세상에 이 새와 하느님밖에는 아무것도 남아 있지 않았다.

"그렇다. 하느님과 노래 부르는 작은 부리밖에는 남아 있지 않다."

프란치스코는 눈을 감고 그 노래를 들었다. 그의 얼굴에는 불안한 듯한, 그러면서도 이루 말할 수 없이 기쁜 표정이 넘쳐흘렀다. 축 처진 아랫입술이 떨리고 있었다.

갑자기 새는 노래를 멈추더니 날아가 버렸다. 프란치스코는 눈을 떴다.

"주님, 저를 용서하십시오. 잠시 자신을 잊어버렸습니다." 그는 중얼거렸다.

그는 난처한 듯이 일어났다. "자, 갑시다. 레오 형제여!" 우리는 산길을 내려오기 시작했다.

"사람의 마음이 제 아무리 평온하고 차분하게 자리잡았다가도 작은 새의 노랫소리 한 번에 그만 넋을 잃다니, 참!" 그는 또 중얼거렸다.

우리는 아시시로 들어가는 길을 피하여 빙 돌아서 포르치운쿨라에 돌아왔다. 사원은 텅 비어 있었다. 수도사들은 모두 저마다 맡은 일을 하러 흩어졌고, 저녁때까지는 돌아오지 않을 것이다.

"깃털 펜과 잉크 병을 가져 오세요." 프란치스코가 나에게 말했다.

나는 필기도구를 가져다 놓고는 그와 마주 앉으며 무릎을 꿇었다.

"받아쓰세요!" 프란치스코가 한 팔을 올리면서 명령했다.

꽤 오랫동안 그의 입에서는 말이 나오지 않았다. 나는 펜을 손에 쥐고 말이 떨어지기를 기다렸다.

"자, 쓰세요. '자, 이만하면 할 만큼 다했소! 꽃이 활짝 핀 나무 밑을 걸어다니는 것도 나는 지쳤소. 야수들이 찾아와서 나를 핥는 일에도 지쳤소. 내가 나가면 갈라서는 강들도 지긋지긋하고, 나를 태우지 못하는 불길 속을 걸어나가는 일도 지긋지긋해졌소! 내가 여기 더 이렇게 머물러 있기로 들면 안일함과 게으름, 그리고 편안한 생활로 인하여 나는 녹이 슬고 썩어 버릴 것이오. 문을 여시오. 나를 내보내 줘요!'

'아담, 아담, 너 진흙으로 빚은 인간이여 거만을 떨지 말라.'

'나는 천사가 아니다. 그렇다고 원숭이도 아니다. 나는 인간이다. 인간이 된다는 것은 투사가 되고 노동자가 되고 반항아가 된다는 것이다. 저 바깥에는 마구 물어뜯는 야수들이 있으며, 들어가면 빠져 죽는 물, 닿으면 타 버리는 불이 있다는 느낌이 점점 커지고 있다. 나는 나가서 싸울 것이다! 문을 열어라. 나는 나가겠다.'"

프란치스코는 이마에 맺힌 땀을 닦으며 주위에 엿듣는 사람이 없는지 확인하려 둘러보았다.

"다 적었소?"

"적었어요, 프란치스코 형제. 그러나 제가 적은 이 글귀를 제가 이해하지 못하더라도 용서하시오."

"상관없어요. 자, 종이 한 장을 더 가져와 이렇게 쓰세요."

"주교님 말씀이 맞습니다. 우리도 이마에서 땀을 흘려가며 빵을 먹어야 해요. 우리가 일해야 한다는 것이 하느님의 뜻이에요. 그러나 우리는 가난과 결혼하였습니다. 주교님 말씀에 경의를 표하면서도 우리는 결혼한 배필을 버릴 수는 없습니다."

"자, 받아쓰세요. '기술이 있는 수도사는 자기 기술에 따라 노동을 할 것.

그러나 그것이 불명예스럽다거나, 자기 영혼을 구하는 데 방해가 되어서는 안 된다. 노동에 대한 대가로서 수도사들은 생활필수품을 받되 결코 돈은 받을 수 없다. 그들에게 돈이란 돌덩이나 쪽정이 같은 것이다. 만약 직업을 가지고도 먹을 것이 부족하다면 문전걸식도 부끄러워해서는 안 된다. 가난한 자에게 베푸는 것은 우리 모두에게 주어진 의무이기 때문이다. 예수그리스도 역시 가난을 부끄럽게 여기지 않고 이방인이 되어 빵을 받아 먹고 사는 일을 수치로 여기지 않았다.

형제들이여, 덧없고 사소한 지상의 물건을 소유하고자 한 나머지 우리 몫의 천국을 잃지 않도록 조심하라. 겸허하고 착해야만 한다. 천하고 멸시 받는 사람들과 어울리는 데 기쁨을 느끼고, 가난한 자, 병든 자, 문둥이, 거지들 틈에서도 기쁨을 가져야만 한다. 레오 형제여, 계속 받아쓰세요.

'빈곤, 복종, 정절 그리고 무엇보다 사랑이 우리 여행의 위대한 동반자가 될 것이다. 밤낮으로 우리 앞에 서서 행진하고 우리가 한눈팔지 않고 뒤따라야만 할 분이 있다. 그것은 예수다. 그는 굶주렸다. 우리 또한 굶주려야 한다. 그는 고통을 받았다. 우리 또한 고통을 받아야만 한다. 그는 십자가에 못 박혔다. 우리도 못 박혀야만 한다. 그는 죽음에서 일어났다. 우리 또한 어느 날 죽음에서 일어날 것이다.'

나는 적고 또 적었다. 종이 한 장이 가득 찼다. 그러자 프란치스코는 펜을 받아 들더니, 그 엉성한 글씨로 쓴 글 맨 아래에다 '프란치스코, 하느님의 작은 거지'라고 서명했다.

"이것이 우리의 규칙이오." 그가 말했다. "자, 글 맨 위에는 이렇게 쓰세요. '이노센트 교황에게.'"

나는 깜짝 놀라서 프란치스코를 쳐다보았다. "이것을 교황에게 보내는 겁니까?"

"아니오, 레오 형제. 우리는 이것을 직접 그에게 가져가는 것입니다. 당신과 내가 말이오. 당신의 발은 무쇠 발이라고 했지요? 내 발도 그래요. 우리는 가난한 순례자들처럼 성도(聖都)까지 걸어가 우리 손으로 교황에게 직접 전해 드리는 겁니다. 그분이 동의하면 자신의 옥새를 밑에 찍어 줄 것이며 동의하지 않는다 해도 하느님께서 당신의 옥새를 찍어 주실 겁니다. 그분의 말씀을 나에게 주신 것이니까요!"

"언제 떠나지요?"

"오늘 밤이오."

"그렇게 빨리요, 프란치스코 형제?"

"내가 몇 번이나 이야기 해야겠소, 레오 형제. 하느님께서는 기다릴 수가 없어요."

우리가 이야기하는 동안 수도사들이 하나둘 돌아오기 시작했다. 모두들 피로에 지쳐 땅바닥에 쓰러졌다.

"우리는 하루 종일 문간을 두드리고 돌아다니느라 시간만 낭비하고 있어요. 바꿔 말하면 우리 영혼을 낭비하고 있는 것이지요."

베르나르드 형제가 곁에 있는 이에게 속삭였다. "이런 일을 그만두고 무릎을 꿇고 기도를 해야지요. 피에트로 형제, 언제까지 계속해야 하죠? 언제까지 이래야 합니까?"

"우리에게 입이 붙어 있는 한 계속 해야지요, 베르나르드. 그러니 참을성을 기르세요."

그때 모두 프란치스코에게 시선을 돌렸다. 자리에서 일어난 그가 말을 하려고 했던 것이다. 한동안 그는 수도사들 얼굴을 하나하나 돌아보았다. 그의 눈에는 불안과 슬픔이 가득 담겨 있었다. 유혹의 손이 얼마나 교활한 것인지, 인간의 마음이 얼마나 속기 쉬운지, 그리고 육체의 유혹이 얼마나 달콤하고 강력한 것인지를 프란치스코는 너무나 잘 알고 있었다.

"형제 여러분," 그는 입을 열었다. "나는 하느님에게서 지시를 받았습니다. 잠깐 나가 있어야 할 일이 생겼습니다. 우리 형제의 수는 늘어나 한 교단을 형성하기에 이르렀습니다. 이제 우리는 규칙을 세워야만 하겠습니다. 제가 떠나가는 것은, 지상에 있는 예수님의 그림자 앞에 엎드려 그 축복을 우리가 받도록 하기 위함입니다. 실망하지 마십시오. 여러분은 혼자 남는 것이 아닙니다. 보이지 않아도 밤낮으로 나는 여러분 사이에 남아 있을 테니까요. 보이지 않는 사람은 좀 더 뚜렷하게 볼 수 있고, 좀 더 뚜렷이 들을 수가 있으며, 사람들의 생각을 읽는 데 한결 나은 자리에 있는 거랍니다. 그러나 조심하십시오! 우리가 기도 드릴 때 하던 말을 잊지 마십시오. 복종, 정절, 빈곤, 그리고 무엇보다 사랑을 잊어서는 안됩니다! 그리고 마지막 지시를 하나 여러분에게 남기고 떠나렵니다. 구걸을 그만하십시오. 이제부터 여러분 모두 어떤 일이든 붙들고 해야만 합니다. 병원에 가서 일을 도와주거나, 숲속에 가서 나무를 베어다 팔거나, 저마다 일을 찾아나서야 합니다. 짐꾼도 좋고, 바구니 짜는 일도 좋고, 신을 만들거나 땅을 일궈 포도를 수확하는 일도 괜찮습니다. 하느님이 할 만하다고 주신 일이면 뭐든 좋습니다. 그렇지만 우리가 가난과 결혼했다는 사실은 결코 잊지 마십시오. 그 여인을 배반하는 일은 아무도 해서는 안됩니다. 그날 벌어서 그날 먹는 생활이지요. 그날 하루에 필요한 것만 얻는 것입니다. 그보다 조금이라도 넘치는 것은 모두 사탄의 것이 됩니다. 여러분, 가난과 복종과 정절과 사랑만이 있을 뿐입니다. 사람들에게 말할 재주가 있는 형제들은 성호를 긋고 설교하러 나가세요. 짝을 지어서 다니시오. 서로 위안이 될 것입니다. 함께하는 사람들이 눈에 보일 때마다 걸음을 멈추고 사랑을 말하시오. 친구와 원수에게도 마찬가지로 온전하고 완벽한 사랑을 주고, 가난한 사람과 돈 많은 사람, 사악한 사람과 의로운 사람을 사랑으로 차별해서는 안됩니다. 그들은 모두 하느님의 아들이며 우리 형제이기 때문이지요.

내가 없는 동안 실베스터 신부님이 제가 하던 일을 돌보도록 하겠어요. 그분의 말을 들으시오. 그는 하느님의 성직자입니다. 성스러운 제단 앞에서 미사를 드릴 것이며, 그의 축복으로 포도주를 예수의 피가 되게 하고 빵을 예수의 몸이 되게 할 것입니다. 어느 누구보다 하느님께 가장 가까이 있는 분이오.

실베스터 신부님, 나는 수도사들을 당신께 인도하오. 그들을 보살펴 주십시오. 양 한 마리가 병들어도 그것은 목동이 잘못한 탓이기도 합니다. 양 한 마리가 울타리를 넘어 도망친다면 목동에게 책임의 일부가 있습니다. 잘 돌보아 주십시오. 실베스터 신부!"

그는 팔을 벌리고 탁발 수도사를 한 사람 한 사람 품에 안아 주었다.

"안녕히 계시오, 형제들. 하느님의 이 어린 양 레오 형제가 나를 따를 것입니다. 오늘은 달이 떠서 로마로 가는 길이 하얗게 빛나고 있어요. 우리는 지금 떠나겠습니다. 레오 형제여, 성호를 그으시오. 하느님의 이름으로 기원합니다!"

길레스, 마세오, 베르나르드는 눈물을 흘렸다. 다른 사람들은 말없이 프란치스코의 손에 입 맞추었다. 루피노가 다가와 그의 귀에다 무슨 말을 속삭였지만 프란치스코는 고개를 저었다.

"루피노 형제, 다 소용없어요. 지팡이, 신발이나 빵은 필요없다오. 하느님이 우리의 지팡이요, 신발이요, 빵입니다. 여러분, 안녕히 계시오!" 그는 몇 발자국 걷다가 뒤돌아보았다. 두 눈에는 눈물이 가득했다. "여러분, 여러분 모두가 나에게는 아버지요, 어머니요, 친형제입니다. 사탄이 그 깃발을 높이 내걸었어요. 그리고 하느님이 이제 외치고 있습니다. '믿는 자들이여, 모두 나오너라!' 그분의 호소에 귀 기울이고 큰 소리로 대답합시다. '우리는 나아갑니다. 주님, 우리는 나아가고 있습니다!' 용기를 내세요, 나의 형제들. 선과 악이 지금 싸우고 있습니다. 그러나 선이 이길 것입니다. 여러분, 두려움도, 굶주림도, 목마름도, 병듦도, 죽음도 존재하지 않습니다. 존재하는 것은 오직 하느님뿐입니다." 그는 내 팔을 잡았다.

"자, 갑시다." 그가 말했다. 그리고 서두르기 시작했다. 그는 잠시도 지체할 수가 없었던 것이다.

우리가 성호를 그으며 여행을 떠나던 그날 밤 이후 얼마나 많은 세월이 흘러간 것일까! 나는 이 수도실에 앉아 눈을 감고 생각해 본다. 얼마나 많은 달과 얼마나 많은 여름과 가을이 바뀌면서…… 또 얼마나 많은 눈물을 흘렸던가! 프란치스코는 지금 하느님의 발 아래 앉아 있을 것이다. 어쩌면 그는 고개를 숙이고 지상을 내려다보면서 포르치운쿨라를 찾고 있을지도 모른다. 그러나 그는 찾지 못할 것이다. 어마어마하게 큰 교회가 그 위에 들어서면서 옛 교회는 숲처럼 일어선 탑, 종탑, 동상, 샹들리에, 그리고 황금에 짓눌려 자취를 감추었다! 그리고 수도사들은 이제 맨발로 다니는 법이 없다. 제대로 신을 신고 따뜻한 옷을 입고 다니며 일부는—하느님 이렇게 말하는 저를 용서하소서—매듭진 띠 대신 비단으로 허리띠를 만들어 두르기도 한다!

우리가 달빛을 받으며 걷고 있을 때 갑자기 프란치스코가 뒤를 돌아보고는 공포에 질려 시선을 떼지 못하던 일이 생각난다. 그는 종소리를 들었던 것 같다. 그리고 삼층으로 높이 솟은 회당 하나를 보았던 모양이다. 그는 크게 외치며 성호를 그었다. 그러자 회당은 흔적도 없이 사라졌다.

"그럴 수가 없소!" 그는 중얼거렸다. "하느님께 영광을!"

하지만 프란치스코, 그럴 수가 없다니요. 그건 너무나 생생했습니다. 인간의 허영심과 자만심을 어떻게 하면 멈추게 할 수 있을까요? 어떻게 하면 순수하고 깨끗한 정신이 그 발에다 진흙을 묻히지 않고 땅 위를 걸어다닐 수가 있을까요?

그 여행은 여러 낮과 여러 밤 동안 계속되었다. 우리가 걸으면서 계속 하느님을 찬양하는 노래를 부르지 않고 하느님에 대한 이야기를 서로 주고받지 않았다면, 주님이 우리 앞에서 앞장서 가시다가 가끔 우리를 돌아보며 웃고 계시다는 생각을 못했더라면, 우리는 그처럼 피곤하고 배고프고 추운 밤과 낮을 도저히 견뎌 내진 못했을 것이다!

마을에 들어서면 우리는 문을 두드리고 먹을 것을 청했다. 어느 마을 사람들은 우리에게 빵을 조금 떼어 주기도 했다. 돌 아니면 죽은 쥐 한 마리를 우리 손바닥 위에 놓아주며 깔깔거리고 웃는 사람들도 있었다. 그러면 우리는 우리를 놀려준 그 집에 축복을 빌며 또 길을 떠났다.

계절은 봄이었다. 날씨가 말할 수 없이 화창해졌다. 나무에서 꽃들이 피기 시작하고, 포도나무마다 잎망울이 맺혔다. 무화과나무는 여린 잎을 풀기 시작했다.

"예수 재림의 날이 이럴 것이오, 레오 형제." 프란치스코가 그때 입버릇처럼 하던 말이다. "봄철과 같은 계절에 죽은 자들이 새 순이 움트는 것처럼 빛을 찾아 갑자기 일어날 것이오."

어느 날 우리는, 젊은 남녀들이 모여 '겨울 아버지 태우기 축제'를 막 시작하는 저녁, 장터에 들어섰다. 마을 광장에 도착해서 교회 앞 한가운데 세워 놓은 겨울아비 모습을 구경했다. 나뭇가지와 짚으로 만들어졌는데 손으로 꼬아 놓은 기다란 수염을 달고 있었다. 총각과 처녀들은 이글거리는 횃불을 들고 허수아비 둘레를 빙글빙글 돌면서 춤을 추고 노골적인 봄의 노래를 부르고 있었다. 모두 신이 나고 흥분해 있었다. 결혼을 하지 않은 그들에게 봄이란 마치 술처럼 취해 오는 것이고 가슴에 불을 지피는 피끓는 계절이었다.

결혼을 한 사람이나 노인들은 젊은이들을 빙 둘러 에워싸고 구경하며 웃고 있었다. 프란치스코도 광장 모퉁이에 심은 나무에 기대어 같이 구경했다. 나는 그가 화를 내며 나를 끌고 그 자리를 떠날 것이라고 생각했지만, 눈을 크게 뜨고 마냥 즐겁다는 듯 바라보고만 있었다.

"인류는 파멸할 수가 없어요, 레오 형제." 그는 나에게 말했다. "저 젊은 처녀 총각을 보세요. 상기한 저들의 얼굴을 보세요. 저 빛나는 눈들, 마치 이렇게 말하는 듯한 눈길이 서로 부딪치고 있어요. '걱정하지 마. 이 세상에 우리 둘밖에 남지 않더라도 우리의 아들과 딸들이 곧 이 지구를 가득 채워 줄 테니까!' 레오 형제, 저들 또한 자기 갈 길을 가고 있는 거예요. 그 길 또한 하느님께 이르는 길이지요. 우리는 빈곤, 정절의 외길을 택하였고, 저들은 풍성한 양식과 가정이라는 길을 따르는 것이지요."

우리가 이런 말을 하고 있는 동안 앞장서서 춤을 추던 젊은이가 타오르는 횃불을 겨울 아비의 배 안으로 넣었다. 짚으로 만든 허수아비 영감에게 금방 불이 붙었다. 불길이 하늘을 찌를 듯이 곧장 솟아오르다 사그라졌다. 남은 것은 재뿐이었다. 청춘 남녀들은 큰 소리로 외치며 들고 있던 횃불을 던진 다음 어둠 속으로 사라지는 상대를 찾아 필사적으로 뛰어다니며 신음소리와 비명을 질렀다. 온 마을이 웃음과 헉헉거리는 소리로 가득 찼다.

프란치스코는 내 손을 잡았다. 우리는 광장 건너편에 있는 교회로 가서 그 아치형 문 아래에 쭈그리고 앉았다.

"참 좋은 날이었소, 레오 형제." 그는 문기둥에 기대었다. 잠을 자려는 준비였다. "그래요. 참 좋은 날이었지요. 우리는 투쟁하는 인간의 또 다른 얼굴을 보았소. 거기에도 하느님의 축복이 있기를!"

우리는 이튿날 아침 일찍 다시 길을 떠났다.

"우리는 얼마나 자유로운가요!" 프란치스코는 기쁜 듯이 소리쳤다. "우리는 이 세상에서 가장 자유로운 사람들입니다. 가장 가난하기 때문이지요. 빈곤이나 소박함, 자유는 모두 똑같은 것입니다."

우리는 배고픔과 피곤을 잊기 위해 다시 노래하기 시작했다.

그러나 프란치스코는 날마다 마음속에 슬픔이 가득 차오르는 것을 느꼈다. 우리가 찾아가는 마을마다 사탄이 먼저 진을 치고 있었다. 사람들은 하느님을 욕하고, 서로 싸우고 찔렀다. 교회에는 발을 들여놓지도 않았을 뿐만 아니라, 성호를 긋지도 않았다.

"인간의 영혼이 거부하고 있습니다. 레오 형제. 이제 하느님을 두려워하지도 않는군요." 이렇게 말하곤 했다. "사탄이 사람들이 모이는 길목에 버티고 서서 제멋대로 가면을 뒤집어쓰고는 인류를 유혹하고 있지요. 어떤 때는 수도사의 얼굴을 하고 또 어떤 때는 잘생긴 젊은이, 또 어떤 때는 여인의 얼굴을 하고 나타나고 있어요."

드디어 그 거룩한 도시 가까이에 도착한 어느 날—한낮이었을 것이다—우리는 걸음을 멈추고 실편백나무 아래 다리를 뻗고 숨을 돌리기로 했다. 발에서는 피가 나오고 다리와 머리에는 먼지가 뽀얗게 묻어 있었다. 그날 아침부터 예수의 고난에 대한 이야기를 나누다 보니 하도 눈물을 흘려서 눈이 부어 오르고 벌겋게 충혈되어 있었다. 어쩌면 자비로운 잠이 들지도 모른다는 기대 속에 막 눈을 반쯤 붙이려는데, 실편백나무 아래서 유쾌한 표정의 뚱뚱한 수도승이 성큼 걸어 나왔다. 빨간 샌들에 테가 넓은 붉은 모자를 쓰고 나온 그는, 말끔히 면도를 하고 향수를 바른 꽤 잘생긴 사람이었다. 아니면 그는 정말 우리가 잠든 사이에 나타났는데 우리가 그렇게 생각한 것일까?

그는 우리에게 다가와 정중하게 인사하더니 바위에 비단 손수건을 깔고 그 위에 앉았다.

"맨발에 구멍투성이 옷을 걸친 것을 보아 하니 틀림없이 굉장히 까다롭고 엄격하다는 새 교단의 회원이신 모양이지요. 로마로 순례하러 가는 길이겠군요."

"우리는 가난한 탁발 수도사들이지요." 프란치스코가 대답했다. "죄인들이고 무식꾼이며 인간의 찌꺼기들이에요. 로마로 가서 교황의 발 아래 무릎 꿇고 특권을 하나 청하려 길을 떠났습니다."

"어떤 특권인데요."

"철저한 빈곤의 특권입니다. 아무것도, 철저히 아무것도 갖지 않는 특권이지요."

뚱뚱한 수도사는 웃었다. "당신의 그 구멍 숭숭한 옷 속으로 엿보이는 거만한 마음을 나는 볼 수가 있어요. 아무것도 없다는 소리와 모든 것을 다 가졌다는 소리는 결국 같은 소리지요. 아무것도 갖지 않겠다는 사람은 모든 것을 다 갖겠다고 하는 사람이오. 당신이 그걸 모를 리가 없지. 여우처럼 교활한 당신은 가난하고 불쌍한 악마처럼 가장하여, 실은 아무 저항을 받지 않는 가운데, 아무도 모르는 사이에, 심지어 하느님조차도 당신네들이 뭘 노리는지 모르는 사이에 모든 것을 긁어 갈 기회를 노리겠다는 것이지."

프란치스코의 온몸에 경련이 일었다. 그는 공포에 질린 얼굴로 일어나 실편백나무 아래에 앉았다. "모든 것이라고요?" 그 말을 겨우 하고 나자 입술이 마구 떨렸다.

"모든 것이지. 그리고 당신은 이미 모든 걸 손에 넣었어. 위선자 같으니라고! 당신은 세상에서 가장 큰 부자요."

"내가요?"

"그렇소. 당신이오. 당신이 모든 희망을 하느님께 걸었다는 단순한 이유만으로도 알 수 있어요. 내가 보고 싶은 것은 당신이 어느 날 하느님을 만나 보게 되리라는 희망마저 포기해 버릴 만큼 가난해지는 것이오. 그럴 자신이 있소? 할 수 있소? 바로 그것이 완벽한 빈곤이라는 것이지요. 바로 그것이 철저한 고행자의 모습이오. 성인 가운데서도 가장 위대한 성인의 자격이라오. 당신이 그럴 수 있겠소?"

"당신은 누구요?" 프란치스코는 외쳤다. "내 뒤로 물러서라. 사탄!" 그는 허공에다 십자가를 그었다. 순간 그 승려의 모습은 햇빛 속에 흔적도 없이 녹아 버리고 깔깔거리며 비웃는 웃음소리만이 실편백 숲속으로 멀리 울리다가 사라져 버렸다. 타르와 유황 냄새가 진동했다.

프란치스코는 벌떡 일어났다. "자, 빨리 갑시다." 그는 말했다. "실편백나무 아래 앉아 있다가는 결국 죽음을 부르겠소…… 레오 형제, 지금 보았지요. 그 소리도 들었지요?"

"나도 보았어요, 프란치스코 형제. 그리고 들었어요. 떠납시다." 우리는 다시 길을 재촉했지만 우리의 마음속은 큰 동요에서 벗어나지 못했다. 프란치스코는 그날 하루 종일 굳게 입을 다물었다. 내 앞에서 잰 걸음으로 걸어가는 그의 입에서는 한숨 소리가 자주 새어 나왔다. 저녁 무렵 프란치스코가 처음 나를 돌아다보았는데, 얼굴이 말이 아니게 야위어 있었다.

"그의 말이 옳다고 생각하오?" 그는 속삭이듯 물어 왔다. "그 저주받을 수도사의 말이 옳다고 생각해요? 하지만 그 희망조차 없다면 나는 파멸할 거예요!"

나는 어떤 말로 그를 위로할까 망설였다. "말은 괴물 같은 거예요." 내가 말했다. "그건 유혹의 사탄이 파 놓은 함정이에요. 그 속에 빠져들지 말아요, 프란치스코."

하지만 그는 절망이라는 듯이 머리를 흔들었다. "유혹하는 자의 말과 신의 말이 때로는 똑같아요, 레오 형제여. 신이 우리에게 자기 뜻을 자상히 알리고 싶을 때 가끔은 유혹의 명수인 사탄을 보내기도 하지요." 잠시 그는 말을 끊었다가 비통한 목소리로 말을 이었다. "그 수도승이 옳아요. 우리의 빈곤은 실은 풍족한 거예요. 풍성할 수밖에 없는 것이, 우리는 밑바닥 깊숙한 곳 우리의 금고 안에 천국을 감춰 두고 있으니까요. 진정한 가난은 그 금고 밑바닥까지 훑어도 아무것도 없는 텅 빈 것이라야 하오. 그 속에는 아무것도, 심지어 하늘나라와 영생 불멸까지도 없어야 해요. 정말 아무것도, 아무것도 없어야만 하지요!" 그는 한동안 생각에 잠겼다. 그리고 한숨을 쉬었다. 그는 더 말하고 싶었으나 그 끔찍한 말들은 그의 목구멍에서 저지당했다. 결국 나올 때는 이런 말이 되어 있었다.

"주여," 속삭이는 기도 소리였다. "언젠가 저에게 희망, 그 희망을 거절할 힘을 주십시오. 아, 주여. 당신을 볼 희망을 거절하게 하소서. 당신은 아실 것입니다. 어쩌면 그것이, 오직 그것만이 절대적 빈곤을 뜻하는 것임을."

눈물이 그의 남은 목소리를 삼켜 버렸다. 그는 비틀거렸다. 쓰러지려는 것을 내가 간신히 부축했다.

"그런 말 마세요, 프란치스코 형제. 그것은 하느님이 인간에게 주신 능력을 훌쩍 뛰어넘는 무리한 주문이에요."

"그래요, 맞아요. 그것은 인간에게 주어진 힘의 한계를 넘어서게 해 달라는 주문이지요. 그러나 바로 그렇기 때문에 하느님께서 우리에게 그런 기대를 거는 것입니다. 바로 그렇기 때문이라오! 아니 그런 것도 아직 모르고 있었다니? 우리 동행자는 참 가엾은 친구로군요."

나는 물론 그것을 이해할 수 없었고 앞으로도 영원히 그걸 이해하지 못 할 것 같다. 인간이 타고난 본질에는 한계가 있는 법, 그리고 한계는 바로 하느님 자신이 정해 놓은 것이 아닌가? 그렇다면 무슨 까닭에 전지전능한 그분이 우리가 그 한계를 넘어서기를 기대한다는 말인가? 우리에게 날개를 주지 않은 그분이 왜 우리에게 날아오르라고 하신다는 말인가? 그러려면 우리에게 날개를 주었어야 할 것 아닌가!

우리는 잎이 무성한 나뭇가지들이 땅으로 길게 뻗어내려 보금자리로서는 안성맞춤인 소나무 한 그루를 찾아냈다. 햇볕이 하루 종일 내리쬐고, 나무 줄기에서는 싱그러운 솔 향기가 피어나고 있었다. 우리는 둘 다 땅 위에 쓰러져서 밤을 넘길 준비를 했다. 마른 빵부스러기 몇 조각이 아직 내 자루 속에 남아 있었지만 우리는 그것을 맛볼 생각도 하지 않았다.

우리는 둘 다 말이 없었다. 나는 졸리지 않았지만 눈을 감았다. 프란치스코의 얼굴을 더 들여다보고 있을 수가 없었다. 나는 그렇게 고통스러운 표정을 전에는 결코 본 적이 없었다. 그는 자기 감정을 죽이려고 입술을 깨물고 있었지만, 상처 입은 짐승의 가슴에서 솟아 나오는 신음 소리를 나는 들었다.

별이 뜨자 대지의 목소리가 땅에서 일어났다. 밤의 감미로움이 서서히 내 몸 깊숙이 스며드는 것을 느꼈다. 내 안으로 교묘하게 들어와 감기는 것 같았다.

갑자기 하늘에서 별 하나가 떨어졌다. "레오 형제, 그걸 보았소?" 하늘을 손으로 가리키며 프란치스코가 나를 불렀다. "하느님의 볼에서 이제 막 눈물 한 방울이 떨어졌어요……. 그렇다면 눈물을 흘리는 것은 인간만 하는 일이 아니라는 뜻이겠지요? 주님, 당신도 우십니까? 아버지여, 당신께서도 저와 똑같이 고통을 느끼시나요?"

그는 소나무 둥치에 기대었다. 이제 지친 것이다. 나는 눈을 감았다. 편안한 기분으로 이제 막 잠이 들려 하는데 그때 갑자기 프란치스코의 목소리가 들렸다. 거칠고 낮게 깔린 목소리에 말귀를 알아듣기 어려웠다.

"레오 형제, 부탁이에요. 잠들지 말아요. 나를 혼자 버려두지 말아요! 나의 존재 깊숙한 곳에서 끔찍한 생각이 일어나고 있어요. 나는 그 생각과 혼자서 싸우고 싶지 않아요!"

나는 눈을 떴다. 폐부를 찌르는 그의 목소리가 무서웠던 것이다.

"프란치스코 형제, 무슨 생각이지요? 다시 유혹의 악마가 나타났단 말인가요? 나한테 다 말해요, 그러면 기분이 조금 나아질 테니."

프란치스코는 곁으로 다가와 손바닥을 내 무릎 위에 놓았다.

"알겠어요, 레오 형제. 사람은 가느다란 풀포기에 매달리는데 악마들은 그를 끌어 잡아당겨 그 지푸라기에서 떼어 놓으려고 드는 거예요. 사람은 배고프고 갈증이 나고 이마에선 땀방울이 솟아나는데 온몸이 피로 뒤덮여 있지요. 그는 울고 저주하면서도 손을 놓질 않는 것입니다. 이 지구라는 작은 지푸라기를 붙들고 놓지 않으려고 하는 것이지요. 레오 형제여, 천국 역시 하나의 지푸라기예요!"

그리고 조용해졌다. 나는 그의 온몸이 떨리고 있음을 느낄 수 있었다. 몸서리치며 나는 소리쳤다.

"지금 말하고 있는 것은 프란치스코가 아니오, 프란치스코의 목소리가 아니라 유혹의 악마 소리요."

"그건 프란치스코가 아니죠." 그가 대답했다. "유혹의 악마도 아니고 하느님도 아니랍니다. 내 속에서 말을 하고 있는 이 목소리는 상처 입은 짐승의 소리예요."

나는 입을 열려고 했다. 그러자 프란치스코가 얼른 손으로 내 입을 막았다. "더 말하지 말아요!" 그의 목소리가 완연히 굵어졌다. "자, 가서 잠을 청하시오!"

이튿날 아침, 내가 일어나니 해는 벌써 떠 있었다. 곁에 프란치스코가 없었다. 나는 그의 이름을 부르며 소나무 주위를 둘러보았다. 나는 갑자기 눈을 쳐들어 높은 나뭇가지에 올라가 있는 그를 찾았다. 그는 재재거리는 제비 두 마리가 왔다 갔다 하며 길가에 떨어지거나 진흙 속에 묻힌 지푸라기나 말털을 부리로 물어다가 둥지를 짓고 있는 광경을 나뭇가지 사이로 엿보고 있었다.

"프란치스코 형제, 내려와요." 내가 소리쳤다. "해가 떠올랐어요. 길을 떠나야지요!"

"여기 있는 것이 좋은데요. 떠나긴, 어딜 가게요? 여기가 로마요, 교황도 여기 계시는데. 설교할 자격이 있다는 허락은 여기서 받겠어요."

나는 어이가 없어서 말이 안 나왔다. 나의 스승이 이제는 정신이 나간 것이 아닌가 더럭 겁이 날 때가 한두 번이 아니었다. 나는 소나무 밑동 위에 앉아서 그를 기다렸다.

"아무 데도 안 갈 거요." 그는 말을 이었다. "나는 저 제비들한테서 허락을 받았어요. 굳이 우리가 교황을 찾아다닐 필요가 없는 거지요!"

이번에도 나는 아무 말도 못 했다. 나는 하느님의 불기운이 그의 내부에서 가라앉기를 기다렸다. 오랜 침묵이 흐르고 그의 목소리를 세 번째 들었을 때는 안정이 돌아와 동정에 넘치는 목소리가 되어 있었다.

"레오 형제, 왜 아무 말도 안 하시오?"

"나는 당신의 속을 태우는 하느님의 불길이 가라앉기를 기다리고 있어요." 나는 대답했다.

그의 웃음소리가, 행복하고 신선하고 천진무구한 어린아이 같은 그의 웃음소리가 나뭇가지 사이에서 흘러 나와 귓전을 울렸다.

"레오 형제여, 기다려야 소용없다니까요! 내 몸에 살과 뼈가 남아 있는 한, 이 불은 꺼지지 않을 것입니다. 꺼지기 전에 그것이 먼저 살과 뼈를 삼켜 버리고 내 영혼까지 삼켜 버린 다음에나 사그라질 겁니다. 그러니까 레오 형제, 기다릴 필요가 없어요! 아무튼 내가 내려가겠소!"

그는 나뭇가지를 헤치면서 나무에서 내려오기 시작했다. 얼굴은 평온을 되찾고 밝은 표정이었다. "바로 오늘 아침이지요." 그는 털어놓았다. "나는 비로소 새들의 말을 이해하기 시작했다는 생각이 들었어요. 그들의 말이 들리나요? 그들은 우리와 똑같이 하느님의 사랑을 이야기하고 있어요."

"그들이라니, 누구를 말하나요, 프란치스코 형제?"

"제비들 말이오."

웃음이 나오려고 했다. 그러나 우리는 겉으로 달린 귀와 눈밖에 없는 우리와 달리 프란치스코에게는 속으로 듣는 귀, 속으로 보는 눈이 있다는 사실을 상기했다. 새들이 노래 부를 때면 우리는 그 노래 가락만을 듣는데, 그는 그 가락과 함께 가사도 알아들을 수 있었다. 우리는 소나무 밑에 앉아 기도를 드린 다음, 가던 길을 계속 나아가기로 했다.

내 마음은 새로 태어난 아이처럼 가벼웠다. 여러 해 동안 나는 성지로 가는 꿈을 꾸고 있었다. 사도들의 무덤을 순례한다면 얼마나 좋을까. 산 페드로 성당 기둥 아래서 지상에서 하느님 일을 대행한 신성한 그분의 얼굴을 볼 수만 있다면 하고 간절히 소망해 왔던 것이다. 후광이 너무도 눈부셔서 손으로 눈을 가리지 않고는 못 쳐다본다는 소리도 들었다.

드디어 우리는 로마 가까이 접근하고 있었다. 도시와 가까워질수록 그 영원한 도시의 힘찬 소리가 또렷이 들려왔다. 암소가 새끼를 낳을 때 지르는 소리 같기도 하고 야생 짐승이 배가 고파 지르는 소리 같기도 했다. 이따금 사람의 목소리가 날아오르고 나팔소리, 종소리가 울려 퍼졌다. 군복 차림의 높은 귀족들과 돈 많은 부인들이 검거나 흰 말을 타고 큰길을 쉴새없이 지나가고 있었다. 먼지가 구름처럼 일고 열기로 숨이 막힐 지경이었으며 말똥, 쇠똥, 인분 냄새가 풍겼다.

"우리는 지금 사도 베드로의 고향으로 들어가고 있어요." 프란치스코가 말했다. "무엇을 보건 무엇을 듣건 이제부터는 모든 것이 비밀스런 의미를 갖는 것이니 정신차리고 대하세요! 우리 곁을 지나가는 귀부인들이 검거나 흰 말을 타고 다니는 것을 보았어요? 이곳에서는 죄악과 미덕이 위대하고 고귀한 부인들처럼 반반 어울려서 번창하고 있다는 것입니다."

"프란치스코 형제, 죄악도 말인가요?" 내가 외쳤다. "바로 이 사도 베드로의 고향에서 말이오?"

프란치스코는 웃었다. "레오 형제는 너무나 단순하고 순진하군요! 때가 묻지 않았어요! 나는 그런 당신이 그렇게 좋을 수가 없어요! 그럼 죄악이 어디 딴 곳에 있는 것이라고 생각한단 말이오? 물론 이 성스러운 도시에 있습니다. 사탄은 이곳이 가장 위험한 곳이라 여기고, 그의 군대를 몽땅 이곳에 모아 놓은 것입니다. 성호를 긋고 들어갑시다. 자, 이제 다 왔어요!"

우리는 넓은 길로 들어섰다. 도시의 소음에 익숙하지 않은 우리는 고함 지르는 소리, 수레 지나가는 소리, 개가 짖고 말이 우는 소리에 귀가 멀 것 같았다. 상인들은 목청을 돋우어 물건을 팔고, 주교들은 비단으로 내부를 장식한 가마를 타고 지나가는데, 호위자가 앞장서 달리면서 행인을 물리며 길을 열어 주고 있었다. 창녀들도 활보했다. 거리에는 사향과 재스민 향기가 흘렀다. "이것들이 바로 죄악이라는 것이군 그래." 나는 혼자 중얼거리면서 시선을 땅으로 깔았다.

갑자기 프란치스코와 나는 동시에 소리를 질렀다. 이상야릇한 행렬이 길 저쪽 끝에 나타난 것이다. 행렬의 선두에는 나팔수 대여섯이 검은 옷을 입고 기다란 놋쇠로 만든 나팔을 불면서 오고 있었다. 그들이 말을 세울 때마다 낙타를 타고 있던 전령이 우렁찬 목소리로 외치곤 했다. "기독교도들이여, 기독교도들이여, 성묘가 지나가고 있습니다! 우러러보시오. 우러러보고 부끄러워 하시오! 언제까지 이교도들에게 짓밟히고 더럽혀져야 하는 것입니까? 형제들이여, 예수의 이름으로 무장하고 일어납시다! 우리 모두가 성묘를 탈환하는 성전에 참전합시다!" 그렇게 말을 마치고 나면 나팔이 다시 울리고 행렬도 다시 움직이곤 했다. 그 뒤에 황소 네 마리가 끄는 수레가 천천히 끌려나오고 있었는데, 그 위에 나무와 쇠붙이로 만들어 갖가지 색깔의 헝겊을 입힌 성묘의 모형이 얹혀 있었다. 그 뒤에는 무섭게 생긴 사라센 기수를 태운 나무로 만든 말이 있었다. 기수는 녹색 바탕에 반원이 그려져 있는 깃발을 흔들며 오고 있었고, 말은 꼬리를 쳐들고 성묘에 막 방뇨를 하고 있는 중이었다. 그 수레를 따라서 상복을 입은 일단의 여인들이 나타났다. 모두 머리를 풀어 헤치고 가슴을 치면서 통곡을 하고 있었다.

우리 앞을 지나간 행렬은 길 모퉁이를 돌아서 사라졌다. 하지만 그 모습이 우리 눈에서는 사라지지 않았고, 끝없이 우리 앞으로 행렬의 환상이 지나가고 또 지나가는 것 같았다. 눈물이 앞을 가려 도시의 모습은 사라지고 눈에 보이는 것은 오직 성스러운 예수의 무덤과 우리 자신의 더럽혀진 영혼의 모습뿐이었다.

"우리는 아직 할 일이 많아요." 프란치스코는 말했다. "인생은 짧아요, 우리에게 시간이 있을까요? 형제는 어떻게 생각하시나요?"

"우리 지상의 생명도 조금은 가치가 있지요." 나는 대답했다. "그런데 왜 그걸 버린다는 말씀을 하세요?"

프란치스코는 대답을 하지 않았다. 그는 생각을 하고 있었다. 그리고 나는 그에게 이 문제를 좀 더 생각하게 만든 것이 반가웠다. 나는 생명을 사랑한다. 저 작은 풀잎을 사랑하는 것이며, 그것을 놓아 버리고 싶지 않다는 것이다.

날이 어두워지고 있었다. 우리는 쉴 참이었다. 좁은 길을 더듬어 나아가면서 잠잘 만한 곳을 찾아보았다. 키 작은 노인 하나가 미소를 띠고 얼마 동안 우리 뒤를 밟아 오고 있었다. 쐐기처럼 흰 수염을 짧게 기른 늙은이였다. 이윽고 그는 우리 곁으로 다가왔다.

"실례하겠어요." 그가 말했다. "보아하니 이 고장에 낯선 분들이고, 저처럼 돈을 가지고 다니지도 않는 것 같군요. 예수처럼 당신들도 머리를 누일 곳이 아무 데도 없을 것입니다. 저를 따라오시오."

"하느님이 보내신 분이군요. 당신이 안내하는 곳이라면 어디든 따르겠습니다." 프란치스코가 말했다.

우리는 지저분한 뒷골목을 뚫고 나갔다. 가난한 사람들이 개미 떼처럼 우글거리고 있었다. 벌거벗은 아이들은 진흙탕 물 속에서 뛰어 놀고, 여자들은 길 한복판에서 빨래하고 음식을 끓이고 있었는데, 사나이들은 길가에 쭈그리고 앉아, 윷놀이 비슷한 것을 하고 있었다. 우리 안내인은 빠른 걸음으로 앞장을 섰고 우리는 말없이 그 뒤를 따라갔다. 갑자기 프란치스코가 내 귀에다 대고 속삭였다.

"저 사람이 누구일 것 같소? 어쩌면 예수님일지도 모르지요. 우리를 가엾게 여기시는 것 같군요."

"사탄일 수도 있습니다." 내가 대답했다. "조심해야 할 거요." 우리가 도착한 곳은 안뜰이 넓고 그 한가운데 우물이 있는, 반쯤 부서진 여관이었다. 마당에 들어서니 사방으로 문이 하나도 없어 동굴처럼 어두운 황폐한 방들이 눈에 들어왔다.

노인은 그 자리에 서서 한 번 둘러보더니, 우리를 한 방으로 데리고 들어갔다. 그는 램프 불을 켰다.

"여기서는 형제들이 안전하게 밤을 지낼 수 있습니다. 이곳은 고약한 도시고 밤이 위험하답니다. 하느님께서 그대들을 가엾게 여기셨지요."

"그렇게 말하는 형제는 어떤 분인가요?" 프란치스코는 노인을 찬찬히 바라보면서 물었다.

"의자 두 개와 물 주전자 하나가 어디 있을 것입니다." 다른 사람의 말이 이어졌다. "이제 내가 가서 빵과 올리브를 조금 가져올 테니 이야기는 그 다음에 합시다. 당신들은 하느님을 공경하는 가난한 분들인 것 같은데, 나 역시 하느님을 두려워하는 가난한 사람입니다. 다시 말하면 우리는 서로 할 말이 많을 거요. 곧 돌아올 테니까요." 그는 어두운 정원으로 사라졌다.

나는 프란치스코를 바라보았다. "나는 노인이 싫어요. 그의 친절 뒤에는 무슨 의도가 있을 거예요."

"믿을 만한 사람 같던데, 어디 그를 한번 믿어 봅시다. 레오 형제여." 바닥에 매트리스 두 장을 깔았다. 십자가처럼 막대가 가로지른 높다란 채광창으로 별빛이 반짝이며 들어왔다. 이제 바깥은 완전한 암흑이었다. 노인은 우리가 먹을 빵과 올리브, 석류 두 개를 가지고 돌아왔다. "형제분들," 그가 말했다. "내 고향에는 '가진 재산이 적으면 우애가 많다'는 속담이 있어요. 잘 오셨습니다!"

우리는 성호를 긋고 저녁을 먹기 시작했다. 그 노인은 한쪽 구석에 무릎을 꿇고 앉아 우리가 먹는 모습을 바라보았다. 식사를 마치고 하느님에게 감사 기도를 드리기가 무섭게 말을 시작한 것은 프란치스코였다. 노인에게 말할 틈도 주지 않았다.

"우리는 가난한 탁발 수도사지요. 우리들에게는 같이 일하는 형제들이 있는데 걸식하면서 하느님을 찬양하는 것이 생활이지요. 재산은 조금도 원하지 않습니다. 우리가 이 성스러운 도시에 온 것은, 예수 그리스도의 대리인에게 하나의 큰 특권을 내려 주시도록 간청하기 위해서입니다. 절대적인 가난을 누리는 특권을 말하는 것인데…… 그만하면 우리 이야기는 다 아셨을 테지요. 모든 것을 고백했습니다. 당신 이야기를 들려줄 차례입니다!"

키가 조그마한 노인은 기침을 했다. 한동안 말없이 수염만 만지작거렸다. 마침내 그는 입을 열고 이런 이야기를 해 주었다.

"저에게 모든 것을 고백했으니 저도 비밀을 이야기하지요. 내가 전적으로 진실을 이야기한다는 것은 하느님께서 증인이 되어 주실 거예요. 나는 프로방스에서 온 진정한 기독교인의 일파인 카타리 교도입니다. 우리들 이야기는 들었을 거예요. 당신들이 가난을 사랑하듯이 우리도 가난을 사랑합니다. 하지만 우리는 무엇보다 순수, 정절, 청결을 사랑합니다. 그래서 우리를 카타리라고들 부르는 것입니다. 쾌락, 여자, 물질적인 것 전부를 우리는 미워합니다. 우리는 여자가 앉아 있던 의자에 앉지 않고, 여자 손으로 구운 빵도 입에 대지 않습니다. 결혼을 하지 않고, 아이들을 낳지도 않아요. 암컷과 수컷이 결합하여 만든 것이라고 해서 우리는 고기도 입에 대질 않습니다. 포도주를 마시지도 않고 피를 흘리지 않고, 죽이지 않으며, 전쟁에 나가 싸우지도 않습니다. 우리는 이 세상이 필요 없어요. 부정직하고 거짓말쟁이고 오입쟁이고 악마가 파놓은 함정일 뿐이니까요. 그런 것을 하느님이 창조하셨다니 말이 됩니까? 당치 않은 말씀입니다. 세상은 하느님이 만드신 것이 아니라 사탄의 작품이에요. 하느님이 만드신 것은 영적인 세계뿐입니다. 사탄이 물질의 세계를 만들었고 그 속에 우리 영혼이 떨어져서 지금 허우적거리며 죽어 가고 있습니다. 구원을 받으려면 우리는 이 세상을 빠져나가야만 합니다. 어떻게 하느냐고요? 구원의 대천사가 행하는 착한 일, 즉 죽음을 통해서지요."

노인의 얼굴에 불꽃이 이는 듯했다. 머리 주위에는 열기가 감돌며 소용돌이쳤다. 프란치스코는 두 손으로 얼굴을 감쌌다.

"무엇이 죽음인가?" 자기 감정을 이기지 못하고 노인은 계속 말을 이었다. "죽음은 무엇인가요? 천사 같은 문지기입니다! 그는 문을 열어 주고 그 안으로 들어선 우리는 영원한 생명을 누리게 되는 것입니다."

프란치스코는 머리를 들었다. 순간 그의 얼굴은 죽음의 날개가 스쳐간 것처럼 어두워졌다.

"저를 용서하시오, 어르신. 그런데 어르신께서는 세상을 지나치게 멸시하고 있는 것 같군요. 세상은 우리의 육체를 영혼으로 만들어 놓기 위해서 싸우러 온 곳입니다. 모든 육체가 영혼이 된 뒤에야 비로소 세상은 우리들에게 필요 없어지는 법이지요. 죽음은 그때 가서 불러도 돼요. 그 전에 부를 수는 없는 것입니다. 우리는 하느님께서 육체를 극복하고 없애는 데 충분한 시간을 주시도록 부탁을 드려야만 해요."

"육체를 망각하는 것은 죽음만이 가능하지요." 늙은이는 고집을 버리지 않고 항의했다.

"만약 그렇다면 인간의 생명은 무슨 가치가 있겠어요?" 프란치스코가 말했다. "그 일은 우리가 해야만 합니다. 죽음에게 내맡길 수는 없는 노릇이지요."

일어서더니 벽에 걸린 램프를 떼다가 그것을 노인 얼굴 가까이 가져가며 물었다.

"당신은 누구시오?" 그의 목소리는 고뇌에 찼다. "당신의 말은 유혹적이고 위험해요. 꼭 유혹의 악마가 하는 말투 같군요. 나는 나가겠어요."

프란치스코는 나를 향하여 따라오라는 손짓을 했다. "레오 형제, 일어나요! 우리 나갑시다!"

나는 꼼짝도 하지 않았다. 도대체 어디로 간다는 말인가? 그리고 몸을 움직이기에는 너무나 졸음이 몰려 왔다.

"도망친다는 것은 사나이답지 못한 행동인 것 같군요, 프란치스코 형제." 내가 말했다. "왜 여기 머물지 못한다는 겁니까? 그를 두려워할 이유가 없잖아요. 하느님께 찾아 가겠다고 자기가 선택하고 나선 길을 설명하도록 그냥 내버려 두세요. 가는 길은 많으니까요."

프란치스코는 문간에 서서 어두운 바깥을 내다보고 있었다. 도시의 소란한 소리가 제법 가라앉았다. 대지를 감싸고 총총히 내걸린 별들이 소담스럽게 반짝였다. 폐허가 된 그 여관 어느 구석에서 부엉이가 조용히 한숨을 내쉬는 소리가 들려왔다.

프란치스코는 매트를 깐 곳으로 돌아와 앉았다. 벽에 몸을 기댔다. "물론 길이야 많아요." 그는 중얼거렸다. "길이 많은 것이 사실이에요……." 그리고 말이 끊어지더니 침묵해 버렸다.

노인은 일어섰다. "내 말이 당신의 귀에 다 들어갔습니다. 이제 그것을 싫어하건 좋아하건 그 말은 천천히, 그러나 어김없이 당신네 속을 돌아다니다가 끝내는 당신들의 심장에 가 닿을 것이오. 내 말은 다 끝났어요. 씨를 뿌렸으니 나머지는 하느님에게 달려 있습니다." 그렇게 선언하고 나서 노인은 안마당의 어둠 속으로 사라져 버렸다. 우리 둘만 남았다. 우리는 램프불을 끄고는 한참 동안 말없이 앉아 있었다. 내가 자려고 눈을 감았을 때 프란치스코가 조용히 말했다. 슬픔에 잠긴 낮은 목소리였다. "레오 형제여, 나는 당신의 마음이 깨끗하다는 것을 믿어요. 터놓고 말 좀 해 봐요!"

"그 시시한 악마의 말에 귀 기울이지 말아요." 내가 대답했다. "대지는 훌륭하지요. 적어도 나라면 내 몸을 자라목에 묶어 되도록이면 이 지상의 성찰을 천천히 끌고 갔으면 해요. 왜냐고요? 나는 이 대지를 좋아하니까요! 하느님 용서하십시오. 천국도 좋지요. 사람들이 기대하는 것만큼 좋겠지요. 그러나 어쩝니까, 봄이 오면 싱그러운 저 편도나무의 향기를 말입니다!"

"사탄아, 물러가라!" 프란치스코는 자리를 바꾸면서 외쳤다. "오늘 밤 내 영혼은 두 가지 유혹에 빠지고 있었어요. 어서 잡시다!"

나는 무슨 말을 해야 할지 몰랐다. 눈을 감기가 무섭게 곧 잠에 골아 떨어졌다. 이튿날 아침 일어나 보니 프란치스코는 문간에 무릎을 꿇고 앉아 잠에서 깨어나는 세상의 소리를 홀린 듯 엿듣고 있었다.

8
온 세상에 가난과 사랑과 평화를

그로부터 오랜 세월이 지난 지금까지도 그 거룩한 도시를 생각하면 아찔해지곤 한다. 교황을 뵈러 들어와도 좋다는 소리를 기다리며 대기실의 낮은 의자에 앉아 있던 프란치스코의 모습은 지금도 생생하다. 아침부터 저녁까지 우리 둘은 함께 기다렸다. 하루가 지나고 이틀, 사흘이 지났다. 우리는 맨발이었으며, 피곤하고 배가 고팠다. 휘황찬란한 법의, 제의를 걸친 추기경들이 위풍당당하게 드나들고, 귀부인들도 수시로 드나들고 있었는데, 프란치스코는 초라한 의자에 앉아서 기도를 드리며 기다리고 있었다.

"예수님을 뵙는 것이 더 쉽겠는걸요." 사흘째 되는 날, 지겨워진 내가 그에게 말했다.

"교황은 우리보다 높은 저 위쪽 먼 자리에 있어요." 그가 대답했다. "사흘 동안 올라왔으니, 내일이면 그의 얼굴을 볼 수 있을 것이오. 내가 확실히 아는 것은 꿈을 꾸었기 때문이니, 레오 형제여, 좀 참읍시다!"

그리고 정말 나흘째 되는 날, 문을 지키고 있는 젊은 신부가 우리에게 고개를 끄덕이며 들어가도 좋다는 신호를 했다. 커다란 문이 열렸다. 프란치스코는 성호를 긋더니 순간 주저하며 그 자리에 주저앉고 말았다.

"용기를 내세요, 프란치스코 형제." 나는 낮은 소리로 그에게 말했다. "예수께서 당신을 보내셨다는 생각을 잊지 말아요. 그만 떨어요."

"나는 떨고 있는 것이 아니오." 그는 중얼거렸다. 그러고는 결심한 듯이 문턱을 넘어 걸어 들어갔다.

우리는 양쪽으로 12사도의 동상이 있고, 벽에는 예수 수난의 벽화가 그려 넣어진 좁고 기다란 방으로 들어갔다. 그 곳은 사방이 금으로 장식되어 있었다. 저쪽 끝에 한 손으로 머리를 괴고 명상에 잠겨 있는 덩치 큰 노인의 모습이 보였다. 눈은 감고 있었다. 우리가 들어오는 소리를 못 들은 것이 분명했다. 그는 꼼짝도 하지 않았다. 나는 문가에서 기다리고, 프란치스코는 떨리는 걸음으로 교황 앞으로 다가가 무릎을 꿇었다. 그리고 머리를 마룻바닥에 조아렸다.

오랫동안 침묵이 흘렀다. 노인의 고르지 못한 숨소리를 들을 수 있을 만큼 실내는 고요했다. 숨소리라기보다는 한숨에 가까운 소리였다. 잠이 든 것일까, 기도를 드리고 있는 것일까, 아니면 겨우 반쯤 감은 저 눈으로 우리를 몰래 관찰하고 있는 것일까? 나는 그가 마치 잠든 체하고 있는 무서운 짐승 같았고, 곧 우리를 덮칠 것만 같았다.

"교황 성하(聖下)……," 프란치스코의 목소리는 낮은 목소리였으나 자제하면서도 간곡했다. "성하……."

교황은 천천히 머리를 들어 프란치스코를 내려다보았다. 코가 벌름거렸다.

"이 무슨 고약한 냄새인고!" 그는 소리쳤다. 노여움으로 미간이 씰룩거렸다. "그 누더기는 무엇이며 맨발은 또 무슨 버릇인가! 자네, 그 꼴이 뭔가?"

프란치스코는 얼굴을 여전히 마루에 묻은 채 대답했다. "거룩한 교황 성하. 저는 아시시에서 온 미천한 하느님의 종입니다."

"무슨 돼지우리에 살다가 왔다는 말인가? 너는 그것이 천국의 향수와 같다고 생각하고 있는 모양이지, 안 그래? 내 앞에 나올 때는 목욕도 하고 옷도 단정히 입을 수 없나? 좋아, 뭘 원하는 거지?"

잠이 오지 않는 그 숱한 밤마다 프란치스코는 교황에게 이런 말 저런 말을 꼭 해 올리겠다고 전부 머리에 외어 두고 있던 터였다. 그 모든 이야기를 일장 연설처럼 기승전결 매우 탁월한 솜씨로 엮어 놓아서 교황이 그의 뜻을 헛짚는 말을 할 수 없도록 다져 둔 것이었다. 그러나 정작 지금 이렇게 하느님의 그림자 앞에 들어서니 정신이 혼미해지고 말았다. 두세 번 입을 열었지만, 인간이 하는 말을 할 수가 없었다. 그 대신 그는 양처럼 울었다.

교황이 얼굴을 찌푸렸다. "그대는 말 못하는 사람인가? 어서 나한테 하고 싶은 말을 하라니까."

"저는 성하의 발밑에 무릎을 꿇으러 왔습니다. 그리고 간청할 일이 있사옵니다."

"무슨 간청인가?"

"특권입니다."

"자네에게 특권을 달라고? 무슨 특권인데?"

"절대적으로 가난해지는 특권입니다."

"자네는 엄청난 것을 달라는군 그래!"

"우리는 몇 사람이 모여 있는 탁발 수도사들이온데 가난과 결혼하고자 합니다. 우리는 성하께서 우리의 이 결혼을 축복해 주시고 우리가 설교할 수 있도록 허락해 주십시오."

"무엇을 설교하겠다는 것인가?"

"절대적인 가난, 절대적인 복종, 절대적인 사랑을 설교하려는 것입니다."

"우리는 자네들이 따로 필요 없겠네. 그건 벌써 우리들이 다 설교하고 있는 것이니까. 자, 그럼 돌아가 주게나!"

프란치스코는 마루에서 눈을 떼면서 벌떡 일어났다. "저를 용서하십시오, 성하." 그의 목소리는 이제 침착을 되찾고 있었다. "하지만 저는 물러서서 나가지 않을 것입니다. 저에게 이 여행을 하고 성하를 찾아뵙고 말을 하라는 명령을 내리신 분은 하느님입니다. 그렇기 때문에 제가 여기 와 있는 것입니다. 제가 드리는 말씀을 끝까지 들어 주십시오. 우리는 가난하고 무식합니다. 우리가 남루한 옷을 걸치고 거리를 걸어가면 돌팔매질 아니면 레몬껍질이 날아들지요. 사람들은 집이나 일터에서 뛰쳐나와 우리를 놀립니다. 하느님을 찬양합시다! 그렇게 해서 우리는 길을 떠나게 되었던 것입니다. 이 지상에서 위대한 희망은 모두 언제나 이렇게 시작하는 것이 아닌가요? 우리가 믿는 것은 우리의 가난과 우리의 무지와 이제 불이 당긴 우리의 심장뿐이지요. 성하, 이곳에서 성하를 뵙고자 나서기 전에 저는 마음속에서 정확히 무슨 말을 여쭙고 성하의 옥새가 찍힌 허가서를 받아 내리라 생각하고 왔습니다. 하지만 이제는 그 말도 모두 다 잊어버리고 말았어요. 저는 지금 성하를 뵙고 있습니다. 성하 뒤에 예수가 십자가에 못박힌 그림이 보이고, 그 뒤에 우리 주님이 부활하는 모습이, 그 부활의 광경 뒤에는 버림받은, 완전히 버림받은 우리가 부활하는 모습이 보입니다. 이 얼마나 기쁜 그림을 제가 보고 있는 것입니까! 인간의 마음을 얼마나 혼란스럽게 만드는 그림입니까? 제 마음을 당황하게 만들어 놓았습니다. 저는 뭐가 뭔지 모르겠습니다. 어디서

부터 말을 꺼내야 할지, 어디가 시작이고 어디가 중간이고 어디가 끝인지 도무지 모르겠습니다. 이제는 모든 것이 같습니다. 모든 것이. 성하, 이제는 탄식이요, 춤이요, 희망도 하나 없으면서 모든 희망이 가득찬 위대한 절규입니다. 아, 성하 저에게 노래를 불러도 좋다는 허락만 해주신다면, 제가 성하께 부탁드리려고 한 그 뜻을 전해 드릴 수 있을 텐데요!"

나는 한쪽 구석에서 프란치스코가 말하는 것을 바라보다가 그만 와들와들 떨었다. 안절부절못하고 그는 들뜬 듯이 발을 한곳에 가만두질 못했다. 한 발을 오른쪽으로 쑥 내밀었다가는 왼쪽으로 내밀었다. 어떤 때는 느리고 또 빨라지기도 하는 것이 절묘한 춤의 명수들이 신성한 춤에 취해 마음과 넋을 몽땅 쏟아 넣기 직전에 리듬을 고르는 모습과 흡사했다. 의심할 여지 없이 신령이 그를 몰아세우고 있었다. 곧 손뼉을 치면서 너울너울 춤을 추기 시작할 것만 같았다. 그러면 교황은 우리를 쫓아내라고 불호령을 내릴 것이다.

예상한 그대로였다. 내 머릿속에 그런 생각이 스치는 순간 벌써 프란치스코의 두 손이 머리 위로 올라가고 있었다. "성하, 이러는 것을 악령의 짓이라고 생각하시지는 마십시오." 그는 말했다. "저는 한 번 크게 외치고 손뼉을 치며 춤을 추고 싶습니다. 하느님이 사방에서 바람을 보내 주시어 저로 하여금 마른 나뭇잎처럼 사뿐히 돌아 춤추게 하십니다."

나는 살금살금 그곳으로 소리없이 다가갔다. "프란치스코 형제," 나는 속삭였다. "당신은 지금 교황 앞에 있어요. 경의를 표할 생각은 어디로 도망갔지요?"

"나는 지금 하느님 앞에 있어요." 그는 큰 소리로 대답했다. "춤도 추지 않고 노래도 부르지 않으면서 어찌 그이에게 내가 가까이 가리라고 기대하겠소? 비켜 주세요. 나는 춤을 추겠어요!"

머리를 한쪽으로 젖히고 팔을 뻗으며 한 발, 그리고 또 한 발 앞으로 나아갔다. 무릎을 굽혔다 허공으로 뛰어올랐다가는 다시 무릎을 굽히며 마루에 닿을 듯 쭈그리고 앉더니, 궁둥이가 닿는 순간 두 다리를 위로 죽 뻗었다. 하늘로 치솟아 올라 양쪽으로 두 팔을 펴서 마치 십자가에 못박힌 사람이 춤추는 것처럼 우리 앞에서 춤을 추었다.

나는 교황의 발 아래 엎드렸다. "용서해 주십시오, 교황 성하." 나는 탄원했다. "그는 하느님에 취한 나머지 지금 자기가 어디 있는지 잊었습니다. 기도를 드릴 때마다 춤을 추는 것이 그의 버릇이거든요."

교황은 자리에서 벌떡 일어났다. 애써 분노를 누르며 프란치스코의 어깨를 움켜잡고서 소리쳤다. "그만, 됐어! 하느님은 자네가 마시고 취하라고 만든 술이 아니라고. 춤을 추고 싶으면 술집에 가라!"

프란치스코는 동작을 멈추고 벽에 기대 숨을 헐떡였다. 주위를 한 번 둘러보고 나서야 그는 제정신이 돌아왔다. "나가!" 교황은 문지기에게 알리는 초인종을 손으로 잡으며 명령했다. 그러나 프란치스코는 벽에서 몸을 일으켜 세웠다. 그는 평정을 되찾았다.

"참아 주십시오, 교황 성하. 저는 떠나고 싶지만 그럴 수가 없습니다. 저는 한 가지 더 말씀드릴 것이 있어요. 어젯밤 저는 꿈을 꾸었습니다."

"꿈이라고? 이보게 수사, 나는 전 세계를 어깨에 걸머져야 하는 엄청난 걱정을 안고 있어, 꿈 이야기를 들을 시간이 없다니까."

"이렇게 엎드려 성하께 경의를 표합니다. 이 꿈은 하늘에서 보낸 말씀인지도 모릅니다. 밤은 하느님의 말씀을 전해 주는 위대한 전령이니까요. 성하께서는 꼭 그 이야기를 들어 주셔야 합니다."

"밤이 하느님의 위대한 전령이란 말은 맞아. 어디 그럼 말해 보게." 교황은 말했다. 그리고 무언가 짚이는 게 있는 듯한 표정으로 다시 자리에 앉았다.

"제가 사람이 오르지 않는 높은 바위 위에 서서 모든 교회의 어머니인 라테란 성당을 내려다보고 있었습니다. 갑자기 그 교회가 기울기 시작하는 것이었어요. 종탑이 비스듬히 기울기 시작하고 벽마다 금이 가고 있는데 '프란치스코, 살려 줘!' 하는 목소리가 들려왔습니다."

의자의 팔걸이를 꽉 잡고 있던 교황은 상체를 앞으로 내밀었다. 프란치스코를 마구 때려 주고 싶은 모양이었다.

"그리고 그 다음, 그 다음은 어떻게 되었나? 말을 끊지 말라고!" 목소리가 거칠어지고 숨을 씩씩거렸다.

"그게 전부지요, 성하. 꿈이 도망가는 바람에 저는 잠에서 깨어났어요."

교황은 자리에서 뛰어내렸다. 그리고 허리를 굽히면서 프란치스코의 뒷덜미를 꼭 잡았다.

"얼굴을 숨기지 마!" 그는 명령했다. "고개를 들라고, 얼굴 좀 보게."

"성하, 저는 부끄럽습니다. 저는 한 마리 미천한 벌레에 지나지 않습니다."

"두건을 벗고 내가 볼 수 있도록 얼굴을 들게!" 교황은 명령했다.

"그러겠습니다, 교황 성하." 프란치스코는 대답했다. 그리고 두건을 내려서 자기 얼굴을 드러냈다.

한줄기 햇빛이 창으로 들어와 그의 얼굴에 떨어졌다. 앙상한 두 볼, 시들어진 입, 눈물 고인 큰 눈이 드러났다.

교황은 비명에 가까운 소리를 질렀다. "자네가! 자네가? 아니야, 아니야, 나는 믿을 수가 없어! 자넨 꿈을 언제 꾸었지?"

"오늘, 새벽입니다."

"나도, 나도 꾸었어." 교황은 소리쳤다. "오늘 아침 새벽이었지." 그는 창으로 다가가 창문을 활짝 열었다. 숨이 막혔다. 도시의 소음이 방으로 들어왔다. 그는 다시 문을 닫고 종종 걸음으로 프란치스코 곁에 왔다.

"자네……." 하느님을 한 번이라도 본 적이 있어?" 화가 난 교황은 조롱하듯 말하면서 그의 어깨를 잡고 흔들었다.

"성하, 용서하십시오. 어젯밤에 보았습니다."

"그분이 자네한테 말을 걸었다고?"

"밤새도록 한 마디 말없이 같이 있었습니다. 하지만 제가 가끔 가서 '아버지!' 말하면 그분은 '아가야!' 대답하셨습니다. 그 밖에는 아무 말씀도 없었고요. 그러다 새벽에 그 꿈을 꾸었지요."

교황은 매우 혼란스러운 듯 한없이 프란치스코의 얼굴을 뚫어지게 내려다보았다. "높은 분의 뜻은 심연처럼 깊어요……. 오늘 새벽 수사 곁을 떠난 그 꿈이 나를 찾아들어 왔어. 나도 교회가 기울더니 무너지기 시작하는 것을 보았거든. 하지만 나는 다른 것도 보았지. 자네가 못 본 것을 말이야. 못생긴 얼굴을 한 거지 같은 옷차림의 수사를 말일세." 그는 말을 끊었다. 숨이 막히는 것 같았다.

"아니야, 그럴 수가!" 이윽고 교황은 울부짖었다. "그건 너무 부끄럽고 창피한 노릇이야! 그럼 교황은 바지저고리라는 뜻이 아닌가? 천국과 지상을 여는 두 개의 열쇠를 가진 것은 바로 내가 아니난 말이야? 주여, 왜 저를 이렇게 괴롭히십니까? 저 법도 없는 야만의 이교도들, 카다리 교도들을 전멸시키고 프로방스에다 신앙의 성을 굳게 다진 것은 제가 아니었던가요? 저주스러운 벌집 둥지 같은 콘스탄티노플 시의 밑바닥을 뚫어 버린 것도 제가 아니던가요? 그 도시의 말할 수 없이 숱한 보물, 금이며 법의, 성화, 원고, 남녀 종들을 주님의 궁전에 가져다 놓은 것은 제가 아니던가요? 이탈리아의 모든 성채에 십자가를 걸게 한 것은 제가 아니옵니까? 당신의 성묘를 이교도의 손에서 탈환하도록 전 기독교권을 궐기시킨 싸움에도 저는 앞장서지 않았습니까? 그렇다면 왜 저를 부르지 않으시고 못생긴 거지 같은 수사에게 임하셔서 쓰러져 가는 교회를 등으로 받치도록 명하시는 것입니까?"

그는 다시 프란치스코의 뒷덜미를 잡더니 밝은 창가 쪽으로 데리고 갔다. 그러고는 목을 놓아 주며 가까이 얼굴을 들이밀었다.

"자네가 그 사람일 수 있을까?" 그는 놀라는 목소리로 물었다. "거지 옷을 걸친 그 수사 얼굴이 바로 자네 얼굴과 똑같았어! 그럼 자네가 바로 저 교회를 구원하게 되리라는 그 사람이라는 뜻인가? 아니야, 아니지, 그럴 수가 없지! 주님, 저는 이 지상을 다스리는 당신의 그림자입니다. 저를 욕되지 않게 하소서!" 그는 프란치스코의 머리를 격렬하게 흔들더니, 자기 팔로 문을 가리켰다.

"나가라고!"

"성하," 프란치스코는 말을 받았다. "'나가지 마라!' 하는 목소리가 제 안에서 들립니다."

"그건 사탄의 소리야, 이 반역자야!"

"예수님의 음성이라는 걸 저는 압니다, 성하. 저더러 이 자리를 떠나지 말라는 분부이십니다. '땅 위의 나의 대리자에게 네 마음을 열고 이야기하라.'고 해요. '그의 가슴은 자비로움으로 가득 차 있으니 너를 도와 줄 것이다.'라고 말합니다."

교황은 무거운 머리를 푹 숙이고 천천히 옥좌로 돌아가 앉았다. 의자 뒤 바로 그의 머리 위에 하나는 금빛으로, 또 하나는 은빛으로 채색된 커다란 열쇠 두 개가 걸려 있었다.

"말을 하게." 그의 목소리는 더 이상 거칠지 않았다. "나는 결정을 못 내리겠군. 들어줄 테니 무엇을 원하는지 나에게 이야기하오."

"성하, 저는 어디서부터 이야기를 꺼내야 할지 모르겠습니다. 무슨 말을 해야 할지, 당신의 축복받은 발 아래 제 마음을 어떻게 펼쳐 놓아야 좋을지 모르겠습니다. 저는 하느님의 광대입니다. 그분의 입가에 잠시나마 웃음을 가져다주기 위해 뛰고 춤추고 노래하는 어릿광대지요. 그 밖에는 아무것도 아닙니다. 제가 할 수 있는 일은 그것뿐이에요. 성하, 저에게도 도시와 마을을 돌아다니며 노래하고 춤추도록 허락해 주시고, 남루한 옷차림에 맨발로 다니며 먹을 것을 소유하지 않아도 좋다고 허락해 주십시오."

"자네는 왜 그토록 설교를 하겠다는 열망이 대단한가?"

"이유를 말씀드리자면 우리는 지금 낭떠러지 끝에 와 있다고 느끼기 때문이지요. '우리는 낭떠러지로 떨어지고 있다!'고 제가 외칠 수 있게 해 주십시오. 제가 성하께 요청하는 것은 그것뿐이에요. '우리는 낭떠러지로 떨어지고 있다!' 외쳐도 된다고 말입니다."

"그럼, 수사 그대는 그렇게 외침으로써 교회를 구출할 수 있다고 믿는가?"

"결코 그렇지 않습니다. 제가 무슨 힘으로 교회를 구원하겠습니까? 교회를 지킬 교황님이 계시고 추기경, 주교들이 있으며 예수님 자신이 계시지 않은가요? 저로 말씀드리자면 오직 한 가지, 잘 아시는 것처럼 한 마디 외치는 자격 이상은 원하지 않습니다. '우리는 낭떠러지로 떨어지고 있다!'라고요."

프란치스코는 옷 속에서 내가 전에 받아 쓴 그 규칙서를 꺼내 들더니 조심스럽게 교황이 앉아 있는 곳으로 올라갔다.

"옥좌 아래 우리 형제들과 저를 다스리는 규칙서를 놓아두었습니다. 거기 성스러운 옥새를 눌러 생명이 있는 규칙이 되게 하옵소서."

교황은 프란치스코에게서 눈을 떼지 않았다. "아시시의 프란치스코," 그는 엄숙하고 훈계하는 목소리로 천천히 말했다. "아시시의 프란치스코, 그대 얼굴 둘레에 광채가 보여. 그것은 지옥의 불길인가, 아니면 천국의 불길인가? 나는 불가능한 일을 해 내겠다고 나서는 공상가들을 믿을 수가 없어. 완벽한 사랑, 완벽한 정절, 완벽한 가난 따위를 말일세. 왜 자네는 인간의 한계를 뛰어 넘으려고 하는가? 어찌 감히 자네가 오직 예수만이 도달한 그 높은 곳을 오르려고 하는 것인지, 그곳은 아무도 오르지 못한, 그분만이 가 계시는 곳임을 모른다는 말인가? 그것은 바로 인간의 오만한 마음이야. 끝없이 오만한 인간의 마음이라고! 아시시의 프란치스코, 조심하게. 사탄의 진정한 얼굴이 바로 거만이라는 것이지. 다른 누구보다 앞장서서 불가능한 것을 설교하도록 자네를 충동한 바로 그자가 악마가 아니라는 보장을 누가 할 수 있다는 말인가?"

프란치스코는 겸손하게 머리를 숙였다. "성하, 제가 우화(寓話)를 예로 들어 말씀드리는 것을 용서하십시오."

"또 오만한 말이 심해지는군!" 교황은 소리쳤다. "예수가 말씀하시던 설법이 그러셨지."

"죄송합니다, 성하. 하지만 달리 말할 수가 없습니다. 제가 일부러 그러고 싶어서 그러는 것은 아닌데도 제 생각은, 하기야 생각뿐 아니라 저, 가장 큰 희망, 가장 큰 절망도 마찬가지로 제 안에 들어와 있을 때면 그런 이야기로 바뀌어 버립니다. 성하께서 만약 제 심장을 열어 들여다보신다면 춤과 이야기밖에는 아무것도 찾아내시지 못할 것입니다."

프란치스코는 성호를 긋고 입을 다물었다. 교황도 아무 말 없이 그를 쳐다보기만 했다. 프란치스코는 교황의 목소리가 들려오기를 기다렸지만 아무 소리도 들리지 않자 고개를 들고 물었다. "말을 계속할까요, 성하?"

"듣고 있다니까."

"한 겨울날 편도나무 가지마다 꽃이 활짝 피어나는 것을 보면 그 주위에서 있던 나무들은 모두 흥을 보며 비웃기 시작하지요. '허영심 한번 기가 막히군.' 그들은 소리를 질렀습니다. '저렇게 오만할 수가 있을까! 생각해 봐, 저렇게 혼자서 꽃을 피우면 봄이 찾아오리라고 믿으니 말이야! , 편도나무는 부끄러워서 얼굴을 붉혔습니다. '죄송해요, 자매님.' 나무는 말했어요. '저는 절대로 꽃을 피우고 싶었던 것은 아니에요. 그런데 갑자기 내 가슴속에 훈훈한 봄바람이 불어 닥치는 것을 느꼈던 것이에요.'"

이번에는 교황도 더는 참을 수가 없었다.

"그만해 둬!" 소리치면서 그는 자리에서 벌떡 일어났다. "자네의 겸손도 그렇다지만 말이야, 자네 마음속에서는 하느님과 사탄이 한창 싸우고 있어요. 자네도 그걸 잘 알고 있지?"

"예, 성하. 저도 알고 있습니다. 그렇기 때문에 구원을 받으려고 성하를 찾아온 것이지요. 자비로운 손으로 저를 건져내 주십시오. 성하께서는 전 기독교 세계의 우두머리가 아니신가요? 그리고 저는, 제 영혼은 위험에 빠져 있는 것 아닙니까? 저를 도와주세요!"

"하느님께 말씀드린 뒤 그분의 결정을 내리겠소. 잘 가시오!" 프란치스코는 엎드려서 절을 한 다음, 뒷걸음질쳐서 문을 나왔다. 내가 그 뒤를 따랐다.

우리는 할 일 없이 길거리를 방황했다. 취한처럼 공중에 붕 뜬 기분이었다. 골목길들이 아코디언처럼 늘어났다가 줄어드는 것 같았으며, 집들이 흔들리고 종탑들이 휘청거렸다. 허공 가득히 천사들의 하얀 날개가 가득 차 있었다. 우리는 그 속을 헤쳐 나가려고 마치 수영을 하는 것처럼 팔을 휘저었다. 이따금 누가 우리 이름을 부르는 것 같은 생각이 자주 들었다. 그러나 어디서 우리를 부를까 하고 사방을 둘러보아도 보이는 사람은 아무도 없었다. 화사한 숙녀들이 우리 앞을 지나갔다. 멋진 순풍을 타고 돛을 높이 올려 미끄러져 나아가는 배처럼 여인들이 지나가면 그 뒤로 사나이들, 술집들, 우는 말들이 바다처럼 술렁이는 것을 우리는 들었다. 천년 묵은 포도나무에서 검게 익은 커다란 포도들이 집집마다 창가를 장식하고 고색창연한 라테란 성당을 더욱 풍취 있게 했다. 그 포도나무에서 뻗어나온 여린 덩굴가지들이 출입문, 창문, 발코니 할 것 없이 온 도시를 휩싸 안으며 주렁주렁 무거운 열매를 달고 하늘 높이 사라지고 있었다.

강에 다다르자 우리는 강둑을 따라 내려가 머리를 물 속에 담갔다. 정신이 맑아졌다. 우리의 정신이 다시 안정을 되찾고, 그와 함께 우리를 둘러싼 세계도 정상으로 돌아왔다. 포도나무가 덩굴째 사라져 버렸다. 프란치스코는 놀란 듯이 나를 쳐다보았다. 마치 나를 처음 보는 듯한 눈동자였다.

"당신이 누구시죠?" 불안한 목소리로 그는 물었다. 하지만 그는 곧 정신을 차리고 내 품 안에 안겼다. "레오 형제, 나를 용서하세요. 나는 이 모든 것을 처음 보는 것만 같아요. 우리를 둘러싸고 있는 이 윙윙거리는 소리는 무엇입니까? 이게 도시인가요? 로마인가요? 12사도는 어디 갔어요, 예수는 어디 갔고요? 자, 이곳을 벗어납시다!"

그는 주위를 살피더니 목소리를 낮추었다. "교황이 말씀하는 것을 들었지요? 그렇지, 우리가 거기에 갔었지. 참 조심스럽게 말씀하시던데! 그렇게 위엄이 넘치시다니! 또 그렇게 '확신에 차 계시다니! 그를 따르는 사람이라면 누구건 파멸은 면해서 지옥에 떨어지진 않겠더군요. 하지만 진흙에 지나지 않는 인간의 한계를 벗어나는 결단을 내리지도 못할 것이오. 레오 형제여, 우리로 말하자면 달라요. 인간이라는 진흙덩이를 뛰어넘는 것이 목적이니까요!"

"그렇지만 우리에게 그것이 가능할까요?" 나는 용기를 내어 물었다. 하지만 말을 하는 순간, 괜히 했다고 후회했다. "지금 뭐라고 했지요?" 프란치스코는 몸을 일으키며 물었다. 나는 움츠러들었다. "아무것도 아니에요, 프란치스코 형제. 아무 말도 안 했다니까요. 내 속에 있는 유혹의 악마가 한수작이에요." 프란치스코는 쓴 미소를 지었다. "레오 형제, 언제까지 그 유혹의 악마가 당신 속에서 계속 말을 할까요?"

"내가 죽을 때까지 그러겠지요, 프란치스코 형제. 그때 가면 그도 죽을 테니까요."

"레오 형제, 사람의 영혼을 믿으세요. 그리고 신중한 사람의 충고를 무시하도록 하세요. 영혼은 불가능한 일을 해내니까요."

그는 강둑을 따라 진흙 물속을 첨벙거리며 빨리 걸어 나갔다. 그러다 갑자기 걸음을 멈추고는 내가 따라오기를 기다렸다. 그는 내 어깨 위에 무겁게 손을 올려놓았다.

"레오 형제, 마음을 활짝 열고 지금부터 내가 하는 이야기를 깊이 새겨 들어 보세요. 인간의 몸은 활이고 신은 활을 당기는 사람이며 영혼은 화살입니다. 아시겠어요?"

"알고도 모르겠네요, 프란치스코 형제. 무슨 말을 하고 싶어서 그러시는 거죠? 당신의 생각을 좀더 지상 가까이 끌어내리세요. 내 두뇌가 쫓아갈 수 있게 말이지요."

"레오 형제, 내 말뜻은 이런 거지요. 기도에는 세 가지 종류가 있다는 것입니다.

첫째는 '주님, 저를 휘어 놓으세요. 아니면 제가 녹이 슬어 버립니다.'

둘째는 '주님, 저를 너무 휘어 놓지 마세요. 지나치면 부러지고 맙니다.'

셋째는 레오 형제, 바로 우리들이 하고 있는 기도지요. '주님, 저를 실컷 구부려 주세요. 제가 부러진들 누가 개의하겠습니까!' 세 가지 기도가 있는 것처럼 세 가지 부류의 인간이 있어요. 마음속에 잘 기록해 두세요. 그렇게 떨지 말고 말입니다……. 내가 이런 소리를 몇 번이나 당신에게 했는지 모르지만 다시 한 번 하겠어요. 당신에게는 지금도 나에게 등을 돌리고 떠날 시간이 있어요. 당신이 부러지는 것을 막을 시간이 있다는 것입니다!"

나는 프란치스코의 손을 잡고 입을 맞추었다.

"저를 실컷 구부러뜨리세요. 프란치스코 형제. 제가 부러져 나간들 염려할 사람이 어디 있겠어요!"

우리는 한동안 말없이 걸어 나갔다. 나는 프란치스코의 발자국을 따라 기쁘게 걸었다. 하지만 한편으로는 이렇게 따라가고 있는 내가 얼마나 보잘것 없는 놈인가 하는 생각에 떨리기도 했다. 하느님께 자신이 부러져 없어져도 좋으니 부러질 정도로 구부려 달라고 기도를 드리는 이 창백한 위험인물의 뒤를 따를 자격이 나에게는 없었다……. 그럼 난 무엇을 할 수 있었을까? 나도 모르게 프란치스코와 똑같은 기도를 드리고 있는 자신을 발견했다. 다만 다른 점이 있다면 프란치스코는 그런 기도를 드릴 때 황홀해지는데 나는 떨린다는 점이었다. 나에게 등을 돌리고 돌아서라고 했지만, 내가 어찌 그럴 수 있다는 말인가? 그가 나에게 먹여주고 있던 천사의 빵은 감미로움이 넘치는 것이었다. 수도사들이 배가 고프다고 불만이던 어느 날 밤이 생각난다. 프란치스코는 얼굴을 찡그리면서 화를 냈다. "배고픈 게 당연하지요." 그가 말했다. "여러분은 여러분 코앞에 놓여 있는 맷돌만 한 천사의 빵을 보지 못하니까 그렇지요. 보지를 못하니까 그것을 집어다 잘게 썰어 먹지 못하는 거예요. 그것은 영원히 여러분의 허기를 가시게 할 것입니다."

갑자기 낯익은 목소리가 곁에서 들렸다. "프란치스코 형제! 프란치스코 형제!"

우리는 돌아보았다. 숨을 헐떡이면서 우리를 따라잡으려고 수도사 한 사람이 달려오고 있었다.

"실베스터 신부예요!" 프란치스코는 소리치면서 그를 맞으러 뛰어나갔다. "여기서 뭐하고 계시오? 왜 돌보시던 양들을 버리셨습니까?" 두 팔을 꼭 붙들면서 물어보았다. 실베스터는 숨을 몰아쉬면서 눈물을 흘리더니 곧 말하기 시작했다.

"나쁜 소식이오, 프란치스코 형제!" 그는 숨을 헐떡였다. "당신이 우리와 함께 있는 한 유혹의 악마는 울타리 밖을 서성거리는 게 고작이었지요. 악마는 이를 갈며 소리를 질렀지만 감히 울타리를 뛰어넘어 들어올 생각은 못했어요. 그는 당신의 숨 냄새를 맡은 거지요. 프란치스코 형제의 냄새를 맡고는 벌벌 떤 거예요. 그러나 당신이 떠나고 나니까."

"그자가 울타리를 넘어서 들어왔다는 거죠?"

"그래요, 프란치스코 형제. 울타리를 넘어서 들어왔어요. 그는 기어들어와서 사바티노, 안젤로, 루피노의 귀에다 대고 속삭였어요. 다른 형제들에게도 달라붙었지요. 그들이 잠들어 있거나 영혼이 무방비 상태에 있을 때 그귀에다 대고 푹신한 침대, 맛있는 음식과 여자 이야기를 속삭였어요. 이튿날 아침 그들은 씩씩거리며 얼굴을 잔뜩 찡그리고 있는 거예요. 까닭 없이 서로 심한 말을 주고받고 싸움을 시작했어요. 그러다가 주먹다짐으로 변진 적이 한두 번이 아니지요. 싸움을 뜯어 말리려고 그들 사이에 뛰어들어 '진정하세요 형제들, 우리 화목하게 삽시다. 하느님이 두렵지 않나요? 프란치스코 앞에서 이런 짓을 한다면 부끄럽지 않겠소? 그는 여기 우리와 함께 있는 거예요. 그는 우리 모두가 무슨 말을 하는지 다 알고 있어요!' 소리쳤지요. 소용없었어요. 내 말은 귓등으로도 안 들었어요. '우리는 굶고 있어요! 프란치스코에게 그가 길들인 곰이 먹이를 주기 전에는 춤을 안 추겠다고 그런다고 말해요! 뭘 좀 먹고 싶소! 먹을 걸 내놔요!' 유혹의 악마가 드디어 그들의 창자를 움켜쥔 것이었습니다. 그리고 지옥으로 끌고 내려가는 것이었어요."

"베르나르드 역시 그렇습니까? 피에트로는요?" 못 견디겠다는 듯이 프란치스코가 물었다.

"베르나르드와 피에트로는 자기들끼리 딴 데로 가서 언제나 함께 기도를 드리고 있었어요."

"그리고 엘리아스는요?"

"엘리아스는 당신이 만든 규칙을 바꾸려 하고 있어요. 너무나 엄격하고 너무나 비인간적이라는 것이 그의 의견이지요. 절대적인 빈곤은 억압하는 것이라고 이야기합니다. 인간은 성격상 완벽한 사랑을 할 힘이 없고, 완전한 정절도 지키기 어렵다는 것이 그의 이야기지요. 그는 들락거리면서 형제들에게 공개적으로 이야기하기도 하지만 몰래 할 때도 있는데, 밤이면 안토니오를 불러다가 그가 부르는 새 규칙을 받아 쓰게 하고 있어요. 속으로 만만치 않은 목표를 세우고 있더군요. 교회와 수도원과 대학교를 세우고 싶고, 전 세계 방방곡곡에다 선교사들을 보내고 싶다는 것입니다. 모든 사람들은 ─이 세상의 모든 사람을 말하지요─반드시 두건을 쓴 모습으로 하느님 앞에 나타나야 옳다는 것이 그의 주장이니까요."

프란치스코는 한숨을 쉬었다. "그 밖에 또 보고할 것이 뭔가요, 실베스터 신부? 하나도 빼놓지 말고 다 말하시오."

"개인적인 반기를 든 또 한 사람은 카펠라입니다. 당신의 규칙이 너무 무르다는 불평을 하면서 당신을 따라 로마로 가서 자기 자신의 교단을 창설하는데 필요한 교황의 허가를 받아 내겠다는 것이지요. 그는 우리가 1년에 단한 번 부활절에만 고기를 먹도록 하자는 것입니다. 그리고 연중 밀기울과 물만 마시고 일요일에만 거기에다 소금을 약간 치도록 하자는 것이지요. 또 있습니다. 대화를 주고받는 것도 사치라는 겁니다. 서로 말하는 것을 금지시키고 하느님과의 대화의 길만 터놓자는 것이지요. 그는 붉은 리본을 단 녹색모자를 집어 던지고는 그걸 차고 마구 짓밟아 대면서 이렇게 외쳤어요. '모자 필요 없다! 두건도 필요 없어! 겨울이건 여름이건 맨머리로 다니는 거예요!'"

"그치지 말고, 계속해요, 실베스터 신부님." 프란치스코는 말했다. "그 모두가 깊은 상처입니다. 계속하십시오!"

"새로운 형제들이 줄을 이어 찾아오고 있었어요. 교육을 받고 교양이 있는 사람들이라, 언제나 들고 다니는 두꺼운 원고들을 읽지 않으면 글을 쓰거나 교회에서 강론을 합니다. 가죽 구두를 신고 떨어지지 않은 옷을 입고다니며 우리를 볼 때마다 웃곤 하지요. 형제회 창단 멤버인 우리들이 어떻게그들에게 대항할까요? 프란치스코 형제, 당신이 안 계시면 우리는 힘이 없는 존재지요. 어떻게 그들을 막겠습니까? 한 번은 젊은 두 형제가 환락가에들어가 밤을 보내고 왔습니다. '밤새 어디 가 있었지요?' 이튿날 아침 피곤한 모습으로 숨이 넘어가는 듯한 그들을 붙들고 제가 물었지요. 그들은 대답을 하지 않으려 했지만 이상하고 지독한 냄새 때문에 결국 탄로 난 거예요. 냄새를 맡자 베르나르드는 기절해 버렸어요."

프란치스코는 쓰러지지 않으려고 내 몸에 의지했다.

"처음 모여든 형제들은 흩어졌어요." 실베스터 신부는 계속 말을 이었다.

"나는 자신에게 참으라고 타일렀지요. 당신이 곧 돌아와 유혹의 악마를 쫓아내기만 하면 모든 것이 질서를 되찾을 것이라고 말이지요. 성(聖) 금요일이었어요. 수도사들이 모두 한 자리에 모인 저녁이었는데, 먹을 것이라곤 아무 것도 없었습니다. 아시시의 선량한 사람들은 이제 우리에게 공짜로 밥을 먹여 주는 일에 지쳐 버린 것이지요. 나는 예수의 고난에 대한 이야기를 형제들에게 하면서 이 날, 바로 예수가 못박힌 이 날 우리가 기도와 완전한 금욕 속에 보낼 수 있도록 보살펴 주신 하느님께 감사를 드리기 시작했습니다. '배가 가득 부르면 기도 드리는 데 힘이 듭니다' 제가 말했지요. '배부른 생각이 앞서 기도가 하늘로 오르는 것을 가로막는 법입니다. 마귀는 인간이 배 고픔을 두려워하는 것을 보고 기뻐하지요!' 그러나 그때 살찐 검은 숫염소 한 마리가 문간에 나타나 말하고 있던 나를 깜짝 놀라게 했습니다. 뿔은 구부러지고 어둠 속에서 어른거리는 초록빛 눈을 번득이는 그놈의 짧게 난 수염에서는 불길이 너울거리는 듯했어요. 형제 대여섯이 염소를 보는 순간 신이 나서 소리를 지르며 벌떡 일어났습니다. 그 중 하나는 긴 칼을 가지고, 다른 사람들은 차고 있던 띠를 풀어 얼른 올가미를 만들어서 염소 모가지를 낚아채려 앞으로 달려나갔지요. 수놈은 뒷발로 서서 한동안 춤을 추는 것 같더니만 껑충 뛰면서 쏜살같이 숲으로 도망갔습니다. 형제들은 정신없이 그놈 뒤를 쫓았지요. 나도 덩달아 뛰면서 소리질렀어요. '여러분, 눈을 뜨세요! 그놈은 염소가 아니라 사탄입니다! 엄청난 죄를 저지르고 있는 거예요, 여러분은!' 그렇지만 제가 하는 이야기를 그들이 들으리라 기대나 할 수 있겠습니까? 배가 고픈 나머지 그들은 그만 돌아버린 거지요. 그들은 몰이꾼처럼 올가미를 마구 던졌어요. 단검을 든 형제는 어둠 속을 노려보며 달려가면서 위아래로 마구 찔렀지요. 염소를 찔렀다고 생각했지만 칼끝은 부질없이 허공을 가르고 있었어요. 염소는 그들을 계속 피했어요. 고개를 돌리고 그들을 돌아다보는 염소의 눈은 어둠 속인데도 불길이 가득했습니다. '저건 마귀라오.' 나는 외쳤지요. '저 불길이 보이지 않소? 십자가에 못박히신 주님의 이름으로 말리니 그만들 둬요!' 몇몇 형제들이 마침내 겁을 먹고 멈추자 염소도 서 버리는 것이었습니다. 형제들이 그냥 내버려 둘까 봐 겁이 난 모양이었습니다. 그러자 그 순간을 놓치지 않고 칼을 든 형제가 짐승을 타고 앉았습니다. 잠깐 씨름을 하는 것을 보고 있었는데 갑자기 칼이 염소 배에 푹 박히면서 그 검은 숫염소는 행복한 울음소리를 내며 땅바닥에 쓰러졌습니다. 그러자 나머지 형제들이 앞으로 달려들어 눈 깜짝할 사이에 짐승을 갈기갈기 찢어 놓았습니다. 형제들은 저마다 피가 뚝뚝 떨어지는 고깃덩이를 입에 구겨 넣었어요. 제대로 씹지도 않고 삼키면서 또 한 입 가득히 베어 물곤 했어요. 그러자 그들은 취한 사람들처럼 목을 딴 염소의 구부러진 뿔을 둘러싸고 입에서 피와 불길을 토하면서 춤을 추기 시작했지요. 그러는 동안 저는 통분을 누르지 못하고 가슴을 치며 울고 있었습니다. 짙은 유황 냄새가 공기를 무겁게 짓눌렀습니다. 그때였어요. 갑자기—아, 주여, 위대하신 주여—저는 머리가 움직이는 것을 제 두 눈으로 보았어요. 머리만 공중에 뜨는 순간 갈기갈기 찢겨져 나갔던 몸통이 잘린 목 아래 척 붙으면서 네 발굽으로 땅을 짚고 서는 것이지 뭡니까. 나는 그때 약 올리는 듯 짤막한 울음소리를 들었습니다. 숫염소는 완전히 되살아나 어둠 속으로 사라져 버렸습니다. 그러나 형제들은 계속 춤추면서 정신없이 먹는 데 바빴지요. 유혹의 마귀는 그들의 눈에 마술을 건 거지요. 그들은 아무것도 못 본 겁니다. 나는 포르치운쿨라에 되돌아가지 않고 바로 로마로 왔습니다. 프란치스코 형제, 당신의 발 앞에 이 소리를 외치고 싶었던 것입니다. '우리 교단은 위험에 빠졌습니다. 우리의 영혼은 위험에 빠졌습니다. 어서 돌아오십시오!'"

"양을 인도하는 길은 어렵고 험한 길이오." 바다로 평화롭게 흘러들어 가는 깊은 흙탕물을 바라보면서 프란치스코는 중얼거렸다. "내 잘못이었소. 나는 이번 순례길에서 새로 일어난 근심 때문에 잠시 넋을 잃고 양 떼 돌보는 일을 쉰 셈이오. 형제들을 돌보지 않고 팽개쳐 두었지요. 그러니까 뿔뿔이 흩어진 것입니다. 실베스터 신부, 나는 돌아갈 것입니다. 다시 그들을 한데 모아 참을성을 기르게 하리다. 내가 갈 것입니다. 먼저 가 보시오. 안녕히!"

실베스터 신부는 프란치스코의 손에 입을 맞추며 작별 인사를 하고는 북쪽으로 출발했다.

프란치스코는 나를 돌아보았다. "내 잘못이오." 이 말을 되풀이했다. "죄는 나에게 있어요. 여자, 음식, 부드러운 침대를 간절히 바란 것은 나였고, 염소 고기를 입이 찢어지도록 먹은 것도 나였습니다!" 그는 자기 가슴을 치면서 탄식했다.

나는 그의 허리를 한 팔로 껴안았다. 강둑을 따라 계속 걷다가 마침내 잎이 무성한 포플러 나무 아래 둘 다 털썩 쓰러지고 말았다. 프란치스코는 너무 지쳐서 눈을 감았다. 그가 연달아 한숨을 내쉬는 것으로 보아 수도사들의 모습이 그의 머릿속을 떠나지 않은 게 분명했다. 드디어 그는 입을 열었다.

"꿈은 하느님이 보내는 밤새들이지요. 그것들이 소식을 전해 주지요. 로마를 향해 떠나기 전에 나는 검은 수탉 한 마리를 꿈에 보았어요. 어쩌나 말라비틀어지고 날개가 작았던지 아무리 날개를 펴 보았자 병아리들을 품 속에 모두 끌어안을 수는 없었어요. 비는 오는데, 아직 털도 나지 않은 많은 병아리들이 그냥 바깥에서 비를 그대로 맞고 있었어요……. 나는 그 꿈의 뜻을 미리 깨닫고 여행을 그만두었어야 했는데."

그렇게 말하고 있는데 이상한 차림의 수도사가 우리를 보더니 걸음을 멈췄다. 가죽띠로 묶은 흰 옷을 입고 돼지가죽으로 만든 두꺼운 샌들을 신고 있었다. 그리고 삭발한 머리에 검은 양털 모자를 쓰고 있었다. 거칠고 사납게 생긴 얼굴에 불덩이처럼 타는 두 눈이 박혀 있었다. 그는 프란치스코를 보자마자 멈춰서더니 놀란 듯이 그를 보았다. 처음에는 망설이는 것 같았지만 곧 기쁜 표정을 지었다. 이윽고 팔을 활짝 벌리며 이렇게 소리쳤다.

"형제분, 당신은 누구지요?"

"왜 그렇게 계속 저를 쳐다보시나요?" 프란치스코가 물었다. "저를 전에 어디서 본 적이 있나요?"

"그래요, 맞아요. 어젯밤 꿈속에서 당신을 보았지요. 예수님이 나타나셨지요. 그분은 화가 나셔서 손을 들어 세계를 쳐서 없애려고 하는데 갑자기 성모 마리아가 앞으로 나오며 소리쳤어요. '안 돼요, 자비심을 보여 주세요. 보세요, 당신을 충실히 섬기는 종이 둘이나 있어요. 참으세요. 그들이 세상의 기둥이 될 테니까요.' 그리고 그 가운데 하나는 이 못난 사람이고 또 한 사람은, 또 한 사람은, 형제 당신이라는 생각이 드는군요. 얼굴이며 태도가 그렇고, 입고 있는 옷과 두건이 똑같아요! 누구시지요? 하느님이 우리를 이렇게 만나도록 만드신 거군요."

"아시시의 프란치스코라고 합니다. 하느님의 귀여운 꼬마 거지라고도 부르고 그분의 광대라는 소리도 듣고 있지요." 프란치스코는 대답하며 그 낯선 사람이 곁에 앉도록 자리를 비켜 앉았다. "댁은 누구신가요?"

"나는 스페인에서 온 수사입니다. 저 지구 끝에서 교황의 허가를 얻으려고 왔습니다. 이단자와 이교도에 대한 전쟁을 하게 해 달라는 부탁을 하려고 왔습니다. 도미니크라고 합니다."

"저도 교황에게 가서 교단을 하나 만들고 설교할 수 있도록 해 달라고 간청드리고 나오는 길입니다."

"무엇을 설교하려고 하는데요, 프란치스코 형제?"

"절대적인 가난과 절대적인 사랑을 설교하려는 것입니다."

"그리고 마을마다 찾아다니며 이단자, 죄인, 이교도를 태워 버리는 장작을 마을 한복판에 피워 놓지 않으시렵니까?"

프란치스코는 몸서리쳤다. "싫어요, 그건 싫어요." 그는 항의했다. "죄인을 죽인다고 해서 죄를 죽일 수 있다고 생각하지는 않아요. 악인과 이교도를 상대로 싸움을 벌일 생각도 없어요. 사랑을 설교할 것이고, 사랑을 할 것입니다. 나는 조화(調和)의 덕을 설교할 것이고, 세계의 모든 사람이 서로 형제처럼 사랑하도록 그러한 사랑을 실천해 나갈 것입니다. 죄송해요. 도미니크 형제, 하지만 그것이 내가 선택한 길이랍니다."

"인간의 본성은 악한 것이오. 악하고 교활하고 악마 같아요." 흰 옷을 입은 수사는 화가 나서 소리쳤다. "당신이 말하는 상냥함만으로는 부족해요. 필요한 것은 힘입니다. 만약 육체가 방해된다면 영혼을 구하기 위해서 몸을 없애 버려야만 해요. 나는 스페인에서 장작불을 피우겠어요. 거기서 영혼들은 몸뚱이들을, 모두 재처럼 날려 버리고 하늘로 오르게 될 것입니다. 재로 날려버리자! 재로 날려버려!" 주먹을 불끈 쥔 수사는 소리지르기 시작했다. "재처럼 날려버려! 싸우러 가자!"

"사랑을!"

"힘을!"

"자비를!"

"프란치스코 형제, 인생은 남녀가 팔짱을 끼고 사랑의 노래나 부르며 거니는 그런 산책이 아닙니다. 인생은 전쟁이고 폭력인 것입니다! 해가 떠올랐나요? 자, 그럼 일어나세요! 물을 마시고 싶으면 우물을 파요. 악을 없애려면 악을 저지른 자의 머리를 정통으로 때리세요. 죽을 때는 도끼 하나를 드세요. 천국 안으로 들어가고 싶다면 그것으로 천국의 문을 부숴야 할 테니까요. 천국의 문에는 열쇠가 없습니다. 문을 여는 열쇠도 없고 문지기도 없답니다. 천국의 문을 여는 유일한 열쇠는 도끼라니까요……. 그렇게 겁에 질린 얼굴로 나를 보지 마세요. 상냥한 꼬마 수사님. 성경에도 똑같은 말이 있으니까요. '폭력을 쓰는 사람이 하늘의 왕국을 힘으로 장악했으니' 라고 말이지요."

프란치스코는 한숨을 쉬었다. "폭력이 하느님에게서도 나오는 것임을 나는 몰랐어요. 당신은 내 생각을 넓혀 주었어요. 하지만 내 마음만은 그런 생각에 반기를 들고 '사랑! 오직 사랑!'이라고 외칩니다. 하지만 누가 알겠어요. 우리의 정반대되는 길이 별안간 '전지전능하신 그분을 찾는 길목'에서 합류하게 될지도 모르지요."

"하느님 뜻대로 하소서." 이방인은 대답했다. "하지만 내가 볼 때 당신은 이리 떼 같은 인간 틈에 떨어진 어린 양 같아요. 그 언덕길을 오르기 전에 그들은 당신을 잡아먹어 버리고 말 겁니다. 내가 생각하는 대로 당신에게 솔직히 털어놓는 이 말을 용서하세요. 당신은 사랑이 무엇인지 다 알고 있지만, 그것만으로는 모자라요. 증오도 하느님에게서 나온다는 사실 역시 배워야만 할 것입니다. 그것 또한 하느님을 섬기는 방법이지요. 지금처럼 이렇게 세상이 타락한 시대일수록 증오는 사랑보다 하느님에게 더 효과적인 봉사를 다하는 것입니다."

"내가 증오하는 것이 하나 있다면, 그것은 오직 마귀일 따름입니다, 도미니크 형제." 프란치스코는 말을 받았다. 그러나 그 말을 하자마자 프란치스코는 온몸을 부들부들 떨었다. 그처럼 가혹한 말을 한 데 그만 스스로 질린 모양이었다.

"아니 그게 아니라," 프란치스코는 얼른 말을 덧붙였다. "실은 마귀도 미워하지는 않아요. 나는 곧잘 땅에 엎드려서 하느님께 잘못 생각하고 있는 우리 형제를 구원해 달라고 기도하고 있어요."

"형제라니요, 누구지요?"

"사탄 말입니다. 도미니크 형제 당신이오."

도미니크 형제는 한바탕 웃었다. "하느님의 어린 양이시여, 나더러 고르라면 나는 차라리 하느님의 사자가 되겠소. 사자와 양은 서로 어울리지 않겠군요. 그러니 안녕히 계시오!"

그는 일어서서 떠나려고 했다.

"안녕히 가세요, 도미니크 형제. 사자들과 양들은 사랑과 힘, 빛과 불, 선과 악처럼, 모든 것이 똑같은 산, 하느님의 산을 오르고 있다는 것을 알아주었으면 해요. 다만 그것을 모르고 있을 뿐이지요. 증오와 미움이 그걸 알 까닭이 없지요. 사랑은 그것을 틀림없이 알고 있습니다. 이제 떠나시겠다니, 내가 기쁜 비밀 하나를 밝혀 드리겠어요. 어느 날 우리는 하느님이 두 팔을 벌리고 기다리고 계시는 정상에서 다시 만나게 될 것입니다. 너그러우신 하느님 뜻에 따라 우리가 저 위에서 다시 만난다면, 사자 선생, 그땐 당신도 하느님의 작은 양을 잡아먹진 않을 테지요!"

이번에는 프란치스코가 한바탕 웃었다. 그는 손을 흔들어서 그 불꽃 같은 수도사와 작별 인사를 했다.

우리는 그 흰 옷이 바람에 부풀어 오르다가 강굽이를 따라 사라지는 것을 지켜보았다. 그 다음 프란치스코는 나를 보았다. 귀에서 귀까지 웃음이 활짝 피어오르고 있었다.

"도미니크 형제는 우리를 잡아먹고 싶은 거예요." 그는 말했다. "하지만 그이는 몰라요. 알 리가 있겠어요. 심판의 날이 가까워 왔다는 것, 양들과 사자가 한데 어울려 하나가 되는 것임을 모르고 있어요."

나는 글을 쓰고 있는 양피지 위에 몸을 굽히고 펜을 귀에 꽂고 잠시 휴식을 취하고 있다. 눈을 감으면 성지에서 우리가 함께 보낸 낮과 밤이 엊그제 일처럼 생생하게 떠오른다. 교회들, 고위 성직자들이 미사를 올리던 모습, 어린아이들이 하느님을 위한 노래를 멋대로 부르던 광경, 중천에 걸려 우리를 태워 버릴 듯이 내리비치던 태양이며, 어느 날 타오른 땅 위에 맹렬히 퍼부은 빗줄기로 대지와 함께 우리 가슴이 후련해지던 기억이 되살아났다. 성 사도의 사원 입구 아래 바로 내 곁에 서 있던 프란치스코 생각이 난다. 쏟아지는 비를 황홀한 듯이 눈을 크게 뜨고 바라보며, 대지의 냄새를 맡느라 코를 벌름거리고 행복한 눈물이 두 볼을 타고 흐르던 모습이 떠오른다.

"하늘이 땅과 합쳐지고 있어요. 하느님이 인간의 영혼과 손을 잡는 순간이지요." 그는 나에게 말했다. "흙으로 빚어진 당신의 내장 속으로 하느님의 말씀이 씨앗처럼 흘러들어오는 것을 느끼지 않나요, 레오 형제여? 그들이 막 싹트는 소리가 안 들려요? 내 심장 속에 파릇파릇한 풀이 덮이고 마음 가득 양귀비가 피어나는 것을 느낄 수 있어요."

오랫동안 그토록 초조하게 기다린 끝에 우리는 드디어 교황의 거대한 옥새가 찍힌 규칙서를 받아 들었다. 두 개의 막강한 열쇠가 양피지 가장자리에 비단 리본으로 묶인 채 매달려 있는 규칙을 받아 들던 날, 교황의 사원인 라테란 교회 앞 광장으로 달려나가던 일을 지금도 기억한다. 팔짱을 끼고 껑충껑충 뛰면서 춤을 추는 폼이 꼭 두 주정뱅이들 같았다. 그리고 프란치스코는 입 속으로 손가락을 넣더니, 목동처럼 휙 휘파람을 불어서 보이지 않는 양떼들을 불렀다.

그처럼 기쁠 수가 있을까! 인간의 심장은 아무것도 없는 곳에서 무엇이건 만들고 또다시 만들어 내는, 얼마나 위대한 힘이 있는지! "이것이 천국이라오!" 나는 프란치스코에게 말했다. "하늘의 왕국이 우리 마음속에 있다고 하신 예수의 말씀이 옳아요. 배고픔도, 목마름도, 불행이라는 것도 사실은 존재하지 않아요. 존재하는 것은 오직 인간의 마음뿐이지요. 인간의 마음이, 마음이라는 바퀴 둘레에 아무것도 없는 것(無)을 빙글빙글 돌리면서 빵도, 물도, 행복도 만들어 내는 겁니다."

우리가 한참 춤추며 휘파람을 불고 있는데, 깜짝 놀란 젊은 귀부인 하나가 우리에게 다가왔다.

"어떻게 된 거죠?" 여자는 웃으면서 물었다. "도대체 어느 집 술을 그렇게 얻어 마셨기에 그 모양으로 취하셨나요?"

"하느님의 술이지요!" 프란치스코가 손뼉을 치며 대답했다. "술통을 많이 간직하신 주 예수 그리스도이지요. 와서 우리와 함께 마십시다!"

"어디서 오셨습니까?"

"무(無)에서 왔지요, 부인."

"어디로 가시는 길인데요?"

"하느님께로 갑니다. 무에서 하느님이 있는 곳까지 가면서 우리는 춤을 추고 울기도 하지요."

젊은 여인은 이제 웃는 얼굴이 아니었다. 그녀는 목 부분이 확 터진 옷을 입고 있었다. 오른손으로 드러난 목을 가리면서 여자는 한숨을 쉬었다. "우리가 태어난 목적이 바로 이러기 위해서인가요?"

"그렇답니다, 부인. 춤추고, 울고, 하느님을 찾아 여행하고."

"제 이름은 야코파에요. 귀족인 그라티아노 프란지파니의 아내지요. 제 인생은 너무나 행복했어요. 그게 부끄러워져요. 운이 너무나 좋았던 것이 저를 불안하게 만들어요. 제가 여러 사람 앞에서 이렇게 말하기가 좀 거북한데 저희 집까지 와 주실 수 있겠어요?" 부인은 앞장서서 걷고 우리는 뒤따라 나섰다.

이 매력에 넘치는 귀부인이 바로 클라라 자매 다음으로 프란치스코에게 가장 충실하고 귀중한 여성 수도사가 되리라는 것을 누가 이야기해 줄 수 있었을까? 지나친 행복이 착하고 정직한 하나의 영혼을 양심의 가책과 눈물로 몰아넣으리라는 것을 누가 알고 이야기할 수 있었을까?

"부끄러워요." 궁궐 같은 저택에 들어서자 야코파는 우리에게 말했다. "저에게는 없는 것이라곤 없는데, 숱한 부인들이 아무것도 가지지 못한 것을 보면 부끄러워져요. 옳지 못해요. 공평하지 않아요! 하느님이 정의로우시다면 저에게 큰 재난을 내리실 거예요. 하느님에게 그렇게 해 주시도록 부탁드리세요. 제 몸이 자유롭기만 하다면 맨발로 뛰어나가 집집마다 돌아다니며 구걸을 하겠어요. 하지만 저에게는 남편이 있고, 아이들이 있지요. 족쇄를 찬 몸이에요."

프란치스코는 대견한 듯이 그녀를 바라보았다. "부인, 부인은 용기 있고 늠름한 영혼, 남자 같은 마음을 가졌소. 자매라는 말을 쓰지 않고 당신을 야코파 형제라고 부르도록 허락해 주십시오……. 야코파 형제, 참고 기다려요. 당신이 자유로운 몸이 되어 맨발로 거리를 다니며 구걸할 수 있는 날이 올 것이오. 주님은 위대하십니다. 그분은 부인들을 동정하십니다. 당신을 가련히 여기실 것이오. 안녕히 계시오. 다시 만날 때까지!"

"언제? 어디서 만나 뵙지요?"

"야코파 형제, 내 속에서 목소리가 들리는데 내가 죽는 끔찍한 그 시간이 될 거라는군요." 그는 손을 들어서 그녀에게 축복을 보냈다. "그때까지 그럼!"

"왜 죽음에 대한 이야기를 하지요, 프란치스코 형제?" 나는 야코파의 저택을 나서서 고향으로 돌아가는 길에 오르자 물어보았다.

"죽음 따위가 뭡니까! 우리는 이 지상에서 하던 일도 채 끝내지 못했는데." 프란치스코는 머리를 저었다.

"우리가 춤을 추고 휘파람을 불 때면, 우리가 환희의 절정에 올라 있을 때면 하늘에서 내려오는 검은 빛의 대천사가 내 눈에는 보인다오, 레오 형제. '기다려요' 나는 그에게 고개를 끄덕인다오. '조금만 더 기다려요, 죽음의 형제!' 그럼 그는 웃으면서 공중에 멈춰 서곤 하지요. 레오 형제, 두려워하지 말아요. 때가 오면 우리는 죽을 테니까요. 더 이르지도 않고 더 늦지도 않게. 제때가 오면 말이지요……."

제 마구간으로 되돌아가는 말들처럼 우리는 북쪽을 향해 서둘러 가며 로마의 흙먼지를 털어 내었다. 가다가 물을 발견하면 걸음을 멈추고 얼굴을 박고는 물을 마신다. 그러고 나면 바위 위에 앉아서 아시시가 있는 머나먼 곳을 말없이 바라보곤 했다. 길이 가까워질수록 프란치스코의 얼굴은 심각해졌다. 점점 입을 떼는 일이 어려워지는 것을 느꼈다. 어린아이를 만나거나 눈부신 들꽃 한 송이, 아니면 나뭇가지에 앉은 새가 우는 모습을 바라볼 때만 겨우 그의 표정이 다시 밝아지곤 했다.

한번은 그가 내게 이런 말을 했다. "레오 형제, 이 세상에 꽃들과 어린이들과 새들이 남아 있는 한 무서워할 것은 하나도 없어요. 모든 것이 괜찮을 테니까요."

우리는 행군에 행군을 거듭했다. 우리 두 사람의 발은 피가 흐르는 상처투성이였다. 더는 똑바로 서 있을 수가 없었다. 게다가 늘 굶주렸다. 밤이면 추위로 꽁꽁 얼었다. 아, 구운 양고기 한 접시와 포도주 한 병을 얻을 수만 있으면 얼마나 좋을까. 나는 입맛을 다시면서 속으로 생각했다. 그리고 다음에는 폭신한 잠자리 생각이 머리를 떠나지 않았다. 그럴 때마다 나는 힘차게 하느님을 찬양하는 노래를 불렀다. 그것은 부질없는 일, 머리를 세차게 흔들며 유혹을 몰아내려고 애써 봐도 소용없었다. 음식 담긴 접시, 술병, 침대가 틀림없이 되돌아와 바로 눈앞에서 맴돌곤 했다.

프란치스코는 내가 무슨 생각을 하고 있는지 알아차렸다. 나에 대한 동정심이 솟아올라 어쩔 줄 몰라 하며 자기 손을 내 어깨 위에 부드럽게 얹었다.

"레오 형제여, 나는 왜 그런지는 모르겠는데 내가 도저히 잊을 수 없는 이야기 한마디를 해준 위대한 은사 한 분이 방금 생각났어요. 그 이야기를 들을래요?"

"듣고 있어요, 프란치스코 형제." 나는 말하면서 눈을 내리깔았다. 혹시 그가 내 눈동자 속에서 그 음식 접시며, 술병, 침대 따위를 볼까봐 두려웠던 것이다.

"하루는 길을 가던 사람이 그 성인의 한숨 소리를 듣고는 가던 걸음을 멈추고 물었대요. '하느님의 성인이시여, 선생이 원하시는 것이 무엇인가요. 무엇이 그처럼 큰 한숨을 쉬게 하였나요?'

'시원한 물이 한 잔 먹고 싶어서요.' 그 금욕의 수행자는 대답했대요.

'그야 간단한 일인걸요. 밤에 물병을 바깥에 내놓으세요. 그럼 찬물을 마실 수 있을 테니.'

'그렇지 않아도 한번 그렇게 해 봤다네. 그런데 그날 밤 나는 꿈을 꾸었지. 천국 바깥에 도착해서 천국의 문을 두들기는 꿈이었다네. '밖에 누구요?' 안에서 목소리가 들려왔지. '접니다. 테베의 파코미우스입니다.' 그랬더니 큰 소리가 들려왔어. '꺼져 버려요, 천국은 찬물 한 모금을 마시겠다고 밤에 바깥에다 물병을 내놓지는 않는, 그런 사람들이 들어오는 곳이오.'"

나는 프란치스코의 발 앞에 엎드렸다. "용서하십시오, 프란치스코 형제. 나는 아직도 육체를 정복하지 못하고 있습니다. 아직도 허기를 느끼고 피곤해지고 추위를 느끼니 말입니다. 당신이 가는 곳이면 어디든 따라 가겠습니다. 그렇지만 이따금 내 마음은 당신을 따라가지 않고 오히려 오만해져서 그것을 거역합니다. 천국의 문 앞에는 갔지만, 그들은 문을 열어 주지 않았습니다."

"낙심하지 말아요, 레오 형제여." 그는 내 머리를 쓰다듬으며 이렇게 대답했다. "일어서요. 유혹의 마귀가 당신을 올라타더라도 두려워하지 말아요. 문은 열릴 것이오. 그리고 당신들은 둘 다 함께 들어서게 될 것이오!"

"유혹의 악마도 말인가요? 그도 들어간다고요? 그런 걸 프란치스코 형제가 어떻게 압니까?"

"나는 알지요. 내 심장은 열려 있어서 모든 것을 받아들이고 있으니까요. 천국도 그와 조금도 다를 것이 없을 거예요."

우리는 가파른 바위산 중턱에 들어앉은 작은 도성에 도착했다. 산 아래에는 비와 태양과 시간의 손자국에 쓰러져 가는 집들이 다닥다닥 붙어 있었다. 산꼭대기에는 여러 개의 탑으로 에워싸인 성에서 제비 꼬리 모양의 긴 깃발이 나부끼고 있었다. 그 성안에는 성주가 자신이 좋아하는 매와 함께 살고 있었다. 도성을 빙 둘러싼 저 아래 평야 쪽으로 포도나무 밭과 올리브나무 숲이 보였다.

"여기서 사흘쯤 휴식을 취합시다." 내게 미안함을 느꼈는지 프란치스코가 말했다. 저 올리브 숲 사이로 작은 수도원이 보이는군요. 레오 형제, 하느님께서 당신을 가엾게 여기신 거예요."

우리는 성안으로 걸어 들어갔다. 하루 일을 마친 농부들이 돌아오는, 해가 뉘엿뉘엿한 황혼이었다. 우리는 폐허가 된 교회 앞마당에 들어가 앉았다. 빙 둘러 실편백나무가 들어찼고, 담에는 붉은 꽃들이 향기를 내며 피어 있었다. 한가운데에는 이제 막 암녹색 여린 잎들이 돋기 시작한 플라타너스 한 그루가 들어서 있었다. 바로 그 뿌리 아래 샘물이 흐르고 있었다.

프란치스코는 한 바퀴 둘러보면서 깊은 한숨을 쉬었다. "천국이 꼭 이럴 것이오. 더 찾아다닐 필요가 없어요. 인간의 영혼에게는 이것으로 충분해요. 충분하다뿐이겠어요. 과분하지요."

머리 위에서 한참 우짖는 새소리가 들리자 그는 위를 쳐다보았다. 플라타너스 나무에 새 한 떼가 날아오고 있었다. 거기에다 둥지를 튼 새들이 밤이 되어 집으로 돌아오는 것이었다. 나뭇가지에 앉았다가 마당에 흩어져 내려온 새들은 행복한 듯이 우리를 엿보더니 하나둘 작은 집으로 파고들어갔다. 보드라운 가슴에 머리를 묻고 잠을 자려는 채비였다.

프란치스코는 흐르는 샘터로 천천히 걸어갔다. 이제 새들은 그쪽에도 모여 있었다. 그는 손을 뻗으며 그들에게 반갑게 인사했다. "그냥 거기 있어요, 레오 형제." 그가 나에게 말했다. "움직이지 마세요. 새들이 놀랄지도 모르니까요. 그들에게 먹이로 줄 낟알이 없으니 하느님 말씀이라도 주어야겠어요. 그 말을 알아듣고 사람처럼 천국에 갈 수 있도록 말이지요."

새를 돌아보면서 그들 가까이 허리를 숙이고 그는, 두 팔을 활짝 펴면서 설교를 시작했다. "새 자매들이여, 새와 인간의 아버지이신 하느님께서는 그대들을 한없이 사랑하시는 걸 잘 알고 있겠지요. 물 한 모금 마시고 작은 고개들을 들어 하늘을 우러러보며 그분께 감사하는 것은 그 때문이지요. 아침이 되어 햇빛이 그대들의 작은 가슴을 토닥거려 주면 그대들은 노래를 가득 싣고 이 가지 저 가지로 날아다니면서 그분의 이름, 하느님을 노래하지요. 해를 보내시고 푸른 나무를 보내 주시고 노래를 주신 하느님이시니까요.

그리고 그대들은 하늘 높이 솟아올라요. 하느님 가까이 가서 그분이 노래를 들으실 수 있도록 하려는 거겠지요. 둥지에 알이 가득 차서 알을 부화하는 어머니가 될 때쯤이면, 하느님은 수컷의 모습으로 건너편 가지 위에 나타나 앉으시는 걸 알 거예요. 여러분의 고통을 덜어주려고 노래를 불러주시는 거지요."

프란치스코가 말을 하는데 비둘기 떼가 머리 위로 지나갔다. 비둘기들이 그의 부드러운 음성을 듣고는 그가 서 있는 땅에 내려와 앉았다. 한 마리의 작은 비둘기는 파르르 날아올라서 그의 오른쪽 어깨 위에 올라앉으면서 구구구 울었다. 프란치스코는 몸을 점점 앞으로 숙였다. 마치 한 쌍의 날개처럼 옷깃을 파닥이며 나이팅게일처럼 부드러운 목소리로 새소리를 냈다. 마치 자신을 에워싼 새들과 어울리고 싶어하고, 그러기 위해 한 마리 큰 참새가 되려고 바둥거리며 애를 쓰는 모습이었다.

"참새 자매여, 비둘기 자매들이여, 하느님께서 그대에게 얼마나 훌륭한 선물을 주셨는지 생각해 보아요. 하늘을 마음대로 날아다닐 수 있도록 그대들에게 날개를 주셨고, 겨울에 따뜻하게 살라고 털을 주셨지요. 그리고 그대들이 굶주리지 않도록 땅과 나무에 여러 가지 많은 먹을 것을 뿌려 놓으셨어요. 또 그대들의 가슴과 목청을 노래로 가득 채워 주셨지요."

이제는 제비들이 날아와서 우리가 있는 반대편 담 위에, 그리고 교회 처마 끝에 줄지어 앉았다. 그들은 날개를 접고 머리를 앞으로 내밀면서 열심히 들었다. 프란치스코는 그들을 향해 인사했다.

"우리 자매인 제비들을 환영합니다. 해마다 그 가느다란 날개에 봄을 싣고 돌아오는 자매여. 아직 저 바깥은 춥고 비가 오고 해는 황금의 머리칼을 모두 깎인 채이지만, 그대는 가슴속이 따뜻한 여름으로 가득 찼구나. 눈이 덮인 지붕, 기와 위에 앉았다가 헐벗은 나뭇가지를 타고 다니는 그대들은 그 날카로운 부리로 겨울을 쪼아 대며 빨리 떠나라고 몰아세우지요. 심판의 날이 오는 그날, 귀여운 제비 그대들은 다른 짐승들보다 먼저, 나팔을 들고 나오는 천사들보다도 한 발 앞서 묘지로 날아 들어가서 비석 위에서 부활의 소식을 알리는 노래를 부르기 시작할 거예요. 죽은 자는 그대 노랫소리로 무덤을 떨치고 데이지 꽃밭으로 뛰어나와 영원한 봄을 찬미할 테니까요!" 제비들은 행복하게 날개를 파닥였다. 비둘기들은 구구거렸으며 참새들은 프란치스코에게 더 가까이 다가와서 부드럽게 옷깃을 쪼아댔다. 한 손을 그들의 머리 위에 올려놓고서 프란치스코는 성호를 그으며 새들을 축복했다. 그러고는 사방으로 손을 흔들며 그들과 작별인사를 했다.

"밤이 왔어요. 참새, 비둘기, 제비 자매들이여, 밤이 왔어요. 자, 이제는 가서 자도록 해요. 그리고 하느님께서 그대들에게 꿈을 꾸는 힘을 내려 주셨다면 오늘 밤에는 꿈 속에서 그대 둥지 위를 커다란 제비처럼 나는 우리의 주님을 보시게 될 겁니다."

프란치스코가 이야기를 하고 있는데 말을 타고 지나가던 한 사나이가 멈추더니 새들과 말을 나누는 수도사를 보고 웃음을 터뜨렸다. 그는 중년의 귀족이었다. 주먹만 한 코에 퉁퉁하게 처진 입술, 얼룩덜룩한 옷을 아무렇게나입고, 넓은 월계수 모양의 관을 머리에 얹고 있었다. 또 허리에는 헝겊으로만든 작은 원숭이가 행운을 가져오는 부적처럼 매달려 있는 황금 허리띠를 두르고 어깨에는 류트를 짊어지고 있었다.

담쟁이와 꽃을 머리에 얹은 젊은 남녀 한 무리가 그 뒤를 따르고 있었다. 두목이 멈추는 것을 보고 그들도 모두 제자리에 서서 배를 잡고 까르르 웃어댔다. 말 탄 사나이의 얼굴이 번쩍이고 있었다. 저녁의 마지막 햇살이 머리에 닿아 그의 황금 머리칼에 불을 지른 것이다.

나는 담에 기대며 젊은이 하나를 불렀다. 이쪽으로 다가오는 것을 보고 그에게 물었다. "저분이 누구시죠? 말에 탄 분 말입니다. 왕처럼 잘생기셨군요."

"그분의 이름은 굴리엘무스 디비니입니다. 아직 못 들으셨어요? 저분은 진정한 왕이십니다. 저분은 막 로마를 다녀오는 길인데, 수도에서는 저분에게 월계관을 씌워 주며 노래의 왕이라고 명명했다오."

"어떤 노래를 부르는데요?"

"사랑이오, 수사. 사랑이지요. 설마 그 말도 들은 적이 없다고 하시진 않겠지요?"

그렇게 말한 그는 신나게 웃으며 동료들이 있는 곳으로 돌아갔다. 말을 탄 그 사람은 한동안 말고삐를 잡은 채 꼼짝 않고, 비둘기가 날아들고 제비가 날아드는 소리를 듣고 있었다. 그는 갑자기 웃고 있는 자기 무리들을 돌아보더니, "조용히 해!" 하고 화가 난 듯 소리쳤다.

프란치스코가 새들에게 밤 인사를 하면서 정원을 가로질러 막 자리를 뜨려고 하는데, 그 노래의 왕이 말에서 뛰어내려 달려와 프란치스코의 발 앞에 엎드렸다.

"신부님." 그는 피가 흐르는 프란치스코의 두 발에 입을 맞추면서 소리쳤다. "저는 눈이 멀었다가 지금 막 시력을 회복했습니다. 죽었다가 지금 이렇게 무덤에서 되살아났습니다. 저를 데려가 주십시오. 저를 인간의 세계로부터 구출해 주시고 영원을 구원해 주십시오! 저는 평생을 술과 여자가 좋다는 노래만 불러 왔습니다. 저는 이제 그것이 싫증났어요. 저를 데리고 가서 하느님의 영광을 노래하게 해 주십시오. 저는 굴리엘무스 디비니입니다. 로마에 사는 멍청한 친구들이 저에게 노래의 왕이라는 관을 씌워 주었지요."

그 말을 하자마자 그는 제 머리에 썼던 관을 잡아채더니 마구 뜯어서 월계수 잎사귀를 온 마당에 흩뿌렸다.

"이제 제 마음이 가라앉는군요." 그는 말했다. "이 광대같이 울긋불긋한 옷도 벗어 던지겠습니다. 신부님, 저에게 수사복을 주십시오. 허리에 두른 황금 줄도 풀겠습니다. 매듭으로 된 허리띠를 제게 주십시오."

프란치스코는 허리를 숙여 그를 일으켜 세우더니 이마에 입 맞추었다. "일어서시오. 파치피코 형제, 앞으로 나는 형제를 그렇게 부를 것이오. 당신은 지금 막 하느님의 평화로운 품안에 들어왔기 때문이오. 나는 아직도 노래가 가득 담겨 있는 당신의 이마에 입을 맞추겠소. 지금까지는 세상에 대해서 노래를 많이 해왔다지요? 지금부터는 세상을 만드신 그분에 대한 노래를 부를 수 있을 것입니다. 류트는 그냥 가지고 있어요. 그 악기 또한 하느님께 봉사하는 성스러운 도구가 될 수 있을 테니까요. 그리고 좋은 시간이 오면, 파치피코 형제, 형제는 이 류트를 어깨에 걸치고 천국에 들어가리라는 것을 명심하세요. 천사들이 당신을 빙 둘러싸고 새 노래를 가르쳐 달라고 요청할 것입니다."

젊은 남녀들이 뛰어들어 땅에 떨어진 월계수 잎들을 주워 넣었다. 그들은 이 유명한 음유시인의 얼굴빛을 살펴보고 있었다. 그가 지금 새로운 게임을 시작한 것인지, 아니면 정말 정신이 나가서 수사가 되겠다는 것인지 판단할 수가 없었던 것이다.

그러나 파치피코 형제는 그들에게 돌아서서 작별 인사를 했다. "자, 전생의 친구들이여, 안녕히 계시오. 굴리엘무스 디비니는 이제 죽었어요. 가서 그를 묻고 이 작은 원숭이도 관에 넣어 함께 묻어 주오!"

그는 헝겊 원숭이가 달린 황금의 쇠줄을 그들 쪽으로 던졌다. "안녕."

그는 되풀이했다. "안녕히 가시오. 우리는 다시 못 만날 겁니다!"

갑자기 벌어진 상황에 놀란 젊은 남녀들은 결국 뿔뿔이 흩어져 버렸다. 남은 것은 우리 세 사람뿐이었다. 프란치스코를 앞세우고 우리는 올리브 나무 숲속 한가운데 있는 작은 수도원으로 발걸음을 옮겼다. 파치피코 형제는 걸으면서 줄곧 노래를 불렀다.

"제 심장은 한 마리 새, 나이팅게일입니다. 프란치스코 형제." 그가 말했다. "그 새는 다른 새들과 함께 당신 목소리를 들어 보려고 왔다가 그 목소리를 듣는 순간, 부리를 하늘로 쳐들고 새로운 노래를 부르기 시작한 것이지요."

프란치스코는 웃었다. "나는 이 세상에 새로운 광기를 가져오고 있어요." 프란치스코가 말했다. "그리고 당신의 새로운 노래는 광기의 노래지요. 파치피코 형제, 우리가 힘을 합치는 것은 참 좋은 일이지요. 우리 형제가 된 것을 환영해요."

우리는 그 작은 수도원에서 사흘 동안 머무르며 힘을 회복했다. 처음 우리 모습을 보고 수도사들은 얼굴을 찡그렸다. 프란치스코는 웃고 있고 파치피코는 류트를 연주하고 있었으며, 나는 거친 목소리로 새로운 형제의 노래를 따라 부르며 들어섰던 것이다.

"당신들은 지금 여기가 어딘지 알고 들어오는 거요?" 수도원장이 우리에게 소리쳤다. "여기는 수도원, 하느님의 집이란 걸 모르오?"

"원장 형제, 그럼 우리가 하느님의 집에 어떻게 들어가면 좋겠다는 건가요? 울기라도 하란 말인가요?" 프란치스코가 대꾸했다. "하느님은 이렇게 외쳤지요. '우는 소리는 너무 많이 들었다. 한숨소리도 싫고 찡그린 얼굴을 보는 것도 이젠 지겨워졌어. 내가 바라는 것은 이 지상의 웃음소리란 말이다! 파치피코 형제, 류트를 켜고 노래를 불러요. 하느님의 마음을 흐뭇하게 해 드립시다."

수도사들은 시간이 좀 걸렸지만 결국 우리들의 태도에 익숙해졌다. 프란치스코는 저녁마다 그들을 안마당에 모아 놓고 사랑과 가난과 천국에 대해 이야기를 했다. "여러분은 천국이 어떻게 생겼으리라고 생각하시나요?" 그가 물었다. "대리석 계단이 있고 여기저기 황금과 날개가 가득 차 있는 커다란 궁전 같을까요? 아닙니다! 절대 그렇지 않습니다! 어느 날 꿈에 나는 천국을 본 적이 있지요. 파란 초원에 완전히 둘러싸인 아주 작은 마을이었어요. 마을 한가운데에는 세상에 가장 볼품없고 천한 오두막이 있었는데, 그 집 우물 곁에 성모 마리아와 똑같은 인간의 영혼이 있고, 그 영혼은 아기 예수에게 젖을 먹이고 있었어요……"

프란치스코가 말을 하고 있는 동안 우리들에게는 평화로운 밤이 내렸다. 하늘에 천사의 푸른 날개들이 가득 퍼덕이고 수도사들은 행복한 듯 눈을 감았다. 그리고 천국의 꿈을 꾸었다.

사흘 뒤 우리는 곧바로 다시 북쪽으로 길을 떠났다. 파치피코 형제의 노래로 우리는 지루한 줄 모르고 발걸음을 옮겼다. 어느 날 저녁, 우리는 드디어 그리운 아시시의 성과 탑들을 보았다.

"사랑하는 아시시, 반갑구나." 프란치스코는 손을 들어 도시를 축복하며 이렇게 말했다. "주님, 제가 수도사들을 침착한 얼굴로 만날 수 있게 도와주십시오."

포르치운쿨라에 도착하니 이미 해가 진 다음이었다. 프란치스코가 앞장서고 파치피코와 나를 포함한 우리 일행은 지친 모습으로 조용히 따라 들어갔다. 프란치스코는 그들이 무슨 짓을 하고 무슨 말을 하고 지내는지 직접 살필 수 있게 갑자기 들이닥치고 싶었던 것이다. 와자지껄 떠드는 소리, 웃음소리가 들렸다. 지붕에서 연기가 솟아오르고 있었다. 형제들은 그동안 불을 지피는 습관이 붙은 것이 틀림없었다. 그러자 고기 굽는 냄새가 코를 찔렀다. 그들은 음식을 만들고 있었다.

"축제를 벌이고 있군요. 고기를 먹고 있으니까." 프란치스코는 속삭였다.

그때 막 늙은 거지 하나가 나타났다. 멀리서 고기 굽는 냄새를 맡고는 한 입 얻어먹을까 하고 달려온 것이다.

"형제, 부탁 좀 들어 주겠소?" 그에게 프란치스코가 부탁했다. "나에게 당신의 모자, 지팡이, 자루를 좀 빌려 주세요. 저 수도사들을 만나러 갈 수 있게 말입니다. 당신에게 곧장 돌려 드리겠어요. 이 청을 꼭 들어 주십시오. 주님이 당신에게 후한 보상을 해 주시도록 빌겠습니다."

"당신이 바로 아시시의 프란치스코라는 그 사람이오?"

"예, 그렇습니다. 형제."

"그럼 가져가오!"

프란치스코는 모자를 귀밑까지 푹 눌러 쓰고 부대 자루를 어깨에 걸치고는 지팡이에 몸을 의지하며 걸어가더니 포르치운쿨라의 문을 두드렸다.

"형제분들이여, 하느님의 이름으로 이 배고파 죽어 가는 병든 늙은이를 동정하십시오." 프란치스코는 자기 목소리를 숨기고 죽어 가는 목소리로 말했다.

"영감, 들어오시오." 수도사들은 대답했다. "자, 불 옆에 앉아 함께 음식을 들어요!"

프란치스코는 머리를 푹 숙이고 어깨는 잔뜩 움츠리며 들어섰기 때문에 아무도 그의 얼굴을 알아볼 수 없었다. 그는 수도사들에게 등을 돌리고 불 곁에 앉았다. 신참 수사 하나가 그에게 수프 한 접시와 빵 한 쪽을 가져다 주었다. 허리를 숙이고 불가에서 재를 한 줌 주워 올린 그는 재를 수프에 뿌렸다. 그리고 먹기 시작했다. 수도사들은 바로 그를 알아보았다. 그러나 아무도 그 말을 입 밖에 내지 못했다. 그들이 고기를 먹으며 잔치를 벌이는 꼴을 프란치스코가 보았으니, 너무나 부끄러워 말을 할 수가 없었다. 목구멍이 막히는 것 같아서 더는 음식을 입에 넣을 수가 없었다. 그들은 먹고 있던 음식 접시에 고개를 푹 숙인 채 기다렸다. 곧 폭풍우가 쏟아지리라는 예감이 들었던 것이다.

프란치스코는 두세 숟가락 수프를 뜨더니 접시를 내려놓고 수도사들을 바라보았다.

"형제들, 나를 용서하시오." 그는 입을 떼었다. "하지만 내가 들어서서 여러분이 그런 진수성찬 앞에 앉아 있는 것을 보고는 내 눈을 믿을 수가 없었습니다. 이 사람들이 찢어지게 가난한 수도사들인가 하고 나 자신에게 물었습니다. 문전걸식을 하고 모든 사람들이 성인이라고 생각하는 분들이 바로 이들일까? 그렇다면 도대체 무엇 때문에 그들의 교단에 들어가 편안한 생활을 누리기를 내가 거부해 온 것일까? 예수의 사랑을 걸고, 여러분이 아시시의 거지 프란치스코의 경건한 수도사인지 아닌지를 제발 말해 주시오."

형제들은 더 이상 참을 수가 없었다. 몇 사람은 울음을 터뜨리고, 몇 사람은 공포에 질린 나머지 몰래 자리를 빠져나가 도망쳤다. 또 일부는 프란치스코의 발 앞에 엎드리며 용서를 빌었다. 프란치스코는 계속 팔짱을 끼고 있었으며 예전처럼 두 팔을 벌려 형제들을 포옹해 주지는 않았다. 엘리아스가 가까이 다가왔다. 그는 눈물을 흘리지 않았고 용서를 빌지도 않았다.

"수도사들의 수를 알아보지 못 하셨나요?" 그가 물었다. "당신이 로마에 가 있는 동안에 우리는 형제들의 수를 배로 늘렸어요. 손을 들어 저들을 축복하시오."

그러나 프란치스코는 머리를 가슴 쪽으로 숙이고 있었다. 아무 말도 하지 않았다. 그를 에워싼 수도사들은 모두 고통스러운 표정으로 프란치스코를 바라보았다.

다시 한 번 엘리아스가 말했다.

"교황을 만나 보았소, 프란치스코 형제? 그가 옥새를 눌러 주던가요?"

프란치스코는 손바닥을 자기 가슴 위에 올렸다. "두 열쇠가 달린 옥새는 여기 받아 왔소, 엘리아스 형제. 성급히 굴지 마세요. 하느님이 허락하시면 말을 하겠습니다. 지금은 모두 교회 안으로 들어가서 하느님께 우리 교단을 인정하시는 도장을 찍어 달라고 부탁해 봅시다."

이튿날 수도사들은 숲속에 있는 빈터에 모두 모였다. 엘리아스는 왔다 갔다 하면서 사람들을 모아놓고 무엇인가 소곤거리고 있었다. 그는 거인처럼 덩치가 컸는데, 형제들 가운데서 그처럼 큰 키는 없었다. 그리고 그 곁에 서면 프란치스코는 더 작아 보일 뿐만 아니라 더 초라해 보이고 어떤 때는 사라져 보이지 않았다. 하느님, 저를 용서하십시오. 그러나 저는 이 사나이를 결코 가깝게 생각할 수 없었습니다. 그의 눈길에는 자만심과 욕심이 이글거렸다. 그에게는 포르치운쿨라가 너무나 작고, 가난이나 사랑 따위로 지나치게 규제가 심한 곳으로 느껴졌다.

날개를 펴서 전 세계를 사랑으로 굴복시키는 것도 좋지만 힘으로 정복하고 싶었으며 말 탄 기사처럼 하늘의 왕국에 들어가고 싶었던 것이다. 그는 그 용감한 스페인 선교사 도미니크의 추종자로 적격인 인물이지, 상냥하고 키가 작은 아시시의 가난한 성인 곁에 있을 위인은 아니었다. 왜 하느님께서는 그런 인간을 우리에게 보내신 것일까? 주님의 숨은 목적은 무엇이란 말인가? 짝이 될 수 없는 두 인간을 짝지어 놓으려는 것이 과연 하느님의 뜻일까?

어느 날 나는 용기를 내어 내가 엘리아스 형제에 대하여 느끼고 있던 것을 프란치스코에게 털어놓았다. "모든 교단에는 유다가 들어 있기 마련이라오." 나는 직언을 서슴지 않았다. "하느님이 나를 거짓말쟁이라고 폭로해 주셨으면 좋겠습니다. 하지만 누가 뭐라고 해도 나는 이 사나이가 우리의 유다라고 믿어요."

"유다들도 나쁘진 않다오, 레오 형제여." 프란치스코가 대답했다. "그 역시 예수의 종이었고, 하느님이 그를 배반자로 예정하셨다면 그가 맡은 임무를 다한 것은 바로 그 배반에 있었던 것입니다."

그는 잠깐 생각에 잠기더니 목소리를 낮추었다.

"구비오의 이리를 기억하나요? 이리는 양의 우리에 들어가서 양을 죽이곤 했지요. 온 마을이 파산 지경에 이르렀어요. 나는 마을 사람들이 가련하게 여겨져서 그 이리에게 하느님의 이름으로 더는 양을 먹지 말라 호통 좀 쳐 주려고 숲속으로 갔지요. 소리쳐 이리를 불렀더니 나타났어요. 그의 대답이 어땠는지 알아요? '프란치스코, 프란치스코, 하느님이 정하신 질서를 파괴하지 말아요.' 도리어 말대꾸를 하는 게 아니겠어요. '양은 목초를 먹고 이리는 양을 잡아먹는 것—이것은 하느님이 만드신 질서입니다. 왜 그렇게 만들었느냐고 묻진 마세요. 하느님의 뜻을 행여 어기지 말고 배가 고파서 내가 양 우리 속에 들어가는 것도 내 멋대로 들어가게 내버려두세요. 나도 당신의 교황 같은 기도를 드린다오. 나는 이렇게 기도하지요. 숲속을 지배하시며 우리들에게 육식을 명하신 아버지, 당신의 뜻을 어기지 않을 것입니다. 오늘도 일용할 양을 주시고, 내 배를 채우게 해 주십시오. 그러면 당신의 이름을 찬양하겠나이다. 주여, 위대하신 그대, 양고기를 그토록 맛있게 창조하신 그대여. 그날이 와서 내가 죽게 되면 주여, 나를 부활시키시고 나와 함께 내가 지금까지 먹어 치운, 양들도 모두 부활시켜 주시기를 비나이다. 다시 먹어야 할 테니까요!' 레오 형제, 그게 바로 내 물음에 대한 이리의 대답이었다오. 나는 한참 머리를 숙이고 있다가 그 자리를 떠났습니다. 하느님께서는 왜 이리 떼가 양 떼를 먹도록 정해 놓으셨을까요? 레오 형제여, 그런 것은 물어보는 것부터가 오만입니다!'

그러나 내가 감히 어찌 모든 것을 견디고 모든 것을 용서하는 프란치스코와 같은 마음을 가질 수 있다는 말인가! 그날 다른 형제들을 모아 놓고 몰래 소곤거리는 엘리아스 봄바로네의 모습을 본 순간 나는 증오와 공포로 몸을 떨었다.

모든 사람이 제자리에 모이자 프란치스코는 일어서서 평소 하던 대로 두 팔을 가슴 위에 십자가처럼 포개고 말을 하기 시작했다. 차분히 가라앉은 목소리는 높아지는 법이 없었고 슬픔에 잠겼다. 이따금 그는 형제들에게 음식을 구할 때처럼 손을 벌리기도 했다. 그는 어떻게 그 영원한 도시 로마에 갔으며, 교황을 만났는지를 쉬운 말로 풀어서 이야기했다. 교황과 주고받은 이야기, 무릎을 꿇고 그 발 아래 규칙서를 놓고 나온 과정을 밝히는 이야기였다. 사흘 뒤 참으로 하느님의 교시를 받고 교황은 규칙서를 승인하는 옥새를 찍으셨으니 바로 이것이오! 프란치스코는 그 후광이 서린 양피지를 자기 가슴 속에서 꺼내어 천천히 한마디 한마디씩 읽어 나갔다. 수도사들은 모두 무릎을 꿇고 귀를 기울였다. 규칙서를 모두 읽은 다음, 그는 그들 위로 두 팔을 벌리고서 이야기를 계속했다. 그것은 그들에게 하는 이야기가 아니었다. 기도였다.

"성(聖)처녀 가난이여, 그대는 우리의 재산이오. 우리를 버리지 마시오! 우리들에게 언제나 굶주림을 주고 추위를 주고 우리가 머리 누일 곳을 없게 하소서!

정절의 성처녀여, 우리 마음을 깨끗이 씻어 주고, 우리 심장을 맑게 해주고, 우리가 숨 쉬는 이 공기를 정화해 주소서! 포르치운쿨라에 꿈틀거리며 기어다니는 유혹을 극복하도록 도우시고 우리 심장에 파고든 유혹을 사자처럼 부수도록 도와주소서."

사랑의 성처녀이시여, 하느님의 사랑받는 큰딸이신 그대여, 당신을 위해 제가 이렇게 두 손을 높이 드오니 제 말을 듣고 이 기도를 받아 주십시오. 좋건 나쁘건 모든 사람을 받아들일 수 있게 우리 가슴을 넓게 펴 주십시오. 야생이건 길들인 것이건 모든 짐승을, 열매를 맺건 안 맺건 모든 나무를 받아들이고, 모든 돌, 모든 강과 바다를 받아들이게 하소서. 우리는 모두 형제요, 한 아버지의 핏줄입니다. 그리고 우리는 모두가 우리 아버지가 계신 곳으로 돌아가는 길 위에 있습니다!

그의 기도는 거기서 끊어졌다. 더 말하려고 했지만 엘리아스 형제가 이마에 땀을 흘리며 그 거구에 김이 가득 서린 몸으로 뛰어올랐던 것이다.

"다른 수도사에게도 말할 기회를 주시오, 프란치스코 형제." 그는 천둥처럼 소리쳤다. "우리는 하느님 앞에 모두 평등한 형제입니다. 자기 마음을 자유롭게 말할 권리는 우리 모두가 가진 것입니다…… 형제 여러분, 여러분은 지금 프란치스코 형제가 교황의 손에서 가져온 규칙서가 어떤 것인지 귀로 들었습니다. 여러분은 그것이 좋습니까, 싫습니까? 여러분 모두 일어서서 자유로이 의견을 말해 주십시오." 한동안 모두 잠자코 있었다. 그에게 반대 의견을 피력하고 싶은 사람도 프란치스코에 대한 존경심은 너무나 컸다. 다른 사람은 할 이야기가 없었다. 프란치스코가 읽은 것을 제대로 이해하지 못한 것이다. 그러니까 나처럼 잠자코 있을 뿐이었다. 나는 이 규칙서에 동의하고는 있었지만 어떻게 그것이 옳다고 주장해야 할지 몰랐다.

이윽고 실베스터 신부가 일어났다. "형제 여러분." 그는 한숨을 쉬면서 입을 열었다. "그러고 보니 내가 여기서는 가장 나이가 많군요. 그래서 감히 일어나 맨 먼저 말을 꺼내 보는 것입니다. 형제 여러분, 내 말을 들어 봐요. 세계는 썩었고 종말은 가까이 왔습니다. 우리는 지구의 방방곡곡에 흩어져서 지구 종말이 가까워졌다고 선언하도록 합시다. 그러면 사람들은 겁에 질린 나머지 참회를 하게 될 것이고, 따라서 구원을 받을 것이 아닙니까? 그것은 나의 의견입니다. 여러분은 각자 하느님이 인도하시는 대로 행하도록 하시오."

사바티노가 앞으로 뛰어나왔다. 그 얼굴은 분노로 노랗게 떠 있었다. "세상은 썩지 않았어요. 썩은 것은 영주들만이오. 가장 먼저 썩는 생선 토막은 머리부터지요! 우리는 궐기해서 대중을 봉기시켜야 하오. 영주들을 공격하는 것입니다. 그들의 성을 불 지르고 비단옷을, 머리 위에 달고 다니는 귀족들의 깃털을 모두 불살라 버려야 합니다. 이것이야말로 진정한 성전(聖戰)입니다. 성묘를 탈환하는 오직 하나뿐인 길이오. 그리고 성묘란 도대체 무엇입니까? 십자가에 매달려 허덕이는 불쌍한 민중이 바로 성묘라오. 민중을 부활시켜야만 하오. 그것이 예수 부활의 진정한 의미라오!"

"사람들은 너무 배가 고파요!" 주니퍼가 벌겋게 상기된 얼굴로 흥분을 이기지 못하고 소리쳤다. "제 발로 서지도 못할 만큼 기운이 없으니 기운을 차리도록 먼저 그들에게 먹을 것을 주어야 합니다. 그들은 얼마나 핍박을 받는지 판단할 눈이 없으니 그들의 눈부터 뜨게 해 줍시다! 프란치스코 형제, 잠시 하늘의 왕국은 잊어버리고 이 지상의 왕국에 우리 시선을 돌리면 왜 안 됩니까? 우리는 반드시 이곳에서부터 시작해야만 해요! 제 의견은 이것이 전부입니다. 서기에게 토의한 모든 내용을 적어 놓도록 해야 합니다!" 베르나르드는 그 다음에 일어섰다. 푸른 눈에 눈물을 글썽거리며 이렇게 호소했다. "형제 여러분, 우리는 인간의 세계를 떠나도록 합시다. 감히 어떻게 이 시대를 다스리는 지배자들과 맞서 우리가 겨룰 수 있겠습니까? 우리는 떠나야 합니다. 황야에 숨어 살면서 낮과 밤을 기도 드리는데 바치도록 하세요. 형제들, 기도는 전능의 힘이 있습니다. 산정에서 기도 드리는 사람의 기도 소리는, 저 산 아래 도시로 곧바로 내려가 죄지은 인간들의 심장을 불러 깨울 것이오. 기도 소리는 또 하느님의 발 아래까지 울려 인류의 고통을 그대로 증언할 것이오. 형제들, 오직 기도의 힘만이—재력도 아니며 무력도 아닌—우리가 세계를 구원할 수 있는 길입니다."

그때 내가 이야기하려고 일어섰다. 몇 마디 말을 더듬다가 나는 뭐가 뭔지 갈피를 잡을 수가 없어져서 손으로 얼굴을 가린 채 울음을 터뜨리고 말았다. 몇몇 형제들은 웃었지만, 프란치스코는 나를 끌어안으며 자기 바로 오른쪽 옆 자리에 나를 앉혔다.

"아무도 그런 솜씨로 그렇게 힘 있는 말을 한 적이 없소. 레오 형제여, 나의 축복을 받으시오." 그는 일어나 언제나처럼 두 팔을 넓게 벌리면서 외쳤다. "사랑합시다! 사랑합시다! 전쟁이 아닙니다. 폭력을 거부합니다! 베르나르드 형제, 기도의 힘만으로는 부족하다오. 좋은 일들도 해야 하지요. 사람들 사이에서 산다는 것은 어렵고 위험하긴 하지만 꼭 필요한 일이지요. 황야로 후퇴하여 기도나 드린다면 그것은 너무나 쉽고 너무 평범한 일이오. 기도가 기적을 이루려면 많은 시간이 걸리지요. 일을 하는 것이 더 어렵긴 하지만 빠르고 정확한 길이라오. 사람이 사는 곳에 가면 여러분은 어디에서건 고통과 병과 죄악이 있음을 보게 될 것입니다. 그곳이 바로 우리가 가야 할 자리예요. 문둥병 환자, 죄인, 굶주리는 사람들이 살고 있는 바로 그곳이 말이오. 모든 인간의 창자 깊숙한 곳에는, 가장 존경받는 고행자 역시 예외는 아니지요, 무섭고 불결한 그 유충이 잠자고 있어요. '너를 사랑해!' 말 한 마디로 그것은 날개를 얻고 나비가 되는 것입니다. 사랑, 나는 전지전능의 그대 힘에 머리 숙여 경배를 다하리라. 오셔서 우리 수도사들에게 입을 맞춰 주시고 그대의 기적을 이루시기를!"

프란치스코가 말을 하고 있는 동안 줄곧 바위 위에 앉아 몸을 뒤틀면서 몹시 불안하게 머리를 흔들며 자기 무리에게 신호를 보내고 있던 엘리아스 형제는 더는 참을 수가 없었다. 마침내 그는 자리를 박차고 일어났다.

"그의 말을 듣지 마세요, 형제들! 사랑으로는 죽도 못 끓입니다. 필요한 것은 전쟁이오! 우리 교단은 전투적인 교단이 되어야만 하오. 형제들은 모두 한 손에는 십자가를, 다른 한 손에는 전투용 도끼를 든 겁없는 전사들이 되어야만 하오. 성경 말씀처럼 도끼는 나무뿌리를 찍어야 합니다. 나쁜 나무는 모두 찍어 내어서 불 속에 쳐넣어야 합니다. 이 세상의 강자를 정복하는 길은 오직 하나밖에 없습니다. 그들보다 더 힘이 세어지는 것이지요! 빈곤에서 벗어나야만 하오. 절대 빈곤에서 떨치고 일어나야만 하오! 왜 그처럼 오만하기 짝이 없는 주장을 하시오, 프란치스코 형제? 예수 자신도 제자들이 신과 지팡이와 돈을 갖도록 허용하신 것을 모르시오? 제자의 한 사람은 돈 관리를 맡고 교도들이 굶지 않도록 돈 주머니를 채워 두려고 애썼던 것이 아닐까요? 그리고 당신, 프란치스코 형제, 당신은 뻔뻔스럽게도 예수를 능가하고 싶다는 말인가요? 재력은 막강한 무기입니다. 이 흉악한 살인자의 세계에서 우리는 무장을 하지 않고 얼마나 견딜 것 같습니까! 우리 우두머리는 양이 아니라 사자여야만 하오. 성수 뿌리는 통을 들고 다닐 것이 아니라 우리는 채찍을 들고 있어야 한단 말입니다. 어쩌면 프란치스코 형제는 예수가 채찍을 들고 하느님의 사원에서 장사하던 자들을 쫓아낸 사실을 잊으셨나요? 형제 여러분! 나는 다시 한 번 말하겠습니다. 전쟁을 합시다!"

젊은 수도사 대여섯이 신난다는 듯이 소리를 지르며 껑충 일어서더니 엘리아스를 들어올렸다. "당신이 사자요." 그들은 외쳤다. "앞에 나가 우리를 인도하시오!"

지쳐 파리해진 프란치스코는 내 어깨에 손을 얹으며 억지로 몸을 일으켰다.

"형제들, 좀 차분해집시다." 애원하는 목소리는 상처 입은 사람의 목소리였다. "우리 자신의 마음속에 평화를 가지지 못하면서 어떻게 세계에 평화를 가져올 수가 있겠습니까? 전쟁은 또 다른 전쟁을 낳고, 그것은 또 전쟁을 일으켜서, 인간의 피를 흘리는 비극이 끝없이 계속될 것입니다. 평화! 평화를 찾아야 합니다! 엘리아스 형제, 당신은 예수가 양이었다는 사실, 혼자서 세계의 모든 죄를 짊어지셨다는 사실을 잊으셨소?"

"예수는 사자라니까요, 프란치스코 형제." 엘리아스가 반박했다. "그는 이렇게 말하였습니다. '평화를 실현하려고 온 것이 아니라 나는 칼을 가지고 왔도다!'" 그는 수도사들을 향했다. "들었습니까? 그것은 예수의 말입니다. 내 말이 아니라 예수가 직접 한 말이지요. 평화를 실현하려고 온 것이 아니라 나는 칼을 가지고 왔도다!"

수도사들은 흥분한 가슴을 누르지 못하고 일어섰다. 그리고 두 패로 갈라졌다. 프란치스코 곁에 모인 몇 안 되는 사람들은 눈물을 흘렸고 엘리아스를 에워싼 대다수는 신이 나서 웃음을 터뜨렸다. 모두 흥분해서 동시에 입을 열고 떠들기 시작했다. 그러자 실베스터 신부가 한가운데로 비집고 들어왔다.

"형제 여러분, 사탄, 저 검은 염소가 우리들 사이에 다시 나타났습니다. 허공에서 빛나는 그 녹색 눈들이 보입니다!"

프란치스코는 그를 둘러싼 수도사들을 헤치고 엘리아스에게로 다가가서 팔로 그의 허리를 끌어안았다.

"엘리아스 형제, 그리고 여러분, 모두 이야기를 들어 보십시오. 우리 형제들이 모인 형제회는 지금 어려운 고비를 지나고 있습니다. 이 모임에서 들은 여러 가지 주장들을 속으로 곰곰이 따져 보는 시간을 가지십시오. 전쟁입니까? 평화인가요? 절대적인 고독 안에서 드리는 기도가 옳은가? 하느님의 충실한 안내자인 시간이 우리에게 올바른 길을 보여 줄 것입니다. 그동안 여러분은 자신의 의무를 잊지 마시오. 교황께서는 우리들에게 설교하는 권리를 허용해 주셨습니다. 이 지상의 모든 길이 여러분 앞으로 뻗어 나가고 있지요. 그 길들을 형제답게 나누어서 저마다 갈 길을 떠나도록 해요. 여기 이 집은 우리들에게 너무나 좁은 거처가 되었습니다. 포르치운쿨라는 작습니다. 서로 부딪칠까봐 마음 놓고 걸을 수가 없고 서로 걸려 넘어지곤 하니 짜증이 나고 화가 나고, 그러다 보면 유혹의 악마가 나타나는 것이지요. 넓게 트인 밖으로 나가서 큰길을 따라 두 사람씩 짝지어 여행을 떠나세요. 서로서로 용기와 위안을 줄 수 있을 것입니다. 그리고 사람들이 모인 곳에 닿을 때마다 멈춰서 그들에게 하느님의 말씀을 전해 주십시오. 그것은 영원한 양식입니다. 나는 하느님이 도움을 주시면 아프리카로 건너가려고 합니다. 배를 하나 얻어서 바다를 건너 하느님의 뜻에 따라 예수의 이름도 들어 보지 못한 숱한 이교도들이 살고 있는 오지로 들어갈 것입니다. 하느님의 뜻이라면 그들에게도 힘 닿는대로 말씀을 전하겠습니다. 형제들, 하느님의 이름으로 앞으로 나가십시오. 세계 방방곡곡으로 흩어졌다가 나중에 다시 우리가 태어난 요람인 포르치운쿨라로 돌아옵시다. 돌아와서 이 첫 포교 활동을 통해 우리가 본 모든 것과, 겪은 고통이며 얻은 성과를 놓고 이야기를 나누도록 합시다.

"형제 여러분, 나의 아이들이여, 이제 헤어질 시간입니다. 나의 축복과 함께 지구의 구석구석으로 향하여 흩어져 나갑시다. 온 세상이 모두 하느님의 밭입니다. 그것을 갈아서 가난과 사랑과 평화의 씨를 뿌리시오. 흔들거리며 주저앉으려는 세계를 굳세게 일으켜 세우시오. 여러분의 영혼을 굳세게 일으켜 세워 보시오. 그리고 그대들의 심장을 분노, 야심 그리고 질투가 들끓는 곳보다 한결 높은 자리에 두시오. '나! 나요!' 하고 나를 말하지 마시오. 그 대신 욕심이 끝도 없는 사나운 짐승인 나를 하느님의 사랑 속에 복종시키도록 하십시오. 이 '나'라는 물건은 천국에 들어가지 못합니다. 문 밖에 서서 울부짖는 것으로 끝입니다. 그리고 우리가 헤어지기 전에 내가 우화 하나를 들려 드릴 테니, 잘 기억해 두세요. 나 대신 기억해 주십시오.

일생을 두고 완벽한 경지에 도달해 보려고 고생을 계속하던 고행자가 있었습니다. 그는 자기가 가졌던 모든 것을 가난한 사람들에게 나눠 주고 사막으로 들어가 하느님께 밤낮으로 기도를 드렸습니다. 마침내 그가 죽는 날이 왔습니다. 그는 하늘 위로 올라가서 문을 두드렸습니다. '거기 누구시오!' 안에서 누가 물었습니다. '저입니다!' 고행자는 대답했답니다.

'여기엔 두 사람이 들어올 자리는 없다네.' 안에서 이런 소리가 들려왔습니다. '딴 데 가 보게!'

고행자는 지구로 내려와 다시 처음부터 고행을 시작했습니다. 빈곤, 단식, 끝없는 기도, 그리고 울었습니다. 그가 약속된 시간을 두 번째 맞게 된 날, 그는 숨을 거두었습니다. 다시 한 번 그는 천국의 문을 두드렸습니다. '거기 누군가?' 똑같은 목소리가 들려왔지요.

'저입니다!'

'여긴 두 사람이 있을 자리가 없어요, 가 봐요!' 고행자는 곧바로 땅에 떨어졌습니다. 그리고 그 전보다 한결 더 험하게 구원을 얻기 위한 투쟁을 다시 시작했죠. 그는 그렇게 백 살을 살다가 죽었고 다시 한 번 천국의 문을 두드려 보았지요.

'거기 누구요?' 목소리가 물었습니다.

'주님, 당신입니다. 당신이오!'

그러자 천국의 문은 활짝 열렸고 그는 안으로 들어갔지요."

9
오직 그분의 뜻에 따라

　여름이었다. 해가 이글이글 타오르고 바다는 반짝이며 출렁댔다. 왼편으로 그리스의 섬들이 나타났다. 배에는 갑옷을 입은 전사들이 가득 타 있었다. 청년들과 장년들, 백발이 성성한 노인들이 다른 많은 사람들과 함께 성묘를 적의 손으로부터 되찾으려고 그 배에 타고 있었다. 십자군은 다미에타를 여러 달 동안 포위하고 있었지만, 유능한 통치자이자 용감한 군인이기도 한 멜렉 엘 카밀 왕―술탄이 아주 잘 지키고 있어 도성은 함락되지 않은 채 버티고 있었다.

　말레아 곶에서 우리는 사나운 폭풍우를 만났다. 수백 개의 머리와 수백 개의 입을 벌린 괴물 같은 바다가 우리를 통째로 삼킬 듯이 높이 오르내렸다. 배에 타고 있던 전사들은 얼굴이 하얗게 질렸다가 다시 파랗게 질려서 해안을 바라보며 한숨을 쉬었다. 아! 뛰어내려 마른 땅의 나뭇가지를 움켜쥐고 사나이의 용맹함을 되찾을 수 있다면 얼마나 좋을까! 함께 타고 있던 몇몇 여자들이 비명을 지르기 시작했다. 프란치스코는 남자들과 여자들 사이를 돌아다니며 하느님 이야기를 해 주었다. 그의 말은 그들에게 큰 위안이 되었다. 밤이 찾아왔다. 검은 구름 가득한 하늘이 바다를 덮칠 듯이 내려앉았고, 하늘과 맞닿은 바다 위에서 배는 춤추고 비명 지르며 금방이라도 산산이 부서져 버릴 것만 같았다. 프란치스코는 뱃머리로 가서 펄럭이는 돛 사이에 무릎을 꿇고 기도를 드리기 시작했다.

　내가 옆에 다가갔지만 그는 나를 보지도, 내 발소리를 알아차리지도 못했다. 머리를 바다로 향한 채 주문을 외듯이 떨리는 목소리로 나지막이 속삭이고 있었다.

　"오, 바다여, 바다여. 하느님의 딸이여, 그대의 형제인 이 사람들을 불쌍히 여기소서. 이들은 상인도 아니고 해적도 아니니. 그들은 숭고한 마음으로 성묘를 찾아가고 있습니다. 그들의 가슴 위로 새겨진 붉은 십자가, 그대는 그 십자가가 보이지 않으십니까? 그들은 십자군의 용사, 하느님의 전사들입니다. 그들을 가엾게 여기소서. 언제인가 그대에게 잠잠해지라 명령하신 예수를 기억하고 순종하소서. 그의 미천한 종인 내가, 예수님의 이름으로 그대에게 잠잠해지라고 명령합니다!"

나는 돛에 얼굴을 묻으며 고꾸라졌다. 포효하는 바다, 배 안에 울부짖는 사람들의 소리가 들려왔다. 미친 듯한 바다와 사람들 사이에서 프란치스코는 바다에게 어서 잠잠해지라고 애절하게 호소하고 있었다. 그때 나는 인간의 진정한 가치를 처음 이해하게 되었다. 온 세계가 산산조각 나는 절망의 절정에서 그는 기도를 드렸다. 나는 틀림없이 바다가 프란치스코의 말을 들었고, 죽음도 하느님도 그의 말을 듣기 위해 그 순간 귀를 기울였으리라 믿었다. 그리고 바로 그 순간이었다. 하느님께 돌려드릴 내 영혼에 걸고 맹세하건대, 기적이 일어났다. 아니, 그것은 기적이 아니었다. 세상에서 가장 간단하고 자연스러운 현상이었다. 바다가 잠잠해져 갔다. 처음에는 울부짖는 소리가 조금 잦아들었을 뿐 풍랑이 이는 것은 변함이 없었다. 거센 물결이 끊임없이 뱃전을 때리며 복종하지 않으려 안간힘을 쓰는 것 같았다. 그러나 조금씩 조금씩 가라앉았다. 자정이 가까워지자 배를 미친 듯이 때리던 파도는 겸허히 고요한 바다로 돌아가서, 포근히 배를 감싸 안았다. 믿지 않는 사람은 인간이 바다에게 말을 걸고 명령할 수 있다는 사실을 부정할 테지만, 나는 프란치스코 덕분에 그 비밀을 알게 되었다. 영혼은 바다보다 강하고 죽음보다도 강하다는 사실을. 영혼은 인간의 육체에서 뛰쳐나와, 무너져 내리려는 세계도 떠받들 힘이 있다는 사실을 나는 안다.

나는 프란치스코 옆으로 가만히 기어가 피투성이가 된 그 발에 입을 맞추었다. 그는 내가 왔는지도 몰랐다. 그의 영혼은 온통 저 검은 바다를 뒤덮고, 바다가 다시 한 번 반역의 머리를 치켜들까 봐 눈을 부릅뜨고 지키고 있었다.

이튿날 아침, 바다와 하늘은 활짝 웃으며 반짝이고 있었다. 배 위의 사람들도 웃고 있었다. 시련으로 얼굴색이 다 바래질 만큼 지친 프란치스코는, 눈을 감은 채 뱃머리에 웅크리고 앉아 있었다.

몇 날 몇 밤이 흘러갔다. 우리가 안코나를 떠날 때 보았던 낫처럼 가느다란 초승달은 조금씩 커져서 둥근 보름달이 되고, 다시금 녹아 들어 사라져갔다. 모든 사람이 남쪽만 바라보고 있었다. 저주받은 회교도인들의 해안이 언제 나타날까 눈을 떼지 않고 살폈다. 우리를 에워싼 바닷물 빛이 차츰차츰 녹색으로 바뀌었다.

"바닷물 속에 나일 강 물이 섞여 드는 거지요. 이제 거의 다 왔어요." 선장이 말했다. 다음 날, 우리는 수평선 한가운데 모습을 드러내는 육지의 모습을 볼 수 있었다. 낮고 모래가 깔린 해안선에 첫 아침의 햇살이 장밋빛으로 반짝였다.

우리는 고즈넉이 자리한 작은 만에 닻을 내렸다. 프란치스코는 땅 위에 엎드려 기도를 드린 다음 모래 위에 십자가를 그렸다. 병사들은 프란치스코와 나를 인적이 없는 해안에 남겨두고 십자군 부대에 합류하려 길을 떠났다. 저 멀리 높은 성과 회교사원의 뾰족한 탑들이 보였다. 프란치스코는 연민어린 눈으로 나를 바라보았다. "레오 형제, 하느님의 어린 양이여, 우리는 이제 사자의 입 안에 들어왔어요. 두렵지 않아요?"

"예, 두려워요, 프란치스코 형제." 나는 대답했다. "하지만 두렵지 않은 척하겠어요. 당신이 가는 곳이면 나는 어디라도 따라 나설 것입니다."

그는 웃었다. "천국까지도 말인가요, 레오 형제?"

"천국까지 따라가겠습니다, 프란치스코 형제."

그는 한 손을 들어 멀리 보이는 회교사원의 첨탑을 가리켰다. "그럼 좋아요. 가 봅시다. 이 길이 천국으로 가는 길입니다!"

그가 앞장서서 걸어갔다. 모래는 발을 태울 듯 뜨거웠지만 우리는 노래를 부르면서 그 아픔을 잊었다. 이따금 프란치스코는 걸음을 멈추고, 내 손을 꼭 잡으며 기운을 북돋아 주었다. 그러고는 다시 노래를 부르며 앞으로 나아갔다.

"아, 파치피코 형제가 류트를 가지고 여기 왔더라면 얼마나 좋았을까요? 그럼 우리는 술 취한 세 수도사처럼, 하느님을 너무 마셔서 취한 모습으로 술탄 앞에 나타날 수 있었을 텐데!"

"배가 좀 고픈데요, 프란치스코 형제." 나는 더 참을 수가 없어서 말했다.

"레오 형제, 조금만 참으세요. 저길 봐요, 첨탑이 점점 커져 보이지요. 거의 다 왔어요. 걱정하지 마세요. 우리를 보면 술탄은 음식을 끓이라고 명령을 내릴 거예요!"

우리가 이야기를 주고받고 있는데 야만인의 괴성이 들려왔다. 칼을 빼든 흑인 두 사람이 뛰쳐나왔다.

"술탄! 술탄!" 프란치스코는 손가락으로 첨탑을 가리키며 소리쳤다.

그들은 우리를 신나게 두들겨 팼다. 그러고는 우스워 죽겠다는 듯 낄낄거리며 우리를 왕궁으로 끌고가 그 앞에 내동댕이쳤다. 그때는 벌써 저녁이 다 되어 있었다.

술탄은 우리를 보자마자 웃음을 터뜨렸다. 발로 우리를 툭툭 치며 물었다(그는 우리 말을 썩 잘한다). "자네들은 누구인가? 술을 좋아하는 수도사들인가? 무슨 일로 사자 굴에 기어드셨지? 원하는 게 무언가?"

나는 눈을 들어 그를 보았다. 매우 잘생긴 얼굴이었다. 검은 곱슬머리에 날렵한 매부리코, 크고 진한 검은 눈의 남자였다. 머리에는 산호로 만든 반달을 꽂은 녹색 터번을 두르고 있었다. 회교도의 긴 칼을 든 거구의 흑인 하나가 그 곁에 서 있었다. 그는 사형집행인이었다!

"자네들은 누구고, 무엇 때문에 나를 찾아왔나?" 왕이 다시 한 번 물었다. "일어나라!"

우리는 일어섰다. "우리는 기독교인들입니다." 성호를 그으며 프란치스코가 말했다. "예수께서 훌륭한 술탄이신 당신을 가엽게 여기시어 우리를 보내셨습니다. 그분께서는 당신의 영혼을 구원하고 싶어 하십니다."

"내 영혼을 구원한다고!" 회교 왕이 소리쳤다. 그는 애써 웃음을 참고 있었다. "그럼 어떻게 하면 구원을 받는다는 건가, 수도사 말해 보겠나?"

"완전한 가난과 완전한 사랑 그리고 완전한 정절을 통해서입니다. 술탄이시여."

술탄은 눈을 부릅뜨고 프란치스코를 노려보았다.

"자네 제정신인가?" 그가 버럭 소리를 질렀다. "수도사여, 자네가 지껄이는 그 엉터리 같은 말은 무슨 수작인가? 내가 나의 재산과 궁전도 아내들도 모두 버리고 자네 같은 거지가 되어서 문을 두드리며 구걸이라도 하란 말인가? 내가 여자에게 절대 손도 대서는 안 된다는 말인가? 그럼 사람이 살아서 뭘 하는가? 좀 이야기해 줄 수 있겠나? 하느님께서 여자의 문을 열고 들어갈 수 있는 열쇠를 우리에게 주신 이유는 무엇이란 말인가? 다시 말하면 나더러 환관이 되란 말인가. 그게 바로 자네가 원하는 것이란 말이지?"

"여자들이란……" 프란치스코가 말을 시작하려고 했지만 술탄은 화를 내며 손을 들어 말렸다.

"수도사여, 입 닥치게. 여자에 대해서 나쁜 말 한 마디라도 했다가는 자네 혀를 잘라 버릴 테니까! 자네 어머니를 생각해. 누이가 있다면 네 누이 생각도 해. 그리고 자네가 진정 기독교인이라면 예수의 어머니 마리아 생각부터 해 보란 말이네."

프란치스코는 머리를 푹 숙이고 아무런 말도 하지 않았다.

"그리고 자네가 말하는 완전한 사랑이란 어떤 사랑인지 설명해 보겠나?"

왕은 사형 집행인에게 가까이 오도록 고개를 끄덕이며 말했다.

"원수를 사랑하는 것입니다. 술탄이시여."

"원수를 사랑하라고!" 술탄은 웃음을 터뜨리며 말했다. 그는 사형 집행인에게 말했다. "칼을 칼집에 집어넣어라. 이자들은 머리가 돌았다. 불쌍하고 가여운 것들, 완전히 돌아 버렸어. 이자들을 죽이진 않겠다."

그는 다시 프란치스코를 바라보았다. 몹시 아픈 사람에게 말하는 것처럼 한결 부드러운 목소리로 물었다. "자네가 말하는 천국은 어떤 곳인가? 내가 가볼 만한 곳인지 어디 한번 들어나 볼까?"

"천국에는 천사들과 성인들의 영혼이 가득 차 있고, 가장 높이에 하느님께서 앉아 계시지요."

"거기 사는 사람들은 무엇을 먹고 무엇을 마시는가? 누구와 함께 잠자리에 들지?"

"신을 모독하는 말은 삼가 주십시오. 천국의 사람들은 먹고 마시지 않으며 성교도 하지 않습니다. 그들은 영혼들이랍니다."

술탄은 다시 한 번 웃었다. "영혼들이라고? 다시 말하면 공기라는 거지? 우리 천국은 그 천 배나 좋은 곳이지. 쌀이 산을 이루고 있고, 우유와 꿀이 강처럼 흐르며, 같이 자고 난 다음에는 다시 처녀가 되는 아름다운 여자들이 있는 곳이라네. 수도사여, 내가 완전히 미치지 않고서는 자네들의 천국에 가기는 어렵겠어. 성가시게 굴지 말고 내버려 두게."

프란치스코는 화가 났다. 그가 어디 있다는 것도, 왕이 머리를 한 번 끄덕이기만 하면 그의 목이 날아갈 수 있다는 것도 잊고 설교를 시작했다. 예수의 고난, 부활, 재림을 이야기하고, 모든 회교도인들이 영원히 불에 타는 지옥의 이야기도 거침없이 꺼냈다. 그는 하느님의 말씀을 전하는 데 열중한 나머지 술에 취한 사람처럼 손뼉을 치며 춤추고 노래하고 휘파람도 불었다. 정말로 정신이 나가 버린 것 같았다. 술탄은 웃으면서 그를 지켜보다가 자기도 따라서 손뼉을 치고 휘파람을 불며 소리를 질렀다. 어디 더 해보라고 기름을 퍼붓는 듯했다.

프란치스코가 갑자기 멈추었다. 몸에서 김이 피어오르고 땀이 비 오듯 쏟아졌다.

"수도사여, 자네를 축복하네. 나는 웃어본 지가 오래되었다네. 하지만 이제는 좀 쉬게. 내가 말을 할 차례가 된 것 같네. 우리의 예언자는 향수와 여자와 꽃을 사랑하셨지. 허리띠에는 작은 거울과 빗 하나를 가지고 다니셨어. 아름다운 옷도 아주 사랑했지. 내가 듣기로 자네의 예언자는 맨발에 목욕도 하지 않고 머리 손질도 하지 않으며 옷은 수천 개의 헝겊을 댄 누더기여서, 만나는 가난한 사람마다 그에게 헝겊 한 조각씩을 주었다던데, 그게 정말인가?"

"정말이지요! 그렇습니다!" 그분께서는 온 세상 가난한 사람들의 고통을 모두 짊어지셨습니다." 프란치스코는 자기도 모르게 소리를 질렀다. 술탄은 수염을 쓰다듬었다. 허리띠에서 작은 거울을 꺼내 콧수염을 꼬아보고는 호박 장식이 달린 긴 담뱃대를 집어 들었다. 소년이 무릎을 꿇고 불을 붙여주었다. 술탄은 부드럽게 몇 모금 빨더니 평온히 눈을 감았다.

"지금이야말로 우리가 죽기에 완벽한 시간이에요, 레오 형제." 프란치스코가 내 쪽을 보면서 속삭였다. "당신도 준비되었나요? 천국의 문이 열리는 소리가 들려요."

"왜 이렇게 빨리 죽음을 당해야 하지요, 프란치스코 형제? 조금 더 기다려 봐요."

술탄이 눈을 떴다. "그 이름도 위대하신 마호메트여! 그는 예언자이셨을 뿐 아니라 인간이기도 하였소. 사람들이 사랑하는 것을 사랑하고, 사람들이 싫어하는 것은 그도 싫어하였소. 내가 무릎 꿇고 그를 숭배하는 것도 그를 닮아 보려 애쓰는 것도 모두 그 때문이오. 당신의 예언자는 돌과 공기로 된 인간이오. 나는 그런 인간에게 전혀 관심이 없소."

술탄은 나를 돌아보았다. "자네는 어떤가? 수도사, 자네는 아무 말도 안 할 작정인가? 무엇이든 말 좀 해봐. 목소리를 들어 보자고."

"저는 배가 고픕니다." 나는 외쳤다.

술탄은 웃음을 터뜨렸다. 그가 손뼉을 치자 우리를 잡아들인 흑인 두 사람이 앞으로 나왔다.

"화로에서 냄비를 꺼내 저들에게 먹을 것을 내주어라. 그리고 저들을 풀어 주어서 같은 우상을 믿는 동지들을 찾아가도록 해 주어라. 저 가련한 인간들은 돌았다. 미쳤어. 우리는 미친 사람들을 돌봐주어야 한다."

도시는 동방의 군인들로 넘쳐났다. 거리에서 죽은 군인들과 말들이 그대로 방치되어 악취가 코를 찔렀다. 회교의 수도사들은 사원 바깥에서 춤을 추며 긴 칼로 피가 나올 때까지 자신의 머리를 쳤다. 하얀 젤라바 옷 위로 피가 흘러 내렸다. 카페에서는 살이 토실토실 오른 소년들이 나른한 동양의 노래를 부르며 이상하고 기다란 악기를 연주하고 있었는데, 탐부라라는 악기였다. 여인이 다가오면 썩은 내로 뒤덮인 거리엔 잠시 사향 냄새가 풍겼다.

고약한 악취에 코를 움켜쥔 우리는 두 흑인을 뒤따라 좁은 길을 황급히 빠져 나와 도시 외곽에 도착했다. 우리를 안내해 온 자들은 걸음을 멈추더니, 낮은 모래 언덕이 이어진 먼 수평선 한 구석을 가리켰다. "기독교인들은 저기 있소!" 퉁명스런 그들의 입 안에 새하얀 이빨이 햇살에 반짝였다. 그들은 작별 인사 대신 센 주먹을 우리에게 먹이고는 온 길을 되돌아 뛰어갔다.

우리는 말없이 걸었다. 입을 꼭 다물고 프란치스코는 땅에 시선을 둔 채 깊은 생각에 잠겼다. 나는 어안이 벙벙해서 주위를 두리번댔다. 세상은 믿을 수 없을 만큼 넓다! 아시시에서 수천 킬로미터 떨어진 이곳에는 예수의 이름조차 들어 보지 못한 셀 수 없이 많은 영혼들이 죄악에 빠져 살고 있지 않은가. 이 많은 사람들에게 우리가 무슨 수로 하느님의 말씀을 전할 수 있을까? 인생은 짧다. 우리에게는 시간이 없다. 이토록 드넓은 세상 어디서부터 시작하는 게 좋을까?

우리 앞으로 모래밭이 끝없이 펼쳐져 있었다. 배만 하얗고 나머지는 모두 붉은 털로 덮인 신기한 새가 머리 위로 지나갔다. 시끌벅적한 회교도의 도시를 뒤로하고 돌아서자, 모래언덕 너머 저 앞에서 나팔소리와 말 울음소리가 들려왔다. 마침내 이교도의 도시를 몇 달 동안 포위하고 있는 기독교인들의 진영으로 들어서고 있었다.

프란치스코가 갑자기 걸음을 멈추었다. "레오 형제, 만약 우리가 고향에 돌아가게 되면 나는 가난한 사람을 만날 때마다 못 쓰는 헝겊 한 조각씩을 얻어서 옷을 만들어 입어야겠어요. 술탄의 말이 옳아요."

"우리는 죽을 뻔했어요, 프란치스코 형제."

"천국에 들어갈 기회를 놓친 거지요." 그가 대답했다.

우리는 모래 언덕 위에 올라서 있었다. 우리 눈앞으로 수많은 그리스도의 군사들이 줄지어 나타났다. 울긋불긋 갖은 색깔의 옷을 입은 십자군은 왁자지껄 떠들면서 천막을 치고 있었다.

나는 지금도 그 무렵의 몇 달은 기억하고 싶지 않다. 그 소란한 광경은 아직도 유령처럼 나타나서 내 마음을 뒤흔들고 머릿속을 어지럽힌다. 십자군이 천막을 치고 있던 평야에 다다른 우리는 먼저, 그들의 더러운 모습과 파렴치한 노래를 부르는 목소리를 듣고 놀랐다. 불쌍한 프란치스코는 귀를 막아야 했다. 이것이 과연 그리스도의 군대란 말인가? 그들은 오로지 무엇을 약탈하고, 어떤 여자들을 노예로 끌고 가며, 사라센 사람들을 어떻게 학살할지에 대해서만 이야기했다. 예수의 이름은 단 한 번도 들어본 적이 없다. 우리가 몇 주일 동안이나 그들과 함께 머물렀는지도 기억이 나지 않는다. 프란치스코는 날마다 바위 위에 올라서서 예수님의 무덤과 하느님의 자비에 대해 설교를 했다. 십자군들은 그의 앞을 지나다니면서 쳐다보지도 않았다. 잠시 걸음을 멈추더라도 소리 내어 비웃거나, 모래 한 줌을 집어 뿌리고 갈 뿐이었다.

다시 전투가 벌어졌다. 십자군 군사들은 요새와 탑들을 공격했다. 성벽을 넘어 성 안으로 뛰어들어갔다. 약탈과 살육이 시작되었다! 프란치스코는 그리스도의 군사들 사이로 뛰어다니며 자비를 베풀라고 눈물을 흘리며 애원했다. 병사들은 그를 밀쳐냈다. 그를 비웃으면서 그들은 멈추지 않고 문을 부수고 집들로 쳐들어갔다. 살육이 벌어지던 그 현장에서 들리던 여자들의 비명 소리와 남자들의 울부짖음을 내가 어찌 잊겠는가! 피가 강물처럼 흘렀다. 어디를 가도 목 잘린 사람의 머리가 발에 채었다. 들리는 것은 죽어 가는 신음 소리와 울음소리뿐이었다.

집들이 타오르는 연기만으로도 하늘이 흐려지는데, 사람의 몸이 타는 연기는 하늘을 더욱 검게 하였다. 대지가 온통 들끓는 것 같고, 열기에 숨이 막혔다. 술탄의 궁전 꼭대기에서 예수의 깃발이 나부꼈다. 술탄은 발이 빠른 말을 타고 도망갔다. 후궁들과 재산을 모두 버리고 달아난 것이다. 프란치스코는 궁전 입구에 무릎을 꿇고 하느님께 빌었다. 그의 병사들이 저지르고 있는 짓을 보지 않도록 다미에타로부터 눈을 돌리소서, 애원했다.

"주여," 두 뺨에 눈물이 줄줄 흐르는 그가 외쳤다. "전쟁의 피 속에서 인간은 피에 굶주린 짐승이 됩니다. 당신께서 주신 얼굴을 잃어버리고 늑대, 더러운 돼지가 됩니다. 주여, 그들을 불쌍히 여기시어 인간의 얼굴을 되찾아주소서. 당신의 얼굴을."

나이 먹은 사람들과 병든 사람들이 회교사원 가득히 모여 있었다. 프란치스코는 그들과 함께 머물며 그들을 위로했다. 많은 사람들이 병으로 눈이 멀고 눈에서 피와 고름이 나왔다. 허리를 굽힌 프란치스코는 두 손을 그들의 눈두덩 위에 오려 놓고 하느님께 그들의 병을 낫게 해 달라고 빌었다. "이들도 인간입니다. 당신의 아이들입니다. 이들에게 자비를 내리소서!" 입으로 눈을 불어 주며 환자들에게 위로와 사랑의 말을 속삭였다. 결국 그도 병에 걸리고 말았다. 두 눈이 벌겋게 충혈되면서 화끈거리기 시작했다. 시력이 점점 약해졌다. 혼자 걸어 다닐 만한 시력도 못 되어 내가 그의 손을 잡고 이끌어주어야만 했다.

어느 날 내가 그에게 말했다. "프란치스코 형제, 저들 가까이에 가면 병이 옮는다고 말하지 않았습니까!"

"레오 형제, 당신은 매우 신중하군요." 그가 대답했다. "옳은 말이긴 하지만 그것도 지나치면 병이에요. 당신은 여전히 뛰어 오르지 못하는 거지요. 안 그런가요? 영원히 땅에서만 걸어 다닐 생각인가요?"

"뛰어 오르다니요, 프란치스코 형제?"

"당신 머리 위 저 높이로 뛰어오르란 말입니다!" 그랬다. 나는 영원히 할 수 없다. 일생에 내가 크게 뛰어오른 오직 한 번의 도약이 있었다면, 프란치스코를 따라 나서기로 결정한 그 순간이었다. 또 한 번 뛰어오르라니, 나에게는 너무나 벅찬 일이었다. 나는 프란치스코를 따라 나서기로 결심한 순간을 떠올릴 때마다 기쁨과 함께 언제나 후회를 느꼈다. 불쌍한 일이지만 나는 아무래도 성인이 될 위인은 못되었다.

"레오 형제, 세상은 무섭도록 넓지요." 다른 날 프란치스코가 나에게 들려준 이야기이다. "사라센 족 너머에는 흑인 족이 있고, 그들 저 너머에는 식인종이 살고 있는데, 또 그 너머에는 끝없는 바다가 있어요. 얼어붙기 때문에 그 위를 걸어 다닐 수도 있답니다. 어떻게 하면 해낼 수 있을까요? 세상 구석구석을 돌아다니며 예수께서 이 땅에 오셨다는 소식, 이 복음을 전할 시간이 우리에게 주어질까요?"

"프란치스코 형제, 초조해 하지 마세요. 시간이 해결할 거예요. 시간은 그 모든 일을 할 수 있을 테니까요."

"시간…… 시간이라……." 프란치스코가 중얼거렸다. "하지만 그때 우리는 여기 없을 거예요."

"당신은 저 높은 하늘에서 내려다보고 있을 거예요. 프란치스코 형제, 시간을 말처럼 올라타고 계속 일하고 있을 거예요."

프란치스코가 한숨을 지었다. "레오 형제, 옛날에 죽어서 하늘에 올라가 하느님 품속 깊숙이 안긴 고행자가 있었대요. 너무나 행복했더랍니다. 그런데 어느 날 그가 하느님 품에서 고개를 들고 저 아래를 내려다보았는데, 푸른 나뭇잎 하나가 보이더래요. '주님', 순간 그가 소리쳤지요. '주님, 저를 보내 주십시오. 저 푸른 잎새를 다시 한 번 만져 보게 해 주십시오!' 레오 형제, 이해하겠어요?"

그의 말을 듣고 무서워져서 대답을 하지 못했다. 그렇다! 진정 나뭇잎 하나의 힘이 그토록 엄청나게 큰 것이다!

여름이 지나고 가을이 찾아왔다.

"프란치스코 형제, 우리는 언제 이곳을 떠나지요?" 내가 물었다. "가을이에요. 우리들이 태어난 요람으로 돌아가고 싶어요. 여기는 다른 세상이에요. 어쩌면 또 다른 하느님이 계신지도 몰라요. 자, 이제 떠납시다."

그 말을 들은 그가 대답했다. "레오 형제, 가던 길이 두 갈래로 갈라져 어느 길로 나아가야 할지 고르려 한다면 어느 길이 하느님께로 가는 가장 좋은 길인지 아시나요?"

"모르겠는데요, 프란치스코 형제. 가르쳐 주세요."

"가장 힘들고 가장 가파른 길이지요. 여기서 우리가 이렇게 힘이 드니 여기 그냥 머물러 있는 게 어때요?"

그는 하루 종일 돌아다니며 설교를 해 보았지만 그 설교에 귀를 기울이는 사람은 아무도 없었다. 모든 사람들의 마음과 생각은 오로지 예루살렘을 약탈하는 데에만 사로잡혀 있었다.

절망 속에서 프란치스코가 외쳤다. "그렇다면 예수님은, 예수님에 대해서는 생각하지 않으십니까, 형제들이여? 여러분이 이 지구 끝까지 먼 길을 여행한 것은 그분의 무덤을 구하기 위해서 입니다. 그분의 무덤, 성묘, 그것이 목표였습니다!"

그러나 군인들 사이에 그는 웃기는 어릿광대로 취급당한 지도 이미 오래되었다. 그의 옷자락을 잡아당기고, 돌을 던지는가 하면 그가 양몰이 방울을 흔들며 거리에 나타나는 모습을 보고 배를 잡고 웃었다. 그는 사람들에게 모욕을 당하는 것이 너무나 기쁜 듯 그들과 함께 웃고 신나게 춤을 추면서 길 한가운데에 나가 설교를 하곤 했다.

"나는 하느님의 광대요, 사람들의 어릿광대입니다. 자, 와서 웃어요, 형제들이여, 어서 이리와 웃으세요!"

하루는 어느 집 현관 그늘에 누워 있었다. 해가 가장 무섭게 힘을 떨치는 시간이었다. 지친 우리는 금방 잠에 빠졌다. 잠결에 프란치스코가 벌떡 일어나 비명을 지르는 소리가 들려왔다. 눈을 뜬 나도 덩달아 소리쳤다. 두 명의 십자군 병사가 발가벗긴 창녀 하나를 프란치스코 옆에 데려다 놓았기 때문이었다. 그 뻔뻔한 여자가 그의 목을 끌어안자 프란치스코는 놀라서 일어나 몸을 부들부들 떨었다. 창녀는 유혹의 손길을 그에게 뻗으며 감미로운 목소리로 속삭였다. "오세요, 이리 오세요, 나는 천국이에요, 어서 들어오세요!"

프란치스코는 손으로 두 눈을 가리고 나체의 여인을 보지 않으려 했다. 그러나 그의 영혼이 여인을 가련히 여겼다.

"자매여, 몸을 파는 자매여, 왜 당신은 당신의 영혼을 구원하려 하지 않습니까? 영혼이 불쌍하지도 않은가요? 내가 당신의 머리 위에 손을 얹고 하느님께서 당신을 도와주시도록 기도 드리게 허락해 주십시오."

"좋아요, 내 머리 위에 손을 얹고 주문을 외어 보세요." 여자는 자지러지듯 웃느라 숨이 넘어갈 것만 같았다. "당신네 하느님을 어서 불러서 기적을 행하게 만들어 보세요."

프란치스코는 여자의 풀어 헤친 검은 머릿결 위에 손을 올리고 하늘을 우러러보았다.

"가난한 자들과, 죄지은 자들과, 매음하는 자들을 위하여 이 땅에 오신 당신이시여, 이 여자, 이 벌거숭이 여자를 불쌍히 여기시옵소서. 이 여자의 깊숙한 속마음은 착합니다. 하지만 지금 악의 길을 걷고 있습니다. 당신의 손을 뻗어 이 여자를 구원의 길로 인도하소서."

여자는 눈을 감고 있었다. 차츰차츰 여자의 표정이 부드러워졌다. 프란치스코의 거룩한 기운이 손을 타고 그녀의 머리로, 심장을 지나 온몸 구석구석 발끝까지 스며든 것이 틀림없었다. 갑자기 여자는 울음을 터뜨렸다. 손을 뗀 프란치스코는 실오라기 하나 걸치지 않은 여자의 몸 위에 성호를 그었다.

"울지 말아요, 자매여. 하느님은 선하신 분입니다. 그분은 용서하십니다. 그분께서 이 땅에 계실 때 어느 창녀에게 하신 말씀을 잊지 마세요. '너의 죄는 사하여졌다. 이는 너의 사랑함이 많음이라.'"

두 병사는 한 쪽에 서서 낄낄거리며 지켜보고 있었다. 휘파람을 불면서 여자를 놀려댔다. 여자는 땅에 벗어 놓았던 옷들을 얼른 주워 입더니, 몸을 단단히 감싸고 프란치스코의 발 앞에 무릎을 꿇었다.

"저를 용서하세요. 저는 죄를 지었습니다." 여자는 소리쳤다. "저 같은 사람이 들어갈 수녀원이 없을까요? 저를 데려가 주십시오!"

"나의 자매여, 온 세상이 수도원이고 수녀원입니다. 이 세상 안에서나 밖에서나 정절을 지키고 살아갈 수 있습니다. 가서 당신의 집 문을 걸어 잠그십시오. 겁낼 것 없습니다. 주님께서 당신과 함께 하실 것입니다!"

겨울 추위가 우리에게 닥쳐왔다. 군대는 천막을 걷고 예루살렘으로 떠났다. 하늘에 흩어진 구름들이 나타났다. 낮에는 까마귀 떼가, 밤에는 하이에나 무리가 하느님의 군사들 뒤를 따랐다. 우리도 온 힘을 다해 그들을 뒤따랐다. 나는 프란치스코를 부축했다. 그의 부은 눈은 자꾸만 작아지더니 새빨갛게 타오르는 아주 작은 두 개의 구멍으로 변했다. 안개가 뒤덮인 듯 뿌옇고 세상이 어둡게 보였다.

사흘째 되는 날 아침 그가 땅에 쓰러져 가쁜 숨을 내쉬었다.

"레오 형제, 나는 더 걸을 수가 없겠어요. 한계의 끝까지 가 보려고 했지만 안 되는군요. 보세요!"

그가 자기 발을 내보였다. 피와 함께 노란 고름이 흐르고 있었다.

그는 한숨을 쉬었다. "게다가 이 상처만으로는 부족한 모양인지 새로운 악마가 내게 들어왔어요!"

나는 감히 그게 뭐냐고 물어볼 용기가 나지 않았다. 그 새로운 악마가 무엇인지 알 것만 같은 생각이 들어서 입을 다물었다.

끝없는 모래만이 우리를 둘러싸고 있었다. 군대는 저 너머로 사라졌다. 사막의 가장자리에 구름이 짙게 모여 햇빛이 흐려졌다. 왼쪽으로 멀리 반짝이는 바다가 보였다. 나는 허리를 굽혀 프란치스코를 어깨에 들쳐 메었다. 그는 의식을 잃었다. 나는 숨을 헐떡이며 비틀비틀 바다를 향해 걸음을 옮겼다. 바닷가에 도착하니 정오였다. 검은 십자가를 그려 넣은 배가 닻을 내리고 있었는데, 바람 한 점 없어 축 늘어진 돛은 쓸모가 없어 보였다. 어부 두셋이 그물을 해변으로 끌어올리고 있었다. 쇠똥이나 벽돌, 짚으로 지은 오두막 몇 채가 끝없이 펼쳐진 청록색 바다를 등지고 서 있었다. 나는 프란치스코를 바닷가에 내려놓고 정신이 들도록 얼굴에 바닷물을 뿌렸다. 그가 눈을 떴다.

"바다인가요?" 그는 그리운 목소리로 물었다." "바다에요?"

"그래요, 프란치스코 형제. 바닷가에 왔습니다. 우리는 고향으로 돌아가는 거예요."

그는 아무 말도 하지 않고 반대하지도 않았다. 그를 두고 나는 배로 달려가 선장을 불렀다. 선장이 나오자 나는 그의 발 앞에 엎드려 그의 무릎을 두 팔로 안으며 애원했다.

"혹시 우리나라로 돌아가시는 길이라면 저희도 데려가 주십시오. 우리는 배 삯을 낼 돈이 한 푼도 없지만 하느님께서 갚아 주실 것입니다."

"언제 말이오?"

"다음 세상, 진정한 세계에서요."

"갚는다니, 말은 잘하는군!" 선장은 웃으면서 말했다. "하느님은 좋은 담보가 못되오. 그분은 나에게 이미 꽤 많은 빚을 졌어요. 그런데도 아직 돈을 갚는 걸 한 번도 본 적이 없거든."

"제발 우리를 데려가 주세요." 나는 다시 한 번 부탁했다. "지옥을 생각해 보고, 천국을 생각해 보세요. 당신 앞에 두 갈래 길이 있습니다. 선택하세요!"

선장은 턱수염을 신경질적으로 긁적였다. "이 보시오, 수도사 나리, 나는 삼 일 밤낮을 마냥 주저앉아 기다리는데 돛을 밀어줄 바람 한 점 불어오지 않고 있소. 보아하니 당신과 당신 친구는 하느님과 늘 가까이 지내고 있는 모양인데, 그분께 기도를 드려 돛을 좀 펄럭이게 해줄 수 있겠소? 바람만 근사하게 일으켜 준다면 내가 당신들을 배에 태워주겠소. 물론 뱃삯은 한 푼도 안 받을 테니 걱정 마시오. 자, 당신 친구한테 돌아가서 어디 주문을 외워보쇼!"

나는 프란치스코에게 달려갔다. 그가 기꺼이 그런 기도를 올리겠다고만 한다면 하느님께서는 틀림없이 들어 주시리라.

"프란치스코 형제, 우리나라에서 온 배 하나가 바로 이 앞에 정박해 있어요. 우리가 하느님께 순풍을 보내주십사 기도만 해주면, 선장이 우리를 태워주겠답니다. 자, 두 손을 하늘로 펴세요. 기도를 드리는 거예요!"

"내가 믿는 기적은 마음의 기적뿐입니다, 레오 형제." 그는 대답했다.

"그 이상은 아무것도 해낼 수 없으니 나에게 그런 일을 시키지 마세요."

"하늘을 우러러 외치세요. 하느님께서 당신의 목소리에 귀 기울여 주실 거예요."

프란치스코가 나에게 덤벼들었다. 죽음 직전의 무덤가에서 비틀거리던 그가 벌떡 일어나 내 목덜미를 잡아챘다.

"나를 더 괴롭히지 마세요, 레오 형제." 그가 마구 소리를 질러댔다. "'주소서! 주소서! 주소서!' 2분마다 한 번씩 외쳐대라고 나에게 강요하지 말아요. 하느님께서 고작 빵이나 따뜻한 옷 따위를 내려주고, 돛에 바람이나 팽팽히 일으켜 주는 일밖엔 할 일이 없는 줄 아세요? 그분께서는 우리를 이 사막에 내던지셨어요. 우리의 모든 노력이 허사로 끝난다면, 그분께서 그걸 원하셨기 때문이지요. 그분께서는 검은 날개를 내 눈 위에 펼쳐 시력을 흐려 놓으셨어요. 그것도 그분의 뜻입니다. 배를 가져다가 바로 우리 눈앞에 두시고도 순풍을 보내진 않겠다고 거절하시는 것도 모두 그분의 뜻입니다. 당신은 그분이 그 이유를 우리에게 설명할 의무가 있다고 여기는지 모르지만! 그리고 이제는 당신까지 나에게 그분의 뜻을 뒤엎도록 타이르라고 하시다니! 레오 형제, 눈을 감아 보세요. 가슴에 손을 얹고 하느님을 받아들이세요. 그분께서 원하는 모습으로 나타나시도록 봐둡시다. 굶주림이건 순풍이건, 그도 아니면 질병이건!"

화를 내는 프란치스코를 보고 깜짝 놀란 나는 머리를 숙여 그의 손에 입을 맞추고 아무 말도 하지 않았다. 그의 말이 나를 슬프게 만들었음을 눈치챈 그는 소리치고 화낸 것을 후회했다.

"레오 형제, 나를 용서하세요. 내 안에 들어온 새 악마들이 나의 마음과 혀에 독을 스미게 했나 봐요."

그가 더 이야기를 했지만 나는 눈물에 젖어 바다를 바라보고 있었기 때문에 무슨 이야기를 했는지 전혀 기억이 나지 않는다. 갑자기 물결이 천천히 일렁이더니 부드럽게 출렁대기 시작했다. 남쪽에서부터 따뜻한 바람이 불어왔다. 물살은 조금씩 조금씩 커지더니 프란치스코가 말을 멈추자마자 시원한 바람이 불었다. 배의 돛들이 펄럭이며 잔뜩 부풀어 올랐다.

"이봐, 수도사!" 선장의 기쁜 목소리가 들렸다.

나는 허리를 굽히고 프란치스코의 팔 아래에 손을 넣어 그를 들어 올렸다.

"순풍이 불어와요, 프란치스코 형제. 선장이 우리를 부르고 있어요. 갑시다!"

"그분께 뭘 달라고 해보세요." 그가 중얼거렸다. "그럼 주시지 않을 것입니다. 그분께 달라고 하지 않을 때 그분은 비로소 주시지요. 주시든 주시지 않든 하느님을 경배할지어다. 자, 가봅시다."

마침내 배에 오른 우리는 배의 뒷부분에 앉아 멀어지는 아프리카의 해안선을 바라보았다. 프란치스코는 한 손을 내 무릎 위에 올려 놓았다. "레오 형제, 하느님께 기도를 드릴 때 우리는 아무것도 요구하지 말아야 해요. 아무것도. 시간이 흐르면서 나는 하느님께서 우리가 울부짖고 구걸하는 것을 좋아하지 않으신다는 것을 깨달았어요. 레오 형제, 지금까지 우리는 징징 울면서 너무나 많은 걸 달라고 보챘어요. 나는 오늘 처음으로 나의 마음 속 어떤 목소리가 이렇게 외치는걸 들었어요. '너는 올바른 길을 가고 있지 않다!' 하지만 레오 형제, 그럼 어느 길이 옳은 길일까요? 나는 아직도 모르겠어요. 기다려 봐야겠지요!"

바다 냄새가 향기롭게 불어왔다. 돛을 모두 올린 배는 미끄러지듯 나아갔다. 고향으로 돌아가는 길은 참으로 아름다웠다. 흑백이 번갈아 스치듯, 낮과 밤이 금세 지나가 버리곤 했다. 나는 배의 뒤쪽에 쌓여 있는 밧줄더미에 등을 기대고 골똘한 생각에 잠겼다. 그렇다. 프란치스코의 말이 맞았다. 우리의 고생은 아무런 결실도 맺지 못했다. 술탄이 기독교로 개종하지도 않았고, 프란치스코의 눈물 어린 호소가 십자군에게 먹혀들지도 않았다. 갑옷으로 꽁꽁 싼 기독교인들의 귀에 그의 목소리가 전해질 수 있다고 누가 기대할 수 있었을까? 살육을 저지르고 노략질과 약탈을 뻔뻔스럽게 해 내면서 자신들이 무엇을 위하여 원정을 떠났는지 어디로 가고 있는지도 몰랐다. 그것도 하느님의 뜻이었을까, 그렇다면 이유는 무엇일까?

나는 스스로에게 물으며 이 문제를 풀려고 애썼지만, 답을 찾을 수 없었다. 내 옆에 앉은 프란치스코에게 물을 용기도 나지 않았다. 달빛이 빛나던 어느 밤에 나이팅게일의 노래를 함께 듣던 기억이 되살아났기 때문이다. 우리는 걸음을 멈추고 숨 죽여 귀를 기울였다.

"하느님께서 저 새의 목에서 노래하고 계세요. 레오 형제." 프란치스코가 나의 귀에 속삭였다. 바로 그때에 새가 나뭇가지에서 미끄러져 땅에 떨어졌다. 프란치스코는 허리를 구부리고 떨어진 새를 들어 올렸다. 부리가 피투성이였다. "노래를 너무 많이 해서 죽었나 봐요." 프란치스코가 말하고는 아직 따뜻한 그 새의 목에 입을 맞추었다.

나는 화를 냈다. "도대체 왜 죽나요? 나이팅게일의 이 작고 따뜻한 몸이 왜 썩어 없어져야 하나요?" 나는 소리쳤다. "왜 인간의 두 눈이 흙으로 돌아가야 하나요? 왜? 왜냐고요?"

프란치스코가 눈살을 찌푸렸다. "인간은 왜 그토록 오만하고, 언제나 질문을 내뱉지요?" 그도 버럭 소리를 질렀다. "아마 당신은 하느님께 그 이유를 밝히도록 요구하는 것 같은데, 그런가요? 거만한 그 입 닫으세요!"

배 위에 앉은 나는 프란치스코의 그 말을 떠올렸다. 내 마음이 다시 반란을 일으켜서 질문을 내뱉고 있지만, 입 밖으로 내뱉지는 않으리라 마음먹었다.

드디어 우리 눈앞에 해안이 나타나던 날 아침, 프란치스코가 근심스러운 표정을 하고 다가왔다. "꿈을 꾸었어요, 레오 형제. 나쁜 꿈이에요. 하느님께서 그렇게 되지 않도록 해주시면 좋으련만!"

"모든 꿈이 하느님께서 보내시는 계시인 건 아니에요. 그러니 걱정하지 마세요, 프란치스코 형제." 내가 대답했다.

"나는 꿈에 새끼를 거느린 암탉이었어요. 병아리들을 품고 있는데, 갑자기 하늘에서 독수리가 쏜살같이 내려왔어요. 나는 겁에 질린 나머지 병아리들을 놔둔 채 달아나 버렸지 뭐예요. 독수리는 병아리들을 모두 낚아채 사라져 버렸어요."

나는 한마디도 하지 않았다. 그러나 두려움에 온몸을 떨며 속으로 외쳤다. 엘리아스다! 그 독수리는 엘리아스다!

프란치스코가 한숨을 내쉬었다. "떠나지 말았어야 했어요. 신도들을 내버리고 아무도 그들을 보호해주지 않는 곳에 내버려 두다니…… 그 독수리가 누구일까요, 레오 형제?"

"며칠만 있으면 포르치운쿨라에 닿을 거예요. 프란치스코 형제, 그러면 알게 되겠지요."

드디어 해안이 가까워졌다. 우리는 뱃머리 난간에 기대어 그리웠던 바닷가 풍경을 바라보았다. 집들이 나타났고 올리브 나무, 무화과 나무, 포도 나무들이 보이기 시작했다. 봄이 오고 있었다. 초원은 푸르고, 땅에는 향기가 그윽했다. 세이버리와 타임 꽃이 벌써 활짝 피어난 모양이다. "내 고향 땅을 또렷하게 볼 수가 없네요. 하지만 품 안에 안겨 오는 딸처럼 이렇게 두 팔 가득히 느껴져요." 프란치스코가 말했다.

우리는 바닷가로 뛰어 내렸다. 모든 나무에 꽃이 피는 봄날, 고향에 돌아온다는 것은 얼마나 기쁜 일인가! 프란치스코는 나와 함께 엎드려 흙에 입을 맞추었다. 성호를 긋고 발걸음을 재촉했다. 우리는 저마다 깊은 생각에 잠겨 있었다. 프란치스코는 멈춰 서서 북쪽 포르치운쿨라를 향해 손을 들어 허공에 십자가를 그었다. 그는 그 작은 성당에 축복을 보내 그 안에 들어앉은 악마를 내쫓으려는 것 같았다.

어느 날 새벽에 그가 나를 깨웠다. 우리는 건초더미 속에서 하룻밤을 보내고 있었다.

"레오 형제, 또 다른 꿈을 꾸었어요." 그가 겁에 질린 목소리로 소리쳤다. "아니, 그건 꿈이 아니었어요. 나무 사이로 보이는 포르치운쿨라를 내 두 눈으로 똑똑히 보았으니까. 세 마리 악마가 교회를 공격하고 있었어요. 날개는 박쥐의 날개처럼 생겼고, 발톱과 뿔이 달렸는데, 힘찬 꼬리로 우리의 작은 교회 수도원을 칭칭 감고 있었어요. 나는 성호를 그으며 외쳤지요. '예수의 이름으로 명하노니 더러운 영혼들이여 물러가라!' 그랬더니 사라져 버렸어요."

"그 꿈은 좋은 징조예요, 프란치스코 형제." 나는 그를 달래 주었다. "하느님께서 승리하신 거예요."

기쁨에 겨운 프란치스코는 벌떡 일어서서 건초 더미 속에서 춤을 추었다. 그러나 다시 두려움의 그림자가 그의 얼굴을 뒤덮었다. 희미한 어둠 속에서 어떤 무서운 환영을 본 것 같았다.

"왜 이러세요, 프란치스코 형제?" 나도 겁이 나서 소리쳤다. "허공에 무엇이 있었나요?"

그는 아직도 부들부들 떨리는 손으로 내 손을 잡았다.

"레오 형제, 나를 불쌍히 여겨 주세요." 그가 속삭였다. "지옥에서 빠져나올 수 있는 길을 찾아 주세요. 자, 저 눈 덮인 산꼭대기에 올라가 기도를 드립시다. 수도사 형제들을 만나기 전에 하느님을 뵙고 깨끗해져야만 해요."

생각만 해도 끔찍했다. "그럼 우리는 얼어 죽고 말 거예요, 프란치스코 형제. 겨울이 아직 끝나지 않았어요. 산꼭대기의 눈은 우리 목까지 쌓여 있을 겁니다."

프란치스코는 고개를 저었다. "믿음이 없다면 물론 틀림없이 얼어 죽을 거예요. 그러나 믿음이 있다면 몸에서 땀이 흐르고 머리칼에서 김이 무럭무럭 날 거예요. 날이 밝았어요. 성호를 긋고 길을 떠납시다."

우리는 산을 오르기 시작했다. 높이 오를수록 공기가 얼음처럼 차가워졌다. 몸이 떨려왔다. 눈이 나타났다. 처음에는 맨발의 발목까지 차던 눈이 정강이를 덮었다. 산꼭대기에 다다르니 저녁이 되어 있었다.

"추우세요, 레오 형제?" 프란치스코가 나에게 물었다.

내 입술은 파랗게 질려 있었고, 꽁꽁 얼어붙어 말을 할 수 없었다. 프란치스코는 연민 어린 손길로 내 어깨를 어루만졌다.

"하느님을 생각하세요. 불쌍한 레오 형제. 하느님 생각을 하면 따뜻해질 거예요."

나는 그분을 생각하고 또 생각했지만 조금도 따뜻해지지 않았다. 꽁꽁 얼어붙었다! 게다가 배가 고프고 졸음이 몰려왔다. 아, 여기 눈 위에 쓰러져 잠들어 다시 깨어나지 않는다면 얼마나 좋을까, 나는 생각했다. 이 모든 것에서 벗어날 수만 있다면 얼마나 좋을까! 나는 지금까지 고생만 실컷 하며 참아오지 않았던가! 나는 처음부터 영웅이나 성인이 될 그릇이 못 되었다. 영웅이고 성인인 이 사람을 따라 나서기로 한 결심은 나 자신을 속인 게 아닌가! 평범한 사람과 어울려 게으르게 이 집 저 집 돌아다니며 얻어먹기나 하고 술집도 기웃거리는 게 나에게 걸맞는 삶이다. 하느님을 믿는 것도 쉬엄쉬엄 할 수 있는 것 아닌가.

프란치스코는 눈 위에 무릎 꿇고 기도하기 시작했다. 어둠이 깔리고 하늘에 별들이 가득했다. 그토록 크고 밝게 반짝이는 별들을 가까이에서 보기는 처음이었다. 갑자기 프란치스코의 목소리가 들려 왔다.

"레오 형제, 어디 있어요? 당신이 안 보여요."

"바로 여기 당신 옆에 있어요, 프란치스코 형제. 당신의 명령을 기다리고 있습니다."

"거룩한 고행자들은 높은 산에 살면서 옷을 모두 벗고 눈 속 깊이 파놓은 구덩이 속에 들어간다지요. 겨드랑이에서 땀이 비처럼 흐른대요."

"나는 고행자가 아닙니다." 신경질적인 대답이 내 입에서 나왔다. "옷을 벗고 싶으면 좋을 대로 하세요. 말릴 사람은 없으니까요."

그는 옷을 벗어 눈 위에 말아 놓고는 불 속에 던져졌던 세 청년이 부르던 성가를 힘찬 목소리로 불렀다. 그러고는 다시 옷을 입고 눈을 뭉쳐 둥글게 베개를 만들어 잠을 자려고 누웠다.

"새로 나타난 많은 악마들이 나를 괴롭히고 있어요, 레오 형제. 그것들을 놀래게 해서 내 몸에서 쫓아내려고 눈 속에 누워 있는 거예요."

나는 '도대체 나는 무엇 때문에 같이 얼어붙어야만 합니까?' 묻고 싶었으나 꾹 참았다. 그때, 갑자기 프란치스코의 눈알이 튀어나올 것 같았다. 부들부들 떨며 그는 벌떡 일어났다. 공격으로부터 자기 몸을 지키려는 사람처럼 두 팔을 앞으로 뻗었다가 비틀거리며 뒷걸음질쳤다.

"저기 그가 있어!" 놀란 그가 겁에 질려 속삭였다. "다시 나타났어요!" 고개를 돌려 보았지만 아무도 없었다. 텅 빈 허공뿐이었다.

"누가 있다는 거지요, 프란치스코 형제?" 내가 소리쳤다.

"그 거지요. 두건을 쓰고 손과 발에 구멍이 뚫렸던 그 거지요. 보세요, 이

마에도 구멍이 났어요, 십자가가 있어요, 피를 흘리고 있어요…… 그 사람이
요! 저기 있어요!"

그의 온몸이 바들바들 떨리고 있었다. 나는 그를 꽉 껴안고 부드러운 말로
그를 진정시키려고 안간힘을 썼다.

"저기 있어요! 그가 저기 있어요!" 프란치스코가 또다시 소리쳤다. "나를
경멸하듯 노려보며 고개를 젓고 있어요……"

그가 마구 떨고 있는 것은 공포 때문이었다. 추위 때문이 아니었다. 튀어
나올 것 같은 눈은 바로 앞에 있는 허공을 뚫어져라 보고 있었다. 갑자기 그
가 머리끝에서 발끝까지 경련을 일으켰다.

"살려주세요! 그가 와요!" 이빨을 덜덜 떨면서 그는 소리를 질렀다.

나는 그가 쓰러지지 않도록 꽉 붙잡았다. "프란치스코 형제, 하느님을 부
르세요. 그 사람을 쫓아 달라고 하느님을 부르세요."

프란치스코는 고개를 저었다. "하느님께서 보내신 거라면 어떻게 하나요?
그는 속삭였다. 허리를 굽혀 그 유령에게 던지려고 한 줌 눈을 집었던 그는
마음을 고쳐먹었다. "형제여, 말해주세요!" 한 걸음 앞으로 나갔다. 한참 소
리 죽여 대답을 기다렸지만 소용없었다. "왜 말을 안 하십니까? 당신은 누구
세요? 누가 당신을 보냈나요? 왜 그렇게 머리를 흔드시죠?"

그는 진지하게 귀를 기울였다. 누군가 그에게 말을 하는 것 같았다.

"가세요, 나를 혼자 내버려 두세요." 프란치스코가 다시 외쳤다. "내가 원
하는데도 악마들과 싸울 자유를 주지 않겠다는 건가요? 내가 하고 싶어요.
나는 천사가 아니라 인간이에요, 온갖 악마가 내 안에서 나와 싸우고 있습니
다. 하느님께서 내 편에 계시니 당신은 필요 없어요, 가세요! 나에게 구멍
뚫린 손을 보여줄 필요 없어요! 가시라니까요! 나는 천사도 아니고 천사가
되고 싶지도 않아요, 누구의 도움도 받지 않고 내 힘으로 싸워 이기고 싶어
요."

그는 팔을 들더니 쥐고 있던 눈덩이를 힘껏 던지고는 갑자기 미친 사람처
럼 웃음을 터뜨렸다. "얼굴을 정통으로 맞혔어요, 산산조각이 났을 거예요,
없어졌어요!"

그는 털썩 쓰러졌다. 내 팔을 잡아끌더니 나를 자기 옆에 앉게 했다. 한참
을 말이 없었다. 눈을 한 줌 집어서 열이 오른 자기 이마에 문질렀다. 나를

돌아보더니 말했다. "레오 형제, 당신에게 하고 싶은 말이 있어요. 꼭 물어보고 싶어요. 제발 놀라진 마세요. 내가 아니라 내 안의 악마가 하는 말일 테니까요."

"듣고 있어요, 프란치스코 형제." 턱이 덜덜 떨렸다. "하느님께서 왜 여자를 만드셨는지 아세요? 왜 모든 남자들은 그 떨어져 나간 갈비뼈 하나를 찾으려고 평생을 헤매는지 아시겠어요? 레오 형제의 생각은 어떤가요? 결혼, 여자가 아이를 낳고, 남자가 아들을 얻는 것이 성스러운 역사입니까, 아닙니까?"

소름 끼치는 말이었다. 말을 하는 그도 떨고 있었다. 그의 이마에서 땀이 흐르는 것이 보였다. 그에게도 두 다리 사이를 괴롭히는 악마가 들어앉아 있으리라고 감히 누가 상상할 수 있을까?

"말해 봐요, 레오 형제." 그가 괴로운 목소리로 말을 이었다. "잠자코 있지만 말고요. 우리가 하느님의 뜻을 거스르는 악의 길로 들어선 것일까요? 주 예수 그리스도께서도 '번성하고 늘려서 바다의 모래알 같이 되라!' 말씀하시지 않았던가요?"

"프란치스코 형제, 이런 말을 하는 허물을 용서해 주십사 당신의 발 아래 머리를 숙여도 좋습니다만, 지금 당신의 입을 빌려 말을 하는 것은 악마입니다. 육신의 악마입니다. 커다란 젖가슴을 가진 악마입니다!"

그는 가슴이 찢어져라 소리를 지르더니 눈 위를 기었다. 허리를 질끈 동여매었던 띠를 풀었다. 나는 밤새도록 그가 자신의 다리 사이와 허벅지를 미친 듯이 때리며 신음하는 소리를 들었다. 나이 밝자 그는 벌거벗은 몸으로 벌떡 일어섰다. 추위와 밤새도록 계속된 매질로 온몸이 시퍼렇게 얼고 멍들어 있었다. 그는 눈을 탄환처럼 빚어서 자기 앞에 한 줄로 가지런히 늘어놓았다.

"뭐 하는 거예요, 프란치스코 형제?" 그가 정신이 나간 게 아닐까 겁이 난 나는 떨리는 목소리로 물었다.

"조금 있으면 알게 될 거예요." 자기 앞에 빚어 놓은 일곱 개의 눈덩이로 인간의 형상을 빚기 위해 바삐 움직이던 그가 대답했다. "조금 있으면 알게 되요, 레오 형제!"

눈으로 만든 일곱 개의 조각상이 뚜렷한 윤곽을 드러냈다. 가슴이 불룩 나온 뚱뚱한 여자의 오른쪽 왼쪽에 두 아들 딸들이, 그 뒤에는 머리를 숙인 남자와 여자가 서 있었다.

그것들을 들여다보던 프란치스코는 갑자기 껄껄 웃었다. "보라, 베르나르돈의 아들 프란치스코, 저게 너의 아내고, 저게 너의 아이들이다. 그 뒤에 있는 것은 두 종이다. 가족이 함께 산책을 나온 거란다. 남편이며 아버지인 당신은 주인이기 때문에 맨 앞에서 걷고 있는 거지." 하고 외쳤다.

그의 웃음소리가 노여움으로 바뀌었다. 한 손을 하늘 높이 들어 올렸다. 해가 비추면서 산이 반짝이기 시작했다. 저 아래 멀리에는 환영처럼, 안개처럼 어렴풋한 아시시의 모습이 허공 위에 일렁이고 있었다.

"주여, 주여." 프란치스코는 가슴이 미어지는 목소리로 하느님을 불렀다." 해로 하여금 저의 가족들을 내리쬐어 녹여버리게 하소서! 저는 벗어나고 싶습니다!"

그는 땅에 주저앉아 울기 시작했다. 그런 그에게 다가가서 그에게 옷을 덮어 주고 온통 피로 물든 매듭지은 허리띠를 주워 올려 그의 허리에 매주었다.

"자, 프란치스코 형제." 그의 손을 잡아 일으키며 내가 말했다. "포르치운쿨라에 가서 형제들에게 당신의 몸을 녹일 불을 피워 달라고 합시다. 여기 있다가는 우리 둘 다 얼어 죽겠어요. 당신도 틀림없이 깨달았을 테지만, 우리는 아직 하느님 앞에 나설 준비가 안 됐어요."

프란치스코는 비틀거리며 일어나 걸었다. 그의 무릎은 힘없이 흐느적거렸고, 나를 잡은 손은 벌벌 떨었다. 우리는 아무 말도 하지 않았다. 조금씩 강해지는 햇빛이 우리를 감싸 주었다. 자비를 베푸는 하느님의 눈빛처럼 불쌍한 우리를 따뜻이 비추었다. 해를 바라보는 데 잠시 정신이 팔린 나는 프란치스코의 손이 내 손에서 빠져 나가는 줄도 알아차리지 못 했다. 두세 걸음 내딛던 그는 얼굴을 땅에 박고 고꾸라졌다. 나는 달려가 그를 일으켜 세웠다. 머리에서 피가 흐르고 있었다. 두 개의 날카로운 돌이 그의 이마를 십자가 모양으로 찢어 놓았다. 손을 들어 자기 상처를 더듬어 본 그가 겁에 질렸다. "왜 그래요, 프란치스코 형제? 왜 이렇게 몸이 떨리지요?"

"내 이마에 난 상처가 어떤 모양인가요?"

"십자가요."

"십자가라니!"

그는 온몸을 부들부들 떨었다. 그가 입술을 벌려 무슨 말인가 하려고 했다. 나는 이미 그가 하려는 말을 알고 있었다.

　　"쉿! 프란치스코 형제, 말하지 마세요!" 나는 소리쳤다. "나도 알아요." 나의 몸도 떨려왔다. 나는 다시 그의 손을 잡고 아무 말 없이 내려왔다. 추위와 굶주림과 절망으로 지쳐 몸조차 가누지 못하는 우리가 산을 무사히 내려가 쓰러지지 않고 저 평야를 가로지를 수 있을까! 어디서 그럴 힘을 찾아낼까? 지평선 한가운데 서 있던 아시시는 점점 뚜렷한 윤곽을 드러내며 가까워졌다. 이제는 그것이 꿈이나 환상으로 빚은 것이 아니오, 돌과 시멘트로 쌓은 도성이라는 것이 분명해졌다. 성채와 여러 개의 탑 그리고 교회 하나하나까지 모두 구별할 수 있었다.

　　조금씩 가까워지는 아시시의 풍경에 힘입어 한 걸음 한 걸음 쉼 없이 나아갈 수 있었다고 나는 믿는다. 아픈 눈에서 고름이 흘러나오는 프란치스코는 그 장면을 볼 수 없었다. 나는 잠시 쉴 때마다 그에게 설명했다.

　　"더 가까워지고 있어요. 이제는 탑들이 뚜렷하게 보이고 산 루피노의 둥근 지붕도 보여요." 프란치스코는 내 말에 귀를 기울이고는 용기를 내어 발걸음을 재촉했다.

　　"나는 두려워요, 두려워요." 그는 몇 번이고 말했다. "그 꿈을 생각해 봐요. 레오 형제…… 우리 형제들은 지금 어떤 상황일까요? 그 독수리가 얼마나 많은 형제들을 낚아채 간 걸까요? 그들을 빨리 보고 싶어 달려가면서도 속으로는, '아, 내가 거기에 닿지 않을 수만 있다면 얼마나 좋을까!' 생각한답니다."

　　해가 막 떨어지는 저녁 즈음에 우리는 포르치운쿨라에 다다랐다. 걷잡을 수 없이 가슴이 두근거렸다. 헤아릴 수 없을 만큼 오랜 옛날에 떠나온 포르치운쿨라는 우리들의 어머니 같은 느낌이 들었다…… 조용한 걸음으로 말없이 나뭇가지들을 조심스레 헤치고 나아갔다. 대문은 열려 있었고, 마당에는 아무도 없었다. 사람의 소리가 하나도 들리지 않자 덜컥 겁이 났다. 수도사 형제들은 모두 어디로 갔단 말인가? 날이 어두웠으니 수도원에 돌아와 있어야 할 시간이었다. 우리는 안으로 들어갔다. 구석에서 등불을 켜놓고, 화로 앞에 쪼그리고 앉아 불을 피우려 입김을 불고 있는 마세오 형제의 모습이 보였다. 나무가 젖어 올라오는 연기에 숨이 막힌 프란치스코가 기침을 했다.

마세오가 돌아보더니 그의 품 안으로 쓰러졌다.

"프란치스코 형제! 어서 오세요!" 그가 소리치고는 프란치스코의 무릎, 손, 어깨에 마구 입을 맞추었다. "우리는 당신이 먼 아프리카에서 죽었다는 소식을 들었어요. 형제들이 싸우기 시작했고 함께 사는 것이 지겨워져 뿔뿔이 흩어졌습니다. 대부분의 젊은이들은 엘리아스를 따라 나갔습니다. 그들은 마을을 샅샅이 뒤지고 다녀요. 큰 교회를 지으려고 금을 모으고 있대요. 베르나르드와 피에트로는 아무도 없는 숲 속에 들어가 수도 생활을 하고 있고요. 실베스터 신부는 처음 들어왔던 형제들을 데리고 나가 인근 마을에서 설교를 하고 있지요. 이따금 돌아오기도 하지만 다시 훌쩍 떠나 버린답니다. 남아 있는 것은 저 혼자예요. 여기 앉아 밤마다 불을 피우며 당신이 돌아오기만을 기다렸어요. 정말, 정말 이렇게 반가울 수가 없군요. 잘 오셨어요, 프란치스코 형제!"

그는 다시 입을 맞추며 그리웠던 감정을 쏟아냈다.

프란치스코는 아무 말 없이 불 앞에 앉았다. 타오르는 불길을 바라보며 두 손을 녹였다. 이따금 그의 입술에서 속삭임이 새어 나왔다. "불 자매, 불의 자매여." 그러고는 다시 침묵했다.

"아무 말씀도 안 하실 건가요, 프란치스코 형제?" 마세오가 물었다. 그는 프란치스코의 목소리가 너무나 듣고 싶었다. "내가 나가서 형제들을 모두 모아 이리로 데려올까요? 여기서 아무것도 안 하고 있는 것에 이제 진저리가 나요. 명령을 내려 주세요!"

"마세오 형제, 내가 무슨 말을 하겠습니까? 내가 무슨 명령을 내리겠습니까? 나는 그저 불 앞에 앉아 기다릴 수밖에 없습니다. 내 안에 계신 목소리도 그러라 하십니다."

나도 불 앞에 웅크려 앉아 물을 데워서 프란치스코의 발을 씻겨 주었다. 그리고 미지근한 물에 적신 깨끗한 헝겊으로 고름이 말라 떠지지 않는 눈을 깨끗이 닦아 주었다.

아무도 입을 열지 않았다. 마세오와 나는 마음이 든든해졌다. 우리들의 집에 프란치스코와 함께 있으니 이제 겁날 것이 없었다. 바깥에는 세찬 바람이 일고 있었다. 나무들이 서로 부딪히며 신음했다. 저 멀리 개 짖는 소리가 들려왔다.

마세오는 불 위에 그릇을 올리고 푸짐한 저녁을 준비했다. 우리가 여행을 하는 사이에 그는 강가에서 베어낸 나무와 버들가지 줄기로 바구니를 만들어 팔았다. 그렇게 일하며 수도 생활을 해 왔다. 프란치스코는 계속해서 손을 불 앞으로 내밀고 기도를 드렸다. 그의 표정으로 이루 말할 수 없이 황홀한 경지에 몰입하고 있다는 것을 알 수 있었다. 그는 이 세상 모든 일들을 완전히 잊고, 벽화 위 허공으로 날아오르는 듯했다. 나는 성인들이 하느님을 생각하면 몸이 무게를 잃고 둥실 떠오른다는 이야기를 수없이 들어왔다.

그는 아주 천천히 제자리로 내려와 태연한 표정으로 다시 불길을 향해 앉았다. 입을 여는 사람은 없었다. 우리는 행복했고 밤이 깊도록 말없이 앉아 있었다.

마세오와 내가 머리를 문을 향해 돌렸다. 누가 문을 두드린 것이다.

"우리 형제 가운데 한 사람이겠지요. 들어오게 하겠어요." 마세오가 일어섰다. 키가 큰 그의 머리가 판자를 댄 천장에 닿을 것 같았다. 그가 문을 열고 큰 소리로 말했다. "무슨 일이신가요? 여기는 여자의 출입이 금지된 곳입니다. 부인, 신성한 장소라고요."

"들어가게 해 주세요." 여자의 목소리는 아름다웠다. "저는 프란치스코 형제를 만나러 왔어요. 그분을 꼭 뵈어야 합니다."

그 목소리를 들은 프란치스코는 크나큰 혼란에 빠졌다. 그는 숨고 싶은 듯 두 손으로 자기 얼굴을 가렸다. 나도 그 목소리를 알 수 있었다. 그에게 다가가 조용히 일렀다. "프란치스코 형제, 클라라가 왔어요."

그가 내 팔을 붙들었다. "그녀를 만나고 싶지 않아요!" 두려움에 빠져 신음했다. "나를 불쌍히 여기세요. 그녀를 보고 싶지 않아요! 불길의 자매여, 그녀를 녹여버리소서." 불을 보며 중얼거렸다. "그녀는 눈으로 만들어졌으니어서 녹여 사라지게 해주세요! 그녀가 물이 되어 흘러가도록 해주세요. 하느님의 바다로 흘러 들어가게 해주세요."

하지만 젊은 여인은 어느새 문턱을 넘어 프란치스코의 발 앞에 엎드려 있었다. 그녀는 얼굴을 가렸던 베일을 벗고 맨 얼굴을 드러냈다. 프란치스코는 얼굴을 손에 파묻고 여자를 보려고도 하지 않았다.

"저를 가엾게 여기소서, 거룩하신 아버지 프란치스코여." 부드럽지만 어딘가 못마땅한 목소리로 그녀가 말했다. "고개를 들어 저를 보세요."

"당신이 정말로 시피 백작의 고귀한 따님 클라라라면, 당신이 하느님을 사랑하고 두려워한다면, 가주시오!"

그가 손을 내리고 얼굴을 드러냈다. 움푹 패이고 초췌하게 여윈 얼굴은 두 눈에서 흘러내리는 피로 얼룩져 있었다.

"징그럽지 않은지 내 얼굴을 보시오. 나는 눈이 멀어 당신을 볼 수 없습니다. 아, 하느님께 영광을!"

"거룩하신 아버지 프란치스코," 여자는 그의 발에 자기 얼굴을 대면서 대답했다. "두려워 마세요. 저는 당신을 보려 눈을 들지 않겠습니다. 당신이 저를 보시기를 원하지 않습니다. 제 이야기만 들어주셨으면 합니다. 부디 허락하소서!"

프란치스코가 성호를 그었다. "십자가에 못 박히신 예수님의 이름으로, 듣겠습니다."

"거룩하신 아버지 프란치스코시여." 깊고 확신에 찬 목소리로 그녀가 이야기를 시작했다. "당신은 기억하시나요, 아시시의 그 골목길로 누더기를 걸친 채 맨발로 걷다가 저와 만났던 그날을? 그날부터 저의 영혼은 저의 육신이 너무 비좁고 답답하게 느껴졌습니다. 영혼이 몸을 벗어나고 싶어진 것입니다. 저는 촛불처럼 녹아 사라지고 말았습니다. 프란치스코, 거룩하신 아버지시여, 당신께서 저를 보신다면 깜짝 놀라실 거예요. 하지만 제 영혼을 보실 수 있다면 당신은 기뻐하실 테지요. 제 영혼도 당신이 입은 것과 똑같은 두건을 쓰고 매듭지은 허리띠를 두른 수도사의 차림을 하고 있으니까요. 맨발이기도 합니다. 부모님이나 친구들과 지내는 생활은 이제 조금도 즐겁지 않습니다. 저는 속세를 떠나고 싶습니다. 이곳은 너무나 좁고 너무나 작아요! 거룩하신 아버지시여, 제 머리카락을 잘라 불 속에 던져 주십시오. 저를 황야로 보내 주십시오. 바위에 사는 제비처럼 돌 위에 머물러 살고 싶습니다. 날아가 버리고 싶어요. 더러운 이 땅에서 벗어나고 싶어요!"

그녀는 제비처럼 울기 시작했다. 마세오와 나는 눈을 내리깔고 눈물 흘렸다. 하느님과 하나가 되려는 숭고한 영혼의 갈망은 감동적이었다. 프란치스코는 돌처럼 냉정한 얼굴로 그녀의 이야기를 들었다. 그의 발 앞에 엎드린 여자의 머리 위로 화로에서 날아온 재가 수북이 쌓였다. 그녀는 프란치스코의 대답을 듣기 위해 말을 이따금씩 끊었다. 기다리고 또 기다렸지만 그는 벙어리처럼 말이 없었고, 표정은 시간이 지날수록 더 냉정해졌다.

"거룩하신 아버지, 얼굴을 돌리지 마세요. 노여워 마세요. 맨발로 거리를 다니며 춤추고 노래해 모든 이의 영혼을 불러내지 않으셨나요? '나는 하느님께로 가는 길이오. 나를 따르시오.' 말씀하시지 않았던가요? 저는 당신의 말씀을 듣고 부모님도, 집과 재산도, 젊음과 아름다움도, 아이를 낳을 희망도 모두 버리고 찾아왔습니다. 당신에게는 책임이 있습니다. 싫든 좋든 제 이야기를 다 들으셔야 해요. 들어 보십시오. 저는 오늘 이 세상에 작별을 고했습니다. 가장 비싼 옷을 꺼내 입고, 마지막으로 머리를 빗었습니다. 금 귀걸이, 금팔찌를 차고, 커다란 진주알을 엮은 목걸이를 걸고 교회로 갔습니다. 멋부리는 세상 사람들에게 저를 마지막으로 보여주려고, 저의 아름다움을 보이고 마지막 작별 인사를 할 마음이었지만, 저 또한 이 세상의 추악함을 마지막으로 보고 싶었습니다. 그리고 친구들을 찾아갔어요. 기쁨이 차올라 웃는 저를 보고 놀란 친구들은 '무슨 일이 생겼는데 그렇게 신이 났니, 클라라? 결혼하기로 한 거니?' 모두 놀라서 물었어요. '그래, 결혼하려고 해.' 나는 대답했지요. '내 신랑은 태양보다 더 아름답고 더 권세가 크신 분이야.' '정말? 언제 하는데?' '오늘밤, 오늘밤에 한단다!' 저는 웃으며 말했습니다. 집에 돌아와 말없이 부모님과 동생들을 바라보았습니다. 몇 시간 뒤 제가 떠난 다음, 저를 못 찾은 그들이 딸을 잃은 슬픔에 울부짖는 소리가 벌써 들리는 것 같았습니다. 하느님 품에 들어가 있는 저를 무슨 방법으로 찾아낼 수 있겠습니까! 밤이 어두워지자 조용히 방을 빠져 나와 길을 떠났습니다. 올리브 숲을 단숨에 달려 산 다미아노 성당을 지나 당신의 거룩한 휴식처에 이르렀습니다. 당신이 부르시기에 제가 온 것입니다."

"제가? 제가 당신을 불렀다고요?"

"그렇습니다. 프란치스코, 당신이셨어요. 어젯밤, 제가 잠자고 있을 때요. 침상에 들면 잠자는 것은 오로지 육신뿐이라는 것을 당신은 잘 아실 테지요. 영혼은 깨어 있습니다. 어젯밤 당신은 제 이름을 부르셨어요. 거룩하신 아버지, 당신이셨어요. 지난날처럼 저의 창문 아래 나타나서 '오라! 오라! 오라!' 부르셨어요. 그래서 제가 왔어요."

프란치스코는 소리를 지르고는 도망가려는 듯 일어나려 애를 썼다. 그러나 금방 주저앉았다. 손으로 더듬어 장작 하나를 집어 불 속에 던졌다. 그리고는 얼굴을 두 손에 묻은 채 아무 말없이 있었다.

그녀는 기다리고 또 기다렸다. 그러나 그는 아무런 말도 하지 않았다. 화가 난 그녀는 거칠게 일어나 허리를 펴고 앉으며 불끈 주먹을 쥐어 보였다.

"저는 다 이야기했어요, 거룩한 아버지 프란치스코여," 여자는 다그쳤다. "저는 당신 앞에 마음속 깊은 이야기를 모두 쏟아 놓았습니다. 왜 대답이 없으신가요? 당신에게는 대답할 의무가 있습니다!"

침묵이 계속되고 밖에서 거센 바람이 문을 흔들어댔다. 프란치스코는 두 팔을 뻗어 주위를 더듬다 우리를 찾아냈다. "레오 형제, 마세오 형제, 이리 가까이 오세요!" 그는 위험에 처한 사람이 도움을 청하듯 소리쳤다.

그는 재를 한 줌 집어 들어 머리와 얼굴에 대고 마구 문질렀다. 재는 눈에도 들어갔다.

"그녀가 불쌍하지도 않으십니까, 프란치스코 형제? 가엽게 여기세요." 내가 애원했다.

"안 돼!" 그가 외쳤다. 그토록 고집스럽고 씁쓸한 그의 목소리는 처음이었다. 그는 내 어깨에 올렸던 손을 떼면서 "안 돼, 안 된다니까!" 거듭 외쳤다.

클라라는 얼굴을 찡그리며 벌떡 일어섰다. 그녀의 표정이 점점 거칠어졌다. 그녀 안에 깊숙이 잠들어 있던 자존심 강한 귀족의 피가 모욕을 느낀 것이다.

"저는 당신께 애원하지는 않겠습니다. 눈을 들어 제 말을 들으세요! 저도 당신과 똑같이 영원히 죽지 않는 영혼을 가졌습니다. 제 영혼이 위기에 몰려 있어요. 당신은 도시와 마을들을 돌아다니며 세상을 구원하겠노라 하셨습니다. 좋습니다. 저를 구원해 주십시오! 당신에게는 의무가 있어요. 당신이 거절하신다면 제 영혼은 당신의 목을 동여매 당신을 끌고 지옥으로 떨어질 것입니다. 일어서세요. 제가 시키는 대로 하십시오. 저에게 당신의 옷을 입히고, 제 머리카락을 잘라 불 속에 던지십시오. 삭발한 머리 위에 당신의 손을 얹어 축복을 주시고 저를 클라라 자매라고 불러 주세요!"

벌떡 일어난 프란치스코는 문을 살피더니 문을 향해 걸어갔다. 도망치려는 것이 틀림없었다. 마세오와 내가 일어나서 그의 앞을 가로막았다. 그가 멈춰 섰다. 온몸을 바들바들 떨고 있었다. 자신의 뜻에 어긋나는 결정을 억지로 내릴 때면 늘 그랬다. 머리를 푹 숙이고 휘청대며 화로 곁으로 돌아가 기둥에 기대어 섰다. 불 그림자가 그의 몸 위로 너울너울 춤을 추고, 불이 붙은 것처럼 얼굴을 환히 비추었다. 심각하고 도발적인 음성이 귀를 울렸다.

"위대한 영주 파보리니 시피의 딸이자, 젊은 백작 아가씨인 그대가 맨발로 걸어 다닐 수 있겠습니까?

"할 수 있습니다." 그녀가 위엄 있고 자랑스러운 목소리로 대답했다.

"문둥병에 걸린 자들을 씻기고, 머리 감겨주며, 그들의 입에 입을 맞출 수 있습니까?"

"할 수 있습니다."

"아름다운 당신이 추해지는 것을 두려워하지 않고, 거리의 아이들이 당신을 따라다니며, '곱사등이! 안짱다리 마녀야!' 놀려대도 기뻐할 수 있겠습니까? 아름답던 당신의 등이 굽고 다리가 휘어도 예수를 위해 기뻐할 수 있습니까?"

"있습니다. 있고 말고요." 선서하는 사람처럼 한 손을 들고서 그녀가 되풀이했다.

"그대는 못 합니다!"

"할 수 있어요! 시피 백작의 딸은 풍요의 어려움뿐만 아니라 가난에서 오는 어려움도, 헐벗음도, 경멸과 조롱도 참을 수 있습니다. 다른 사람이 하는 것은 무엇이든 해낼 수 있습니다."

"나는 여자들을 믿지 않아요. 이브의 뱀이 벌써 수천 년째 그대들의 귀와 입술을 핥아 왔어요. 나를 유혹으로 몰아넣지 마십시오. 다른 여자들이 당신 주위에 몰려들 겁니다. 당신들은 수녀원 지붕 위에 올라가 형제들의 눈을 현혹시킬 것입니다. 형제들은 수도원 지붕 꼭대기에 올라가 자매들을 바라보느라 넋을 잃겠지요. 이내 혈기왕성하고 잘 먹어 튼튼한 육신의 악마가 그 사이를 오가게 될 것입니다. 안돼요. 일어나세요. 집으로 돌아가세요. 우리는 여자를 원하지 않습니다!"

"여자들도 남자들과 마찬가지로 흠 없는 하느님의 피조물이며 영혼을 가졌습니다. 여자들도 영혼이 구원 받기를 원합니다."

"여자는 하느님께 가고 싶다면 다른 길로 가야 해요. 결혼을 하고 아이를 낳아 미덕을 꽃피워 열매를 맺어야 합니다. 아무도 없는 황무지에서가 아니라 사람들이 사는 세상에서라야만 합니다."

"미덕을 구분 짓고 경계를 그으시려고 아무리 애써 봐야 소용없어요. 미덕은 어디에서나 꽃 피우고 열매를 맺을 수 있습니다. 미덕이 가장 좋아하는 곳은 조용한 곳입니다."

"지식은 여자를 건방지게 만들지! 말 한마디 한마디 대꾸하는 것은 도대체 누가 가르쳤단 말입니까?"

"저의 심장이요."

프란치스코가 기대고 있던 벽에서 몸을 벌떡 일으켜 세우고 휘청거리며 몇 발자국을 걷기 시작했다. 내가 뛰어가 그의 손을 붙들었다.

"그냥 놔 둬요." 그는 소리 질렀다. "나를 건드리지 마세요!" 휙 몸을 돌려 화로 앞으로 한 걸음 다가섰다. 그러고는 몸을 구부려 재를 한 줌 움켜쥐고 여자의 머리에 마구 뿌렸다. 그녀의 머리, 얼굴, 목에 재를 문지르고 입술 사이에도 가득 쑤셔 넣었다. 무엇이라고 중얼거리고 있는지 입술이 움직이는 것이 보였지만 우리 두 사람은 한마디도 알아들을 수 없었다. 양처럼 매애 하며 울기도 하고 이리처럼 으르렁거리기도 했다. 한참이 지나서야 그의 목소리가 인간의 소리로 돌아왔다. 무서운 침묵 속에 우리는 두 마디를, 오로지 두 마디만을 알아들을 수 있었다.

"클라라 자매…… 클라라 자매……."

불이 활활 피어올랐다. 이글대는 불 그림자가 재로 뒤덮인 프란치스코와 클라라의 얼굴 위에서 춤을 추었다.

등불이 가물거리더니 꺼져 버렸다. 아무도 일어나 기름을 붓지 않았다. 우리 모두 돌처럼 굳어 있었다. 등불이 꺼지자 화롯불의 희미한 불빛만이 남았다. 낮고 온화한 인간의 목소리를 되찾은 프란치스코의 음성이 들렸다.

"클라라 자매, 우리 교단에 들어온 것을 환영합니다!" 완연한 인간의 목소리였다.

프란치스코가 이집트에서 돌아왔다는 소문은 아시시 도성과 이웃 마을까지 입에서 입으로 퍼져 나갔다. 그가 기적을 행하고 돌아왔다는 소문이었다. 술탄은 마침내 개종하여 세례를 받았으며, 다미에타시를 십자군에게 넘겨주었다는 것이다. 그 기쁜 소식을 들은 사람들 가운데에는 뿔뿔이 흩어졌던 우리 교단의 형제들도 있었다. 쥐구멍에라도 들어가고 싶을 만큼 창피해진 그들은 자신들이 버리고 떠난 안식처로 돌아왔다. 프란치스코는 너그럽게 그들을 모두 받아들였다.

모두가 돌아왔다. 얼마 지나지 않아 포르치운쿨라가 가득 찼다. 나뭇가지들을 잘라 주위에 온통 새 막사를 지어야만 했다. 베르나르드와 피에트로는 아직 기도와 명상에서 깨어나지 않은 듯 눈을 반쯤 감은 채 나타났다. 카펠라는 모자도 쓰지 않고 아무 말도 없었고, 파치피코는 어깨에 류트를 둘러메고 돌아왔다. 마지막으로 나타난 것은 엘리아스였다. 건장한 체구에 매섭고 사나운 표정을 하고 있었다. 또 코밑 수염을 깨끗이 깎았고, 눈썹은 가시덤불 같았다.

"당신을 향한 하느님의 사랑은 정말 대단하군요. 그분께서 당신을 보호하셨어요. 당신의 그 거창한 목적을 달성할 시간을 주려고 당신이 좀 더 이 땅에 남아 있도록 하시려는가 봐요. 아직 더 오를 곳이 남은 모양이네요."

"사람의 목표는 하느님입니다. 그분께서 계신 꼭대기에 이를 수 있는 단 하나의 길은 죽음을 통해서임을 엘리아스 형제 당신도 깨달을 때가 됐는데요."

엘리아스는 그 말에 반발했다. "미안합니다만, 우리의 목표하는 바는 오로지 삶으로써 도달할 수 있습니다. 내 생각은 그렇습니다."

분위기가 험악해졌다. 사람들은 모두 말 없이 무서운 바람이 휘몰아치기를 기다렸다.

삼일 내내 프란치스코는 수도사들과 어울려서, 자신이 이집트에 가 있는 사이 그들이 어떤 길을 걸었는지 알아보려고 묻기도 하고 이야기를 나누었다. 몇 사람은 명성 높은 볼로냐에 가서 설교를 했다. 그러나 그곳 대학의 신학자들이 그들의 무지를 들춰내는 바람에 철저히 망신당하고 침묵을 강요당했다. 그러나 완강히 버티면서 오만한 그 도시에 새 학교를 열었다. 수도사가 되려는 사람들이 많이 모여들어 성서를 연구했다. 거대한 장서들을 사들여 새벽까지 공부했다. 그들은 설교도 기도도 일도 접어 둔 채 공부만 했다. 프란치스코는 그 이야기를 듣자 슬픔과 분노로 가슴이 끓었다. "우리는 길을 잃었어요, 레오 형제. 우리는 졌어요." 나에게 입버릇처럼 말했다." 우리는 밭에다 밀을 뿌렸는데, 자라난 것은 양귀비와 쐐기풀뿐이에요. 이 학자라는 자들은 뭡니까? 양 우리에 들어온 이리 떼들은 어떻게 된 것입니까? 교육이나 지식은 쓸모가 없어요. 우리 머릿속에는 사탄이 살고, 하느님께서는 우리 마음속에 계십니다. 마음은 무식합니다. 책이라곤 뒤져 본 적이 없으니까요. 도대체 우리는 무엇이 되려는 걸까요? 레오 형제, 우리는 어디로 향하고 있습니까? 지옥일까요!"

다음 날, 프란치스코는 새 수도사 한 명과 마주쳤다. 그는 피부가 유난히 하얗고, 뺨은 움푹 팼으며, 두 눈이 아주 컸다. 허리를 구부정하게 굽히고 두 손에 든 책을 열심히 읽고 있었다. 그에게는 하느님도 형제들도 세상도 모두 사라지고 없는 것 같았다. 하늘과 땅 사이에 남은 것이라곤 오로지 그 젊은 이와 책뿐이었다. 프란치스코가 다가가 그 친구의 어깨를 두드렸다. 젊은이가 화들짝 놀랐다.

"당신의 이름은 무엇입니까?"

"안토니오입니다."

"어디서 왔소?"

"포르투갈에서 왔습니다."

"책을 가지고 다녀도 좋다고 누가 허락했소?"

"엘리아스 형제가요." 책을 가슴에 꼭 끌어안으며 새내기 수도사가 말했다. 프란치스코는 손을 뻗어 책을 빼앗았다. "내 허락은 받지 않았어요!" 화를 내며 소리 지른 그는, "재야! 잿더미라고!" 외치면서 책을 불 속에 집어던졌다.

젊은이는 눈물을 글썽이며 타오르는 불길을 바라보았다. 그것을 본 프란치스코는 그가 가엾은 마음이 들었다. "나의 아이여, 내 말을 들어보세요. 해마다 부활절이 오면 나는 부활하는 예수님의 모습을 보았습니다. 신앙심 깊은 사람들은 모두 그 무덤을 둘러싸고 슬픔을 가눌 길이 없어 울부짖곤 했습니다. 땅을 치며 무덤이 열리기를 울부짖었지요. 그랬더니 글쎄! 우리가 슬픔에 잠긴 사이 무덤의 돌들이 조각조각 부서지더니, 예수께서 땅에서부터 일어나 우리들을 보며 웃어주시고 하얀 깃발을 흔들며 하늘로 올라가셨습니다. 한 번은 그의 부활을 보지 못한 적이 있었습니다. 그 해에는 볼로냐 대학을 나온 신학자 한 사람이 왔어요. 교회 강단에 올라 몇 시간이나 부활에 대한 설명을 했지요. 모두 머리가 빙빙 돌 때까지 설명은 꼬리를 물고 계속 되었습니다. 그 해에는 무덤의 돌들이 부서지지도 않고, 내가 맹세컨대, 부활하는 예수님의 모습을 본 사람도 없습니다."

새내기 수도사는 용기를 내어 대답했다. "프란치스코 형제, 제 생각은 다릅니다. 저는 어떻게 그리고 왜 예수께서 죽음에서 부활하셨나 하는 사실이 머릿속에서 완전히 정리되기 전까지는 부활하시는 모습을 보지 않을 것입니다. 오로지 인간의 지성만을 믿어야 한다 생각합니다."

프란치스코가 입에 거품을 물었다. "그렇기 때문에 당신은 저주를 받게 될 겁니다. 당신이 아무리 눈을 뜨고 기다려도 결코 부활을 보지 못하는 이유는 바로 거기에 있는 것입니다. 어떻게, 그리고 왜, 그것 때문에 망할 것입니다. 그런 오만이 어디 있단 말입니까! 인간의 지성은 저주를 받았지요."

길레스 형제가 걸음을 멈추고 듣고 있었다. 프란치스코의 말이 재미있었는지 웃음이 나오는 것을 막으려고 한 손으로 자기 입을 가렸다. 내가 프란치스코의 손을 끌어당기자 길레스가 뒤에서 뛰어왔다.

"프란치스코 형제, 하느님께서 당신의 입을 빌려 말씀하시는군요. 당신이 하시는 말씀은 저에게 와서 곧 행동이 됩니다. 당신이 안 계시던 어느 일요일에 그 새내기 수도사인 안토니오가 잉크가 번진 원고 한 뭉치를 팔에 끼고 와서 아시시의 산 루피노 교회에서 설교를 할 수 있도록 허가해 달라 했어요. 그래서 제가 말해주었지요. '기꺼이 허가를 해 주겠소. 하지만 조건이 하나 있소. 설교단에 올라가 반드시 양처럼 음매 음매! 울어야 하오. 다른 소리는 말고 음매! 음매! 소리만 질러야 한다오.' 새내기 수도사는 내가 자기를 놀린다고 생각한 것 같아요. 화가 나서 얼굴이 붉어지더니, 원고를 옷 속에 집어넣고 거만한 말투로 말했어요. '나는 양이 아닙니다, 길레스 형제. 나는 인간이에요. 양처럼 울지 않고 사람의 말을 합니다. 말하는 능력은 하느님께서 인간에게 주신 특권입니다.'"

"그에게 뭐라고 대답해 주셨습니까, 길레스 형제?" 말을 잇지 못하고 머뭇거리는 길레스 형제에게 프란치스코가 물었다.

"솔직히 말씀드리면 저는 완전히 곤란에 빠졌어요. 헛기침밖에는 할 수 없었지요. 무슨 말을 해야 할지 몰랐어요. 다행히 나무를 한 아름 해 숲에서 돌아오는 주니퍼 형제를 보았어요, 그가 짐 옮기는 것을 도와주겠다고 자리를 피했습니다."

"더 좋은 대답이 있어요, 길레스 형제." 프란치스코가 웃으면서 말했다.

"직접 보게 될 거예요! 자, 레오 형제, 이리 오세요."

"어디로 가시나요?" 다시 눈 덮인 산꼭대기로 나를 끌고 갈까 겁에 질려 물었다.

"사탄의 유모한테 갑시다. 볼로냐로 가는 거지요." 잠시 말을 멈추었다가 그는 말했다. "레오 형제, 우리 배에 물이 들어차고 있어요. 가라앉을까 두려워지는군요. 오, 볼로냐, 볼로냐여. 우리의 포르치운쿨라를 집어 삼키려는 자가 바로 그대로구나!"

우리는 걸었다. 아니, 달렸다. 날씨가 따뜻하고 맑았다. 사과나무와 배나무에 꽃이 가득 피었다. 올해의 첫 양귀비꽃이 미소 짓고 있었다. 들판 가득 하얗고 노란 데이지 꽃이 뒤덮여 있었다. 따뜻한 미풍이 불어왔다. 꽃봉오리를 피게 하는 그런 포근한 손길이었다. 아직도 그 이유를 모르지만 나는 그 봄 내내 클라라 자매만 생각했다. 클라라가 산 다미아노 성당에서 지낼 수 있도록 주교를 설득해 준 프란치스코의 마음씨가 못내 반가웠다.

우리가 볼로냐에 도착한 때는 아침이었다. 거리마다 사람이 넘치는 크고 웅장한 도시였다. 술집 앞에는 붉은 깃발이 나부끼고 시장에는 여러 종류의 과일과 채소가 산처럼 쌓여 있었다. 아름다움 여인들이 머리에 울긋불긋한 깃털 장식을 자랑스레 달고는 말을 타고 지나갔다. 좁은 골목으로 접어든 우리는 도심에서 떨어져 나무가 빙 둘러 심어진 광장에 도착했다. 주위를 휙 둘러본 프란치스코는 엘리아스와 몇몇 새로 들어온 형제들이 세운 신학교로 들어섰다. 문을 두드리고는 그 길로 달려들어갔다. 폭이 좁고 기다란 테이블에 대여섯 형제들이 책을 읽고 있는 넓은 방이 나왔다. 벽이 온통 지도로 덮여 있고 선반에 책들이 가득 찬 방이었다.

"변절자들이여!" 변절한 수도사들이여, 이 악마의 도구들 사이에서 그대들은 지금 무엇을 하고 있는가? 부끄러움을 알지어다!"

놀란 수도사들이 황급히 일어났다. 프란치스코는 왔다 갔다 하면서 그들이 읽고 있던 책들을 모조리 덮으며 소리질렀다. "변절한 형제들에게 재난이 있을지어다! 당신들은 '마음이 가난한 자에게 복이 있다'는 예수님의 말씀을 잊었습니다. 하느님께서는 단순하고 무식하라고 명령하셨습니다. 내 손을 잡고 말씀하셨습니다. '이리 오너라. 천국에 이르는 가장 가까운 길로 내가 너를 인도하노라. 너는 너의 형제들의 손을 잡아 지금 내가 인도하려는 그 길로 이끌라!' 나는 당신들의 손을 잡았습니다. 그러나 당신들은 제 손을 뿌리치고 사탄에게로 가는 길을 따라가기 시작했습니다. 일어나십시오. 저 서가에 얹힌 책들을 모두 꺼내 마당에 쌓아 놓으십시오. 레오 형제, 당신은 얼른 가서 횃불을 구해오세요! 나머지 형제들은 포르치운쿨라의 어머니 품으로 당장 되돌아가도록 하십시오. 거룩한 순종의 이름으로 말합니다. 어서 가세요!"

그는 책이며 지도며 오래된 원고들을 마당 한복판에 모두 날라다 쌓았다. 나는 횃불을 들고 그에게 달려갔다.

"자, 불의 자매를 이리 주세요." 프란치스코가 말했다.

그는 횃불을 받아 들더니 쪼그려 앉으며, 쌓아 올린 가장 아래에다 불을 붙였다. "하느님의 이름으로, 거룩한 겸손과 거룩한 가난의 이름으로!" 그는 십자가를 그었다.

그러고는 학교로 공부를 하러 온 형제들에게 다가갔다. "모두 몇이나 됩니까?"

"일곱 명입니다."

"여섯 명밖에 안 보이는데 또 한 사람은 어디 갔습니까?"

"자기 방에 있습니다. 몸이 아프거든요."

"그를 깨워 일으키십시오. 그를 업고 떠나십시오. 자물쇠를 찾아 이곳을 잠가 버릴 테니."

원하는 일을 끝마치고 여섯 형제는 병든 동료를 업고 길을 떠났다. 마당 한가운데에 남은 것은 타버린 양피지 문서들이 남긴 한 줌의 재밖에 없었다. 프란치스코는 허리를 굽혀 재를 한 줌 쓸어 쥐더니 두 손바닥을 펼쳤다.

"보세요, 레오 형제. 이 책에 무엇이라고 씌어 있습니까?"

"인간의 지식이란 한낱 재에 지나지 않는다고 씌어 있습니다, '프란치스코 형제, 오직 재뿐이오. 오로지 재밖에 없어요!' 로마에서 만난 그 이상한 흰 옷 입은 수도사가 이야기한 대로지요."

"그게 다일까요? 다른 말은 안 씌어 있습니까? 보세요, 두 번째 페이지 가장 아랫줄을 읽어봐요. 뭐라고 씌어 있지요?"

나는 허리를 숙이고 읽는 척을 했다. "하느님께서 이 땅을 내려다보시며 그분의 딸인 불을 불렀다. '불이여, 나의 딸아! 이 땅은 썩었다. 냄새가 하늘까지 진동하는구나. 내려가서 세상을 재로 만들어 버려라!' "

"아니요, 아니오." 놀란 프란치스코가 말했다. "'내려가 세상을 재로 만들어 버려라'라고 씌어 있는 것이 아니라 '내려가서 세상을 정화하라' 고 씌어 있어요."

프란치스코는 어서 포르치운쿨라로 돌아가고 싶어했다. 그는 신경이 날카로워졌고 말이 없어졌다. 중대한 결정을 내리기 위해 고민에 빠진 것 같았다. 포르치운쿨라에서 멀지 않은 자그마한 동굴에서 밤을 보낸 다음 날 아침, 잠에서 깨어난 나는 겁을 잔뜩 먹은 그가 벌떡 일어서는 것을 보았다.

"꿈이에요, 레오 형제. 끔찍한 꿈을 꾸었어요. 어서 일어나세요."

"무슨 꿈을 꾸었는데 그러세요, 프란치스코 형제?"

"새 양치기가 나타났어요. 양들은 뜯어 먹을 풀이 무성한 평야로 내려갔어요. 옆구리가 뚱뚱하게 살이 쪘더군요."

"무슨 말씀이신가요, 프란치스코 형제?"

"양들이 평야로 내려갔다고요. 하지만 레오 형제, 우리는 뚱뚱해지기를 원하지 않습니다. 산에 남아 돌무더기에서 양식을 얻을 것입니다."

"프란치스코 형제, 죄송합니다만 정말 무슨 말인지 하나도 모르겠어요."

"우리는 춤추고 손뼉을 칠 거예요. 하느님께서 저 높은 곳에서 우리를 내려다보시면서 기뻐하실 거고요. 그렇지요, 레오 형제?"

그는 걸음을 재촉했다. 잠시도 지체할 수 없었던 것이다. 나는 가쁜 숨을 내쉬며 뒤를 쫓았다.

등불을 밝힐 시간이 되어서야 우리는 포르치운쿨라에 도착했다. 형제들은 모두 모여 엘리아스의 이야기를 듣고 있었다. 우리는 일부러 숨을 죽이고 나무 뒤에 몸을 숨긴 채 그의 말을 놓치지 않으려고 귀를 기울였다.

"나의 형제들이여, 지난번에도 이야기한 것이지만 다시 한 번 말씀드리겠소. 우리 교단은 이제 갓난아기가 아니오. 성장했단 말입니다. 어린아이에게 입히던 작은 옷은 이제 입을 수가 없어요. 더 큰 새 옷이 필요해졌습니다. 어른의 옷 말이오. '완전한 가난'은 두세 명의 형제들이 처음 길을 열어 놓을 무렵에는 좋은 교리였소. 그들은 맨발로 다니고 구걸해 얻은 빵 한 조각으로도 배고픔을 달래는 데 충분했지요. 다 쓰러져 가는 오두막집 하나면 눈비를 가리는 좋은 피신처가 되었소. 그러나 지금은 주님을 찬미하는 큰 무리가 되었고, 완전한 가난은 우리의 갈 길을 막는 걸림돌이 되었소. 우리는 그런 걸 원하지 않습니다. 교회와 수도원을 세우고, 세상 끝까지 선교사들을 보내야 하며, 수천 명의 형제들을 먹이고 입히고 보호해야 합니다. 완전한 가난이 무슨 수로 그 모든 일을 해낸다는 말이오?"

나는 프란치스코의 손을 꼭 잡았다. 그 손은 마구 떨리고 있었다. "들으셨나요? 들으셨지요, 레오 형제?" 나에게 속삭였다. "저들은 가난을 몰아내려고 하는군요." 그의 두 눈 가득 눈물이 고였다. 당장에라도 뛰어 들어 호통을 치려 했지만 내가 꼭 붙들었다.

"진정하세요, 프란치스코 형제. 조용히 해요. 끝까지 들어 봅시다. 참으세요!"

엘리아스의 목소리는 점점 우렁차게 울려 퍼졌다. "완전한 사랑 또한 방해만 되고 있소. 처음에 형제들은 거리에서 노래하고 춤을 추었소. 아이들은 돌덩이와 레몬 껍질을 던지고 어른들은 그들을 혹독하게 괴롭혔소. 그런데 그들은 자기를 미워하는 자들의 손에 입을 맞추었지요. 이것을 완전한 사랑이라고 불렀소. 어린아이는 매를 맞을 수도 있겠지만, 우리는 그렇게 당할 수는 없소! 우리가 이야기하는 완전한 사랑은 눈물을 닦아 주는 손수건 같은 것이 아니라, 정의를 지키고 사악한 자를 죽이는 칼을 휘두르는 것입니다. 우리의 사랑은 완전무장을 해야 하오. 우리는 늑대 무리 가운데 살고 있소. 양이 아니라 사자가 되어야 해요. 예수 그분은 사자였습니다.

완전한 사랑에 대한 이야기는 이 정도로 하겠소. 완전한 무지함도 이제는 우리에게 어울리지 않소. 지성은 하느님이 인류에게 주신 위대한 선물이오. 인간을 동물로부터 구별하는 지성이니까요. 우리는 우리의 지성을 풍요롭게 가꿀 의무가 있고, 학교를 세워 형제들을 배우게 하고, 사람들의 웃음거리가 되는 일이 없도록 할 것이오. 감성도 좋습니다. 마찬가지로 하느님께서 주신 위대한 선물이지요. 그러나 감성은 벙어리라 말하는 것을 경멸하지요. 지성은 하느님의 말씀을 칼처럼 받들고, 형제들이여, 그 말씀은 곧 하느님의 아들이오. 우리는 하느님의 어릿광대가 아니라 전사가 돼야 하오. 우리가 가진 가장 훌륭하고 효과적인 무기는 바로 말입니다. 머리를 숙여 프란치스코 형제의 손에 입을 맞춥시다. 그는 지금까지 자기 맡은 바 의무를 훌륭히 해냈지요. 우리 교단은 크게 자라났어요. 머리를 숙여 그 어버이의 손에 입을 맞추고 갈 길을 찾아 나서야 하오. 프란치스코 형제, 안녕히 계십시오. 우리는 떠납니다!"

프란치스코는 그 설교를 들으며 도저히 참을 수 없는 분노로 길길이 날뛰었다. 그가 앞으로 뛰쳐나가려 할 때마다 나는 그의 팔을 꽉 붙잡았다. "프란치스코 형제, 참아요." 되풀이해서 타일렀다. "그의 말을 끝까지 들어야 그가 얼마나 더 심한 말을 하려는지 알 수 있을 것 아닌가요."

"그 꿈…… 그 꿈……" 프란치스코가 중얼거렸다. "하느님께서 우리를 도와주시러 오신다면 얼마나 좋을까!"

우리는 형제들이 손뼉을 치며 황홀함에 외치는 함성을 들었다. 많은 사람들이 엘리아스를 끌어안고 그의 손에 입을 맞추고 있었다. 프란치스코는 더 참지 못하고 단숨에 문 앞으로 뛰어갔다. 내가 그 뒤를 따랐다.

프란치스코를 보자 형제들은 기겁을 하고 엘리아스를 혼자 남겨두고 흩어졌다. 엘리아스는 자기 키보다 높은, 양을 칠 때 쓰는 구부러진 지팡이를 짚고 서 있었다. 프란치스코는 비틀거리며 그에게 다가갔다.

"엘리아스 형제, 그 지팡이는 어디서 났습니까?" 떨리는 목소리로 물었다.

엘리아스는 말을 돌렸다. "나는 지금 막 형제들과 이야기를 나누고 있었소."

"저도 들었습니다. 모든 이야기를 다 들었어요. 하지만 지금 나는 그 지팡이에 대해 묻고 있습니다. 어디서 찾은 거지요?"

"모릅니다. 기적이라 해야 할까요? 오늘 아침 내가 돌베개를 베고 졸고 있는데 난생처음 보는, 프란치스코 형제, 당신을 닮은 수도사 하나가 가까이 오더니 내 옆에 이 구부러진 지팡이를 꽂아 놓고 사라졌어요. 그게 당신이었나요, 프란치스코 형제?"

"그래요, 그게 나였습니다. 내 손이 저주를 받은 거지요! 나도 당신처럼 졸고 있었습니다." 프란치스코는 두 주먹을 꽉 쥐며 짐승 같은 소리를 냈다. "나였어요, 엘리아스 형제!"

그러나 금방 자신의 말을 부정했다. "아니야, 그건 내가 아니었습니다. 다른 사람이었어요. 그의 손에 축복이 있으라!"

엘리아스는 횡설수설하는 프란치스코를 동정 어린 비웃음으로 바라보았다.

수도사 여럿이 몰래 웃고 있었다. 내 뒤에서 이런 이야기를 하는 것도 들렸다. "저 사람은 정신이 나갔구먼." 하나가 말했다.

"조용히 해요." 옆 사람이 대답했다. "저 불쌍한 친구가 가엽지도 않소!"

베르나르드, 피에트로와 실베스터 신부가 프란치스코에게 다가갔다. 처음 형제회에 들어왔던 형제들이 달려 나와 프란치스코의 손에 입을 맞추었다. 엘리아스와 그의 무리들은 꼼짝 않고 서 있었다. 그 뒤에 말없이 서 있던 새내기들은 눈물을 참으려 입술을 깨물면서 다가와 한 손을 들고 그들 하나하나를 축복해 주는 프란치스코 앞에서 어쩔 줄을 몰랐다. 창백한 그의 얼굴에 비통함이 가득했다. 그는 모든 형제들을 축복하고서 의자를 가져다 달라고 부탁했다. 프란치스코는 털썩 주저앉더니 고개를 숙여 얼굴을 두 손에 묻었다. 한참을 가만히 아무 말이 없었다. 그 옆에 있던 나는 그의 이마에 핏줄이 붉어지는 게 보였다. 나는 주니퍼에게 손짓을 했고 그는 물 한 잔을 떠왔다. 프란치스코는 두 모금을 마셨다. "하느님, 물 형제에게 축복을 내리소서." 그가 중얼거렸다. 그러고는 깊은 숨을 내쉬더니 온몸의 힘을 짜내 일어나 두 팔을 크게 벌렸다.

"나의 형제들이여." 그의 숨은 고르지 못했고 목소리는 거의 들리지 않았다. "형제들이여, 하느님께서 한 줌의 씨앗을 저에게 맡기셨는데, 저는 밖으로 나가 그걸 뿌렸습니다. 하늘을 우러러 두 팔을 벌리고 주님께 비를 내려주십사 기도했습니다. 비가 내렸습니다. 그분께 나의 새싹이 자라나게 해를 보내주십사 기도했습니다. 그분께서 보내주신 해를 받아 새싹이 자라났으며 들판은 푸른 곡식으로 가득 덮이게 되었습니다. 나는 허리를 구부려 어느 것이 하느님께서 나에게 맡기신 씨앗인지 살펴보았습니다. 눈부신 밀알도 있었지만, 허영심 많고 거만한 양귀비도 섞여 있었습니다. 아마 그것이 하느님의 뜻이리라 생각했지요. 누가 알겠습니까. 양귀비는 붉고 아름답습니다. 심장에 검은 십자가도 품고 있지요. 아름다움이란 인간에게 밀알만큼이나 중요한 양분이지요. 오, 양귀비에게도 축복을 내리소서! 나의 형제들이여, 밀알 같은 형제들이여, 양귀비 같은 형제들이여, 내 말을 들으십시오. 오늘 밤 저는 중대한 이야기를 하려 합니다.

나는 엘리아스 형제의 말이 옳다고 믿습니다. 그렇습니다. 나는 나의 의무를 다 했습니다. 씨앗을 뿌리는 일이었지요. 나는 씨앗을 뿌렸습니다. 이제는 다른 사람들로 하여금 물을 주고 잡초를 뽑고 수확을 하도록 맡기겠습니다. 나는 수확을 하려고 태어난 사람이 아닙니다. 이득을 보는 기쁨을 누리려고 태어난 사람이 아닙니다. 밭을 갈고 씨앗을 뿌리고는 떠나야 할 사람입니다. 여러분들에게 맹세컨대, 나는 떠나고 싶어 떠나는 것은 아닙니다. 형제 여러분을 너무나 사랑하고 우리 교단을 아끼는데, 어떻게 내가 떠날 수 있겠습니까? 그러나 어젯밤 하느님께서 저를 찾아오신 것 같습니다. 나는 그분의 모습을 보지는 못했지만 그분의 목소리는 들었지요. '프란치스코야.' 그분께서 말씀하셨습니다. '너는 네가 할 수 있는 일을 다 했다. 이제 더 할 일이 없도다. 포르치운쿨라에 가보아라. 형제 한 사람이 저의 머리보다 높은 지팡이를 들고 있을 테니."

프란치스코가 말을 멈추었다. 우리는 모두 입을 벌린 채 그가 말을 이어가길 기다렸다. 엘리아스는 한걸음 앞으로 나왔지만, 프란치스코가 그를 날카롭게 쏘아보자 그대로 멈춰 섰다.

"나는 맹세하건대," 그는 말을 이었다. "그 사람이 엘리아스라고는 결코 생각해 보지 않았습니다. 주여, 저를 용서하소서. 그는 위험합니다. 그의 덕목은 우리 교단이 처음부터 쌓아온 덕행과는 반대되는 것입니다. 완전한 가난, 완전한 사랑, 완전한 무지함의 교리는 그에게 맞지 않습니다! 그는 정복자로 태어났습니다. 그러한 미덕은 정복자에게는 맞지 않지요…… 나는 고독을 사랑하는 베르나르드나 피에트로, 아니면 실베스터 신부를 생각하고 있었지요. 그들이라면 예수님의 양들을 알맞은 목장으로, 메마른 땅 위에 신성한 돌멩이가 가득한, 불타 없어지지 않을 황야로 인도할 수 있으리라 믿었습니다. 하지만 하느님께서는 다른 사람을 택하셨습니다. 하느님의 뜻이 이루어지소서! 엘리아스 대장, 가까이 오지 마십시오. 내 슬픔이 가라앉고 마음이 안정되면 내가 당신을 부르겠습니다. 나의 두 손이 당신의 머리 위에서 분노의 불길에 휩싸여 떨리지 않고, 오로지 사랑의 온화함만이 느껴질 때에 내가 당신을 부르겠습니다."

그는 두 손을 가슴 위에 모으고 머리를 젖혔다. 눈에서 다시 피고름이 흘러나와 두 볼을 타고 흘렀다. 수염이 온통 피로 물들었다. 그는 고통스러웠지만 입술을 깨물고 아픔을 드러내지 않았다.

"주여, 이해할 수 없을지라도 질문을 하지는 않겠습니다." 그가 중얼거렸다. "제가 누구에게 물을 수 있습니까? 거스르지 않겠습니다. 제가 누구를 거스를 수 있겠습니까? 주님의 뜻은 끝없는 구덩이처럼 깊습니다. 제가 어찌 그 구덩이 안으로 내려가 살필 수 있겠습니까? 당신께서는 수천 년 앞을 내다보시고 판단하십니다. 인간의 머리로는 불의로 보이는 것이 수천 년 뒤에는 인간을 구원하는 어머니가 됩니다. 지금 우리가 불의라고 부르는 것이 존재하지 않았다면 인류에게 진정한 정의는 찾아오지 않을지도 모릅니다."

말을 할수록 프란치스코의 얼굴이 조금씩 밝아지고 있었다. 전에는 미처 해보지 못한 이런 생각들이 그에게 새로운 감동을 불러 일으켜 그의 마음은 점점 누그러들었다. 그는 엘리아스에게 미소를 지으며 가까이 오라고 고개를 끄덕였다. 엘리아스는 지팡이를 꼭 쥐고서 앞으로 나왔다.

"머리를 숙이세요, 엘리아스 형제." 그가 부드러운 목소리로 말했다. "당신에게 나의 축복을 드립니다. 보세요. 이제 내 손이 온화해져 떨리지 않지요."

그는 엘리아스의 머리 위에 두 손을 얹고 위엄에 찬 목소리로 외쳤다. "엘리아스 형제, 하느님은 공평하고 심오하셔서 헤아릴 길이 없습니다. 그분은 오직 그분의 뜻에 따라 하늘의 은총을 베풀어 주십니다. 우리의 잣대와는 전혀 다른 잣대를 가진 분입니다. 그분의 생각은 그토록 깊어서 사람의 머리로는, 재가 되지 않고서는 헤아릴 수 없습니다. 그 지팡이를 이리 주세요!"

엘리아스는 잠깐 머뭇거리더니 지팡이를 끌어안아 꽉 쥐었다. 프란치스코가 손을 내밀고 다시 한 번 명령하듯 일렀다. "나에게 그 지팡이를 주세요!"

엘리아스는 머리를 숙이며 그에게 지팡이를 건넸다. 프란치스코는 위엄 있고 차분한 목소리로 말을 이어 나갔다.

"엘리아스 형제, 저는 하느님의 명령에 순종할 따름입니다. 주여, 만약 당신의 말씀을 잘못 알아들었다면 저에게 표적을 내려 주십시오. 마른하늘에 천둥을 내려 주십시오. 문을 때려 산산조각으로 부수어 버리거나, 이 사람의 머리에 축복을 내리기 전에 제 손목을 끊어 놓으소서."

그는 말을 멈추고 기다렸다. 아무 일도 일어나지 않았다. 그러자 한 팔을 격렬히 들어 올리며 소리쳤다. "엘리아스 형제, 당신의 머리 위에 내 손을 얹었습니다. 머리를 숙이세요. 나의 형제여, 나의 양들을 그대의 보호 아래 맡기겠습니다. 하느님께서 가리키는 곳으로 그들을 인도하십시오. 하느님의 말씀을 따라 양들을 돌보십시오. 이제부터 당신은 나에게 보고할 의무가 없습니다. 하느님과 의논하십시오. 내가 할 수 있는 일은 오직 한 가지, 당신에게 축복을 주는 일뿐이니…… 엘리아스 형제, 나는 당신을 축복합니다. 그 지팡이를 가지고 앞으로 나가세요. 양들을 몰고 가세요!"

눈물이 마구 쏟아져 피와 범벅이 되었다. 주위에 모인 수도사 한 사람 한 사람을 한참 바라보았다. 마치 그들에게 작별을 고하는 것처럼.

"내가 우는 것을 용서하십시오." 말하면서 그는 소매 자락으로 눈물을 훔쳤다. "나는 헤어짐이 이토록 슬픈지 미처 몰랐습니다. 안녕히 가세요. 슬퍼하지 말아요. 나는 여러분을 떠나지 않을 것입니다. 내 모습을 볼 수 없고, 들을 수 없지만, 언제나 여러분과 함께 있을 것입니다. 여러분 꿈 속에서만 저를 만날 수 있을 것입니다…… 아! 서로 떼려야 뗄 수 없는 아름다운 세 자매여! 성스럽고 거룩한 가난 부인, 나의 아내여! 헐벗고 맨발에 굶주린 여인이여, 그리고 성스럽고 고귀한 사랑 부인, 오, 마리아여! 눈물을 닦을 손수건도, 사람을 찌를 칼도 없고, 오로지 아기 예수, 당신의 젖을 무는 하느님의 아들밖에 없는 여인이여! 그리고 성스럽고 고귀하며 무지한 부인이여, 모든 물음에 오직 '저는 몰라요, 저는 몰라요.' 대답하면서도 모든 것을 알고 있는 듯 미소 짓는 여인이여! 나는 그대들 모두에게 우리 형제들을 버리지 말기를 부탁합니다. 그들이 어려울 때 그들과 함께 해 주시고, 양들 주위를 한눈 팔지 않고 지키는 양치기 개처럼 뛰어 다니며 한 마리의 양도 무리를 벗어나 잃지 않게 해주십시오."

그는 잠깐 침묵하더니 우리 모두를 쳐다보면서 미소를 지었다. 마음속에 담아 둔 이야기를 모두 털어 놓지 못한 듯했다.

"우리 교단의 문장에 새겨 넣을 새 하나를 고른다면 어떤 새를 고르겠습니까, 여러분? 엘리아스 형제가 좋아하는 독수리는 아니오, 카펠라 형제의 공작도 아니고, 파치피코 형제의 나이팅게일도, 고독을 좋아하는 베르나르드 형제 같은 산비둘기도 아니고, 레오 형제가 좋아하는 황금 꾀꼬리도 아닙니다. 두건을 쓴 종달새랍니다!" 그가 웃음을 지으며 종달새의 찬가를 지었다. "종달새 형제는 우리처럼 두건을 썼다네. 그 깃털은 우리가 입은 옷과 같이 흙빛이며 우리처럼 무지하고 가난하다네. 이 거리에서 저 거리로 이 나뭇가지에서 저 나뭇가지로 날아다니며 밀 한 톨을 찾지요. 아침이면 언제나 하늘 높이 날아올라 황홀한 햇빛에 취해 노래를 부르며 사라진다네. 보이지 않는 저 높이로 날아올라 사라졌다가 한 덩이 진흙처럼 다시 땅에 떨어진다네…… 하느님께 날아갔다가 다시 땅으로 돌아온다네, 종달새 형제는 아침 기도를 올리네."

엘리아스가 할 말이 있는 듯 손을 들었다. "씨를 뿌린 사람은, 프란치스코 형제, 뿌리면서 거두어들입니다. 마음속으로 미래의 수확이 어떤지 미리 맛보기 때문입니다. 프란치스코 형제, 당신은 축복받을 것입니다. 하느님께서 당신에게 맡기신 씨 뿌리는 임무를 완벽하게 해냈기 때문이지요. 이제 당신은 평온한 마음과 깨끗한 양심으로 양 치는 지팡이를 다른 사람 손에 넘겨주었습니다. 하느님 앞에 가실 때, 프란치스코 형제, 당신은 두 팔 가득히 곡식 이삭을 껴안고 있을 것입니다. 나는 이 지팡이를 높이 들고 당신에게 맹세합니다. 당신이 뚫어 놓은 서너 명의 형제가 걸어가기에 넉넉한 선구자의 길을 수천 명이 다니는 큰 대로로 바꾸어 놓겠다고 맹세합니다. 당신이 우리 교단을 세울 때 터전이 된 덕목을 더욱 넓혀서 서너 명의 형제가 누리던 미덕을 수천 명이 누릴 수 있게 만들 것입니다. 이 초라한 포르치운쿨라를, 당신께 맹세하건대, 하느님의 강력한 요새이자 궁전으로 바꿔 놓겠습니다."

말을 마친 엘리아스는 불 앞에 의자 두 개를 가져오도록 명했다. 프란치스코를 끌어다 한쪽 의자에 앉히고 자기는 그 옆에 앉았다. 형제들은 한 사람 한 사람 줄을 지어 나가고 새내기 수도사들이 뒤를 따랐다. 먼저 프란치스코의 손에, 그리고 엘리아스의 손에 모두가 입을 맞추었다. 프란치스코의 얼굴은 조용한 슬픔에 잠긴 얼굴이었고, 엘리아스는 승리의 웃음을 짓고 있었다. 그의 입술과 눈썹 그리고 당당한 아래턱에 권위가 넘쳐 흘렀다.

10
고난의 향기

다음 날 프란치스코는 엎드려 포르치운쿨라의 문턱에 입을 맞추었다. 그리고 허공을 더듬어 내 손을 찾았다. "불쌍한 레오 형제, 우리는 이제 집에서 쫓겨나는군요."

숲길을 걸어가면서 그는 몇 걸음 못 가 넘어지고는 했다. 나는 그가 나뭇가지에 부딪히지 않도록 그의 손을 꼭 잡았다. 숲 속에 나뭇가지를 엮어 손수 지었던 오두막에 도착하자 흙바닥에 털썩 주저앉은 그는 주위를 둘러보았다.

"레오 형제, 날이 어두워졌나요?" 그가 큰 소리로 물었다. "아니면 내가 완전히 눈이 먼 걸까요? 아무것도 보이지 않아요. 레오 형제, 아무것도 안 보여요!"

"실베스터 신부께서 여러 가지 치료방법을 알고 계세요. 다른 병도 고치지만 특히 눈병을 잘 고친데요. 제가 듣기로는 그래요. 가서 모셔 오겠어요."

"아니, 그러지 말아요, 레오 형제. 그냥 내버려 두세요. 나는 이 어둠이 좋아요. 내 주위의 세상을 볼 수는 없어도 조물주 하느님의 모습은 더 잘 볼 수 있어요."

그는 입을 다물었다. 통증이 점점 더 심해지고 있었다. 잠시나마 고통을 잊기 위해 그는 생각을 다른 데로 돌렸다. "클라라 자매는 어떻게 지내고 있지요?"

목소리조차 크게 내지 못해 나에게 좀 더 가까이 오라고 손짓했다. "어떻게 지낼까요? 그녀를 잊고 있었어요. 너무 오랜 시간이 흘렀네요. 하지만 하느님께서는 그녀를 절대 잊지 않으셨을 테지요. 그녀의 소식을 알고 있으면 이야기해 주겠어요?"

"프란치스코 형제, 그녀는 당신의 가르침대로 고행자의 생활을 하기 위해 산 다미아노로 갔어요. 그 소식이 아시시의 여자들 사이에 퍼져서 왜 그렇게 했는지 그녀에게 물어보려고 몰려들었는데, 그녀의 이야기를 들은 많은 귀부인들이 집에 돌아가려 하지 않았대요. 클라라의 생활이 너무나 좋아 보였던 거지요. 모두 클라라 자매를 존경했어요. 그녀 옆에 가장 먼저 달려가 함께 머물기로 한 사람은 바로 동생 아그네스였지요. 그녀 또한 수녀원에 들어가 머리를 깎고 수녀복을 입었어요. 그리고 결혼을 앞둔 처녀들과 이미 결혼한 부인들도 서넛 있었답니다. 클라라는 한 방울의 꿀처럼 여기저기에서 벌들을 불러들였습니다. 재산을 가난한 이들에게 나눠주고 복잡한 세상을 등진 채 산 다미아노 수녀원에서 하느님의 평화를 얻으려는 것이지요."

"하느님께서 그들을 도울지어다. 여자들은 야생의 거친 짐승들이에요. 오직 하느님만이 그들을 길들일 수 있어요. 오직 그분만이!"

"프란치스코 형제, 걱정 놓으셔도 됩니다. 클라라는 당신이 걸었던 길을 한걸음 한걸음 따라오고 있으니까요. 당신처럼 문둥병 환자들을 찾아가 그들을 씻기고 먹여주고 있지요. 당신처럼 맛있는 음식에 육신이 쾌락을 탐할까 겁을 내어 음식에 재를 뿌려 먹는데요. 밤새 뜬 눈으로 기도도 드립니다. 그녀의 몸은 벌써 늙어서 볼은 푹 꺼지고 주름이 깊어진데다 눈은 눈물로 흐려졌어요. 하느님 앞에 나아갈 준비를 하고 있지요. 실베스터 신부만 가끔이나마 수녀원에 들러 생활을 돌봐주는 모양이에요. 자매들이 성찬 예배를 드리고 싶을 때마다 고해성사를 들어주기도 하나 봐요."

나는 잠깐 망설였지만 이야기를 끝까지 하기로 마음먹었다.

"프란치스코 형제, 당신이 허락하신다면 다른 이야기도 하겠습니다. 산 다미아노 수녀원의 생활은 포르치운쿨라 수도원보다 훨씬 더 신성하고 엄격합니다. 왜 그런지 아세요? 당신은 형제들을 포기하셨지만 클라라 자매는 쉬지 않고 자매들을 엄하게 단련시켰기 때문이지요. 당신이 다름 아닌, 바로 엘리아스에게 넘겨주었으니까요."

"아니야, 그렇지 않아요." 프란치스코는 반대했다. "내가 아니라 하느님이 하셨어요. 내가 그분의 목소리를 들었다니까요. 나에게 자리를 내어 주라는 하느님의 명령이 있었어요."

나는 고개를 가로저었다. "잘 아시면서 그러시네요. 사탄은 사람을 함정에 빠뜨릴 속셈으로 얼마든지 하느님의 목소리를 흉내 낼 수 있다는 사실을 모르시던가요."

프란치스코의 몸이 사시나무처럼 떨렸다. "그만 하세요!" 소리를 질렀다. "당신은 내 가슴을 갈기갈기 찢고 있어요. 그게 하느님의 목소리가 아니었다면 나는 저주 받을 거예요!"

그의 눈에서 피고름 섞인 눈물이 흘러내렸다. 견딜 수 없는 통증이 다시 찾아왔다. 그가 가여워진 나는 가까이 다가가 두 팔로 그를 감싸 안았다.

"용서하세요, 프란치스코 형제. 당신 말이 옳아요. 그건 하느님의 목소리였어요. 울지 말아요."

그는 아무 말도 하지 않았다. 손으로 두 눈을 가리고 고통의 신음소리를 낼 뿐이었다.

그날 밤 그는 잠을 이루지 못했다. 신음 소리를 듣고 내가 깨어날까 봐 밖으로 계속 나갔다. 내가 어떻게 편안히 눈을 감고 잠들 수 있겠는가! 그의 신음 소리가 들릴 때마다 내 가슴이 찢어지는 것만 같았다. 날이 밝자마자 나는 실베스터 신부를 찾아 나섰다.

"돌아가서 얼른 불을 피우세요." 실베스터 신부가 지시했다. "내가 곧 인두를 가지고 따라가리다. 하느님 우리를 도우소서!"

늘 그랬든 머리를 무릎 사이에 끼우고 문 앞에 앉아 있는 프란치스코가 보였다. 팔과 다리를 공처럼 웅크린 자세로 잠이 들어 있었다. 발소리를 죽이고 오두막으로 들어선 나는 불을 피웠다. 그러고는 그 옆에 앉아 실베스터 신부를 기다렸다. 가끔씩 프란치스코가 깊은 숨을 내쉬는 소리가 들렸다. 또 꿈을 꾸고 있는 것이 틀림없었다. 무릎이 떨리면서 머리가 조금씩 아래로 떨어졌다. 조금만 더 내려가면 땅에 닿을 지경이었다.

숲에서 걸어오는 실베스터 신부의 발소리가 그를 깨웠다. 그는 팔을 뻗어서 나를 알아보았다. "레오 형제 아닌가요?"

"그래요, 프란치스코 형제. 안심하세요. 왜 그렇게 떨고 있어요?"

"무릎을 꿇으세요, 레오 형제. 무릎을 꿇고 내가 죽음의 형제를 불러오는 걸 도와주세요. 나는 더 버틸 수가 없어요."

그가 말하고 있는데 실베스터 신부가 쇠로 만든 긴 막대를 들고 나타났다. "당신은 누구신가요?" 프란치스코가 불안에 차 물었다. "나예요. 실베스터 신부요. 당신의 눈을 치료해 드리러 왔어요. 하느님께서 도우사 당신의 통증을 물리쳐 다시 기도에 전념할 수 있도록 치료해 드리겠습니다."

"기도도 하나의 통증입니다. 실베스터 신부, 통증 또한 기도이지요……"
프란치스코는 한숨을 내쉬면서 땅 위에 누웠다.

실베스터 신부는 성호를 긋고 쇠를 불 속에 넣어 빨갛게 달구더니 달군 쇠
를 꺼내 들고 다가왔다. 프란치스코는 위에서부터 다가오는 신부의 그림자와
그가 손에 들고 있는 빨갛게 달군 쇠붙이를 어렴풋이 알아보았다. 그는 두
팔을 벌렸다.

"빨갛게 달아오른 쇠붙이 형제여." 그는 간청했다. "너무 고통스럽지 않게
해주시길 부탁합니다. 내 몸은 당신처럼 쇠로 빚은 것이 아니라 살로 빚은
것입니다. 나는 참을성도 많지가 않아요."

"프란치스코 형제, 하느님께 용기를 주십사 기도를 드리세요. 이를 악물고
넋이 달아나지 않게 온 힘을 다해 붙들어야 합니다. 몹시 아플 테니까요." 실
베스터가 말했다.

그러나 프란치스코가 하느님을 채 부르기도 전에 실베스터 신부는 빨갛게
달아오른 쇠를 그의 관자놀이에 대었다. 프란치스코가 떠나갈 듯한 비명을
지르며 까무러쳤다. 우리는 그의 얼굴에 물을 끼얹고 그를 일으켜 세워 오두
막 안으로 데려가 짚으로 엮은 깔개 위에 눕혔다. 그는 몸을 꼬고 뒤척이며
경련을 일으키기 시작했다. 죽음의 형제를 큰 소리로 부르며 어서 와 자기를
데려가라고 외쳐댔다.

실베스터 신부는 그의 옆에 머물며 기도를 드렸다. 나는 땅에 주저앉아 울
부짖었다.

프란치스코가 경련을 멈추고 고개를 들자 나는 몸서리를 쳤다. 그의 관자
놀이에는 움푹 팬 두 개의 상처가 나 있었고, 눈에서는 피가 분수처럼 뿜어
져 나오고 있었다. 그는 손을 뻗어 내 팔을 더듬어 잡고 온 힘을 다해 매달렸
다.

"레오 형제, 레오 형제." 입을 연 프란치스코가 가쁜 숨을 몰아쉬었다.
"하느님은 끝없이 자비로우신 분이라고 말해 주세요. 아니면 내 마음이 산산
이 부서지고 말 거예요. 그분은 끝없는 자비를 베푸신다고 말해 주세요. 나
에게 견딜 수 있는 힘을 달란 말이에요!"

"십자가에 못 박힌 예수님을 생각해요." 내가 대답했다. "그분의 손과 발

에 박힌 못을 생각하세요. 그분의 옆구리에서 흐르는 피를 생각하세요."

프란치스코는 고개를 가로저었다. "그분은 신이었지만, 나는 아니에요. 나는 진흙덩이에 지나지 않아요!"

그는 깔개 위에 일어나 앉더니 아까처럼 머리를 두 무릎 사이에 푹 박았다. 그리고 하루 종일 한마디도 하지 않았다.

저녁 무렵, 나는 형제들에게 빵 몇 조각을 얻으려고 포르치운쿨라로 달려갔다. 아주 무더운 저녁이었다. 저 숲 너머로 지는 물체는 태양이 아니었다. 스치는 모든 것에 불을 지르는 이글대는 불덩어리였다. 숲이며 바위며 저 멀리 있는 아시시 도성도 모두 불에 타 없어져 버릴 것 같았다. 나는 달려가면서 이상한 두려움에 사로잡혔다. 숲을 불태우고 있는 저 태양이 내 마음속에도 있었다. 모든 게 불타고 있는 것 같았다. 나는 그 불길이 나를 삼켜 버릴까봐 도망치듯 마구 내달렸다. 포르치운쿨라 앞에 서자 어쩐지 마음이 가라앉았다. 고아가 된 우리 형제들의 요람을 보고 그곳에서 지낸 시간을 떠올렸다. 이루 말할 수 없이 달콤한 추억이었다. 성스러운 기도, 엄숙한 대화, 허기를 달래는 마른 빵 부스러기 밖에 없던 성찬, 그리고 우리 사이에서 자비로운 태양처럼 웃던 프란치스코. 나는 숨을 돌리려고 잠시 그렇게 서 있었다. 안에서는 신나게 웃는 수도사들의 웃음소리가 들려왔다. 하나가 프란치스코의 목소리를 흉내내자 나머지가 배를 잡고 웃었다. 내가 들어서자 그들은 입을 다물었다. 원래 형제들의 모습은 하나도 보이지 않았다. 새로 들어온 형제들이 땅바닥 위에 차려 놓은 저녁 식사를 정신 없이 먹고 있었다.

"마음씨 좋은 꼬마 거지는 어떻게 되었소?" 누군가가 물었다. "이제 노래와 춤은 집어치웠답니까?"

"비명소리가 여기까지 들리던걸요." 다른 사람이 말했다. "실베스터 신부가 그의 눈을 뽑는 줄 알았어요."

나는 대답하지 않았다. 내 가슴이 무섭도록 끓어올랐다. 독이 가득한 독사처럼 소리를 질렀다. 입을 열기만 하면 욕지거리와 저주가 쏟아져 나올 것이 뻔했다. 하느님이 두려워서 평온을 지켜냈다. 그들이 던져 준 빵 부스러기를 들고 그 자리를 떠났다.

프란치스코가 아프기 때문에 우리는 멀리 여행할 생각을 할 수 없었다. 실베스터 신부는 날마다 들렀는데, 어느 아침에는 산 다미아노 성당에서 온 소식을 프란치스코에게 전해 주었다.

"클라라 자매가 안부를 전하면서, 프란치스코 형제 당신께서 한 번 찾아와 주시면 좋겠다고 간절히 부탁했어요. 아직 당신께서 자매들을 축복하러 찾아온 적이 없다고 하더군요. 당신의 모습을 보고 당신의 입에서 나오는 위안의 말씀을 들어보지 못했다고요. 그들은 여자들이잖아요. 하느님의 품에서 안전하기는 해도 여전히 위로가 필요해요…… 클라라 자매가 이런 말을 전해달라 했습니다. '산 다미아노에 왕림하시는 영광을 저희에게 베푸소서. 프란치스코 형제여, 저희가 당신을 뵙고 당신의 말씀에서 위안을 얻게 하소서.'" 프란치스코는 머리를 저었다. "실베스터 신부는 어떻게 생각하세요? 내가 가야 할까요?"

"그럼요. 프란치스코 형제가 가주셔야지요. 그들은 여자들이에요. 가련히 여겨야 합니다."

"실베스터 신부, 내가 다시 한 번 비유를 들어 이야기를 해야겠어요. 레오 형제도 들어 주세요. 아, 모든 형제들이 와서 들었으면 얼마나 좋을까!

어느 날 수도원장이 수도사 하나가 여자의 손을 잡았다는 이유로 그를 내쫓았습니다. 그러자 그 수도사는 '하지만 그 여자는 믿음이 깊은 사람이었고, 그 손은 순수했어요.' 항의를 했지요. 수도원장이 말했어요. '비도 순수하고 흙도 순수하오. 그러나 둘이 만나면 흙탕물이 되지. 남자의 손이 여자의 손을 잡으면 같은 일이 일어나는 법이라오!'"

"너무 가혹한 이야기예요, 프란치스코 형제. 여자가 듣기 거북한 말이군요." 실베스터 신부가 말했다.

"남자에게는 더 가혹하지요." 지금까지 만났던 젊은 여자들을 모두 떠올려 보며 겁에 질린 내가 말했다. 나는 그녀들의 손을 모두 잡아보고 싶었다. 수천이나 되는 손들을!

"동정녀 마리아를 생각해보세요." 실베스터 신부가 거들었다.

"아무도 마리아의 손을 잡지는 않았어요. 요셉조차도요." 되풀이해서 성호를 그어가며 프란치스코가 말했다. "당신은 이브를 잊었군요!"

"글쎄요. 아무튼 클라라 자매에게 어떤 대답을 전해 드릴까요? 자매는 벌써부터 산 다미아노 성당 문 앞에 나와 저를 기다리고 있을 것입니다. 그녀에게 뭐라고 말해주지요?"

"포르치운쿨라에서 산 다미아노로 향하는 길이 하얀 꽃으로 덮이는 날, 내가 찾아가리라 전해 주오."

"그러니까 절대로 가지 않겠다는 말이군요. 그렇지요?"

"실베스터 신부, 절대로와 언제나, 라는 두 가지 말은 오로지 하느님만 하실 수 있는 말이랍니다. 우리가 이야기하고 있는 바로 이 순간에 하느님께서 그 길을 흰 꽃으로 덮으셨을 수도 있어요. 레오 형제, 나가서 봐요!"

믿을 수 없다는 듯 실베스터 신부는 고개를 가로저었다. 그러나 나는 벌떡 일어나 밖으로 달려 나갔다. 가슴이 두근거렸다. 숲으로 이어지는 길을 내달렸다. 아침이라 날씨가 추웠기 때문에 땅이 눈으로 덮여 있는 것이라 생각할 만도 했다. 가슴이 너무 두근거려 목이 메었다. 공기에서부터 느낄 수 있었다. 기적이 일어났다고 나는 확신했다. "레오 형제, 나가서 봐요!" 나를 보고 말하던 그 순간 피로 얼룩진 프란치스코의 얼굴 가득히 웃음이 떠올랐다. 그의 마음속에는 이미 꽃이 피어나 길을 뒤덮고 있었을 것이다.

한길에 닿은 나는 그만 소리를 지르고 말았다. 나무, 돌, 그리고 흙, 보이는 데는 어디든 끝없이 피어난 하얀 꽃으로 감싸여 있었다! 무릎을 꿇으면서 나는 보이지 않는 그 힘에 감사를 드렸다. 그러고는 꽃을 한 아름 뜯어 오두막으로 달려갔다. 기쁨과 피로가 뒤섞인 가쁜 숨을 몰아쉬며 오두막 안으로 뛰어 들었다.

"프란치스코 형제," 나는 소리쳐 그를 불렀다. "길이 흰 꽃으로 가득 덮여 있어요. 이것 봐요. 한 아름 뜯어 왔어요."

실베스터 신부는 프란치스코의 발 앞에 엎드려 두 발에 입을 맞추었다.

"나를 용서하세요, 프란치스코 형제. 내가 머리를 저은 것은 믿음이 부족했기 때문입니다."

프란치스코는 꽃을 받아서 피로 물든 눈두덩이며 이마 상처 위에 올렸다.

"아버지…… 아버지……" 속삭이며 꽃잎에다 끊임없이 입을 맞추었다. 그의 눈에서 눈물이 흘러 내렸다.

"무엇이 그렇게 놀랍지요?" 그는 우리에게 몸을 돌리며 물었다. "모든 게 다 기적입니다. 우리가 마시는 물은 무엇입니까? 우리가 딛는 땅, 저녁이면 별과 함께 어김없이 찾아 내리는 밤, 그리고 해는 무엇이고 달은 무엇이겠습니까? 기적입니다. 모두가 기적입니다! 나무에 매달린 가장 보잘것없는 잎사귀 하나를 보세요. 햇살 속에 파르르 떠는 그 모습을 보십시오. 얼마나 아름다운 기적인가요! 한쪽에는 십자가의 모습이 그려 있고 뒤집으면 무엇이 보이나요? 부활하시는 예수님의 모습이 보입니다! 형제들이여, 그것은 잎이 아니에요. 우리들의 마음입니다!"

실베스터 신부는 프란치스코의 손에 입을 맞추었다. "프란치스코 형제, 당신이 하느님께 기적을 여쭈었는데 그 기적이 일어났어요. 주님께서 길 가득히 꽃을 피우셨어요. 클라라 자매에게 당신이 오실 거라 말해도 될까요?"

"그러세요. 그녀에게 내가 간다고 말씀해 주세요. 내가 원해서 가는 것이 아니라 하느님의 명령이라서 가는 거라고요. 하늘에서 내려온 이 꽃들을 자매에게 가져다주십시오. 꽃들이 땅에 닿는 순간 모두 피로 물들었어요."

그 말과 함께 그는 실베스터 신부에게 들고 있던 피 묻은 꽃송이들을 내주었다.

실베스터 신부가 떠나고, 나는 무릎을 꿇고 불을 피웠다. 물을 데워서 프란치스코의 얼굴과 손발을 닦아 주고 빗 대신 내 손가락으로 머리카락을 빗어 내렸다. 그는 두 팔을 벌리고 마치 어린아이처럼 내가 그를 단장해 주도록 내맡겼다. 매무새를 가다듬고 그의 두 손을 잡아 일으켜 세웠다. 하지만, 무릎이 펴지지 않아 몸을 가누지 못해 똑바로 일어설 수 없었다.

"그럼 어떻게 걸어가지요, 프란치스코 형제?" 나는 절망해서 물었다. "무릎이 말을 듣지 않잖아요."

"내 무릎은 걱정 마세요, 레오 형제. 내 영혼을 걱정해 주세요. 영혼이 나를 일어서게 하니까…… 갑시다!"

그는 입술을 깨물고 온 힘을 그러모아 일어나 오두막을 나섰다. 우리는 길을 따라 걸었다.

"레오 형제," 우리가 밖으로 나오자마자 그가 말했다. "내가 몇 번이나 말을 해야 알겠어요? 사람의 영혼은 하늘이 주신 불꽃이에요. 가장 강력한 존재예요. 그러나 우리는 그것을 모르지요. 그래서 그걸 우리 육신, 지방 덩어리 아래에 가두고 마는 것입니다. 아, 영혼을 자유로이 움직이게 할 수만 있다면 얼마나 좋을까요!" 그는 잠시 머뭇거리더니 말했다.

"내가 걸을 수 없을 거라 생각했지요, 안 그런가요? 당신은 내 영혼이 내 몸을 일으켜 세울 수 없다고 믿었지요? 이제 눈으로 보게 될 거예요!"

그가 성큼성큼 걸어 나가는데 무릎은 휘청대지 않고 굳건했다. 큰길에 도착한 우리는 두리번대며 꽃들을 찾았지만 꽃은 어디에도 보이지 않았다. 마치 겨울밤에 내린 서리 한 겹이 햇빛에 녹아 사라진 것 같았다. 프란치스코는 성호를 그었다.

"이 또한 기적이에요. 꽃들은 하늘에서 내려와 하느님의 뜻을 전하고 다시 되돌아갔어요. 사람의 발길에 채이고 싶지 않았던 거예요."

프란치스코는 아무 말 없이 산 다미아노로 향하는 길 가장자리를 따라 조심스레 발걸음을 옮겼다. 클라라 자매는 두 수녀를 데리고 프란치스코를 맞으러 나와 있었다. 먼발치에서 그의 모습을 본 그녀가 멈춰 섰다. 그녀는 두 손을 가슴에 포개고는 다소곳이 머리를 숙이고 서서 그를 기다렸다. 그의 발소리가 가까워지자 그녀는 고개를 들었다. 그녀가 귀 밑까지 얼굴을 붉혔다.

"하느님께서 그대와 함께 하시길, 클라라 자매. 하느님께서 나의 모든 자매들과 함께 하시길." 프란치스코는 인사를 건네며 한 손을 들어 자매들을 축복했다.

"환영합니다, 거룩하신 아버지 프란치스코." 클라라가 말했다. "우리는 오랫동안 당신이 오시기를 기다렸습니다." 그녀는 땅에 엎드려 그의 발에 입을 맞추었다. "원망하지는 마세요, 클라라 자매. 실베스터 신부를 통하여 이따금 편지를 보내 드렸잖아요."

클라라는 다시 한 번 엎드리며 자신이 말을 하도록 허락해 달라고 청했다.

"거룩하신 아버지 프란치스코여, 편지만으로는 충분하지가 않습니다. 멀리서 온 소식들은 허공에 흩어지는 바람에 지나지 않아요. 우리는 여자들입니다. 우리 마음을 다독이려면 우리들에게 말을 걸어오는 입술의 움직임을 보아야만 하고, 우리에게 축복을 내리는 그 손을 머리 위에 두고 느껴야만 합니다. 우리는 여자들입니다. 당신께서 위안의 말씀을 주시러 여기에 오시기를 거절하신다면, 거룩하신 아버지여, 우리는 어찌할 바를 모를 거예요."

두 사람은 앞서 걸으며 이야기를 나누고, 우리들은 그 뒤를 따랐다. 수녀원 입구에 다다른 프란치스코가 걸음을 멈췄다. 눈앞의 풍경에 사로잡힌 것이다. 얼마나 아담하고 아름다운 정원인가, 천국이었다! 향긋한 꽃 냄새가 은은히 풍겨왔다!

"정원에 무엇을 심으셨나요, 클라라 자매? 내 눈으로는 또렷이 보이지가 않아요."

"백합과 장미를 심었어요, 프란치스코 형제. 가을에는 제비꽃을 심었지요. 그게 다 입니다."

프란치스코는 손을 들어 정원을 축복했다. "정원 자매여, 백합과 장미 자매들이여, 나는 여기 그대들과 함께 해서 무척 즐겁구나! 우리의 자비로우신 주님을 심판의 날까지도 기쁘게 해 드리고 그대들도 클라라 자매와 함께 땅에서 일어나 천국에 들기를!"

그는 안으로 들어섰다. 벽은 하얗게 회칠했고, 아기 예수를 가슴에 꼭 안고 미소 짓는 성모 마리아 상이 서 있었다. 자매들은 모두 나와서 엎드리며 프란치스코의 발에 입을 맞추었고, 그는 하나하나 자매들의 머리 위에 손을 얹으면서 그들을 축복했다. 하얀 베일을 머리에 두른 그들이 걸을 때면 꼭 비둘기 같았다. 프란치스코를 위해 의자 하나를 가져왔다. 클라라는 그의 옆에 무릎을 꿇었고, 자매들은 그 뒤에 늘어서서 손을 가슴에 모았다. 오랜 시간 아무도 말을 하지 않았다. 모두의 시선은 눈앞의 성인에게 쏠렸다. 얼마나 감미로운 침묵이던가! 그토록 모두가 아늑한 느낌은 처음이었다. 한 무리의 천사들이 산 다미아노에 내려왔다고 믿었다. 보이지 않는 허공에 서서 그들도 우리와 같이 프란치스코가 입을 열기를 기다리고 있었다. 그는 조금도 서두르는 기색이 없었다. 이루 말할 수 없는 기쁨으로 황홀에 젖은 표정이었다.

"공기가 얼마나 맑고 향기롭던지요." 뒷날 그가 나에게 한 말이었다. "깨끗이 빨래한 옷 냄새를 맡은 지가 얼마나 오래 되었던지, 트렁크를 열면 방 안 가득히 퍼지던 박하 냄새와 월계수의 향기를 맡은 지도 참 오래되었군요."

"우리를 가엾게 여기소서, 거룩하신 아버지 프란치스코여. 당신의 목소리를 들려주소서." 마침내 그의 옷깃에 입을 맞추면서 클라라가 침묵을 깨고 입을 열었다.

프란치스코는 놀란 듯 머리를 들며 마치 잠에서 깨어나 기지개를 켜듯 두 팔을 쭉 뻗었다. "나의 자매들이여, 여기 온 것이 기쁘군요. 더 무슨 이야기를 할 수 있을까요? 내가 세상에 빠져 있을 때, 친구들을 위해 연회를 베풀고는 이렇게 노래하곤 했지요.

천 번 인사를 나누어도 반가운 친구들이여
그대들에 천 번의 인사를!
계곡에는 꽃이 만발하였고
들에는 푸른 물결 이슬이 맺혔구나.

나의 자매들이여, 그 노래가 지금 나의 가슴속에 울려 퍼지네요. 천 번, 만 번, 반가운 인사를 받으세요."

그는 매우 감동하였다. 오랫동안 나는 그가 그토록 행복해하는 모습을 본 적이 없었다. 이것이 바로 그가 사랑하는 분위기였다. 순수하고 깨끗하고, 그를 에워싼 하느님을 향하는 열정, 그리고 저 새하얀 베일! 그는 또 이렇게 말했다.

"나의 자매들이여, 내 말을 들으세요. 이제 막 머리에 떠오른 애벌레 이야기를 할 테니 용서하세요. 지어낸 이야기가 아닙니다. 진실보다도 더 진실한 이야기랍니다. 어느 옛날에 기어 다니고 기어 다니다가 마침내 엄청나게 늙어 천국의 문 앞까지 가게 된 애벌레 한 마리가 있었어요. 문을 똑똑 두드렸더니 안에서 목소리가 들려왔어요. '애벌레는 여기 못 들어온다! 너는 참을성이 없구나.'

'주님 저는 어떻게 해야 합니까? 지시를 내려 주십시오.' 애벌레는 너무 겁이 나 몸을 동그랗게 오므리며 말했어요.

'조금 더 고통 받고 조금 더 애를 써서 나비가 되어라!'

애벌레는 단숨에 이 땅으로 돌아왔습니다. 처음부터 다시 천국으로 가는 길을 되밟기 시작했어요."

"거룩하신 아버지시여, 그 애벌레가 누구인지 말씀해 주세요." 클라라가 애원했다. "우리는 배운 것 없는 우매한 여자들입니다. 우리를 깨우쳐 주소서."

"클라라 자매, 애벌레는 바로 나입니다. 그리고 당신이며, 내 이야기를 듣고 있는 여러분 자매들이고 이 땅 위로 걸어 다니는 모든 사람들이지요. 이 가엾은 애벌레가 나비가 되려면 얼마나 많은 업적을 쌓아 올려야 할는지! 싸우고 또 싸워야 합니다. 자매들이여, 가파른 언덕을 오르면서 극심한 고통을 겪어야 합니다. 순결, 사랑, 가난, 굶주림, 헐벗음, 눈물 그 모든 것을 참아내야 합니다! 사탄은 곳곳마다 함정을 파 놓고 우리가 떨어지기만을 기다리고 있어요. 여러분이 꽃 냄새를 맡으려고 몸을 숙이면 거기에 사탄이 있고, 돌을 집어 올리면 그 아래에도 숨어 기다리고 있을 겁니다. 꽃 피는 아몬드 나무를 보세요. 사탄이 그 나뭇가지에 앉아 여러분에게 달려들 준비를 하고 있을 거예요. 그는 우리들이 마시는 물 속에도 있고, 먹는 빵, 잠을 자려고 눕는 침대에도 있습니다. 나의 자매여, 사탄은 어디든지 숨어서 기다리고 있어요. 무엇을 기다리고 있는 것일까요? 우리 영혼이 잠시 피곤하여 깜빡 조는 순간을, 영혼이 우리의 파수꾼 역할을 못하게 되는 순간을 노리는 것입니다. 그리하여 우리에게 옮겨 붙어 우리를 지옥으로 끌고 가려는 것입니다. 나의 자매들이여, 내가 늘 남자들보다 더 가엾게 여기는 것은 바로 여러분입니다. 여러분은 여자들이기 때문이지요. 세상의 아름다움 앞에서 여러분의 마음은 좀처럼 독하게 돌아설 수 없으니까요. 그것을 바라보고 있으면 여러분의 마음은 마냥 즐거워집니다. 꽃이나 어린아이, 귀걸이, 비단옷, 황홀한 깃털을 보면 그렇게 즐거울 수가 없지요. 하느님 맙소사, 얼마나 무서운 함정입니까! 도대체 얼마나 되는 여자들이 그 유혹에서 도망칠 수 있겠습니까?

자매 여러분은 아침저녁으로 이 세상의 모든 여인들, 화장품과 보석으로 치장하고 웃고 있는 모든 여인들을 위해서 기도 드리세요. 천국에서는 복되신 동정녀께서 여러분의 기도를 그대로 되풀이하고 계십니다. 밤이면 머리 위에 서리는 저 깊은 하늘의 거룩한 침묵이 들리지 않으세요? 그 기나긴 침묵 한가운데 포플러나무 잎새가 술렁이는 소리, 보이지 않는 입술로 기도하며 애원하는 소리가 들리시나요? 동정녀 마리아께서 세상의 모든 여성을 위해 기도를 드리는 소리입니다.

나의 자매들이여, 여러분은 모두 경계를 늦추어서는 안 됩니다. '우리는 수녀원에 들어왔지. 세상을 피해 나왔어. 천국을 거닐고 있는 거야.' 말해서는 안됩니다. 나의 자매들이여, 그러한 생각이 바로 사탄이 파놓은 함정입니다. 내 이야기를 잘 들으세요. 만약 세상의 저 끝에서 한 여인이 입술을 칠한다면, 그 부끄러운 색은 여러분의 입술에도 옮겨 묻어 버립니다! 천국이란 무엇입니까? 완전한 행복입니다. 그러나 천국에서 내려다볼 때 형제자매들이 지옥에서 벌 받고 있는 모습이 보인다면 누가 완전한 행복을 느낄 수 있겠습니까? 지옥이 존재하는 세상에 어떻게 천국이 같이 자리를 잡을 수 있을까요? 내가 하고픈 말은, 자매들이여, 마음속 깊이 새겨두십시오, 우리 모두가 다 함께 구원을 받든지 아니면 우리 모두가 지옥으로 가야 해요. 세상 저 끝에서 사람이 사람의 손에 죽으면 우리는 모두 죽습니다. 한 사람의 구원은 우리 모두의 구원을 의미하지요."

프란치스코의 이야기는 나의 가슴에 충격을 안겨주었다. 세상을 그토록 넘치는 사랑으로 감싸는 그의 말을 처음으로 들었다. 수녀원의 여성스러운 포근함이 그의 마음을 풍성한 꽃으로 활짝 피웠다. 자매들의 모습을 바라보며 온 세상을 감싸 안는 날개와 같은 연민의 정을 얻었다.

수녀들은 모두 무릎을 꿇었다. 천천히 무릎으로 걸어 나와 프란치스코를 빙 둘러 에워싸며 황홀한 얼굴로 그를 우러러보았다. 수녀들의 얼굴마다 햇빛을 내리받은 듯이 빛이 피어오르고 있었다.

프란치스코는 그들의 따뜻한 마음을 온몸으로 느꼈다. 그는 다시 입을 열었다.

"자매들이여, 여러분들에게 둘러싸여 있으니 내 마음이 넓어지는 것을 느낄 수 있어요. 어떤 사람이든 마음속에 품고 싶어집니다. 덕을 쌓은 사람과 함께 사악한 사람도 모두 받아들여 이 세상과 다음 세상의 모든 비탄과 울부짖음이 끝나도록 말입니다. 아! 하느님, 억누를 수 없는 생각이 나의 가슴에서 입을 타고 나오려 합니다. 그 생각을 이 여인들에게 털어놓을 수 있도록 허락해 주소서. 이들은 나의 자매들입니다. 그들은 마음까지 여성이요, 사랑과 동정이 가득하므로 이해할 것입니다. 나의 자매들이여, 들으소서. 아, 하느님께서 용서를! 지금 나는 사탄조차 가엽게 여겨집니다. 세상에 그보다 더 불행하고 더 가련한 자는 없습니다. 한때는 하느님과 함께 했던 그가 그분 곁을 떠나 그분을 부인하고 위안받을 곳 없는 허공을 헤매고 있기 때문입니다. 왜 위안을 받지 못할까요? 하느님께서 그의 기억을 그대로 간직하도록 하셨기 때문이지요. 천국의 달콤한 추억을 가진 그가 무엇으로 위안을 받겠습니까? 자매여, 우리는 사탄을 위해서도 기도해야만 합니다. 자비로우신 우리의 주님께서 그에게도 동정을 보내시어, 그를 용서하시고 하느님의 품으로 돌아와 대천사들 사이에 들어갈 수 있도록 허락해 주시기를 반드시 기도 드립시다.

사랑, 그것은 하느님의 축복을 받은 여자에게 주어진 역할입니다. 사탄은 피에 굶주린 추악한 짐승이지만, 누군가의 입맞춤으로 다시 한 번 대천사의 모습을 찾을 수 있습니다. 여러분, 그것이 내가 말하는 완전한 사랑입니다. 완전한 사랑으로 하여금 사탄에 입을 맞추게 하여 그 빛나던 얼굴을 되찾아 줄 수 있다면 얼마나 좋을까요.

사랑합시다…… 사랑을!" 프란치스코는 흐느낌으로 목이 멜 때까지 외치고는 손바닥에 얼굴을 묻고 하염없이 눈물을 흘렸다.

클라라의 두 눈에서도 눈물이 흘러내렸다. 이어서 자매들이 따라 울었고, 통곡 소리가 수녀원에 메아리쳤다. 프란치스코가 머리를 들고 두 팔을 뻗었다. 그의 목소리는 걱정에 잠겨 있었다. "나의 자매들이여, 여러분을 울릴 생각은 없었습니다. 용서하십시오. 나는 여러분에게 천국을 이야기해 주려고 온 것이었지 지옥을 이야기할 뜻은 없었습니다. 여러분도 나에게 천국의 이야기를 하여 우리 모두가 위안을 받으려고 했습니다. 삶은 버겁습니다. 세상 문을 열고 떠나가게 해주는 죽음 형제가 없었다면, 오 주여! 세상은 얼마나 견디기 어려운 감옥이 될까요! 우리의 육신은 얼마나 견디기 어려운 감옥이 될까요! 그러나 이제는 (얼마나 기쁩니까, 말로 다 할 수 없는 거룩한 희망이지요. 아니, 그건 희망이 아니라 확실한 것이지), 이제는 영혼이 레몬 꽃 왕관을 쓰고 이 땅의 돌밭과 낭떠러지를 넘어 나아가기 시작했습니다. '아 나의 사랑하는 남편이시여, 나의 사랑하는 남편인 당신, 아, 주님이시여!' 외치면서."

수녀 한 사람이 어지러움을 호소했다. 클라라 자매는 정원이 내려다보이는 창문을 열었다. 방 안으로 백합과 장미 향기가 가득 들어왔다. 그녀는 용기를 내어 프란치스코의 무릎에 손을 얹고는 부드럽게 말했다. "프란치스코 신부님, 당신을 보고 있으면 아담이 결코 죄를 짓지 않았으리라는 생각이 들어요."

프란치스코는 그녀의 하얀 베일 위에 가볍게 손을 얹었다. "내가 당신을 보고 있으면 클라라 자매, 이브는 결코 죄를 범하지 않았으리라는 생각이 듭니다." 그가 말했다.

긴 침묵이 흘렀다. 프란치스코가 여전히 이야기하고 있는 듯이 감미롭고 정다움이 넘치는 침묵이었다. 자매들도 통곡을 멈추지 않고 들리지 않는 그의 말에 귀를 기울이고 있었다. 마치 프란치스코가 아직도 여자의 삶과 사랑에 대해서, 그리고 악마를 천사로 바꿔놓는 입맞춤에 대해서 이야기를 하고 있는 것만 같았다. 여자로 태어난 것이 얼마나 숭고한 하늘의 선물이며 얼마나 큰 책임인지를 처음으로 깨달았다.

거룩한 침묵 한가운데 느닷없이 거칠게 대문을 두드리는 소리가 들려왔다. 문이 벌컥 열리더니, 포르치운쿨라의 형제들이 뛰어 들어왔다. 모두 겁에 잔뜩 질려 벌벌 떨고 있었다.

클라라가 벌떡 일어섰다. "무슨 일이세요, 형제들? 왜 문을 그렇게 급히 열고 들어오시나요?"

주니퍼가 이마에 맺힌 땀을 닦으면서 대답했다. "클라라 자매, 저희를 용서하세요. 포르치운쿨라에서 불길이 하늘로 치솟는 것을 보았어요. 수녀원에 불이 난 거예요."

"불이야! 불!" 따라온 형제들이 소리를 질렀다. "불이오! 클라라 자매!"

클라라는 소리 없이 웃었다. "형제들, 불길이 어디 보입니까? 여러분이 보신 것은 불길이 아니라 거룩하신 아버지 프란치스코의 말씀이었어요."

해가 저물고 있었다. 프란치스코는 자리에서 일어나 클라라와 자매들에게 작별 인사를 했다. 다시 한 번 그들의 머리 위에 하나하나 손을 얹고 모두를 축복했다.

"거룩하신 아버지 프란치스코여, 저희들을 위해서 참으로 훌륭한 일을 해 주셨어요. 당신은 위로 받을 길 없는 여자들의 마음을 위로해 주셨습니다. 저희가 당신을 위해서 무엇을 해 드릴 수 있을까요?

"나의 자매여, 사실 한 가지 부탁이 있어요. 참으로 큰 부탁입니다."

"말씀해 주세요, 거룩하신 아버지여." 모든 자매가 한꺼번에 외쳤다.

"여러분이 가난한 사람을 만날 때마다 그들로부터 헝겊 한 조각씩을 얻어 주세요. 그렇게 모은 헝겊 조각을 대어 나에게 옷 한 벌을 지어 주세요. 그것이 나의 부탁입니다."

클라라가 그의 손에 입을 맞추었다. "당신을 위해 제 생명을 바치라 하셔도 모자랍니다. 하느님께서 허락하신다면, 다음 주일에 당신이 원하시는 옷을 실베스터 신부님께 전해 드리겠어요."

우리는 길을 나섰다. 프란치스코가 앞장서서 걷고 우리가 뒤를 따랐는데,

기적에 대해 유쾌하게 이야기를 나누는 프란치스코의 걸음은 굳건했다. 저 뒤에서 클라라와 자매들이 수녀원 대문 앞에 나와 우리의 뒷모습을 바라보며 흐르는 눈물을 닦고 있었다.

이튿날 프란치스코는 하루 꼬박 한마디도 하지 않았다. 새벽녘 오두막 앞에 나가 쪼그려 앉더니 그대로 햇볕을 즐기고 있었다. 따뜻한 날씨였다. 약하고 부드러운 바람이 불어오고 있었다. 이따금 형제들이 한 사람씩 물을 긷거나, 나무를 하러, 아니면 야생 치커리를 뜯으러 오가고는 했다. 까마귀 한 마리가 머리 위를 맴돌며 두세 번 지저귀다가 사라져 버리고는 했다. 프란치스코는 눈이 잘 보이지 않았기 때문에 귀를 기울여 주위에서 들려오는 소리를 듣고 있었다. 그의 표정이 너무나 황홀해 보여서 나는 가까이 다가가지 못했다. 저녁 무렵이 되자 한풀 꺾인 듯하여 문가에 앉아 있는 그에게 다가가 앉았다. 손을 뻗으며 그가 손으로 나를 '보았다'.

"레오 형제, 이 얼마나 놀라운 기적인지요! 나의 시력이 나빠지면서부터 귀에 들리는 소리들은 이루 말할 수 없이 달콤해요. 아, 나뭇잎이 살랑대는 소리, 하늘에 새들이 나는 소리!"

그는 잠시 말을 멈추었다가 다시 이어나갔다.

"시력이 나빠지기 시작한 날부터, 레오 형제, 나는 눈에 보이지 않는 것들이 보이기 시작했어요. 마음의 눈이 떠진 것이지요. 오늘은 그 시야가 점점 더 넓어지는 것을 느꼈어요. 처음에는 여기, 내가 지금 앉아 있는 자리에서 포르치운쿨라가 보이더군요. 서로 논쟁을 하고 있는 형제들, 기도를 올리는 형제들의 모습이 훤히 보였어요. 다른 사람들과 떨어져서 고개를 묻고 울고 있는 실베스터 신부의 모습도 볼 수 있었어요. 그리고 나니 시야가 더 넓어지면서 아시시 성의 탑, 종루와 집들이 보이고, 사람들이 북적대는 길들이 보였어요. 젊은 아가씨들이 문 앞에서 수를 놓고 있는 모습, 그리고 창가에 무릎을 꿇고 앉아 두 볼에 눈물이 흘러내리는 나의 어머니를 보았어요. 그리고 시야에 비치는 부분이 더 넓어지면서 나는 로마를 보았습니다. 넓은 길들, 향수 냄새를 물씬 풍기는 대관들, 입술을 칠한 귀부인들, 한 손으로 턱을 괴고 기독교 국가에 대한 생각에 잠긴 교황님의 모습, 이교도와 불신자들을 몽땅 불태워 죽이려고 강기슭 제방에서 장작에 불을 지피는 상상을 하고 있는 흰 옷을 입은 야만스러운 수도사들도 보였어요. 그 다음은 더 먼 곳으로 눈길이 펴져 나갔어요. 푸른 바다, 하얀 섬들, 사나운 크레타 섬, 그리고 술탄이 다스리는 이집트가 보였지요. 말을 타고 달아나는 그의 모습, 그는 지금도 추격해 오는 십자군을 피해 도망치고 있어요…… 끝으로 레오 형제, 찬란하고 위대한 빛, 커다란 별들, 성인, 대천사, 천사, 케루빔 천사들이 머무는 일곱 개의 천체가 나타났어요. 그러고 나서는 갑자기 눈앞이 침침해지더니 아무것도 보이지 않았어요. 내가 아마 기절했던 것 같아요. 그분께서 허락하시는 것보다 더 가까이 그분께 다가갔던 모양이에요."

나는 아무 말도 하지 않았다. 그의 영혼이 환상을 통해서나마 천국과 세상을 다니며 고통을 잊을 수 있다는 사실이 기뻤다. 비록 그의 상처에서는 하루 종일 피가 수염을 타고 흘러 내려서 바닥을 흥건히 적시고 있었지만, 육신을 놓아두고 아득히 떠나 있는 그는 조금도 고통을 느끼지 않았던 것이다.

잠시 생각에 잠긴 그는 조심스레 말을 고르더니 이렇게 이야기 했다. "레오 형제, 인간의 몸은 구약 성서에 나오는 성궤 같아요. 하느님께서 그 안에 계시지요."

날이 어두워지고 있었다. 나무마다 귀뚜라미, 여치들이 밤을 알리는 노래를 부르기 시작했다. 낮게 날아다니는 두 마리의 박쥐들이 우리 앞으로 왔다 갔다 날아다니다가, 그중 한 마리가 프란치스코의 머리카락에 걸려들 뻔 했다.

"뭐였어요?" 그가 머리를 세차게 흔들면서 물었다. "날개 하나가 방금 내 머리를 스친 것 같아요."

"몹쓸 놈의 박쥐요, 프란치스코 형제. 염병할 것들 같으니!"

"살아 있는 모든 생명에는 역사가 있습니다. 레오 형제, 어떤 것에도 함부로 나쁜 소리를 해서는 안 됩니다. 사람이든 들짐승이든 날짐승이든 모두 그 역사를 들어보면 당신이 품었던 혐오는 사랑으로 바뀔 거예요. 박쥐의 역사를 알고 있나요?"

"아니오, 이야기해 주세요, 프란치스코 형제."

"좋아요, 들어 보세요. 박쥐는 원래 교회 지하실에 살고 있던 생쥐였어요. 하루는 밤을 틈타 구멍에서 빠져 나와 제단 위로 기어 올라갔습니다. 영성체 예배에 쓸 빵을 갉아먹기 시작했는데, 먹다 보니 어느새 등에서 두 날개가 돌아났고 우리가 보는 박쥐 자매가 되어 버렸대요."

박쥐는 모기를 쫓아 또 우리 앞으로 날아갔다.

"미안하오, 박쥐 자매." 나는 손을 들어 경의를 표했다. "당신의 날개가 영성체로 만들어진 줄은 미처 몰랐어요."

그러는 사이 프란치스코는 손을 모아 귀에 가져다 대고 발 아래로 흘러가는 강물 소리에 귀를 기울이고 있었다.

"레오 형제, 가만히 들어 보세요. 강이 계곡 사이를 빠져 내려가는 노랫소리를 들어 보아요. 얼마나 성급합니까? 하루 빨리 바다로 흘러들고 싶은 것이지요. 우리의 영혼도 마찬가지로 성급하답니다. 레오 형제, 천국으로 흘러들어가려고 달리는 셈이지요. 아, 주여! 언제쯤에나 다다를 수 있겠습니까?"

"서두르지 마세요. 기다리세요, 프란치스코 형제. 당신은 아직도 세상에 필요한 사람이에요. 어제 산 다미아노 사원에 있는 자매들을 위해서 얼마나 좋을 일을 하셨는지 아세요. 당신이 그들에게 준 기쁨이 너무나 커서 자매들이 눈물을 참지 못했잖아요."

프란치스코가 한숨을 뱉었다. "내가 무슨 말을 했었지요? 정신이 나갔었어요. 아, 주여! 저를 용서하소서!"

"왜 그러시나요? 사탄을 가엾게 여겨서요? 프란치스코 형제, 하느님께 그를 용서해 달라고 부탁드린 일 때문에요?"

"아니요, 아니에요!" 프란치스코의 목소리는 고통으로 가득 차 있었다. "여인들 앞에 서는 순간, 내 마음은 걷잡을 수 없는 혼란에 빠졌기 때문이에요. 아, 주여, 왜 육신의 욕망은 이토록 강한 것입니까? 결코 파괴할 길이 없는 걸까요? 굶겨도 부질없고, 채찍질을 하거나 잠을 안 재워도 소용이 없습니다. 얼어 죽도록 눈 속에 빠트리고 한 삽의 진흙 속에 파묻어도 아무 소용이 없습니다. 그런 시련을 다 겪고도 길들여지지도 복종하지도 않습니다. 붉은 깃발을 높이 펄럭이며 쉬지 않고 고함을 지르고 있지요!" 프란치스코는 갑자기 온몸에 불이 붙은 사람처럼 벌떡 일어났다. "레오 형제, 일어나요! 거룩한 순종의 이름을 걸고 지금부터 내가 하는 말을 그대로 되풀이 하도록 그대에게 명령합니다. 한마디도 바꾸지 말고 정확히 그대로요. 그리 해주시겠어요?"

"나는 결코 당신을 거스르지 않겠다 맹세했는걸요. 프란치스코 형제, 명령을 내리세요."

"좋아요. 시작합시다. '프란치스코, 너에게 저주가 내릴지어다! 너는 살면서 너무나 많은 죄를 범했으니 구원을 받을 길이 없도다. 지옥의 밑바닥에 떨어질지어다!' 내가 이렇게 말하면 당신은 또 이렇게 대답해야 해요. '그렇다, 너 프란치스코는 살면서 너무나 많은 죄를 저질러서 구원받지 못할 것이다. 지옥의 밑바닥으로 떨어질 것이다!' 자, 준비되었어요?"

"준비되었어요, 프란치스코 형제."

"그런데 왜 말이 없지요!"

"프란치스코 형제, 당신께 복이 있을지니. 당신은 살면서 너무나 좋은 일을 많이 했으니, 천국에 가서도 가장 높은 곳에 앉게 될 것입니다!"

프란치스코는 어안이 벙벙한 얼굴로 나를 쳐다보았다. "레오 형제, 왜 내 말을 듣지 않지요? 내가 지금 들은 그 말은 대체 무슨 말이지요? 내가 한 말 그대로 되풀이해서 말하라고 명령했어요. 거룩한 순종의 이름으로!"

"기꺼이 따르겠습니다. 프란치스코 형제, 말씀하세요. 순종하겠습니다."

"좋아요 그럼. '사악한 프란치스코야, 너는 살면서 그 모든 죄를 저질러 놓고도 자비를 바랄 만큼 뻔뻔스럽단 말인가. 아니다, 어림없다. 너같이 저주받은 죄인은 하느님께서 지옥으로 던지실 것이다!' 내가 이렇게 말하면 레오 형제 이제 당신이 되받는 거예요. 나에게 할 말을 정확하게 들어두세요. '그렇소, 그렇고말고. 하느님께서 너를 지옥을 던지시고 말고!' 자 그대로 말해요!"

"아니오, 아니지요, 축복받은 프란치스코. 하느님의 자애로움은 그대의 죄보다 큽니다. 그대의 모든 죄는 용서를 받고 그대는 천국에 들어갈 것입니다."

프란치스코가 화를 냈다. 내 어깨를 움켜쥐고 마구 흔들었다.

"당신이 어찌 내 뜻을 거역한다는 말이오! 내가 말하는 것과 꼭 반대되는 대답만 고집하는 이유가 뭐요? 마지막으로 다시 한 번 거룩한 순종의 이름으로 내 말에 따를 것을 명령하겠소."

"프란치스코 형제, 기꺼이 따르겠어요. 당신이 하는 말을 한 마디도 바꾸지 않고 정확히 되풀이 하겠습니다."

프란치스코는 자기 가슴을 치기 시작했다. 눈에서 두려움이 솟구쳤다. 그는 흐느끼면서 스스로 매질하고 있었다.

"사악하고 저주받은 프란치스코여, 너에게는 구원이 없도다! 너에게는 자비가 없도다! 지옥이 입을 열고 너를 삼키려 한다."

"프란치스코 형제." 나는 외쳤다. 나도 울고 있었다. "아, 성인이시여, 위대한 순교자여, 하느님은 끝없이 자비로우신 분이에요. 가난, 사랑, 정절의 세 위대한 성인이 천국의 황금 문턱에 서서 당신을 맞이할 것입니다. 거룩한 정절이 손에 가시 면류관을 들고 있을 거예요."

프란치스코는 내 발 앞에 쓰러졌다. 나도 그 곁에 쓰러지고 말았다. "프란치스코 형제, 왜 내 무릎을 끌어안고 있습니까?"

"레오 형제, 당신은 왜 나를 괴롭히나요? 왜 자꾸 내 뜻을 거스르나요?" 그는 울면서 소리쳤다.

"프란치스코 형제, 당신의 손에 입을 맞추어 당신의 용서를 빕니다. 그러나 내 잘못이 아닙니다. 내가 입을 열고 당신이 명령한 말을 되풀이할 때마다 나도 모르는 사이에 혀가 걷잡을 수 없이 움직이는 것이지요. 나는 내 마음 안에서 당신의 목소리보다 훨씬 강한 목소리를 들었습니다. 나는 그 목소리가 말하는 그대로 되풀이했을 뿐입니다. 그 목소리는 틀림없이 하느님의 목소리입니다. 형제……"

"그건 사탄의 목소리란 말입니다!" 프란치스코는 내 말을 가로막았다. "악마가 나의 영혼을 달래어 잠재우려는 거예요. 내가 방심하고 있는 사이에 내 안으로 들어오고 싶어서요. 그렇지만 나는 그렇게 내버려두지 않을 거예요!"

자리에서 일어선 그는 매듭지은 허리띠를 풀어 나에게 던졌다. "레오 형제, 이걸로 나를 때리세요. 내 말 들었어요? 피가 날 때까지 나를 치세요."

그는 옷을 벗었다. 나는 그가 너무나 가여워졌다. 때릴 데가 어디 있단 말인가. 뼈만 남은 그 몸은 반복된 매질로 생긴 상처와 멍 자국이 뒤덮고 있었다.

"저에게 이토록 가혹하셔야 합니까, 프란치스코 형제?" 나는 절규했다. "내가 어떻게 당신에게 매질을 하겠습니까?"

그 말을 듣더니 프란치스코는 더 참지 못했다. "레오 형제, 경고하겠소." 그는 화가 머리끝까지 나서 소리쳤다. "내가 시키는 대로 하지 않겠다면 나는 떠나겠소. 우리는 헤어져야 할 것이오, 레오 형제! 그렇소, 하늘에 맹세코 헤어져야만 하오!" 그는 나에게서 등을 돌렸다. "잘 있어요!" 나는 겁에 질렸다. 그는 마음을 굳힌 것이 아닌가. "프란치스코 형제." 나는 그를 부르면서 옷을 벗었다. "내가 당신을 한 대를 때릴 때마다, 내 자신을 두 대씩 때리겠어요. 저의 이 부탁은 거절하지 마십시오!"

아무 대답도 없이 그는 몸을 숙였다. 나는 매듭지은 띠로 그를 때리고 자신을 때리기 시작했다. 처음에는 그를 살짝살짝 때렸는데, 그는 화를 냈다. "더 세게, 세게 치라니까요. 도대체 당신은 이 음탕한 살덩이에게 어찌 동정을 느낀단 말이오!" 나는 세게 때리기 시작했다. 프란치스코에게 한 대 때리고 나는 두 대를 맞았다. 매를 휘두를수록 나는 화가 더 끓어 올랐다. 나의 의도와는 상관이 없었다. 알 수 없는 도취감에 빠져 넋이 나가 나도 걷잡을 수 없어졌다. 고통이 강렬했지만 아픔이 크면 클수록 누군가가 내 안에서 쾌재를 불렀다. 나는 격렬한 행복의 비명을 질러댔다. 나를 괴롭혀대다가 마침내 내 손에 걸려든 짐승에게 마음껏 복수를 하는 기분이었다. 매듭이 단단한 띠가 프란치스코의 피와 내 피로 빨갛게 물들었지만, 나는 매질을 그치기는 커녕 사정없이 계속 내리쳤다.

"그만하면 됐어요, 레오 형제." 프란치스코가 말했다. 그는 이제 완전히 평온을 되찾았다.

나는 못들은 척했다. 걷잡을 수 없는 힘으로 내 가슴과 등을 치고 또 쳐댔다. 고통으로 몸부림치고 비틀어대는 모습이 꼭 춤추는 사람 같았다. 살면서 저지른 많은 죄들에 대한 죗값을 치르고 마음의 짐을 내려놓는 기분이 들었다. 네가 버드나무 사이로 쫓아가던 여자, 그 도망친 여자를 기억하는가? 그 화로에서 훔쳐 낸 빵을 기억하나? 자, 더 맞아라! 거짓말쟁이, 비겁한 놈, 식충이, 간음꾼, 주정뱅이야, 한 대 받아! 나는 멈추지 않고 스스로에게 채찍을 가하면서 기분이 좋아지고 후련해지는 것을 느꼈다.

"그만!" 프란치스코는 다시 한 번 명령을 내렸다. 그러면서 그는 피 묻은 허리띠를 빼앗아 자기 허리에 둘렀다. "그만하면 되었어요. 레오 형제, 내일 아침 다시 시작할 수 있도록 힘을 조금 남겨 두어야만 해요."

"즐거웠습니다, 프란치스코 형제." 기진맥진해 땅에 쓰러지면서 내가 말했다.

"당신은 즐겁지 않았어요. 고통스러웠죠. 그 둘은 똑같은 거예요."

우리는 안으로 들어갔다. 난로에 불을 지피고 그 곁에 쪼그려 앉아서 금방 잠들어 버렸다. 꿈에서 조그만 구운 돼지를 팔에 안고서 그 육즙을 빨아먹고 있는 나를 보았다.

어느 이른 아침, 베르나르드와 피에트로가 우리를 찾아왔다. 그들은 프란치스코의 손에 입을 맞추고 프란치스코를 가운데 두고 앉았다. 밖은 아직 추웠고 불은 쉬지 않고 타고 있었다. 세 사람 모두 난로 쪽을 바라보고 앉아 있었다. 아무도 말을 안 했지만, 이따금 프란치스코는 그들이 아직 가까이 있는지 확인하고 싶은 듯이 손을 뻗어 오른쪽에 있는 베르나르드와 왼쪽의 피에트로를 만져보았다. 그러고는 다시 두 손을 기도하는 자세로 모으고 기쁨으로 얼굴을 빛냈다. 나는 뒤쪽 구석에 물러서서 그들을 지켜보고 있었다. 몇 년이나 헤어져 있다가 어느 추운 날 다시 만나 몸을 녹이려 불을 피워 놓고 앉은 과거의 용사들 같았다. 나는 귀를 기울여 그들이 무슨 이야기를 하는지 들어 보려고 했지만 아무도 입을 열지 않았다. 그러나 그들 사이의 공기가 떨리는 것이 느껴졌고, 입에서 입으로 소리 없는 말들이 전해지는 것이 보였다. 하늘에서 천사들이 이야기를 나눌 때면 서로 그렇게 하리라는 데에 의심의 여지가 없었다. 얼마나 오래 그런 침묵에 쌓여 있었던가. 몇 시간이나 흘렀을까? 시간이 멈춘 것 같았다. 한 시간이나 백 년이나 다를 게 없이 느껴졌다. 영원도 이와 같으리라, 움직임도 소리도 없으리라 상상해 보았다.

불이 꺼졌다. 해가 지평선 위로 창 한 자루 길이만큼 높이 떠올랐다. 베르나르드와 피에트로가 일어섰다. 몸을 굽히고 프란치스코의 무릎에, 그리고 그의 두 손과 어깨에 입을 맞추었다. 프란치스코가 흐느끼자 두 사람도 따라 울었다. 세 사람은 서로 끌어안은 채 한참을 꼼짝 않고 서 있었다. 그리고 천천히, 아무 말 없이 떨어졌다. 두 형제는 문으로 걸어가 문턱을 넘어 숲 속으로 사라졌다.

프란치스코와 단둘이 남게 되자 나는 그의 곁에 다가가 앉았다. 혀가 근질거렸다. 말을 하고 싶어서 좀이 쑤셨다.

"프란치스코 형제, 왜 아무 말도 하지 않았지요?" 나는 기어이 물어보았다. "몇 년이나 서로 만나지 못했잖아요. 그런데 아무도 할 말이 없다니, 참 이상하네요."

"레오 형제, 우리는 말을 했는데요." 놀란 프란치스코가 대답했다. "우리는 줄곧 이야기를 나누고 있었어요. 서로 모든 이야기를 다 털어 놓고 더는 할 말이 없어져서 헤어진 거예요."

"나는 한 마디도 못 들었어요, 프란치스코 형제." 그가 빙그레 웃었다. "무슨 귀로 들으려고 했던가요? 당신 머리 양쪽에 툭 튀어나온 진흙으로 빚은 귀로 들으려고 하면 곤란하지요. 그 귀로는 들릴 리가 없어요. 마음의 귀로 들었어야지요."

그는 내 어깨를 토닥였다. "물론 당신도 잘 알고 있지요. 우리에게는 진흙이 아니라 불길로 된 마음의 귀, 눈, 혀가 있다는 것을요. 레오 형제, 우리는 그 마음의 기관으로 듣고 보고 말해야만 해요!"

주일 아침 일찍 실베스터 신부가 수녀들이 프란치스코를 위해 지은 옷을 가져왔다. 가난한 사람들이 가난 부인의 신랑을 위해 한 조각씩 선사한 헝겊 조각을 모두 이어 기운 옷이었다. 프란치스코는 가슴에 그 옷을 꼭 끌어안고 진흙이 묻은 옷 조각 하나하나에 입을 맞추고, 그의 신부인 거룩한 가난 부인을 축복했다.

"부자가 되려고 욕심내지 않는 사람은 누구나 부자입니다. 부자이면서 더 큰 부자가 되고 싶은 사람은 가난합니다. 고마우신 주님이시여, 저는 세상에서 가장 부유한 왕이에요. 레오 형제, 이 옷은 왕의 예복입니다."

"건강하셔야 해요, 프란치스코 형제, 당신의 신부이신 가난 부인이 당신께 보내는 결혼 선물입니다."

새 옷을 입은 그는 신이 나서 자신의 옷맵시를 이리저리 뽐내었다. 검은색, 푸른색, 초록색…… 상상할 수 있는 모든 색의 헝겊이 다 들어 있었다. 프란치스코가 그 옷을 입고 걸어 다니면 옷 속에 바람이 들어가 잔뜩 부푸는데 그 모습이 마치 하늘 왕국의 모든 새 형제들에게서 깃털을 하나씩 빌려 달고 있는 이상한 얼룩무늬 새처럼 보였다.

"레오 형제, 형제들이 보고 싶어요. 형제들이 나를 보아주면 좋겠어요. 어쩌면 아직 교회에 남아 있을지도 몰라요. 자, 가서 우리 그들과 함께 미사를 드려요."

지난 며칠 사이 그의 시력은 조금 나아졌고 다리도 한결 굳건해졌다. 나뭇가지들을 이리저리 헤치면서 그가 앞장섰고 나는 뒤따랐다. 그렇게 기분이 좋을 수 없었다. 프란치스코는 어린아이 같다는 생각이 들었다. 그래서 나는 그를 사랑한다. 그는 지금 형제들에게 새 옷을 자랑하고 싶은 것이다!

하늘이 어두컴컴했고 위협적이었다. 미지근한 비 한 방울이 떨어져 나의 입술을 적셨다. 프란치스코는 머리를 들고 위를 쳐다보더니 그에게도 빗방울을 떨어뜨려 달라고 간청하는 듯이 손을 내밀었다. "내가 느끼는 이 기쁨이 어디에서 오는지 아세요, 레오 형제?" 나를 돌아보면서 물었다. "온 세상의 가난을 내가 전부 들고 있는 것 같아요. 온 세상의 가난한 이들을 전부 내 어깨 위에 짊어지고서 그들과 함께 행진을 하는 기분이라니까요. 어디로 가냐고요? 그들을 데리고 어디로 가려느냐고요? 하느님, 그들을 천국으로 데려가게 하옵소서! 그래요. 가난은 참으로 우리에게 어울리는군요. 레오 형제. 착한 꼬마 아가씨의 머리에 꽂은 붉은 비단 리본처럼 우리에게 아주 잘 어울리지 뭐예요!"

갑자기 엘리아스의 천둥 같은 목소리가 숲 저 너머에서 들렸다. 그는 설교를 하고 있었다. 프란치스코는 걸음을 멈추고 머뭇거렸다. 돌아가고 싶어진 모양이었다.

"엘리아스 형제가 말하고 있어요. 미사는 끝났군요. 복음서를 설명하고 있을 거예요."

"틀림없이 예수의 말씀을 자기 필요한 데로 맞춰서 해석하고 있을 테지요." 나는 악의에 차서 대답했다. 나는 이 형제를 도저히 참고 볼 수가 없었다. 속으로는 주여, 저를 용서하소서, 그를 엘리아스라 부르지 않고 유다라고 부르고 있었다.

프란치스코는 냉정한 눈길로 쏘아보며 나를 나무랐다. "레오 형제, 땅에는 일곱 개의 층이 있고, 하늘에도 일곱 개의 천체가 있어요. 하지만 그 모두를 합친다 해도 하느님께는 작아요. 그러나 인간의 마음은 그렇게 작지가 않아요. 그래서 하느님께서 그 안에 들어오실 수도 있는 것입니다. 그러니까 사람의 마음을 다치게 하지 않도록 조심하세요. 그러다가 하느님을 해치게 될지도 모르니까요."

그 말을 마친 그는 고개를 숙이고 포르치운쿨라로 가던 걸음을 이어갔다. 작은 교회는 마치 벌집처럼 소란스러웠다. 긴 지팡이를 손에 든 엘리아스는 그 한가운데 높은 의자에 올라서 자기를 에워싸고 있는 형제들에게 이야기를 하고 있었다. 나는 지금껏 엘리아스처럼 고집이 세고, 그처럼 끝을 모르게 탐욕스러운 인간을 본 적이 없었다. 온몸에서 그처럼 힘을 뿜어내는 사람은 어쩌면 프란치스코의 아버지 베르나르돈 씨를 빼고는 없을 것 같았다.

프란치스코가 들어서자 몇몇 수도사들이 고개를 돌려 그를 보았지만 인사를 하는 사람은 아무도 없었다. 몇몇 사람들은 그의 옷을 보고 웃음을 터뜨렸다. 엘리아스도 방문객을 보았지만, 의자에서 내려와 그를 맞이할 생각은 하지 않았다. 프란치스코는 좁은 교회 벽을 따라 조금씩 걸어 들어가 한쪽 구석에 비집고 섰다. 고개를 숙인 채 그는 설교를 듣기 시작했다. 엘리아스는 그를 따르는 형제들이 앞으로 따라야 할 새로운 규칙에 대해 이야기하고 있었다. 나중에 실베스터 신부로부터 엘리아스가 지난 일주일 밤낮을 가리지 않고 규칙을 뜯어 고쳤다는 사실을 전해 들었다. 우리의 원래 규칙이 그의 마음에 들지 않았던 것이다. 그는 그것이 너무나 고지식하고 편협해서 자신의 자유를 구속한다고 생각했다. 그가 외쳤다. "시대가 바뀌었습니다. 시대와 사람들은 변했고, 하늘과 땅의 판도도 바뀌었습니다. 옛 진리는 거짓임이 밝혀졌고, 낡은 덕목은 우리 교단이 아기였을 때는 우리를 감싸준 포대기와 같았지만, 우리 교단이 자란 지금은 우리가 자유롭게 숨을 쉴 수 있도록 낡은 포대기를 풀어 버릴 필요가 있습니다. 형제들이여, 새로운 규칙은 여러분에게 새로운 진리와 새로운 덕목을 소개할 것입니다."

그는 구부러진 지팡이를 치켜들더니 프란치스코를 흘깃 쳐다보았다.

"동의하지 않는 사람은 일어나 떠나시오. 규율은 우리들의 새로운 덕목에서 가장 엄한 항목입니다. 우리 형제회 안에서는 한 가지보다 많은 의견이 있을 수 없어요. 우리는 예비군이 아닙니다. 지금 전쟁을 하고 있는 상비군 용사들입니다. 이 규칙이 우리의 장군입니다."

말을 마치자 그는 붉은 글씨와 검은 글씨가 뒤섞인 커다란 두루마리 하나를 쭉 펴 놓았다.

"나는 여러분에게 새로운 계율을 하나하나 설명했습니다. 그리고 가난, 사랑, 정절, 순종이 이 순간부터 우리들에게 무엇을 뜻하는지도 밝혀 드렸습니다. 손을 들고 '옳소', 하고 찬성의 뜻을 크게 소리 내어 외치시오!"

모든 사람들이 손을 들고 "옳소! 옳소!" 소리쳤다. 프란치스코와 나만 팔짱을 끼고 가만히 있었다. 엘리아스의 우레와 같은 목소리가 다시 쩌렁쩌렁 울렸다.

"행복한 형제여, 시대의 흐름에 맞춰 나가는 형제들은 행복할지어다. 그러나 불쌍한 자여……" 그는 두 번째로 프란치스코에게 시선을 던졌다. "시대에 뒤처진 불쌍한 형제여!"

그는 한쪽 구석에 쭈그리고 앉아 말없이 듣고 있는 초라한 수도사에게 의기양양하게 얼굴을 돌렸다.

"잘 오셨소, 프란치스코 형제! 당신은 왜 그렇게 머리를 내젓고 있습니까? 찬성하지 않는 거요? 반대 의견을 갖고 있다는 건가요?"

"나의 형제들이여." 프란치스코는 팔을 쭉 펴면서 대답했다. "나의 아이들, 엘리아스 형제, 나를 용서하시오. 나는 꼭 한 가지 이야기할 것이 있습니다. 이제부터 이야기하려고 합니다. 오늘날 너무나 많은 사람들이 돈과 권력과 학식을 쫓고 있습니다. 그러나 가난하고 미천하고 무식한 사람에게는 축복이 내릴 것입니다!"

"이제는 내가 당신에게 몇 마디 말을 할 차례가 되었군요." 엘리아스는 경멸의 비웃음을 감추지 않았다. "참으로 살아 있는 인간의 의무는 그가 살고 있는 시대와 호흡을 같이 하는 데 있는 것이오." 프란치스코가 반박했다. "당신이 살고 있는 시대에 거스를 수 있는 것이 진정 자유로운 인간의 의무입니다! 하느님께서는 제 손을 잡고 이렇게 말씀하셨습니다. '프란치스코야, 너는 무식하고 미련하고 맨발이니 앞으로 나오너라. 한 걸음 앞에 나와 내가 너에게 맡긴 양들을 이끌어라. 이 길을 따르면 너희는 나를 만나게 될 것이다.' 엘리아스 형제, 여기서 말하는 그 길이란 겸손이랍니다."

"프란치스코 형제께서 비유를 들어 이야기하시기를 고집하니, 하느님께서는 내 손도 잡으셨어요. 그분께서는 넓은 길을 나에게 가리키시며 말씀하셨습니다. '이 길을 따르라. 틀림없이 나를 만나게 될 테니!' 프란치스코 형제, 그 길이란 바로 투쟁을 의미합니다."

그러나 프란치스코는 거세게 머리를 내저으며 부정했다. 무릎을 꿇고 항복하기를 거부한 프란치스코는 절망적인 목소리로 엘리아스에게 소리 높여 말했다. "엘리아스 형제, 나는 당신이 예수님의 양들을 잘못 인도하고 있다 생각해요. 당신이 말하는 그 길은 투쟁이라고 부르는 길이 아니라, 풍요라고 부르는 길입니다. 하느님을 찾아갈 수 있는 넓은 길은 하나도 없어요. 오로지 좁은 길만이 그분의 집인 천국으로 가 닿습니다. 엘리아스 형제, 넓은 길 끝에서 만나게 되는 것은 사탄입니다. 왜 하느님께서 오늘 나를 당신들의 모임에 보내셨는지 알겠군요. 이렇게 외치라는 명령이셨습니다. '형제들이여, 그만! 더 나아가지 말아요. 돌아서세요! 예전의 좁은 길로 돌아가세요!'"

엘리아스도 고함을 질렀다. "프란치스코 형제, 해는 되돌아가지 않는 법이오. 강물은 돌아서지 않소. 인간의 영혼도 되돌아 갈 줄 모르며, 오직 하느님께서 지시하신 방향을 따라 흐를 뿐이오. 여러분, 저 사람 말을 듣지 마시오. 프란치스코 형제, 우리는 머리 숙여 당신의 손에 입을 맞추고, 당신보다 더 앞으로 나아가겠소. 안녕히 가시오!"

여기저기에서 작별을 재촉하는 인사가 쏟아졌다. "안녕히 가시오, 프란치스코 형제. 잘 가시오!"

프란치스코는 옷소매를 들어 눈물을 닦았다.

"프란치스코 형제, 더 할 말이 있나요?"

"더 할 말은 없습니다. 없어요." 프란치스코는 슬픔에 빠져 울부짖으며 천천히 소리 없이 바닥에 주저앉았다. 나는 그를 일으키려 몸을 숙였다.

"레오 형제, 나를 내버려 두세요." 그는 울며 말했다. "이제 모든 것이 끝났어요."

사바티노, 주니퍼, 파치피코, 루피노와 몇몇 수도사 형제들이 모여들어 그를 위로했다. 다른 옛 형제들은 엘리아스의 설교를 듣지 않으려고 실베스터 신부를 따라 나가고 없었다. 우리 규칙에 충실한 형제들은 마침내 반역자 취급을 받기에 이르렀다.

엘리아스가 프란치스코에게 다가와 그의 눈앞에 그 두루마리를 펼쳤다. 젊은 수도사 안토니오가 잉크병과 펜을 가져왔다.

"프란치스코 형제, 이것이 우리의 새 규칙입니다." 그를 내려다보며 엘리아스가 말했다. "여기에 당신의 인장을 찍으시오. 우리를 반대하지 마시오. 반대하는 몇몇 형제들이 이미 떠나버렸습니다. 우리 교단에 불화가 일어나고 있어요. 당신이 인장만 찍으면 우리 모두가 사이좋게 지낼 수 있을 것입니다!"

"죽은 사람에게는 인장이 없습니다, 엘리아스 형제." 프란치스코가 대답했다. 절망감에 숨이 막힌 목소리였다. 그는 엘리아스가 눈앞에 흔들어 보이는 새 규칙을 밀어냈다. "안녕히 계십시오!"

나는 그를 일으켜 세웠다. 한 팔로 그의 허리를 잡고 밖으로 안내하여 길을 따라 걸었다. 그러나 그에게는 걸을 힘이 없었다. 내가 부축하는데도 자꾸만 주저앉거나 넘어져 버렸다. 나는 그를 안아 올려야 했다. 너무나 가벼웠다. 헝겊 주머니를 들어 올리는 것만큼이나 가뿐했다. 오두막에 도착하고 나서 그가 의식을 잃었음을 알았다. 그를 깔개 위에 눕히고 얼굴에 물을 뿌렸다. 한참 시간이 지나서 그는 겨우 정신을 차렸다. 말로 다할 수 없는 슬픈 눈으로 나를 바라보다 눈을 감았다. 다시 한 번 의식을 잃은 것 같았다.

그는 나흘 낮과 밤을 입을 열지 않았다. 음식도 먹지 않았고 한 마디 말도 하지 않았다. 기력이 쇠약해져서 촛불처럼 녹아내리고 있었다. 닷새째 되는 날 아침 일어난 나는 그를 보고 소스라치게 놀랐다. 그의 얼굴은 살 한 점 남아 있지 않은 해골이었다. 두 뺨과 입술, 관자놀이는 푹 패여 들어가고 두 손은 앙상한 다섯 개씩의 뼈밖에는 남아 있지 않았다.

"프란치스코 형제." 그의 귀에다 입을 대고 이름을 불러 보았다. "프란치스코 형제!" 그러나 그는 듣지 못했다.

"사랑하는 프란치스코님," 나는 다시 불렀다. "거룩한 아버지여!" 그는 꼼짝도 하지 않았다. 나는 그를 와락 끌어안았다. 그의 옷은 텅 빈 자루였다. 힘 없이 축 처진 두 다리는 두 개의 나무토막 같았다. 그를 두고 나는 포르치운쿨라로 달려갔다.

"도와주시오!" 나는 울부짖을 수밖에 없었다. "프란치스코 형제가 죽어가고 있어요. 제발 좀 도와 주시오!"

엘리아스는 쓰던 글을 멈추고 고개를 들었다. "그가 죽어 가고 있다고요?"

"나흘 동안 식음을 전폐하고 물 한 모금 마시지 않았습니다. 오늘 아침에는 숨쉴 힘조차 안 남아 있었어요. 여러분 함께 갑시다. 그를 구해야만 합니다!"

"우리가 그를 어떻게 구하겠습니까?" 엘리아스가 깃펜을 내려놓으며 물었다. "하느님께서 그를 데려가기로 마음먹으셨다면 우리가 방해해서는 안되오. 우리에게는 그럴 힘도 없지요."

"힘이 있어요. 당신들은 그럴 힘이 있어요." 나는 필사적이었다. "프란치스코는 일부러 무덤으로 들어가려 하고 있어요. 죽고 싶어 한다고요. 엘리아스 형제, 당신이 그가 처음 닦아 놓은 길에서 멀어진 새 규칙을 만들었기 때문에 그의 심장에 칼이 박힌 것입니다. 그는 죽음을 바라고 있어요. 만약 그가 죽는다면 엘리아스 형제, 내가 모든 형제들 앞에서 말하건대, 바로 당신에게 책임이 있습니다."

엘리아스가 일어섰다.

"그래서 나더러 뭘 어쩌라는 거요?" 그가 짜증스럽게 물었다.

"말해보시오!"

"당신이 쓴 규칙을 가지고 가서 프란치스코가 보는 앞에서 찢어 버리시오. 그는 그것을 바라고 있습니다. 그를 다시 살려 놓으려면 그 방법밖에 없어요. 그렇게 하지 않겠다면 내가 다시 한 번 모든 형제들 앞에서 말하건대 엘리아스 형제, 그는 죽고 말 것이고, 당신이 바로 우리의 아버지인 프란치스코를 죽인 살인자가 될 겁니다!"

대여섯 형제들이 나를 에워싸고 엘리아스를 노려보며 대답을 기다렸다. 그들이 나의 편이라는 생각을 하니 조금 전보다 더 크게 소리칠 수 있었다.

"알았어요, 알았어. 소리 좀 지르지 말아요!" 두루마리를 꽉 움켜쥐면서 엘리아스도 소리를 질렀다. 그는 신발을 신더니 지팡이를 짚고 일어섰다. "자, 갑시다." 그는 불쾌한 음성으로 나에게 말했다. 그러고는 형제들을 돌아보면서 명령했다. "아무도 내 책상을 건드리지 마시오. 안토니오, 잘 지켜라."

그 젊은이가 엘리아스에게 다가가더니 아무도 듣지 못하고 낮은 목소리로 속삭였다. 나는 그의 말을 엿들을 수 있었다. "엘리아스 형제, 뭘 하려는 거죠! 설마 우리 규칙을 찢어 버리지는 않으시겠지요?"

엘리아스는 빙그레 웃더니 귀엽다는 듯 그를 바라보았다.

"걱정하지 말게, 이 사람아. 내가 하는 일을 내가 모를라고."

우리는 오두막에 도착했다. 프란치스코가 누워 있는 깔개 위에 몸을 숙이고 그의 옷을 들춰 본 우리는 덜컥 겁이 났다. 우리 눈앞에는 인간의 몸이라고 할 수 없는 앙상한 뼈 무더기에 얹힌 해골이 하나 있었다. 두 눈은 이미 깊숙이 패인데다 남아 있는 것이라고는 수염과 눈썹뿐이었는데, 그마저도 온통 피투성이였다.

가슴이 미어지는 것 같았다. 나는 프란치스코의 귀에 입을 가져다 대고 큰 소리로 알렸다. "프란치스코 형제, 엘리아스가 왔어요. 내 말 들려요? 규칙인가 하는 걸 찢어 없애 버리겠다고 온 거예요. 프란치스코 형제, 눈을 떠요. 눈을 뜨고 보세요!"

그는 몸을 움찔거리며 짤막한 소리를 냈지만 눈은 뜨지 못했다. 엘리아스 형제가 그에게 몸을 숙였다.

"나요, 프란치스코 형제. 엘리아스요. 눈을 뜨세요. 내 말 알아듣겠어요? 당신의 마음을 달래 드리려 규칙을 여기서 찢을 것이오!"

온갖 애를 쓴 끝에 프란치스코는 간신히 눈을 떴다. 눈꺼풀이 영영 떠지지 않게 꿰매어진 것 같았다. 그는 말없이 엘리아스를 바라보았다.

엘리아스가 옷 속에서 두루마리를 꺼냈다. 말려 있던 두루마리를 펼쳐 놓은 그는 아주 작은 조각으로 갈기갈기 찢기 시작했다. 프란치스코의 뺨과 입술에 조금씩 혈색이 돌기 시작했다.

"그 조각들을 불 속에 넣어요, 레오 형제." 그가 말했다.

그는 엘리아스를 돌아보았다. "엘리아스 형제, 손을 이리 주세요."

그는 엘리아스의 손을 잡고 잠시 꼭 쥐고 있었다. 그러고는 눈물을 쏟았다.

그러고는 그가 나를 불렀다. "레오 형제, 우유가 있다면 조금 마시고 싶어요."

프란치스코는 천천히 생기를 되찾아 갔다. 더디고 힘든 회복이었다. 날마다 조금씩 활기가 돌아왔다. 먹기 위해서 입을 벌리고 말하기 위해 입술을 움직이기 시작했다. 오두막 문가로 몸을 끌고 가서 햇볕을 쬐기도 하고, 폭풍이 휘몰아치는 날이면 화롯가에 앉아 마치 빗소리를 한 번도 들어보지 못한 사람처럼 황홀한 얼굴로 주룩주룩 쏟아지는 비에 귀를 기울이기도 했다. 지독한 가뭄에 온몸이 말라붙었다가 마른 땅을 적시는 단비를 온몸으로 느끼는 사람의 표정이었다. 몸뿐 아니라 그의 영혼까지 촉촉이 적시는 빗소리였다.

"레오 형제." 어느 날 그가 나를 불렀다. "땅과 인간의 영혼은 똑같아요. 모두 목마른 것을 알고, 목마름을 달래려고 하늘이 열리기를 기다리니까요."

하루는 프란치스코가 사랑하는 형제 길레스가 먼 마을들을 돌아보고 오는 길에 우리에게 들렀다. 프란치스코는 그의 품에 안기면서 쉴새 없이 입을 맞추었다. 그는 길레스를 너무나 사랑했다. 길레스는 언제나 천국을 우러러 보고 살기 때문이라고 했다. 우리의 손님은 바닥에 무릎을 꿇고 앉아 이 마을에서 저 마을로 다니며 보고 겪은 일들을 하나도 빠짐없이 즐거이 이야기했다. 마을 사람들 가운데는 그를 미친 사람으로 여기며 조롱한 사람들도 있었고, 그를 성인으로 여겨 그의 발 앞에 무릎 꿇고 엎드린 사람들도 있었다. 그럴 때마다 그는 이렇게 외쳤다는 것이다. "나는 미친 사람도 아니고, 성인도 아닙니다. 그저 죄인일 따름입니다. 거룩한 아버지 프란치스코께서 저에게 구원의 길을 보여 주셨습니다. 그래서 나는 신발을 벗어 던지고 그 길을 걷기로 했습니다."

"꼭 무화과나 호두를 한 바구니 들고 마을 안으로 들어서곤 했지요. 아무것도 찾을 수 없을 때는 들꽃이라도 꺾어 가지고 갔어요. 그러고는 이렇게 외쳐댔답니다. '나를 한 대 때려주는 사람에게는 무화과 하나를 드리겠어요. 나를 두 대 때리는 분에게는 무화과 두 개를 드리겠어요!' 마을 사람들이 달려 나와 내가 죽기 직전까지 나를 손바닥으로 때리고 주먹으로 쳤어요. 바구니가 텅 비게 되면 나는 만족스러운 기분으로 마을 밖으로 빠져 나와서 다시 바구니를 가득 채우고, 다음 마을을 찾아 떠나고는 했어요."

"길레스 형제, 나는 형제가 좋아요! 그대에게 축복이 내리기를." 프란치스코가 말했다.

"프란치스코 형제, 나는 성인 같은 보나벤투라도 만났지요. 그는 우리와는 아주 다른 길을 택한 분이에요. 배움이 구원을 돕는다고 믿고 있었어요. 나는 그에게 다가가 물었지요. '신부님, 무식한 사람과 유식한 사람 모두 구원을 받을 수 있을까요?'

'형제님, 물론이지요.' 하고 대답했어요.

'배우지 못한 사람과 배운 사람이 똑같이 하느님을 사랑할 수 있을까요?' 그분이 뭐라고 했는지 아세요? 프란치스코 형제, 들어보세요. 마음이 흐뭇해질 테니까! '늙고 무식한 쪼그랑할멈이 유식한 신학자보다 하느님을 더 사랑할 줄 안답니다.' 그 말을 듣자마자 나는 거리로 달려나가 소리치고 다녔어요. '들어보시오! 들어 보시오! 보나벤투라 신부가 하신 말씀을 들어 보시오. 아무것도 모르는 쪼그랑 할머니가 유식한 보나벤투라보다 하느님을 훨씬 더 많이 사랑할 줄 안답니다!"

"그대에게 축복이 있을지라. 길레스 형제." 프란치스코는 만족스럽게 웃으면서 다시 한 번 말했다. "만약 누가 당신의 마음을 열어 본다면, 진실된 하느님의 규칙이 붉은 글씨로 커다랗게 써 있는 걸 보게 될 거예요. 모두 대문자로 말입니다."

고행을 위해 떠돌아다니는 그의 옛 동료들이 이렇게 가끔 찾아와주는 게 프란치스코에게는 큰 위안이 되었다. 빵이나 우유보다 그들이 주고 가는 사랑이 더 좋은 영양분이 되었다.

마세오 형제가 불에 구워 프란치스코에게 줄 생각으로 잘 익은 곡식 한 단을 들고 나타났다.

"마세오 형제, 그 곡식 이삭을 어디서 찾아낸 거예요?" 프란치스코는 불안한 듯 물었다. "당신이라면 좋은 의도로 좀 나쁜 일도 능히 할 만하니까요. 누구 밭에 넘어 들어가 이삭들을 베어 왔는지 궁금하군요." 마세오가 껄껄 웃었다. "따지려 들지 마세요, 프란치스코 형제. 천만에요. 이건 훔친 것이 아니에요. 오는 길에 밀 한 단을 이고 가는 농부의 아내를 만났어요. '수도사님, 어디 가시는 길인가요?' 묻더니 '당신도 그들 가운데 한 사람인가요?' 하는 게 아니겠어요. '무슨 뜻이지요?' 내가 물었지요. '그 마음씨 좋은 어린거지를 따르는 사람이냐고요?'

'부인, 어쩌면 그렇게 딱 맞추셨소? 어떻게 알았지요?' '당신 옷에 구멍이 수천 개는 되고, 맨발로 다니면서 누가 간지럼을 태우기라도 하는 듯 웃고 있으니까요.'

'하느님께서 저를 간지럼 태우시거든요.' 내가 대답했지요. '그러니까 이렇게 웃지요. 당신도 하느님 가까이 오지 그러시오. 그럼 당신도 웃을 텐데요.'

'그럴 시간이 없어요.' 그녀가 대답했어요. '저에게는 남편과 아이들이 있어요. 돌멩이 위를 맨발로 걸어 다닐 수도 없고요. 저는 그냥 내버려 두세요. 하지만 부탁이 하나 있어요.' 여자는 등에 지고 가던 곡식 단을 내려놓고, 이삭 한 묶음을 빼어 나한테 쥐어 주었어요. '그분께서 굶주리고 있다고 들었는데.' 여자는 말을 이었지요. '저도 가난하지만 이 곡식은 그분께 전해 주세요. 가난한 사람이 드리는 인사입니다."

프란치스코는 곡식들을 품에 꼭 끌어안았다. "가난한 이에게서 얻은 빵은 천사들의 진정한 양식이에요, 마세오 형제. 하느님, 부디 이 농부의 아내에게 밀 이삭의 관을 씌워 천국으로 인도하소서!"

마세오는 불가로 가서 이삭을 굽기 시작했다. 그리고 그것을 손으로 비벼 낟알을 추려냈다.

"프란치스코 형제, 할 말이 더 있어요. 기분 나쁘게 듣지는 마세요. 이야기해도 될까요?"

"마음껏 이야기 하세요, 마세오 형제."

"내가 조금 바보 같은 미친 짓을 한 것 같아요. 당신은 화를 낼 거예요."

"마세오 형제, 광기는 온전한 정신이 부패하는 것을 방지하는 소금이에요. 잊지 마세요. 한때는 나도 길거리를 쏘다니면서 '미친 사람의 소리를 들으세요. 새로운 광기를 들어보세요!' 외치고 다닌걸요. 그러니까 어서 말해 보세요."

"어디를 가건, 프란치스코 형제, 사람들은 전부 당신 이야기를 해요. 이곳까지 걸어서 여행을 해 보고 싶다는 거예요. 당신의 손에 입 맞추는 것이 소원이래요. '도대체 왜 그러는 거지요?' 어느 거만한 백작이 나에게 물었어요. '나는 그 유명한 프란치스코라는 자를 직접 만나 봤소. 배운 것 없고 말도 안 하는데다 좋은 가문에서 태어난 것도 아니더군. 게다가 키가 너무 작아 난쟁이 같았고, 얼굴은 온통 털이 뒤덮고 못생겼더군. 그런 왜 다들 그런 사람을 찾아가 보겠다는 거지? 이해할 수가 없어!'"

"그래서 뭐라고 대답했나요?" 프란치스코가 웃으면서 물었다. "바로 거기서부터 미친 짓이 시작된 거지요, 프란치스코 형제. '왜 다들 그 사람을 만나려는지 아시오?' 그 백작에게 말했습니다. '숲 속의 짐승과도 같은 냄새를 풍기기 때문입니다. 맡는 순간 현기증이 나는 이상한 냄새지요.' '그게 무슨 냄새인데 그러지?' 묻더군요. 그래서 제가 대답해 주었습니다. '성인에게서 나는 냄새지요.' 프란치스코 형제, 제가 괜찮게 말한 걸까요?"

"아니요, 아니에요!" 프란치스코는 외쳤다. "마세오 형제, 그런 소리는 두 번 다시 입 밖에 내지 마세요. 내가 지옥으로 떨어지는걸 보고 싶으세요?"

"그럼 뭐라고 말할까요? 다들 물어보는데요."

"이렇게 말하면 좋겠어요. '왜 모든 사람들이 그를 따라다니는지 알고 싶소? 왜 모두가 그의 모습을 보고 싶어하는지 말이오? 그건 바로 지금까지 그처럼 못생기고 죄에 짓눌린 사람을 본 적이 없었고, 앞으로도 볼 수 없기 때문이라오. 어찌나 형편없는 사람인지, 바로 그렇기 때문에 하느님께서 그를 택한 것이라오. 미모와 지혜를 가진 사람, 고귀한 혈통을 자랑하는 사람들을 모두 부끄럽게 만들려는 뜻이지요!' 당신은 이렇게 말해야만 해요. 마세오 형제, 나의 축복을 원한다면 말이에요." 마세오는 머리를 긁적이더니 몰래 내 얼굴을 살폈다. '말을 해야 할까, 말아야 할까?' 묻는 듯한 표정이었다.

내가 충고했다. "생각나는 것을 그대로 말하십시오. 머리는 긁지 말고요!"

"아, 프란치스코 형제에게 말하고 싶었던 것이 또 한 가지 있어요. 하나만 더 말씀 드리고 떠나겠어요. 당신에게서 정말 향기가 나요. 사향 냄새인지 장미향기인지는 잘 모르겠지만 저는 1킬로미터나 떨어진 곳에서도 맡을 수 있다니까요. 이 오두막도 그 향기를 따라 왔다고요."

드디어 우리는 포르치운쿨라 옆을 떠날 준비를 서둘렀다. 프란치스코는 사람들과 부대끼는 데 지쳐 있었다. 완전히 홀로 떨어져 하느님과 대화할 수 있을 그런 산 속의 동굴로 몸을 숨기고 싶어했다.

"나는 한 마리의 들짐승처럼 혼자서 외롭게 살도록 만들어졌어요." 그가 언제나 입버릇처럼 하던 말이다. "그래서 하느님께서는 나를 불러 내셔서 사람들에게 설교하라는 명령을 내리셨던 것이지요. 그런데 주여, 제가 무슨 말을 할 수 있겠습니까? 내가 말주변이 없다는 것은 하느님께서도 잘 아십니다. 소질이라고는 노래하고 우는 것밖에 없으니 말이에요."

우리가 떠나기 며칠 전 오두막 문앞에 실베스터 신부가 베르나르드, 피에트로, 사바티노, 루피노, 파치피코 충실한 다섯 형제와 함께 나타났다. 포도를 나귀에 한 가득 싣고 아시시에 그것을 팔러 가던 늙은 농부가 프란치스코에게 포도송이 하나를 선물했다. 그는 그걸 손에 들더니 지금까지 포도를 한번도 본 적이 없는 사람처럼 황홀하게 포도 알들을 들여다보았다.

"얼마나 멋진 기적입니까, 레오 형제. 이것 좀 보세요!" 그는 탄성을 질렀다. "날마다 일어나는 이 기적을 못 보다니, 사람들은 얼마나 무감각하고 눈이 먼 것일까요! 포도 한 송이를 보아도 그래요. 아, 얼마나 위대한 신비인가요! 이걸 먹으면 기분이 상쾌해지고, 으깨어 마시면 포도주가 되지요. 포도주를 마시면 이성을 잃어버리지요. 어떤 때는 하느님께서 마음을 넓혀 주서서 두 팔을 벌려 온 인류를 끌어안기도 하고, 어떤 때는 분노가 타올라서 칼을 빼 들고 살인도 하지요."

실베스터 신부와 다른 형제들이 문가에 나타났다. 모두 무릎을 꿇고 프란치스코의 손에 입을 맞추었다.

실베스터 신부가 말했다. "당신의 축복을 받으러 찾아왔습니다. 당신이 가르쳐 주신 대로 예수의 말씀을 설교하러 떠나는 길입니다."

"하느님께서 이끌어 주시길, 어디로 가실 계획인가요?"

"어디든 길 닿는 데까지 가볼 생각입니다. 프란치스코 형제, 어디든 하느님께서 이끄시는 대로 따를 것입니다. 온 세상이 예수님의 밭이 아닌가요? 우리는 씨를 뿌리러 가는 것이지요."

프란치스코는 손을 하나하나 형제들의 머리 위에 얹었다. "형제여, 앞으로 나아가세요. 나의 축복과 함께 가세요. 능력이 있다면 말로 설교를 해도 좋습니다. 그러나 무엇보다 여러분의 목숨과 행동으로 설교를 하도록 하십시오. 말보다 고귀한 것은 무엇입니까? 바로 행동입니다. 행동보다 높이 있는 것은 무엇입니까? 바로 침묵입니다. 나의 형제여, 하느님께 이르는 계단을 끝까지 다 오르십시오. 말과 행동으로써 설교하고, 혼자일 때면 주님과 함께하는 거룩한 침묵에 잠기십시오."

할 말을 다한 그는 오랫동안 형제들 한 사람 한 사람의 얼굴을 자애로운 눈으로 바라보았다. 마치 살아서 다시 볼 수 없을 전쟁에 나가는 사람들을 바라보는 눈길이었다.

"사람의 마음은 단단한 돌덩이 같아요." 그는 한숨을 내쉬며 말했다. "하지만 하느님께서 여러분과 함께하시니 두려워 말아요. 괴롭힘을 당할 때마다 이렇게 말하세요. '우리는 고통 받고 죽임 당하고 정복하기 위해 태어났다!' 두려울 것이 뭐지요? 아무것도 두려울 것이 없어요. 누구를 두려워해야 할까요? 아무도 없어요. 왜냐고요? 하느님의 군대에 입대한 사람은 누구나 세 가지 특권을 갖기 때문이에요. 능력이 없어도 전능할 수 있고, 술이 없어도 취할 수 있고, 죽음이 없는 삶을 살 수 있는 특권입니다."

형제들은 말없이 서서 그를 바라보았다. 그들은 말없는 작별 인사를 나누고 있었다.

"나의 형제들이여, 나도 곧 떠날 겁니다." 프란치스코가 말을 이어갔다.

"나는 바위와 들꽃과 그리고 산 속 백리향에게 구원의 말씀을 설교할 거예요. 심판의 날이 다가오고 있어요. 우리는 서둘러야 합니다. 그날이 오면 모든 사람, 모든 짐승, 새, 식물, 돌덩이들도 준비를 갖춰야만 해요. 여러분 주위에 있는 모든 것이, 온 세상이 심판을 받을 준비, 하늘에 오를 준비를 갖추어야 합니다. 천국이 무엇일까요? 형제들, 지금 우리가 보는 이 세상이 모두 의로워지면 그곳이 바로 천국일 거예요!"

"우리 교단이 언제나 좁고 곧은길을 따를 수 있도록 하느님께 기도합시다." 베르나르드는 말했다. "그것은 프란치스코 형제, 당신의 길일 것입니다."

피에트로는 엎드려서 프란치스코의 무릎을 잡았다. "오랜 시간 나를 괴롭혀 온 의문이 하나 있어요, 프란치스코 형제. 당신의 입에서 나오는 대답을 듣지 않고는 떠나고 싶지 않아요. 프란치스코 형제, 우리들은 이 좁고 곧은 길을 얼마나 더 나아가야 하나요?"

"형제들이 맨발로 걷는 한 계속해서 나아가야겠지요." 프란치스코가 대답했다. 그는 더는 말을 하지 않았고, 우리들도 침묵을 지켰다.

"해가 벌써 지평선 위로 한 뼘이나 떠올랐어요." 실베스터 신부가 말하며 일어섰다. 다른 형제들도 따라 일어섰다. "당신이 옳아요, 프란치스코 형제. 우리는 서둘러야 합니다. 안녕히 계세요!"

"하느님께서 여러분과 함께 하시기를!" 프란치스코는 대답하면서 그들의 머리 위 허공에 성호를 그었다.

11
하느님의 길

형제들에게 작별 인사를 하고 프란치스코는 무릎을 꿇어 포르치운쿨라 문턱에 입을 맞추었다. 흐려진 눈으로 주위를 둘러보며 낯익은 것들과 하나하나 작별 인사를 나누었다. 새와 나무들, 가시덤불, 세이버리, 백리향, 길가의 야생초, 우리의 오랜 어머니인 포르치운쿨라를 둘러싸고 해마다 피어나는 이름 모를 풀들에게 인사했다.

"하느님의 이름으로, 레오 형제." 그가 말하면서 성호를 그었다. 우리는 길을 떠났다.

"어디로 갈지 생각해 보셨나요?" 내가 물었다.

"왜 그걸 내가 생각하겠어요? 주님께서 아실 텐데. 그럼 됐지요. 노랗고 해를 닮은 헬리오트로프라는 꽃을 본 적이 있나요? 그 꽃은 해 형제를 빤히 바라보면서 그가 가는 길을 좇아 얼굴을 돌리지요. 레오 형제, 우리도 그렇게 해요. 오로지 하느님만 쳐다보고 따라가도록 합시다."

여름이 거의 지나고 있었다. 땅은 막 아이를 낳은 여인처럼 만족스런 기분으로 비스듬히 누웠다. 밭은 추수가 끝났고, 포도도 거두어 들였다. 오렌지 나무에는 잎새들 사이로 아직 채 영글지 않은 초록색 열매들이 윤기를 내고 있는 게 보였다. 제비들은 두루미들이 날아와서 그들을 날개에 실어 멀리멀리 데려가 주기를 기다리고 있었다. 엷고 부드러운 구름이 하늘을 이불처럼 덮고 산에서부터 비가 몰려오기 시작했다. 땅에서는 향긋한 흙 내음이 풍겼다.

프란치스코는 깊게 숨을 들이마셨다. 이토록 편안한 그의 얼굴은 참으로 오랜만이었다. 낮은 언덕을 올라 오래된 탑의 허물어 가는 벽에 기대어 잠시 쉬었다. 나는 발 아래 펼쳐진 평야를 내려다보았다. 이렇게 고요할 수가! 이렇게 달콤할 수가! 대지는 할 일을 다 마치고 더 없는 만족으로 허리를 펴고 누워 있었다.

"언젠가 라벤나에서 본 거룩한 성화를 연상시키는군요." 프란치스코가 나를 바라보며 말했다. "아나톨리아에서 온 십자군들이 가져온 전리품 가운데 하나였어요. 그들은 성묘를 구하러 갔었는데, 콘스탄티노플을 보자마자 그 부귀와 아름다움에 감탄한 나머지 예수에 대해서는 전부 잊어버리고 도시를 습격한 거지요. 도시를 불사르고 사람들을 죽이고 재물을 훔쳐서, 전리품을 끌어안고 고향으로 돌아왔어요. 복되신 동정녀 마리아가 승천하는 그 그림을 라벤나로 가져왔던 거지요. 레오 형제, 그것은 하나의 기적이었어요! 하느님의 어머니께서 손을 가슴에 모으고 침대에 누워 계신데, 그 얼굴 가득 흡족한 미소를 머금고 있었어요. 머리에는 보랏빛 베일을 쓰고, 집안일로 늙은 손에는 숱한 주름이 지고, 뺨은 수척했으며, 자갈길과 가시밭길을 걸어온 여인의 두 발은 닳아 있었지요. 하지만 그분의 입가에서 솟아나 뺨과 이마를 지나 눈가에서도 쏟아지는 마음의 기쁜 미소를 알아볼 수 있지요. 여인은 맡은 소임을 다 하고 이제는 평온을 즐기고 있었어요. 무슨 소임이었냐고요? 세상을 구원할 구세주를 낳는 일이지요. 레오 형제, 풍년을 낳고 이제는 평온해진 들판을 보면서, 혼자 생각해 봅니다. 가을에는 동정녀 대지도 똑같이 잠을 자게 되는 것이라고."

우리는 여러 날 여러 주 동안 여행을 했다. 우리는 어디로 가고 있었던가? 하느님께서 정하신 곳으로. 프란치스코는 시간이나 장소를 정해두고 움직이지 않고, 헬리오트로프처럼 하느님의 얼굴을 따라 가는 데에 기쁨을 느꼈다.

"얼마나 행복한지요." 그는 입버릇처럼 되풀이했다. "어떤 고집도 부리지 않고 '나'라는 말은 입에 담지도 않고 사니 얼마나 즐거워요! 내가 누구인지도, 이름조차도 잊고 하느님의 바람결에 나를 내맡긴다니 얼마나 신나는 일인가요! 이것이야말로 진정한 자유지요! 누군가 당신께 누가 자유로운 사람이냐고 묻는다면, 레오 형제, 당신은 뭐라고 대답하실래요? 바로 하느님의 종이 된 사람이에요! 다른 자유는 알고 보면 모두 속박입니다."

어느 날 우리는 작은 마을에 멈추었다. 프란치스코가 양물이 방울을 울리자 마을 사람들이 그의 말을 들으려고 모였다. 그들은 이 맨발의 나그네가 누구인지 잘 알고 있었다. 그가 행한 기적과 고귀한 가난 부인을 사랑하는 그의 이야기는 이 먼 땅까지 전해졌다. 그들 또한 가난한 사람들이니, 일부러 찾아와 따르지는 않아도 프란치스코의 제자들이었다.

프란치스코는 큰 바위 위에 올라섰다. "나의 형제들이여, 내가 여러분에게 설교할 필요가 어디 있겠습니까? 천국에 이르는 길을 보여 줄 필요가 어디 있겠습니까? 여러분은 가난하고 겸손하고 배운 것이 없으며, 하느님께서 어여삐 여기실 부지런한 일꾼들입니다. 벌써 그 길을 걷고 있지요."

그가 말을 멈추었다. 쉬지 않고 재잘거리던 제비들이 그를 에워싸고 지붕 위와 무너진 탑마다 무리 지어 내려 앉았다. 떠날 준비를 마치고 알맞은 방향에서 바람이 불어오기를 기다리고 있는 것 같았다. 프란치스코가 다시 말을 이어가려 하자 제비들이 우르르 날아올랐다. 한 무리가 그의 머리 위에 내려앉으며 지저귀는 바람에 그의 목소리가 들리지 않을 지경이었다. 그의 머리 위 여기저기에서 떠드는 제비 소리보다 더 큰 소리를 내려고 목청을 높이며 그가 외쳤다.

"나의 형제들이여, 이 세상에서의 우리의 삶은 허망한 꿈에 지나지 않습니다. 영원한 삶, 진정한 삶은 천국에서 우리를 기다리고 있습니다. 발밑의 흙을 내려다보지 말고 눈을 들어 높은 하늘을 보십시오. 몸부림치다 부리가 피로 물든 영혼을 위해, 이제는 그만 새장을 열어주십시오. 나의 형제여, 그리고 날아오릅시다!"

프란치스코는 목이 쉬어라 외쳐 댔지만 제비들은 떠날 기미도 보이지 않았다. 오히려 지저귀고 짹짹대며 점점 더 많은 제비들이 모여들었다. 프란치스코가 그들에게 사냥하고 부드러운 목소리로 부탁했다.

"나의 작은 형제 제비들이여, 제발 부탁이니 나도 이야기하게 해주렴! 세상에 봄을 가져다주는 그대들아, 작고 우아한 하느님의 심부름꾼들아, 날개를 잠시 접고 지붕 위에 모여서 조용히 이야기를 들어요. 우리는 지금 제비와 사람을 만드신 우리 아버지 이야기를 하고 있지요. 그대들이 그분을 사랑한다면, 그리고 형제인 나를 사랑한다면 조용히 해주세요! 남쪽 나라로 머나먼 길을 떠날 준비를 하고 있군요. 주님께서 그대들과 함께 하시기를! 떠나기 전에 하느님의 말씀을 듣는다면 좋겠군요."

제비들은 이 말을 듣자 날개를 접고 조용히 프란치스코를 둘러쌌다. 몇 마리는 그의 어깨에 올라앉았다. 모두 작고 동그란 눈으로 하느님의 말씀을 외치는 사람을 바라보았다. 격한 기쁨을 누르지 못해, 한시라도 빨리 하늘로 날아오르고 싶은 듯 날개를 퍼덕거리는 소리가 이따금씩 들려오는 것 말고는 조용했다. 이 기적을 목격한 농부들은 남녀 할 것 없이 프란치스코 앞에 무릎을 꿇었다.

"우리를 데려가 주십시오." 여자들이 외쳤다. "우리는 이제 집도 남편도 필요 없어요. 수도복을 입고 죽을 때까지, 죽을 때까지 당신을 따르겠어요!"

프란치스코의 발에 입을 맞춘 남자들을 가슴을 치며 외쳤다. "우리는 아내도 밭도 다 필요 없습니다. 우리도 하늘의 왕국을 원합니다. 프란치스코 형제, 우리를 데려 가세요. 당신과 함께 데려가 주세요!"

프란치스코는 겁에 질렸다. 이들을 어떻게 한단 말인가, 어디로 데리고 가며 어떻게 먹여 살린단 말인가? 세상사람 모두가 수도사나 수녀가 되겠다고 나서면 세상은 어떻게 될 것인가?

"잠깐만, 여러분." 그가 소리쳤다. "여러분은 내 말을 오해했어요. 천국에 이르는 길은 꼭 하나만 있는 것은 결코 아닙니다. 아내도 먹을 것도 집도 벽난로도 없이 나아가는 수도사의 길도 있지만, 평범하지만 독실한 신앙인으로서의 삶도 천국에 이르는 또 하나의 길입니다. 결혼도 하고 아이도 낳아서 인류를 이어나가는 길입니다. 땅을 갈지 않은 채 버려두고 씨앗을 뿌리지 않거나, 여자가 아이를 낳지 않는 것은 옳지 않으며 하느님께서도 바라지 않으십니다. 여러분, 이 세상에 살아가는 여러분을 위해서 하느님께서 즐겁고 달콤한 대화를 만드셨고, 빵과 화로와 정직한 부부생활을 허락하셨습니다. 지금 살고 있는 그대로 산다면 여러분이 천국의 문에 다다르게 된다고 내가 맹세합니다."

농부들이 화를 냈다.

"처음에는 우리들을 위해 불을 지피더니 이제는 그 불을 꺼버리려고 갖은 말을 다하는군. 조금 전에는 우리들더러 구원을 받기 위해 속세를 버리라고 하더니, 이번에는 또 그러지 말라고 하면 그건 거짓말이 되오. 우리를 그냥 내버려두시오. 다른 데나 가보라고요!"

"당신의 행동은 정직하지 못해요. 엉터리라고요, 수도사!" 남편들보다 더 화가 난 아낙네들이 소리를 질렀다. "당신이 싫든 좋든 우리는 당신을 따라갈 겁니다! 여자도 남자처럼 천국에 들어갈 수 있지요? 안 그래요? 복되신 동정녀께서는 어떻게 들어갔습니까? 그러니 우리를 못 들어가게 하지는 말라고요!"

프란치스코는 어쩔 줄을 몰라 하며 손뼉을 쳤다. "기다려요, 잠깐만." 그는 그들에게 사정을 했다. "나는 돌아올 것입니다. 먼저 여러분이 가진 전 재산을 가난한 사람들에게 나눠 주십시오. 결혼한 사람들은 정절을 지키시고, 저주하거나 욕을 하지 마십시오. 화를 내지 않도록 하세요. 하루에 세 번씩 모두 무릎을 꿇고 기도 드리세요. 여러분, 오랜 준비 기간이 필요합니다. 떠날 준비를 갖추십시오. 돌아오겠습니다!"

"돌아올게요. 돌아온다니까요." 그는 큰 걸음으로 성큼성큼 마을을 떠나면서 끊임없이 외쳐댔다. 내가 그의 뒤를 쫓아 달려갔다. 뒤로는 십여 명의 여자들이 쫓아오면서 욕을 퍼붓고 있었다. "사기꾼! 거짓말쟁이야! 기생충 같으니! 협잡꾼아!" 돌이 날아들었다. 그러나 우리는 이미 마을을 훨씬 벗어나 있었다. 그들이 눈에서 사라지자 우리는 숨을 돌리려고 그 자리에 멈추었다.

"프란치스코 형제, 이번에는 우리가 잘못한 겁니다." 나는 용기를 내어 말했다. "한 사람 한 사람이 감당해낼 수 있는 만큼만 가르쳐야 해요. 그보다 더 가르치는 것은 유혹입니다."

프란치스코는 돌 위에 앉았다. 그는 생각에 잠겨 대답을 하지 않았다. 마음속으로 고통스러워하고 있다는 것을 알 수 있었다. 이마에 핏줄이 서는 것이 보였다. 나는 그를 마주하고 앉아 잠자코 기다렸다. 마을 사람들이 준 말라비틀어진 빵 몇 조각과 올리브 몇 개, 그리고 포도 두 송이가 있었다. 나는 너무 배가 고팠다.

"성호를 긋고 식사를 합시다, 프란치스코 형제." 나는 애원했다. "배고프지 않으세요?"

그러나 그는 깊은 명상에 잠겨 내 말이 들리지 않는 듯했다.

"레오 형제," 오랜 침묵이 흐르고 그가 말했다. "한 사람의 성인도 없는 마을은 불쌍하지만, 모두가 성인인 마을도 불쌍합니다!"

혼자 식사를 즐기고 있던 나는 마을에서 보고 들은 모든 것을 곰곰이 되새겼다. 유혹의 마귀가 내 마음에 들어온 모양이다. 지치고 넌더리가 나서 속으로 중얼거리고 시작했다. '프란치스코 형제, 편하고 평탄한 길을 걸어가도 하느님을 만난다는데, 왜 험한 길을 오르는 당신에게 모든 고난과 고뇌가 뒤따르는 것입니까? 아이들을 낳고 집과 밭과 풍족한 양식을 가진 결혼한 사람을 생각해봅시다. 그는 과연 하느님을 찾을 수 있을까요? 당신은 찾을 수 있다고 했습니다. 그렇다면 우리도 다른 사람들과 똑같이 결혼도 하고 사람답게 살아 봅시다. 우리에게는 하느님을 찾겠다는 한 가지 목적뿐이지요. 그렇다면 건강하고 잘 먹은 몸으로 그분을 찾아뵙질 않고, 지치고 늙어빠진 몸으로 찾아 뵐 까닭이 무엇입니까? 내일이나 모레 하느님께서 나타나시기라도 하면 당신처럼 볼품없이 말라비틀어진 몸을 가지고 나가서 그분을 맞을 기력이나 어디 있겠어요? 프란치스코 형제, 당신은 교황이 뭐라고 했는지 기억하지요? '고약한 냄새, 당신은 무슨 돼지우리에서 나왔소?' 하느님께서도 똑같이 물으실 겁니다!' 내가 한 입 한 입 커다랗게 음식을 베어 먹으면서 속으로 되뇐 말이었다. 나는 포도 한 송이를 다 뜯어 먹고, 두 번째 송이를 뜯어먹고 있었다. 하느님께 맹세하건대, 프란치스코만 없다면! 그는 얼마나 거추장스러운 존재인가? 당장 아까의 마을로 돌아가서 그 자리에서 결혼하고 말겠다. 마음에 드는 아가씨도 하나 이미 봐두었다.

나는 물론 하느님을 두려워하는 좋은 남편이 되어서, 하루 세 번, 아니 서른 번도 더 무릎을 꿇고 기도를 드릴 것이다! 적당한 걸음으로 하느님께 여유를 가지고 다가갈 것이며, 우리 모두 다 함께 천국에 들어갈 수 있도록 아내와 아이들을 나의 뒤에 거느리고 나아갈 것이다!

프란치스코가 자세를 바꿨다. 나는 눈을 들어 그를 보고 움츠러들었다. 죄를 저지른 기분이 들었다.

그러나 프란치스코는 나를 보고 미소를 지었다. "당신이 옳아요, 레오 형제. 수도사의 삶은 갑갑하지요. 아무나 견뎌낼 수 있는 건 아니에요. 또 모두가 수도사가 되어도 안되고요. 모든 사람들이 수도사가 된다면 세상은 멸망해 버리고 말 테니까요. 이 축복받은 돌 위에 앉아서 하느님께서 가르쳐 주신 이야기를 들어보세요. 우리의 엄격한 형제회 옆에 또 하나의 교단을 만들 생각이에요. 새 교단은 덜 엄격해서 속세에 살기를 택한 믿음이 깊은 기독교인을 품을 수 있을 거예요. 이 온건한 교단에 소속된 형제들은 결혼할 수 있고, 집안일을 돌볼 수 있으며, 적당히 먹고 마셔도 괜찮습니다. 맨발로 다니거나 수도복을 입을 필요도 없어요. 하지만 깨끗한 생활을 하고, 원수를 사랑하며, 가난한 사람에게 자신을 베풀고 눈을 들어 언제나 천국을 소망해야 합니다. 어때요, 레오 형제? 나와 같은 생각이 드시나요?"

나는 그렇다면 왜 우리는 그 교단에 들어갈 수 없는지 물어보고 싶었지만, 너무 부끄럽기도 하고 두려워서 말을 삼켰다.

달리 할 말이 생각나질 않아, "참 좋은 생각이네요." 대답했다. 내가 무슨 말을 할 수 있겠는가? 나는 잠자리를 준비했다. 그리고 그 위에 벌렁 누웠다. 나는 프란치스코를 만나기 전부터 하느님을 찾고 있었다. 하지만 음식을 보면 기뻐하는 이 식탐을 결코 버리지 못했다. 그와 함께 하고부터는 하느님을 찾는 걱정은 하지 않아도 되었다. 하느님을 찾는 길이라면 그가 훤히 알고 있기에 그만 안심하고는 그의 뒤만 따라다녔던 것이다. 하지만 음식과 술, 그리고 다른 모든 편안하고 좋은 것들이 끊임없이 나를 괴롭혔다. 그렇다. 너무 부끄러워 말은 못했지만, 여자 문제 또한 나를 괴롭혔다.

"레오 형제, 무슨 생각을 하세요?" 상념에 잠긴 나를 보고 프란치스코가 물었다. "하느님에 대해서 생각하고 있지요." 나는 화제를 돌리고 싶었다.

"그분을 찾아서 온 세상을 헤매던 시절이 생각나세요, 레오 형제? 결국 찾지 못했지요. 하느님께서 바로 당신의 마음속에 계셨기 때문이에요. 당신은 잃어버린 금반지를 찾아 온 세상을 밤낮으로 헤매고 다니는 사람과 같아요. 결코 찾을 수 없어요. 왜냐하면 반지는 손에 끼고 있으니까요."

어느 저녁 땅거미가 질 무렵 우리는 몬테펠트로의 이름난 성에 도착했다. 성탑 꼭대기에는 온갖 색의 깃발이 나부끼고, 성벽 구멍 사이로 나팔 소리가 퍼져 나왔다. 값진 붉은 태피스트리가 성벽의 창에 드리워지고 거대한 요새의 대문은 도금양과 월계수로 장식되어 있었다. 귀족 영주들과 부인들이 성문으로 통하는 다리를 건너가고 멋진 옷을 입을 시종들이 문 앞에 서 있다가 마차에서 내리는 귀부인들을 도와주러 달려가고 있었다. 저 아래 평야에서 올라오는 가파른 길을 따라 화려한 보석으로 온몸을 치장한 귀부인들의 모습이 보이고, 황금빛 갑옷을 입은 영주들이 나타났다. 체크무늬를 넣은 새 제복을 차려 입은 하인들과 하녀들이 술과 맛있는 안주를 가득 담은 은쟁반을 받쳐 들고 이리저리 뛰어다니며 시중을 들고 있었다.

"천국은 바로 저런 곳일 테지요." 그 성대함과 아름다움에 홀린 나는 입을 쩍 벌리며 말했다.

"레오 형제, 천국은 훨씬 소박하답니다." 프란치스코가 대답했다. 그는 영주들과 귀부인들, 그리고 깃발을 흘깃 바라보더니 말했다. "잔치를 벌이나 보군요. 우리도 가봐요, 레오 형제."

"좋지요, 프란치스코 형제." 이보다 더 신나는 일이 어디 있을까!

프란치스코는 다리를 건너갔다. 마치 정식 초대를 받은 사람처럼 편안하고 당당했다. 나는 덜컥 겁이 났다. "우리는 초대받지 않았잖아요. 쫓겨날 거예요."

"두려움을 거두어요, 하느님의 어린양. 이 잔치는 우리를 위해서 열리고 있는 거예요. 아직도 모르시겠어요? 우리들이 이 야만인들의 요새 안에 들어가 낚시질을 할 수 있게 하려고 벌어진 잔치예요."

"낚시질을 한다고요?" 나는 놀라서 물었다. "여기는 연못도 없고 강이나 바다도 없는데요. 돌밖에는 없잖아요."

프란치스코가 웃음을 터뜨렸다. "우리가 어부라는 사실을 잊으셨군요, 그렇죠? 고기를 잡는 대신 우리는 영혼을 사로잡지요. 하느님의 길은 많아요. 어쩌면, 누가 알겠어요? 비단옷과 아름다운 육신 안에 갇혀 숨을 쉬지 못하는 영혼이 있을지. 도망쳐 나와 구원받고 싶은 영혼이 있을 겁니다. 어쩌면 그 영혼에게 값진 기회를 주려고 하느님께서 이 성의 영주로 하여금 잔치를 베풀도록 하셨는지도 모르지요. 우리에게 들어오라 손짓하고, 우리가 지금 이렇게 들어가고 있잖아요!" 그는 문턱을 넘어서 철문 안으로 들어갔다. 거대한 궁전 앞뜰에는 말들이 즐비하게 늘어서 있었다. 부엌에는 불이 활활 타오르고 있었다. 고기를 큰 솥에 끓이거나 지글지글 굽는 향기가 풍겨왔다. 코가 저절로 벌름거려졌다. 나는 나도 모르게 앞으로 나아가고 있었다.

요리사 하나가 우리 옆으로 지나갔다. "형제여, 무슨 일인가요? 무엇을 축하하고 있는 거지요?" 내가 물었다.

"영주님의 아들이 기사 작위를 받는 날입니다." 그가 대답했다. "모두 예배당에 들어가 있어요. 주교가 새 갑옷에 축복을 내리고 있답니다."

나를 머리끝에서 발끝까지 훑어본 그는, 내가 맨발인데다 옷에는 구멍투성이라는 것을 알아챘다. 내 차림이 썩 마음에 들지 않은 모양이었다.

그가 얼굴을 잔뜩 찌푸리고 물어왔다. "확실히 해두려고 묻는 건데, 당신, 초대는 받았소?"

"물론이지요. 왜 그런 걸 묻지요?" 내가 대답했다.

"누가 초대했소?"

"하느님이오!"

요리사가 웃음을 터트렸다. "들어가시오. 배가 고파 얻어먹으러 온 게지. 불쌍한 친구 같으니…… 하느님까지 들먹이진 않아도 돼요." 그가 부엌으로 걸어가며 말했다.

프란치스코는 창틀 위에 걸린 웅장한 가문의 문장을 구경하고 있었다. 뒷발로 일어선 사자가 심장을 받쳐들고 있었는데, 그 심장에는 '나는 아무도 두려워 않는다.' 글귀가 새겨져 있었다.

프란치스코는 이 문장을 손가락으로 가리키며 나에게 말했다. "영주께서는 아무도 두려워하지 않으시나 봐요. 어쩌면 하느님도 말이에요. 레오 형제, 인간의 마음이란 거들먹거리는 바보예요. 저런 말에는 신경 쓰지 말아요. 만일 우리가 문장을 갖는다면 당신은 어떤 문장이 좋겠어요?"

"양이요, 사자를 먹어 치우는 한 마리 어린양이요." 내가 웃으며 대답했다.

"안돼요. 하느님의 어린양이여, 당신은 너무 배가 고파서 사자라도 먹어 치울 생각을 하는군요. 그렇지만 사자와 양들이 함께 평화롭게 살 날이 올 거예요. 그러니까 너무 사나워지지는 말아요. 나라면, 우리 이름표 위에 작은 새 한 마리를 장식해 넣겠어요. 매일 아침 하늘로 날아오르며 노래하는 보잘것없는 작은 새 말이에요."

"종달새 말이군요." 포르치운쿨라의 형제들에게 들려준 프란치스코의 이야기가 생각났다. "두건을 쓴 새였지요."

"맞았어요! 레오 형제, 당신은 어쩌면 그렇게…… 예배당 안에서 찬송이 들려오네요. 자, 가서 우리도 참석해요."

우리는 성 가장 아래층에 있는 예배당으로 들어섰다. 오 주여! 그 얼마나 아름답던지! 칼과 갑옷, 황금박차, 그리고 새 기사에 경의를 표하러 갑옷을 차려 입고 찾아온 귀족 기사들 모두가 빛에 잠겨 반짝이고 있었다. 웅장한 드레스를 입고, 값비싼 색색의 베일, 금이 박힌 키 큰 모자와 깃털, 목에는 진주를 두르고, 팔에는 금팔찌를 찬 귀부인들, 그리고…… 오 주여! 아라비아에서 가져왔을 귀한 향수의 향기라니!

프란치스코가 뭐라고 말하든 내가 상상하는 천국은 꼭 이와 똑같은 성인과 성녀들이 사는 곳이다. 이들이 입은 옷보다 더 좋은 옷을 하느님께서는 축복받은 사람들에게 주실 것이다. 그들도 기사들, 하느님의 기사들이 아니면 뭐란 말인가? 천국이란 모든 영웅들이 둘러앉는 원탁이 아니던가? 그리고 예수께서는 그들의 아서 왕이 아니던가?

나에게는 지나치리만큼 아름다운 광경이었다. 완전히 넋이 나가서는 기둥 뒤에 몸을 숨기고 눈이 휘둥그레져서 바라보고 있었다. 그런데 프란치스코가 갑자기 귀족들 사이로 헤치고 나가는 게 아닌가! 그는 주교가 새 기사가 된 금발의 창백한 젊은이에게 한창 축복을 베풀고 있는 제단으로 다가갔다. 그러고는 축복의 의식이 끝나기를 기다렸다가 주교 앞에 무릎을 꿇고 말했다. "위대하신 주교님, 예수님의 이름으로 제가 말할 수 있게 허락해 주십시오."

귀족들 몇 사람이 그를 알아보았다. 그들이 속삭이는 소리가 나에게도 들렸다.

"아시시의 프란치스코다! 새로 나타난 은둔 수도사 말이요!" 주교는 경멸의 눈초리로 그를 보았다. "무슨 말을 하려는가?"

"저도 모르겠습니다, 주교님. 무슨 말이든 하느님께서 시키시는 말을 하겠지요. 믿어 주십시오."

"그대는 누구요?"

나이든 영주가 한 발 앞으로 나오더니 주교에게 말했다. "황공하오나, 그에게 말을 하도록 허락해 주십시오. 아시시의 프란치스코입니다." 주교는 두 손을 들었다. "간단히 하시오. 곧 피로연이 열릴 테니까."

"피로연은 천국에서 열릴 것입니다." 주교의 말을 받아서 프란치스코는 입을 뗐다. "형제들이여, 잔치 준비는 다 되었습니다. 심판의 날이 다가오고 있습니다. 시간이 얼마 남지 않았습니다. 지금이라도 구원을 받을 수 있습니다. 천국에 올라가 하느님의 영원한 식탁에 우리의 자리를 얻을 수 있습니다. 갑옷을 입고, 황금박차를 가졌다고 해서, 비단 베일을 두르고, 잔치를 벌이며 웃고, 편안한 생활을 한다고 해서 천국에 가는 것은 아닙니다. 하늘에 오르는 길은, 나의 형제들이여, 험합니다. 땀 흘리고 싸워야 하며, 많은 피를 흘려야 합니다."

영주들과 귀부인들이 얼굴을 찌푸렸다. 주교는 그의 상아 홀장을 신경질적으로 흔들어댔다. 분위기를 알아차린 프란치스코는 목소리를 한결 부드럽게 바꾸었다.

"용서하십시오. 나는 지금 기사들에게 이야기하고 있으니까, 당연히 기사들의 언어로 말해야 하겠지요. 내가 여러분에게 하려는 말을 잘 들어 주십시오. 만약 기사가 여인의 사랑을 얻고자 한다면 얼마나 큰 공을 세워야 하며, 얼마나 힘겨운 싸움을 치러야 합니까? 사랑하는 여인이 두 팔 벌려 그를 맞이하도록 하기 위해서 그는 바다며, 야수며, 인간이며, 악마와 같이 보이거나, 혹은 보이지 않는 힘들과 싸워야 하고 이겨 내야만 합니다. 성묘를 구하러 나서야만 하고, 머리카락으로 엮은 다리 위로 말을 타고 건너야 하며, 한밤중에 폐허가 된 성탑 꼭대기에 올라 칼로 귀신들을 물리쳐야 합니다. 결코 비겁해져서는 안됩니다. 만약 여러분이 이 성 영주님의 심장을 열어 본다면, '나는 아무도 두려워 않는다'는 말이 거기 새겨져 있음을 보게 될 것입니다. 왜 그렇게 되었을까요? 그는 활짝 벌려 그를 맞이하는 여인의 향긋한 두 팔을 잊어본 적이 없기 때문입니다.

사랑하는 기사와 숙녀 여러분, 이 모든 것은 나보다 여러분이 더 잘 알고 있습니다. 그러나 한 가지, 여러분이 모르는 것이 있지요. 아니면, 알고 있었으나 잊어버린 것이 있습니다. 그것은 이 세상이 아닌 천국에 있는 다른 여인의 존재입니다. 또 다른 기사도가 존재하고, 또 다른 투쟁이 있다는 사실입니다. 그 여인은 누구일까요? 바로 하늘의 왕국입니다! 이 투쟁은 무엇일까요? 세상의 좋은 것들을 부정하고, 가난과 정절과 기도와 영원토록 완전한 사랑을 끌어안는 일입니다. 우리가 잠시뿐인 육신 하나를 얻기 위해서도 위험과 공포와 죽음을 마다하지 않는다면, 영원한 여인을 얻기 위해서는 어떤 시련이라도 겪을 각오를 해야 하지 않겠습니까?"

맨발의 수도사가 거침없이 지껄이는 건방진 소리에 귀족들은 화를 내며 투덜거렸다. 눈치가 빠른 프란치스코는 제단을 내려와, 모여 있는 귀족들 한가운데로 들어섰다.

"화내지 마십시오, 귀족 여러분. 나는 한 사람의 기사로서, 다른 기사들에게 말하고 있습니다. 여러분이 귀족의 신분이라는 사실에 나는 관심이 없습니다. 나는 하느님의 종일 뿐 누구의 노예도 아닙니다. 깁고 또 기운 내 옷은 하느님의 기사라는 나의 신분을 알리는 갑옷이며, 나 또한 시험을 거쳐 기사가 되었습니다. 배고픔과 추위를 견디고, 스스로를 매질하며, 내 여인의 아름다움 하나를 위해 투쟁하고 있습니다. 그리고 나의 귀부인은 당신들의 귀부인보다 천 배나 더 아름다운 여인입니다. 내가 여러분에게 이 여인에 대해 이야기하고 있습니다. 그 여인이 존재하기 때문에 나는 여러분에게 아직 시간이 남았을 때 그 투쟁을 같이 하자고 권하는 것입니다…… 그리고 그대, 나의 젊은 기사님, 금발의 고귀한 젊은이여, 하느님께서 나의 입을 빌려 그대에게 내리는 명령을 들으시오. 그대 부친인 성주께서는 아무도 두려워 않는다고 자랑하시는데, 그 아들인 당신은 가슴속에 '하느님밖에 나는 아무도 두려워 않는다.' 아로새겨야만 합니다. 어쩌면 그대가 기사의 서약을 하고 있는 바로 오늘밤 전능하신 주님께서 나를 그대의 성에 보내신 이유는 이 말을 그대에게 전하도록 하기 위해서가 아닌가 합니다. 나의 아들이여!"

프란치스코는 주교의 손에 입을 맞추고, 나에게 고개를 끄덕였다. 우리는 밖으로 나왔다. 밤이 깊어 하늘에는 반짝이는 별이 가득했다. 영주들과 귀부인들은 예배당을 빠져 나와 맛있는 음식이 차려진 웅장한 연회장으로 말없이 줄지어 들어가고, 우리는 뜰에 늘어선 말이며 하녀들과 함께 서서 기다렸다. 하인들과 하녀들이 부엌에서 연회장으로 고기와 술을 나르고 있었다. 연회장 문이 열릴 때마다 시끌벅적한 소리가 새어 나왔다. 웃음소리와 바이올린 소리가 뒤섞여 있었다.

프란치스코는 정원 한구석에 편안히 앉았다. 지그시 눈을 감고, 벽에 몸을 기댄 채 평화로이 앉아 있었다. 그러나 나는 배가 고팠다. 겨우 부엌으로 비집고 들어간 나는 빵과 고기, 그리고 포도주 한 병을 구걸해 냈다. 신이 나서 프란치스코에게 달려갔다.

"일어나세요, 일어나요!" 나는 소리쳤다. "자, 우리도 좀 먹어요."

"먼저 먹어요. 당신의 나귀에게 먼저 먹이세요." 나는 포도주를 꿀꺽꿀꺽 마시고 기분이 좋아졌다. "프란치스코 형제, 당신의 나귀에게도 먹여야 해요. 나귀를 제대로 먹이지 않고 부려 먹으려던 농부에게 어떤 일이 벌어졌는지 잘 아시죠? 먹지 않고 버티는 방법을 막 배우려는데, 그 불쌍한 것이 그만 죽어버리고 말았지요!"

프란치스코가 웃었다. "형제의 나귀나 잘 보살피세요. 포도주 한 모금을 더 먹여 보시지 그래요. 히이이잉 하고 울기 시작할 테니. 다른 사람이 타고 다니는 나귀 걱정은 하지 마시고요." 그는 다시 눈을 감았다.

나는 식사를 시작했다. 맛있는 고기를 만들어 주신 하느님께 감사드리고 있는데, 모자에 깃털을 꽂은 젊은 귀족이 나타났다. 그는 프란치스코를 보고 허리를 굽혔다.

"주무시고 계신가요?" 그가 나에게 물었다. "아니요. 그는 잠을 자는 법이 없답니다. 이름을 불러 보세요."

"거룩하신 아버지 프란치스코여! 아버지여!" 젊은이가 소리쳐 불렀다. 프란치스코는 눈을 떠 자기 앞에 멋지게 차려 입고 서서 웃고 있는 사람을 보았다.

"젊은 영주님, 안녕하십니까?" 그가 반기며 말했다. "왜 연회장의 아름다운 아가씨들을 버려두고 여기 나왔습니까? 하느님께서 보내신 게 틀림없군요."

"거룩하신 아버지여, 당신께서 조금 전 예배당에서 하신 말씀이 제 가슴에 들어와 박혔습니다." 젊은이는 감동에 복받친 목소리로 말했다. "평생을 성당에서 신부들이 하는 이야기를 들어왔지만, 사실 귀 기울여 들은 적이 없었습니다. 오늘 밤 처음으로 제 귀가 열렸어요. 아버지여, 부탁이 있어서 찾았어요. 저는 카센티노에 있는 키우시 성의 영주 카티니 오를란도 백작입니다."

"무슨 부탁인가요?" 프란치스코가 물었다. "당신의 영혼을 구원하는 일이라면 뭐든 해드릴 것입니다."

"투스카니 지방에 있는 알베르니아 산을 제가 가지고 있습니다. 적막하고 평화로운, 사람의 발자국 하나 없는 곳이지요. 거기 사는 주민이라고는 독수리와 자고새뿐이랍니다. 아버지여, 그 산을 당신께 드리겠어요. 제 영혼을 구원해 주신 데 대한 감사의 뜻으로 받아주십시오."

"그게 바로 내가 찾고 있던 것입니다!" 프란치스코는 너무나 기뻐 손뼉을 치며 외쳤다. "이제야 내가 포르치운쿨라를 떠난 이유를 알겠군요. 산에 들어가기 위해서였어요. 아무도 살지 않는 황량한 산에서 올리는 기도는 나의 죄가 아무리 무거워도 틀림없이 전능하신 그분의 발치까지 올라가 닿을 거예요. 나의 젊은 영주님, 하느님의 이름으로 감사드리며 당신의 호의를 받아들이겠습니다."

"제 영혼을 위해 기도해 주십시오." 백작은 프란치스코의 손에 입을 맞추면서 말했다. "아버지께서 허락하신다면 이제 연회로 돌아가 아름다운 여인들과 어울려 보겠습니다."

"하느님께서 함께 하시기를." 프란치스코가 축복을 주었다. "나팔 소리가 들려올 때까지 실컷 즐기세요."

"나팔 소리라니, 무슨 말씀이시지요?"

"심판의 날에 울리는 나팔 소리지요."

"그렇다면 머지않았군요!" 웃으면서 말한 백작은 어서 연회장에 돌아가고 싶었던지 뛰기 시작했다.

프란치스코는 아직도 먹고 있는 나를 보았다. "당신의 나귀를 잘 먹여 두세요, 레오 형제. 거칠고 험한 산을 올라야 하니까요. 나에게 어디로 가느냐고 자꾸만 물어보았지요. 자, 튼튼한 나의 형제여, 이제는 속 시원히 알베르니아 산으로 간다고 알려 드리지요. 눈 덮인 그 높은 산봉우리에서 주님께서 우리를 기다리고 계세요."

"이 추운 눈비 속에 말입니까!" 겁이 난 내가 소리 질렀다. "왜 그분은 평야에서는 찾을 수가 없는 겁니까?"

"하느님께서는 언제나 추위와 눈비 속에서 나타나십니다. 그러니 속 태우지 마세요. 평야에서는 돈 많은 영주들과, 아름답고 요염한 여인들과, 그 세상의 주인인 죽음을 찾을 수 있답니다. 당신의 그 불쌍하고 늙은 나귀도 그곳에 살지요. 그러나 진정한 레오 형제는 산을 오르고 있을 거예요."

나는 아무 말도 하지 않았다. 아! 정말 그것이 가능하다면 얼마나 좋을까, 생각했다. 나귀는 풍성한 평야의 목장에서 실컷 풀이나 뜯도록 내버려두고, 무게도 없고 추위도 굶주림도 느끼지 않는 영혼만 산을 오르게 할 수 있다면!

우리는 마구간에서 자도록 허락을 받았다. 말들의 똥 냄새와 땀 냄새가 진동했다. 프란치스코는 한 손을 높이 들고 말 형제들을 축복했다. "말 형제들아, 오늘 밤을 함께 지내게 되었구나. 제발 발길질하지 말고, 울지 말아다오. 우리는 몹시 피곤하단다. 이제 모두 잡시다. 안녕."

우리는 지푸라기를 깔고 누웠다. 너무나 지쳐 있어서 금방 깊은 잠에 빠져들었다. 잠결에도 이따금 기타반주와 여인의 웃음소리와, 노랫소리가 들렸다. 마치 하늘이 내 머리 위에서 갈라지고, 천사들과 함께 천국이 내려오는 것 같았다. 나는 금세 잠의 망각 속으로 빠져들고, 천사들의 기타연주와 웃음소리는 하늘 위로 사라져 버렸다.

프란치스코는 의욕으로 가득 찬 눈을 떴다. '무쇠 신발을 신으셨나요? 그가 물었다. "긴 오르막을 올라야 해요."

"물론 신었고말고요. 자 보세요!"

나는 상처투성이의 맨발을 드러내 그에게 보여주었다. "하느님께서 우리를 가엾게 여기시도록" 나는 성호를 그으면서 중얼거리고, 우리의 새 형제가 되어줄 산을 향해 떠났다.

프란치스코는 생각에 잠긴 채 말이 없었다. 우리는 성을 뒤로 하고 떠났다. 잎새 하나 흔들리지 않고, 깃발들은 여러 색의 넝마조각을 널어놓은 듯 축 늘어져 있었다. 하늘은 흐렸다. 우리 오른쪽으로 대머리처럼 밋밋한 회색 빛깔의 해가 구름 뒤에 얼굴을 숨기고 희미한 빛을 나뭇잎에 나누어 주었다. 잎새 끝에 매달린 빗방울만이 파르르 떨리며 반짝였다. 성안에서 닭 우는 소리가 눅눅한 공기를 타고 들려왔다.

"날씨가 변덕을 부리려나 봐요, 프란치스코 형제. 닭소리 좀 들어 보세요. 비가 더 올 것 같은데요."

프란치스코의 마음은 다른 데 가 있었다. 그는 말했다. "레오 형제, 이제 한 바퀴를 다 돌아 원이 완성되는가 봐요. 하느님께 영광을. 처음에 나는 전능하신 그분하고만 이야기를 나누고 싶었어요. 하느님께서는 청을 들어 주셨지만, 금방 내 목덜미를 잡아 사람들 틈으로 던져 넣으셨어요. '고독을 버려라.' 그분께서 큰 소리로 말씀하셨어요. '너는 혼자 너무 안락하게 살았어. 그렇게는 나를 기쁘게 할 수 없다. 가라. 도시와 마을이 있는 땅으로 돌아가라. 가서 설교하고 동료들을 만들고 교단을 세워라. 모두가 힘을 모아 성묘를 구하러 나서라. 그것이 사람의 영혼을 구원하리라!' 나는 그분의 말씀에 따라 고독을 버렸지요. 그래도 한숨을 한 번 내쉬기는 했어요. 나는 형제들을 모으고 함께 나섰습니다. 처음에는 우리가 얼마나 거룩한 가난을 즐겼던지! 사랑과 조화와 정절의 나날들이여! 끝없는 기쁨으로 툭하면 눈물을 쏟고는 했던 시절을 기억하시지요? 나무들, 새들, 돌들, 냇물, 사람들이 모두 금방 하느님의 손에서 새로 태어난 듯 생생하기만 했지요. 예수께서 우리와 함께 계셨습니다. 그분을 볼 수는 없었지만, 그분의 거룩한 입김을 느꼈고, 그분의 손이 우리 머리 위에 머무는 것을 느꼈지요. 육신이 잠들고, 영혼이 눈을 뜨는 밤에만 그분을 보았습니다. 하지만 그 다음에는…… 그리고 난 다음에는……"

프란치스코의 목소리가 잠겨 들었다. 나를 한참 쳐다보았다. 커다란 눈물 방울이 그의 눈에 맺혔다.

내가 말했다. "그러고 난 다음에는 양들의 보금자리에 늑대들이 들어와서 우리들은 뿔뿔이 흩어졌지요."

"그들이 나를 내쫓았어요." 한숨을 내쉬며 프란치스코가 말했다. "나를 내쫓아 버렸어요, 레오 형제…… 이제 한 바퀴를 다 돌아서 원이 완성되는 거예요. 나는 다시 고독으로 돌아가고 있습니다. 아무도 없는 산꼭대기에서 나혼자 마음껏 소리지를 것입니다. 야수처럼요. 아직도 많은 악마들이 내 안에 살고 있어요. 조금의 살덩이가 아직은 내 영혼을 둘러싸고 있지요. 아! 하느님께서 그 육신을 없애 버릴 시간만 주신다면, 육신을 아주 없애 버리고, 마침내 영혼이 벗어나 자유를 얻도록 해주신다면 얼마나 좋을까요! 레오 형제, 벗어나는 길, 벗어나는 길뿐입니다!"

그는 두 팔을 하늘을 향하여 격렬하게 마구 휘둘렀다. 순간 나는 그의 등에서 날개가 돋아나 날기 시작한다고 생각했다. 상상만으로도 기쁨이 그처럼 컸던 것이다. 버려질까 두려워진 나는 그의 옷자락을 꼭 붙잡고 매달렸다.

길에 한 농부가 나타났다. 줄에 맨 작은 나귀 한 마리를 끌고 오는데, 나귀등에는 어린아이를 품에 안고 젖을 먹이고 있는 여자가 타고 있었다. 프란치스코는 걸음을 멈추고 여자를 뚫어져라 쳐다보았다.

"수도사님, 저희를 축복해 주십시오." 농부가 손을 왼쪽 가슴 위에 얹고 말했다. "제 아내와 아들입니다. 저희에게 축복을 내리소서."

"하느님께서 당신들과 함께 하실 것이오." 프란치스코가 말했다. "즐거운 여행이 되시기를, 요셉이여!"

놀란 농부가 웃음을 터트렸다. 그러나 갈길이 바빠 멈출 시간은 없었다.

"프란치스코 형제, 요셉이라고 하셨나요? 저 사람 이름을 어떻게 알았지요?"

"하느님의 어린양이여, 당신은 모르셨나요? 그는 요셉이고, 그의 아내는 주님께 젖을 물린 동정녀 마리아였어요. 이집트로 가는 길이지요."

한참 있다가 그가 다시 말했다. "레오 형제, 내가 몇 번이나 말해야 아시겠어요? 육신의 눈과 함께 마음의 눈도 열어 놓으라고요. 진흙으로 빚은 당신의 눈에는 농부와 그 아내와 아이의 모습이 비칠 뿐이지요. 하지만 마음의 눈은 기적을 볼 수 있어요! 복되신 주님의 어머니가 나귀를 타고, 요셉과 아기 예수가 함께 우리 앞으로 지나가셨습니다. 그리고 레오 형제, 영원토록 다시, 또 다시 지나가실 겁니다."

나는 한숨을 내뱉었다. 내 살갗은 두껍기만 하고, 내 심장은 지방 덩어리에 짓눌려 있다. 언제쯤이면 나도 이 세상을 제쳐놓고 그 너머에 있는 영원한 세상을 볼 수 있는 걸까?

빗방울이 떨어지기 시작했다. 무화과 나무에 아직 남아 있던 마지막 잎새들이 비를 맞고 땅에 떨어졌다. 저녁이 되어갔다. 우리 앞으로 솟아나온 바위 꼭대기에 올라서니 버려진 작은 교회가 보였다. 하얀 벽이 빗물에 젖어 반짝이고 있었다.

"하느님께서는 우리를 사랑하시는군요." 내가 말했다. "저기를 보세요. 우리가 밤을 지새울 교회를 하나 보내주셨어요."

문을 열고 안으로 들어섰다. 저녁 빛이 우리를 뒤따라 밀려들어와, 바닥에서 둥근 천장까지 가득 메운 화려한 벽화를 알아볼 수 있었다. 안토니오 성인이 유혹을 받는 장면을 표현한 그림이었다. 악마의 무리가 그를 공격하고, 성인은 그들을 뿌리치려 필사적이었다. 어떤 악마는 그의 수염을 끌어당기고, 어떤 악마는 겨드랑이를 잡았다. 두건과 띠, 그리고 발을 붙잡고 늘어지는 놈들도 보였다. 더 높이에는 두 마리 악마가 어린양을 꼬챙이에 꿰어 굽는 모습을 굶주림에 쓰러져가는 창백한 얼굴의 고행자가 콧구멍을 벌름대며 바라보고 있었다. 악마들이 그를 비웃으며 가까이 오라고 손짓했다. 반대편 벽에는 벌거벗은 금발의 여인이 탐욕스러운 눈빛으로 거대한 젖가슴을 고행자의 무릎에 문지르고 있었다. 그도 욕망에 사로잡혀 여인을 훔쳐보면서 붉은 리본 한 가닥을 입에서 토해내고 있었다. 하늘까지 올라가 닿은 리본 위에는 검은 글씨로 '주여, 주여, 도와주소서!' 절규의 글귀가 쓰여 있었다.

내 마음에 심한 동요가 일었다. 갑자기 나는 손을 뻗어 여인의 그 저주받은 육신을 만져 보고픈 악마 같은 갈망을 억누를 수 없었다. 얼마나 강렬한 갈망이었던지 온몸이 덜덜 떨려 왔다. 프란치스코는 나를 돌아보면서 의아한 표정을 지었다. 나는 죽을힘을 다해 허공에 뻗은 손을 막아보려 했지만, 팔이 얼얼하고 아파왔다.

프란치스코는 촛대에서 초를 하나 집어, 예수님의 상 앞에 달린 램프에서 불을 붙여 들고 돌아다니며 그림을 하나하나 살펴보았다. 말은 없었지만 그의 손이 떨리고 있었다.

나는 그의 옆에 서서 깜박이는 촛불 빛에 비추는 그림들을 함께 들여다보았다. 갑자기 이렇게 중얼거리는 소리가 들렸다. "주여, 아 주여, 당신께서는 왜 유혹을 이토록 아름답게 만드셨습니까? 인간의 영혼이 가엽지도 않으신가요? 저는 한 마리 미천한 벌레에 지나지 않지만, 인간의 영혼이 가엽습니다."

성에서 내가 얻어온 빵과 고기가 아직 남아 있었다. 나는 돌바닥에 앉아 음식을 차렸다. 무릎을 꿇고 마주 앉은 프란치스코는 촛불을 끄기 위해 허리를 숙였다.

"차라리 아무것도 안 보이면 나을 거예요."

그는 훅 불었지만 떨리는 손길에 아직 타고 있던 촛불이 옷에 떨어져 불이 붙었다. 그 불을 끄기 위해 달려드는 나를 프란치스코가 말렸다.

"끄지 말아요! 끄지 말아요!" 그가 소리를 질렀다.

그러나 보이는 세상 너머 보이지 않는 세상을 알아볼 수 없는 나는 그의 살에 닿은 불길을 얼른 내 옷으로 덮어 꺼버리고 말았다.

"그래서는 안 되는 거였어요. 불꽃 자매를 죽여 버리다니. 해서는 안 되는 짓을 저질렀어요." 프란치스코가 불평을 늘어놓았다. "자매가 원한 게 무엇이겠어요? 먹으려고, 내 육신을 핥아 먹으려고 했던 거예요. 레오 형제, 나도 그래 주기를 바랐다고요! 육신에서 풀려나기를요!"

그는 음식에 입도 대지 않고 자리에 누워 눈을 감아 버렸다. 나는 실컷 먹고는 배가 불러 졸음이 밀려오자 그의 옆에 몸을 뻗고 눕기가 무섭게 잠이 들었다. 자정이 다 되어 나는 프란치스코의 비명 소리에 깨어났다. 눈을 뜨자 제단에 켜 있는 불빛 속에서 누군가와 싸우는지 허공에 두 팔을 휘저어 대는 그가 보였다.

"프란치스코 형제." 나는 소리쳤다. "프란치스코 형제!"

그러나 그는 내 말이 들리지 않는 것 같았다. 한창 끔찍한 악몽에 시달리고 있는 것이 틀림없었다. 손발로 마룻바닥을 마구 치면서 울부짖고 있었다.

나는 그를 들여다보며 이마를 짚어 보았다. 땀이 비 오듯 쏟아지고 머리카락은 물이 뚝뚝 떨어질 만큼 흥건히 젖어 있었다. 나는 그의 어깨를 잡고 흔들었다. 그가 눈을 떴다.

"무서워 마세요, 프란치스코 형제." 떨고 있는 손을 쓰다듬어 주면서 내가 말했다. "무서울 것 없어요. 그냥 꿈이에요. 망할 놈의 꿈 같으니!"

일어나 앉으면서 그는 입을 떼려고 애를 썼다. 그러나 알아들을 수 없는 소리로 더듬거릴 뿐이었다.

"진정하세요. 아침이 다 되었어요. 날이 밝으면 밤의 유령들을 모조리 몰아낼 수 있을 겁니다."

"레오 형제, 그들은 유령들이 아니었어요. 저 그림들은 살아 있어요! 내가 눈을 감는 것을 보자마자 벽에서 내려왔어요. 내 안에 숨어 있던 악마들도 밖으로 나오더니, 그들과 함께 나를 공격하기 시작했어요. 아! 하느님, 도저히 견딜 수가 없었어요!"

그가 옷소매로 눈에 흐르는 피를 닦았다. 숨이 막히는 듯 헐떡였고, 이를 달그락거리며 떨고 있었다. 바깥에는 작은 교회를 둘러싼 솔밭을 따라 바람이 휘파람 소리를 내며 세차게 불어 댔다. 이따금 번개가 쳤다. 제단의 작은 창으로 새어 든 번갯불은 피에 물든 창백한 프란치스코를 칼날처럼 비추고 지나갔다. 그럴 때마다 그는 소맷자락으로 얼른 얼굴을 가리고는 했다. 번갯불은 전능하신 하느님의 시선이라고 했던 그의 말이 생각났다. 지금 그는 하느님께 자기 모습을 보이기가 부끄러웠던 것이다. 육신에서 아직도 유혹의 김이 모락모락 피어 오르고 있었기 때문이다.

우리는 한 마디 말도 없이 어서 아침이 오기만을 기다렸다. 나도 겁이 났다. 나도 이 작은 교회가 보이지 않는 위험한 존재로 가득한 유령의 집처럼 보이기 시작했다. 번개가 닥쳐와 이야기들로 가득한 벽을 비출 때마다 옷으로 얼굴을 감추었다. 내가 그림을 보지 않기 위해서, 그리고 그림이 나를 보고 달려들지 않게 하기 위해서였다. 프란치스코 옆에 앉은 내 마음도 그의 마음과 똑같이 불안하게 흔들리고 있었다. 어쩌면 드디어 내 마음의 눈이 뜨여서 보이지 않는 것들을 볼 수 있게 된 것일까?

프란치스코는 조금씩 안정을 되찾았다. 이윽고 그는 내 손에 자기 손을 올려놓았다. 나를 위로해주기 위해서였다.

"레오 형제, 괴로워 말아요. 두려움도 구원을 얻는 데 도움을 주니까요. 그 또한 거룩한 인간의 친구랍니다."

천둥소리가 점점 가깝게 들려오더니, 소나기가 쏟아졌다. 우리는 교회 지붕 위로 행복한 웃음소리를 내며 쏟아지는 빗소리를 들었다. 그래, 차라리 비가 쏟아지는 편이 좋겠다고 나는 생각했다. 프란치스코는 밤 사이 악마들과 씨름하느라 지쳐 있었다. 조금 더 누워서 기운을 차리는 것이 나을 것 같았다.

첫새벽의 희미하고 몽롱한 빛이 작은 창을 타고 새어 들었다. 벽 위의 길고 하얀 수염에 창백한 고행자의 얼굴들이 빛나기 시작하고, 그를 에워싼 뿔과 꼬리들, 낄낄대며 웃는 입들이 드러났다. 지금은 낮이다. 하느님의 빛이 와 닿았기에 나는 겁나지 않았다. 새 한 마리가 지저귀는 소리가 들려왔다. 비와 진흙 속에서 세상이 깨어나고 있었다. 프란치스코는 다시 눈을 감으며 하늘에서 떨어지는 세찬 빗소리를 기쁨에 차서 귀 기울여 듣고 있었다.

"레오 형제, 하늘의 수문이 열릴 때마다 저 땅처럼 황홀한 기쁨을 느끼지 않나요? 아, 한 덩이 흙이 되어 저 하늘이 내리는 물에 녹아버릴 수만 있다면! 그렇지만 흙으로 빚지 않은 영혼이 육신을 단단히 붙들고 녹아버릴 수 없게 하지요."

"프란치스코 형제, 왜 그렇게 붙드는 것일까요? 당신이 원하는 대로 놓아버리면 좋을 텐데. 육신이 없어져 구원을 받도록 말이에요."

프란치스코는 머리를 저었다. "레오 형제, 영혼은 어딘가로 가려고 애를 쓰고 있지요. 그래요. 가려고 하는 곳은 의심의 여지가 없는데, 그를 태워갈 나귀는 하나밖에 없어요. 그러니까 이 나귀에 먹이도 주고 물도 주며 목적지까지 몰고 가야만 해요. 목적지에 닿으면 기쁜 마음으로 뛰어내려, 그 짐승이 흙으로 돌아가도록 발로 차고 내버리는 거지요."

두세 마리의 새가 노래 부르고 있었다. 빗줄기가 한결 수그러들었다.

"갑시다." 프란치스코가 말했다. "비가 그쳤어요…… 하느님의 이름으로!"

그는 일어나려 애를 써보았지만 무릎이 말을 듣지 않아 바닥에 주저앉아 버렸다.

"프란치스코 형제, 당신의 나귀는 지쳤어요. 그 불쌍한 것을 조금 쉬게 해야지요. 그래야 당신을 좀더 태워줄 게 아니겠어요."

"나귀를 제멋대로 내버려 두어서는 안 된답니다. 내 나귀의 말을 그대로 들어주었더라면 나는 아직도 베르나르돈 씨 댁에서 살고 있을 거고, 아직도 여자들의 창 아래를 서성거리며 세레나데나를 부르고 돌아다니겠지요. 자, 도와주세요. 짐승을 일으켜 세웁시다."

나는 그의 팔 아래로 손을 넣어 그를 일으켜 세웠다. 그가 비틀거리며 문 밖으로 나가자 그의 뒤를 따라 나섰다.

바깥세상은 비에 흠뻑 젖어 있었다. 돌은 반짝였고, 흙은 모두 진흙이 되었으며, 칠흑 같은 어둠이 하늘을 덮쳐오고 있었다. 거센 물줄기에 소나무들에서는 꿀처럼 보이는 송진이 흘러내렸다.

"프란치스코 형제, 비가 더 오려나 봐요."

"오라지요. 영혼이 아직은 육신이 녹아버리게 놔두지 않을 테니 걱정 말아요, 레오 형제. 자, 갑시다."

발목까지 차는 진흙탕을 헤치고 걷기 시작했다. 곧 발은 납처럼 무거워져 들어올리기조차 힘들어졌다.

한두 시간이 지났을까, 프란치스코가 땅에 그대로 고꾸라지면서 얼굴을 진흙탕 속에 처박았다. 온 힘을 다해 달려간 나는 다행히 그가 질식하기 전에 일으켜 세울 수 있었다. 나는 어깨 위에 그를 들쳐 업고 달려갔다. 고집불통인 그의 성격을 저주하고, 내 천성에 거슬리는 일을 하려 드는 나의 바보천치 같은 욕심도 저주하고 싶어졌다. 다시 비가 쏟아졌다. 반시간쯤 걸어 나갔을까, 오 하느님 감사합니다! 소나무들 사이로 집들이 보이는 게 아닌가! 금방이라도 쓰러질 것 같았지만 그걸 보니 다시 기운이 났다. 머리끝에서 발끝까지 진흙투성이가 된 채 마침내 마을에 다다랐다. 프란치스코는 여전히 의식이 없었다. 길 쪽으로 난 문이 열려 있는 집으로 들어갔다. 늙은 농부가 뛰어나왔다. 그의 아내도 따라 나왔다. 건포도 알처럼 쪼글쪼글한 주름투성이에 비쩍 마른 노파였다.

"아, 마음씨 좋은 기독교인들이여, 제 친구가 너무 지쳐서 기절해 버렸습니다. 당신의 집에 잠시 누워 있게 해주십시오. 깨어날 때까지만요."

늙은 농부는 얼굴을 찡그렸다. 성가신 일은 싫다는 표정이었다. 하지만 그의 아내인 노파가 우리를 불쌍히 여겼다. 내가 두 팔을 잡고, 노파가 두 다리를 들어서 프란치스코를 안으로 들여 놓았다. 우리는 그를 침대에 눕혔다. 노파는 장미식초를 가져다 그의 관자놀이에 발라주고, 코 밑에 갖다 대고 냄새를 맡게 하기도 했다. 프란치스코가 눈을 떴다.

"형제들이여. 이 집에 평화를 내리소서." 자기를 들여다보고 있던 두 노인에게 그가 말했다.

농부가 내 팔을 잡았다. "이 수도사는 누구요? 어디서 본 것 같은데."

"거룩하신 아버지 프란치스코입니다. 아시시의 프란치스코요."

"성인 말인가요?"

"맞아요. 그 성인이에요."

농부는 프란치스코의 손을 꼭 잡았다. "당신이 모든 사람들이 성인이라고 부르는 아시시의 프란치스코가 맞다면, 당신을 위해 내가 꼭 한마디 하고 싶은 말이 있습니다. 정직하고 착하다는 당신의 명성에 어긋남이 없는 삶을 살아 주십시오. 당신이 정직하고 착한 분이라 믿는 많은 사람들이 자신들의 영혼을 당신에게 맡겨 두었으니까요."

프란치스코의 눈에 눈물이 차올랐다.

"나의 형제여, 지금 당신이 한 말을 나는 결코 잊지 않겠습니다. 정직하고 옳은 사람이 되기 위해 힘껏 싸우겠습니다. 나에게 모든 것을 믿고 맡긴 그들이 나를 부끄러워하지 않도록 하겠어요. 나를 깨우쳐 주서서 고맙습니다."

프란치스코가 농부의 손에 입을 맞추려 했다. 그 뜻을 알아차린 농부가 먼저 진흙이 묻은 프란치스코의 발에 입을 맞추었다.

늙은 농부의 헌신적인 태도를 본 나는 용기를 내어 말했다. "형제님, 우리는 아직 갈 길이 멀었습니다. 알베르니아 산으로 가는 길인데, 이분은 걸을 수가 없어요. 예수님의 사랑으로, 당신이 가진 나귀를 내주시지 않으렵니까? 거룩하신 아버지를 태워 가게 말이지요."

"수도사님, 기꺼이 내드리지요. 당신께 드릴 나귀가 없다면 제가 업고라도 나서겠습니다. 제 영혼을 구하는 길이니까요. 아마 알고 계시겠지만, 저는 살면서 많은 죄를 지었어요. 이제 그걸 용서받을 때가 온 것입니다." 그는 노파를 돌아보았다. "여보, 닭을 잡아서 병든 수도사님께 진한 고깃국을 끓여 드립시다. 기력을 차리시게 말이오. 식사부터 하고 길을 떠나도록 합시다. 수도사님, 저도 함께 가겠습니다."

나는 기분이 좋아졌다. 닭은 내가 매우 좋아하는 음식이었다. 잠시 뒤에 나는 따끈하고 고소한 국물을 마시면서, 손을 뻗어 기름기 없는 흰 살점을 큰 놈으로 하나 집어다 작은 간과 함께 입에 넣었다. 그 맛을 어떻게 설명할 수 있을까? 주여, 저를 용서하소서. 하지만 지금도 그 맛을 떠올리면 입에 군침이 도는걸요. 프란치스코 말대로 닭들도 천국에 허락해주소서. 그렇다면 우리는 주님의 은총을 더하기 위해 주일마다 한 마리씩 잡을 텐데.

우리는 프란치스코를 나귀의 등에 태우고 길을 나섰다.

"알베르니아 산은 여기서 먼가요?" 나는 우리의 안내자에게 물었다.

"악마의 땅보다도 더 멀지요! 당신네들 같은 분들이 그런 험한 산에는 도대체 뭐하러 가는 거요? 내가 당신과 같은 처지가 아니라 얼마나 다행인지! 사람들 말로는 늑대 대장이라는 산적 두목이 그 산꼭대기에 숨어 있다고 하던데, 무섭지도 않소?"

"무서울 게 뭐가 있겠습니까, 형제여? 우리는 가진 것이 아무것도 없는 걸. 우리는 거룩한 가난을 따르는 교단에 속해 있습니다."

"참 안되었소. 교단을 잘못 택했군! 지금까지 당신네들이 굶주려 왔다고 생각하겠지만, 조금 더 기다려 보시오. 최악의 사태가 다가올 테니. 나로 말하자면, 편안한 생활이라고 하는 거룩한 교단에 속해 있지요." 그는 껄껄 웃었다.

"그래요. 우리는 굶주리고 맨발이지만, 천국에 들어갈 가능성이 있지요."

"그럴 수도 있겠지요. 부정하지는 않습니다. 하지만 나도 당신들처럼 천국에 들어갈 가능성은 있어요. 마지막 순간에라도 성사를 받기만 한다면요. 우리 둘 다 일생에 한 번뿐인 이 '가능성'에 위안을 받고 사는 건데, 영원한 생명과 더불어 이 땅의 삶도 놓치지 않도록 먹고 마시고 입 맞추는 것이 훨씬 유리한 일 아닐까요? 왜 나를 그런 눈으로 보십니까? 내가 천국에 가지 못한다면, 내가 잃는 것은 그저 하나의 삶뿐이지만, 성인께서는 두 삶을 모두 잃게 되지요."

나는 헛기침을 해댔다. 대답할 말이 없었다. 나도 가끔, 아니 실은 자주, 똑같은 생각을 해왔다. 가련한 레오 형제, 네가 무슨 말을 할 수 있겠느냐? 프란치스코가 앞장서서 걸어가면, 너는 그를 따라가기만 하면 되었는데!

밤이 되도록 사뭇 먼 길을 걸어온 우리는 동굴을 찾아 들어갔다. 우리의 안내자는 풀을 한 아름 뜯어다 나귀에게 먹이고, 자루를 열어 남은 닭고기를 꺼내 우리에게 주었다. 작은 포도주병도 꺼내서 머리를 젖히고 꿀꺽꿀꺽 들이켜더니, 병을 우리에게 돌렸다. 술병을 입술에 대자 메추리 우는 소리가 들렸다.

"수도사님들, 나를 용서하셔야 해요. 기억하시죠? 나는 편안한 생활이라는 교단을 택했으니까요."

그는 다시 병을 입에 가져다 대고, 남은 포도주를 모두 들이켰다. 그러고는 곧바로 돌 하나를 베개 삼아 베고 놀랄 만큼 재빠르게 성호를 긋더니 잠들어 버렸다.

이튿날 아침은 날씨가 놀라울 만큼 좋았다. 하늘에는 구름 한 점 없고, 나무와 바위는 눈부시게 반짝였다. 해는 길고 풍성한 금발을 나부끼듯 내리쬐고 있었다. 우리는 프란치스코를 나귀에 태우고 다시 길을 나섰다.

곧 큰 마을에 이르렀는데, 그 이름은 이제 기억나지 않는다. 프란치스코는 그곳에 멈춰 설교를 하고 싶어 했지만, 농부는 그냥 가자고 재촉했다.

"저 우매한 백성들이 하느님의 계명을 이해하고 따르리라 기대하고 설교를 시작한다면, 저들의 둔한 머리에 어떤 분별력이라도 불어 넣겠다고 기대하신다면 올해, 아니 내년 안에도 알베르니아 산에 가기는 틀렸지요. 제 처지도 좀 봐 주셔야겠습니다. 급히 마을에 되돌아가야 하거든요. 당신네 수도사들과는 달리 저는 일을 해야 하지요. 곡식을 키우고, 우리가 먹을 빵을 만들 수 있게끔 땅을 가꾸는 일을 해야만 해요. 포도나무들이 군말 없이 포도를 열도록 다그쳐야만 해요. 그래야 그걸 밟아서 포도주를 만들어 마시고, 기분이 좋아져서 전지전능하신 하느님을 찬양할 것이 아닌가요."

"잠깐만……" 프란치스코가 사정했다. "두 마디, 딱 두 마디만 하게 해주세요……"

"하느님에 대한 이야기는 끝이 없습니다. 나를 속일 생각은 하지 마십시오. 당신은 이야기를 하고 또 하다가 그만 자기 말솜씨에 도취되어서는 성경책을 펼칠 텐데, 그렇게 되면 아무도 당신을 막을 수 없지요!"

그는 채찍을 들어 나귀의 엉덩이를 철썩 내리쳤다. 깜짝 놀란 나귀가 머리를 숙이고 앞으로 달려나갔다. 하마터면 타고 있던 사람이 곤두박질칠 뻔했다. 농부는 나를 흘깃 쳐다보았다.

"당신은 어떻게 생각하오, 내 말이 틀렸소?" 그가 콧수염 너머로 웃음을 지어 보이며 나에게 물었다. "이렇게 말하는 것을 용서해 주십시오. 하지만 구원을 받으려면 이렇게 하고, 저렇게 하라는 말만 떠들고 다니다가는 당신네들 스스로의 영혼을 구원받을 시간이 없어지는 거예요. 우리 마을 이웃에 카롤린이라는 여자가 있는데, 하느님, 그녀를 축복하소서! 풍만한 엉덩이와 어린아이같이 보드라운 살결에 아주 아름다운 몸매를 가졌어요. 어느 날 그녀가 나한테 뭐라고 한지 아세요? 귀를 이리 가까이 대세요. 성인께서 들으시면 곤란해요."

나는 이 재치 있고 살집이 퉁퉁한 늙은이가 좋았다. 그는 편안하고, 부유하고, 아직 혈기가 왕성한 사람이었다.

"그 여자가 뭐라고 했는데요?" 그에게 가까이 다가가며 물었다. "조용히 말해보세요."

"마리노, 아, 참, 깜박 잊고 내 이름이 마리노라는 걸 말 안 했군요. 마리노, 처음에는 이 사람하고 재미보고, 다음에는 저 사람하고 재미보고 하다 보니, 정작 내 남편하고는 애 하나 만들 시간도 없었지 뭐예요."

그는 껄껄껄 큰 소리로 웃어댔다.

"똑같은 일이 가련한 당신들한데도 일어날 테니 두고 보시오." 그가 말했다.

이야기를 주고받으며 시간을 보냈다. 하느님께서 은총을 베푸시어 비는 더 내리지 않았다. 소나무 향기가 그윽하고, 햇빛은 시원했으며, 마리노의 식량 자루에는 먹을 것이 남아 있었다. 그러나 머지않아 식량이 동이 났다.

"자, 이로써 우리의 편안한 생활은 끝입니다." 농부가 빈 자루를 뒤집어 보이면서 말했다. "그런데 당신 이름은 뭐지요? 알아나 둡시다."

"레오 형제입니다."

"그래요, 불쌍한 레오 형제, 편안한 생활도 이제 끝이라오. 조금 있으면 산기슭에 닿을 것이오. 그러면 당신은 다시 그 가난한 교단으로 돌아가야 할 거요. 당신은 그걸 거룩하다고 했지요?"

"맞아요. 거룩한 가난이지요."

"염병할, 가난이 거룩하긴! 가난이라는 소리, 내 앞에서는 입 밖에도 내지 마시오. 말만 들어도 머리칼이 바짝바짝 곤두서니까."

해가 지기 시작할 무렵, 길모퉁이를 돌아서자 갑자기 크고 무시무시한 산 그림자가 우리 앞을 막아섰다.

"저기, 저것이 알베르니아라오." 산을 가리키며 마리노가 말했다. "즐거운 시간이 되시기를 빕니다!"

프란치스코는 성호를 긋고는 한 손을 들어 산을 축복했다.

"알베르니아 자매여, 만나게 되어 반갑습니다. 그대 품 안에 사는 돌과 짐 승들에게 인사합니다. 그 둘레를 날아 다니는 새들과 천사들에게도 인사를 건넵니다. 나의 영혼이여, 눈을 떠 보아라. 알베르니아 자매란다. 두려워 말 지어다."

나는 감히 한 마디 말도 못하고, 사람이라고는 없는 험한 산을 그저 겁에 질려 바라만 보았다. 여기저기에 박힌 소나무 몇 그루나, 떡갈나무 말고는 온통 바위투성이 산이었다. 바위 위에 둥지를 틀고 있던 두 마리의 독수리가 솟아오르더니, 우리 머리 위를 빙빙 맴돌았다.

"우리가 닭이 아니기에 망정이지. 닭이었다면 잡아먹히고 말았을 거야. 그 럼 천국이고 뭐고 몽땅 끝장이지!" 마리노가 투덜댔다.

갑자기 농부 하나가 우리 곁을 쏜살같이 지나가는데, 마리노가 휘파람을 불어 멈춰 세웠다.

우리의 안내자는 그 농부에게 다가가 길 한가운데에 서서 한참을 소곤소곤 이야기를 주고받더니 잔뜩 찌푸린 얼굴로 돌아왔다. "나는 여기까지밖에 못 가요. 더는 한 발자국도 못 갑니다!"

"마리노, 대체 무슨 일이에요? 이제 막 오르막길에 들어섰는데, 당신 도움 이 가장 필요한 때가 아닙니까? 저 친구가 무슨 말을 하던가요?"

"산적 두목 늑대 대장이 은신처에서 나와 산기슭을 배회하고 있답니다. 틀 림없이 배가 고파 죽을 지경일 거예요."

그는 프란치스코를 나귀에서 번쩍 들어 올려 소나무 아래 바위에 내려놓았다.

"안녕히 계시오, 하느님의 성인이시여. 당신은 가진 것도 없고 아이들도 없어 산적을 두려워하지 않겠지만, 나는 아니라오."

그는 나를 돌아보며 눈인사를 했다. "당신은 어쩔 테요?" 그는 엄지로 오 던 길을 가리키며 내 귀에다 속삭였다. 나는 프란치스코를 흘깃 바라보았다.

"아니에요. 마리노, 나는 내 자리를 떠나지 않겠어요. 당신은 가 보세요. 하느님께서 당신을 지켜 주시기를!" 마리노는 어깨를 으쓱하더니 나귀 등에 껑충 뛰어올라 떠났다.

나는 프란치스코 옆에 앉았다, 추운 날씨는 아니었지만 온몸이 떨렸다. 자리에 앉자마자 새들의 지저귐과 날개 소리가 들려왔다. 고개를 들자 참새, 종달새, 꾀꼬리, 방울새, 까마귀, 그리고 외톨이 자고새, 온갖 새들이 우리를 환영하듯 머리 위로 날아다니며 하늘 가득히 모여들었다. 더욱 대담해진 새들은 조금씩 조금씩 가까이 다가오더니, 마침내 프란치스코의 발치를 둘러싸고 위풍당당 내려앉았다.

"새 자매들이여, 새 자매들이여." 프란치스코가 감동에 겨워 중얼거렸다. "그래, 나야, 너희들의 형제란다. 머나먼 낯선 나라를 떠돌다가 이제야 함께 살게 되었구나. 내가 왔단다. 이 거룩한 산으로 내가 돌아왔어요. 드디어 우리가 함께 살게 되었단다. 필요한 게 있다면 꼭 나에게 말해주렴. 너희들을 위해 우리들의 아버지 하느님께 기도드릴 테니."

자고새는 그의 발 아래서 부드러운 눈빛으로 우러러 보면서 마치 사람처럼 고개를 한쪽으로 기웃대며 그 말에 귀를 기울이고 있었다.

우리는 이 기적에 감동한 나머지 완전히 정신이 팔려 있었다. 그때 두 농부가 우리를 향해 달려오며 소리를 질러댔다. "이 멍청한 사람들아, 왜 거기 앉아 있어? 늑대 대장이 오고 있는데!"

"어느 쪽에서요?"

"저기! 저기서!"

나는 가슴이 철렁 내려 앉아 벌떡 일어섰다.

"프란치스코 형제, 피합시다. 도망쳐요!"

"가만히 있어요. 믿음이 부족한 형제여. 내가 늑대 대장을 찾아볼게요. 두려워 마세요. 하느님께서는 전능하시니, 그 늑대를 어린양으로 바꾸는 일도 얼마든지 하실 수 있어요."

프란치스코는 일어서서 두 농부가 가리킨 쪽으로 걸어갔다. 나는 옷소매에 얼굴을 묻은 채 혼자가 되어 일이 어떻게 돌아가는지 살폈다. 나는 하느님께서 전능하시다는 것은 알지만, 아직 자신이 없었다. 하느님께서는 믿음이 굳건한 사람들조차 맹수에 물려 가고, 이교도의 손에 죽어 가도록 내버려 두신 적이 많지 않던가! 가장 안전한 방법은 도망치는 길이다. 옛말에도 하늘은 스스로 돕는 자를 돕는다 하지 않았던가!

하지만 지나가던 양치기 소년이 건네준 우유 한 잔을 마시고 나니, 정신이 돌아오고 마음이 가라앉았다. 그러자 너무나 창피해졌다. 나는 위험에 빠진 프란치스코를 그대로 내버리지는 않으리라, 마음을 고쳐먹고 그를 찾아 나서기로 했다. 그러나 일어서려다가 다시 마음이 변했다. 여기가 더 안전해, 나는 혼잣말로 속삭였다.

혹시 나를 부르는 프란치스코의 목소리가 들릴까, 나는 귀에 손을 모으고 기다려 보았다. 그러나 온통 조용하고 고요하기만 했다. 어둠이 평야에서부터 일어나 저 아래 올리브 숲과 포도밭을 덮쳤다. 어둠은 쉴 새 없이 일어나 산을 따라 올라가면서 한 겹, 두 겹 세상을 집어 삼켰다.

갑자기 높은 바위 뒤에서 거칠고 우렁찬 목소리가 울려 퍼졌다. 목소리는 점점 커지며 가까워졌다. 나는 그게 한 사람의 목소리가 아니라 두 사람의 목소리라는 사실을 깨달았다. 첫 번째 목소리는 거칠게 쉬어 있었다. 다른 목소리는 부드럽고 나지막했다. 나는 프란치스코의 노랫소리를 알아듣고 벌떡 일어났다.

목소리들이 더 가까워지자 노래 가사도 알아들을 수 있었다. '예수께서 죽음을 죽음으로 짓밟고 죽은 자들 가운데서 부활하셨네' 하는 찬송이었다. 그들이 만났구나, 나는 생각했다. 어느새 친구가 된 그들은 하느님의 울타리 안으로 함께 돌아오고 있었다. 희미한 빛을 헤치고 온통 수염투성이에 사나운 얼굴을 한 더벅머리 사나이와 함께 다가오는 프란치스코가 보였다. 나란히 팔짱을 끼고 나타난 그들은 나에게 머리를 끄덕였다.

"자, 이 사람이 바로 그 유명한 늑대 대장이에요." 프란치스코가 유쾌하게 외쳤다. "이제는 늑대가 아니라 어린양이 되었지요."

"어린양이지요, 형제. 그렇지만 늑대들을 잡아먹는 양이지." 산적 두목은 으르렁대듯 말했다. "원래의 직업을 잊어서는 안되지요."

"그래요, 처음에는 그래야지요, 하지만 차츰 하느님과 가까워지게 되면 늑대를 잡아 먹는 일도 그만두게 될 거예요."

프란치스코가 갑자기 입을 다물었다. 털이 덥수룩하고 떡 벌어진 늑대 대장의 가슴 위에 걸려 있는 부적을 본 것이다. 부적에는 몇 마디 글씨가 새겨져 있었는데, 눈이 흐려진 프란치스코는 그것을 읽을 수가 없었다.

"목에 걸고 있는 것은 뭐지요? 글귀는 뭐라고 새긴 거예요?"

산적 두목은 부끄러워하며 얼굴을 붉혔다. 목에서 부적을 뜯어냈다. "지난 날의 죄악입니다. 읽지 마세요!" 그는 그걸 풀숲에 던져 버리려 했다.

"그러지 말아요, 어린양 형제. 읽어 보고 싶어요. 당신의 모든 죄는 이미 용서를 받았어요. 늑대는 이제 죽었답니다. 어린양에게 축복을!"

프란치스코는 부적을 눈앞에 바짝 가져다 대고 읽었다. '하느님과 사람의 적'.

늑대 대장은 그걸 프란치스코의 손에서 빼앗고 짓밟아 멀리 집어 던지고는 소리쳤다.

"하느님과 사람의 친구! 부적을 하나 다시 만들어서, 하느님과 사람의 친구라고 새겨 넣겠어요. 자, 오늘은 이만. 내일 다시 만납시다. 백작이 당신에게 선사한 산에 올라가 보시오. 내가 내일 아침 일찍 가서 나뭇가지와 진흙으로 오두막을 두 개 지어 드리겠소. 그러고는 내려가서 길목을 지키겠어요. 내 허락 없이 지나가려 드는 사람은 하늘의 도우심을 받아야 할 거요."

늑대 대장은 가만히 생각해보더니 다시 말했다.

"가만 있자, 그럴 게 아니라 나도 함께 가는 것이 낫겠군요. 내가 길을 알려 드리지요. 산 속에는 길이 없으니, 잘못하면 헤매게 될지도 몰라요."

그는 우락부락한 팔로 마치 어린아이를 안듯이 프란치스코를 번쩍 들어올렸다.

"갑시다. 거룩하신 아버지여. 나귀가 따로 없지요."

한 시간 뒤에 우리는 평평한 땅에 이르렀다. 한가운데에 잎이 무성한 떡갈나무 한 그루가 하늘을 찌를 듯 높이 솟아 있었다. 프란치스코가 우리의 안내자에게 말했다.

"어린양 형제, 지금부터 나는 당신을 이렇게 부르겠어요. 어린양 형제, 내일 내 오두막을 이 떡갈나무 아래에 지어 주세요. 레오 형제의 오두막은 좀 멀리에, 서로 볼 수 없고 불러도 들리지 않는 자리에 부탁합니다. 나의 형제여, 나는 이 산속에서 완전히 홀로 지내야만 해요."

"염려 마십시오. 내일은 빵과 올리브, 그리고 찾을 수 있는 건 무엇이든 다 갖다 드리겠소. 나는 당신들 가운데 누구라도 굶주려 죽는 걸 보기는 싫소. 죽은 사람이 기도 드릴 수 있다는 소리는 지금까지 들어 본 적이 없으니까요. 이따금 당신들이 죽어 없어지지 않도록 필요한 모든 걸 가져다 드리지요. 부자한테서 훔쳐다 가난한 사람을 먹이는 거예요. 안될 게 뭐 있습니까? 그게 정의가 아니면 뭐라는 말이오? 거룩하신 아버지여, 왜 그렇게 머리를 저으시죠? 이 세상의 재산은 틀림없이 하느님이 아니라 사탄이 나누어 줬을 거예요. 그러니 이렇게 불공평하지요. 나는 그저 제자리를 찾아 놓으려는 것뿐이에요."

그는 프란치스코의 손에 입을 맞추고는 밤의 어둠 속으로 사라졌다.

12
거룩하신 아버지여

알베르니아 산에서 지내던 시절을 떠올리면 두려움과 함께 이루 말할 수 없는 기쁨이 일어난다. 몇 날, 몇 달, 아니면 몇 해였던가? 시간은 우리 머리 위에 떠서 매처럼 날개를 퍼덕였다. 어찌나 빠른지 움직이지 않는 것도 같았다. 달이 뜨고 졌다. 어떤 때는 낫처럼 가느다랗고, 어떤 때는 은쟁반처럼 둥글었다. 때때로 프란치스코의 기도가 이루어져 녹은 눈이 알베르니아를 타고 흘러내려 평야를 기름지게 했다. 어떤 날에는 눈이 내려서 아침에는 장밋빛으로 떨어져 쌓이고, 한낮에는 새하얀 빛으로 반짝이다 저녁이면 수줍게 얼굴을 붉혔다. 눈은 소리 없이 내려와 우리 두 오두막을 단단히 끌어안았다. 아침마다 프란치스코는 빵을 부스러기로 만들어 뿌렸다. 새들은 그가 으레 먹이를 주려니 여기게 되었다. 동이 틀 때면 새들은 프란치스코의 오두막을 에워싸며 어서 나오라고 재촉해댔다. 특히 어느 매 한 마리는 아주 대담해져서 아침마다 그의 오두막 위를 빙빙 돌면서 일어나라고 크게 우짖고는 했다.

추위는 매서웠다. 우리 옷은 해질 대로 해진 지 오래여서, 그 해진 사이로 바람이 불어 들어 살갗이 시퍼렇게 얼었다. 그런 시련을 내가 죽지 않고 이겨냈다니 참으로 기적이 아닌가! 어쩌면 프란치스코의 말이 맞는지도 모른다. 하느님을 생각하는 사람은 겨울에는 따뜻하게, 여름에는 시원하게 지낸다고 하지 않았던가. 그 가혹한 산에 들어가 살면서 나는 어느 때보다 자주 하느님을 생각한 게 사실이다. 그러나 하느님 생각 못지않게 훨훨 타오르는 불 위에서 지글거리는 음식이며, 뼈까지 스며드는 추위를 녹일 후추 한 숟가락을 뿌려 따끈히 데운 포도주며, 가득 차린 식탁이나, 구운 돼지고기 냄새가 온 세상을 뒤덮는 상상을 하기도 했다. 귀보다 더 높이 눈이 내렸다고 해서 걱정할 게 뭐 있겠는가? 문만 걸어 잠그면 눈이 들어오겠는가, 바람이 들어오겠는가, 아니면 배고픔이 얼씬할 수 있겠는가? 든든하고 포근하리라! 하느님도 잊지는 않으리라. 누구든 자신의 집 안의 안락함 가운데 배불리 먹고 마시고 나면, 그 불과 고기와 문을 주신 전능하신 하느님께 두 팔을 들어 감사하지 않고는 못 배길 테니……

누군가 프란치스코를 걱정했다 하더라도 그는 추위나 배고픔으로 고통 받는 일이 결코 없었다. 하느님께서 그의 안에 꺼지지 않는 불을 밤낮으로 피우시고, 따뜻하고 새하얀 향기로운 천사의 빵을 언제나 그의 입술 앞에 들고 계셨기 때문이다. 그래도 나는 이따금 그가 걱정스러워 오두막에서 나와 살피러 가고는 했다. 아침과 점심, 그리고 저녁 시간이 되면 언제나 그가 기도를 드리러 어두운 동굴 안으로 들어가는 모습을 지켜보았다. 그러다 나는 기적을 보았다! 그가 하느님과 대화를 나누러 들어갈 때의 몸가짐과 걸음걸이는 그가 대화를 마치고 오두막으로 돌아올 때의 모습과 전혀 딴판이었다. 들어갈 때의 프란치스코는 작고 구부정한, 지칠 대로 지친 볼품없는 모양새로 눈 위에 넘어지고 구르며 힘겹게 몸을 이끌고 걸었다. 그러나 기도를 마치고 돌아오는 걸음은 어찌나 당당한지! 꼿꼿하게 바로 세운 몸으로 씩씩하게 눈을 헤치고 나서는 프란치스코는 머리 위에 그보다 열 배는 더 큰 불기둥을 지니기라도 한 듯 위엄이 넘쳤다.

주님, 저를 용서하소서. 저는 그런 그를 볼 때마다 너무나도 부러웠습니다. 그는 대체 무엇으로 만들어진 사람일까? 배고픔도 추위도 느끼지 않고 '그만하면 됐어.' 한 마디 하는 일도 결코 없는 그는 강철이나 영혼만으로 이루어진 존재라도 되는 걸까? 나는 밤낮으로 춥고 배가 고팠다. 기도를 올릴 마음도 힘도 없고, 그렇다고 해서 불만을 가질 기력조차 없었다. 눈과 손을 간신히 하늘을 향하여 들어올릴 수 있다 하더라도, 내 생각은 꼼짝 않고 땅 위에, 그보다 더 낮은 곳에 머물러 하느님께 올리는 말이라고는 무지갯빛 비눗방울처럼 허황된 말들뿐이었다.

하늘을 향하여 손을 들고 기도한 지 사나흘 되던 날이었다. 어린양 형제가 빵과 올리브 그리고 염소치즈 같은 음식을 가지고 왔다.

"불을 피워 드릴까요?" 그가 물었다.

"안 돼요." 나는 한숨을 푹 내쉬었다. "프란치스코 형제가 불을 피우는 건 금지하고 있답니다."

"왜요?"

"밖이 추우니까 그렇데요."

"바로 그러니까 불이 필요한 거지, 바보 같으니라고."

"바로 그러니까 우리는 필요 없다는 겁니다."

"아니, 그럼 뭐로 몸을 녹이지요?"

"하느님으로."

늑대 대장은 어깨를 으쓱했다.

"하고 싶은 대로 다 거꾸로 하시구려. 내 알 바 아니니 뭐. 나는 내 동굴로 돌아가겠소. 난로에 두꺼운 장작을 쌓았더니 불길이 아주 볼 만하지요, 레오 형제, 냄비를 막 올려 두고 왔던 참이에요. 어제 메추리 두 마리를 잡았거든요. 쌀을 넣고 끓여 먹을 생각이오. 레오 형제, 와서 좀 들지 않겠소? 뱃속에 기름기를 좀 채우고 뼈도 좀 녹여야 할 게 아니겠소?"

입에 군침이 돌았다.

"오 형제, 물론이죠. 그러고 싶고말고요. 프란치스코 형제만 두렵지 않다면 기꺼이 가고말고요."

"그가 어떻게 알겠어요?"

"제가 말을 하는 것이 도리지요."

"당신이 말을 한다면요? 그가 어떻게 하는데요?"

"아무 일도 안 하지요. 한숨만 쉬고 말 것입니다. 그 한숨이 비수가 되어 내 가슴을 후벼 파겠지요."

"레오 형제, 좋을 대로 하시오. 아무튼 생각은 해보시오. 메추리, 김이 모락모락 나는 쌀밥, 넉넉한 포도주, 그리고 소리도 요란스레 타오르는 불 생각이 나면 오세요. 메추리, 김이 나는 쌀밥, 넉넉한 포도주, 활활 타오르는 불, 그렇게 주문을 외우듯 되풀이 해봐요. 어쩌면 마음이 바뀔지도 모르지요. 그럼 곧 봅시다."

그는 얼어붙은 손발을 녹이려 두 손을 비벼대며 바닥에 발을 쿵쿵 굴렀다.

"하느님이 무섭지도 않소, 형제는?" 내가 물었다.

"나는 사람도 무섭지 않아요. 그런 내가 하느님을 무서워할까요?"

그가 산을 내려가기 시작했고, 그의 웃음소리가 메아리 쳐 울려퍼졌다.

나는 혼자 남았다. 이 황량한 산속의 철저한 고독이 그처럼 견디기 어려웠던 적이 없었다. 메추리, 김이 나는 쌀밥, 넉넉한 술, 활활 타오르는 불……
나는 일어서서 문 앞까지 걸어갔다가 멈춰 섰다.

"창피한 줄 알아라, 뻔뻔스런 레오야! 프란치스코 형제가 알게 되면 그 한
숨 소리를 어떻게 견딜 테냐? 오두막에서 꼼짝하지 마. 말라버린 빵도 맛있
고, 추위도 나쁘지 않아. 다른 사람들은 배불리 먹고 따뜻이 지낼 권리가 있
지만, 너에게는 없어! 너에게는 다른 권리, 훨씬 더 대단한 권리들이 있지."

"어떤 권리더라?"

"그걸 꼭 물어봐야 아느냐? 너의 삶을 통하여 다른 사람들에게 구원의 길
을 보여주는 것이지."

"그러다 내가 죽어 버린다면?"

"죽으면 더 좋지. 네 죽음을 통하여 다른 사람에게 구원의 길을 보여 주게
될 테니. 너는 수도복을 입었다. 천사의 예복이지. 너는 이제 더는 사람이 아
니다. 그렇다고 천사도 아니지. 그 두 존재 사이에 서 있지. 내가 서 있는다
고 말했나? 아니야, 서 있는 것이 아니라 천사의 길을 향해 가고 있다 해야
겠지. 네가 착한 일을 하나하나 쌓을 때마다 조금씩 나아가는 거라고."

"나는 여전히 사람이오. 오히려 점점 더 사람처럼 되어가는 것만 같소. 이
번 한 번만 허락해 주시오. 그 다음에는 천사가 되겠어요. 진정한 천사가 되
겠어요. 맹세합니다!"

"마음대로 하라고. 너는 자유야. 원하면 지옥에도 마음대로 가도 돼. 나는
막지 않을 거다. 자, 그럼 가보시지!"

머리가 빙빙 돌았다. 오두막 안으로 돌아가 바닥에 털썩 주저앉았다. 눈물
이 터져 나올 것 같았다. 그러다 걷잡을 수 없는 분노가 머리끝까지 치밀어
올랐다. 천사라, 천사라고 했겠지! "배고픔이 없으면 천사가 되는 것은 누워
떡 먹기지. 하지만 고픈 배를 가지고 어디 한 번 되려고들 해보라지! 해 보
라니까! 바로 당신 코앞에 두 마리의 잘 익은 메추리가 김을 모락모락 내고
있는데, 어디 입에서 군침이 돌지 않는가 두고 봅시다. 꼭 뭣도 모르는 자들
이 설교하기 좋아하지! 나는 사람이다. 늑대 대장이 나더러 와서 먹으라고
했다고! 나는 갈 거라고!"

밖으로 뛰쳐나갔다. 눈은 그쳐 있었다. 하늘을 뒤덮고 있던 구름들이 갈라
지며 그 사이로 여기저기 녹슨 구리같이 푸르스름한 하늘이 드러났다. 나는

큼지막하고 깊숙이 찍힌 늑대 대장의 발자국을 그대로 밟으며 따라 내려갔다. 걷는 게 아니라 날고 있었다. 힘껏 달려나가던 나는 성급하게 걸음을 떼다가 두세 번 미끄러져서 수염이 온통 눈 범벅이 되었다. 마침내 우리들의 새로운 형제의 작은 동굴 앞에 와 닿았다. 숨이 턱까지 차올라서 허리를 구부렸다. 맹렬한 불길이 일고 구운 메추리 향기가 공기 가득히 배어 있었다. 화로 앞에 무릎을 꿇고, 끓는 냄비 안을 휘젓고 있는 늑대 대장의 모습이 보였다.

"안녕하세요!" 내가 들어가면서 외쳤다.

그가 돌아보았다. "어서 오십시오, 수도사님!" 그가 웃으면서 말했다. "들어와요, 들어와. 내 저녁을 차려 드리지. 허리띠를 푸시오!"

나는 질끈 동여 맨 매듭 허리띠를 풀고는 불가에 쪼그리고 앉았다. 아, 전지전능하신 우리 주 하느님, 이토록 기쁠 수가 있습니까! 살면서 이렇게 하느님께 감사와 사랑을 느껴본 적이 없었다. 아버지라고 부르며 기도할 마음을 이렇게 절실히 느껴 본 적이 없다. 정말로 어느 쪽이 더 아버지다운 아버지일까? 먹을 것 한 입도, 걸칠 옷 한 벌도 주지 않고, 밖으로 아이들을 내버리는 아버지일까, 아니면 아이들을 위해 불을 피우고, 먹을 것을 끓여서 나눠 주는 아버지일까?

우리는 눈으로 손을 씻은 다음 화로 앞에 양가죽을 깔았다. 냄비를 가운데에 두고, 빵을 큼지막하게 썰어 들고는 책상다리를 하고 마주 앉았다. 참회한 산적 두목과, 하느님의 사자라는 자가 한 자리에 앉아 음식을 향해 손을 뻗었다. 늑대 대장이 먼저 메추리 하나를 집어갔고, 나도 나머지 하나를 가져왔다. 동굴 안에는 우리가 턱을 움직여 음식을 씹어대는 소리와 나무잔에 담긴 포도주를 꿀꺽꿀꺽 삼키는 소리밖에 들리지 않았다.

이런 축복이 또 어디 있겠는가! 이런 천국이 또 어디 있겠는가! 하느님 용서하소서, 프란치스코가 뭐라고 말하든 제가 그리는 천국은 바로 이런 모습입니다. 술탄의 말이 옳았어요.

날이 어두워지기 시작했다. 마주앉은 나의 사랑스런 산적 대장의 우락부락한 얼굴은 타오르는 불길에 벌겋게 달아오르고 있었다. 나는 술을 좀 지나치게 마셨다. 주님 용서하십시오. 이따금 늑대 대장의 이마 위로 뿔 두 개가 보였다. 뒤틀린 뿔 두 개가 허공을 찌르며 번쩍이는 것 같았다. 어쩌면 유혹의 악마가 늑대 대장의 모습으로 변장하고 나타났는지도 모른다는 생각에 소름이 끼쳤다. 나와 마주 앉아 있는 이 사내는 악마일지도 모른다. 메추리를 미끼삼아 나를 유혹했고, 나는 그의 덫에 걸려들고 말았다! 새 두 마리를 남김없이 먹어 치우고 기막히게 맛이 좋은 술까지 한 병 비운 우리는 화로에 새 장작을 더 쓸어 넣었다. 천국의 가장 높은 곳에 올라가 앉은 기분이었다. 찬송가를 부르기 시작했다. 내가 '예수께서 부활하셨도다'를 부르고, 늑대 대장은 손뼉을 치며 장단을 맞추었다. 이따금 그도 동굴 안이 쩌렁쩌렁 울리도록 큰 소리로 따라 불렀다.

"나의 형제, 나의 형제여!" 그가 사랑에 북받쳐 나를 끌어안으며 소리쳤다. "내가 형제에게 한마디 하려 하오. 절대 언짢게 받아들이지는 마시오. 내가 먹은 메추리를 걸고 맹세해서 말하건대, 복음보다는 술이 더 사람들을 서로 가깝게 끌어들이고 형제로 만든다오. 이렇게 생각하는 나를 용서하시오. 하지만 봐요. 이렇게 포도주를 한 모금 마셨더니 눈이 번쩍 뜨이고 당신이 내 형제로 보이지 않소."

그는 나를 꼭 끌어안고 입을 맞추었다.

"늑대 형제, 내가 원하는 건 말이에요, 당신이 술 없이도 모든 사람이 다 형제라는 것을 알아볼 수 있었으면 하는 거예요. 왜냐하면 말입니다, 술이 깨어 말짱한 정신이 돌아오면 어떻게 되지요? 모든 사람들이 다시 당신의 적이 되고, 형제애는 사라져 버리지요."

"그렇다면 우리가 평생 술에 취해서 살면 되겠네요!" 소리를 지르며 늑대 대장은 술병에 남은 마지막 한 방울까지 마셔 버렸다.

"좋은 생각이오, 늑대—양 형제! 아, 능력만 있다면 나도 기적을 일으켜 볼 텐데. 아침마다 형제들에게 포도주를 큰 병으로 하나씩 마시게 하는 규칙을 만들 거예요. 그러고는 마을과 도시로 부리나케 뛰어나가 설교를 하게 하겠어요. 그렇게 하면 형제들은 만나는 사람마다 부둥켜안고 입 맞출 텐데. 무서울 것도 하나 없고, 춤추고 노래하며 주님을 찬양할 테지! 오르막길도 너무나 쉽고, 마냥 즐겁기만 할 거예요. 술에서 나온 따뜻한 정으로 하느님으로부터 나온 뜨거운 감동을 찾게 되고, 곧장 천국의 기쁨으로 나아가게 되지요!"

"레오 신부님, 저를 당신의 교단에 받아 주십시오!" 너무나 감동한 나머지 허리가 휘청댈 만큼 나를 세게 치면서 늑대 대장이 웃었다.

"이러면 어떨까요? 포도주 한 병과 소시지를 잔뜩 챙겨 들고 프란치스코를 찾아가서 새 규칙 이야기를 들려줍시다."

갑자기 덜컥 겁이 났다. 고개를 돌려 동굴 입구를 찬찬히 살펴보았다. 여기저기에서 프란치스코의 그림자가 튀어나오고 허공에서 그의 깊은 한숨이 들리는 것만 같았다. 나는 벌떡 일어섰다.

"가 봐야겠어요. 프란치스코가 내 오두막을 찾아왔다가 내가 없는 것을 알게 되면 어떻게 해요?"

"레오 형제, 기도를 드리러 갔었다고 이야기하면 되잖아요. 그리고 사실 새 교단의 규칙으로 따져보면, 메추리, 밥, 따뜻함 이 모든 것이 다 주께 바치는 기도가 아니고 뭐겠소? 있는 그대로 말하세요. 살면서 오늘 밤처럼 하느님을 가까이 느낀 적이 언제 한 번이라도 있었소? 그것이 바로 기도의 의미라오!"

내가 어떻게 거기 앉아서 산적에게 기도란 그런 것이 아니라고 설명해 줄 수 있겠는가? 나 자신도 기도의 의미란 뭔지 결국 알아내지 못한 처지가 아니던가?

늑대 대장은 나를 배웅해 준다고 꽤 멀리까지 나왔다. 그는 기분이 좋아서 쉴 새 없이 떠들어댔다.

"옛날에 내가 산적이었을 때, 지금도 산적 노릇을 하기는 하지만 프란치스코에게는 말하지 말아요. 상심할지 모르거든요. 알다시피 그는 좀 순진한 구석이 있지 않소? 아무튼 옛날에 내가 산적 노릇을 하고 있을 때, 어떤 마귀 같은 신부가 나더러 고해 성사를 하라는 거예요. '당신은 기도를 하십니까?' 묻더군요. '물론 하고말고요! 하지만 내 방식대로 하지요.' 내가 대답했어요. '그 방법이라는 게……' '훔치는 거죠.' '이 가련한 친구 같으니. 그래, 당신은 회개할 마음이 없다는 말인가?' '시간은 얼마든지 있습니다. 나는 이제 겨우 서른다섯입니다. 백발이 성성한 늙은이가 되어 내 발로 움직이지도 못하게 되면 그때 회개를 할 것입니다. 모든 일에 때가 있는 게 아니겠어요? 젊어서는 도둑질하고, 늙어서는 회개하고.' 신부가 펄펄뛰며 화를 내지 뭐겠어요. '진정하세요, 늙은이.' 내가 말해 주었지요. '아니, 내가 교황 성하보다 예수를 더 가까이 모시고 있는 걸 아직 모르세요?' '자네가?' '그래요. 나는 예수

님 옆에서 십자가에 매달린 그 도둑입니다. 예수의 오른쪽이지요.'

사랑하는 레오 형제, 그게 바로 비법이란 말이에요. 잊지 마세요. 죽음이 다가오는 마지막 때에 바로 예수의 오른쪽에 이르는 길을 찾기만 하면 되는 거요. 왼쪽이 아니라. 불쌍한 레오 형제, 오른쪽이요. 그것도 못하면 전부 끝이요!"

나는 이 산적 두목으로부터 되도록 멀리 도망치려고 걸음을 재촉했다. 내 안에 있는 어떤 악마가 그의 입에서 나오는 한마디 한마디를 모두 즐기고 있었다. 신과 악마와 프란치스코와 안락한 생활, 그 모든 것이 내 마음속에서 뒤범벅이 되어 소용돌이쳤다. 아, 언제쯤이면 나는 악마들로부터 내 자신을 되찾아 모든 것을 가지런히 제자리에 놓을 수 있는 걸까!

"나의 형제, 안녕히 가시오. 하느님께서 당신이 나에게 베푼 모든 착한 일을 되갚아 주시고, 모든 실수를 용서해 주시도록 빕니다."

그는 내 손을 으스러지도록 꽉 잡았다. "새 규칙을 잊지 말고 적어 두도록 해요." 내 등 뒤에 대고 소리쳤다. "잊어버리면 안 되오. 꼭 기억해둬요. 당신 스스로를 위한 일이니까!"

돌아오면서 나는 몸짓을 섞어가며 혼잣말을 했다. 내 오두막에 도착하니 한밤이었다. 그 오두막 안은 얼마나 외롭고 쓸쓸한지! 천국에서 도망쳐 나와 지옥으로 들어온 것 같았다. 옷으로 몸을 둘둘 감고 자리에 누웠다. 밖에서는 바람이 나무를 스치고 지나가는 소리가 요란했다. 멀리서 늑대 우는 소리가 들렸다. 도저히 눈을 감을 수가 없었다. 그렇다고 기도를 드릴 만큼 마음이 정결한 상태라고 느껴지지도 않았다. 이윽고 먼동이 트고 난 뒤에야 깊은 잠에 빠졌다. 온갖 악몽이 한꺼번에 나를 찾아왔다. 눈앞이 어둠으로 뒤덮이고 거대한 사막의 은둔 수도사들이 움막을 짓고 사는 이집트의 테베에 있는 꿈을 꾸었다. 나 또한 은둔 수도사였는데, 이름은 아르세니우스라고 했다. 무릎을 꿇고 기도를 드리던 나는, 나의 아버지 닐루스를 생각했다. 백 살이 넘은 그는 8킬로미터 가량 떨어진 은신처에서 살고 있었다, 그때, 수도사 하나가 나에게 달려왔다. "아르세니우스 형제, 빨리 가요. 아버지가 당신을 찾고 있어요. 그분은 죽어가고 있어요. 당신이 어서 와서 그분의 축복을 받아야 한다고 말씀하셨어요." 나는 벌떡 일어나서 힘껏 달려가며 흐느꼈다. 해가 무시무시했다. 저 멀리 큰길을 따라 낙타를 탄 상인 무리가 지나갔다. 낙타 몰이꾼의 슬프고 단조로운 노랫소리가 들려왔다. 한낮이 다 되어 마침내 아버지의 은신처에 다다랐다. 모래 위에 누워 있는 아버지를 수도사 대여섯이 에워싸고 있었다. 그들은 아버지의 옷을 벗기고 몸을 씻기면서 성가를 부르고 있었다. 수도사 하나가 돌아보며 말했다. "조금 전에 영혼을 하느님께 돌려 드렸답니다."

"당신 이름을 부르면서 찾으셨어요. 좀 늦으셨군요." 다른 사람이 말했다. 그러나 죽은 사람은 그 말을 듣기라도 했는지, 몸을 뒤척였다. 겁에 질린 수도사들이 도망쳤다. 아버지의 입술이 조금 움찔거렸다. 눈을 뜨더니 나를 찬찬히 들여다보았다. "애야, 이리 가까이 오너라." 그가 속삭였다. "누구 엿듣는 사람이 있느냐?" 아버지의 눈에는 두려움이 가득했다. 수염, 귀, 입술, 머리카락이 온통 모래로 뒤덮여 있었다.

"아니에요, 아버지. 우리뿐이에요."

"가까이 오너라. 너에게만 털어놓을 어마어마한 비밀이 있어. 조금 더 숙여라." 나는 고개를 숙였고, 아버지는 입을 내 귓가에 대었다. 아버지의 목소리는 머나먼 곳에서 들려오는 듯 작았고, 깊은 곳에서 올라오는 듯 흔들렸다. "아르세니우스, 내 아들아, 우리는 완전히 속았단다. 우리가 속았어. 그러나 이제는 너무 늦어 버렸구나! 천국은 없단다. 그리고 지옥도!"

"그럼 무엇이 있던가요? 혼돈뿐이던가요?"

"아니야, 혼돈도 없더라."

"그렇다면 도대체 무엇이 있지요?"

"아무것도 없다!"

아버지가 내 목을 질식시킬 듯 꽉 조르며 벌떡 일어났다. 그러고는 갑자기 모래 위로 나동그라지고 말았다……

나는 찢어지는 비명을 지르면서 깨어났다. 머리가 깨어질까 무서워서 두 손으로 머리를 꽉 잡았다. 그 수도사의 입술이 아직 내 귀에 붙어 있었고, 그의 말 한마디 한마디가 나의 몸 속 구석구석을 훑고 있었다. 심장에서 신장으로, 신장에서 폐, 폐에서 목구멍으로 타고 오르며 숨통을 조여왔다. "우리는 속았어……" 만약 그 말이 사실이라면 어떻게 된다는 말인가? "프란치스코 형제." 나는 소리를 질렀다. "프란치스코 형제, 살려 주세요! 도와주세요!"

벌떡 일어나 문으로 달려간 나는 멈추어 서서 밖을 내다보았다. 온통 눈뿐이었다. 지평선에서 새벽 해가 떠오르고 있었다. 눈 덮인 길을 따라 엉금엉금 올라오고 있었다. 사람처럼 미끄러져 이따금 없어졌다가 다시 일어나 기어 나오고 있었다. 희미한 등잔 같은 빛으로 온 세상을 밝혀 보려고 바둥거리고 있었다. 나는 마음이 너무 아파 차마 그 광경을 바라볼 수가 없었다. 바닥에 주저앉은 채 공처럼 온몸을 움츠리고 덜덜 떨던 나는 돌로 된 바닥에 머리를 찧기 시작했다. 피가 얼굴을 타고 흘러내렸다. 그러나 이상하게도 아프지 않고 마음이 가라앉았다. 다시 일어섰다. 이제 어떤 계시가 내려지리라 생각했다. 나를 깨우치게 할 계시가, 하느님에게서부터 오는 어떤 증표가 나타나리라는 생각이 들었다. 새, 천둥, 목소리, 누가 알겠는가? 하느님의 언어는 풍부하고 다양하다. 그분께서 나에게 말을 걸어와서 나의 고통에 어떤 설명을 내려주실 것이다.

프란치스코를 본 지도 여러 날이 지났기에, 나는 그의 오두막을 향해 길을 나섰다. 푹푹 빠지는 눈을 맨발로 밟으며 산을 올랐다. 입에서 욕이 쏟아져 나오지 않게 참으려고 온 힘을 다했다. 너는 이게 사람이 사는 꼴이라고 말하는가? 나는 속으로 외쳤다. 산속에 사는 짐승이라도 가진 것이 있다. 입고 다니는 털이 있다. 그런데 우리는, 우리는 두 마리의 민달팽이, 집도 없는 달팽이가 아니고 무엇인가…… 중얼거리면서 나는 프란치스코의 오두막이 보이는 산등성이까지 올라갔다. 주위를 둘러 보았다. 높은 바위 꼭대기에 두 팔을 벌리고 서 있는 프란치스코의 모습이 보였다. 온통 눈으로 덮인 이 하얀 세상에서 그는 마치 바위에 꽂힌 검은 십자가 같았다. 그 위에서 얼어 죽을까 덜컥 겁이 난 나는 바위에 오르려고 온 힘을 다하여 뛰어갔다. 그를 끌어안고 오두막으로 내려가서 그가 허락하건 말건 불을 피워 그를 살려놓을 생각이었다. 하지만 바위를 절반도 채 기어오르지 못하고 나는 크게 외마디 비명을 지르고 말았다. 프란치스코는 바위 위에서 어른이 두 팔을 벌린 높이에 둥둥 떠 있었다. 두 팔을 십자가처럼 펴고 고요히 흔들리고 있었다. 그가 날아가 버리면 큰일이라는 생각에 온 힘을 짜내 꼭대기까지 올라가 그의 옷깃이라도 잡으려고 손을 뻗었다. 그러나 그는 늘 그렇듯 조용하고 평온하게 내려와 바위 위에 앉았다.

그는 내가 누구인지 모른다는 눈빛으로 나를 흘긋 보았다. 사람의 모습을 봐서 놀라는 표정이었다. 나는 그를 두 팔로 끌어안고 넘어져가며 바위에서 내려왔다. 넘어졌다 일어서기를 되풀이 하여 끝내는, 힘이 완전히 빠져버리고 말았다. 그래도 어떻게든 그를 오두막까지 데리고 내려왔다. 불을 피우고 프란치스코를 화로 옆에 끌어다 놓고는 얼어붙은 그의 피를 녹여 보려 열심히 몸을 주물러 주었다. 그러자 조금씩 조금씩 생기가 돌아왔다. 그가 눈을 뜨고 나를 알아보았다.

"레오 형제, 왜 나를 끌어 내렸어요?" 그가 낮게 속삭였다. "저 위에 있는 것이 더 좋았는데."

"프란치스코 형제, 용서하세요. 하지만 당신은 죽을 뻔했습니다."

"내가 하늘로 떠오르는 것을 보지 못했나요? 나는 죽어가고 있었어요. 왜 나를 끌어 내렸나요?"

그는 퉁퉁 붓고 피가 흐르는 자신의 손발을 들여다보았다.

"아파요!" 그가 숨이 넘어갈 듯이 속삭이며 팔로 나를 꽉 잡았다. "레오 형제, 아파요! 누가 못을 박아 넣은 것처럼 손발이 아파요. 너무 아파서 밤에 눈을 감을 수가 없어요."

잠시 가만히 있다가 그는 다시 말했다.

"아, 나의 충실한 나귀여, 나를 용서해다오. 너의 고통은 아직 끝나지 않았구나. 우리는 아직 갈 길이 남았어. 하지만 거의 다 왔단다. 나를 따라 오거라. 용기를 잃지 말고!"

그가 손을 내 머리 위에 얹었다.

"하느님의 작은 사자여, 그대에게 축복이 내리기를. 이제 당신의 오두막으로 돌아가세요. 혼자 있고 싶어요."

나는 나의 오두막으로 돌아왔다. 무엇을 어떻게 해야 할지 몰랐다. 이것이 바로 내가 하느님께 구하고자 했던 증표일까? 프란치스코가 하늘로 떠오르는 그 광경이 증표인가? 그렇지, 하느님의 언어는 넘치도록 풍성하니, 그분께서 나에게 대답을 보여주셨다. 지난밤에 하느님께서는 깜짝 놀라게 한 꿈을 꾸게 하시고, 이튿날은 안정을 되찾게 하는 광경을 보여주신 것이리라. 그분은 어린 자식에게 고통과 사랑과 인내를 가르치는 아버지와 같다.

얼음같이 차고 고독한 나의 오두막에 들어서자 마음이 한결 가라앉았다.

한 가지 죄만이 여전히 내 가슴을 짓누르고 있었다. 메추리, 따뜻한 불, 그리고 쌀밥이었다. 나는 성호를 긋고 아침이 되면 프란치스코에게 가서 죄를 고백할 결심을 했다. 그래야 이 무거운 짐도 덜어버릴 수 있다. 얼마 있으면 이 겨울도 지나가리라. 나는 아무 걱정도 없이 새로이 태어난 어여쁜 제비 같은 마음으로 봄을 맞이하리라.

이튿날 나는 프란치스코의 발 앞에 엎드렸다. 그에게 내가 저지른 죄악을 고백했다. 그의 발 아래 머리를 숙이고 기다렸다. 프란치스코는 말이 없었다. 한숨조차 쉬지 않았다. 그의 두 엄지발가락이 파르르 떨리는 것 말고는 아무것도 느껴지지 않았다. 기다리고 또 기다렸다. 마침내 나는 그 오랜 침묵을 더는 견딜 수 없게 됐다.

"프란치스코 형제, 저에게 어떤 벌을 주시려는 거지요?" 내가 물었다.

"그대의 죄는 아주 무거워요. 나는 사흘 밤낮을 빵이건 물이건 입에 대지 않겠습니다."

"죄를 지은 사람은 당신이 아닌데요." 나는 소리쳤다. "저예요. 당신이 벌을 줘야 할 사람은 바로 나라고요!"

"그게 무슨 차이가 있겠어요, 레오 형제? 우리는 하나가 아니던가요? 내가 당신과 함께 죄를 지은 거예요. 당신은 나와 함께 굶주리며 수도 생활을 해주었어요. 우리는 오랜 시간을 함께 살아 왔습니다. 어째서 아직도 모르지요? 이제 가 보세요. 하느님께서 함께 하시기를!"

그는 허리를 숙여 나를 일으켜 세웠다. 나는 그의 손에 입을 맞추었다. 갑자기 걷잡을 수 없는 눈물이 터져 나왔다.

"다시는," 나는 울먹였다. "프란치스코 형제, 절대로, 다시는 죄를 범하지 않겠습니다. 맹세합니다."

"내가 이야기했지요. '절대로' 와 '언제나' 는 하느님의 말이라고. 오로지 그분만이 그 말을 하실 수 있습니다. 가 보세요. 하지만 하느님의 어린양이여, 조심하십시오. 하마터면 늑대에게 통째로 잡혀 먹힐 뻔했어요!"

눈이 녹기 시작했다. 하늘이 맑게 게이고 눈 아래에서 개울이 땅을 타고 평야로 흘러갔다. 나무들이 머리를 쳐들고 햇빛을 찾아 기지개를 켰다. 잔잔

한 바람이 불어올 때마다 나뭇가지 끝에 남아 있던 눈덩이들이 소리 없이 부서지며 땅에 떨어졌다. 겨울을 몰아내는 첫 뻐꾸기의 울음소리도 숲 속에 메아리 쳤다. 뻐꾸기 형제의 울음을 들은 사람의 마음도 가슴 깊이에서부터 기쁘게 화답했다. 뻐꾸기 울음과 사람의 마음은 모두 봄이라는 같은 교단에 속해 있는 게 틀림없다.

하늘과 땅이 다시 상냥해져서 더는 사람들을 혹독하게 괴롭히지 않았다. 가끔 프란치스코의 오두막 앞에 빵을 놓으러 가면, 그의 주름지고 메마른 입가에 아주 희미한 미소가 번지는 것을 볼 수 있었다.

"레오 형제, 봄이 오고 있어요." 그가 즐거운 목소리로 나에게 같은 말을 하고 또 했다. "봄은 우아함이 넘치는 이 땅의 복 받은 여인이에요. 보세요. 그녀의 발길 닿는 곳마다 눈이 녹잖아요."

"평야에서는 벌써 아몬드 꽃이 피었겠군요." 어느 날 그의 말에 내가 대꾸했다.

"레오 형제, 축복을 받고 싶다면 꽃 피는 아몬드 나무 생각은 말아요. 그 가지에 유혹의 악마가 앉아서 우리를 부르고 있으니까요. 눈길을 안으로 돌려 당신 마음속에 있는 아몬드 나무를 바라보십시오. 당신의 영혼이 꽃 피우는 모습을요."

나는 내 오두막 문 앞에 앉아서 봄이 오는 모습을 몇 시간이고 바라보았다. 그렇게 앉아 있는 것이 하나의 말없는 기도라고 느껴졌다. 하느님께 감사한 마음을 가득 담아 올리는 기도였다. 날씨가 풀리면서 바구니를 짤 등나무 줄기와 고리버들 가지를 구하러 산기슭에 내려가기도 했다. 낮에는 몇 시간이고 바구니를 만들었는데, 일에 몰두하다 보면 생각은 자연스레 하느님께 가 닿았다. 기도를 드리겠다, 확실한 마음을 먹고 무릎을 꿇었을 때보다 더 빨리, 그리고 더 또렷하게 하느님을 생각할 수 있었다. 이렇게 일과 기도를 함께 할 수 있게 되어서 너무나 기뻤다.

하루는 바깥에 앉아 바구니를 만들고 있는데, 누군가가 가쁜 숨을 몰아 쉬며 바위 위로 걸어오는 소리가 들렸다. 늑대 형제가 아니라는 것을 숨소리만 듣고도 알 수 있었다. 늑대 형제는 숨이 턱에 찬 적이 한 번도 없었고, 늘 발소리도 내지 않고 조용히 다가왔기 때문이다. 나는 일어서서 소리가 들리는 쪽으로 뛰어갔다. 찾아온 사람은 다름아닌 실베스터 신부였다!

"어서 오세요, 어서 와!" 내가 탄성을 질렀다.

얼마 만에 보게 된 수도사 형제인가, 나는 너무나 기뻐서 가슴이 두근거렸다. 그를 껴안고 내 옆에 앉혔다.

"형제님, 드릴 것이라곤 빵과 물뿐이군요."

그러나 실베스터 신부의 생각은 먹을 것에 가 있지 않았다. "프란치스코 형제는 어떻게 지내시나요?" 그가 괴로운 목소리로 물었다.

"살아 있지만 고통이 심하지요. 탄식과 기도로 몸이 너무나 축나서 그분을 보아도 알아보시지 못할 거예요. 아침마다 해가 뜰 무렵이 되어서야 겨우 잠이 들려고 하면 바로 매 한 마리가 날아와서 그를 깨우고는 해요. 하느님께서 새들에게조차 그를 고문하도록 명령을 내리셨나 생각이 들 지경이에요."

"레오 형제, 프란치스코 형제의 아버지가 죽어 가고 있어요. 프란치스코에게 자신이 죽기 전에 빨리 와달라고 전하라며 나를 보냈답니다. 자기 아들에게 저지른 모든 일을 후회하고 있는 것 같아요. 어쩌면 용서를 받고 싶은지도 모르겠어요."

나는 우리가 처음 속세의 먼지를 털어내고, 하느님의 불길 속으로 발길을 들여 놓았던 의욕 넘치던 시절의 나날을 떠올렸다. 주여, 그로부터 몇 해가, 아니 몇 백 해가 흘렀나이까!

"그의 은둔처는 어디지요, 레오 형제?"

"같이 갑시다. 저 바위산 사이에 있어요. 그가 기도를 드리고 있지만 않았으면 좋겠네요. 기도를 드리는 시간에는 말을 할 수가 없거든요."

우리는 그의 오두막으로 올라갔다. 아무도 없었다.

"동굴 안에 들어가서 기도를 드리고 있는 것이 틀림없어요. 가 봅시다. 하지만 아주 조용히 가야 해요. 그를 방해해서는 안되니까요."

우리는 동굴 입구에 섰다. 처음에는 어두워서 아무것도 보이지 않았다. 하지만 한숨 소리와 함께 애절한 목소리가 들려왔다. "아, 십자가에 못 박힌 가엾은 나의 희망이여, 십자가에 못 박힌 가엾은 나의 사랑이여! 아, 예수여!" 조금 있다가 목소리가 다시 들려 왔다. 더욱더 절망적으로 애원하는 음성이었다. "아, 십자가에 못 박힌 가엾은 나의 희망이여, 십자가에 못 박힌 가엾은 나의 사랑이여! 아, 예수여!"

안으로 들어가려는 실베스터 신부를 내가 옷자락을 붙들어 말렸다.

"제발 그의 옆에 가지 말아요." 내가 귓속말로 소곤거렸다. "기도를 드릴 때만은 절대 부르지 말고 자기에게 손도 대지 말라며 단단히 명령했어요. '당신의 손이 닿으면 나는 산산조각 나 부서져 버릴 거예요.'라고 말했어요."

우리는 동굴 밖 오른쪽 왼쪽에 붙어 서서 그가 기도를 마치고 나오기를 기다렸다. 하늘 한가운데에 걸려 있었던 해가 점점 기울어 이제는 저물어가고 있었다. 프란치스코는 무릎을 꿇고 팔을 벌린 채 끊임없이 하느님께 애원하고 있었다. 똑같은 그 말을 셀 수 없이 되풀이했다. 이윽고 땅거미가 졌다. 절망이 담긴 깊은 한숨 소리가 들려왔다. 프란치스코는 취한 사람처럼 비틀거리며 나타났다. 눈은 피와 눈물에 젖어 새빨갰다. 우리가 그에게 손을 내밀었지만, 그는 우리를 보지 못했다. 눈알이 안으로 뒤집혀 자신의 몸속을 보고 있는 듯했다. 몇 발자국 걷다가 앞을 볼 수 없어 발을 헛디디고는 멈춰 섰다. 자신의 오두막으로 가려면 어느 쪽으로 가야 할지 기억해 내려고 애쓰는 모양이었다. 갑자기 어지러운 듯 이마에 두 손을 가져다 댔다. 그리고 곧 정신을 차리고 다시 걷기 시작했다.

우리는 그를 놀라게 하지 않으려고 발소리를 낮추고 뒤따라갔다. 오두막에 다다랐을 무렵, 그는 우리 발에 차인 돌이 굴러가는 소리를 들었다. 처음에는 우리를 알아보지 못하더니 더 가까이 다가가자 그의 얼굴이 빛나기 시작하더니 입술이 떨려오면서 웃음을 지었다. 그가 두 팔을 벌리자 실베스터 신부가 그 품에 와락 안겼다.

"프란치스코 형제, 프란치스코 형제, 너무나 보고 싶었어요. 이렇게 만나니 무척 기쁘군요!"

프란치스코는 아무 말도 하지 않았다. 그가 비틀거렸다. 우리는 그의 두 팔을 잡고 부축해 오두막 안으로 데려가 늑대 형제가 가져다 준 양가죽 깔개 위에 앉혔다.

프란치스코는 실베스터 신부에게 몸을 돌렸다. "형제들은 어떻게 됐지요?" 불안한 목소리로 그가 물었다.

실베스터 신부는 고개를 푹 숙인 채 대답이 없었다.

"형제들은 어떻게 되었냐고요?" 프란치스코는 신부의 손을 덥석 잡으며 고통스러운 목소리로 물었다. "실베스터 신부님, 내 걱정은 말고 있는 그대로 말해주세요!"

"프란치스코 형제, 그들은 삶의 방식을 바꿨습니다. 당신의 양들은 평야로 내려가 기름진 목장의 풀을 뜯어 먹고 있습니다."

"거룩한 가난은 어떻게 되었습니까?"

"형제들은 가난 부인에게 좋은 옷을 입히고, 신발을 신기고, 맛있는 음식을 먹여 살찌우고 있어요. 그들에게는 포르치운쿨라가 너무 천하고 볼품이 없어 살 만한 곳으로 보이지 않았나 봅니다. 온 도시와 마을들을 돌아다니면서 금을 모았어요. 엘리아스 형제는 삼 층짜리 큰 교회의 터를 닦게 하고, 교회를 장식할 이름난 조각가들과 화가들을 불러 왔답니다. 완전한 가난은 마땅히 궁전에 살아야만 한다면서 가난 부인을 위한 궁전을 짓고 있습니다."

"그러면 거룩한 사랑은 어떻게 되었지요?"

"형제들은 이 길 저 길로 뿔뿔이 흩어져 버렸습니다. 우리의 첫 모임부터 함께했던 형제들은 새 목자 따르기를 거부하고 있습니다. 새로 들어온 형제들은 길에서 그들을 만나면 그 해진 옷과 맨발을 비웃으며 형제라고 부르지도 않고 '맨발의 거지들'이라고 부르지요."

"그러면 거룩한 무지는요?"

"프란치스코 형제, 그 여인도 죽어버린 것이나 마찬가지입니다. 그들은 학교를 열었답니다. 어떤 형제들은 볼로냐로, 나머지는 파리로 가서 벼룩에게 신발을 신기는 재주까지 부릴 만큼 엄청나게 영리해질 때까지 공부를 하고 있지요. 두꺼운 책들을 사 모으고, 높은 연단에 올라 강의를 해요. 예수가 신이 맞다고 증명하기 위해서, 예수께서 십자가에 못 박혔다는 사실을, 그리고 삼일 만에 죽음에서 부활했다는 사실을 증명하려고 악착같이 증거를 모으고 토론을 벌이고 있어요. 하지만 모든 것을 어찌나 뒤죽박죽으로 섞어 놓았던지, 머릿속은 엉망이 되고 가슴은 싸늘히 식어갈 따름이지요. 그 똑똑한 사람들이 나서서 입을 연 그날이 바로 예수께서 돌아가신 날입니다."

우리가 미처 손쓸 새도 없이 프란치스코가 땅에 얼굴을 박고 쓰러졌다. 그는 한참을 아무 말도 하지 않았다. 이따금 원망에 찬 신음 소리만이 새어 나올 뿐이었다. "하느님, 아, 하느님. 어째서? 어째서입니까? 저의 잘못입니다!" 그러고는 다시 입을 다물고 머리를 땅에 찧어댔다. 우리가 억지로 그를 일으켜 세웠다. 그는 두리번거렸다.

"레오 형제!"

"프란치스코 형제, 저 여기 있습니다."

"복음서를 펴세요. 손가락으로 아무데나 짚어 그 구절을 읽어 주세요."

나는 복음서를 펼치고 손가락으로 한가운데를 짚고 빛이 좀 더 들어오는 문 앞으로 갔다.

"읽으세요!"

나는 문에 기대면서 읽어 나갔다. "보라, 너희 모두가 제각각 다른 곳으로 흩어지고 나를 혼자 둘 때가 오나니 벌써 왔도다."

"더 읽으세요!" 고통스러운 목소리로 프란치스코가 명령했다. "또 무엇이라 씌어 있나요?"

"그러나 내가 혼자 있는 것이 아니라 아버지께서 나와 함께 계시느니라."

"됐어요!"

그는 실베스터 신부의 손을 잡았다.

"당신은 지금 예수님의 목소리를 들었습니다, 나의 형제여. 형제들이 모두 흩어져 버렸지만 슬퍼해서는 안 됩니다. 나도 그만 잠시 슬픔에 잠기고 말았지만, 보시다시피 우리는 혼자가 아닙니다. 아버지께서 우리와 함께 계시니 두려울 이유가 뭐 있겠어요? 그분께서 양들을 다시 비탈길로 인도하실 것입니다. 그분께서 다시 한 번 양들에게 굶주림을 가르치실 것입니다."

긴 침묵이 이어졌다. 프란치스코는 절망 가운데서도 희망에 차 올라 있었다. 그가 우리와는 아득히 멀어져 저 먼 미래에 가 있음을 느낄 수 있었다. 이따금씩 세상의 외진 구석에서 짖어대는 듯한 소리가 그의 입에서 흘러나와 깊은 침묵을 갈랐다. 마치 양들을 불러모아 우리로 돌려보내기 위해 짖는 양치기 개 같았다.

이윽고 깜빡 잠이 들더니 이내 눈을 뜨고 우리를 보며 미소 지었다.

"아주 이상한 꿈을 꾸었어요. 형제들, 들어 보세요. 형제들이 포르치운쿨라에 모여 있고 엘리아스가 온 세상을 그들에게 나눠 주고 있었어요. 그때 맨발에 초라한 수도사가 들어와서 그들을 바라보면서 고개를 저었지요. 형제 하나가 그런 그를 보고 화를 냈어요. '왜 그렇게 우리를 노려보면서 고개를 젓는 거요? 대체 왜요?' 고함을 쳤습니다. '당신은 왜 맨발에다 구멍투성이 옷을 입고, 머리는 덥수룩하고 온통 진흙이 튄 몸은 씻지도 않는 거요? 우리의 새 장군께서 가난을 교단에서 추방해 버린 것도 모르오? 수도원에 가서 얼른 목욕하고, 신발을 신고, 깨끗한 옷을 찾아 입으시오. 당신 하나 때문에 우리까지 전부 망신을 당해서야 되겠소?' '싫소!' '싫다니? 정말이오?' 엘리아스가 자리를 박차고 일어나며 소리쳤습니다. '채찍질을 당해야겠군. 40대를 치시오!' '자, 어서 때리시오.' '당신 이름이 뭐요?' '채찍 40대부터 맞겠소.' 그 맨발의 수도사는 실컷 매를 맞고 피를 흘렸습니다. 엘리아스가 다시 물었지요. '자, 이제 당신 이름을 대시오.' '프란치스코요.' 그 초라한 맨발의 더러운 수도사가 대답했어요. '아시시의 프란치스코입니다.' "

그는 우리를 쳐다보았다. 그의 얼굴에서 미소가 사라졌다.

"꿈 속에서조차 나를 때리고 쫓아냈어요." 그가 속삭이며 덧붙였다. "하느님께 영광을."

프란치스코는 눈을 감았다. 벌써 우리로부터 멀리멀리 떠나가 버렸다는 것을 알 수 있었다.

실베스터 신부가 나에게 눈길을 보내왔다. 내가 프란치스코에게 말을 걸용기를 내주었으면 하는 눈치였다.

"프란치스코 형제." 내가 입을 뗐다. "당신이 어디에 계시든 이리 돌아와 제 말을 좀 들어 주세요. 실베스터 신부께서 슬픈 소식을 가지고 오셨어요. 이야기 해보라 하세요."

프란치스코는 귀를 세우며 내 말을 들으려고 애를 썼다.

"레오 형제, 뭐라고 했지요? 소식이라고요? 무슨 소식인데요?"

"실베스터 신부에게 물어보세요. 그분이 직접 말할 거예요."

"나의 형제 실베스터." 그는 신부의 손을 잡으며 말했다. "나의 심장은 어떤 소식이라도 견딜 수 있어요. 무슨 소식이지요? 누구한테서 온 것인가요?"

"프란치스코 형제, 당신의 아버지 베르나르돈 씨께서 나를 보내셨습니다."

프란치스코는 아무 말 없이 두 손을 가슴에 포개며 머리를 숙였다.

"당신의 아버지요." 실베스터 신부가 다시 말했다. "그분의 영혼이 하느님께 돌아가기 전에 당신을 한번 보고 이야기를 나누고 싶다는 말씀을 전하라며 저를 보내셨습니다."

프란치스코는 꼼짝도 하지 않았다.

"어머님께서도 상심에 빠져 계십니다. 아버님의 베갯머리에 쓰러져 울며 비탄에 잠겨 있습니다. 당신을 기다리고 계세요. 프란치스코 형제, 당신만을 기다리고 계세요. 당신을 만나 위로 받기를 바라며 어머니께서는 당신이 돌아오기만을 기다리고 계시지요…… 함께 갑시다!"

프란치스코는 어떤 말도 움직임도 없었다.

"내 말이 들리세요? 가서 뭐라고 전할까요?"

프란치스코가 갑작스레 일어섰다. 아시시를 향해 손을 뻗어 허공에 십자가를 그었다.

"안녕히 가세요, 아버지." 그는 울먹이며 말했다. "저를 용서하십시오!"

프란치스코가 실베스터를 돌아보았다. "나의 형제여, 당신이 늦지 않게 돌아갈 수 있다면, 그분께 저는 이 산을 떠날 수 없다고 말씀 드리십시오. 사자가 토끼를 잡으면 땅바닥에 굴리면서 어떻게 데리고 노는지 아시지요? 하느님께서도 그와 똑같이 나를 사로잡고 계십니다. 빠져 나갈 수가 없지요. 나는 하느님의 발톱에 걸려 몸부림치고 있습니다. 도망칠 수 없어요…… 제 아버지께 '다시 만날 때까지 안녕히!'라고 전해 주세요."

"어머님께는요?"

"'다시 만날 때까지 안녕히 라고' 같은 말을 전해 주십시오."

"그분들이 가엽지도 않으세요?" 실베스터 신부가 조심스럽게 물었다.

"당신의 부모님이세요! 하느님께 허락을 구하세요. 하느님께서는 끝없이 자비로우십니다. 당신의 부탁을 들어주실 거예요."

"하느님께 이미 부탁 드려 보았어요."

"뭐라고 대답하시던가요?"

"내가 너의 어머니요, 너의 아버지니라. 대답하셨어요."

실베스터 신부는 인사를 하고 프란치스코 형제의 손에 입을 맞추었다. "프란치스코 형제, 안녕히 계세요. 하느님께서 인도하시는 대로 행하시기를."

"나의 형제여, 다시 만날 때까지 안녕히."

대답을 마친 프란치스코는 눈을 감았다. 그는 혼자 있고 싶어했다. 실베스터 신부와 나는 나의 오두막으로 돌아왔다.

실베스터 신부는 잠시 멈춰 서서 주위를 둘러보았다. 땅에는 돌과 커다란 바위들, 그리고 메마른 가시나무 몇 그루가 서 있고, 하늘에는 매 두 마리가 맴돌 뿐이었다.

"저 아래 평야에서는 하느님께서 다른 얼굴을 하고 계시지요." 그가 중얼거렸다. "이 산꼭대기에 사시는 이는 여호와시오, 예수께서는 저 아래 들판에 거니시지요. 레오 형제, 이런 곳에서 어떻게 견디십니까?"

"나는 못 견딥니다. 프란치스코가 우리 두 사람 몫을 견뎌내고 있지요." 내가 대답하고 오두막에 들어가 빵을 조금 가져다주었다.

"돌아가는 길에 배가 고프실 거예요."

우리는 작별의 포옹을 나누었다.

헤어지면서 그가 부탁했다. "프란치스코를 잘 보살펴 주십시오. 하느님께서 그를 갈가리 찢어 먹어 치우실지 몰라요. 당신도 보셨지요? 살아 있는 것은 상처 입은 그의 두 눈뿐이고, 아무것도 남아 있지 않습니다. 레오 형제, 그 눈마저 꺼지고 나면 이 세상에서 빛이 사라지고 말 거예요."

달이 뜨고 지고 또 뜨고 졌다. 처음에는 봄이, 다음에는 여름이 다녀갔다. 우리는 높은 산에서 대지의 얼굴이 바뀌는 모습을 지켜보았다. 푸르르던 옥수수들이 노랗게 익더니 추수가 끝났다. 검은 가지뿐이던 포도나무에 잎이 돋아나더니, 포도가 열리고 모두 거두어 들여졌다. 이런 변화가 일어나는 데도 우리가 머무는 산은 그대로였다. 꽃도 피지 않고 황량하기만 했다. 9월에 접어들어 가을이 되었다. 프란치스코가 좋아하는 축제일이 다가오고 있었다. 그는 이제 하루에 빵 한 입과 물 한 모금 말고는 아무것도 입에 대지 않았다. 거룩한 십자가를 위해서 금욕에 들어갔다. 십자가에 바치는 이 경배는 몇 해 전부터 시작했는데, 프란치스코가 손수 형제회 규칙에 적어 넣기도 했다.

"주여, 우리는 당신을 숭배하고, 찬양합니다. 당신께서 거룩한 십자가를 지고 세상의 모든 죄를 사하여 주셨기 때문입니다."

9월 14일 성 십자가 현양 축일이 다가올수록 프란치스코는 십자가 앞에서 녹아내리는 한 자루의 초 같았다. 그는 더는 잠도 잘 수 없었다. 밤낮을 가리지 않고 번쩍이는 빛과 천사들의 날개에 쌓인 신성한 계시가 내리기를 기다리며 하늘만 바라보았다. 한 번은 나의 손을 잡아끌며 하늘을 가리켰다.

"레오 형제, 당신도 보세요. 어쩌면 당신에게도 보일지 몰라요. 성경에는 주께서 심판하러 오실 때에 하늘에 십자가가 빛나리라고 쓰여 있지요. 레오 형제, 주께서 심판하시러 오고 계신다는 느낌이 들어요. 지금요!"

그는 자신의 손발을 훑어보았다.

"사람의 몸은 십자가예요. 두 팔을 벌려 보면 알 수 있어요. 바로 이 십자가에 하느님께서 못 박히셨지요."

그는 하늘을 향해 두 팔을 들었다.

"사랑하는 나의 예수님, 제가 죽기 전에 당신께 한 가지 부탁이 있사오니, 당신께서 겪으셨던 고통과 수난을 저의 육신과 영혼으로도 느끼게 해주소서. 죄로 가득한 인간이 받을 수 있는 가장 강한 고통을 내리소서…… 당신의 고통을, 당신의 수난을, 주여……" 그는 헛소리 하듯 되풀이하고 또 되풀이했다.

프란치스코가 옷으로 손발을 감쌌다.

"손발이 아파요!" 나지막이 속삭였다. "가세요, 레오 형제. 나를 고통 속에 혼자 내버려 두세요. 부탁입니다."

나는 몹시 불안해하며 자리를 떠났다. 주여, 그의 몸을 태우고 있는 불길은 언제쯤이면 사그라져 그가 재로 변하는 일만은 피할 수 있을까요! 나는 성 축일이 다가올수록 기쁨, 고뇌, 고통으로 하루가 다르게 수척해지는 프란치스코를 지켜보았다. 그는 자신이 겪고 있는 고통을 숨기려 했다. 그러나 나는 그의 손과 발에서 견딜 수 없는 고통을 감지할 수 있었다. 그는 그 지치고 보잘것없는 몸으로 예수의 수난을, 그 초인적인 고통을 견뎌내기 위해 안간힘을 다해 버티고 있었다. 그러한 고통을 과연 인간의 몸이 견딜 수 있는 걸까?

나는 걱정이 되어 날마다 그의 오두막을 마주하고 있는 바위 뒤로 몰래 기어 올라갔다. 그렇게 들키지 않고 그를 지켜볼 수 있었다. 그는 더는 동굴에 들어가지 않고, 오두막 밖에 있는 바위에 올라서 두 팔을 들어 올리고 기도하며 말을 하지도, 움직이지도 않은 채 하루하루를 보냈다. 저녁이 다가올수록 타오르는 노을의 화려함이 그의 몸을 감싸고, 그의 머리카락에 불이 붙었다.

성 십자가 현양 축일 전날 밤, 나는 한숨도 잘 수 없었다. 자정을 얼마 남기지 않고 무릎을 꿇어 기도를 드리려 했지만, 프란치스코에 대한 생각을 떨칠 수가 없었다. 주위에 무언가 타는 냄새가 그득했다. 프란치스코의 머리 위에 벼락이 내리친 것 같은 생각이 들었다. 나는 일어나 밖으로 나갔다. 바로 머리 위 하늘에서 불길이 치솟고 있었다. 별들이 불꽃처럼 튀면서 땅으로 쏟아져 내렸다. 은하수가 반짝였다. 밤하늘은 투명하고, 바위들은 환히 빛났다. 쏙독새들이 날카롭게 울어대며 이 나무에서 저 나무로 날아다니고, 봄바람처럼 따뜻하고 부드러운 바람이 불고 있었다. 꽃봉오리를 피게 하는 그런 바람이었다. 나는 이 아름다움과 고요함이 어디에서부터 오는지 도저히 알 길이 없어 멍하니 선 채로 주위를 둘러보았다. 하늘에는 칼날이 가득 서 있고, 땅에는 어진 아내와 같은 순종과 상냥함이 가득했다.

프란치스코의 오두막으로 한 걸음 한 걸음 가까이 갈수록, 내 심장은 거세게 두근거렸다. 꼭 이런 밤이었다. 하늘은 노여워하고, 땅은 다소곳해지며, 지금 불어오는 봄바람이 부는, 바로 이런 밤에 기적은 일어난다. 나는 바위 뒤에 몸을 숨기고 살펴보았다. 프란치스코는 오두막 앞에 무릎을 꿇고 기도에 몰두해 있었다. 일렁이는 둥근 불덩이가 그의 얼굴과 손바닥 위로 너울거렸다. 번개가 번쩍 내리치고, 나는 그의 손과 발이 빛나고 있는 것을 보았다. 아니, 빛나는 것이 아니라 타오르고 있다!

나는 바위 뒤에 가만히 엎드려 그를 한참 지켜보았다. 바람이 잦아들어 나뭇잎 하나 흔들리지 않았다. 동녘 하늘이 푸르스름하고 하얗게 밝아왔다. 가장 커다란 별이 여전히 하늘에서 반짝이며 춤추고 있었다. 저 멀리 나무에서 가장 먼저 깨어난 새의 지저귐이 들려왔다. 별들과 어둠을 데리고 그만 떠날 준비에 한창이던 밤하늘에 갑자기 격렬하고 눈부신 붉은 빛이 비추었다. 눈을 들어보니 여섯 불의 날개를 가진 천사가 내려오고 있었다. 불 한가운데에 십자가에 못 박힌 예수께서 깃털에 둘러싸여 있었다. 두 날개가 그분의 머리를, 다른 둘은 그분의 몸을, 나머지 둘은 그분의 두 팔을 감싸고 있었다. 둥그런 불길이 알베르니아 산을 휘감고, 그 아래 평야를 훤히 비췄다. 십자가에 박힌 날개 달린 형상이 타들어 가는 소리를 내며 프란치스코에게 내려와 그의 몸을 스쳤다. 프란치스코는 마치 못에 박힌 듯 처절한 비명을 질렀다. 두 팔을 벌리고 허공 위 십자가에 못 박힌 듯 멈춰 있었다. 여섯 개의 날개를 단 천사가 새처럼 노래하듯 빠르게 몇 마디 말을 내지르는 소리가 들렸다. 나는 그 말뜻을 알아듣지는 못했지만, 프란치스코가 절규하는 소리는 또렷이 들을 수 있었다. "더요! 더요! 더 주세요!" 그러자 거룩한 목소리가 대답했다. "더는 요구하지 마라. 여기 십자가에 매달리는 것에서 인간의 길은 끝이다." 프란치스코는 다시 애끓는 비명을 질렀다. "더, 더 주십시오. 부활을 주십시오!" 천사의 날개 속에서 예수의 목소리가 대답했다. "사랑하는 프란치스코야, 눈을 뜨고 보아라! 십자가에 못 박히는 것이 바로 부활이다."

"그럼 천국은요?" 프란치스코가 소리쳤다.

"십자가, 부활, 그리고 천국은 모두 다 같은 뜻이다." 마지막 말이 떨어지자 하늘에서 우렁찬 천둥이 내리쳤다. 마치 또 하나의 목소리가 그 환영들에게 이제 하느님 품으로 돌아오라 명령하는 것 같았다. 여섯 날개의 불길은 붉고 푸른 불빛을 번쩍이며 쉬익 하는 소리와 함께 하늘로 올라 사라졌다.

프란치스코는 땅에 얼굴을 묻고 발작하듯 몸부림치며 축 늘어져 있었다. 나는 용기를 내어 바위 뒤에서 뛰어나와 그에게로 달려갔다. 그의 손과 발에서 피가 철철 흐르고 있었다. 그를 일으켜 옷자락을 들춰보니 창에 찔린 것 같은 옆구리 상처에서도 피가 흘러나오고 있었다.

"거룩하신 아버지여, 거룩하신 아버지 프란치스코여……" 나는 그가 정신을 차리도록 물을 뿌리면서 속삭였다. 이제 나는 그를 '형제'라고 부를 수 없었다. 감히 그럴 수가 없었다. 그는 이제 형제들 저 높이에, 모든 인류의 머리 위 저 높이에 서 있었다.

완전한 무의식에 깊이 빠진 그의 귀에 내 목소리가 들릴 리 없었다. 그의 얼굴만이 두려움으로 일그러지고 움직이며 흔들리고 있었다.

그의 상처를 씻어 주었지만, 이내 또 터지면서 피가 다시 흘러나왔다. 나는 울음을 터트리고 말았다. 그의 몸에서 피가 말라버릴 것 같았다. 피를 전부 쏟아내고 죽을 것만 같았다. 하느님께선 너무나 무섭게 그에게 찾아오셨다. 하늘의 은총이 너무 지나쳤다. 그는 죽고 말 것이다.

그가 갑자기 눈을 뜨고 나를 알아보았다.

"레오 형제, 보았나요?"

"예, 아버지여."

"들었나요?"

"예, 들었습니다."

"레오 형제, 비밀을 지켜주세요. 맹세하세요!"

"맹세하겠습니다. 아버지여, 기분이 어떠셨나요?"

"두려웠어요!"

"기쁨에 넘쳐 있었던 것은 아닌가요?"

"네. 무서웠어요."

그가 내 어깨를 어루만졌다. "자, 떠날 준비를 하세요, 레오 형제. 여행은 끝났어요. 이제 포르치운쿨라로 돌아가요. 내가 태어난 곳에서 죽고 싶어요."

"거룩하신 아버지여, 죽는다는 말씀은 하지 마세요."

"레오 형제, 그러면 사람들이 달리 무슨 할 이야기가 있겠어요? 삶에 대해서요? 울지 말고 가만 계세요. 잠깐의 헤어짐일 뿐입니다. 형제여, 금방 다시 만나 영원토록 함께하게 될 거예요. 죽음의 형제에게 하느님의 축복을 내리소서!"

나는 그를 눕히고 내 옷을 찢어 상처 난 곳을 동여맸다. 그의 손과 발 앞에 엎드려 절을 하고, 울먹이며 그의 오두막을 나왔다. 날이 밝아오고 있었다.

나는 하염없이 눈물을 흘리며 내 오두막 앞에 주저앉았다. 여행이 끝나버렸구나. 혼자 중얼거렸다. 여행이 마침내 끝났다. 프란치스코는 마침내 가장 높이까지 올랐다. 십자가에 못 박히는 경지에 가 닿았다. 인간은 그보다 더 오를 수 없다. 이제 그는 육신이 필요 없는 존재가 되었다. 마침내 그곳에 다다른 그는 이제 내려가려 한다. 그는 그곳에 다다랐다…… 나는, 나는 어떻게 될까? 나는 어디로 가야 할까? 나는 길을 잃었다!

늑대 대장이 우리가 하루 동안 먹을 음식을 가지고 나타났다. 내가 울고 있는 것을 본 그는 깜짝 놀랐다.

"왜 그러시오?" 그가 물었다.

"프란치스코가 고향으로 돌아가고 싶어해요. 그가 거기 죽으러 가는 것 같아 두려워요."

늑대 대장의 얼굴이 어두워졌다. "나쁜 징조요. 나쁜 징조야. 어떤 양들은 죽음이 다가오고 있다는 것을 아는 순간, 자기를 묶은 끈을 끊어 버리고 양우리의 담을 뛰어넘어 자기가 태어난 곳으로 달려가지요. 가엾은 프란치스코 형제!"

"형제여, 슬퍼하지 말아요. 프란치스코는 죽음을 두려워하지 않아요. 그는 죽음이 끝이 아니라 시작이래요. 사람의 진짜 삶은 그가 죽고 나서야 비로소 시작하는 것이래요."

"그에게는 시작일지 모르지만 당신과 나에게는 끝이 아니고 뭐겠소. 나는 당신들에게 빵 부스러기를 갖다 주러 오는 게 하루 일과가 되었어요. 그렇게 기분 좋은 일일 수 없었답니다. 착한 일을 하고 있다는 느낌을 받고는 했으니까요. 그러나 이제는……"

그가 흐르는 눈물을 닦았다.

"좋아요." 그가 눈물을 삼키며 말했다. "그분께서 타고 갈 나귀 한 마리와, 다치지 않게 안장 위에 걸칠 담요 한 장을 구해 오겠어요. 떠날 준비를 하세요. 곧 돌아올 테니까요!"

그는 잽싸게 몸을 돌리더니 산을 내려갔다. 그의 발길에 차여 구르는 돌멩이 소리가 한참 들려왔다.

한 시간이 지나고 프란치스코의 오두막 앞에는 나귀 한 마리가 서 있었다. 두꺼운 붉은 담요가 안장 위에 깔려 있었다. 프란치스코의 고통은 극심했다. 우리는 정성을 다하여 조심조심 그를 들어 올렸다. 피는 내가 상처에 묶어둔 헝겊을 흥건히 적시고도 끊임없이 흘러 내렸다.

"어린양 형제," 그는 피에 젖은 손을 힘겹게 늑대 대장의 머리 위에 얹으며 말했다. "하느님께서는 어느 날 당신과, 이 나귀와, 그리고 내가 다치지 않도록 가져다 준 붉은 담요가 모두 함께 천국에 들도록 허락하실 거예요."

우리는 아주 아주 천천히 산을 내려가기 시작했다. 반쯤 내려왔을 때 프란치스코가 늑대 대장에게 멈추라고 손짓을 했다. 그는 돌아서서 두 팔을 들고 알베르니아 산에게 작별을 고했다.

"사랑하는 산이여, 하느님의 발길이 미친 산이여, 감사합니다. 그대가 나에게 입힌 상처들과 잠 못 이루게 했던 밤들과, 두려움과 피 흘림, 그대가 베풀어준 모든 은혜에 감사합니다! 예수께서 십자가에 못 박히신 날에 세상 모든 산들 가운데 오직 그대만이 요동치며 심장을 둘로 갈랐고, 그대의 딸 자고새들도 예루살렘을 향해 죽음의 노래를 지저귀며 깃털을 잡아 뜯었다고 했습니다. 나의 심장은 한 마리 자고새니, 슬피 울부짖고 있습니다. 그대의 바위 위 높은 허공에 못 박히신 예수께서 저에게 비밀의 말씀을 가져다 주셨으니, 이제 나는 떠납니다. 사랑하는 알베르니아여, 떠나겠습니다. 안녕, 안녕히 내 사랑이여. 우리는 다시는 만나지 못할 것입니다. 영원토록 안녕!"

우리는 다시 말없이 내려가기 시작했다. 늑대 대장마저 눈물로 앞이 흐려져 자꾸만 비틀댔다.

산 아래 마을에 사는 사람들은 새벽녘에 비춘 강렬한 빛에 놀라서 모두 잠자리를 박차고 뛰쳐나왔다. 종이 울렸다. 모두가 불길에 휩싸인 알베르니아 산을 보았다.

"프란치스코가 성인이 되었대요. 프란치스코가 성인이 되었대요!" 외쳐대며 남자, 여자, 아이들이 모두 함께 그를 찾아 나섰다. 새로 탄생한 성인께서 어루만져 치료할 수 있게 병든 사람들을 안고 업고 나왔다.

우리가 다가오는 것을 먼발치에서 보자마자, 그들은 프란치스코의 손, 발, 무릎을 만지려고 달려왔다. 프란치스코는 사람들이 상처를 볼 수 없게 손발을 옷 속에 단단히 숨겼다.

"거룩하신 아버지여, 우리를 만져 주십시오." 병든 사람들이 아우성을 쳤다. "저희를 보소서, 손을 뻗어 우리를 낫게 해주십시오!"

프란치스코는 잠시 모든 것을 잊고 옷 속에 꽁꽁 숨겼던 손을 꺼내 사람들에게 축복을 주려고 했다. 손에 난 그의 상처를 본 사람들은 미친 듯이 울부짖었다. 여자들은 옷자락을 펴 들고 떨어지는 핏방울을 받으려 했고, 남자들은 불쑥 손을 뻗어 받은 피를 얼굴에 문질렀다. 마을 사람들의 표정이 야만적으로 변해갈수록 그들의 영혼도 포악해져 갔다. 성인의 팔다리를 갈기갈기 찢어 그의 살점을 입 안 가득 채워 넣고 싶어했다. 모두가 그를 자기 것으로 만들고 싶어했다. 자기 안에 그를 삼켜 성인과 한 몸이 되고, 죄를 씻어 내려 했다. 맹목적인 광기에 휩싸여 눈빛이 탁해지고 입가에는 거품을 물었다. 위험을 느낀 내가 앞으로 나섰다.

"하느님의 이름으로, 형제들이여." 나는 외쳤다. "길을 비켜 주십시오. 성인께서는 어서 고향으로 돌아가셔야 합니다. 축복을 원한다면 길을 비켜 주십시오!"

"그는 못 갑니다! 우리가 그냥 보내지 않을 테니까요!" 주위에서 성난 고함이 터져 나왔다. "그는 여기에 뼈를 묻을 것이오. 바로 여기에. 우리 마을이 죄를 씻고 거룩해지도록."

"그를 위한 교회를 짓겠소. 그러면 성지 순례를 하는 사람들이 온 세상에서 몰려들 거요!"

"그를 붙잡아! 가게 놔두어선 안 돼! 그는 우리 것이다! 우리 것! 우리 것이라니까!"

나는 늑대 대장을 돌아보았다.

"형제, 무서워요. 우리한테서 프란치스코를 빼앗으려고 해요. 도와주세요!"

프란치스코는 피에 젖은 손을 다시 옷 속에 감추었다. 그는 머리를 숙이고 기다렸다. 이마에서는 땀이 흘러내렸다. 두 눈은 다시 피를 흘리기 시작했다.

"그가 가엽지도 않으시오?" 내가 외쳤다. "피 흘리고 있는 모습이 보이지 않습니까?"

그러나 피는 사람들을 더욱더 흥분시킬 뿐이었다.

"그는 우리 것이오! 우리의 것! 우리 것이오!"

"우리 마을에서는 한 번도 성인이 나온 적이 없어요. 이제야 하느님께서 그를 보내 주셨는데, 도망치게 놔둘 것 같소?"

"밧줄을 가져와! 그를 묶어버려!"

늑대 대장은 더는 참을 수가 없었다. 그는 어느 늙은 남자가 들고 있던 몽둥이를 낚아채더니 나귀의 고삐를 쥐고 앞으로 나아갔다.

"비켜. 비키지 못해!" 무섭게 소리를 질렀다. "비키지 않으면 내가 네놈들 대갈통을 부숴 놓겠어! 잊지 마. 나는 늑대 대장이야! 물러서!"

남자들은 기가 죽어 그의 앞에서 물러섰지만, 여자들은 그렇지 않았다. 여자들은 프란치스코에게 달려들었다. 광기의 거품을 입에 문 여자들은 그의 옷에 매달려 그를 끌어 내리려 했다. 옷이 찢기며 해골처럼 앙상하고 멍든 그의 몸이 드러났다.

"나의 아이들아, 나의 아이들아." 프란치스코는 울면서 속삭였다.

작은 나귀는 떨리는 앞발을 내밀면서 그만 주저앉으려 했다. 막 쓰러지려는데, 늑대 대장이 세게 내리쳐 다시 일으켜 세웠다. 사람들이 그에게 달려들었다. 그는 몽둥이를 휘둘러댔다. 머리 하나가 퍽 깨지는 소리가 났다.

"물러서, 물러서라고. 이 하늘을 더럽히는 도둑놈들 같으니!" 그가 소리지르고 몽둥이를 위 아래로 휘두르며 앞으로 나아갔다.

성인이 그들을 두고 떠나는 것을 보자 병든 사람들이 울부짖기 시작했다.

"어찌 우리를 내버리고 갈 수 있단 말입니까, 하느님의 성인이여? 우리가 불쌍하지도 않으신가요? '사랑하라, 사랑하라' 당신은 부르짖었지요. 그 사랑은 어디에 갔나요? 우리를 만져주오, 우리의 병을 낫게 해주오!"

프란치스코는 고개를 돌려 그들을 바라보았다. 그의 눈에서 피눈물이 흐르고 있었다. "하느님, 하느님······" 그가 끊임없이 속삭였다. 다른 아무 말도 할 수 없었다.

마침내 하느님의 도움으로 그들에게서 벗어났다. 평야에 다다르자 다시 자유롭게 숨을 내쉴 수 있었다.

"그들은 당신을 산 채로 잡아먹으려 했어요, 프란치스코 형제." 늑대 대장이 웃으면서 말했다. "하지만 그럴 수는 없지. 이 거룩한 몽둥이 덕이에요. 축복 받으라. 당신이 그러라고만 하신다면 내가 천국에 갈 때 이것도 가져가겠습니다."

우리는 어느 마을에 도착했다. 그곳에 머물며 조금 쉬기로 했다. 프란치스코의 상처를 씻어 주고 다시 감쌀 깨끗한 헝겊 조각이 필요했다. 마을 한가운데에 샘이 있었다. 내가 그 샘에서 프란치스코를 돌보는 사이, 늑대 대장은 헝겊을 구하러 갔다. 그는 금방 헝겊을 얻어 돌아왔다. 그것을 찢어서 프란치스코의 손발과 오른쪽 옆구리에 난 상처를 동여매 주었다.

"아버지여, 고통스러우신가요?"

그는 깜짝 놀란 눈으로 나를 보았다. "고통이라니?" 그가 물었다. "누가 고통스러운가요? 고통이 무엇이지요? 레오 형제, 무슨 말인지 모르겠어요."

정말이었다. 그의 얼굴이 완전히 달라져 있다는 사실을 나는 그제야 알았다. 행복이 고요히 빛나는 얼굴이었다. 머리 위에 후광이 서리고, 손과 발에서도 빛이 반짝였다.

나는 샘가에 앉아 프란치스코를 바라보았다. 그는 나를 한 번 돌아보지도 않고 떠나가고 있었다. 하느님, 그의 마음속에는 이제 하느님밖에 없다. 나의 여행도 끝이 났다. 끝! 나는 가운데에 버려졌다. 나는 절대로 그에게 가 닿을 수 없을 것이다. 우리는 결코 다시 만날 수 없을 것이다. 내가 그의 곁에서 여행을 하는 일은 다시는 없을 것이다.

나는 한숨을 내쉬었다. 프란치스코가 돌아섰다. 나를 한참 바라보았다. 입가에 쓰디쓴 미소가 사르르 감돌았다.

"레오 형제." 마침내 그가 입을 열었다. "종이 한 장과 펜을 구해다 주겠어요?"

나는 마을 신부에게 달려가 펜과 종이를 얻어 왔다.

"거룩하신 아버지여, 여기 가져 왔습니다."

"쓰세요!"

나는 펜을 든 채 종이 위에 몸을 숙이고 기다렸다.

"레오 형제, 준비 되었나요?"

"되었어요."

"쓰세요!"

거룩하신 주 하느님, 당신은 하느님 가운데 하느님이시며, 오로지 당신만이 기적을 행하실 수 있습니다.

당신은 강하고, 당신은 위대하시며, 당신은 가장 높으십니다!

당신은 선입니다. 모든 선입니다. 가장 드높은 선입니다.

당신은 사랑입니다. 지혜요, 겸손이요, 인내입니다.

당신은 아름다움이요, 지혜요, 겸손이요, 인내입니다.

당신은 우리의 희망이며, 당신은 우리의 정의이며, 당신은 우리의 모든 보화입니다.

당신은 우리의 보호자이시고, 안내자이시고, 수호자이십니다.

당신은 우리 영혼에 크나큰 위안입니다!

나에게 한 구절 한 구절 불러 주면서 그는 점점 더 커지는 감동을 주체하지 못했다. 손과 발을 두드리더니, 일어나 춤을 추려고 했다. 그러나 그의 다리에 힘이 들어가지 않아 주저앉고 말았다.

"이 얼마나 큰 기쁨입니까! 이 얼마나 큰 행복입니까!" 그가 외쳤다. "천국이 이 땅 위로 내려 왔습니다. 나를 에워싸고 있는 이 존재들은 사람이 아니라 별들입니다…… 레오 형제, 다 받아 쓰셨나요? 모두요?"

"거룩하신 아버지여, 다 받아썼습니다." 대답하는 순간, 나의 심장을 물어뜯는 독사를 느꼈다. 나의 영혼은 원망하고 있었다. 그가 말하고 있는 그런 행복을 나는 나누어 갖지 못했다. 주위를 둘러보았지만 내 곁에는 아무도 없었다. 프란치스코조차 나를 떠났다. 멀리멀리, 영원히 떠나 버렸다.

"레오 형제, 그 아래에다 큰 글씨로 몇 자 더 적으세요. '주께서 얼굴을 그대에게 향하셔서, 레오 형제, 그대의 얼굴이 깨끗이 빛나리라. 주께서 레오 형제의 가슴에 손을 얹으시니, 그대에게 평화가 이르리라.' 그대로 적었나요?"

"예, 거룩하신 아버지여." 나는 대답했다. 내 눈에 눈물이 차 올랐다.

"종이와 펜을 이리 주세요. 내가 덧붙일 말이 있어요."

그는 펜을 쥐려고 애썼지만 손을 오므릴 수가 없었다. 힘겹게 종이 아래쪽에 해골을 하나 그려 넣고, 해골 위에 십자가를, 십자가 위에 별 하나를 그렸다.

"이것을 언제나 몸에 지니고 다니세요, 레오 형제. 그리고 슬픔을 견딜 수 없을 때마다, 옷 속에서 그것을 꺼내 읽으며 나를 떠올려 주세요. 내가 당신을 얼마나 사랑했는지 기억해 주세요."

13
부활, 그것은 죽음

고향으로 돌아가는 여행의 나날을 떠올리면 길레스 형제의 말이 옳았다는 생각이 든다. 성인은 사람을 고향으로 인도하는 향기를 뿌린다. 산과 숲을 넘어 퍼지는 그 향기는 사람을 놀라게 하고, 두려움과 불안에 사로잡히게 한다. 그 향기를 맡으면 자신의 모든 죄악이 마음속에 되살아난다. 스스로 완전히 잊어버리고 시간이 지워버렸다고 여긴 모든 기억이, 비겁하고 악랄하게 굴었던 순간들이, 영혼이 나약해졌던 순간들이 하나하나 모두 되살아난다. 지옥이 발 아래서 입을 크게 벌린다. 그리고 마구 뛰는 가슴으로 향기가 나는 방향으로 얼굴을 돌리고 떨리는 걸음으로 냄새를 찾아 나선다.

충실히 수도 생활을 지켜온 형제들은 모두 포르치운쿨라로 달려왔다. 프란치스코는 이제 피를 거의 다 쏟아버렸다. 우리는 그를 오두막 안에 눕혔다. 형제들이 그를 에워싸고 끊임없이 입을 맞추었다. 그가 어떻게 해서 그런 상처를 입게 되었는지, 날개에 걸린 예수께서 얼마나 눈부시었는지, 하느님의 아들이 그에게 하신 비밀 이야기는 무엇인지 쉬지 않고 물었다. 프란치스코는 손과 발을 감추고 커다란 기쁨에 울고 웃었다. 그는 고통을 정복했다. 누군가 겪고 있는 고통을 느꼈지만, 다른 사람이요 자신이 아니라고 느꼈다. 그는 이미 이 세상을 떠나 남은 우리들을 연민의 눈으로 내려다보고 있었다.

도시와 먼 마을에서 순례자들이 성인의 향기를 쫓아 끊임없이 우리 오두막으로 찾아 들었다. 어떤 사람은 영혼의 병을, 어떤 사람은 육신의 병을 앓고 있었다. 그들은 모두 프란치스코를 어루만지며 그의 발에 입을 맞추었다. 프란치스코는 그들이 잊고 있던 사랑, 화합, 겸손, 희망, 가난과 같은 소박한 이야기를 그들에게 들려주었다. 이 소박한 말들이 그의 입을 거치면 신비와 확신에 넘치는 깊은 뜻이 담긴 말이 되어 사람들을 위로했다. 그들은 참된 행복이 얼마나 가까이에 있는지를 새삼 깨닫고 깜짝 놀랐다. 집으로 돌아갈 때에는 너무나 온화하게 변해서 가족들이 그를 알아보지 못했다. 성인의 입에서 흘러나오는 영생의 샘물 한 방울을 마시기 위해 점점 더 많은 사람들이 몰려왔다.

어느 날 프란치스코는 두 눈을 감고 있었다. 그는 지쳐 있었다. 몹시 무더운 날이었다. 나는 책상다리를 하고 그의 옆에 앉아서 플라타너스 잎으로 부채질을 해주고 있었다. 나이가 많은 귀족 차림의 여인이 그를 깨우지 않으려고 발끝으로 조용히 다가왔다. 말없이 그의 옆에 무릎을 꿇은 여인은 허리를 숙여 그의 손과 발에 입을 맞추고, 땀에 폭 전 머리카락을 달래듯 가만히 어루만지며 한참 바라보았다. 그녀의 손길이 너무나 부드러워 나는 검은 베일로 단단히 감싼 이 훌륭한 부인이 누구인지 궁금해져서 눈을 들어 쳐다보았다. 그녀는 프란치스코에게서 눈을 떼지 않고 바라보고 있었다. 이윽고 그녀의 입술이 움직였다.

"나의 아들아……" 여인은 와락 눈물을 쏟았다.

나는 얼른 일어섰다. 이제야 깨달았다.

"피카 부인, 피카 부인이시군요."

그녀는 베일을 조금 걷어 얼굴을 드러냈다. 늙고 주름진 창백한 얼굴이었다. 여인은 머리를 끄덕였다.

"아, 레오 형제, 나는 나의 아들을 당신의 손에 맡겼습니다. 그리고 보세요, 이제 당신이 나에게 이 아이를 돌려주시는군요!"

"제가 아닙니다. 피카 부인, 하느님께서 돌려드리는 것이지요."

부인은 고개를 숙였다. "그래요." 그녀가 되뇌었다. "하느님께서." 부인은 눈물 가득한 눈을 들어 다시 한 번 아들을 바라보았다.

그렇다. 이 아들은, 귀한 이 아들은 이제 누덕누덕 기운 누더기 조각에 지나지 않았다. 피가 고인 땅바닥에 누워 있는 커다란 상처덩이에 지나지 않았다.

"정말 내 아들인가요?" 그녀가 속삭였다. "정말 내 아들 프란치스코가 맞나요?" 눈물이 가득 고인 눈으로 그녀는 아들을 알아보려고 애를 썼다.

프란치스코가 그녀의 속삭임을 들었다. 눈을 뜬 그는 어머니를 바로 알아보았다.

"어머니, 어머니, 오셨군요." 그는 어머니를 향해 두 손을 내밀었다.

"내 아들아, 나의 거룩한 아버지, 나는 이제 너를 어떻게 불러야 하는지도 모르겠구나. 나는 주께서 너에게 주신 다섯 군데의 성흔에 입을 맞추었단다. 부탁이 하나 있어서 왔어. 너에게 젖을 먹여 키운 어미를 기억해다오. 내 부탁을 거절하지 말아다오."

"어머니, 기억하고말고요, 저는 모두 기억합니다. 제가 기억하는 모든 것을 그대로 다 가지고 하느님 앞에 가겠습니다. 하느님께서 그 모두에게 축복을 내리실 것입니다. 어떤 부탁이신가요?"

"내 머리를 자르고 나를 피카 자매라고 불러다오. 산 다미아노에 가게 해다오. 남편을 잃고, 아들을 잃은 여인이 더 이상 세상에 무슨 소용이 있겠니."

"세상에 소용이 없다는 이유만으로는 부족합니다. 어머니, 하느님께 쓸모가 있어야 해요. 이렇게 말씀하세요. '나는 남편을 잃고, 아들을 잃었습니다. 주님께 영광을! 그러나 하느님을 잃지는 않았으니, 아직 모든 것을 가지고 있습니다. 산 다미아노에 들어가고 싶은 이유는 세상을 미워해서가 아니라, 전능하신 하느님을 사랑하기 때문입니다.' "

"산 다미아노에 들어가고 싶은 이유는 전능하신 하느님을 사랑하기 때문입니다." 피카 부인은 울음을 삼키며 겨우겨우 되풀이했다. "거룩한 프란치스코여, 당신의 축복을 내리소서!"

프란치스코는 힘겹게 몸을 일으켰다. 나의 부축을 받아 그는 자신이 베고 자는 돌에 등을 기댔다.

"당신이 가진 재산을 모두 가난한 사람들에게 나눠 주셨나요? 우리 거룩한 가난 부인에게 엎드려 절을 하셨나요? 당신의 호화로운 저택을 마치 중병에서 회복된 사람처럼 홀가분하고 기쁜 마음으로 내버리셨나요? 모든 것을 다 버리셨나요?"

"모든 것, 모든 것을 버렸습니다. 거룩하신 아버지여."

"피카 자매, 제 축복을 받으십시오." 프란치스코는 그의 어머니의 머리 위에 손을 올렸다.

"클라라 자매에게 가 보세요. 그녀가 당신의 머리를 자르고 수녀복을 줄 것입니다. 그럼 안녕히 가십시오. 우리는 다시는 만나지 못할 것입니다."

피카 부인은 눈물을 흘리며 아들의 가슴에 안겨, 존경의 입맞춤을 했다.

갓난아이를 안듯이 두 팔로 그를 들어 꼭 끌어안았다. 그녀는 다시 베일로 얼굴을 단단히 감싸고 산 다미아노 성당으로 떠나갔다.

프란치스코는 나를 바라보았다.

"레오 형제, 하느님을 믿지 않는 사람들은 어떻게 가슴이 두 갈래로 찢어지는 슬픔을 느끼지 않고 어머니를 영원히 떠나보낼 수 있을까요? 그 슬픔을 어떻게 견딜까요, 견딜 수 없는 이별의 슬픔을? 깜박이며 꺼져가는 등불만 보아도 이렇게 가슴이 저려 오는데…… 레오 형제는 어떻게 생각하시나요?"

나는 매우 당황했다. 내가 무슨 말을 할 수 있겠는가? 하느님을 사랑하는 사람은 다른 아무것도 사랑하지 않고, 이 세상 아무것도 가련하게 여기지 않는다고, 그의 영혼을 태우는 불길에 그의 기쁨, 슬픔, 그리고 부와 함께 그의 어머니, 아버지, 형제자매도 모두 휘말려 불타 없어지는 것이라고 어떻게 말한단 말인가.

나는 이렇게 말했다. "아시시에서 야간 경비가 '불이야!' 소리 지른 적이 있었지요. 자정이었어요. 종이 마구 울리고, 옷도 제대로 갖춰 입지 못한 마을 사람들이 거리로 막 쏟아져 나왔지요. 하지만 알고 보니, 타고 있는 것은 불이 아니라 당신의 영혼이었어요. 거룩하신 아버지 프란치스코여, 당신의 영혼이요. 모든 피조물이 그 안에서 타 들어가고 있었습니다. 당신의 어머니께서 재로 타버린 것을 보세요."

그는 아무 말도 하지 않았다. 죽은 사람처럼 창백해진 그는 입술을 깨물며 자신의 손발을 들여다보고 있었다.

"거룩하신 아버지여, 아프세요?"

"그래요. 누군가가 아픈가 봐요, 레오 형제." 그가 대답했다.

온 힘을 다해 그는 자신의 몸을 일으켜 세웠다.

"고통을 받도록 두라지요. 불길에 타 들어가며 신음 짓게 놔두라지요. 우리는 풀 죽어 있지 않을 것입니다! 하나니아, 미샤엘, 아자리아 세 아이들이 바빌론의 폭군의 용광로에 던져 넣어졌을 때에 부른 노래를 기억하나요? 하느님의 작은 사자여, 우리도 함께 손뼉을 치며 노래합시다. 아, 내가 일어서서 춤출 수만 있다면 얼마나 좋을까요! 내가 부를 테니 당신은 장단을 맞추어요."

손뼉을 치면서 그는 기쁜 목소리로 우렁차게 노래를 부르기 시작했다.

주님의 모든 역사, 주를 축복하세.
영원히 주를 찬양하고 칭송하세.

아, 하늘에 있는 바다여, 그리고 주의 모든 힘이여.
주를 축복하세. 영원토록 주를 찬양하고 칭송하세.

아, 하늘에 있는 해여, 달이여, 별들이여,
주를 축복하세. 영원토록 주를 찬양하고 칭송하세.

아, 그대 빛과 어둠이여, 그리고 밤과 낮이여,
주를 축복하세. 영원토록 주를 찬양하고 칭송하세.

아, 모든 소나기와 이슬이여,
그리고 너희 모든 하느님의 정령들이여,
주를 축복하세. 영원토록 주를 찬양하고 칭송하세.

아, 너 불이여, 열기여, 너희 추위와 따뜻함이여,
주를 축복하세. 영원토록 주를 찬양하고 칭송하세.

아, 너희 맺히는 이슬과 내리는 눈이여,
그리고 너희 얼음과 추위여,
주를 축복하세. 영원토록 주를 찬양하고 칭송하세.

아, 너희 서리와 눈이여, 그리고 너희 번개와 구름이여,
주를 축복하세. 영원토록 주를 찬양하고 칭송하세.

오, 대지로 하여금 주를 축복하게 하라.
영원토록 주를 찬양하고 칭송하게 하라.

오, 너희 산이여 언덕이여,

그리고 대지에 솟아오른 모든 것이여,
주를 축복하세. 영원토록 주를 찬양하고 칭송하세.

오, 너희 샘물이여, 바다여, 강들이여,
고래들과 바다 속의 모든 생명이여,
주를 축복하세. 영원토록 주를 찬양하고 칭송하세.

그는 손뼉을 쳤다. 그의 떨리는 다리는 덩달아 주체할 수 없이 흔들렸다. 그는 춤을 추고 싶었지만 출 수가 없었다. 나는 그토록 행복한 프란치스코를 본 적이 없었다. 그의 얼굴을 훑고 삼켜 버린 불길이 이제는 빛으로 변해 있었다. 하늘의 예수께서 다녀가시고서, 그는 모든 짐을 내려놓은 것 같았다. 가슴에서 확신이 넘쳐흘렀다.

나는 밤낮으로 쉬지 않고 그의 옆을 지켰다. 어느 새벽 동틀 무렵 눈을 떠 보니, 프란치스코가 돌베개에 기대 미소를 짓고 있었다.

"아버지여, 얼굴이 환하시네요. 즐거운 꿈을 꾸셨나요?"

"레오 형제, 어찌 꿈이 나한테 웃음을 가져다주리라 기대할 수 있습니까? 이렇게 내 몸에서 피가 흐르는데요. 지금까지 나는 울고 가슴을 치면서 하느님께 나의 죄들을 큰 소리로 고해바쳤어요. 하지만 이제 알겠어요. 하느님께서는 해면을 들고 계시지요. 하느님의 사랑과 친절을 그림으로 그려야 한다면, 그분께서 해면을 손에 들고 계신 모습을 그리겠어요. 모든 죄는 지워지는 거예요. 레오 형제, 모든 죄인은 구원받을 거예요. 사탄조차도요. 레오 형제, 지옥은 천국으로 들어가는 대기실에 지나지 않아요."

"그렇지만," 내가 말을 꺼냈다.

프란치스코는 손을 들어 내 입을 막았다.

"쉿! 하느님의 위대함을 깎아 내리지 마세요."

이 땅의 수레바퀴는 돌고 또 돌았다. 비가 내리고, 프란치스코는 땅으로 떨어지는 하늘의 물소리를 들으려 눈을 지그시 감았다. 그는 비에 씻긴 돌처럼 반짝이는 얼굴을 들고, 자기를 문 앞까지 옮겨 달라고 부탁했다. 손바닥을 펴서 빗방울을 받아 보고 싶다고 했다.

"이것이 내가 구걸하는 마지막이 될 거예요." 손바닥에 차오르는 물을 바라보며 말했다. 몸을 내밀어 기쁨과 감사로 빗물을 마셨다.

기쁨이 끊이지 않는 가운데도 그의 몸은 끊임없이 쇠약해져 갔다. 날마다 그의 반쪽은 땅속으로 가라앉아 가고, 나머지 반쪽은 하늘을 향해 올라갔다. 그를 구성하고 있던 두 가지 요소가 따로 떨어져 나가기 시작했음을 보기만 해도 알 수 있었다.

"거룩하신 아버지여, 아직은 우리를 떠나지 마세요." 어느 아침 내가 울먹였다. "아직 당신의 삶은 마무리된 것이 아니에요. 언제나 성묘에 가서 참배하고 싶다고 간절히 바라시지 않았나요? 아직 못 가보셨잖아요."

프란치스코는 미소를 지었다. "레오 형제, 그래요. 나는 성묘에 갈 만한 자격이 없나 봐요. 그래도 괜찮아요. 비참한 죄인이지만 성묘가 나를 찾아올 테니까요."

사랑하는 옛 형제들이 스승에게 작별 인사를 하기 위해 여기저기에서 끊임없이 모여들었다. 그들은 사랑과 가난을 설교하러 갔던 지역의 소식들을 그에게 전해 주었다. 독일의 깊은 숲 속에서 많은 형제들이 고문을 당하고 순교했다. 프랑스에서는 이단으로 몰려 무자비하게 두들겨 맞았다. 헝가리에서는 목동들이 개를 풀어서 형제들을 공격했고, 마을에 들어가면 사람들이 소를 모는 뾰족한 막대기로 그들을 찔러 상처 입혔다. 다른 곳에서는 그들을 발가벗겨 눈 속에서 벌벌 떨도록 내버려두었다.

프란치스코는 밝게 빛나는 얼굴로 이야기를 들었다. 그는 박해와 경멸을 당하는 기쁨을 아는 형제야말로 특히 은총 받은 사람들이라고 여겼다.

"어느 길이 천국에 이르는 가장 훌륭한 길인가요?" 그는 여러 번 물었다. "사람들의 경멸을 한 몸에 받는 길입니다. 가장 짧은 길은 무엇이지요? 죽음입니다."

베르나르드가 다녀가고, 실베스터 신부, 마세오, 주니퍼, 피에트르, 루피노, 안젤로, 파치피코도 다녀갔다. 클라라 자매는 편지를 보내왔다.

"프란치스코 신부님, 하느님의 모든 은총이 당신께 내렸습니다. 제가 당신께 가서 그 은총의 흔적들을 경배하도록 허락해주소서."

프란치스코의 대답이었다. "클라라 자매, 믿음을 가지기 위해서는 그것을 보거나, 만져 보아야 할 필요가 조금도 없습니다. 나의 자매여, 눈을 감아 보세요. 내가 보일 것입니다."

"왜 자매더러 와도 좋다고 말하지 않지요?" 내가 물었다. "자매가 가엽지도 않나요? 얼마나 기뻐하겠어요."

"그녀를 가엽게 여기고 있어요. 바로 그렇기 때문에 거절한 거예요. 레오 형제, 내 몸이 없이도 나를 보는 눈을 익혀야만 해요. 당신도 그렇고, 나를 사랑하는 사람들은 모두요."

나는 눈을 피했다. 눈물을 보이고 싶지 않았다. 눈에 보이지 않는 모습으로 존재하는 것만으로는 충분하지가 않았다. 프란치스코를 볼 수 없게 되면 나는 길을 잃고 말 것이다.

그는 내 생각을 알아차린 것 같았다. 그가 나를 위로하려고 입을 떼는데, 가장 마지막으로 찾아온 엘리아스가 프란치스코에게 작별 인사를 하려고 나타났다. 그는 어마어마한 돈을 긁어모은 긴 여행을 마치고 막 돌아왔다. 아시시에서는 벌써 거대한 수도원의 기초 공사가 끝나갔다. 벽화, 은제 램프, 섬세한 조각을 입힌 제단과, 끝없이 줄지어선 기도실, 그리고 형제들이 공부하고 토론하며 강연도 할 수 있는 거대한 도서관까지 갖춘 크고 위협적인 교회를 지을 작정이었다.

프란치스코는 사업가로 나선 형제의 머리 위에 손을 얹었다.

"엘리아스 형제에게 이렇게 말하는 저를 주님께서 용서하소서. 엘리아스 형제, 당신은 우리 교단을 잘못 이끌어 가고 있는 것 같습니다. 우리의 소중한 보물인 가난을 쫓아내고, 우리 교단을 다져 올렸던 그 밖의 미덕을 위험하리만치 멋대로 해석했어요. 그들은 엄격하고 순수해서 안락함이나 부유함과는 타협하지 못합니다. 당신은 돈을 거두어서 수도원을 짓겠다 하더군요. 형제들의 발에 신을 신겨, 더는 맨발로 흙 위를 다니지 않게 되었다더군요. 우리의 울타리 안으로 늑대가 들어왔는데, 나는 포르치운쿨라 밖에서 사슬에 묶인 개처럼 짖기만 하는군요. 엘리아스 형제, 우리를 어디로 이끌어 가려 합니까?"

"하느님께서 저를 밀어 보내시는 곳으로요. 당신도 저 못지않게 잘 아시지만, 모든 일은 하느님께서 뜻하시는 대로 되는 것 아니겠습니까? 시대가 바뀌었습니다. 시대와 함께 사람들의 마음도 바뀌었고, 사람들의 마음이 바뀌니 미덕 또한 바뀌었습니다. 내가 교단으로 하여금 세상을 영적으로 지배하도록 이끌어 나가고 있으니, 마음을 편히 가지십시오. 나를 믿어 주십시오. 우리 형제들의 피는 넘쳐흐르기 시작했습니다. 그 피로 우리가 뿌린 씨앗에 물을 주고 있어요."

"나는 하느님을 믿습니다. 다른 위안은 필요 없지요. 엘리아스 형제, 나는 어리석고 무식해요. 나는 하느님의 영광을 위해 울고, 춤추고, 노래하는 일 밖에는 아무것도 모르고 살아왔어요. 이제는 그나마도 할 수 없게 되었지요. 이제 나는 나의 교단 바깥에 묶여 짖고 있는 한 마리 개일 뿐입니다. 하느님께서 개입하시어 일을 바로잡아 주시기를! 나의 마음은 편안하고, 엘리아스 형제, 당신이 두렵지도 않습니다. 왜냐하면 하느님께서 틀림없이 그렇게 하시고 말 테니까요."

엘리아스는 프란치스코의 손에 입을 맞추고 새 수도원을 짓고 있는 석공들을 감독하기 위해 서둘러 아시시로 떠났다. 그가 자리를 뜨자마자 모든 이야기를 엿듣고 있던 파치피코가 프란치스코에게 다가와 말했다. "거룩하신 아버지 프란치스코여, 우리의 가슴은 매우 넓은데 사람의 말은 너무 좁아요. 사람의 감정을 모두 담기에는 너무나 비좁은 그릇이에요. 그러니 말을 해서 무엇 하겠습니까? 아버지 당신을 위해서 제가 류트를 연주하도록 해 주십시오. 음악이 당신의 진정한 말이니까요. 류트를 통해 사람들에게 말씀하셔야 합니다. 연주할 줄 모르신다고요? 그럼 제가 가르쳐 드리지요."

그는 웅크려 앉아서 줄 잡는 법을 보여주었다. 손가락이 오르락내리락 하면서 높고 낮은 음을 내었다. 프란치스코는 몸을 내밀고 그의 가르침을 귀기울여 들었다.

"날마다 와서 가르쳐 주세요, 파치피코 형제. 아, 내가 죽기 전에 마지막 기도를 류트로 할 수만 있다면 얼마나 좋을까요! 이제 내가 기운을 차리도록 즐거운 노래를 불러 주세요."

파치피코는 류트를 연주하면서 노래를 불렀다. 한때 사랑하는 여인의 아름다움을 찬양하는 노래를 지어 부르던 그는, 이제 복되신 동정녀 마리아의 아름다움을 찬양하는 노래를 불렀다. 음률도 같고 가사도 같았다. 여인만이 바꿰었을 뿐이다. 프란치스코는 나지막이 음률을 따라 흥얼거리며 노래를 들었다. 얼굴에 서린 빛이 밝아오고 이마와 뺨이 움푹 꺼진 자리마다 불꽃이 피어났다.

시간이 흘렀다. 저녁마다 파치피코가 찾아왔고, 프란치스코는 어린 학생처럼 그의 말과 연주에 귀를 기울이며 부지런히 현 위로 손을 놀렸다. 차츰차츰 솜씨가 늘어감에 기뻐했다. 머지않아 하느님과 사람들에게 류트로 말할 수 있게 될 것이다.

하루는 산토끼 한 마리가 그에게 달려와 옷 속으로 숨어들었다. 멀리서 여우의 사나운 울음소리가 들려오는 걸 보니, 그 겁에 질린 작은 동물이 목숨을 구하기 위해 도망쳐 왔음을 알 수 있었다.

프란치스코는 토끼를 쓰다듬으며 놀라울 만큼 상냥한 목소리로 말을 했다. 지금까지 그 누구에게도 그토록 친절하게 이야기하는 걸 본 적이 없었다.

"레오 형제, 손을 여기 작은 심장이 있는 데에 대보세요. 이 불쌍한 것이 얼마나 떨고 있는 보세요. 온몸이 떨리고 있어요. 여우 형제여, 미안하지만 그대가 이 토끼를 잡아먹게 둘 수는 없겠구나. 하느님께서 이 토끼를 구하려고 내게 보내셨거든."

그날부터 토끼는 그의 옆에 머물렀다. 프란치스코가 마지막 숨을 몰아쉬던 며칠 동안 토끼는 그의 발 앞에 웅크리고 앉아 벌벌 떨면서 아무것도 먹지 않았다.

동물들과 새들은 그를 너무나 사랑했다. 그가 얼마나 자신들을 사랑하는지 알고 있었기 때문이다. 하루는 꿩을 만났는데, 프란치스코는 그 아름다움에 반해서 지칠 줄 모르고 언제까지고 바라보았다.

"꿩 형제, 머리를 들어 봐요. 그대를 이토록 아름답게 만들어 주신 하느님께 감사 드려요." 그가 말하면 꿩은 날개를 활짝 펼치고, 눈부신 햇살을 받으며 귀족처럼 도도하게 뽐내며 걷고는 했다.

또 한 번은, 나조차도 눈으로 보지 않았다면 결코 믿을 수 없는 일이 있었다. 알베르니아의 참나무 숲을 산책하고 있는데, 성난 늑대 한 마리가 우리 앞으로 뛰어나왔다. 겨울이라 늑대는 잔뜩 굶주려 있었다. 프란치스코는 늑대에게 다가가더니 차분하고 상냥하게, 늑대가 마치 사람인 것처럼, 사랑하는 친구를 대하듯 말을 하기 시작했다.

"늑대 형제, 숲을 다스리는 위대한 통치자여, 우리가 그대의 나무 아래를 조금 거닐도록 허락해 줘요. 그대를 모르기 때문에 이렇게 두려워 떨고 있는 나의 친구는 레오 형제라고 하고, 나는 아시시의 프란치스코라 합니다. 우리는 하느님에 대해 이야기하고 있었답니다. 그분은 우리 아버지이면서 늑대 형제, 그대의 아버지이기도 하세요. 거룩한 대화를 끊지 않아 주었으면 좋겠네요."

형제의 침착한 목소리를 들은 늑대는 다소곳해지면서 길을 비켜나 우리가 지나가도록 해 주었다. 프란치스코는 거룩한 우리의 대화를 아무 일도 없었다는 듯 이어 나갔다.

그러나 프란치스코는 무엇보다도 빛과 불과 물을 가장 사랑했다.

"레오 형제, 하느님께서는 얼마나 친절하십니까!" 그는 자주 나에게 말하고는 했다. "얼마나 놀라운 기적들이 우리를 둘러싸고 있습니까! 아침 해가 솟아오르고 날이 밝으면 새들이 얼마나 행복하게 노래를 부르는지! 우리 심장은 얼마나 두근거리는지! 돌과 물들이 얼마나 즐겁게 웃는지! 그리고 밤이 찾아오면 우리 불의 자매는 얼마나 자애로운 모습으로 피어나는지! 어떤 때에는 램프 위에 올라서 방을 밝히는 빛이 되기도 하고, 화로에 앉아서 우리가 먹을 음식을 익혀주는 불이 되기도 하고, 겨울에는 우리를 따뜻이 지켜주기도 하지요. 그리고 물은 또 어떤가요. 레오 형제, 얼마나 신비로운 기적인지요! 흐르고 쏟아져서 시냇물이 되고, 강물이 되고, 마침내 바다로 들어가면서 부르는 노래라니! 온 세상을 씻고 헹구어 깨끗이 해주다니! 목이 마르면 얼마나 시원히 흘러 내려가 몸 속을 촉촉히 적시는지! 사람의 몸과 세상, 사람의 영혼과 하느님은 얼마나 섬세하게 얽혀 있는지요! 레오 형제, 나는 이 모든 기적을 떠올릴 때마다, 더는 말하고 싶지도, 걸어 다니고 싶지도 않아요. 그저 노래하고 춤추고 싶을 따름이지요."

모든 성대한 축일 가운데서도 그는 크리스마스를 가장 좋아했다. 어느 해 크리스마스는 우연히도 금요일이었는데, 새로 들어온 모리코라는 형제가 고기를 먹으려 하지 않았다. 프란치스코는 그를 불러 옆자리에 앉혔다.

"크리스마스에는 금욕을 지키지 않아도 괜찮아요, 모리코 형제." 그가 말했다. "벽도 고기를 먹을 수 있다면, 나는 벽에게도 고기를 주겠어요. 그들도 예수의 탄생을 축하할 수 있게 말이에요. 하지만 벽은 고기를 먹을 수가 없으니 나는 고기로 그들에게 세례를 주겠어요!"

프란치스코는 말을 마치고 고기 한 점을 집어 들더니, 포르치운쿨라의 네 벽을 모두 돌아다니며 고기 국물을 발랐다. 그러고는 흐뭇한 얼굴로 식탁에 돌아와 앉았다.

"왕이 내 친구라면," 그가 다시 말했다. "크리스마스에는 모두 고기를 조금씩 들고 나와 마당과 거리에 뿌리도록 명령을 내려 달라고 할 텐데요. 겨울이라 땅이 온통 눈에 덮여 먹이를 찾을 수 없는 새들을 위해서요. 소나 나귀 같은 동물을 기르는 사람들은 마구간에서 태어나신 예수님에 대한 사랑으로, 동물들을 따뜻한 물로 씻겨주고, 먹이를 두 배로 주게 할 거예요. 부자들은 예수께서 태어나신 이 기쁜 날이면 문을 활짝 열고 가난한 사람들을 맞이해서 음식을 대접하게 하고요. 예수는 기쁨이요, 춤이요, 구원입니다!"

12월에 접어들며 크리스마스가 가까워졌다. 프란치스코는 하루하루 손꼽아 남은 날들을 헤아려보며, 이 위대한 날을 기다렸다. 다시 한 번 어린 아기 예수를 보고 싶어 했다.

"이번이 나의 마지막 크리스마스가 될 거예요." 그가 여러 번 나에게 말했다. "구유에 누운 아기 예수가 조그만 발가락을 꼼지락 대는 모습을 보는 것도 올해가 마지막이에요. 이번 크리스마스는 정성을 다해 축하해야 해요. 영원한 작별 인사를 하는 거니까!"

프란치스코에게는 도시에 사는 벨리타 씨라는 믿음 깊은 친구가 있었다. 그가 벨리타 씨를 부르러 사람을 보내자, 벨리타 씨는 기꺼이 달려와 성인의 상처 난 손에 입을 맞추었다.

"나의 형제여, 거룩한 크리스마스이브를 함께 축하하고 싶어요." 프란치스코가 말했다. "내가 생각하고 있는 이야기를 들어 보세요. 숲 가까이 가면 큰 동굴 하나가 나올 거예요. 수고스럽겠지만, 크리스마스 전날 밤 황소 한 마리와 작은 나귀 한 마리를 그 안에 놓아주겠어요? 베들레헴에서 했던 그대로 말입니다. 이번이 저의 마지막 크리스마스예요. 마구간에서 인류를 구원하려고, 나 같은 죄인마저 구해 주시려고 태어나신 분께서 얼마나 비천한 곳에서 나셨는지 한 번 보고 싶어요."

"거룩한 아버지 프란치스코여, 말씀대로 하겠습니다." 친구가 대답했다.

"모든 것을 원하시는 그대로 해 보겠습니다."

그는 프란치스코의 손에 입을 맞추고 떠났다.

"나는 태어나는 예수의 모습을 보게 될 거예요." 프란치스코는 행복해서 어쩔 줄을 몰랐다. "그리고 십자가에 못 박히시고 부활하시는 모습을 보고 죽게 될 거예요. 태어나 십자가를 지시고 부활하시는 예수님의 완전한 삶을 보고 떠날 수 있는 힘을 주신 주님께 감사드립니다."

그때부터 프란치스코는 몸이 아픈 것도, 온갖 근심 걱정도 모두 잊고 크리스마스를 위한 준비에 몰두했다.

"레오 형제, 내 마지막 크리스마스를 깊은 신앙의 감동을 지니고 신나게 축하할 수 있도록 꼭 도와줘야 해요."

그는 길레스 형제도 불러왔다.

"길레스 형제는 요셉이 되는 겁니다. 흰 무명실을 흰 수염처럼 턱에 붙이고 짚고 다닐 지팡이를 가져 오세요.

그는 또 주니퍼를 산으로 보내 양치기 둘을 데려오게 했다.

"목동 형제들이여," 그가 지시했다. "크리스마스 전날 밤, 벨리타 씨께서 일러 주시겠지만, 그 동굴로 올 때 당신의 양들을 몰고 오도록 하세요. 두려워할 건 없어요. 다른 일은 아무것도 시키지 않을 테니, 동굴 앞에 그 꼬부랑 지팡이를 짚고 서서 안에서 일어나는 일을 지켜보기만 하면 됩니다. 새로 태어난 예수를 보는 바로 그 목동이 되는 것입니다."

그는 클라라에게도 사람을 보냈다. "아그네스 자매를 저에게 보내 주세요. 그녀에게 할 말이 있습니다."

"그녀는 복되신 동정녀 마리아 역할을 맡게 될 거예요." 그가 나에게 귀띔했다. "아그네스—그리스어로 순수하다는 뜻—라는 이름 때문에 그녀를 선택했지요." 그는 나를 포르치운쿨라에 보내 천사 역할을 맡을 젊은 수도사 몇을 불러오게 했다. 그들은 몸에 천을 두르고, '가장 높은 곳에 계신 하느님께 영광을, 땅 위에는 평화를, 인류에게는 선함을' 노래 부르는 역할을 맡게 된다. 파치피코 형제는 그들과 함께 류트를 연주하고, 실베스터 신부는 미사를 집전할 예정이었다.

크리스마스 전날 밤이 되었다. 벨리타 씨가 모든 준비가 다 되었으니 와도 좋다고 했다. 우리는 자정에 떠났다. 베르나르드, 피에트로, 마세오, 실베스터 신부와 몇몇 형제들이 뒤따랐다. 파치피코는 류트를 들고 프란치스코 옆에서 걸어갔다.

하늘은 구름 한 점 없이 맑고, 밤공기는 매우 차가웠다. 별이 땅에 닿을 듯이 낮게 깔린 평화로운 밤이었다. 우리 모두가 저마다 별을 하나씩 머리 위에 얹고 걸어갔다. 프란치스코는 춤을 추듯 걸음을 옮기고 있었다. 그가 문득 우리를 돌아보았다.

"나의 형제들이여, 이 얼마나 기쁜지요! 인류에게 얼마나 커다란 행복이 내려졌나요! 우리가 무엇을 보게 될지 아세요? 어린 하느님을 보는 거예요! 하느님께 젖을 물린 성모 마리아를요! 천사들이 땅에 내려와, 호산나, 하느님을 찬미하는 노래를 부를 거예요! 파치피코 형제, 나의 축복을 받고 싶다면, 어깨에 멘 그 류트를 내려서 노래를 부르세요. '가장 높은 곳에 계신 하느님께 영광을, 땅 위에 평화를, 인류에게는 선함을 주소서.' 노래 부르세요."

그는 내 귀에 대고 속삭였다. "레오 형제, 나는 기쁨을 억누를 수가 없어요. 내 걸음 좀 보세요. 이제는 다리가 하나도 아프지 않아요. 지난 밤에 꿈을 꾸었는데, 거룩하신 동정녀 마리아가 그녀의 아기를 내 품에 안겨 주었어요."

이웃 마을에 사는 농부들이 횃불을 켜 들고 모두 모여 들었다. 숲이 온통 훤하게 빛났다. 우리가 동굴에 다다랐을 때 이미 사람들이 붐비고 있었다. 프란치스코가 머리를 숙이고 안으로 들어서고, 형제들도 따라 들어갔다. 구유는 저쪽 끝에 있었는데, 그 안은 건초로 채워져 있었다. 황소 한 마리와 작은 나귀가 얌전히 서서 기다리고 있었다. 삼켰던 먹이를 되새김질하고 있었다. 실베스터 신부는 예배당의 제단 위에 선 것과 똑같이 구유 앞에 서서 미사를 시작했다. 프란치스코는 구유 둘레를 기어 다니면서 어린양처럼 울었다. 복음서를 읽어 나가던 실베스터 신부가, '여자는 첫 아들을 낳아 강보에 싸서 구유 안에 뉘였다.'는 구절에 이르렀을 때였다. 푸른 광채가 동굴의 벽면 가득 넘치면서, 프란치스코가 몸을 숙여 갓 태어난 아기를 팔에 안고 다시 일어서는 모습을 모두가 똑똑히 보았다.

농부들은 소리를 지르며 횃불을 미친 듯이 흔들어 댔다. 우리는 그 기적을 감히 똑바로 볼 수가 없어 모두 땅에 엎드렸다. 나는 잠시 고개를 들었다. 아기는 손을 펴서 프란치스코의 수염과 뺨을 매만지고, 작은 발을 꼼지락거리며 웃었다. 프란치스코는 아이를 머리 높이 들어 올리더니, 타는 횃불 앞에 내보이면서 외쳤다. "형제 여러분, 구세주를 보십시오!"

농부들은 제정신이 아니었다. 거룩한 아기를 만져보려고 앞으로 몰려 나갔다. 갑자기 푸른 광채는 사라지고, 구유에 어둠이 뒤덮였다. 그 누구도 프란치스코를 볼 수 없었다. 그가 아기를 안고 사라졌던 것이다.

농부들은 횃불을 들고 동굴을 나와 숲 속으로 흩어졌다. 이 잡듯이 뒤지고 또 뒤졌지만, 프란치스코를 찾을 수는 없었다. 하늘이 푸른 기운이 도는 흰 빛으로 밝아졌다. 동녘 하늘에 떠오른 샛별은 홀로 빛나며 춤을 추었다. 아침이 왔다.

그의 오두막 밖에서 나는 프란치스코를 찾아냈다. 그는 무릎을 꿇고 베들레헴 쪽을 바라보고 있었다.

이튿날 그의 모습을 본 나는 깜짝 놀랐다. 눈에 들어온 모습은 이미 사람의 몸이 아니었다. 넝마처럼 해진 옷을 걸친 해골더미에 지나지 않았다. 입술은 추위로 시퍼렇게 질려 있었다.

"거룩하신 아버지여," 그를 부르면서 나는 그 손에 입을 맞추었다. "나무를 주워다가 불을 피워 드릴게요."

그가 대답했다. "레오 형제, 가 보세요. 세상으로 나아가 보세요. 만약 집집마다 불을 피고 있고, 가난한 오막살이집에도 모두 피고 있다면, 다시 돌아와 나의 화로에도 불을 피우도록 하세요. 세상에 단 한 사람이라도 추위에 떨고 있다면 나도 함께 떨어야 하니까요."

시간이 지날수록 그의 상처는 점점 더 통증이 심해졌다. 고통을 참아보려 이를 악 물어 입술이 일그러진 채 쓰러져 있는 그의 모습을 나는 여러 번 보았다. 머리를 들고 나를 볼 때의 얼굴은 한결같이 고요한 행복을 머금고 있었다.

"그가 고통 받고 있어요." 그가 말하고는 했다. "그가 고통을 받고 있어요 ......"

"그가 누구인가요?"

"그가 말이에요!" 말하면서 자신의 가슴과 손발을 가리키고는 했다.

어느 밤, 낡은 오두막의 마루 틈으로 들쥐 한 마리가 들어와 피가 흐르는 프란치스코의 발을 핥다가 깨물었다. 프란치스코는 깜짝 놀라 깨어났다. 어린아이를 타이르듯이 아주 부드러운 목소리로 말하는 소리가 들려왔다. "생쥐 형제, 나는 고통 받고 있어요! 하느님의 사랑으로 부탁할 테니 제발 가주세요. 아파요!"

어느 아침에 나는 깔개 위에서 덜덜 떨고 있는 그를 보았다. 실오라기 하나 걸치지 않은 알몸이었다.

"거룩하신 아버지여, 무섭도록 추운 날이에요. 왜 옷을 다 벗으셨나요?" 내가 큰 소리로 물었다.

"온 세상에서 떨고 있을 형제들이 생각났답니다." 이가 덜덜 떨리는 소리가 새어 나왔다. "나에게는 그들을 따뜻하게 해줄 힘이 없군요. 그래서 그들과 함께 추위를 견디기로 했지요."

이튿날 그는 나에게 말했다. "전도하러 떠났던 형제들이 어떻게 되었는지 궁금해요. 밤낮으로 그들 생각뿐이에요. 생쥐가, 숲 속에 사는 우리들 형제 가운데 하나인 생쥐가 찾아오는 바람에 지난 밤에는 잠깐 생각이 흐트러졌지만, 착한 형제였어요. 가라고 부탁하니까 말을 듣던걸요. 지금은 여기 앉아서 기다리고 있어요. 뭘 기다리냐고요? 누군가 찾아와서 나에게 소식을 전해 주기를 기다리는 거지요."

그 말이 그의 입 밖에 떨어지자마자, 세상에나! 문 앞에 주니퍼가 나타났다. 맨발에 상처투성이가 된 그는 마냥 기쁜 얼굴이었다. 우리 가운데서 가장 순진하고 가장 사랑받는 형제였다. 우리가 처음의 영웅적인 몇 해를 함께 보낼 때 그는 농담으로 우리를 곧잘 웃게 하고는 했다. 한 번은 병에 걸린 형제 하나가, "아, 내가 돼지 다리 하나만 가졌다면!" 헛소리를 했다. 그 말을 들은 주니퍼는 단숨에 숲으로 달려가 도토리를 먹고 있는 돼지 한 마리를 찾아 다리 하나를 잘랐다. "포르치운쿨라로 돌아온 그는, 그 다리를 구워 아픈 이에게 먹이라고 내놓았다. 프란치스코가 그 일을 알게 되었다. 다른 사람의 재산에 손을 대면 못쓴다는 것도 모르십니까?" 그가 꾸짖었다. "왜 그런 짓을 했어요?"

"그 돼지 다리가 우리 형제에게 도움이 되었으니까요. 백 마리의 돼지 다리를 자른다고 해도 나는 영혼의 가책을 조금도 받지 않을 거예요."

"하지만 불쌍한 돼지 몰이꾼이 울부짖고 있어요. 그가 온 숲을 뒤지고 다니며 범인을 찾고 있답니다."

"프란치스코, 그렇다면 내가 그를 찾아보겠어요. 우리는 금세 가장 친한 친구가 될 테니 마음 푹 놓으세요."

숲으로 달려간 주니퍼는 그 돼지 몰이꾼을 찾았다. "형제여," 그는 돼지 주인을 끌어안으면서 말했다. "당신의 돼지를 잡아서 다리 한쪽을 잘라간 사람은 바로 나요. 화를 내기 전에 내 말 좀 들어 보세요, 하느님께서는 사람들에게 먹이려고 돼지를 세상에 보내셨지요? 내가 잘 아는 사람이 병에 걸렸는데, 돼지 다리를 못 먹으면 자기 병을 절대로 고치지 못할 거라고 끙끙 앓는 소리를 하지 뭐예요. 그가 너무 불쌍해서 얼른 돼지 다리 하나를 구해다 준 것입니다. 그는 그걸 먹더니 곧바로 병이 나아서, 지금은 돼지 주인의 영혼을 위해 기도를 드리고 있답니다. 하느님께 돼지 주인의 죄를 용서해 주십사 부탁을 드리고 있지요. 그러니까 화내지 말고, 자, 우리 서로 껴안읍시다. 우리는 모두가 형제니까요. 모두가 다 하느님의 자녀들이지요. 당신은 하느님께서 기뻐하실 일을 한 셈이에요. 축하합니다! 그리고 그렇게 하도록 내가 도와드린 것 아니겠어요? 자, 저에게 입을 맞추어 주세요!" 처음에는 머리끝까지 화가 났던 그 돼지 주인은 점점 화가 사그라지는 것을 느꼈다. 이윽고 그는 주니퍼를 끌어안으며 입을 맞추었다.

"당신을 용서하겠소." 마침내 돼지 주인이 그렇게 말했다. "하지만, 제발 다시는 그러지 마시오!"

주니퍼가 돼지 몰이꾼과 주고받은 이야기를 들은 프란치스코는 온 마음을 다해 신나게 웃어댔다. "주니퍼 형제 같은 사람이 숲에 가득하다면 얼마나 좋을까요!"

주니퍼는 손등으로 입을 닦았다. 그의 작은 두 눈이 반짝였다. 우리에게 중요한 소식을 가지고 온 것이 틀림없었다. 그는 우리에게서 눈을 떼지 않으면서 말을 꺼냈다.

"거룩하신 아버지여, 저는 지금 막 리미니에서 오는 길입니다. 거기서 오다가 겪은 일은 도저히 말로 할 수가 없을 것 같네요. 마을 사람들이 저를 보고 당신이라고 착각했던 것 같아요. 남녀 할 것 없이 모두가 달려 나와 저를 에워싸는데, 서로 밟고 야단이었어요. 모두가 내 손에 입을 맞추려고 법석을 떨더라니까요. 병든 사람들을 낫게 해 달라고 나한테 데리고 와서 떠맡기는데, 내가 무슨 재주로 병을 고치나요? 당신이 하는 대로 그들의 머리 위에 손을 얹으면서도, 생각은 자꾸만 다른 데로 흘렀어요. '성인께서 오래오래 사시기를 빕니다! 외치며 점점 더 가까이 밀려들어 내 발에 입을 맞추려 드는 사람들의 아우성으로부터 어떻게 빠져 나갈까 궁리만 하고 있었지 뭐예요. 그런데요, 어느 날 저는 번뜩이는 생각을 해냈어요. 그게 무엇이라고 생각하세요? 리미니 바로 밖에 있는 마을에 들어서면서 나는 다시 사람들이 나를 맞으려고 뛰어 나오고 있는 걸 알았지요. 그래서 어떻게 했는지 아세요? 두 어린아이가 나무토막 위에 판자를 걸쳐놓고 마주 앉아 시소 놀이를 하며 웃고 있는 모습이 보이기에 얼른 그리로 갔지요. '얘들아, 나도 너희와 같이 놀고 싶어. 너희 둘이 같이 저쪽 끝에 가 앉으면, 내가 혼자 여기 앉아서 신나게 오르락내리락하게 해 줄게.' 그래서 우리 셋은 마냥 낄낄대며 시소 놀이를 시작한 거예요. 그때 한 손에 성수가 담긴 병을 들고 한 손에는 은을 입힌 복음서를 든 신부를 앞세운 순례자들이 막 도착했어요. 내가 놀면서 웃고 있는 모습을 보더니 실망을 감추지 못했지요. 내 놀이가 끝나기를 참고 기다릴 수밖에 없었거든요. 그래야 그들과 그들이 데려온 병든 사람들에게 내가 축복을 내릴 것이 아니겠어요? 기다리고 또 기다렸지요. 그런다고 내가 시소 놀이를 그만두었을 것 같아요? 어림없는 소리! '이자는 성인이 아니야. 이자는 그냥 미친놈이라고!' 그들은 화가 나서 떠들더군요. '자, 그만 갑시다!' 하고는 돌아갔어요. 꼭 내가 원하던 대로 된 거지요. 나는 시소에서 얼른 내려와 다시 리미니를 향해 길을 떠났지요."

프란치스코가 껄껄 웃었다. "주니퍼 형제, 나의 축복을 받으세요. 나도 우리가 성인보다는 미친놈 취급을 받는 편이 좋군요. 거룩한 겸손의 참다운 뜻이 아니겠어요?"

"주니퍼 형제, 리미니에 가서 무엇을 하였소?" 내가 물었다. "아직 우리에게 할 말이 많아 보이는데요."

"그래요, 정말로 많지요. 형제, 영광스러운 기적입니다! 내 두 눈으로 보지 않았더라면 나도 믿지 않았을 거예요. 포르치운쿨라에서 우리가 한때 데리고 있었던 창백한 새내기 수도사를 기억할 겁니다. 아니 왜, 안토니오라고 하던 소년 생각 안 나세요? 그런데 하느님, 용서하소서! 그 애송이가 성인이 되었지 뭐예요? 정말로 성인이 되어 기적을 행하고 다닌다니까요! 아버지여, 당신이 언젠가 새들에게 설교하셨던 일이 기억 나시나요? 리미니에서 그가 똑같이 물고기들에게 설교했답니다. 웃지 마세요. 내 두 눈으로 봤으니까요. 안토니오는 강이 바다로 흘러가는 자리에 서 있었지요. 아마 지금은 그를 보아도 몰라보실 겁니다. 키가 껑충 커지고, 깡말랐어요. 볼은 움푹 패어서 없어지고, 눈이라기보다는 두 개의 검은 구멍뿐이라서 사람들은 그가 장님인줄 알아요. 그리고 그 손이라니! 맙소사, 살면서 그처럼 길고 가늘고 재빠른 손가락은 본 적이 없습니다. 그는 지팡이를 잡고 있었는데, 손가락이 지팡이를 두 바퀴나 휘감아 쥘 만큼 길었다니까요! 아까 말한 대로 강물이 바다로 빠지는 자리에 서 있는 그 뒤로 어마어마한 사람들이 모여 있었지요. 안토니오의 설교를 귓등으로 듣는 그런 불신자들이었는데, 그들을 향해 말했어요. '나를 따라 바닷가로 내려오시오. 그러면 내가 설교하는 그 하느님이 진실한 하느님이라는 사실을 당신들도 알게 될 것이오. 당신들의 눈으로 보고 믿게 될 겁니다.'

그날만큼은 그들도 안토니오를 따라 내려가더군요. 나도 함께 갔었지요. 안토니오는 허리를 숙이더니 바닷물에 손가락을 적시고는 성호를 그었습니다. 무릎까지 오는 물속을 헤집으며 들어가더니, 큰 소리로 외쳤어요. '바다와 강에 사는 물고기 형제들이여, 하늘에 계신 우리 아버지의 이름으로 명하노니, 나와서 진정한 하느님의 말씀을 들으라!'

그 말이 떨어지자 바다가 크게 소용돌이를 치고, 강물이 불어 올랐어요. 고기들이 모여들기 시작한 거예요. 어떤 놈은 멀리서부터, 어떤 놈은 바다 바닥에서부터 떠올라 왔는데, 온갖 물고기란 물고기는 다 몰려들었어요. 민물 농어, 바다 농어, 황돔, 검은 고래, 넙치, 상어, 비어, 황새치, 회색 숭어, 빨간 숭어, 바다 전갱이, 도미, 귀족 도미가 눈에 들어왔습니다. 그 가까이 사는 물고기가 있는가 하면 바다 멀리에 사는 물고기도 있고, 맹수처럼 사나운 물고기도 있었는데, 그 많은 것들을 내가 어떻게 다 기억하겠어요! 강물이 흐름을 멈추고, 바다가 잠잠해지면서 고기들은 줄을 지어 섰습니다. 작은 놈들은 앞으로 나와 서고, 그보다 조금 큰 놈들은 가운데에, 그리고 커다란 놈들은 저 깊은 곳에 들어서면서 모두 물 위에 머리를 내놓았어요. 그래야 들릴 게 아니에요. 모두가 자리를 잡자 안토니오는 손을 뻗어 그들에게 축복을 내리고는 커다란 목소리로 설교를 시작했어요. "물고기 형제들이여, 내가 그대들을 부른 이유는 하늘에 계신 아버지의 영광을 함께 찬양하기 위해서 입니다. 우리에게 얼마나 큰 기쁨을 주시고, 얼마나 훌륭한 선물을 주시고, 얼마나 위대한 보물을 주셨습니까! 물은 세 번 거룩합니다. 시원하고, 깨끗하고, 투명하지요. 해가 비치고, 바다가 고요해지면 여러분은 물 위로 솟아오르며 물보라를 일으키면서 노닐기도 합니다. 폭풍이 칠 때면 물결이 흔들리지 않고 잠잠한 바다 아래로 내려가니 또 얼마나 행복하겠습니까! 물고기 형제들이여, 하느님께서 형제들에게 얼마나 유연한 자태와 화사한 색을 주시고, 얼마나 황홀한 아름다움을 주셨는지요! 대홍수가 났을 때 땅에 사는 모든 동물들이 물에 잠겨 죽게 되었을 때, 오로지 그대들만이 불어 오른 물속에서 아무렇지 않은 듯 편안히 헤엄쳐 다녔습니다. 예언자 요나가 바다에 빠졌을 때 그에게 안식처를 주고, 사흘 뒤 뭍으로 데려다 준 것 또한 그대들이었소. 당신들은 물속을 가장 밝은 빛으로 밝히는 소중한 하느님의 장신구입니다. 하느님께서는 여러분을 너무나 사랑하시어, 여러분이 모두 죽어 사라지기를 바라시지 않습니다. 수천수만의 알을 낳는 그대들은 영원토록 죽지 않는 존재이지요. 머리를 높이 들고 하느님께 감사드리세요. 나의 축복을 받으세요. 그리고 돌아가세요. 주님께서 그대들과 함께하실 것입니다.'

물고기들이 입을 벌리고 입술을 움직였습니다. 어쩌면 찬송가를 부르고 있었는지도 모를 일이지만, 알아들을 수는 없었죠. 꼬리를 신나게 치켜들고 허공으로 뛰어오르며 떠나갔어요. 바다와 강물이 온통 흰 거품으로 변하도록 울부짖었지요. 겁에 질린 사람들이 모두 안토니오의 발 아래 무릎을 꿇었어요.

'안토니오 형제, 우리를 용서하세요. 당신이 옳았어요.' 그들이 외쳤어요. '물고기조차 당신의 목소리를 알아듣는데, 하물며 사람이라는 우리들이 못 듣다니, 이게 말이 되나요? 우리 앞에 나오셔서 우리를 이끌어 주십시오!' 안토니오는 그 말에 따라 사람들의 가장 앞에 서서, 신나게 우리를 리미니로 이끌었고, 우리들은 성당에 들어가 주님의 영광을 찬미하는 기도를 드렸습니다."

이야기에 열이 오른 주니퍼는 땀을 뻘뻘 흘렸다. 온몸이 땀으로 빛나면서 마치 바다에서 갓 잡아 올린 물고기처럼 반짝거렸다.

프란치스코는 한 손을 높이 들었다. 대단히 감동했다.

"하느님의 이름에 모든 영광을 돌립니다. 나는 죽어가고 있습니다. 새 사람이 태어나고 있군요. 이 땅에 뿌려지는 하느님의 씨앗은 영원히 마르거나 죽지 않을 거예요. 나는 지칠 대로 지쳐 쓸모가 없어졌지요. 눈이 침침해지고 저물어가는 해입니다. 안토니오는 젊고 기운차며, 기쁨과 열정이 넘쳐흘러요. 그는 떠오르는 해입니다. 그에게 경의를 표하여야 합니다."

프란치스코는 리미니 쪽을 향해 손을 흔들었다.

"안토니오 형제를 환영합니다. 나의 축복을 받으소서. 내가 이르지 못한 저 높은 곳까지 그대가 오르기를 바랍니다."

우리는 아무 말 없이 있었다. 나는 눈을 감았다. 지는 해와 떠오르는 해가 눈앞에 보였다. 슬픔과 기쁨이 뒤섞여 내 가슴을 적셔왔다. 다시 눈을 뜨고 이루 말할 수 없이 부드러워진 마음으로 프란치스코를 바라보았다. 그는 황홀에 빠져 있었다. 그는 머리를 두 무릎 사이에 묻고, 주위의 그 무엇도 보지 못하고 듣지 못했다. 그는 우리를 두고 떠나 버렸다. 주니퍼가 눈을 끔벅이며 나를 보았다. 내 귀에다 속삭였다. "가서 나무를 해다가 불을 때야겠어요."

"주니퍼 형제, 그분은 불이 싫대요. 요 며칠 동안은 몸이 따뜻해지는 것도 마다하고 있지요. 불을 피우면 우리를 꾸짖을 거예요."

"그러라고 하지요 뭐. 혼이 날 때쯤이면 얼었던 뼈가 조금은 녹겠지요."

그는 말을 끝내자마자 밖으로 달려나가더니, 조금 뒤 나무를 한 아름 안고 돌아와 화로 안에 쌓고는 불을 지폈다. 프란치스코는 깊은 행복에 젖어 들어 아무 소리도 듣지 못하고, 아무것도 보지 못했다. 불길이 활활 타올랐다. 오두막 안에 온통 불길이 비추어 환히 밝아졌다. 나는 이때다 싶어 화로 가까이 다가가, 처음에는 등을, 그 다음에는 배와 손발을 차례차례 불 가까이에 대었다. 온몸이 따뜻해지고 뼛속까지 훈훈해지도록 불을 쬐었다. 주니퍼와 나는 불 앞에 앉아 몰래 웃음 지었다. 우리는 이루 말할 수 없이 만족스러워하며, 이따금 흘긋흘긋 프란치스코를 살피기를 잊지 않았다. 그가 어쩌다가 따뜻한 방의 온기를 느끼고 우리를 꾸짖으려 일어나지는 않는지 살폈다.

"레오 형제, 조금은 억지를 부리기도 해야 해요." 주니퍼가 충고했다. "억지로라도 먹이도록 해야지요. 그가 잠들면 모른 척하고 불도 피워요. 보지 않을 때 겉옷도 기워 드리고. 그가 죽게 내버려두지 말아요. 이런 인도자를 다시는 가질 수 없다는 생각을 한 번이라도 해 보았나요? 우리를 곧바로 천국으로 이끌고 들어설 지도자를요?"

"주니퍼 형제, 나는 그럴 수가 없어요. 그가 허락하지 않아요. 나도 그분과 함께 얼어붙고 굶주리는 길밖에는 없어요."

"그처럼 힘든 생활을 함께 하는 레오 형제를 존경해요. 사람의 힘으로는 감당 못할 일이지요. 어떻게 해내세요?"

"나는 해낼 힘이 없어요, 주니퍼 형제. 나는 내 능력 밖의 일을 하고 있는데 다 자존심 하나 때문이랍니다. 신앙심이 아니라 자존심 때문이에요. 여기까지 와서 돌아선다는 것이 창피해서 그래요."

"누구 앞에서 부끄럽다는 거지요?"

"모든 사람들 앞에서요. 하느님, 프란치스코, 내 주위에 있는 사람들, 그리고 나 자신도요."

"이따금 근사한 식사를 하고 싶지는 않으세요? 축제일 같은 때라던가. 술한 잔을 마시고 싶거나, 푹신한 잠자리에 자고 싶다는 생각은요? 잘 알다시피 하느님께서는 사람들을 위해 그 모든 것들을 만드셨으니까요. 그것들을 받아들이지 않는다면 죄에요. 나는…… 솔직히 말 못할 게 뭐겠어요? 아주 편안하게 살고 있어요. 하느님께 영광을! 그래서 내가 하느님께 감사 기도를 드릴 때면 나의 기도는 가슴에서 우러나올 뿐 아니라 몸속에서도, 따뜻한 손발에서도, 온몸에서 우러나오지요. 레오 형제, 이렇게 해보세요. 당신에게 무엇이 가장 편안한 것인지를 알아내서, 그것을 훌륭한 덕행 속에 묶어내는 거예요."

나는 빙그레 웃었다.

"주니퍼 형제, 형제가 우리 지도자가 아니기에 망정이지, 큰일 날 뻔했군요. 실컷 먹고 피둥피둥 살이 쪄 모두 함께 지옥으로 떨어질 테니 말입니다!"

주니퍼가 그 말에 대꾸하려고 막 입을 여는데, 프란치스코가 뒤척이는 소리가 났다. 숨을 죽이고 지켜보는 우리의 심장이 마구 두근거렸다. 프란치스코가 돌아보았다.

"이게 무슨 짓이에요!" 그가 불을 보자마자 소리쳤다. "누가 불을 피웠지요? 당장 물을 부어서 불을 꺼요!"

"거룩하신 아버지 프란치스코여, 사랑의 사도여." 프란치스코의 무릎을 감싸 안으며 주니퍼가 말했다. "불은 우리의 자매입니다. 왜 그녀를 죽이려고 하시나요? 당신은 발을 딛고 서 있는 땅조차도 가엽게 여기시잖아요. 불 자매는 가엽지 않으세요? 그녀도 하느님의 딸이고, 우리를 도와주려고 화로 안에 들어가 저렇게 앉아 있는 게 아닙니까? 자매가 우는 소리를 들어보세요. 안 들리시나요? '프란치스코 형제, 나는 하느님의 피조물이에요. 저를 죽이지 마세요!' 말하고 있네요."

프란치스코는 아무 말도 하지 않았다. 주니퍼의 연설이 그의 가슴을 울린 것이다.

"주니퍼 형제, 이 사기꾼 같으니." 그는 마침내 웃고 말았다. "돌아와서 고작 한다는 말이, 하느님을 파는 사기를 쳐서 우리 정신을 흐려 놓겠다는 거로군요."

그는 화로를 향해 걸어갔다.

"불의 자매여, 나를 용서하세요. 그대를 나의 오두막에서 내쫓지 않겠어요. 또 찾아와 주세요."

그는 문 가까이로 걸어가 불길에서 가장 멀리 떨어진 곳에 앉았다.

이튿날 아침, 프란치스코는 나를 발로 쿡쿡 찔렀다.

"레오 형제, 일어나요. 이 오두막은 너무나 더워요. 우리는 여기서 지나치게 안락한 생활을 하고 있어요. 자, 산 다미아노로 갑시다. 수녀원 밖에 나뭇가지를 얽어 만들어둔 오두막 하나가 있는데, 나는 거기에 머물고 싶군요. 당신은 어떠세요? 견딜 수 있겠어요? 레오 형제, 힘을 단단히 내야 할 거예요. 언제든 떠나도 되고 빠져 나가도 됩니다. 하느님의 작은 사자여, 당신을 지독히도 괴롭히는 나를 용서하세요."

사실이다. 그는 나를 지독히도 괴롭힌다. 그가 나를 너무나 사랑하기 때문이다.

"거룩하신 아버지께서 어딜 가시든 나도 따라갈 것입니다." 나는 벌떡 일어서며 외쳤다. "나는 돌아갈 다리를 스스로 불태워 없애 버렸어요. 이제는 돌아가려야 갈 길이 없다니까요."

"그럼 좋아요, 레오 형제. 떠납시다. 나도 다리를 태워 버렸답니다. 돌아갈 길이 없지요! 내 허리에 팔을 둘러 안아 주세요. 넘어지지 않게. 아직 날이 다 밝지도 않았군요."

짙푸른 하늘에 추위가 스며들고 있었다. 별들은 희미하게 밝아오는 아침에 이미 빛을 잃었다. 금성만이 아직 견고하게 빛나며 햇살 속에 녹아들기를 행복하게 기다렸다. 아직 새들도 노래를 시작하지 않은 시간, 그러나 멀리에서 수탉 우는 소리가 들려왔다.

"겨울에 새들은 배가 고프겠어요." 내가 말했다. "그래서 노래를 안 하는가 봐요. 프란치스코 형제, 사람들도 마찬가지 아닐까요? 먹은 음식으로 기도가 되게 하고, 노래를 만들기 위해서 먹어야만 하는 것은 아닐까요?"

프란치스코가 빙그레 미소 지었다.

"레오 형제, 형제는 자나 깨나 먹는 생각뿐이군요. 당신의 말은 하느님을 믿지 않는 사람에게는 모두 옳은 말씀이겠지요. 하지만 믿는 이에게는 그 반대에요. 기도가 곧 양식이 되고, 그러면 배가 부르지요."

우리가 이야기를 나누는 사이 날이 점점 밝아왔다. 동녘 하늘이 장밋빛으로 바뀌었다. 우리가 소나무가 빽빽한 숲으로 들어서자 감은 두 눈 위로 떨어지는 빛에 잠에서 깬 새 한 마리가 지지배배 노래하기 시작했다.

"종달새 자매, 안녕하세요!" 프란치스코가 외쳤다. "우리는 산 다미아노로 가는 길이랍니다. 함께 가요!"

종달새는 나뭇가지 사이에서 빠져 나오더니, 밤 사이 굳어진 날개를 흔들어댔다. 그러고는 갑자기 하늘 높이 날아오르면서 신나게 노래했다.

"그녀에게는 하늘이 산 다미아노군요." 프란치스코가 말했다. "자, 다시 만날 때까지 안녕!"

수녀원에 닿았을 때, 자매들은 아직 아침 예배를 드리고 있었다. 교회 안에는 등불이 켜져 있었다. 우리는 살금살금 제단의 작은 창문으로 걸어가 주님을 찬미하는 여성의 고운 음색을 들었다.

"레오 형제, 얼마나 기쁜지요!" 프란치스코의 눈에 눈물이 글썽였다. "해, 종달새, 아침 예배, 가장 먼저 깨어나서 사랑하는 그분의 영광을 찬양하는 예수님의 신부들을 보다니, 얼마나 기쁜가요! 클라라 자매의 목소리가 들려요."

하얀 베일에 감싸인 수녀들이 예배를 마치고 복도로 쏟아져 나왔다. 프란치스코를 보자 그들은 행복한 탄성을 내질렀다. 굶주렸던 비둘기들이 낟알을 보고 지르는 높은 울음 같았다. 가장 먼저 앞으로 나온 것은 클라라 자매였다. 그녀는 프란치스코의 피 묻은 손을 들어 그 속에 눈물 어린 얼굴을 묻었다.

"거룩하신 아버지 프란치스코여……" 속삭이던 그녀는 벅찬 감동에 말을 잇지 못했다. "거룩하신 아버지 프란치스코여……"

"클라라 자매, 며칠만 당신과 자매들 가까이에서 지내고 싶어요. 작별인사를 하러 왔습니다. 나는 떠날 것입니다. 수녀원장님, 당신의 수녀원 바깥에 있는 나뭇가지로 얽어 놓은 오두막에 머무르도록 허락해 주십시오."

클라라 자매는 프란치스코를 한참 바라보았다. 그녀의 커다란 두 눈에서 눈물이 넘쳐흐르고 있었다.

"거룩하신 아버지시여, 오두막과 수녀원과 모든 자매들은 당신을 섬길 것입니다. 명령만 내리소서."

프란치스코의 늙은 어머니가 나타났다. 밤샘 기도와 단식으로 몸은 형편없이 마르고, 죽어가는 사람처럼 창백했지만, 얼굴에는 행복이 가득 피어 있었다. 자신의 차례가 되자 그녀는 허리를 숙여 아들의 손에 입을 맞추었다. 그는 하얗게 세어진 어머니의 머리카락에 손을 얹으면서 축복을 빌었다.

"어머니," 그가 속삭였다. "어머니…… 피카 자매……"

두 자매가 달려가 오두막을 말끔히 치우려고 했지만, 클라라가 그들을 말렸다. "내가 직접 하겠어요. 빗자루 하나와 물 한 양동이를 가져다 놓고, 내 기도실에 있는 화분들을 옮겨 오세요. 등불과 주교님께서 주고 가신 방울새 새장도 옮겨 놓으세요."

프란치스코는 지쳐 있었다. 그는 제단의 작은 창 아래 바닥에 주저앉아 기다렸다. 안마당 한구석으로 물러선 그의 어머니는 안타까움과 자랑스러움이 뒤섞인 마음으로 아들을 바라보았다. 그의 입술과 손발은 추위로 파랗게 얼어 있었다. 자매들이 두꺼운 양털 담요를 가져다 그의 몸을 감싸주었다. 그는 그것을 옆으로 벗어 던지며 일어서려고 했지만, 그에게는 일어설 힘조차 남아 있지 않았다. 두 자매가 달려가 그의 팔을 끌어안고 부축했다. 천천히 한 걸음 한 걸음, 그를 오두막으로 모셔 갔다. 클라라는 그를 위해 깔개를 깔고, 그 위에 짚을 가득 채워 넣은 침상을 올려놓고, 부드러운 베개도 가져다 놓았다. 자매들을 그를 침상 위에 앉히고 다시 우리 두 사람만 남겨 둔 채 떠났다.

나는 그의 귀에 대고 말했다. "더 필요한 것은 없나요?"

"레오 형제, 내가 바랄 것이 또 뭐가 있겠어요? 이보다 더 바랄 것이 있을까요? 나는 모든 것을 가졌어요."

그는 눈을 감았다. 나에게 작별인사를 하듯 고개를 까딱했다.

그날 밤 그는 한숨도 자지 못했다. 열에 들뜬 듯 자꾸 헛소리를 했다. 이마와 손, 그의 온몸이 불덩이같이 달아올랐다. 이튿날 낮이 되어서야 그는 겨우 눈을 떴다.

"레오 형제, 자매들에게 이제 더는 나를 보러 오지 않도록 타일러 주세요. 혼자 있고 싶고, 아무것도 필요 없다고 이야기해 주세요. 조용히 있고 싶을 뿐입니다. 그 밖에는 아무것도 필요가 없어요. 불도 필요 없고, 먹을 것도 필요 없고, 조용하기만 하면 좋아요."

그는 베개를 움켜쥐더니 저 멀리 내던졌다.

"이걸 밖에 던져 버리세요, 레오 형제. 그 안에 악마가 있어서 밤새도록 내가 잠을 이루지 못했어요. 베개를 할 만한 돌 하나를 가져다주세요."

그는 타는 듯한 손을 내 손바닥 위에 얹었다.

"레오 형제, 나와 한 배를 타고 여행하는 동지여, 나의 전우여, 나를 용서하세요……" 말하더니 눈을 감았다.

나는 밖으로 나가 오두막 앞에 앉았다. 그리고 그가 듣지 못하게 소리를 죽여 조용히 울었다. 클라라 자매가 다가왔다.

"우리가 무엇을 해 드릴 수 있을까요, 레오 형제? 어떻게 하면 저분을 살릴 수 있지요?"

"클라라 자매, 그는 살기를 원하지 않아요. 오르는 길은 이제 끝났다면서요. 꼭대기에는 십자가가 있는데, 그는 십자가의 성혼을 이미 받았거든요. 이제 그분이 초조하게 기다리는 것은 오직 하나밖에 없어요. 부활이지요."

"그것은 죽음을 뜻하는 거지요, 레오 형제, 그렇지요?"

"그래요. 그것은 죽음을 뜻합니다."

클라라 자매는 한숨을 내쉬며 고개를 푹 숙였다. 잠시 뒤에 말했다.

"어쩌면 말이에요, 방울새가 그분께서 조금 더 사시도록 도와 드릴지도 몰라요. 어제 그 새가 하루 종일 울던가요?"

"아니요, 클라라 자매. 새가 겁이 났던가 봐요."

"그 새가 두려움에서 벗어나 노래를 부르면, 아마 그분께서도 빨리 죽고자 하진 않으실 거예요."

나는 아무 말도 하지 않았다. 나는 너무나 잘 알고 있었다. 그는 또 다른 노래를 들을 수 있었다. 저 먼 구름 위에서 들려오는, 저 먼 별 위에서 그를 부르는 훨씬 더 달콤한 노래, 영원한 노랫소리를 들을 수 있었다.

그의 영혼은 이미 떠나려고 갇혀 있던 새장을 활짝 열어 두었다. 천국의 성가대에 합류하기 위해 떠날 준비가 다 되어 있었다.

사흘째 되던 날, 그의 열은 오를 대로 올랐다. 파리한 두 뺨이 붉게 달아오르고, 입술이 바싹 메말랐다. 혼미한 정신으로 그는 눈에 보이지 않는 존재들을 보고 쉴 새 없이 움찔거리고는 했다. 그가 갑자기 나를 찾았다. 해가 떠오를 무렵이었다.

"레오 형제, 어디 있어요? 당신이 보이지 않아요."

"이렇게 옆에 있습니다. 거룩하신 아버지여. 말씀 하십시오."

"펜과 잉크를 가지고 있나요?"

"그럼요. 말씀만 하세요."

"쓰세요!"

그는 허공에 시선을 묶고는 환상이 떠나가기 전에 말하려고 서두르다 보니 몸이 마구 떨리고 있었다.

"거룩하신 아버지여, 듣고 있습니다."

"받아 적으세요. 나는 하느님의 바람에 나부끼는 갈대입니다. 나는 위대한 음유 시인인 죽음이 와서 나를 거두어 가기를 기다립니다. 나의 몸에 구멍을 내어, 나를 그의 피리로 만들어 주기를 기다리고 있습니다. 그리하여 그의 입술 사이에서 나는 하느님의 영원한 갈대밭을 찬미하는 노래를 부를 것입니다."

그는 침상에 쓰러지더니 죽은 듯이 누워 있었다. 얼굴은 천장을 향한 채 두 눈은 감겨 있었다. 그의 눈이 다치지 않도록 등불을 끄려고 내가 막 일어서는데, 그가 다시 벌떡 일어났다.

"레오 형제!" 폐가 터져라 부르는 소리가 마치 위험에 빠진 사람이 도움을 청하는 절규에 가까웠다. "레오 형제, 받아쓰세요.

검은 대천사가 나의 손을 잡았습니다. '우리는 어디로 갑니까?' 내가 물었습니다. '우리는 이 땅을 떠나는 것입니다.' 대천사가 대답하며 자기 손가락을 입술에 가져다 대었습니다. '눈을 감으십시오. 그래야 보지 않을 테고, 눈물도 흘리지 않을 테니.' 나는 떠났습니다." 프란치스코가 쉴 새 없이 말을 이었다. "내 뒤에는 푸르른 땅이 있고, 앞에는 끝없이 넓고 검은 바다가 있습니다. 머리 위 하늘에는 북극성이 마치 유성처럼 흐르고 있었습니다. 주여, 당신께서 내 심장을 당신 손에 잡고 계십니다. 당신은 나의 심장에게 길을 가리키셨고, 내 심장은 쉬지 않고 앞으로 미끄러져 나아갑니다. 천국의 첫 번째 새가 보이는군요."

그의 두 눈은 타들어 가고 온몸이 요동치듯 떨리고 있었다. 나는 펜을 들고 기다렸다.

"이렇게 쓰세요! 레오 형제, 어디 있어요? 쓰세요!

대천사가 아담과 이브를 천국에서 쫓아냈을 때, 우리의 두 부모는 아무 말도 하지 않고 흙덩이 위에 앉았습니다. 해는 져 버렸고, 두려움 가득한 마음 속에서부터 솟아올라, 두려움 가득한 하늘로부터 내려왔습니다. 살을 에는 듯한 바람이 불어오고 이브는 몸을 녹이려고 남편의 품에 파고들었습니다. 몸을 조금 녹이자 여자는 새로 얻은 작은 주먹을 불끈 쥐면서 입을 열었습니다. '이 못돼먹은 늙은이 같으니, 당신 뜻대로는 안 될 거요!' "

프란치스코가 웃었다. 눈앞에 우주 최초의 피조물을 보고 있는 것이 틀림없었다. 이브가 새로 얻은 주먹으로 협박을 하고 있다. 그는 웃다가 갑자기 두려움에 사로잡혔다.

"레오 형제, 아직 있어요? 쓰세요.

대천사 가브리엘이 이 땅에 내려온 때는 봄이었습니다. 그는 눈앞에 보이는 광경에 깜짝 놀랐습니다. 이 땅은 너무나 아름다웠던 것입니다. 정말이지, 나도 제멋대로라니까! 그는 생각했습니다. 오래 머물지는 않는 게 좋겠어! 목수가 일터에서 뛰어나왔습니다. '여기가 나사렛 마을이오.' 그가 말했습니다.

'무엇을 찾고 있지요?' '마리아의 집이오.' 목수는 덜덜 떨기 시작했습니다.

'그 십자가는 왜 들고 있지요? 그 못이며, 피는 또 뭐고?' '이건 십자가가 아니랍니다. 백합입니다.' '누가 당신을 보냈지요?' '하느님께서.' 날카로운 칼날이 목수의 심장을 파고 들었습니다. '모든 것이 끝났군!' 생각하며 그는 문을 열었습니다. 작은 안뜰과 샘, 화분에 심어진 바질 꽃 몇 송이, 그리고 샘 옆에는 어느 처녀가 갓난아기가 입을 옷을 짓고 있었습니다. 대천사는 문가에서 잠시 망설였습니다. 두 눈에서 눈물이 글썽였습니다."

프란치스코의 눈에도 눈물이 가득 고였다. 그는 한숨을 지었다. 가슴이 무너져 내리는 것 같았다.

"가엾고, 또 가여운 마리아." 그가 작은 소리로 중얼거렸다. "불쌍하고 착한 그 어린 어머니는 사랑하는 아이를 죽음에게 도둑맞았지…… 주여, 한 해 동안 사람들이 흘리는 눈물을 한꺼번에 쏟아낸다면 당신의 집을 삼켜버릴 강물을 이룰 것입니다. 당신께서는 앞날을 훤히 내다보시기 때문에, 한 가지 한 가지 차례로 흘리게 하시는군요."

말을 마친 그는 덜컥 겁이 났다. 나에게 그 말은 적지 말라고 애원했다.

"악마의 말이에요. 레오 형제, 벌써 그걸 썼다면 지워버리세요. 제발요!"

잠시 뒤에 그가 말을 이었다. "레오 형제, 아직 내 마음속에 남아 있는 짧은 노래가 하나 있어요. 그걸 무덤까지 가져가고 싶지 않아요. 펜을 들어 써 놓으세요.

하느님께서 세상을 만드신 다음, 손에서 진흙을 씻어내고 천국의 나무 그늘에 앉아 눈을 감으셨습니다.

'피곤하군.' 그분께서 중얼거리셨습니다. '잠깐 쉬어도 괜찮겠지?' 그러고는 잠이 찾아오도록 명령하셨습니다. 바로 그때, 붉은 발톱을 가진 방울새가 날아와 그분 위에 앉더니 울어댔습니다. '휴식은 없어요. 평화도 없고. 잠들지 마세요! 저는 당신 위에 앉아 밤낮으로 울겠습니다. 휴식도 없고, 평화도 없어요. 잠들지 마세요! 당신께서 잠이 드시도록 가만 있지 않을 거예요. 나는 사람의 심장입니다.'"

프란치스코는 등을 대고 쓰러지면서 숨을 몰아 쉬었다.

"레오 형제, 어떠세요?"

나는 할 말을 잃었다. 내가 무슨 말을 하겠는가? 어찌 사람의 심장이 하느님께 그토록 거만하게 말할 수 있느냐고?

프란치스코는 내 생각을 알아차리고 미소를 지었다.

"하느님의 작은 사자여, 두려워 마세요. 그래요, 인간의 오만은 끝이 없어요. 하지만 하느님께서 그렇게 만들어 두신 거예요. 인간이 오만하기를 그분께서 원하신 거예요. 그분께 대들고 반항하기를 바라셨던 겁니다!"

14
성스러운 발자취

산 다미아노에 머무는 며칠 사이 그의 육신은 전보다 더 큰 고통을 겪었으나, 영혼은 가장 깊고 더 없이 큰 행복에 빠져 들었다. 그의 성흔에서 피가 더 흐르지는 않았지만, 통증은 그를 배신하듯 안으로 퍼져나갔다. 피가 흐르는 곳은 이제 두 눈 뿐이었는데, 피와 눈물이 섞여 흘렀다.

밤이면 나는 그의 발치에 누워 뜬 눈으로 그와 함께 밤을 지새우고는 했다. 그가 아직은 이 세상을 떠나지 않도록, 필사적으로 지켰다. 하루는 그가 귀에서 나던 윙윙대는 소리가 가시고 방울새의 노래가 들린다고 했다. 그는 입을 벌린 채 새소리에 한참 귀를 기울이며 꼼짝 않고 새장을 들여다보았다. 크나큰 환희가 온 얼굴에 피어올랐다.

"내가 무슨 새 소리를 듣고 있지요? 이 천상의 음률은 무슨 노래인가요?" 그가 나에게 물었다. "우리가 벌써 천국에 들어섰나요?"

귀를 쫑긋 기울이고 열심히 듣고 있는 그의 얼굴에 하늘의 행복이 번지고 있었다.

"오! 레오 형제, 이 새가 무슨 말을 하고 있는지 당신이 안다면 얼마나 좋을까요!" 기쁨에 겨워 그가 외쳤다. "이 작은 깃털로 가린 가슴 속에 얼마나 큰 기적이 숨겨져 있는지요!"

방울새는 이제 우리와 친구가 되었다. 날마다 첫새벽 먼동이 트면 그 새는 노래를 불렀다. 한껏 목청을 돋우며 빛이 들어오는 바깥으로 작은 눈을 향하고는 어찌나 열심히 노래를 하는지 부리에서 피를 흘리기도 했다. 그 새는 노래에 몹시 취해 있었다. 이따금 갑자기 새장에서 달아나고 싶은 욕망에 사로잡혀, 노래를 멈추고 창살을 부리로 쪼아댔다. 바깥세상의 나뭇가지에 자유로이 앉아 있는 참새를 보고 함께 어울리고 싶어진 것이다. 그러나 머지않아 새는 다시 날아올라 새장 한가운데에 매달린 갈대로 된 작은 가지 위에 앉아서 노래를 부르고는 했다.

피카 부인은 나뭇가지로 엮어 만든 벽의 갈라진 틈새로 몰래 아들의 모습을 살피러 다가오고는 했다. 그녀는 오랜 시간을 손으로 입을 가린 채 아들을 바라보다가 말없이 기도실로 돌아왔다. 클라라 자매는 숱한 밤을 감히 들어올 생각도 못한 채, 오두막 입구에서 뜬눈으로 지새웠다. 그녀는 죽어가는 이의 즐거운 노랫소리를 들었다. 프란치스코는 요즘, 모든 것을 노래에 바치고 있었다. 그의 영혼은 방울새처럼 기쁨에 넘쳤고, 옛날 노래들이 그의 입가에 다시 돌아왔다. 젊은 시절, 닫힌 창문 아래서 부르던 음유 시인들의 유혹의 노래, 친구들과 밤거리를 쏘다닐 때 부르던 노래들이 돌아왔다.

"파치피코 형제가 류트를 가지고 와서 연주해 준다면 얼마나 좋을까요." 그는 몇 번이고 말했다. "류트는 인간이 할 수 있는 천사의 말이라 했던 그 말이 옳아요. 천사들은 말할 때도 하늘을 날고 있어야만 하니까, 노래로 이야기할 수밖에 없죠."

어느 아침 침상에서 일어나 앉은 그는 신나게 손뼉을 쳤다. "레오 형제, 밤새 내가 무슨 생각을 했는지 아세요?" 그가 큰 소리로 물었다. "어떤 나뭇조각이든 류트나 바이올린이 될 수 있어요. 소리를 내서 하느님의 영광을 찬미할 수 있어요. 레오 형제, 나뭇조각 두 개만 구해다 주신다면 너무나 고마울 텐데요."

나는 나무를 가져다 주었다. 그는 한 개를 어깨 위에 얹더니, 다른 한 개를 바이올린 활을 움직이듯 날쌔게 켜댔다.

침상에 앉아 쉼 없이 연주하고 노래하는 그는 너무나 기뻐 넋이 나간 것 같았다. 눈을 지그시 감고 머리를 뒤로 젖힌 채 황홀경에 빠졌다.

"나뭇조각들이 내는 소리를 들어 보았나요? 그들이 부르는 노랫소리를 들어 보았어요?" 나에게 물었다. "들어 보세요!"

처음에 나는 나무 막대기 두 개가 서로 부딪히며 달그락대는 소리밖에는 듣지 못했다. 그러나 점점 그 선율에 익숙해지면서 나의 영혼의 귀가 열렸다. 두 개의 마른 나뭇가지가 빚어내는 끝없이 달콤한 음률이 들려오기 시작했다. 그 벙어리 같던 나무가 프란치스코의 손에서 어느새 비올(6현의 중세 현악기. 바이올린의 전신)이 되어 있었다.

"들려요, 레오 형제? 듣고 있나요? 다른 생각은 다 떨쳐 버리고 가슴을 활짝 열어 마음으로 들으세요. 하느님을 믿으면 이 세상에 말 못하는 나뭇조각 같은 것은 없고, 기쁨이 따르지 않는 고통도 없으며, 기적이 일어나지 않는 삶도 없답니다!"

하루는 또 그렇게 비올을 켜고 있던 그의 얼굴이 갑작스레 어두워졌다. 짙은 그늘이 그를 덮친 것만 같았다. 그는 눈알이 쏟아질 듯이 눈을 크게 뜨고 열린 문 밖을 노려보며 비명을 질러댔다. 기쁨의 함성인지 슬픔의 울음인지 나는 알 수가 없었다. 인류의 모든 기쁨과 고통을 그 안에 담은 절규 같았다. 그가 누구를 보았는지, 누가 그런 울음소리를 내지르게 만들었는지 뒤를 돌아보았지만, 밖에는 아무도 없었다. 사람의 그림자조차 없는 수녀원 뜰에는 거센 바람만이 나뭇가지에 달린 마지막 잎새들을 떨어뜨리고 있었다. 수녀들이 미사를 드리기 위해 하나둘 모여들었다. 마치 새들이 한데 모이듯 모여들고 있었다. 우리는 주님을 찬양하는 사랑스러운 그녀들의 목소리를 들었다. 멀리 집집마다 겁에 질린 개들이 끊임없이 짖어대고 있었다.

"무엇을 보았지요, 아버지여? 누구를 보셨어요? 왜 그렇게 소리를 질렀지요?"

그는 한참이 지나서야 대답했다. 두 나뭇조각을 내던지고 움푹 팬 눈으로 여전히 밖을 노려보고 있었다.

"누구예요?" 내가 다그쳐 물었다. "뭐가 보이세요?"

그의 입술이 움찔댔다. "음, 죽음의 형제…… 죽음의 형제요……" 그는 속삭이듯 그 말만 되풀이하면서 마치 그 유령을 끌어안으려는 듯 두 팔을 크게 벌렸다.

나는 입을 다물었다. 모든 것을 이해했다. 그는 검은 대천사를 보았던 것이다. 개들도 그 모습을 보고 겁을 먹고 놀란 것이다. 눈물을 감추려고 밖에 나가 오두막 둘레를 한 바퀴 돌았지만, 나는 아무도 보지 못했다. 그 아침 겨울 해가 구름에서 빠져 나와 들판을 덮은 안개를 걷어내고, 겨울은 마치 봄처럼 웃고 있었다. 자매들이 성당에서 나와 복도로 흩어지더니, 다시 아침 식사를 하러 식당으로 모였다. 한 입의 빵과, 한 잔의 물. 클라라 자매는 나를 보자마자 가까이 다가와서는 불안한 목소리로 물었다. "왜 울고 계세요, 레오 형제? 거룩하신 아버지께서……"

"프란치스코께서 검은 대천사를 보셨습니다. 그는 크게 소리를 지르면서 천사를 끌어안으려고 두 팔을 벌렸어요……"

클라라 자매는 눈물을 삼키려고 베일 끝자락을 꼭 깨물었다.

"그분께서 뭐라고 말씀하시던가요? 기뻐하시던가요?"

"모르겠어요, 클라라 자매. 그는 계속 중얼거리기만 했어요. '오, 죽음의 형제, 오, 죽음의 형제……' 그게 전부였습니다."

"레오 형제, 들어보세요." 그녀가 목소리를 낮추며 말했다. "제게 걱정이 하나 있어요. 지난 며칠 사이에 호기심에 찬 남자들이 소란스럽게 수녀원 밖을 기웃거리고 있답니다. 거친 사람들이에요! 자매 가운데 그들을 알아본 사람이 있는데, 페루지아에서 온 산적들이라는군요. 거룩하신 아버지 프란치스코께서 무거운 병을 앓고 계시다는 사실을 알고 있는 것 같아요. 산적들을 보내서 그분을 우리에게서 빼앗아 가려고 하는 거예요. 도시에서는 성인 한 사람을 팔아 얼마나 큰 돈을 벌어들이는지, 제가 말 안 해도 잘 아시지요? 그러니까 레오 형제, 조심해야겠어요!"

그녀는 얼굴을 가리고 성당 안으로 사라졌다.

주교님께 말씀드려야지, 나는 생각했다. 프란치스코를 지켜줄 기사들을 아시시에서 보내 달라고 간청해야겠다.

오두막에 들어서자 벽에 기댄 채 침상 위에 일어나 앉아 있는 프란치스코가 보였다. 그의 얼굴에는 고요가 깃들어 만족한 듯이 보였다.

"레오 형제, 펜을 찾아와요." 내가 돌아오자 기뻐하며 그가 말했다. "형제가 나의 마지막 지시를 기록해 두었으면 해요. 누가 되었든 모든 형제와 자매들에게 읽어줄 편지가 될 거예요. 다 받아 적으면 내가 서명 대신 십자가를 그려 넣겠어요."

나는 펜을 쥐고 그의 옆에 무릎을 꿇었다. 그는 침착하게 한마디 한마디를 재어 보면서 천천히 입을 뗐다.

"나의 형제들이여, 나의 자매들이여, 오늘 하느님께서는 검은 대천사를 시켜 나에게 위대한 초대장을 보내셨습니다. 나는 떠나갈 것입니다. 그러나 여러분에게 마지막 지시 하나 남겨놓지 않고 간다는 생각을 하니 견딜 수가 없었습니다. 나의 자녀들이여, 가난, 사랑, 정절, 순종, 하느님의 위대한 네 딸들이 지금, 그리고 앞으로 영원히 그대들과 함께 하기를! 검은 대천사가 그대 옆에 있음을, 태어나는 순간부터 그대 곁에서 기다리고 있음을 결코 잊지말지어다. 매 순간마다 이것이 나의 마지막 시간이라고 말하며 준비할지어다. 사람에게 믿음을 두지 말고, 오로지 하느님께 믿음을 두도록 노력할지어다. 몸은 병들고 죽음이 다가온다. 친구와 가족들은 병든 이에게 다가와 말한다. '당신은 죽어가고 있으니, 집을 정리하고 재산을 나누어 주시오.' 그리고 불쌍한 사람의 아내와 아이들과 친구들과 이웃들이 그 곁을 에워싸고 우는 척한다. 그 울음과 통곡에 속은 이는 마지막 힘을 내어 말한다. '좋아요, 내 몸과 영혼을 모두 충실한 그대들에게 나의 모든 재산과 함께 맡기겠소.' 그러면 친구들과 가족들은 이때를 기다렸다는 듯 신부를 불러 종부성사를 하게 한다. '당신이 지은 모든 죄를 회개하시오?' 신부가 물으면 '예, 그렇습니다.' 대답한다. '당신 평생에 부당하게 모은 재산을 모두 돌려주길 원하시오?' '아니요, 그럴 수는 없습니다.' '왜 안되나요?' '벌써 모든 것을 가족과 친구들에게 주었기 때문입니다.' 그 말을 마치자 그 사람은 더는 말할 힘을 잃고 속죄하지 못한 채 죽고 마는 것이다. 그때까지 그의 머리맡에서 줄곧 지키고 있던 악마는 떠나갈 듯 웃으면서 곧바로 그의 영혼을 낚아채 지옥으로 집어 던지고 만다. 그가 그토록 자랑하던 모든 재능과, 모든 권력, 재산, 아름다움과 지혜는 그와 함께 심연으로 가라앉아 허무하게 사라지고 만다. 가족과 친구들은 그의 재산을 나누어 가지면서 그를 욕한다. '그자의 뼈가 화염과 유황 속에서 지글지글 타게 하소서! 그자는 우리에게 좀 더 많은 재산을 남겨 놓고 갔어야 했는데, 이게 뭡니까.' 그는 천국에서도, 땅에서도 버림받고 만다. 그에게 남은 것은 무엇인가? 지옥뿐이다. 부글부글 끓어오르는 지옥에서 그는 재를 뒤집어쓰고 영원한 형벌을 받는다.

나, 프란치스코 형제 여러분의 보잘것없는 종이자, 크나큰 죄인으로서, 나의 형제와 자매들에게 부탁하고 애원합니다. 사랑의 이름으로, 하느님의 이름으로, 여러분의 발에 입을 맞추며, 여러분이 겸손과 사랑으로 그리스도의 말씀을 받아들이기를 부탁합니다. 그 거룩한 말씀을 받아들이고, 말씀을 행동으로 옮김으로써 다른 사람들한데 모범이 되는 이들에게는 영원한 축복이 있을지어다!

그리고 나의 동반자 레오 형제, 당신의 형제 프란치스코가 당신에게 경의를 표합니다. 형제여, 우리가 함께 여행하면서 내가 했던 이야기들을 잊지 않으시기를 바랍니다. 주님을 즐겁게 해드리고 그의 발자취를 따라가기 위해서 당신에게 가장 적합한 방법을 찾아 모든 노력을 다하도록 하세요. 우리의 고귀한 가난 부인을 따르고, 거룩한 순종을 위해서도 마찬가지 노력을 부탁합니다. 나에게 물어보고 싶은 것이 있으면, 무엇이라도 좋으니 지금 마음 놓고 물어보세요. 나의 형제들이여, 자매들이여, 그럼 잘 있어요. 나의 동행자, 나의 싸움 동지인 레오 형제여, 잘 있어요!"

그는 점점 지쳤다. 눈을 감더니 침상에 몸을 움츠리고 누웠다. 고통이 몹시 심한 것 같았다. 그의 얼굴이 갑자기 일그러졌다.

"프란치스코 형제, 아픈가요?"

그는 금방 눈을 떴다. "레오 형제, 자신 있게 말할 수 있는 사실이 꼭 한 가지 있어요. 나는 행복해요! 이겼어요! 이겼습니다! 레오 형제, 우리가 이겼어요! 내가 태어난 날부터 내 안에는 하느님을 미워하는 자가 하나 있었지요. 그런데 이제는, 이제는 그자가 사라졌으니, 내가 신나지 않겠어요?"

"거룩하신 아버지여, 그자가 누구란 말입니까?"

"육신이요." 다시 눈을 감으면서 대답했다. 그는 기진맥진해 있었다.

밤새도록 그는 헛소리를 해댔다. 검은 대천사가 눈앞에 있는 듯 그와 말을 주고받으면서 왜 이제야 왔느냐고 천사를 나무랐다. 자기는 그가 오기를 기다린 것이 벌써 여러 해가 되었다고 했다. 왜 그토록 오랜 세월 자기를 떠돌게 했느냐고 따졌다. 사람에게 이 땅은 유혹적인 매력이 있음을 그대는 모르고 있었나요? 풀잎 한 포기, 방울새 한 마리, 불 켜진 등불 하나, 달콤한 향기 하나만으로 진흙으로 빚은 이 세상을 결코 버리고 싶지 않게 한다는 것을 모르시나요? 프란치스코는 이처럼 책망하는 투로 헛소리를 하는데, 아마 죽음의 천사가 어떤 대답을 해준 모양이었다. 이윽고 잠잠해지면서 프란치스코는 불평을 그치고 웃었다.

이튿날 아침 그의 이마는 불덩이처럼 뜨거웠다. 그는 정신을 잃어가고 있었다. 눈을 뜨지 못하고 몸이 굳어졌다. 나는 그만 덜컥 겁이 나서 클라라 자매를 찾으러 달려 나갔다.

그녀는 부엌에 있었다. "마음씨 착한 교인이 닭 한 마리를 가져다주었어요. 프란치스코께서 편찮으시다는 소식을 듣고, 수프를 끓이던 참이었어요. 그분께서 기운을 좀 차리셨으면 해요."

"클라라 자매, 사순절이 시작되었잖아요. 그는 고기로 자신의 입술을 더

럽히려 하지 않을 겁니다."

"레오 형제, 하느님께서 그분을 지금 당장 데려가겠다고만 하지 않으신다면, 그분은 이 수프를 드시고 우리 곁에 조금 더 머무르셔야 할 거예요. 조금만 있으면 가져다 드릴 수 있을 테니 기다리세요. 하느님 저희를 도우소서!"

나는 수프 그릇을 들고 클라라 자매가 노른자를 풀어 넣기를 기다렸다. 그러고 나서 닭고기와 함께 수프를 그에게로 가져갔다. 프란치스코는 몸을 축 늘어트리고 누워서 숨을 몰아쉬고 있었다.

"거룩하신 아버지여," 그에게 다가가며 내가 말했다. "클라라 자매가 당신의 발 아래 엎드려 거룩한 사랑의 이름으로 부탁합니다. 이 수프를 드시고 아직은 육신을 버리지 말아주세요…… 아버지여, 저를 사랑하신다면 입을 벌리세요."

"거룩한 사랑의 이름으로…… 거룩한 사랑의 이름으로……" 그가 속삭였다.

프란치스코가 입을 열었다. 눈은 여전히 감은 채 입만 벌렸다. 한 모금 마시더니 만족해하며 또 입을 벌리고 한 모금을 더 마셨다. 그리고 또 한 모금, 가져온 수프를 모두 비울 때까지 마셨다. 나는 그에게 고기를 조금 먹였다. 그의 정신은 다른 데 가 있었던 것 같다. 그는 자기가 지금 무엇을 먹고 있는지 알아차리지 못하고 아무 저항 없이 꿀꺽꿀꺽 삼켰다.

그에게 한참 닭고기를 먹여주고 있을 때, 길을 지나던 이상한 사람이 숨을 헐떡이며 오두막 안으로 불쑥 들어와 두리번거렸다. 잃어버린 물건을 찾고 있는 것 같았다.

"이봐요, 뭘 찾고 있는 거요?" 나는 화가 나 버럭 소리쳤다. "눈을 어디다 두고 다니는 거요? 여기 병든 사람이 누워있지 않소!"

"죄송합니다, 수도사님." 그가 대답했다. "여기가 예루살렘이 아닌가요? 거룩한 향기를 맡았어요. 그래서 나는 아, 여기가 예루살렘이구나. 들어가서 예배를 드려야지, 하고 들어왔는데…… 하지만 어디 있지요? 안 보이네요."

프란치스코가 그의 말에 눈을 떴다.

"나의 형제여, 당신은 제정신이 아니군요. 그가 웃으면서 말했다.

"당신보다 더 미치지는 않았어요. 그 이상한 사람이 되받아 쳤다. "천국에 들어가고 싶다면서 사순절에 닭을 먹는 당신보다 더 미친 사람은 없는걸요."

프란치스코는 악! 소리를 지르며 까무러쳤다. 나는 그 뻔뻔한 방문객을 쫓아 버리려고 일어섰지만, 그는 이미 사라지고 없었다.

이튿날 프란치스코는 원망스러운 눈으로 나를 보았다.

"레오 형제, 나를 속였지요. 당신은 내가 큰 죄를 짓게 만들었어요."

"거룩하신 아버지여, 제 탓입니다. 하느님께서는 나를 벌하시지 당신을 벌하시지는 않은 것입니다."

"다른 사람이 진 죄를 뒤집어 쓸 수는 없어요. 오직 하느님께서만 그러실 수 있어요. 우리 사람들은 오직 우리 자신이 지은 죄만 책임질 뿐이에요."

"하느님의 사랑은 그보다 크답니다." 언젠가 그가 해준 이야기가 생각나 말했다. "하느님의 사랑은 그분의 공의보다 더 크다니까요. 그러니까 우리가 희망을 걸어야 할 곳도 그분의 사랑입니다."

"그래요, 형제의 말이 맞아요." 프란치스코가 말했다. "우리는 그분의 사랑에 희망을 걸어야 하지요. 그분께서 의롭기만 하시다면 우리는 모두 파멸할 테니!"

프란치스코는 삶과 죽음 사이에서 여러 날을 보냈다. 형제들이 찾아와 그를 살피고 갔다. 주교는 그의 집사를 시켜서 프란치스코의 건강을 물어보고, 아시시로 돌아오도록 요청하는 편지를 보내왔다.

"오세요. 와서 나의 집에 머물러요. 사람의 몸은 하느님께서 주신 거룩한 선물입니다. 지금 당신의 행동은 몸을 죽이는 일이라오. 당신은 지금 살인죄를 저지르고 있어요. 살인하지 말라! 하느님의 크나큰 계명을 어기고 있는 것입니다."

프란치스코는 늘 주교가 전해오는 말을 듣기만 하고 대답은 하지 않았다. 그러나 주교의 집사가 편지를 들고 다시 한 번 찾아온 어느 날, 그는 나를 돌아보더니 말했다. "주교님이 옳아요. 그건 살인이에요. 부활절을 산 다미아노에서 보내고, 주교관에 가서 지내도록 하겠어요. 아시시를 다시 한 번 보고 싶군요. 작별 인사를 해야지요."

부활절 주간이 다가왔다. 프란치스코는 예수의 수난을 명상하며 시간을 보냈다. 날마다 나를 옆에 앉히고 복음을 읽어 달라고 했다. 그는 예수의 발자취를 따라갔다. 바로 뒤에서 예수를 따라가 함께 배반당하고, 저주받고, 매질당하다 십자가에 못 박혔다. 성금요일, 오래 전에 아물었던 그의 다섯 군데 성흔이 다시 터지면서 그나마 몸 안에 남아 있던 피가 다시 흘러내렸다. 성토요일 아침에 상처는 아물었다.

프란치스코는 나의 손을 꼭 잡으며 말했다. "레오 형제, 나와 같은 미천한 죄인이 복음을 전도할 자격이 있다고 인정을 받았더라면, 내 곁에 사자를 두지 않고 황소, 독수리, 천사를 두지도 않았을 거예요. 정말이에요. 내 친구는 목에 붉은 리본을 두른 어린양이 되었을 거예요. 리본에는 이런 글을 써 넣었겠지요. '주여 부활절은 언제 오나요? 언제 당신이 저를 잡아가게 되나요?'"

부활절 예배를 마친 자매들이 촛불을 켜 들고 그의 손에 입을 맞추러 오두막에 찾아왔다. 그는 일어나 앉아 그들의 머리 위에 손을 얹으며 그들을 축복했다.

"나의 자매들이여," 감격에 벅차올라 속삭이듯 말했다. "나의 자매들이여, 나의 어머니들이여, 지혜로운 여인들이여, 예수의 신부들이여."

그가 울자 클라라 자매와 피카 자매, 그리고 모든 자매들이 따라 울었다. 환하게 불을 밝힌 오두막 안이 울음소리로 가득 찼다.

"우리는 당신의 부활을 기다리고 있습니다, 거룩하신 아버지!" 클라라 자매가 말했다. 크게 소리 내어 울고 있던 프란치스코는 그 말을 듣지 못했다.

주께 찬미를! 아시시에서부터 선물들이 쏟아져 들어왔다. 나는 실컷 먹고는 오늘은 과연 예수께서 부활하신 날이라고 실감했다. 일찍이 잠자리에 든 나는 곧 깊은 잠에 빠져들었다.

"오늘 밤은 등불을 끄지 말아요." 프란치스코가 그렇게 지시했다. "밤새 타오르도록 둡시다. 등불도 예수의 부활을 기쁘게 바라볼 수 있게 해줘요."

나는 매우 흡족한 마음으로 푹 잤다. 꿈속에서도 내 몸 깊숙이 스며드는 부활의 기적을 느꼈다. 이 세상 모든 사람들의 영혼은 온 힘을 다해 예수의 발자취를 따라야 한다고 생각했다. 십자가에 못 박히는 고난과 고통을 같이 하고, 마침내 부활의 기쁨을 나누는 것이다. 나는 깨달았다. 프란치스코와 함께 할수록 그에 대한 믿음이 깊어져 갔기 때문에, 죽음의 결실이야말로 다름아닌 영원한 삶임을 깨달았다.

아직 잠에 빠져 있는데, 주께서는 온 세상에 햇빛을 다시 비추어 주셨다. 방울새는 벌써 깨어나 노래했다. 하지만 나는 단잠에 취해 눈을 뜨지 않았다. 잠결에 프란치스코의 목소리를 들었다. 나는 벌떡 일어났다. 자리에서 일어나 앉아 나무 막대기 두 개를 비올처럼 연주하며 노래 부르는 프란치스코가 보였다. 나는 지금도 그 가사를 잊을 수가 없다. 아니, 그 가사보다는 승리감에 넘치는 그 기쁜 선율을 잊지 못한다. 많은 세월이 흘렀지만, 나는 아직 하나도 빠뜨리지 않고 그 시를 외울 수 있다. 이제는 늙고 병든 내가 이 평화로운 수도원에 앉아 그 시를 적어 내려가면, 그때의 선율이 귓가에 들려오는 것만 같다.

하늘 가장 높이에 계신 전능하신 주님,
찬미, 영광, 명예 그리고 모든 축복을 당신께 돌리나니.
오직 당신만이, 가장 거룩한 당신만이 그를 가질 수 있고,
사람은 아무도 당신의 이름을 입에 올릴 자격이 없도다.

나의 주께 찬미를, 당신께서 만드신 모든 것,
그 가운데 특별한 해 형제에게 찬미를,
해는 우리에게 낮을 가져다주고,
해를 통하여 주께서 빛을 비추시리라.
그는 아름다우며, 위대하고 찬란한 빛으로 눈부시니.
그는 우리에게 가장 거룩하신 당신을 가르치리라!
나의 주여, 당신께 찬미를.
달과 별 자매들을 하늘 위에 그토록 밝고, 귀하고, 아름답게
빚어 두셨으니.
나의 주여, 당신께 찬미를.
바람 형제, 그리고 공기와 구름, 조용하고 시끄러운 모든 날씨를 주셨으니.
나의 주여, 당신께 찬미를.
겸손하고, 사랑스럽고, 순수한 물 자매를 주셨으니.
나의 주여, 당신께 찬미를.

불 형제를 주시고, 그를 통하여 밤을 밝히시니,

그는 아름답고 강하고 즐겁도다.

나의 주여, 당신께 찬미를.

우리 자매인 어머니 대지를 주셨으니,

우리를 기르고, 우리를 가슴에 품고,

풍성한 과일, 꽃, 나무를 낳으니.

나의 주께 찬미와 축복을, 주께 감사하고, 당신을 큰 겸손으로 섬기리라.

내가 움직이는 소리를 들으면 그가 노래를 멈출까 봐 나는 소리를 죽이고 그에게로 다가갔다. 머리 위에 울던 방울새도 노래를 그치고 귀를 기울였다. 해와 달과 불과 물도 초라한 오두막으로 들어와 프란치스코를 에워싸고 그 노래를 들었다. 죽음의 형제가 마지막으로 들어와 숨죽이고 함께 들었다. 그러나 프란치스코는 아무것도, 그 누구도 보지 않았다. 머리를 뒤로 젖히며 노래를 부르는 순간, 그의 영혼을 가두고 있던 감옥의 문이 철컹하고 열렸다. 그의 영혼이 달아날 준비를 했다.

하느님께서 세상에 다시 한 번 빛을 비추어 주셨다. 벽에 기댄 채 입가에 미소를 짓고 있는 프란치스코에게 아침 햇살이 찾아 들었다. 그는 껍질만 남아 있었다. 마치 그의 피로 노래를 부른 듯, 남김 없이 피가 말라 버린 껍질 같았다.

한낮이 되자 그는 나를 불렀다. "레오 형제, 다시 한 번 아시시를 보고 싶어요. 힘센 주니퍼와 마세오 형제를 불러 나를 데려가도록 해줘요. 내 다리는 말을 안 듣는군요. 나는 벌써 내가 내디딜 수 있는 걸음을 모두 써버린 모양이에요."

나는 밖으로 나가 포르치운쿨라에 있는 주니퍼와 마세오를 불러 오도록 했다. 주교에게도 사람들을 보내 프란치스코가 갈 테니 우리를 호위해줄 무장한 기사들을 보내달라고 했다. 그 주위에는 페루지아에서 온 산적들이 쫙 깔려 있었다. 그 거친 사내들은 프란치스코를 낚아채 가려고 기다리고 있었다.

오두막에 돌아오니 프란치스코가 비올을 연주하며 지난 밤에 부르던 노

래를 다시 부르고 있었다. 그는 노래를 끝내고는 외쳤다. "아이고, 내 정신 좀
봐! 하느님께 병 자매를 주셔서 감사하다고 말하는 걸 잊고 있었군."

그는 나뭇조각 두 개를 땅에 놓더니 하늘을 향해 두 팔을 높이 들었다.

> 나의 주여, 당신께 찬미를.
> 병 자매를 보내 주신 데에 감사를.
> 그녀는 가혹하고 선하니, 사람을 가련히 여기어,
> 영혼이 육신을 빠져 나가도록 도울지어다.

나는 눈물을 꾹 참으며 그의 기도를 들었다. 나는 스스로에게 몇 번이고
되풀이해 말했다. 아, 나의 영혼이여, 아, 나의 영혼이여, 그에게 작별인사를
하라. 영원한 작별 인사를 하라. 너는 다시는 그를 볼 수 없다. 안녕, 영원토록
안녕……

주니퍼와 마세오가 저녁이 되어 도착했다. 그들은 말없이 프란치스코의 발
아래 앉았다. 클라라 자매가 와서 무릎을 꿇고 그의 두 손과 발에 입을 맞추
고는 오른쪽에 앉았다. 그녀도 말이 없었다. 비틀거리며 몸을 제대로 가누지
못하는 피카 자매가 들어왔다. 베일 사이로 하얀 머리칼이 흘러 나와 있었다.
그녀는 머리를 모아 매무새를 고친 다음, 아들 앞에 엎드렸다가 말없이 그 왼
쪽에 가 앉았다. 황홀 속에 빠진 프란치스코는 아무것도 듣지도 보지도 못했
다. 두 손을 가슴 위에 포개고, 등을 대고 누운 그의 얼굴이 행복에 겨워 빛
났다.

가녀린 울음소리가 적막을 깼다. 피카 자매가 입술을 깨물자 울음소리는
사그라졌다.

"그분이 잠들었어요." 주니퍼가 조용히 말했다. "깨워서 떠나야겠는데요. 어
두워지고 있거든요."

아무도 대답을 하지 않았다.

봄바람이 문으로 불어 들어왔다. 수녀원 안뜰의 꽃향기가 작은 오두막 안
에 물씬 풍겨왔다. 어린양 한 마리가 문 앞에 나타났다가, 구슬피 울며 뛰어
가버렸다. 어미를 찾아 헤매는 것 같았다. 아무도 꼼짝하지 않고, 입을 떼지
도 않았다. 모든 시선이 못 박힌 듯 프란치스코에게 쏠려 있었다. 나는 문득

그가 죽은 예수님과 닮았다는 생각이 들었다. 우리가 그를 십자가에서 내려 봄 꽃으로 뒤덮인 땅 위에 눕혀 놓고, 생명이 떠난 시신을 두고 우는 것처럼 보였다.

날이 어두워지자 클라라 자매가 일어났다. "피카 자매님, 이제 가요. 우리는 작별인사를 드렸어요. 이제는 형제들이 그분을 모셔 가야지요. 마침 밤이 되었으니 다행입니다. 페루지아에서 온 거친 사내들이 그분을 우리 손에서 빼앗아 가려고 길에서 기다리고 있지는 않겠네요."

피카 자매가 눈물을 훔치며 일어섰다.

"나의 아들아," 그녀가 입을 열었다.

클라라 자매는 어머니의 허리를 손으로 감싸고 함께 휘청이는 걸음으로 문턱을 넘어갔다. 안뜰에서 울려 퍼지는 찢어지는 통곡 소리가 들려왔다. 두 여인이 마침내 가슴속에 묻어두었던 슬픔을 터트리고 만 것이다.

프란치스코가 눈을 떴다. 두 형제를 보더니 미소를 지었다.

"다 왔나요?"

"거룩하신 아버지여, 우리는 아직 떠나지도 않았는걸요." 주니퍼가 대답했다.

"아, 그럼 지금까지 내가 아시시에 있었다는 말이군요!" 프란치스코는 한숨을 지었다. "나는 산 루피노 성당에서 화려한 스테인드글라스를 감상하고 있었어요. 예수의 삶을 기록해둔 것 같이 보였어요. 우리의 구세주는 무덤의 돌을 깨고, 하얀 리본을 한 손에 쥔 채 하늘로 오르고 있었지요. 하얀 리본에는 짙은 푸른색으로 '평화와 선!' 이라고 라틴어로 쓰여 있었어요."

내가 일어섰다. "자, 갑시다. 주님의 이름으로!"

마세오와 주니퍼는 서로의 팔을 맞물려 잡고는 그 위에 프란치스코를 태웠다. 올라탄 그는 두 팔로 형제들의 목을 끌어안았다. 그리고 그들은 밖으로 나왔다.

"밤인가요?" 그가 물었다.

"예, 거룩하신 아버지여. 별이 떴어요."

"공기가 얼마나 향기로운지! 지금 어디를 지나고 있지요?"

"아버지여, 산 다미아노 안뜰을 지나고 있어요. 그리고 지금은 봄이에요." 마세오가 대답했다. "자매들에게 인사도 없이 떠나실 건가요?"

"헤어짐은 슬퍼요. 너무나도 슬퍼요. 마세오 형제, 도둑처럼 슬그머니 빠져나가는 게 훨씬 나아요."

우리는 아시시로 가는 언덕을 올랐다. 두 여인이 수녀원 밖 나무 아래에 서 있었다. 우리를 보자 한 여인이 두 팔을 벌리고 달려 나오려 했지만 다른 여인이 말렸다. 나무 아래에서 날카로운 비명이 들려왔다. 다시 조용해졌다. 우리는 앞으로 나아갔다. 나는 불안한 눈으로 이곳저곳을 계속 둘러 보았다. 어둠 속에서 페루지아에서 온 산적들이 나타날까 겁이 났다. 길모퉁이를 돌아서자 검은 그림자 대여섯이 우리 앞으로 달려들었다. 별빛에 무기가 번쩍였다. 이제 끝이구나! 가장 먼저 떠오른 생각이었다. 누구인지 알아보려고 앞으로 달려나간 나는, 감사하게도, 그들이 주교가 보낸 기사들이라는 것을 알아챘다. 그들은 프란치스코에게 달려가 그의 손에 입을 맞추었다.

"무기는 왜 들고 있는 거지요?" 깜짝 놀란 프란치스코가 물었다.

"우리는 페루지아에서 온 산적들이 거룩하신 아버지를 잡아 갈까 봐 걱정이 되었습니다." 기사들의 우두머리가 대답했다.

"나를 잡아간다고요? 나를 데려다 무엇을 한다는 거지요?"

"모르세요?" 우두머리가 웃으며 대답했다. "성인은 큰 돈벌이가 된답니다. 생각해 보세요. 축제를 벌여 놓으면 초와 향료들이 날개 돋친 듯 팔리게 되지요. 수천 명의 순례자들이 모여들 테니까요!"

"레오 형제," 프란치스코가 도움을 바라는 사람처럼 나를 찾았다. "레오 형제, 어디 있어요? 그가 한 이야기를 들었어요? 그게 정말이에요?"

"사람이 무슨 짓인들 못하겠습니까?" 내가 대답했다. "거룩하신 아버지 프란치스코여, 우리 스스로를 사탄으로부터 구원할 수는 있어도, 사람들로부터 구원하는 일은 결코 불가능합니다."

"아, 하느님, 저를 멀리멀리 데려가 주십시오!" 절망적인 탄식이 프란치스코의 입에서 새어 나왔다. 그는 아시시에 닿을 때까지 다시 입을 열지 않았다.

주교관 문 앞에 주교가 나와 기다리고 있었다. 그는 프란치스코를 내려놓는 일을 도와주고, 허리를 숙여 프란치스코의 이마에 입을 맞추었다.

"나의 아들이여, 잘 오셨어요." 그가 말했다. "하느님께 희망을 거세요. 당신의 때는 아직 오지 않았어요."

"저는 하느님께 모든 희망을 걸고 있습니다." 프란치스코가 대답했다. "제가 떠날 시간이 됐어요."

프란치스코를 눕혀놓은 방은 큰 창 너머로 아시시의 지붕들이 내려다 보였다. 온 도시가 올리브 숲과 함께 눈에 들어오고, 숲 아래로 이어진 드넓고 손질이 잘된 평야에는 포도밭이 늘어서고, 초원을 따라 강물이 뱀처럼 구불거리며 느리게 흐르는 풍경이 보였다. 머릿속에 그려보면 그 너머 가운데 즈음 산 다미아노가 나타날 것이고, 그 훨씬 아래에 포르치운쿨라가 있을 것이다.

이튿날 아침, 침대에 일어나 앉자 어릴 때부터 그토록 사랑한 그 풍경을 마주하는 순간, 프란치스코는 왈칵 눈물을 쏟았다.

"어머니……" 그가 속삭였다. "아시시, 나의 어머니시여…… 사랑하는 나의 움브리아……"

그는 내 이불을 그 방 한 구석에 깔도록 했다. 우리는 함께 잠들고 함께 눈을 떴다. 창 밖 처마 아래 두 마리 제비가 둥지를 틀고 있었다. 새벽마다 수놈 제비가 날아오르며 지저귀었다. 암컷은 새로 낳은 알을 품고, 수컷은 노래를 부르며 암컷의 기운을 북돋우고 있는 것 같았다. 프란치스코는 나를 돌아보았다. "레오 형제," 그가 감격에 젖은 목소리로 물었다. "사람의 눈을 들고 바라볼 때나, 귀를 기울일 때마다 눈과 귀로 기적이 들어온다는 말이 정말일까요? 돌을 들어 보세요. 축축한 어둠 속에서, 하느님을 섬기는 파괴할 수 없는 생명의 한 가닥이 보일 거예요. 날개를 돋울 준비를 하는 조그마하고 보잘것없는 쐐기 한 마리가 쐐기나방이 되어 햇빛 속으로 날아오르는 모습을 볼 수 있어요. 사람이 이 땅에서 그렇게 못하면 도대체 무엇을 하겠다는 걸까요!"

그가 말하고 있는데 주교관 앞 거리에서 야유하고 욕설을 퍼붓는 고함소리가 들려왔다. 수많은 사람들이 모여든 것 같았다. 요란한 함성에 이어 문을 쾅쾅 세차게 두드리는 소리가 났다. 누군가가 단상에 올라 사람들에게 연설을 시작했다. 주교의 집사가 우리 방으로 들어왔다.

"거룩하신 아버지여, 걱정 마세요. 주교님께서 시장과 싸우고 계십니다. 시장이 매일같이 사람을 모아 와서는 협박을 합니다. 교회에 얼씬도 못하도록 명령을 내렸지요."

프란치스코는 몹시 언짢아했다. "무슨 창피한 노릇이요, 창피한 노릇!" 그가 소리쳤다. "화해해야만 합니다!"

집사가 떠나자 그는 나를 향해 몸을 돌렸다. "레오 형제, 하느님께 드리는 나의 찬미가 끝날 줄을 모르네요. 펜을 들어 받아 써주세요." 나는 펜을 들고, 그는 찬미를 시작했다.

나의 주여, 당신께 찬미를.
당신을 향한 넘치는 사랑으로 원수를 용서하는 모든 이를 위해.
그 커다란 사랑을 위해 불의를 견디고,
평화로 박해를 받아
들이는 이들에게 축복을.
화해를 부르는 사람들에게 축복을.
주 당신의 손으로 그들에게 관을 씌워 주시리라.

그는 성호를 그었다. "자, 레오 형제, 나를 일으켜 주세요. 부축해 주세요. 문 앞에 나가 저들에게 말하고 싶어요. 아니야, 말하지 않겠어요. 우리 둘이 마주 서서 지금 막 우리 가슴에서 우러나온 그 노래를 불러 줍시다."

나는 한 팔로 그를 감싸고 안뜰을 가로질렀다. 문을 열었다. 미친 듯이 술렁이는 사람들이 들어오려고 앞으로 밀쳐대다 프란치스코를 보고 주춤했다.

"나의 아이들이여," 프란치스코는 그 많은 사람들에게 축복을 내리며 말했다. "나의 아이들이여, 하느님께서 여러분에게 몇 마디 좋은 말을 해 주라고 하셨습니다. 예수를 사랑하는 마음으로 내 말 좀 들어 주세요."

그는 나에게 고개를 끄덕였다. 우리 둘은 문에 기대어 서로 손을 잡고 큰 소리로 노래를 불렀다.

나의 주여, 당신께 찬미를.
당신을 향한 넘치는 사랑으로 원수를 용서하는 모든 이를 위해.
그 커다란 사랑을 위해 불의를 견디고,
평화로 박해를 받아
들이는 이들에게 축복을.
화해를 부르는 사람들에게 축복을.

주 당신의 손으로 그들에게 관을 씌워 주시리라.

주교가 교회 문 앞에 나타났다. 그는 사람들을 다정한 눈으로 바라보는 존경 받는 노인이었다. 그도 우리와 함께 노래를 불렀다. 바로 그때 기적이 일어났다. 사람들 사이를 비집고 앞으로 나온 시장이 주교 앞에 무릎을 꿇었다.
"그리스도의 사랑을 위하여." 그가 말했다. "그리고 그의 종 프란치스코를 위하여. 주교님 나는 오늘부터 우리 사이의 미움을 잊겠습니다. 당신의 뜻을 언제나 기꺼이 받들도록 하겠습니다."

주교는 크게 감동했다. 그는 허리를 굽혀 그의 적을 일으켜 세우고 얼싸안았다. 여러 번 입을 맞추었다.
"나는 겸손하고 착해야만 하고, 여러분과 화목하게 어울려 지내야 하는 성직자입니다." 주교가 말했다. "그런데 부끄럽게도 천성이 쉽게 화를 내지요. 부디 나를 용서해 주십시오!"

모인 사람들은 모두 무릎을 꿇고 하느님을 찬양했다. 모두 앞으로 뛰어나와 프란치스코에게 입을 맞추었다. 화해를 불러온 이의 손발에 마구 입을 맞추었다.

주교관으로 다시 들어오는 프란치스코의 얼굴은 행복으로 환히 빛났다. 너무나 기뻐서 아픔도 잊었는지, 아무렇지 않게 걸어 들어왔다.
"레오 형제, 왕자와 마법사의 이야기를 알던가요? 옛날 옛적에 잘생긴 왕자가 있었는데, 사악한 마법사가 그에게 저주를 걸어 사람을 잡아 먹는 무시무시한 짐승으로 만들었어요. 사람들은 그 짐승을 몹시 미워해서, 무장을 하고 그를 때려죽이려고 찾아 나섰지요. 그는 날이 갈수록 더욱 사나워지기만 했어요. 그러던 어느 날, 마음씨 착한 소녀가 짐승에게 다가가 입을 맞추었어요. 그랬더니 그 자리에서 흉한 얼굴이 눈 녹듯 사라지고, 야수의 얼굴 아래에서 다시 젊고 멋진 왕자의 얼굴이 나타났지요. 레오 형제, 저 사람들은 꼭 그 저주에 걸린 왕자와 같아요."

새로운 기적을 행한 프란치스코는 지치고 말았다. 기적을 이뤄내려고 온 힘을 모아 써버린 것이다. 방으로 돌아오자 그는 침상에 쓰러져 의식을 잃었다. 나는 집사를 불렀다. 그는 장미식초를 가지고 와서 나와 함께 프란치스코가 정신을 차리도록 돌보았다. 주교가 왔다.

"나의 아들 프란치스코여, 의사를 불러 자네를 보게 하겠네. 자네가 내 집에 있으니 모든 것이 나의 책임이야."

프란치스코는 고개를 저으며 거부했다.

"프란치스코 형제, 생명을 귀하게 여겨야 해요." 주교가 고집을 부렸다. "다른 사람과 벌레들의 생명뿐 아니라, 당신 스스로의 목숨도 소중히 다뤄야 한다니까. 생명은 하느님의 숨결이에요. 그것을 꺼버릴 권리가 당신에게는 없어요. 거룩한 순종의 이름으로, 내 말을 들으세요!"

프란치스코는 두 팔을 포개고 아무 말도 하지 못했다. 의사가 왔다. 말수가 적고 피부가 누런 늙은 의사였다. 그는 환자의 옷을 벗기더니 뒤집어 뉘었다가, 다시 바로 눕히고는 조심스레 심장소리를 들어보았다.

"하느님께서 도와주신다면, 좀 나아질 것도 같은데." 의사가 말했다. 프란치스코가 고개를 저었다. "하느님께서 도와주시지 않으면요?"

"내 생각이오만, 거룩하신 아버지여, 가을까지는 사실 수 있어요. 가을이 지나면 당신의 운명은 하느님 손에 달려 있다는 말입니다."

프란치스코는 잠시 조용히 있다가 두 팔을 하늘을 향해 뻗었다. "그렇다면, 첫 가을비가 쏟아지는 날에 당신을 반갑게 맞을 준비를 하고 기다릴 테니, 죽음의 형제여, 나를 불러 주세요!"

나를 돌아보더니 그가 씽긋 웃었다. "레오 형제, 우리들이 죽음의 형제에게도 감사해야만 한다는 내 말이 틀렸나요? 당신도 그렇게 생각하지요? 그러니 펜을 드세요. 귀찮겠지만 다시 한 번 받아 적으세요."

나의 주님, 당신께 찬미를.
죽음의 형제, 산 사람이면 누구도 피할 수 없는 그를 보내시니.
죽을죄를 짓고 죽어가는 사람들은 가련하도다.
주여, 십계명을 지킨 이들은 행복할지니.
그들은 죽음을 두려워하지 않고 사랑하노라.

내가 찬미의 노래 전 구절을 한 장의 종이에 깨끗이 옮겨 적고, 프란치스코가 서명 대신 십자가를 덧붙일 수 있도록 건네주었다. 그것을 받아 들고 들여다 본 그는 머리를 저었다.

"아, 하느님. 저는 아직 할 말이 많습니다." 그가 중얼거렸다. "당신을 찬미할 말이 너무나 많습니다. 하지만 당신께서는 제 몸과 마음을 두루 잘 아시지요. 모든 것을 주신 당신을 이렇게 찬미합니다."

펜을 들고 그가 썼다. "나의 주, 모든 것을 주신 당신을 찬미하나이다!" 그러고는 종이 가장 아래에 커다란 십자가 하나를 그려 넣었다.

"끝났어요!" 그가 외쳤다. "나에게 시간을 넉넉히 주신 전능하신 하느님께 감사드립니다…… 자, 하느님의 어린양이여, 어서 포르치운쿨라로 사람들 보내 파치피코 형제에게 류트를 가지고 와달라고 하세요. 나는 하느님을 만날 시간이 가까워져서 그런지 자꾸 힘이 빠지는군요. 지금 하고 싶은 일이 꼭 하나 있어요. 노래 부르는 거예요."

나는 사람을 보냈다. 저녁 무렵 파치피코가 류트를 들고 나타났다. 프란치스코는 두 팔을 벌려 끌어 안으며 그를 반겼다.

"하느님의 음유 시인이여, 당신을 환영합니다. 사람의 진정한 언어를 말할 줄 아는 당신을 환영합니다! 류트를 내려놓으세요. 자, 이 종잇조각을 가져다가 거기에 써 있는 노래를 불러 보세요. 나도 노래하고, 내 곁에 있는 이 작은 사자도 노래하고, 우리 작은 방을 둘러싼 네 벽의 돌과 시멘트, 그림들도 모두 함께 노래할 거예요!"

기쁜 목소리로 크게 부르는 노랫소리가 방 안 가득 울려 퍼졌다. 열린 창 밖으로 막 해가 지려 하고, 나뭇잎에서는 빛이 사라졌다. 산 루피노의 종이 저녁 미사를 드릴 시간임을 알리고 있었다. 종소리는 끝없이 달콤하게 울려 퍼졌다. 프란치스코의 목소리가 갈수록 커지더니, 이윽고 그는 손뼉을 쳐댔다. 그의 옷 아래에서 상처투성이 몸이 춤을 추고 있었다.

문이 열리고 주교가 들어섰다. 상냥한 얼굴을 찌푸리고 있었다.

"프란치스코, 예수님의 축복을 받고 싶다면 노래는 하지 말아요. 지나가던 사람들이 자네들의 노랫소리를 듣고 걸음을 멈추어 서서 다시 욕을 하기 시작했어요. 주교가 시장을 무릎 꿇게 하더니, 너무 기뻐서 요란하게 잔치를 벌이고 취해 버렸다고 소문이 났답니다."

프란치스코는 아직 노래의 달콤함에 취해 스스로를 가누지 못했다. "주교님," 그가 대답했다. "이 집에 제가 묵고 있는 것이 큰 짐이 되신다면, 저는 떠나겠습니다. 제가 노래하는 이유는, 이제는 그것밖에 할 수 있는 일이 없기 때문입니다. 저는 하느님 가까이에 다가가고 있습니다. 어찌 기쁘지 않고, 노래 부르지 않을 수가 있겠습니까?"

"그 말이 맞아요." 주교가 대답했다. "하지만 다른 사람들은 하느님 가까이 가고 있지 않아요. 그래서 이해하지 못해요. 그들에게는 망측한 노릇일 따름이라고요. 그러니까 노래는 하되, 작은 소리로 부르세요. 저들이 듣지 못하게 말입니다." 주교가 방을 나갔다.

"파치피코 형제," 프란치스코가 말했다. "저마다의 눈으로 보면 모든 사람이 옳아요. 주교도 옳고, 우리들도 옳아요. 그러니 어쩌겠어요. 작은 소리로 노래를 불러 폐를 끼치지 않도록 합시다. 선생님, 그 류트를 이리주세요. 나도 연주하고 싶어요."

그는 류트를 받아 들고 두 팔로 끌어안더니, 아픈 손가락을 천천히 움직여 연주를 했다. 우리는 아주 작게 목소리를 낮춰가며 주의 영광을 쉬지 않고 노래했다. 실컷 부르고 나서 프란치스코는 류트를 파치피코에게 돌려주고 눈을 감았다. 그는 지쳐 있었다. 파치피코는 살금살금 발소리를 죽이고 문으로 걸어갔다.

"아시시를 떠나지 말아요." 내가 그에게 말했다. "프란치스코는 내일도 당신을 부를지도 몰라요. 그는 노래의 천국에 들어섰거든요."

이튿날 프란치스코에게 새로운 걱정이 하나 생겼다.

"우리는 조금도 기다릴 수가 없어요." 그는 아침 일찍 나에게 말했다. "내가 죽기 전에 형제와 자매들을 위한 유언을 써 두고 싶어요. 그들 모두에게 내 삶을 전부 털어놓고 죄를 고백하고 싶습니다. 내가 얼마나 참고 견디어 냈는지, 얼마나 많이 투쟁했는지 이야기를 듣고 나면 용기를 얻어 오르던 길을 쉬지 않고 오를 사람도 있을 테고…… 그러니 레오 형제, 펜촉을 갈아요. 그리고 다시 적으세요."

그날 나는 프란치스코가 하는 이야기를 모두 기록했다. 나는 깊은 감동을 받았다. 이따금 흐르는 눈물을 닦기 위해 멈추어야만 했다. 어떤 때는 프란치스코가 말을 잇지 못했다. 감정을 담아내기에 말이란 너무나 비좁은 그릇임을 깨달은 그는, 눈물을 흘리는 길밖에 없었던 것이다. 처음에는 젊은 시절을 떠올렸다. 비단과 벨벳으로 지은 옷에, 붉은 깃털을 모자에 꽂고, 밤마다 친구들과 어울려 파티에서 파티로 옮겨 다니던 이야기며, 숱한 창문 아래에 서서 여인을 유혹하는 세레나데를 부르던 시절을 떠올렸다. 그러고는 매우 거만했던 시절을 이야기했다. 그는 적군을 죽이는 영광을 누리고자 전쟁에 나갔고, 기사의 작위를 얻어 아시시로 으스대며 돌아오는 꿈에 들뜨기도 했었다고 말했다. 그 다음에는 어느 밤, 하느님의 목소릴 듣고 두려움에 떨었던 일을 이야기했다. "주께서 나를 구원하시려고 은혜를 베푸셨습니다. 죄인인 아시시의 프란치스코를 살려주시려 했습니다. 많은 죄를 짓고 있을 때에, 나는 문둥이를 그렇게도 싫어했습니다. 하느님께서는 큰 소리를 지르시며, 나를 문둥이들 가운데에 집어 던지시고, 그들을 끌어안고, 입을 맞추고, 옷을 벗겨 상처를 씻어 주라 명령하셨습니다. 그리고 내가 그들을 끌어안고, 입을 맞추며, 상처를 씻어주니 이 세상이 달라진 것 같았습니다. 그 전에는 그토록 역겹게 여기던 것이 갑자기 꿀처럼 달콤하게 느껴졌습니다. 그리고 나는 심장과 영혼을 하느님께 바치기 위해 이 덧없는 세상과 모든 재산을 버렸습니다. 하느님께서는 형제들을 주시고, 성서를 통하여 나의 생활과 저들의 생활을 다스릴 규칙을 정하도록 계시를 내리셨습니다. 나와 함께 지내기로 한 형제들은 무엇보다도 가장 먼저 그들이 가졌던 모든 물건을 가난한 사람들에게 나눠 줄 의무를 가졌습니다. 우리는 안팎으로 천을 덧대 기운 옷 한 벌과 매듭지은 허리띠 하나 말고는 아무것도 가진 게 없었습니다. 맨발로 걸어 다니며, 무지하고 배운 것이 없으며, 서로 순종했습니다. 나는 손을 써서 일을 했으며, 모든 형제들이 정직한 직업을 가지고 일을 하기를 바랍니다. 돈을 벌기 위해서가 아니라, 모범이 되려는 뜻이며, 게으름을 쫓는 길이기도 합니다. 일해서 얻은 것만으로는 먹을 수가 없을 때에만 우리는 구걸을 해야 합니다. 하느님께서는 나에게 이런 인사를 하도록 하셨습니다. 우리는 언제 어디에서나, '평화와 선을 주소서!' 말해야 합니다."

그날, 그리고 그 다음 날도 프란치스코는 눈을 감고 앉아 자신의 삶을 이야기했다. 숨을 헐떡이며 피투성이가 된 발로 올라야 했던 가파르고 가혹한 그의 삶. 그는 아무런 위안도 받지 못한 채 죽은 아버지와, 수녀가 된 훌륭한 어머니 이야기, 그리고 클라라 자매 이야기도 했다. 하나하나 이름을 들면서 모든 형제들의 이야기도 했다. 그가 로마에서 만났던 불꽃 같은 스페인의 수도사 도미니크, 마지막으로 그 영원의 도시에 갔을 때 그의 발 아래 엎드렸던, 그가 '야코파 형제'라 부른 귀부인 이야기도 했다. 여인은 자신의 옷 안에 프란치스코 수도회의 수도복으로 몸을 감싸고 살았다. 그는 로마에서 일어난 작은 어린양에 대한 사건도 기억했다. 한 백정이 그 어린양을 둘러메고 도살장으로 가고 있었다. 프란치스코가 그 뒤를 따라가는데, 겁에 질린 그 어린 짐승이 자꾸만 처다보면서 살려 달라는 듯 울어댔다. 프란치스코는 어린양이 너무나 가여워서 가슴이 미어졌다. 그 백정에게 달려가 그를 끌어안으며, "나의 형제여, 예수님의 이름으로, 사랑의 이름으로 이 어린양을 죽이지 말아 주십시오." 사납게 생긴 백정이 배를 잡고 웃었다. "그럼 이걸 어떻게 하면 좋겠소?" 그가 물었다. "형제여, 그걸 나한테 주세요. 주님께서 당신의 착한 일을 기록해 두셨다가, 다음 세상에 가서 하느님의 양들을 선물로 갚아 주실 거예요."

"아, 거참." 백정이 한숨을 푹 내쉬었다. "그런데 혹시 댁은 사람들이 늘 이야기하는 프란치스코라는 분이 아니시오? 아시시에서 온, 기적을 행한다는 그분이지요?"

"나는 아시시에서 온 죄인 프란치스코라고 합니다. 내가 기적을 행한다니요? 나는 보잘것없는 죄인, 울부짖는 죄인일 따름입니다. 형제에게 이 어린양을 죽이지 말아 달라고 애원하며 이렇게 울고 있지 않습니까?"

"이놈의 짐승을 어서 가져가시오." 겁이 난 백정이 말했다. "이걸 당신께 그냥 드리겠소. 마음대로 하시오. 또 하나의 기적을 이루셨군요!" 그는 어깨에서 양을 내려놓았다. 프란치스코는 양을 팔에 안고 다니다가 야코파 형제에게 선물로 주었다. 그날부터 그 어린양은 그녀 옆에서 떨어지지 않고, 교회에 따라 다니며 성상 앞에 무릎을 꿇는다는 이야기가 전해진다……

지그시 감은 눈앞으로 프란치스코의 삶이 주마등처럼 스쳐갔다. 그의 마음속에 알베르니아의 험하고도 거룩한 모습이 다시 위엄 있게 그려지고, 십자가에 못 박힌 예수께서 다섯 가닥의 칼날을 세운 번개의 모습으로 다시 한 번 그를 덮쳐오는 듯했다. 그는 가슴이 찢어지는 비명을 질러댔다. "주여, 주여, 저는 도둑입니다. 십자가에 못 박힌 도둑입니다. 저를 당신의 오른쪽에 두십시오!"

저녁이 다 되어 그의 유언이 끝났다. 그는 눈을 떴다. 다정한 얼굴로 나를 바라보며 말했다. "레오 형제, 나는 그대에게 너무나 큰 고통을 주었군요. 너무나 피곤하게 괴롭혔대요. 주님을 위해 지은 찬미가에 덧붙여 쓰는 게 좋겠어요."

> 나의 주여, 당신께 찬미를.
> 하느님의 작은 어린양, 하느님의 작은 사자,
> 레오 형제를 보내주신 당신께 찬미를.
> 그는 순종하고 인내하며,
> 나를 따라 당신이 오르신 오르막을 함께 올랐으니.
> 그러나 주여, 그는 저보다 더 훌륭하니,
> 그는 타고난 천성과 싸워, 그를 극복해냈도다!

나는 그의 앞에 엎드렸다. 그의 발에 입을 맞추었다. 말을 하고 싶었지만 눈물이 목소리를 짓누르고 말았다.

"나는 내가 살아온 삶을 다시 되새겼어요. 레오 형제, 그때마다 받은 고통이 다시 한 번 닥쳐온 느낌이었어요. 이제는 너무나 피곤하군요. 파치피코 형제를 불러 주세요. 셋이 함께 노래 불러요. 가슴이 후련해지도록."

"주교님이 또 우리를 야단칠 텐데요."

"그이가 우리를 꾸짖는 일도 옳고, 우리가 노래를 부르는 일도 옳은 거예요. 가서 파치피코를 부르세요."

노래를 잘 부르는 형제가 들어섰다.

"하느님의 나이팅게일이여, 준비되었어요!" 프란치스코는 행복하게 소리쳤다. "자, 모두 함께 불러요!"

처음 류트 연주는 나지막했다. 우리는 지나다니는 사람들에게 들리지 않도록 낮은 소리로 노래했다. 하지만 조금씩 조금씩 우리는 흥이 올랐다. 길 가는 사람들이나 주교의 존재를 까마득히 잊은 채 우리는 쏟아지는 승리의 기쁨에 도취해 프란치스코가 지은 찬미가를 불렀다. 죽음이 바로 문 저쪽에서 기다리는데, 우리는 아무것도 신경 쓰지 않고, 두려움조차 없이 마치 노래하는 새들처럼 머리를 뒤로 젖히고 삶과 죽음을 다시없을 노래로 바꾸어 불렀다.

그러나 우리 셋이 천국 가장 높이까지 오른 기분을 만끽하고 있는 바로 그때에 엘리아스 형제가 문 앞에 나타났다. 기분이 상한 듯 굳은 표정이었다.

그는 막 수확이 좋은 마을을 누비고 돌아와 아시시의 일꾼들에게 품삯을 치르고 온 길이었다. 일꾼들은 새로운 수도원을 짓고 있었다. 주교관을 지나던 그는 노랫소리를 듣고, 그 가운데서 프란치스코의 목소리를 알아냈다. 길 가던 많은 사람들이 이미 걸음을 멈추고 길 한 가운데서 노래를 듣고 있었다. 어떤 사람은 듣고 웃음 지었지만, 어떤 사람들은 화를 냈다.

그 가운데 하나가 엘리아스에게 투덜거렸다.

"글쎄 요즘은 주교관에서 노랫소리밖에 들려오지 않는답니다. 술집인줄 알겠다니까요."

방에 들어온 엘리아스는 잔뜩 화가 나 있었다. 그를 보자 프란치스코는 노래를 멈추고 입을 꾹 다물었다.

"프란치스코 형제," 끓어오르는 화를 겨우 억누르며 엘리아스가 말했다. "이렇게 말하는 나를 용서하시오. 하지만 지나가는 사람들에게 다 들리도록 류트를 켜고 노래를 부르다니, 어디 성인이라는 당신의 명성에 걸맞기나 합니까? 사람들이 뭐라고 수군대겠어요? 당신을 뭐라고 말할 것이며, 교단은 또 무슨 꼴입니까? 이게 우리가 설교하는 엄격한 성인의 삶이라 할 수 있겠소? 이 따위 짓을 해서 우리 영혼을 천국으로 이끌 수 있다는 말인가요?"

"그럼 어떻게 하지요? 엘리아스 형제." 선생님께 야단을 맞고 겁먹은 어린아이처럼, 기어들어가는 목소리로 프란치스코가 물었다.

"노래 따위나 부르면서 말이오! 그래, 이 노래쟁이 탓이로군!" 엘리아스는 경멸에 찬 얼굴로 파치피코를 가리켰다. 그는 류트를 등 뒤로 감추려다 들키고 말았다.

프란치스코의 두 뺨에 핏기가 돌았다.

"내 탓이지요! 파치피코 형제가 한 일은 다 내가 시켰어요! 레오 형제도, 그리고 엘리아스 형제, 당신과 형제회 전체에 대한 책임을 지는 사람은 바로 나예요! 여러분 모두에 대해 하느님께 털어 놓아야 할 사람은 나란 말입니다. 만약 내가 노래를 한다면 그건 하느님께서 노래를 하라고 명령을 내리셨기 때문이에요. '프란치스코야,' 그분께서 말씀하셨어요. '너는 이제 아무 쓸모가 없구나. 엘리아스가 너를 형제회에서 내쫓아 버리지 않았느냐? 그러니 류트를 집어 들고 노래를 불러라.'"

"아, 하느님께서 당신에게만 노래를 부르라고 명령하셨군요. 당신이 지금 그렇게 말했어요!" 엘리아스가 쏘아 붙였다. "조용한 곳에 가서 불러야지요. 이 아시시의 한가운데, 큰 길 한가운데서 부르라는 말씀은 아니었겠지요. 프란 치스코 형제, 미안합니다. 하지만 나는 교단의 지도자요. 나에게 책임이 있답 니다."

프란치스코는 두 팔을 벌렸다가 다시 옆구리로 손을 떨궜다. 그는 대답을 하고 싶었다. 말이 튀어 나오려는데, 그걸 막자니 숨통이 조여드는 모양이었 다. 이윽고 그가 나를 돌아보았다.

"레오 형제, 우리는 이곳에서조차 쫓겨나는군요…… 이곳에서조차. 이제 어 디로 갈까요? 우리는 앞으로 어떻게 되지요? 자, 일어나세요. 떠나야겠어요."

"어디로요, 거룩하신 아버지여? 밖은 벌써 어둠이 깔렸어요."

"우리가 이곳에서도 쫓겨나다니, 이곳에서조차 말이에요……" 그는 두 팔을 접었다 폈다 하는 절망의 몸짓을 하며 혼자 중얼거렸다.

"프란치스코 형제, 아침까지는 머무르시지요." 엘리아스가 말했다. "어느 누 구도 당신에게 떠나라고 명령하지는 않아요. 노래만 그만두시면 누가 뭐라고 합니까? 내일 아침 하느님께서 지시하시는 대로 행동하시오."

그는 허리를 숙여 프란치스코의 손에 입을 맞추고 방을 나갔다.

겁이 잔뜩 난 파치피코는 그 사이에 슬그머니 나가 버리고, 우리 두 사람 만 남았다.

"레오 형제, 뭐라고 했지요?"

"나는 아무 말도 하지 않았어요. 입을 연 적이 없는걸요."

"아니야, 당신이 말했어요. 늑대들 사이에 사는 사람은 누구든지 늑대가 되 어야지, 어린양이 되어서는 안 된다고 말했잖아요? 레오 형제, 그렇게 말했다 니까요. 제대로 된 사람이라면 누구나 다 그렇게 이야기하겠지요. 그러나 하 느님께서는 나의 광기, 새로운 광기를 선물로 주셨지요. 늑대 사이에 끼어 사 는 사람은 누구든지 어린양이 되어야만 한다고 나는 말합니다. 그들이 나를 먹어 치운대도, 눈썹 하나 꿈쩍하지 않겠어요! 레오 형제, 우리 몸 안에서 영 원토록 죽지 않는 부분을 뭐라고 부르지요?"

"영혼이라고 하지요."

"맞아요, 레오 형제. 그건 먹어 치울 수가 없답니다."

이튿날 아침 프란치스코는 유쾌한 기분으로 눈을 떴다. "레오 형제, 들어 보세요. 이제 나는 파치피코나 그의 류트가 없어도 괜찮답니다. 당신이 가져 다 준 두 개의 나뭇조각도 필요 없어요. 어젯밤 나는 태어나 처음으로 음악 과 노래의 진정한 뜻을 알게 되었어요. 당신은 자면서 코를 골더군요. 그런데 이 폐인이 다 된, 사람들이 프란치스코라 부르는, 이 목숨은 고통 때문에 누 워서도 깨어 있었지요. 그 불쌍한 사람의 피가 다시 침상을 흠뻑 적셨어요. 정말 고통을 받고 있었어요. 마지막으로 길거리를 지나가는 사람들의 소리를 듣고, 개 짖는 소리와 문과 창을 여닫는 소리도 들었어요. 그러고는 고요하 고 움직이지 않는 아름다움, 이루 말할 수 없는 기쁨이 찾아왔어요! 누군가 가 나의 창 아래에서 기타를 치는 것이 아닌가요! 오랫동안 끊임없이 들려왔 어요. 때로는 가까이, 또 때로는 조금 멀리에서 들려오다가 아주 머나먼 곳으 로 멀어졌어요. 마치 기타를 치는 사람이 도시의 이 끝에서 저 끝으로 왔다 갔다 하는 듯 말이에요. 이제까지 나는 그토록 큰 기쁨을 느껴본 적이 없어 요. 레오 형제, 그건 기쁨이 아니라, 가장 높은 곳에 이른 더없는 행복이었어 요. 아니, 그보다도 더 컸지요! 내가 하느님의 품 안에 얼굴을 묻고 그분께 모 든 것을 바친 기분이었어요."

프란치스코는 잠시 멈추었다가 다시 말을 했다.

"그 음악이 조금만 더 이어졌더라면, 레오 형제, 나는 아마 너무 행복해서 죽어 버렸을지도 몰라요."

그는 또 잠시 쉬었다가 미소를 지으며 덧붙였다.

"엘리아스는 내가 류트를 켜거나, 노래를 부르면 싫어했지요. 그러니까 하느 님께서 천사를 보내셔서 나의 창 아래에서 세레나데를 부르게 하신 거예요. 엘리아스가 한 방 먹은 거지요!"

그는 일어서려 했지만 힘을 낼 수가 없었다. "레오 형제, 이리 와서 나를 일 으켜 주세요. 떠납시다. 우리가 마음 놓고 마음대로 노래할 수 있는 곳으로 갑시다. 포르치운쿨라 옆에 있는 그 작은 오두막으로요."

나는 파치피코를 불렀다. 우리는 프란치스코를 팔 위에 태워서 대문까지 나갔다. 주교는 신도들을 둘러보려 나가고 없었다. 성인이 도시를 등지고 포 르치운쿨라로 돌아간다는 소문이 입에서 입으로 퍼져 짧은 시간에 온 도시 에 알려졌다. 우리가 좁은 골목길을 따라 걷는데 집에서, 일터에서 남자들이 일손을 멈추고 쏟아져 나왔고, 여자들도 달려 나왔다. 어린 아이들은 도귀나무와 월계수 가지를 꺾어 들고 마구 흔들어대며 우리 옆으로 달려나가 행렬의 맨 앞줄에 섰다.

우리는 견고하게 지은 성문 아래를 지나, 올리브 숲을 가로지르며 내리막 길까지 들어섰다. 몹시 무더운 팔월의 어느 날이었다. 무화과 나무에 열매가 주렁주렁 열려 가지가 휘청거리고, 포도 나무에는 포도송이들이 가득 늘어져 있었다. 곡식을 거두어들이고 난 평야에서는 햇볕에 타는 풀 냄새가 피어오르고, 무화과들은 샛노랗게 익어갔다.

"천천히 가요. 서두르지 말아요." 프란치스코가 애원했다. "형제들은 이 사랑스러운 땅을 다시 볼 날이 있지만, 나는 그렇지 않아요. 부디 천천히 걸어 가요."

그는 흐려진 눈을 크게 뜨고 아시시, 올리브 숲, 포도밭을 비롯한 모든 풍경을 담아 천국에 가져가려고 애쓰고 있었다. 그 사랑스러운 도시가 우리 뒤로 거의 사라져가고 있을 때, 프란치스코가 외쳤다.

"멈춰요! 마지막으로 작별인사를 하게 해주세요."

그 자리에 멈춰 선 우리는 그가 도시를 마주하도록 돌아섰다. 뒤따라오던 사람들도 걸음을 멈추고 말없이 기다렸다. 프란치스코는 집들과 교회들, 그리고 그 위로 솟은 반쯤 허물어진 성채를 끝없이 바라보았다. 바로 그때였다. 죽음을 알리는 교회의 종소리가 울려 퍼졌다.

"왜 종을 울리는 거지요?" 그가 물었다.

"우리도 모르겠는데요…… 모르겠어요……" 모두가 대답했다.

그러나 모든 사람들은 너무나 잘 알고 있었다. 그것은 이제 죽어가고 있는 프란치스코에게 잘 가라고 울리는 작별의 종소리였다. 그는 시력이 사라져 가는 두 눈을 비비면서, 아시시의 풍경을 놓치지 않으려는 듯, 그 뒤로 늘어 선 수바시오 산의 올리브 나무가 울창한 산허리의 모습을 끝까지 보려고 두 눈을 부릅떴다. 주님을 부르고자 처음으로 숨어들었던 동굴들이 있는 바로 그 산이었다.

천천히 한쪽 팔을 들어 올린 프란치스코는 그 사랑하는 도시 위로 성호를 그었다.

"아시시여, 안녕히 계세요." 그가 나지막이 속삭였다. "나의 주님, 당신께 찬미를 바칩니다. 이 우아한 도시에, 그 집들과 사람들과, 포도나무와 창 아래에 놓인 바질과 마요라나 화분들을 가꾸시고 피에트로 베르나르돈 씨와 피카 부인을 살게 하시어, 그들의 아들인 작은 거지 프란치스코를 두셨던 당신께 찬미를 바칩니다. 아, 아시시여, 그대를 내 손으로 들어 올려 주님의 발 아래에 가져다 둘 수 있다면 얼마나 좋을지요! 하지만 그럴 수는 없어요. 나는 그럴 수가 없습니다. 그러니 잘 있어요!"

그의 두 눈에서 눈물이 툭 떨어졌다. 그는 지친 머리를 가슴에 떨구었다.

"안녕." 그가 다시 한 번 속삭였다. "안녕······"

우리 뒤에서 울고 있는 사람들이 애도의 노래를 부르는 소리가 들려왔다. 우리는 모두 함께 자리에서 일어섰다. 서둘러 발걸음을 떼었다. 오두막에 도착해서 프란치스코를 살며시 땅에 내렸다. 그는 자신도 모르게 정신을 깜박 놓고 있었다. 사람들이 흩어졌다. 포르치운쿨라에 있던 형제들, 주니퍼, 루피노, 마세오, 길레스, 베르나르드가 달려 나와 그에게 입을 맞추었지만, 그는 의식을 잃은 채 자신의 손에 닿는 그들의 입술을 느끼지 못했다.

일주일이 지나고, 이 주, 삼 주가 흘렀다. 포도를 따는 계절이 지나갔다. 포도 덩굴에 달린 잎사귀는 붉게 물들고, 무화과 열매에 단 즙이 고이고, 올리브 열매가 반짝였다. 오두막을 가로질러 남쪽으로 향하는 첫 두루미들이 날아갔다. 제비들도 다시 한 번 옮겨갈 준비를 마쳤다.

머리 위를 지나 날아가는 철새 소리를 듣고 프란치스코가 눈을 떴다. "두루미들이 떠나면 제비들도 덩달아 따라 나서지."

그는 하늘을 향해 두 팔을 벌렸다.

"제비들이여, 나의 자매여, 좋은 여행이 되세요. 이제 곧 커다란 두루미가 찾아오면 나도 떠날 거예요."

이따금 그는 눈을 뜨면 나에게 손을 맡긴 채 가만히 누워 있고는 했다. 때때로 나는 그가 일어나 앉도록 도와주기도 했다. 우리들에게 가난과 평화와 사랑이라는 그 구원의 여인들 이야기를 해주면서, 빙 둘러 앉아 그가 하는 말 한마디 한마디를 빠뜨리지 않고 들으려고 귀 기울이는 대여섯의 형제들 하나하나를 다정한 눈으로 바라보았다. 우리는 이 말이 그가 마지막으로 주고 가는 가르침이라고 여겼다. 우리뿐만 아니라, 그 자리에 없는 형제들 모두에게, 그리고 아직 이 땅에 태어나지 않은 모든 형제자매들에게 들려주는 말씀이라고 여겼다. 그러니까 그 말 한마디 한마디를 잊지 않도록 마음속에 간직해 두는 일은 우리에게 주어진 의무였다.

"나의 형제여, 사랑은 무엇인가요? 그는 마치 우리 모두를 끌어안고 싶은 듯 두 팔을 벌리며 물었다. "사랑이란 무엇일까요? 동정과는 다릅니다. 친절도 아니지요. 동정에는 두 사람이 관계되어 있어요. 하나는 고통을 받는 사람이고, 또 하나는 불쌍히 여기는 사람입니다. 친절에도 두 사람, 주는 사람과 받는 사람이 있지요. 하지만 사랑에는 오직 한 사람만이 있습니다, 두 사람이 합하여 하나가 되며, 떼어 놓을 수 없게 되지요. 나와 너라는 말은 사라지고 맙니다. 사랑한다는 뜻은 사랑하는 이의 안에서 나 스스로를 잃어버리고 만다는 뜻이지요."

어느 날 그는 자신의 손을 뻗어 내 손 위에 얹고는 말했다.

"레오 형제, 죽기 전에 야코파 형제를 만나서 작별인사를 꼭 하고 싶어요. 내 부탁을 들어 주세요. 종이를 가져다 이렇게 써주세요."

'하느님의 작은 거지 프란치스코 형제가 야코파 형제에게

사랑하는 야코파, 나의 삶이 끝에 가까워졌음을 당신에게 알려야만 하겠어요. 이 땅에서 나를 다시 한 번 만나보고 싶으면, 이 편지를 받는 대로 서둘러 포르치운쿨라로 와주십시오. 당신이 조금이라도 늦어지면 내가 살아 있을 때 오지 못할지도 모릅니다. 내 시신을 감쌀 성글게 짠 수의를 가져와주세요. 장례에 쓸 초도 조금 부탁합니다.'

그는 자신의 옆에 무릎을 꿇은 형제를 돌아보았다. 주니퍼 형제였다.

"주니퍼 형제, 이것이 형제에게 하는 나의 마지막 부탁이 될 거예요. 이 편지를 가지고……"

갑자기 그는 입을 다물고 머리를 들었다. 무슨 소리가 들리는 듯했다. 행복한 미소가 그의 얼굴 가득히 퍼졌다.

"주니퍼 형제, 로마에 갈 필요가 없겠어요. 하느님께 영광을! 아무튼 고마워요."

그가 말을 마치고 문을 향해 몸을 돌렸다. 우리도 덩달아 누구를 기다리는 사람들처럼 다 같이 문을 보았다.

우리 귀에도 발소리가 들렸다. 나는 누가 오는지 보려고 뛰어 나갔다. 문고

리를 잡기도 전에 나는 그만 소리를 지르고 말았다. 야코파 형제가 내 앞에 서 있는 게 아닌가! 귀부인은 방으로 걸어 들어와 프란치스코의 발 앞에 엎드리더니 그의 성흔 하나하나에 입을 맞추었다.

"프란치스코, 나의 아버지시여…… 거룩하신 나의 아버지여……" 그의 손을 어루만지며 부인은 눈물 젖은 목소리로 속삭였다.

프란치스코는 그녀의 머리 위에 손을 얹었다. "잘 오셨어요. 반가워요, 야코파 형제. 당신이 와주어서 기뻐요. 너무나 기뻐요. 누가 당신에게 소식을 알렸나요?"

"복되신 동정녀 마리아께서 내 꿈에 나타나셨어요. '프란치스코가 죽어가고 있단다.' 말씀하시면서, '어서 달려가보아라, 수의와 그의 장례식에 쓸 초를 가지고 가거라.' 하시더군요."

여인은 지어 온 수의를 프란치스코의 발 아래 두었다.

"당신께서 주고 가신 양의 털을 가지고 제가 손수 지은 것입니다."

프란치스코는 허리를 펴고 앉았다. 그는 자신의 손발을 들여다보고는 피가 빠져나가 움푹 가라앉은 가슴을 손가락으로 쓸어보고는 한숨 지었다.

"나귀 형제여, 나를 용서하세요. 나를 용서하세요. 헐어 빠져 버려지고 쓰러진 집과 같이 되어버린 나의 몸뚱이여, 그대를 너무나 지독히 괴롭힌 나를 용서하세요."

그는 쓰디쓴 미소를 지어 보였다.

"그리고 당신, 내가 존경하는 흙이여, 당신께서도 나를 용서해 주셔야 합니다. 당신께서 나에게 훌륭히 빛나는 몸을 주셨습니다. 그런데 보세요, 이제 나는 진흙과 더러운 먼지가 되어 당신에게 돌아가고 있습니다!"

갑자기 그의 눈이 쏟아질 듯이 튀어나왔다. 그는 팔을 뻗어 문을 가리켰다.

"보세요, 그가 저기에 있어요!"

"누구 말인가요?"

"그 거지 말이에요! 레오 형제, 그 거지요. 그가 문 앞까지 왔어요. 그가 구멍이 난 그 손을 들어 나에게 인사를 건네요. 머리에서 두건을 벗어 내리고 있어요. 아니야! 그러지 말아요!"

"아버지여, 프란치스코여, 그렇게 떨지 마세요!"

"저건 나예요! 나예요! 나라고요! 내 얼굴이에요. 머리에 십자가가 있고, 하얗게 달아오른 쇠로 지진 이마의 저 흉터…… 그가 들어왔어요…… 가까이 다가오고 있어요……"

프란치스코는 옷소매로 자신의 두 눈을 가렸다.

"그가 오고 있어요…… 나에게 다가오고 있어요……" 그는 온몸을 벌벌 떨면서 속삭였다. "저기 보세요, 행복하게 웃고 있군요. 두 팔을 내게 벌리고 있어요!"

그는 다른 소매도 눈에 가져다 대고 앞을 가렸지만 환영은 사라지지 않았다.

"그가 여기, 여기 왔어요." 비명을 질러댔다. "바로 내 옆에 막 누웠어요. 여기 있다니까요! 레오 형제, 살려 주세요. 도와 주세요!"

그는 팔을 벌려 나를 끌어안았다. 그 두 손을 펴서 오른쪽, 그리고 왼쪽을 차례차례 더듬더니, 내 머리 뒤를 쓸어 보았다.

"아무도 없는데." 그가 중얼거렸다. "아무도 없는데!"

생각에 잠겼다가 조금 뒤에 말했다.

"우리 두 사람이 합쳐졌나 보다. 하나가 된 거야. 이제 여행이 끝났어요."

죽음이 가까워오고 있었다.

형제들이 프란치스코에게 마지막 인사를 드리려고 여기저기에서 모여들었다. 엘리아스는 마을에서 마을로 뛰어다니며 사람들을 모았다. 성인께서 하늘로 돌아가시니 모두 불 밝힌 초를 들고 장례식에 나올 준비를 하라고 알리고 다녔다. 그는 주교에게 일러서 산 루피노 성당의 성당지기가 밤낮으로 종을 울리게 하는 것도 잊지 않았다. 산 다미아노에서는 자매들이 십자가 앞에 무릎을 꿇고 아직 우리들로부터 프란치스코를 앗아가지 말아주십사 하느님께 하소연하는 기도를 올리고 있었다. 늑대 대장은 산에서 내려와 포르치운쿨라까지 걸어왔다. 포도와 무화과 한 바구니를 선물하려고 살금살금 까치발을 하고 프란치스코에게 다가갔다. 눈을 뜬 프란치스코가 그를 알아보았다.

"어린양 형제 아니세요! 잘 오셨어요! 알베르니아 산의 사나운 독수리들이 내가 죽어가고 있다는 소식을 전해 주었나 보군요. 안녕히 계세요, 나의 형제여."

"거룩하신 아버지여, 돌아가시는 분은 당신이 아니십니다." 사나운 형제가 말했다. "죽는 것은 당신이 아니라 우리랍니다. 제가 저지른 모든 죄를 용서해 주십시오."

"내가 아니라 하느님께서 어린양 형제를 용서하실 겁니다. 형제가 구원받으면 그대의 모든 것이 다 함께 구원을 받지요. 당신이 늑대였던 시절에 잡아먹은 어린양들까지도요."

늑대 형제는 들고 온 바구니를 죽어가는 사람의 두 손에 쥐어 주었다.

"여기 무화과와 포도를 조금 가지고 왔습니다. 거룩하신 아버지여, 당신이 이들에게도 작별 인사를 하실 수 있게 하려고요. 양심이 더럽혀질 걱정은 조금도 하지 마시고 드세요. 훔친 게 아니니까요!"

프란치스코는 무르익은 과일에 손을 올리고 시원하고 상큼한 기분을 한껏 즐겼다. 그러고는 포도 송이를 하나 떼어 입에 넣고는, 무화과 열매를 들어 뚝뚝 떨어지는 꿀 같은 과즙을 빨아 먹었다.

"잘 있어라 무화과여, 포도여, 나의 형제들이여. 마지막 작별 인사란다. 나는 이제 다시는 너희를 보지 못할지니!"

9월의 끝이 다가왔다. 10월 초 어느 날에 하늘이 캄캄해지더니 가을의 첫 가랑비가 보슬보슬 내리기 시작했다. 얇고 보드라운 안개가 올리브 나무와 소나무 위로 일었다. 이루 말할 수 없는 달콤함이 온 세상 가득히 넘쳐 흐르고, 촉촉히 젖은 공기 속에 풍요로운 흙은 만족스럽게 누워 쉬고 있었다. 프란시스코는 눈을 떴다. 오두막은 새벽부터 여기저기에서 모여든 형제들로 가득했다. 많은 사람들이 쪼그려 앉아 있었고 나머지는 서 있었다. 모두가 숨죽여 그를 바라보기만 할 뿐이었다. 아무도 그 거룩한 침묵을 깰 엄두를 내지 못했다. 이따금씩 누군가는 눈가를 훔치고 또 누군가는 공기를 쐬러 밖으로 나가기도 했다. 프란시스코는 한 손을 들어 그들을 반겼다.

"거룩하신 아버지 프란시스코여, 당신은 떠나가려 하시는군요." 베르나르드가 말하면서 무릎을 꿇고 그의 손에 입을 맞추었다. "떠나가려 하세요. 머지 않아 하늘에 오르시겠지요. 마지막으로 입을 열어 우리에게 무슨 말이라도 해주세요."

프란치스코는 고개를 저었다.

"나의 아이들아, 나의 형제들이여, 나의 아버지시여, 나는 이미 모든 이야기를 다 끝냈습니다. 이제는 그대들에게 해줄 말도 나누어줄 필요도 더는 없습니다. 더 남아 있었다면 하느님께서 저를 이 땅에 조금 더 오래 두셨겠지요."

"진정 저희들에게 하실 말씀이 아무것도 없으십니까?"

구석에 서서 눈물 짓고 있던 길레스가 외쳤다.

"가난, 평화, 사랑…… 아무것도 없어요. 형제들이여…… 가난, 평화, 그리고 사랑."

그는 일어나 앉으려고 했지만 그럴 수가 없었다.

"내 옷을 벗겨 주세요, 형제들이여. 그런 다음 나를 땅 위에 눕혀서 나의 몸이 땅을, 그리고 이 땅이 나의 몸을 느낄 수 있도록 해주세요."

눈물을 흘리며 우리는 그의 옷을 벗겨 주었다. 그를 땅에 눕히고 우리는 무릎을 꿇고 그 주위로 둘러앉았다. 우리 모두가 그의 몸 위에 있는 대천사의 기척을 느낄 수 있었다.

클라라 자매가 몰래 찾아와 문 앞에 서서 엿듣고 있었다. 갑자기 터진 울음소리에 우리가 돌아보니 그녀가 문가에 엎드려 울고 있었다. 그녀는 베일로 얼굴을 꼭 감싸고 있었다. 이윽고 모든 사람들이 울음을 터뜨려 통곡 소리가 울려 퍼졌다.

"형제들, 왜 우나요?" 놀란 프란치스코가 물었다.

아무도 대답하지 않았다.

"여러분은 이 세상에서 사는 것이 정말 그토록 달콤하다고 생각하나요? 형제들이여, 영원한 삶에 대한 믿음은 어디 갔나요? 그토록 얄팍한 믿음이었나요? 문 뒤에 서 있는 죽음 형제여, 사람들을 용서하십시오. 사람들은 당신의 그 고상한 말을 알아듣지 못합니다. 그래서 당신을 두려워하는 것입니다."

프란치스코가 주위를 둘러보았다.

"파치피코, 어디 있나요? 류트를 연주해주세요. 자, 다 함께 노래를 부릅시다."

당신을 찬미합니다, 나의 주여, 그대의 모든 피조물과 그 가운데서도 가장 특별한 해 형제와 함께……

나는 다른 형제들과 어울려 노래했지만 나의 정신은 몸에서 떨어져 나가 헤매기 시작했다. 오두막은 사라지고, 포르치운쿨라도, 아시시도 모든 것이 사라졌다. 나는 눈부신 초록빛의 끝없는 들판 위에 서 있고, 땅 위 한가운데에 프란치스코가 얼굴을 하늘로 향한 채 누워 있었다. 그는 마지막 숨을 내쉬고 있었다. 보드라운 가랑비가 고요히 내리고, 안개가 머나먼 산봉우리를 휘감았다. 이제 막 갈은 땅에서는 달콤한 흙 내음이 피어 올랐다. 저 멀리 어딘가에서 바다가 한숨 짓는 소리가 들려왔다. 프란치스코는 혼자였고, 그의 옆에는 아무도 없었다. 그런데 갑자기 공기가 단단하게 엉겨 붙는 것 같더니, 처음 그를 따랐던 열두 형제들의 모습이 나타나 프란치스코를 빙 둘러 섰다. 신음과 통곡 말고는 다른 아무런 소리도 들리지 않았다. 나도 그들 가운데에 엎드려 있었다. 눈을 들어 열두 형제의 뒤를 돌아보자 셀 수 없이 많은 형제들이 두건을 벗고 죽음의 찬송을 부르는 모습이 눈에 들어왔다. 나는 무릎을 대고 일어서서 더 멀리 바라보았다. 황소, 말, 개, 양들이 보였다. 모두들 우리가 있는 곳으로 다가오며 울고 있었다. 동물들은 수도사 형제들 뒤에서 고개를 푹 숙이고 멈춰 섰다. 그리고 늑대, 곰, 여우, 자칼들이 숲에서부터 내려와 얌전한 동물 형제들의 뒤에서 울며 통곡했다. 이윽고 셀 수 없는 날짐승들이 날아오는 소리가 머리 위로 들려왔다. 눈을 들어 온갖 새들이 소리 지르며 구름처럼 내려와 프란치스코를 에워싸는 광경을 바라보았다. 자고새 한 마리가 자기 털을 부리로 뽑으며 새들 가운데 처음으로 슬픈 장송의 노래를 불렀다.

"나의 사랑하는 프란치스코, 사랑하는 프란치스코여." 나는 속삭였다. "모든 새들이, 모든 동물들이 모여서 울고 있습니다. 당신의 장례식에 모두가 모였어요. 당신의 모든 형제들이……"

하늘이 푸른빛, 초록빛, 금빛, 자줏빛 불꽃으로 차 올랐다. 나는 머리를 들었다. 허공에는 날개들로 가득했다. 수천 수백만의 천사들이 내려와 죽어가는 그의 곁을 에워쌌다. 웃는 얼굴로 날개를 접고 그의 영혼을 데려갈 준비를 했다.

가슴이 미어질 듯한 통곡 소리가 나의 환상을 산산이 깼다. 세 여인이 프란치스코가 세상을 뜨는 것을 막아보려 그에게 달려들고 있었다. 피카 자매는 그의 머리를 안고, 클라라 자매는 그의 두 발에 입을 맞추고, 야코파 형제는 그의 손을 자기 가슴에 꼭 끌어안고 있었다. 해가 진 뒤였다. 밖에는 아직도 조용히 비가 내리며 땅을 부드럽게 가르고 있었다. 순간 우리 모두는 프란치스코 위로 덮이는 두 개의 검은 날개를 보았다.

그의 얼굴은 찬란히 빛나고, 두 눈은 크게 뜬 채 허공을 바라보고 있었다. 그가 몸을 뒤척였다. 남은 모든 힘을 짜내어 우리들 얼굴을 하나하나 천천히 바라보았다. 그의 입술이 움직댔다. 마지막으로 우리에게 할 말이 있는 것 같았다. 내가 그에게 가까이 다가갔다.

"가난, 평화, 사랑……"

그의 목소리는 머나먼 곳에서 들려오는 것처럼 가냘프고 힘이 없었다. 죽음의 저쪽 기슭에서 들려오는 듯했다. 나는 더 들으려 숨을 죽이고 귀를 기울였다. 그러나 아무 소리도 들려오지 않았다.

우리는 모두 그의 시신에 엎드려 입을 맞추고 울부짖었다.

내가 이 마지막 몇 마디를 작은 나의 방에 웅크려 앉은 채 쓰다가 사랑하는 프란치스코의 생각에 그만 왈칵 눈물을 흘리는데, 작은 참새 한 마리가 창가에 날아와서 부리로 똑똑 창을 두드렸다. 날개는 비에 젖었고 몹시 추워 보였다. 나는 일어나 창을 열어 그 새를 방으로 들였다.

거룩하신 아버지 프란치스코여, 그것은 바로 당신이었습니다. 작은 참새처럼 차려 입은 당신이었습니다.

인간을 해방시켜 주는 신의 참모습을 찾아서

미움이 있는 곳에 사랑을/다툼이 있는 곳에 용서를/분열이 있는 곳에 일치를/오류가 있는 곳에 진리를/의혹이 있는 곳에 믿음을/절망이 있는 곳에 희망을/어둠이 있는 곳에 광명을/슬픔이 있는 곳에 기쁨을 심게 하소서/위로를 구하기보다는 위로하고/이해를 구하기보다는 이해하며/사랑을 구하기보다는 사랑하게 해 주소서/자기를 줌으로써 받고/자기를 잊음으로써 찾으며/용서함으로써 용서받고/죽음으로써 영생으로 부활하리니.

〈성 프란치스코의 기도문〉

카잔차키스 신의 유혹

카잔차키스에 있어서 신은 먼저 인간을 구속하지 않고 해방하는 신이다. 그런가 하면 잔인하고 희망을 주지 않으며 불을 가져오는 신이고 "나를 하느님으로 만드시오!" 빌기도 하는 그런 신이다.

하나의 대륙처럼 명쾌한 정의(定義)를 내리기가 이렇게 어려운 작가도 많지는 않을 것이다. 온갖 기후와 풍토를 포용하는 위대한 모순의 작가이기 때문에 그를 시대를 초월한 예술가라고 부르는지도 모른다. 니코스 카잔차키스는 기독교도이면서 이교도요, 아나키스트이자 휴머니스트요, 금욕적인 성인(聖人)이었다.

그처럼 복잡 다양하며 모두가 진실하기 그지없는 얼굴은 곧 크레타인의 얼굴이다. 페니키아, 이스라엘, 이집트, 리비아의 영향을 같은 거리에서 받는 크레타는 인류 문명 발상지의 하나이면서 '저주받은 수난의 땅'이기도 했다. 그러나 생에 대한 크레타인의 예찬과 숭배 속에는 죽음을 겁 없이 받아들이는 스토이시즘이 깔려 있다. "희망과 공포 없이 조용히 절벽을 직시하는 영웅적인 시선—그것을 나는 '크레타인의 눈'이라고 부른다"고 카잔차키스는 말했다.

교리(敎理)에 구애를 받는 기독교도는 신교와 구교(그리스 정교를 포함)를 막론하고 아직은 그의 독창적인 그리스도 모습인 《그리스도의 마지막 유혹》을 받아들이지 못한다. 카잔차키스의 인격신(人格神)에 대한 하나의 신념체계는 그런 크레타인의 시각에 근거한 것만은 아니다. 골고다로 가는 길에 그리스도가 느꼈을 그런 거대한 유혹을 스스로 느낀 자신을 바로 그리스도와 일치시켰다고 그는 주장했던 것이다.

카잔차키스(1883~1957)

순수의 마지막 말

그리스가 낳은 니코스 카잔차키스(Nikos Kazantzakis)의 마지막 작품 가운데 하나인 《성 프란치스코》. 카잔차키스가 이 작품에 대해 한 말을 그의 아내이자 작가인 헬렌 카잔차키스가 기록해 놓았다.

'열병에 들떠서 정신을 가누지 못하고 있을 때, 나는 프란치스코가 내 침대 머리맡에서 허리를 굽히고 나를 들여다보고 있다는 생각이 들었다. 잠을 못 이루는 밤이면 내 침대 곁에 와 앉으며 그는 마치 나이 많은 간호사가 말하듯 자기 이야기를 들려주곤 했었다. 나는 나의 책《성 프란치스코》에서 이 가난한 작은 형제가 들려준 말을 기록할 것이다. 그러나 내가 복음서의 우화들을 다룬 것처럼, 그가 했음직한 말 또한 적어 나갈 것이다. 나는 예수가 복음서에서처럼 그렇게 미적지근하게 말을 얼버무렸다고는 생각하지 않는다. 그의 착한 성품은 열두 제자들이 미리 그어 놓은 한계를 훨씬 넘어서는 것이었다. 나는 지금(프란치스코에 관한) 문학작품을 쓰거나 심리 분석을 시도할 의 향은 없다. 내 흥미를 끄는 것은, 우리가 겁을 집어먹거나 아니면 이상을 버렸기 때문에 잠재우고 죽어가게 만들고 있는 인간의 영혼 안에 존재하는 힘이다. 성 프란치스코는 현대인으로 탈바꿈한다. 그것은 그가 가슴속에서 우주와의 완벽한 조화를 실현했기 때문이며—그것은 바로 현대 과학이 우리를 이끌고 가는 길이기도 하지만—그의 심장은 아직도 해결되지 않은 빈곤, 불의(不義), 폭력(暴力)이 빚어 놓은 문제들에 대한 해결책을 찾아내려 하기 때문인 것이다. 오직 그가 설교하는 사랑으로써만이 우리는 이러한 문제들을 풀어 나갈 수 있다. 지난날 성인 연구자들은, 가난한 성인의 그 지복의 경지만을 강조하고 거기에 이르기까지의 힘들고 험한 도정은 무시했다. 그것은 참으로 고된 투쟁이었을 것이며, 바로 그 투쟁이 나를 이렇게 감동시키고 있는 것이다. 인간이 자신을 구제하기 위해 뛰쳐나가는 순간이야말로 인생의 모든 과정에서 가장 숭고한 순간이 아닐까. 자기 해방의 실현에 바친 그 사람의 고난이 크면 클수록 우리는 그의 인생에서 용기를 얻고, 그의 승리에서 큰 위안을 받는다. 프란치스코는 자기 육체에 너무나 많은 고문을 가했다. 그러나 생애의 마지막에 가서 그는 육신을 동정한다. "나의 형제 나귀여, 나의 형제인 나귀여, 나를 용서하오. 너무나 그대를 학대했소." 자신의 눈물을 통하여 프란치스코는 자기에게 웃음 짓고 있는 하느님의 얼굴을 볼 수 있었다. 모든 것 안에 하느님이 존재하는 것을 알았으므로 프란치스코에게는 모든 것이 순수했다. 자기 국 속에 뿌린 재가 순수했고, 구비오의 양 떼를 죽이고 먹어치운 늑대도 순수했으며, 그를 따라와 자매처럼 맞아들인 죽음 또한 순수했다.'

카잔차키스는 어느 해 아시시의 아름답고 풍요한 가을 풍경 속에서, 프란치스코의 현전(現前)을 알리는 듯한 성인과 슈바이처가 손을 잡고 움브리아의 올리브 숲 속을 걸어가는 모습을 보았다. 그는 '천형(天刑)의 문둥이'(중세인은 나병을 부패의 상징이라고 보았다)를 사랑한 두 위인 사이에 깊은 공통점이 있다고 믿었다.

"프란치스코는 마지막 중세인이며 최초의 르네상스인이다. 그리고 슈바이처는 추악하고 부정적인 것과 불의가 충만한 현대에서 새로운 르네상스를 알리는 최초의 인물일지도 모른다."

슈바이처(왼쪽),
카잔차키스와 아
내 헬렌(1955)

그는 이렇게 말했다. 그리고 이 책을 슈바이처에게 바쳤던 것이다.

카잔차키스의 삶을 찾아

니코스 카잔차키스는 크레타 섬 이라클리온에서 1883년 2월 18일에 태어났다. 니코스는 말을 배우기도 전에 거대한 짐승처럼 꿈틀거리는 에게 해(海) —푸른 오디세이의 신들이 활약하던 무대를 알았고, 아프리카 대륙에서 불어오는 시로코 계절풍의 광기를 보았으며, 여름 밤하늘 가득히 불이 붙는 것 같은 남국의 별밭에 경탄했다. 영혼과 육체 사이의 갈등 문제를 놓고 어쩌면 일생을 씨름하게 될 시인인 그를 강렬한 지상적인 후각과 천상의 시각이 동시에 사로잡은 것이다.

니코스의 할아버지는 오스만제국의 크레타 섬 지배에 맞서 일어난 반란에 가담했다가 그만 목숨을 잃고 말았다. 니코스는 성유에 닦인 채 잘 보관된, 칼자국이 난 할아버지의 머리뼈를 보며 프란치스코처럼 영웅적인 성인이 되는 꿈을 꾸었다. 피비린내 나는 크레타 독립투쟁과 그리스 내란의 회오리 속에서 자란 그가 처음 읽은 책은 《성(聖) 사도전》이었다. 따뜻하고 향기로운 정원에 앉아 성인들의 고행담을 닥치는 대로 읽었다. 이웃사람들은 영혼을 구하려는 성인들의 감동적인 이야기를 듣고 목 놓아 울었다. 길을 지나가던 사람들이 어디 초상이 났느냐고 달려오면 그의 아버지는 머리를 흔들면서 대답했다고 한다. "아무것도 아니오. 우리집 애가 이웃사람들을 개종시키려고 저러는 거랍니다." 그러나 성화(聖妓) 속의 예수를 자기 할아버지라고 믿었던 소년에게도 크레타의 피는 속삭인다. "꼭 필요할 때는 하느님마저 거부할 용기가 있는 사람이야말로 참다운 사람이다."

그의 상상 속에는 로빈슨 크루소적인 모험, 방랑인의 씨가 싹튼다. 이교도의 미지의 세계, 탁발 수도사의 구걸로써가 아니라 칼로써 원하는 것을 찾는 '새로운 성인'이 날개를 펴는 것이다. 산문적인 일상의 세계 뒤에 숨어 있는 본질을 찾아 나선 돈키호테가 위대한 성인이요 순교자라는 생각이 들기도 했다. 니코스는 어린 시절 경험으로부터 동서양 사이에 위치한 그리스의 역사적·사상적 특수성을 체감하고, 이를 자유를 찾으려는 투쟁으로 이어갔다.

아버지의 뜻에 따라 1902년부터 06년까지 아테네 대학교에서 법학을 공부했고 논문 〈법철학에서의 니체〉를 썼다. 그러나 앙리 베르그송의 삶의 철학에 심취한 이 '불과 생명의 작가'는 마침내 돈키호테를 현혹한 창보다는, 그리고 가문이 요구한 명예보다는 펜이 더 손쉬운 무기임을 알게 되었다.

1907년 10월, 그는 아테네 대학 법학과 교수 자리를 얻기 위해 2년간의 파리 유학길에 오른다. 그리고 이듬해까지 파리에서 베르그송에게 철학을 배운다. 그러나 그는 이미 작가로서 성숙해 가고 있었다. 그때부터 러시아를 포함한 유럽 대륙과 영국, 미국, 중국, 일본으로 그의 오디세우스적 편력이 시작된다.

1917년 펠로폰네소스에서 《그리스인 조르바》의 주인공이자 실존 인물인 기오르고스 조르바와 함께 탄광사업을 했고, 1919년 베니젤로스 총리를 도와 공공복지부 장관으로 일하기도 했다. 1922년 베를린에서 조국 그리스가 터키와의 전쟁에서 참패했다는 소식을 듣게 된 카잔차키스는 민족주의를 버리고 공산주의적인 행동주의와 불교적인 체념을 조화하려 시도한다. 이는 이듬해부터 집필을 시작한 《붓다》와 대서사시 《오디세이아》로 구체화된다. 그 뒤로도 특파원 자격으로 이탈리아, 이집트, 시나이, 카프카스 등지를 여행하며 많은 소설과 희곡, 여행기, 논문, 번역 작품을 남겼다.

그는 제2차 세계대전이 일어나기 전에 그리스 아이기나 섬에 정착했다. 1945년 그리스 정부에서 내무장관으로 일했고, 1947~48년 파리에 있는 국

제연합교육과학문화기구 (UNESCO)의 고전 번역 부장을 역임했다. 그 뒤 1955년 프랑스 앙티브로 이주했고, 중국 정부의 초청으로 중국을 다녀온 뒤 몸이 급속히 쇠약해져 얼마 뒤 세상을 떠났다. 두 차례 노벨상 후보로 지명되었고 톨스토이, 도스토옙스키에 비견될 만큼 위대한 작가로 추앙받고 있다.

카잔차키스의 작품은 철학적 수필, 기행문, 비극을 비롯해 단테의《신곡》과 괴테의《파우스트》같은 고전을 근대 그리스어

카잔차키스의 흉상

로 번역한 것에 이르기까지 매우 다양하다. 그는 서정시뿐만 아니라 서사시《오디세이아 *Odìssa*》(1938)도 썼는데, 3만 3333행으로 된 이 서사시는 호메로스가 쓴 서사시의 속편으로서 카잔차키스 철학의 모든 영역을 아우르고 있다. 그의 소설로는 가난한 철학자이며 삶을 열렬히 사랑하는 사람을 묘사한《그리스인 조르바 *Vìos kai Politìa tou Aléxi Zormpá*》(1946), 19세기에 크레타 섬에서 종주국 오스만 제국의 통치자들과 맞서 싸운 그리스인들의 용감한 투쟁을 묘사한《자유냐 죽음이냐 *O Kapetán Mikhális*》(1950)·《그리스의 열정 *O Khristós Xanastavrónetai*》(1954), 수정주의자로서 예수 그리스도를 심리학적으로 연구한《최후의 유혹 *O televtaîos pirasmós*》(1955) 등이 있다. 자전적 소설《그레코에게 보내는 보고서 *Anaforá stóv Gréko*》(1961)는 그가 죽은 뒤에 출판되었다. 그의 소설을 바탕으로 한 영화로는《그리스의 열정》을 각색한《죽어야 할 사람 *Celui qui doit mourir*》(1958), 《그리스인 조르바》(1964), 《그리스도 최후의 유혹》(1988) 등이 있다. 두 번째 아내인 헬렌 카잔차키스가 그의 전기 《니코스 카잔차키스》(1968)를 썼다.

불교, 레닌(Lenin), 그리고 다시 기독교로, 그의 정신적 방랑의 길은 고뇌에 찬 것이었다. "나를 내 행동이나 인간의 시점에서 판단하려 하지 말고 그 행동 궤적의 뒤에 숨은 섭리, 신의 안목으로 판결해 달라"는 유언을 남긴 이 작가에게 작품은 타오르는 강렬한 미래의 전망을 향하여 접근하는 준엄한 자기 수련의 과정이요, 가장 유리한 방법이었다. 필생의 작업으로 삼은 《오디세이아》 속편의 주인공처럼, 외국(프라이부르크)에서 숨을 거두는(1957년) 순간까지 그는 "그리스도가 그리스의 힘세고 행복한 제신을 내부에 소화하고 그리스인이 될 때가 가까웠다" 믿었고, 진정한 작가의 일은 복음서와는 달리 그리스도를 웃게 만드는 일이라고 주장했다.

그것은 고대의 범신론, 플라톤의 절충주의로 거슬러 올라가는 하나의 고양(高揚)된 상크리티즘(syncretism)이다. 동양의 작가가 프란치스코의 설을 불교도에게 빌려주듯 그는 마침내 한 마리 새로 환생하는 윤회설(피타고라스, 불교)의 프란치스코를 만들어 낸 것이다. 초월적인 화해와 교리적인 접근이 이교 간의 긴장을 풀지 못한 상황에서, 자서전적인 요소들이 짙게 깔린 그의 기독교 신앙을 주제로 한 작품은 경멸을 받기도 했다. 기성 교회는 그의 그런 작품을, 중세의 탁발수사가 먼저 가슴으로 익혀야 할 영혼의 훈련 과정을 그린 중세 의식의 스케치라고 보기를 거부했다.

그러나 같은 신이 디오니소스, 그리스도, 헤라클레스의 저마다 다른 형태로 존재한다고 믿은 인간에게 편협하며 교조적인 유일신관(唯一神觀)을 강요한다는 것은 무리였을 것이다.

생명에는 목적이 없기 때문에 그런 걸 물어보지도 말라고 한 괴테의 의견에 맞서는 카잔차키스는, 인간의 충동이 결코 개인적인 것은 아니라고 보았다. 그것은 우주 의지의 자기 발현이요, 인간에게서 처음 나타났다는 주장이다. 그렇기 때문에 오히려 인간의 책임, 영웅주의 투쟁이 요청된다고 말했다. 뒷날 그는 여기에다 실존주의적인 색채를 덧붙인다. "희망은 없고 오직 절대 자유뿐이며, 그에 따라서 기쁨을 찾으라."

기성 교단은 희망으로 구원을 받는 마지막 위안(《로마서》 8 : 24~25)마저

▲ 크레타 섬 이라클리오에 있는 카잔차키스의 무덤

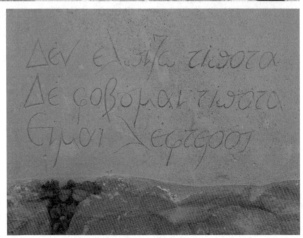

▶ 묘비 비문
'나는 아무것도 바라지 않는다. 나는 아무것도 두려워하지 않는다. 나는 자유다.'

박탈한 카잔차키스의 그 희망의 부정을 부정해야만 했다.

그러나 "하느님은 하느님을 찾는 과정이며, 하느님을 보겠다는 희망조차 버려야 성인이 된다"(죽음의 나무 그늘에서 나온 악마의 말―《성 프란치스코》)는 아이러니는 자기 책임을 모두 제우스 탓으로 돌리는 인간에 대한 제우스의 불만(《오디세이아》에서)과 "말은 신과 함께 있었고 말이 곧 신이었다"는 아우

구스티누스의 단정에 대한 현대적 성찰을 전제로 한 반어로 파악되어야 할 것이다.

인간이 만든 화사한 관념의 궁전, 구제를 약속한 말의 도시가 어떻게 타락하고 허물어져 갔는가를 그는 여러 나라를 여행하면서 절실히 느꼈다. 또한 신의 완벽한 침묵의 벽에 부딪친 종교적 도구와 이데올로기의 희생자들을 너무 많이 목격했다.

'우주적인 목적에 걸맞은 인간의 자유 책임의 회복'을 강조하면서도 희망을 포기하도록 권하는 그의 처절한 비견의 문학은 정교한 줄거리나 구성의 아름다움보다는 정신과 물질, 성(聖)과 속(俗), 의식의 대결과 갈등을 자연스럽게 표현하는 대화 형식을 즐겨 쓴다(《그리스인 조르바》, 《성 프란치스코》, 《최후의 유혹》).

플라톤의 현란한 형이상학을 빌려온 성 안셀무스를 비롯하여 데카르트, 로크, 라이프니츠 등의 철학자들이 저마다 사상의 전개를 대화체에 의탁했다는 것은 널리 알려진 일이다.

그리고 그러한 모방이 대화 문학의 정상이라고 일컬어지는 플라톤의 독창적인 예술의 아름다움을 따라갈 수 없었다는 것도 흔히 이야기된다. 그것은 누가 말한 것처럼 '가상적인 형이상학적 망령, 혹은 사상 로봇의 무미건조하고 따분한 개념이 주고받는 끝없는 회화의 연속'에 지나지 않을 수도 있다. 그러나 《알키비아데스》, 《이온》, 《시시포스》 등 플라톤을 현대 그리스어로 번역했으며, 사랑에 대한 견해 역시 이 고대 철학자와 같았던(남녀가 어느 지점에서는 일체였을 뿐더러 모든 동물·식물·물질이 어느 시점에서는 동일체였으며, 다시 결합하기 위해 투쟁하고 있다고 이 작가는 본다─《서한집》) 카잔차키스는 문체의 무미건조한 모방에서 생생한 빛을 잃은 대화체 문학의 전통에 서민이 쓰는 현대어로 생명을 불어넣는 부활 운동을 꾀했다. 동양과 서양의 사상을 하나로 합치려던 이 작가의 의도가 성공했는가 실패했는가 하는 것은 별개 문제이다. 그는 탄력 있는 대화의 전개 속에 인간 정신이 체험할 수 있는 현상의 전부를 자신의 스펙트럼으로 거두어들이고자 노력했다.

《서한집》에서 그는 신을 여러 가지로 표현하고 있다.

"하느님은 영원한 평온을 찾는 힘이 아니라 영원히 모든 균형을 깨고 보다 높은 균형을 찾는 힘이다."

"신은 주어진 시간 어디서나 일어서는 하나의 심장이다."

"우리는 믿고 사랑하고 서로 코를 맞대고 서로 상대의 숨결을 맡고 느끼자. 하느님은 그렇게 창조되고 구원되고 있다."

"하느님은 하늘을 날아 사라지는 노랫말이 아니라 신경과 피가 넘치는 거칠고 뜨거운 협곡이요 산멱통이다."《오디세이아》

"너의 신은 누구인가? 부처입니다. 아니다, 에파포스(접촉의 신)이니라."

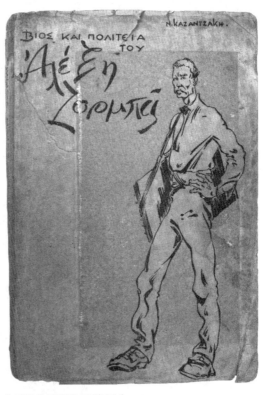

《그리스인 조르바》 표지(1964)

《최후의 유혹》에 이어 쓴 《성 프란치스코》에서도 카잔차키스는 신에 대해 수시로 변화하는 인간의 기분과 태도를 견지한다. 그의 말대로 그의 작품의 중요한 주제, 거의 유일한 주제는 인간이라는 발가벗은 벌레와 신이 벌이는 싸움이기 때문일까.

플루타르크는 《이시스와 오시리스》에서 일찍이 이렇게 말한 적이 있다.

"다른 민족 사이에 존재하는 신이, 바바리아인이든 그리스인이든 남방인이든 북방인이든 간에 결코 서로 다르다고 할 수는 없다. 서로 다른 사람들은 해와 달과 하늘과 바다를 다른 이름으로 부른다지만 그들 모두에게 결국은 같은 존재이다. (……) 신을 섬기는 일부 사람은 희미한 상징을 쓰고 다른 사람은 더 분명한 상징을 쓴다. 인간의 마음을 신성한 것으로 이끌어 나가는 이들에게도 위험은 따른다. 잘못 인도하여 미신에 빠지는 사람도 있고, 그런 미신을 마치 늪처럼 피해 나가다가 자기도 모르는 사이에 무신론의 낭떠러지에 떨어지기도 하기 때문이다."

플루타르크의 기준에서 카잔차키스를 평가할 때 신성(神性)에 대한 이 크레타인의 안내를 어떻게 받아들여야 할지 그것은 사람에 따라 다를 것이다. 그러나 그의 신에 대한 인식을 하나의 늪이요 낭떠러지라고 비판하는 사람일지라도, '발가벗은 벌레'의 고뇌와 투쟁에 감동하지 않는 사람은 드물 것이다.

성 프란치스코의 중세

흔히 총포 화약 냄새가 한결 커지는 르네상스로 이어진 '중세의 가을'을 우리는 현대에 비유하기도 한다. 일대 전환기의 방황·불안·광기가 비슷하기 때문이다.

중세는 죽음의 이미지에 얽매여 있었다. 하위징아의 말처럼 육체가 부서져 해체하는 것을 혐오하는 기분 뒤에는, 성로자(프란치스코파 제3회 회원)의 경우와 같이 성인의 시체가 썩지 않고 있었다는 사실을 크게 평가하고 싶은 충동도 있었을 것이다. 지체 높은 사람이 죽으면 얼굴을 안료로 처리하고 매장할 때까지 부패하는 모습을 안 보이려는 관습이 있었다. 묵시록의 기사, 복수의 여신 메가이라, '죽음의 무도'가 이 시대의 상상력을 지배했다.

교회는 '이 죽음의 이미지의 기괴한 성격이 자아내는 전율의 암시 효과'를 충분히 이용했다. 팽팽한 감정의 갑작스런 변화, 그 대조의 격렬성은 무지한 대중, 소수의 교양인에게도 공통하는 중세인의 특징이었다. '신앙의 빛에 다다른다는 것은 언제나 벼락을 맞는 것' 같은 경험을 뜻했으며, 성 프란치스코는 돌연 복음서의 말을 직접 명령으로 들었다는 식으로 계시가 나타나곤 했다. 그런 죽음에 대한 집념은 십자가의 세속적인 타락과 또 대조를 이룬다. 성묘의 탈환을 내세운 인노켄티우스 3세 교황이 이 작품에서 신에게 자랑하는 제4차 십자군 원정은 사실 막대한 이해가 얽힌 13세기 지중해 해상 무역권을 둘러싼 서유럽과 비잔틴 제국의 싸움이었던 것이다.

봉건 영주의 독재 압정과 교권의 탐욕, 교활성, 농부들의 무지, 잔인성에 짓눌려 다시 한 번 사회 변화의 싹이 압살당할 것 같은 중세, 특히 도시를 휩쓴 개혁 운동이 탁발 수도사의 운동이다. 탁발 수도사들은 사회가 필요로 하는 복지의료봉사를 제공하는 한편, 르네상스에서 개화하는 학문과 독창적

〈프란치스코 수도원의 회칙 승인〉 수도회 계율을 인가하는 교황 인노첸시오 3세.

인 사고의 역사적인 방파제가 되었다.

빈부 차가 심해진 유럽의 도시에서 일어난 종교적인 히스테리의 폭발은, 프란치스코가 죽은 38년 뒤의 기록(볼로냐 시의 연대기)에도 자세히 적혀 있지만 기복종교(祈福宗敎)의 일대 유행을 목격해 온 우리의 상상을 초월하는 것이었다. 프란치스코적인 맨발의 행렬은 페루자와 로마를 비롯하여 이탈리아의 온 도시를 열병처럼 휩쓸었다. 남녀노소 할 것 없이 가죽 채찍으로 자기 등을 치면서 참회하고 신에게 자비를 빌었다.

예수 그리스도의 삶과 가난을 그대로 따르리라고 결심한 프란치스코는 가난을 순수의 이상으로 여기고, 낭만적으로 강조하는 극단적인 포교 방법을 썼었다. 도미니크파에 있어서 의사소통의 방법인 이 가난은 프란치스코에게는 그 자체가 목적이 되었다. 아시시의 성인에게 교단을 이끄는 유별난 영도력이 있었던 것은 아니었다. 가난과 구걸을 미덕으로 알고 그것이 천국으로 가는 길이라 확신하고 실천한 그의 행적이 중세 도시 사회에서 깊은 공감의 뿌리를 찾아냈던 것이다.

1218년, 도미니크와 로마에서 만났을 때 조직력이 탁월한 도미니크파를 압도적으로 능가하는 교도를 거느린 프란치스코는 서유럽의 거의 모든 나라에 자파 세력을 심어놓고 있었다. 중세의 탁발 수도사 운동을 성공적으로 이끄는 데 도미니크파는 지성을 제공하고, 프란치스코파는 믿음에 대한 본능을 제공했다고 R.W. 서던은 쓰고 있다. 그런 경쟁과 자극을 준 도미니크파의 영향이 없었더라면 프란치스코파는 붕괴했을 것이라는 얘기다. 그러나 교리로서의 '빈곤'이 상징적 형식으로 변질하는 것을 막고 비참한 사회 현실에 대한 관심을 잃지 않는 것은 프란치스코파의 '본능' 탓이다.

이들 탁발 수도사의 활동은 또 바깥세상에 대한 눈을 뜨게 했으며, 한반도가 극동에 있다는 것을 유럽에 처음 알린 것도 윌리엄 루브룩이라는 프란치스코파의 수도사였음은 널리 알려진 사실이다.

이미 구걸로 연명해 오던 사회계층이 프란치스코 형제회에 가담하는 것은 쉬웠다. 중세적 감수성이 예민한 자제를 둔 부유한 가정의 부모들은 자기 아들들이 젊은 프란치스코처럼 세속적인 영달을 버리고 탁발 수도회, 특히 프란치스코파에 들어가지 않을까 하고 공포에 떨었다.

그러나 장례식에 탁발 수도사들을 이용하고 오직 연옥의 고통을 덜어주었으면 하는 희망에서 여러 교단에 나눠 기부를 하던 중세인의 의식이 프란치스코의 출현으로 갑자기 달라지는 것은 물론 아니다.

그들에게 있어서 성인이란, 이 세상에서 그리스도의 사랑에 의한 구원 원리를 몸소 실천하는 거룩한 표상으로 비치지는 않았다.

불신과 광신의 양극단에서 헤매던 민중에게는 성인은 한낱 병을 낫게 하고 사후의 고통을 덜어주는 부적과도 같은 미신의 대상이었다.

페스트에는 성 록스, 피부병에는 성 안토니우스, 통풍에는 성 마우루스가 좋다는 식이었다. 종교가 하나의 질병 보험이 된 시대였다. 병명을 '성 안토니우스 열', '성 마우루스 병'이라고 부를 만큼 특정 질병과 성인의 이름은 밀착해 있었고, "성 안투안한테 타 버려!"라는 저주가 유행하기도 했다. 성 블라시우스는 목과 혀를 보호하는 수호신이고, 성 에라스무스는 산모를 보호한다고 믿었다. 차바퀴의 고문을 받은 성 카타리나는 차를 만드는 목공·처녀·학

〈아레초에서의 악마 추방〉 고촐리의 프레스코화. 성 보나벤투라로부터 전해지는 일화로, 프란치스코가 아레초에 이르렀을 때 소란을 피우는 악마를 물리치는 장면.

자의 수호신이었으며, 성 아에기디우스는 절름발이·거지의 수호성자였다.

　나폴리 왕은 오래 살겠다는 일념으로 교황과 흥정하여 성 프랑수아 드폴을 자기 곁에 두는 권리를 확보하기도 했다.

　카잔차키스가 쓰고 있지만, 프란치스코의 임종이 가까웠을 무렵 성인의 유구를 다른 도시에 빼앗기지 않으려고 아시시에서는 특별 호위를 붙여 경계할 만큼 성인은 현세의 명리요, 값진 이용물이었던 것이다.

카잔차키스 상징과 환시의 세계

　프란치스코는 병을 앓다가 환시(幻視) 속에 나타난 신과 새로운 약속을 한다. 여인의 창 밑에서 야상곡을 부르는 탕아의 생활을 청산하고 쓰러져 가려는 교회를 한 몸으로 일으켜 세우는 어려운 일을 처음 맡게 된다. "나를 보면

너 자신의 얼굴을 볼 것이고, 너를 보면 나 자신의 얼굴을 볼 것"이라고 신은 그에게 말했다. 환시에 신들린 성인의 생애는 '나는 땅을 느끼고 땅은 나를 느끼도록 대지에 발가벗고 누울 그때까지' 온갖 고난 속에서 가난, 평화, 사랑을 설교하고 실천한다.

그리스도와 교회를 위한 그의 봉사는, '하느님의 곰처럼 춤을 추고' 돌아나 야유의 세례를 받는 '새로운 광기'를 실천한다. 중세 사회의 무관심과 적의에 대항하여 일어선 이 평화주의자는, 그러한 '광기'야말로 '양식(良識)이 부패하는 것을 막는 소금'이라고 자부했다. 그리스도의 죽음과 그 깊은 고통을 재현한 카잔차키스는 투병을 계속하면서 신에 심취한 성인의 일생을 실감나게 그릴 수 있었다.

고역을 같이한 동반자이자 이 작품의 해설자이기도 한 레오는 프란치스코와는 매우 대조적으로 세속적이며 상식적인 인물로 그려진다. 중세의 물질주의적인 인생관을 버리지 못하는 레오는, 어리석고 욕심 없고 가난을 택한 상인의 아들이 어떤 정신적인 목표에 이르기까지의 모든 과정을 한 가닥 회의 속에서 바라보고 관찰하고 마침내 감동한다.

손에 향수를 바른 교황 앞에 엎드렸던 이 악취의 탁발 수도사는 갑자기 절묘한 춤의 명수들이 신성한 춤에 도취되어 마음과 넋을 몽땅 쏟아 넣기 직전에 리듬을 고르는 그런 모습이 된다. 신의 그림자에 지나지 않는 교황이 아니라 신 자신을 즐겁게 하려는 광기의 춤은 하나의 위대한 실루엣이 되어 중세 유럽인의 의식을 지배했던 것이다. '하느님의 어릿광대'는 스스로 들짐승을 자부하고 짐승처럼 소리 지르며 춤과 노래의 포교를 계속한다. 이 성인은 교세 확장에 지나치게 성공한 탓에 오히려 무력해지고, 교단의 지도권을 대중 조직력이 탁월한 엘리아스(유다)에게 빼앗긴다. 그는 신앙이 다수 의견을 핑계 삼아 도그마의 싸움으로 변질하는 것을 개탄하며 이렇게 말했다. "우리의 한없는 기쁨이 어쩌면 그토록 갑자기 눈물을 쏟게 만들었던 시절을 기억하나요?"

카잔차키스의 문학 향기

그러나 마침내 신(활 쏘는 사람)의 개입으로 자기 영혼(화살)을 그리스도라는 과녁에 맞힌 이 아시시의 흙으로 빚은 한 덩이 육신(활)에서는 풀내 같기

도 하고 장미향(중세인들
은 장미수를 즐겼다) 같기
도 한 성인의 향기가 나기
시작했다.

성인의 냄새는 다른 인
간의 영혼을 사로잡는 환
기의 촉매이며, 무수한 '화
살'들에게 자력 작용을 일
으키는 것이다. 산과 들을
꿰뚫는 그 향기를 맡는 순
간 공포와 불안에 떨게 되
는 사람들은 그들이 지은
모든 죄악을 기억해 내고
야 만다. 인간성의 어두운
밑바닥까지 들춰내는 환기
력의 힘, 그 힘은 바로 '인
간의 영혼 안에 존재하는
힘'이었다. 형제인 마세오
의 코에, 성인이 된 프란치
스코는 사향이나 장미 향
기로 멀리 신호를 보내온
다. 맨발의 탁발 수도사의
구린내는 세속적인 교황
(인노켄티우스)의 코를 싸
쥐게 만들었지만, 그를 따
르고 사랑하는 형제들에

〈성흔을 받는 성 프란치스코〉 조토 디 본도네가 그린 제단화
성흔(聖痕, stigmata)이란 십자가에 매달린 그리스도의 몸에 생긴
다섯 개의 상처가 어느 날 갑자기 인간의 몸에 나타나는 현상
이다. 이를 최초로 경험한 사람이 아시시의 성 프란치스코이다.

게는 이루 말할 수 없이 향기로운 지복의 상징(사향내, 장미 내음)인 것이다.
카잔차키스는 프란치스코의 위대한 정신적인 사랑이 클라라에 대한 욕정에
서 비롯했다고 본다. 에로스적인 여인에 대한 동경이 그녀를 수녀로 맞아들
이는 필리아(우애)에서 부자(父子)적인 사랑(Storge)으로, 마침내는 아무도 깰

수 없는 자비와 선의의 사랑 아가페의 경지로 승화한다.

이 독특한 사랑 미학의 견고한 기초가 되는 것은 카잔차키스의 냄새의 미학인 것이다. 카잔차키스의 《성 프란치스코》가 이 성인에 관한 다른 전기들보다 힘찬 신비주의 문학이라고 일컬어지는 이유의 하나는, 가시구조(可視構造)에 신비적인 환기력을 부여한 냄새의 차원이다. 《성 프란치스코》는 처음부터 끝까지 풍요한 냄새의 상징으로 이어진 구성과 대화로 읽을 수 있다.

인간의 심장은 구린내와 레몬나무 향내로 파악되며, 천국은 귀를 즐겁게 하는 찬송가이면서 감미로운 향료의 세계이다. 그의 작품 무대는, 아프로디테라는 재스민의 향기, 교회의 향불과 함께 생선 구운 냄새, 도시 창녀의 향수, 오물 냄새 등이 교차하는 무대이며, 교회의 뜰은 로즈메리나 인동덩굴의 향기로 표현된다. 흙 냄새와 곰팡이 냄새의 교회, 젖은 대지의 냄새, 비 냄새, 바다 냄새, 소나무 냄새가 충만함은 물론이요, 자기 살이 썩는 냄새(꿈에서의 자아발견), 구취와 함께 예수의 체취, 기적까지도 후각으로 이해되는 것이 이 작품의 또 다른 매력이다. (이 작품에서와는 달리 만년의 프란치스코는 눈이 보이지 않았다) 지옥이 유황냄새라는 전통적인 표현을 비롯하여 실편백나무(죽음), 중세 유럽에 소개된 지 얼마 안 되는 석류(십자가에 박힌 예수)와 종달새, 자고새, 물고기, 오크나무 등이 모두 알려진 이미지를 이끌고 등장하지만 그러한 상징의 의미 내용에 변화가 일어나는 경우도 있다. 이탈리아에 많던 편도(아몬드)나무는 겨울에 성급히 꽃을 피우는 허영심이면서 자기희생, 신념의 상징이 되고 유혹의 악마가 숨는 그늘이 되기도 한다.

인간의 원초적인 냄새, 이미지의 세계에 신앙의 뿌리를 박은 프란치스코는 기독교 성인 가운데서는 가장 '범신론적'인 인식의 눈으로 우주와 생명의 세계를 봄으로써 현대의 생태계 환경 보존 운동가들이 가장 사랑하는 성인이 되기도 했다. 새들에게도 설교하는 그는, 동물은 물론이요 물과 빛과 불, 그리고 태양을 형제처럼 사랑했던 것이다.

성 프란치스코 발자취를 찾아서

다음에 최정오 옮김 《성 프란치스코의 발자취》에서 피조물에 대한 성인의 일관된 태도를 증언하는 현존 기록의 하나를 인용한다.

〈새들을 위한 설교〉 조토 디 본도네의 프레스코화. 프란치스코가 길을 가다가 나무에 앉아 있는
새들에게 "나의 형제자매 새들아" 하며 설교하자, 새들이 내려와 말씀에 귀를 기울였다는 일화.

　그분은 마치 모든 피조물이 지성과 말을 가진 듯, 하느님의 감각을 가지고
있는 듯, 그렇게 내외적인 큰 기쁨을 가지고 피조물과 대화하셨습니다. 그리
고 이럴 때가 그분이 가장 하느님께 사로잡힌 때이기도 합니다.

　어느 날 그분이 아궁이 곁에 앉아 계셨는데, 다리까지 축 늘어지는 아마포
잠방이에 불이 붙었으나 아무도 모르고 있었습니다. 그분은 열기를 느꼈습
니다. 그러나 같이 있던 형제 한 사람이 옷에 타오르는 불을 보고 즉시 끄려

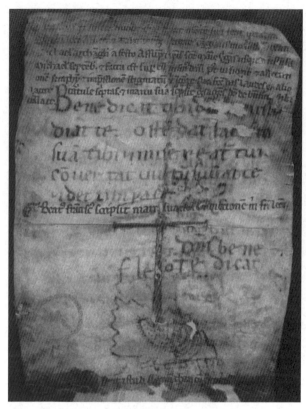

13세기 성 프란치스코 친필 기도문이 적힌 종이 '카르툴라'
경남 의령 신현세 장인이 만든 한지(韓紙)로 이 카르툴라가 복원되어
2016년 12월 15일 이탈리아 로마에서 공개됐다. 사진은 복원된 카르툴라.

하자 "사랑하는 형제여, 괜찮소. 우리 불 형제는 해를 끼치지 않소" 하고 성인이 말씀하셨습니다.(중략)

그분은 촛불이나 등잔불 혹은 다른 불을—비록 더 필요가 없게 되었더라도—끄지 않기를 바라실 정도로 불에 대한 애정과 인정이 많으셨습니다. 또한 그분은 타다 남은 나무나 반쯤 탄 통나무들을 대개 버리는 습관이 있었는데, 공중에 내던지지 말라고 하셨습니다. 그것을 만드신 분을 존경하는 뜻으로 땅에 조심스럽게 놓아두라고 하셨습니다.

라베르나 산에서 사순절을 지내던 어느 날, 식사 시간이 되어 형제 한 사람이 그 분이 식사하셨던 움막에서 불을 지핀 일이 있었습니다. 불을 붙인 뒤 형제는 사부님이 기도하고 쉬시는 방에 찾아가서 늘 하던 대로 그날의 복음을 읽어드리려 했습니다. (중략) 그가 식사하기 위해 불을 피워둔 방으로 들어가 보니 불꽃은 이미 천장까지 번져 타오르기 시작했습니다. 동료들이 진화 작업에 온 힘을 다했으나 미치지 못했습니다. 성 프란치스코는 도울 생각조차 하지 않았습니다. 그분은 밤에 숲 속에 들어가셨을 때 걸쳤던 털가

죽을 버리셨습니다. 불타는 움막 근처에 있던 수도원의 형제들이 불을 보고 허겁지겁 달려와 불을 끄기 시작했습니다. (중략) 식사 뒤 그분은 동료들에게 말씀하셨습니다. "내가 입었던 그 털가죽을 다시는 사용하지 않겠습니다. 내 형제 불이 그것을 삼키지 않는 걸 보니 내가 인색한 죄를 저지른 탓입니다."

〈샘의 기적〉 조토 디 본도네의 프레스코화.
프란치스코가 마지막으로 라베르산을 오를 때 일어난 일화.

손을 씻을 때 사부님은 헹군 물이라도 발로 밟지 않을 장소를 택하셨습니다. (그가 발을 씻은 물은 짐승을 살린 성수가 되었다) 돌을 밟아야 할 경우에는 "바위여!" 하면서 두려움과 존경 그리고 애정을 가지셨습니다. 그분은 "자주 바위 위에 덩그렇게 올려 두시리라"를 "바위 밑에서 주는 나를 칭찬하셨도다"로 바꾸었습니다. (중략) 그분은 피조물들을 애무했습니다. 아주 기쁜 마음으로 관조하기도 했습니다. 어떤 때는 너무 지나쳐 그분의 마음은 이미 이 지상이 아니라 천국에 있는 것 같아 보였습니다. (중략) 임종 얼마 전에 '하느님의 창조물을 위한 천주찬가'를 지으신 것은 사실입니다. (후략)

대문호에게 바치는 세계의 찬사

카잔차키스가 그리스인이라는 것은 비극이다. 이름이 카잔초프스키이고 러시아어로 작품을 썼더라면 그는 톨스토이, 도스토옙스키와 어깨를 나란히

할 수 있었을 것이다.(콜린 윌슨)

카잔차키스처럼 나에게 감동을 준 이는 없다. 그의 작품은 깊고, 지니는 가치는 이중적이다. 이 세상에서 그는 많은 것을 경험하고, 많은 것을 알고, 많은 것을 생산하고 갔다.(알베르트 슈바이처)

카잔차키스야말로 나보다 백 번은 더 노벨문학상을 받았어야 했다. 그의 죽음으로 우리는 가장 위대한 예술가를 잃었다.(알베르 카뮈)

부드럽고 정교하면서도 강하고 극적인 힘을 보여주는, 의심할 여지없이 높은 예술적 경지에 도달한 작품이다.(토마스 만)

엄청난 집중력과 흥미진진함 속에서 단숨에 읽고야 말았다. 그의 작품은 격렬하게 요동치면서 마음을 심란하게 만드는 한편, 지극히 인간적이어서 감동을 준다.(마르탱 뒤 가르)

카잔차키스는 20세기 가장 위대한 작가 중 하나이다.(존 스타인벡)

무지개처럼 영롱하게 빛을 발하는 상상력, 번득이는 역설과 시, 고뇌와 즐거움에 완전히 매료된다.(타임)

끓어오르는 활력과 열정적인 경험에서 우러나오는 통찰력, 이보다 더 나을 수는 없다.(새터데이 리뷰)

니코스 카잔차키스 연보

1883년   2월 18일(구력) 오스만제국의 영토인 크레타 이라클리온에서
             출생. 아버지 미할리스는 곡물과 포도주 중개상을 했다. 뒷날
             미할리스는 소설 《미할리스 대장》의 모델이 된다.
1897~1898년(14~15세) 크레타에서 반란이 일어나 자치권을 얻는 데 성공하
             다. 니코스는 안전을 위해 낙소스 섬으로 가서 프랑스 수도사
             들이 운영하는 학교에 등록하다.
1902년(19세) 이라클리온에서 중등교육을 마치고 법학을 공부하고자 아테
             네 대학교에 진학하다.
1906년(23세) 대학을 졸업하기도 전에 에세이 병든 시대와 소설 뱀과 백합
             출간. 희곡 동이 트면 집필하다.
1907년(24세) 동이 트면이 희곡상을 받으며 아테네에서 공연되어 커다란 논
             란 일으키다. 그는 유명 인사가 되고 언론계에 발을 들여놓다.
             10월 파리 유학, 작품 집필과 저널리즘 활동을 병행하다.
1908년(25세) 소설 《부서진 영혼》을 완성하다.
1909년(26세) 니체에 관한 학위논문을 완성, 희곡 도편수 집필. 이탈리아를
             거쳐 크레타로 돌아가다. 학위논문과 희극 : 단막비극, 에세이
             과학은 파산하였는가 출간. 순수어를 폐기하고 학교에서 민중
             어를 채용할 것을 주장하는 솔로모스협회의 이라클리온 지부
             장이 되다.
1910년(27세) 민중어의 옹호자 이온 드라구미스를 찬양하는 에세이 우리 젊
             음을 위하여를 발표하다. 작가인 갈라테아 알렉시우와 아테네
             에서 동거 시작. 프랑스어·독일어·영어·고전 그리스어 번역으
             로 생계를 유지하다.
1911년(28세) 갈라테아 알렉시우와 결혼.

1912년(29세)   제1차 발칸전쟁이 발발하자 육군에 자원, 베니젤로스 총리 직속 사무실에 배속되다.

1914년(31세)   시인 앙겔로스 시켈리아노스와 아토스 산을 여행하다. 여러 수도원을 돌며 40일간 머무르며, 이때 단테·복음서·불경을 읽다. 생계를 위해 갈라테아와 어린이 책을 집필하다.

1915년(32세)   시켈리아노스와 함께 다시 그리스를 여행하다. '나의 위대한 스승 세 명은 호메로스, 단테, 베르그송'이라고 일기에 적음. 오디세우스, 그리스도, 니키포로스 포카스의 초고를 쓰다. 10월 아토스 산의 벌목 계약을 위해 테살로니키로 여행. 이곳에서 1차대전 중 영국군과 프랑스군이 살로니카 전선에서 싸우기 위해 상륙하는 것을 목격하다.

1917년(34세)   전쟁으로 석탄 연료가 부족해지자 펠로폰네소스에서 갈탄을 캐려고 하다. 이 경험은 1915년 벌목계획과 함께 훗날 소설 《그리스인 조르바》로 발전되다. 9월 스위스 취리히로 여행.

1918년(35세)   스위스에서 니체의 발자취를 순례하다. 그리스의 지식인 여성 엘리 람브리디를 사랑하게 되다.

1919년(36세)   베니젤로스 총리가 그를 공공복지부장관에 임명, 카프카스에서 볼셰비키에 의해 처형될 위기에 처한 15만의 그리스인들을 송환하라는 임무를 맡다. 7월 그는 자기 팀을 이끌고 출발하다. 8월 베니젤로스에게 보고하기 위해 베르사유로 가다. 여기서 평화조약 협상에 참여. 피난민 정착을 감독하기 위해 마케도니아와 트라케로 갔으며, 이때 겪은 일들은 훗날 《수난》에 사용하다.

1920년(37세)   8월 13일 드라구미스가 암살되어 카잔차키스는 큰 충격에 휩싸이다. 11월 베니젤로스가 이끄는 자유당이 선거에서 패배. 카잔차키스는 공공복지부장관을 사임, 파리로 떠나다.

1921년(38세)   독일 여행. 2월 그리스로 돌아오다.

1922년(39세)   5월 19일~8월 말 빈에 머무르다. 여기서 안면습진에 걸리다. 전후 빈의 퇴폐 분위기 속에서 불경을 연구하고 붓다 생애를 다룬 희곡을 집필하기 시작. 9월 베를린에서 그리스가 터키에

패했다는 소식을 들고, 이전의 민족주의를 버리고 공산주의 혁명가들에 동조. 카잔차키스는 특히 라헬 리프슈타인이 이끄는 급진적 젊은 여성들의 세포 조직에서 영향을 받다. 미완의 희곡 《붓다》를 찢어 버리고 새 형태로 쓰기 시작, 프로이트를 연구하고 신을 구하는 자 집필에 착수하면서 공산주의적인 행동주의와 불교적인 체념을 조화시켜려고 함. 소련으로 이주할 것을 꿈꾸며 러시아어 수업 받다.

1923년(40세) 4월 신을 구하는 자를 완성하다.

1924년(41세) 이탈리아에서 3개월을 보내고, 이때 방문한 폼페이는 그가 떨쳐 버릴 수 없는 상징이 되다. 아시시에 도착, 여기서 《붓다》를 완성하고, 성 프란치스코에 대한 평생의 흠모를 시작하다. 이라클리온으로 돌아와, 망명자들과 소아시아 전투 참전자들로 이루어진 공산주의 세포의 정신적 지도자가 되다.

1925년(42세) 서사시 《오디세이아》 1~6편 쓰다. 엘레니 사미우와의 깊이 사귀다. 10월 아테네 일간지의 특파원으로 소련 방문.

1926년(43세) 갈라테아와 이혼. 신문사 특파원으로 팔레스타인·키프로스를 여행. 8월 스페인을 여행, 독재자 프리모 데 리베라와 인터뷰하다. 10월 로마에서 무솔리니와 인터뷰하다. 11월 뒷날 그의 친구이며 전기작가가 되는 판델리스 프레벨라키스를 만나다.

1927년(44세) 특파원으로 이집트와 시나이를 방문. 《여행기》 첫 권에 실릴 글을 모음. 디미트리오스 글리노스의 잡지 《아나예니시》에 신을 구하는 자 발표. 10월 말 소련 정부의 초청으로 다시 러시아를 방문, 앙리 바르뷔스와 만나다. 평화 심포지엄에서 호전적인 연설을 하다. 11월 그리스계 루마니아 작가 파나이트 이스트라티를 만나다. 카프카스를 여행하다. 12월 친구가 된 이스트라티를 아테네로 데리고 와 그를 그리스 대중에게 소개하다.

1928년(45세) 1월 11일 카잔차키스와 이스트라티는 알람브라 극장에서 소련 찬양하는 연설을 하다. 4월 이스트라티와 함께 러시아를 방문, 키예프에서 카잔차키스는 러시아 혁명에 관한 영화 시나리오를 집필하다. 6월 모스크바에서 이스트라티와 함께 고리키를 만나다. 카잔차키스는 신을 구하는 자를 수정하다. 프라우다에 그리스의 사회 상황에 대한 논설들을 기고하다. 레닌의 생애를 다룬 또 다른 시나리오에 착수하다. 이스트라티와 무르만스크로 여행하다. 레닌그라드를 거치면서 빅토르 세르주와 만나다. 8월 말 붉은 별을 따라서라는 일련의 기사를 공동 집필하기 위해 카잔차키스와 이스트라티는 엘레니 사미우와 이스트라티의 동반자 빌릴리 보드 보비와 함께 남부 러시아로 여행을 떠나다. 12월 빅토르 세르주와 그의 장인 루사코프가 트로츠키주의자로 몰려 처벌된 '루사코프 사건'으로 두 사람의 견해차가 극에 달하다. 아테네에서 카잔차키스의 러시아 여행기 두 권이 출간되다.

1929년(46세) 홀로 러시아의 구석구석을 여행하다. 4월 베를린으로 가서 소련에 관한 강연을 하며, 논설집을 출간하려 하다. 5월 체코슬로바키아의 농촌 마을로 들어가 첫 번째 프랑스어 소설 토다라바를 쓰다. 역시 프랑스어 소설 엘리아스 대장을 완성하다. 이는 《미할리스 대장》의 선구가 되는 작품 중 하나로, 프랑스어로 쓴 소설들은 서유럽에 자기 존재를 드러내려는 시도이다. 소련에 대한 자신의 달라진 관점을 반영하기 위해 《오디세이아》의 수정에 착수하다.

1930년(47세) 《러시아 문학사》를 아테네에서 출간. 그리스 당국은 신을 구하는 자의 무신론 내용을 문제 삼아서 그를 재판에 회부하겠다 위협하다. 계속 외국에 머무르다. 파리에서 지내다가 니스로 옮긴 후, 아테네 출판사들의 의뢰로 프랑스 어린이 책을 번역하다.

1931년(48세) 그리스로 돌아와 프랑스—그리스어 사전편찬 작업에 착수. 그 뒤 《오디세이아》 제3고를 체코슬로바키아에서 완성하다.

1932년(49세) 프레벨리키스와 함께 여러 편의 영화 시나리오와 번역을 구상했으나 실패하다. 단테 《신곡》 전편을 번역하다. 스페인으로 이주, 스페인 시선집의 번역에 착수.

1933년(50세) 스페인 인상기를 집필. 엘그레코에 관한 3운구 시를 지어 뒷날
《영혼의 자서전》의 전신이 되다. 그리스의 아이기나로 돌아와
서《오디세이아》제4고에 들어가다.

1935년(52세) 《오디세이아》제5고를 완성한 뒤 여행기 집필 위해 일본과 중
국을 방문하다.

1936년(53세) 프랑스어 소설《돌의 정원》을 집필, 이 작품은 그가 동아시아
에서 겪은 일들을 바탕으로 하다. 또한 미할리스 대장 이야기
의 새 원고를 완성, 나의 아버지라고 부르다. 피란델로풍의 희
곡 돌아온 오셀로를 쓰다. 10~11월 스페인 내전의 취재 특파
원으로 가서 프랑코와 우나무노를 회견하다. 아이기나에 집을
짓고 장기간 거주하다.

1937년(54세) 아이기나에서《오디세이아》제6고를 완성.《스페인 기행》출간
되다. 9월 펠로폰네소스를 여행하며 얻은 감상을 신문연재기
사 형식으로 발표. 이 글들은 뒷날《모레아 기행》으로 펴내다.
왕립극장의 의뢰로 비극 멜리사 쓰다.

1938년(55세) 《오디세이아》제7고와 최종고를 완성하여 출간하다. 1922년 빈
에서 걸렸던 것과 같은 안면 습진에 걸리다.

1939년(56세) 7~11월 영국문화원 초청으로 영국을 방문, 스트랫퍼드어폰에
이번에서 비극 배교자 율리아누스를 집필하다.

1940년(57세) 《영국 기행》을 쓰고, 나의 아버지의 수정작업을 계속하다.

1941년(58세) 독일이 그리스를 점령. 카잔차키스는 집필에 몰두하며 슬픔을
달래다.《붓다》의 초고를 완성하고, 소설 조르바의 성스러운
삶 쓰기 시작하다.

1942년(59세) 전쟁 기간 동안 아이기나에 머무르다. 다시 정치에 뛰어들기
위해 되도록 빨리 작품 집필을 포기하기로 결심하다. 독일군
당국은 카잔차키스에게 며칠간 아테네에 머무르는 것을 허락
하다. 여기서 이안니스 카크리디스 교수를 만나 호메로스《일
리아스》를 공동 번역하기로 합의하고, 카잔차키스는 8월과 10
월 사이에 초고를 끝내다. 그리스도의 회상 제목으로 예수에
대한 소설을 쓸 계획을 세우고, 이것은 뒷날《최후의 유혹》의

전신이 되다.

1943년(60세) 독일 점령 기간의 어려움에도 정력적으로 집필을 계속하다. 《그리스인 조르바》와 《붓다》의 두 번째 원고 및 《일리아스》의 번역을 완성. 아이스킬로스의 프로메테우스 3부작을 모티프로 한 희곡 신판을 쓰다.

1944년(61세) 봄과 여름에 희곡 카포디스트리아스와 콘스탄티누스 팔라이 올로구스를 집필하다. 프로메테우스 3부작과 함께 이들 희곡 은 각각 고대·비잔틴시대·현대 그리스를 다루다. 독일군이 철 수하자, 그는 곧바로 아테네로 가서 테아 아네모이안니의 집에 서 머무르다. 12월 사태 내전을 목격하다.

1945년(62세) 정치에 다시 뛰어들겠다는 결심으로, 흩어진 비공산주의 좌파 의 통합을 위해 소수세력 인사회당의 지도자가 되다. 정부는 독일군의 잔학행위 입증조사를 위해 그를 크레타로 파견하다. 11월 오랜 동반자 엘레니 사미우와 결혼. 소풀리스의 연립정부 에서 정무장관이 되다.

1946년(63세) 사회민주주의 정당들의 통합이 실현되자 카잔차키스는 장관 직에서 물러나다. 3월 25일 그리스 독립기념일에 왕립극장에서 그의 희곡 카포디스트리아스가 공연되어, 커다란 파문을 일 으키다. 그리스 작가협회는 카잔차키스를 시켈리아노스와 함 께 노벨문학상 후보로 추천하다. 6월 40일 간의 예정으로 해외 여행을 떠나지만, 실제로는 남은 생을 해외에서 머무르다. 영국 문화원이 케임브리지에 방을 제공해, 이곳에서 여름을 보내며 소설 오름길을 쓰다. 이 역시 《미할리스 대장》의 선구적 작품 이 되다. 9월 프랑스 정부 초청으로 파리에 가다.

1947년(64세) 스웨덴의 지식인 뵈리에 크뇌스가 《그리스인 조르바》 번역하 다. 유네스코에서 일하게 되다. 그의 일은 세계 고전의 번역을 촉진하여 서로 다른 문화, 즉 동·서양의 문화 사이에 다리를 놓는 일로, 스스로 자기 희곡 배교자 율리아누스를 번역하다. 《그리스인 조르바》가 파리에서 출간되다.

1948년(65세) 3월 창작에 전념하기 위해 유네스코에서 사임하다. 배교자 율리아누스가 파리에서 공연되다. 카잔차키스와 엘레니는 앙티 브로 옮겨가 그곳에서 희곡 소돔과 고모라를 쓰다. 카잔차키스는 《수난》 초고를 완성하고 2개월간 수정하다.

1949년(66세) 그리스 내전을 다룬 소설 《전쟁과 신부》 집필에 착수. 희곡 쿠로스와 크리스토퍼 콜럼버스를 쓰다. 안면습진이 다시 찾아오다. 12월 《미할리스 대장》 집필에 착수하다.

1950년(67세) 11월 《최후의 유혹》 착수하다. 《그리스인 조르바》와 《수난》이 스웨덴에서 출간되다.

1951년(68세) 《최후의 유혹》 초고를 완성하다. 콘스탄티누스 팔라이올로구스 개정을 마치고 이를 수정하기 시작하다. 《수난》이 노르웨이와 독일에서 출간되다.

1952년(69세) 엘레니와 함께 이탈리아에서 여름을 보내다. 아시시의 성 프란치스코에 대한 사랑이 더욱 깊어지다. 눈에 심한 감염이 일어나 네덜란드의 병원으로 가서 요양하면서 성 프란치스코의 생애를 연구하다. 영국, 노르웨이, 스웨덴, 네덜란드, 핀란드, 독일에서 그의 소설들이 잇따라 출간. 그러나 그리스에서는 출간되지 않다.

1953년(70세) 눈의 세균감염이 낫지 않아 파리의 병원에 입원하다. 결국 오른쪽 눈의 시력을 잃다. 앙티브로 돌아가 몇 개월간 카크리디스 교수와 함께 《일리아스》의 공역을 마무리. 소설 《성 프란치스코》를 쓰다. 《미할리스 대장》 출간. 《미할리스 대장》 일부와 《최후의 유혹》 전체에서 신성을 모독했다는 이유로 그리스정교회가 카잔차키스를 맹렬히 비난하다. 그때 《최후의 유혹》은 그리스에서 출간되지 않음. 《그리스인 조르바》 뉴욕에서 출간되다.

1954년(71세) 교황이 《최후의 유혹》을 가톨릭 교회의 금서목록에 올리다. 카잔차키스는 바티칸에 이런 전문을 보내다. '주여 당신에게 호소합니다.' 같은 전문을 아테네의 그리스정교회 본부에도 보내다. 12월 소돔과 고모라의 초연에 참석하기 위해 독일 만하임으로 가다. 공연 뒤 치료를 위해 병원에 입원, 가벼운 림프성

백혈병으로 진단되다. 출판인 이안 니스 구델리스가 아테네에서 카잔차키스 전집 출간에 들어가다.

1955년(72세) 엘레니와 함께 스위스 루가노의 별장에서 한 달을 지내며 자전적 소설 《그레코에게 보내는 보고서》를 쓰기 시작. 카잔차키스와 카크리디스가 공역한 《일리아스》가 그리스에서 출간. 《오디세이아》 수정 재판이 아테네에서 엠마누엘 카스다글리스의 감수로 준비되다. 카스다글리스는 또한 카잔차키스의 희곡 전집 제1권을 편집하다. 《최후의 유혹》이 마침내 그리스에서 출간.

1956년(73세) 6월 빈에서 평화상 수상하다. 줄스 다신이 《수난》을 바탕으로 한 영화를 완성, 제목을 죽어야 하는 자로 붙이다. 전집 출간이 진행되어 희곡집 2권과 여행기 여러 권, 프랑스어에서 그리스어로 옮긴 《토다 라바》와 《성 프란치스코》가 추가되다.

1957년(74세) 중국 정부의 초청으로 카잔차키스 부부 중국을 방문하다. 중국에서 예방접종 받은 부위가 부풀어 오르고 팔이 휘는 증상을 보이기 시작하여 백혈병을 진단받았던 독일의 병원에 입원하다. 아시아 독감이 쇠약한 그의 몸에 순식간에 번져 10월 26일 세상을 떠나다. 시신이 아테네로 옮겨지다. 그리스정교회가 그의 시신을 공중(公衆)에 안치하기를 거부하여 크레타로 옮겨지다. 엄청난 인파가 몰려 그의 죽음을 애도하다. 뒷날, 묘비에는 카잔차키스가 선택해 두었던 아래의 비명이 새겨지다. "나는 아무것도 바라지 않는다. 나는 아무것도 두려워하지 않는다. 나는 자유롭다."

옮긴이 박석일(朴錫一)
인도 델리대 대학원 사학과를 졸업하다. 한국외국어대학 힌디어 과장을 지내다. 지은책
《인도사 개설》 옮긴책 《간디 자서전》 《네루 자서전》 인디라 간디 《인도의 진로》 타고르
《타고르 시집》 크리팔라니 《타고르》 등이 있다.

World Book 235
Nikos Kazantzakis
GOD'S PAUPER:ST FRANCIS OF ASSISI
성 프란치스코
니코스 카잔차키스/박석일 옮김
1판 1쇄 발행/2014. 8. 20
1판 3쇄 발행/2020. 5. 1
발행인 고정일
발행처 동서문화사
창업 1956. 12. 12. 등록 16-3799
서울 중구 마른내로 144(쌍림동)
☎ 546-0331~6 Fax. 545-0331
www.dongsuhbook.com
잘못 만들어진 책은 바꾸어 드립니다.
*
사업자등록번호 211-87-75330
ISBN 978-89-497-0890-4 04080
ISBN 978-89-497-0382-4 (세트)